北京经济技术开发区年鉴

BEIJING ECONOMIC-TECHNOLOGICAL DEVELOPMENT AREA YEARBOOK

（2012）

北京经济技术开发区年鉴编纂委员会 编

《北京经济技术开发区年鉴》编纂委员会

《北京经济技术开发区年鉴》
编　辑　部

《北京经济技术开发区年鉴》
组　稿　人

（按姓氏笔画排序）

于莉晶	于　翔	万　红	马　杰	马欣欣	马　炎
马　晶	王云亮	王　宁	王永为	王红军	王　昳
王洪余	王　娜	王海英	王　菁	王　超	王　颉
王瑞青	王颖平	王　翠	王　磊	巨德慧	石　晔
田　位	宁　然	吕　筝	吕　璐	朱　丽	朱丽芳
朱　静	任　敏	刘　扬	刘莎莎	刘晓薇	刘　琳
刘琦欢	刘　然	刘福生	刘　静	刘磊磊	江　玮
那云彦	孙长宝	孙　特	孙　健	芦佳音	李文君
李　北	李　华	李　青	李　艳	李振岭	李彩云
李　嵘	李楠楠	李　静	李　璟	杨　佳	杨　博
肖云颖	吴　彤	吴　妍	吴　迪	吴艳明	吴海超
吴　楷	邱渊源	冷月侨	宋晓梅	宋　健	张元璋
张玉力	张　成	张　帆	张传青	张　妍	张　京
张建中	张　艳	张海英	张海娜	张雪平	张　然
张慧丽	陈　戈	陈乐央	陈亚男	陈　伟	陈　林
陈国舫	陈　勇	陈培洁	陈　晨	陈　敏	林　森
岳高丽	周小燕	周立娟	周会丽	周　洁	郑　欢
单亚奇	孟佳瑶	赵　楠	胡生宝	胡立琼	侯明明
侯　洁	俞　航	姜如松	姜　昆	姜昧茗	秦连荣
袁卫中	贾天忠	贾　琳	贾　燕	倪朋飞	高　飞
高　岩	郭盛萌	席志斌	黄秀敏	崔建平	渠阳振
彭立华	董凤荣	董建良	蒋　澜	韩志学	韩博静
程　芳	程　洁	靳　洋	蒙　乐	蔡红健	漆素薇
翟　欣	黎　军	颜　敏	薛　雷	小柳由里香	

一区六园示意图

北京经济技术开发区
生产性服务业产业园
新媒体产业园
军民结合产业园
生物医药产业园
新能源汽车产业园
新空港产业园
一区：
北京经济技术开发区
六园：
生产性服务业产业园
新能源汽车产业园
生物医药产业园
军民结合产业园
新媒体产业园
新空港产业园

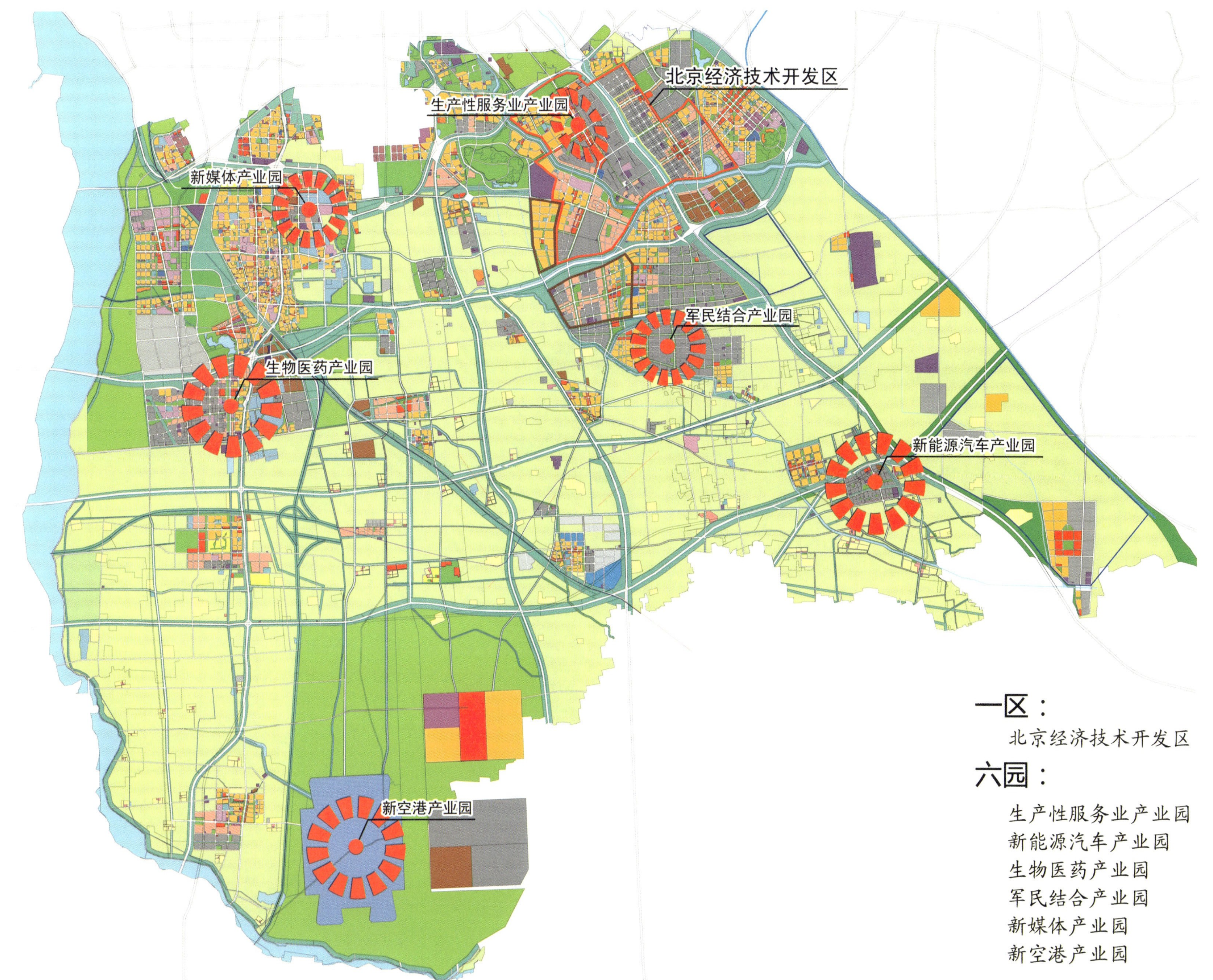

北京经济技术开发区项目分布图

编制：北京市规划委员会经济技术开发区分局　北京经济技术开发区城市规划和环境设计研究中心　2011年10月

1 月 14 日，开发区 2011 年度工作会召开。 王燕石 摄

2 月 26 日， 两区推动深度融合工作动员大会召开。 王燕石 摄

2 月 23 日，开发区党风廉政建设大会召开。　新闻中心提供

4 月 28 日，开发区庆祝“五一”国际劳动节暨先进模范表彰大会召开。　新闻中心提供

5 月 19 日，刘淇、郭金龙同志参观第十四届科博会开发区展区 。 新闻中心提供

5 月 19 日，孟建柱、王安顺同志参观第十四届科博会开发区展区。 新闻中心提供

4 月 8 日，耐世特中国区总部与开发区签署入区协议。 新闻中心提供

3 月 15 日，
全市最大规模的示范性公
租房项目率先启动。
新闻中心提拱

10 月 14 日，中国航天科技集团公司与开发区签署《合作备忘录》。　新闻中心提供

7月9日，北京奔驰新发动机工厂奠基暨未来发展项目启动。

新闻中心提供

6月12日，全国安全生产月宣传咨询日活动在开发区举办。

新闻中心提供

10月25日，北京德尔福万源发动机管理系统有限公司新厂址奠基。

新闻中心提供

12 月 28 日，中航动力科技有限责任公司与开发区签署入区协议。 新闻中心提拱

12 月 12 日，
云世界大会在开发区召开。
新闻中心提供

12 平方公里建设全景

潘清泉 摄

10 月 18 日，北京亦庄生物医药园开园。　　潘清泉 摄

12 月 2 日，北京奔驰 GLK 豪华中型 SUV 正式下线 。　　新闻中心提供

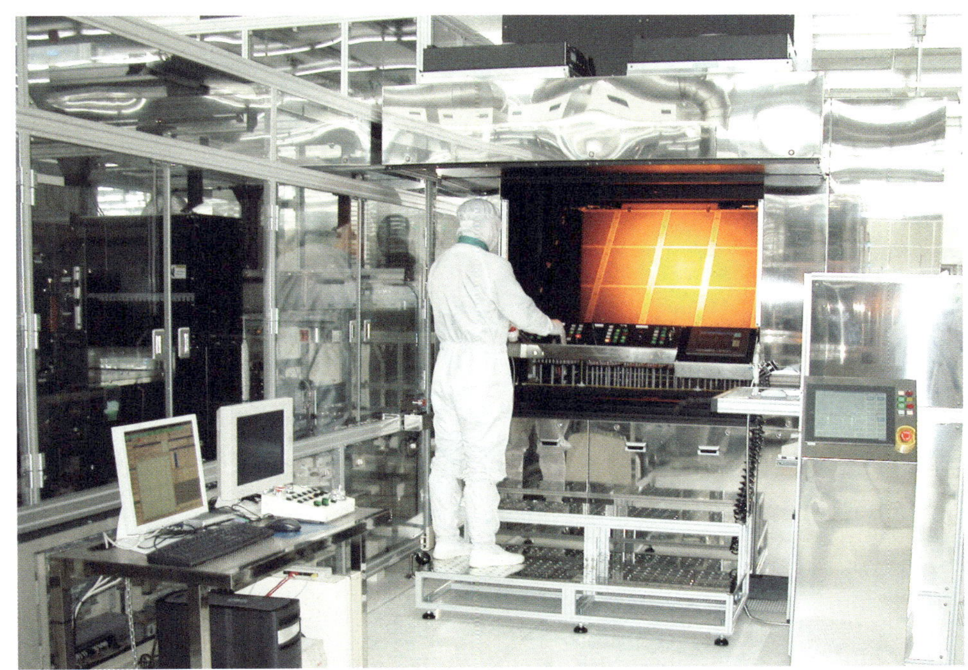

6 月 29 日，京东方 8.5 代线投产。 开发区产促局提供

星光影视基地加快建设

开发区产促局提供

荣华路亮化工程　潘清泉 摄

7月1日，西环路亮化工程竣工。　潘清泉 摄

5 月 20 日，亦城国际（一期）投入使用。 开发区建设局提供

3 月 15 日，东区再生水厂（一期）投入使用。 企业提供

5 月 26 日，开发区公安交通指挥中心投入使用。　新闻中心提供

12 月 9 日，北京亦庄保税物流中心投入使用。　潘清泉 摄

4 月 25 日，开发区获批成为国家生态工业示范园区。

王燕石　摄

1 月 24 日，表彰纳税 50 强和纳税增长 50 强企业。　　新闻中心提供

1 月 20 日，科技创新专项资金项目落地。　　新闻中心提供

9月1日，开发区法庭和开发区检察处揭牌。 开发区检察处提供

12月20日，开发区获批成为海外高层次人才创新创业基地。 开发区组织部提供

亦庄海外学人电子展示屏
新闻中心提供

8 月 26 日，举办“弘扬主旋律，唱响正气歌”廉政文艺汇演。 新闻中心提供

6 月 19 日，新区“一区六园”第八届运动会暨北京市第三届外企职工运动会举行。
新闻中心提供

9月28日，国内风电设备制造行业首家企业大学——金风大学在开发区挂牌成立。

企业提供

9月1日，开发区实验学校正式转制为公办学校。

新闻中心提供

编辑说明

一、《北京经济技术开发区年鉴》是一部记述北京经济技术开发区发展变化的综合性资料工具书。2012卷为首卷，由北京经济技术开发区年鉴编纂委会员主持编纂。

二、本年鉴以邓小平理论、“三个代表”重要思想、科学发展观为指导，坚持实事求是的原则，科学、客观地记述本地区经济、社会发展情况。

三、本年鉴采用文章和条目两种体裁，以条目体为主，用规范的语体文、记述体，直陈其事，文字力求言简意赅。

四、本年鉴设有特载、专文、规范性文件、大事记、产业发展、科技、综合经济管理、规划·建设、区属国有资产、金融、社会保障与社会发展、公用事业、党建事务、综合行政事务、统计资料、附录共16个类目。

五、本年鉴记述2011年1月1日至12月31日期间情况（部分内容依据实际情况时限略有前后延伸），凡2011年事项，均直书月、日，不再另写年份。

六、本年鉴在记述时使用了一些简称，主要有大兴区和北京经济技术开发区——新区，北京经济技术开发区——开发区，中共北京市委经济技术开发区工作委员会——开发区工委，北京经济技术开发区管理委员会——开发区管委会，北京经济技术投资开发总公司——开发区总公司。

七、本年鉴中一般采用标准计量单位，外币直接标明币种。

八、选进本年鉴的文章和条目，均通过各单位（部门）确定专人负责撰写或提供，并经主要负责人审核。全区社会经济统计资料统一由区统计局提供，业务部门统计数据由各主管部门提供。

九、本年鉴编纂出版工作得到了市地方志办的指导，得到工委、管委会、总公司各部门，区内有关单位，入区企业的大力支持，其他年鉴编纂单位的同仁给予了悉心帮助，全体编纂人员为年鉴撰稿、编辑付出了辛勤劳动，在此谨致谢意。

十、由于成书仓促，水平有限，年鉴中如有疏漏和差错，恳请广大读者批评指正。

目　录

CONTENTS

特载

专文

规范性文件

大事记

产业发展

综合经济管理

区属国有资产

党建事务

综合行政事务

附 录

主题词索引

特载

在两区推动深度融合工作动员大会上的讲话

中共北京市大兴区委书记
中共北京市委经济技术开发区工作委员会书记 林克庆

（2011 年 2 月 26 日）

同志们：

今天，我们召开推进深度融合工作动员大会，十分重要，也非常及时。从去年初市委、市政府作出两区行政资源整合的重大决策到现在，已经过去了一年多时间，整合工作已经进入深度融合的关键阶段。去年底的党代会、开发区的年度工作会，把大力推进深度融合作为一项重点工作进行了部署。春节前，由张文和王新两位同志牵头，召集相关部门就深度融合工作进行了研究。节后，又听了各单位、各地区对今年重点工作的汇报，感到大家在春节期间都作了认真的思考和谋划，特别是对如何推进深度融合，都有了初步的想法和措施，有的已经着手实施。今天的会议，主要是进一步统一思想、深化认识，对推进深度融合工作进行再动员、再部署。下面，我讲四点意见。

一、充分肯定大家为两区整合所做的不懈努力

两区行政资源整合对我们来说，是难得的历史机遇，也是全新的挑战。一年来，整合工作取得了明显成效，得到了市委、市政府的充分肯定，也得到了社会各界的高度认可。成绩的取得，是大家团结协作、共同努力的结果，包含了大家共同的智慧、

共同的辛苦。新区的发展，关键在人，重点在广大领导干部。大家为了整合工作，以高度的使命感和责任感，书写整合的历史，也在书写我们每个人的历史，都有付出，都发挥了重要作用，许多工作是可圈可点的。若干年后我们再回首，应该是无愧于这段历史的。回顾一年来的工作，突出的特点有以下几点：一是主动有为。整合一开始，大家不等不靠，积极行动，加强沟通，迅速对接，把事情想在前面，把工作做在前面，体现了很强的主动、超前意识。比如，统计部门，快速反应，紧密合作，建立新区月度经济形势分析会制度，改版统计资料，强化统计服务，在整合不到一个月时间，我记得，2010 年 2 月 24 日，就编印了北京南部现代制造业新区基本情况专报，让大家及时了解新区概况和经济社会发展情况。人力社保部门，紧密衔接，建立岗位资源、培训资源、管理资源、政策资源共享机制，实现开发区吸纳新区劳动力 6000 余名，取得历史性突破。教育部门，在深入调研的基础上，理清思路，抓紧拟订工作方案，确保亦庄地区中小学及幼儿园入学工作平稳有序，特别是在缓解入园难问题上下了很大工夫，新建两所幼儿园，共招收 12 个班 360 多名孩子，极大地缓解了适龄幼儿入园压力；同时，积极促成市级名校北京八中在亦庄开办分校，扩大优质教育资源，满足亦庄地区教育需求。卫生部门，多次调研沟通，在整合开始后一个多月，就派驻人员到开发区负责卫生行政审批，提供一站式服务，提高办事效率；同时，加强开发区卫生事业的统筹管理和规划，设立了 120 急救站和 3 所社区卫生服务站，提升亦庄地区公共卫生服务能力。社会工委、社发局，建立定期联系会议制度，理顺社会管理工作体制机制，积极推进亦庄地区设立街道办事处工作。宣传部门，建立两区理论中心组学习长效机制，增进干部沟通交流；开展“融合发展、文明先行”主题教育实践活动，推动开发区 17 家文明单位与有关村镇结对共建；整合资源，加强策划，多次组织新闻媒体开展深度采访报道，有效扩大了新区影响力。区环保局，得知开发区环保部门人手不够，主动抽调 4 名技术骨干到开发区工作，共同筹建环境保护监测站。长子营镇，积极整合工业区内闲置土地资源，腾退企业，完善基础设施，拓展产业发展空间；与博大经开物业公司合作，搭建起与开发区企业对接平台，实现了向开发区内 4 个园区的农产品配送。旧宫镇，超前谋划，为建设亦庄新城综合服务配套区，做好前期各项工作。二是勇于创新。整合是新事物，在很大程度上需要我们摸着石头过河，边实践、边探索。这方面，大家都积极开动脑筋，出主意、想办法，着力在机制上创新突破，取得了很好的效果。比如，产促部门，着力创新招商机制，于去年 8 月实现两区招商人员合署办公，建立 11 个专业招商部，共打亦庄品牌，统一制定招商政策、统一包装策划、统一信息发布、统一形象设计、统一项目造册，强化招商合力，提升招商整体形象，形成了统一的工作机制，合作非常默契；去年新区共吸引投资 600 亿元，引进康宁二期、冠捷、东贝等一大批高端项目，取得历史性突破，产促部门功不可没。区委研究室、区经信委、区发改委会同相关部门，在争取审批权限下放和政策支持上做了大量工作，向市里提出了 40 多项建议，积极争取市里各部门支持。开发区总公司与发改、财政等部门，创新投融资模式，通过设立境外投资公司，打通了海外融资渠道；成立小额贷款公司，成功发行第一期中小型企业集合票据；成功主导实施松辽股份、通用汽车电动转向与传动业务等一批国际国内并购项目，资本运作成效卓著，初步搭建起全方位面向产业的专业金融服务体系，全年通过投融资平台实现融资 168 亿元、产业投资 59.6 亿元，均为历史最大规模。组织部门，创新工作机制，成立人才工作协调领导小组，共同研究制定新区《“十二五”人才发展规划》和《中长期人才发展规划纲要》，加大海外人才引进力度，加强干部交流任职，共同组织干部参加境外培训，努力为新区发展提供干部人才保障。三是胸怀大局。整合后，什么是大局？新区的发展就是大局。大家都有较强的大局意识，能按照区委、工委要求，坚持一切服从服务于发展，把有利于新区发展作为工作的出发点和落脚点，围绕加快发展去谋划、开展工作。在这方面，区级班子成员带头讲大局。长友区长讲大局，不算小账算大账，在京东方资金出现问题的时候，及时出手帮助，体现了大局意识。伯旭主任把重点园区都跑到了，研究产业布局都从新区的角度出发，以实际行动引领带动思想融合、感情融合、发展融合。广义总经理领着开发区总公司干部，不计条件、不算小账，发挥资金优势，参与推进重点园区基础设施建设，目前已投资 8.1 亿元，推进生物医药基地回迁房建设、长子营 466 亩工业用地开发、采育 4 条主要道路升级改造等工作，并为重点园区提供 310 套公共租赁住房。我们的区级领导是如此，部门也是如此。发改部门，统筹谋划新区发展，按照“五规合一”的要求，统一编制新区“十二五”规划，为新区下一步发展理清思路。财政部门，在落户项目的税收分成上不算细账，加快了项目的落地速度。统战部门，发挥自身优势，邀请多家民主党派中央和市委负责同志到新区调研指导工作，为新区发展争取各方支持。区检察院，将开发区列为法制共建单位，在世界 500 强等大型骨干企业建立服务联系点，为开发区提供法律支持和司法服务。区法院，积极化解在开发区扩区中产生的行政纠纷，保障重点项目顺利推进。四是敬业奉献。过去的一年，大家都非常不容易，面对这么大的工作量，顶着如此大的压力，没有打退堂鼓的，没有掉链子的。大家攻坚克难、顽强拼搏，体现了敬业爱岗、乐于奉献的精神。瀛海镇、亦庄镇、住建委、拆迁办和开发区总公司，共同努力，舍小家、顾大家，“5+2”、“白加黑”，仅用 50 天就完成了 18 个村的住宅拆迁任务，创造了新的拆迁速度，形成了“拆迁精神”。地铁建设指挥部，克服一切困难，狠抓工程进度和质量，付出大量心血和汗水，确保了地铁年底通车运营。南海子公园建设指挥部，晴天三身汗，雨天两脚泥，奋战8个月，建成了3700多亩的公园一期，使多年的规划设想终于成为现实，为开发区发展创造了良好生态环境。办公室、研究室，承担了比往年多出几倍的接待、文稿任务，基本没有节假日，经常加班加点，很多时候都在开夜车，赶任务，有时甚至通宵达旦。其他部门也一样，都在为新区的发展尽心竭力，都在付出，都在奉献，不叫苦，不喊累，不抱怨。五是团结和谐。我一直强调，团结出战斗力，团结出政绩，团结出干部。一个团结和谐的环境是我们发展的前提和保障。在整合中，两区干部携起手来，心往一处想、劲往一处使，共促发展，真正做到了一条心、一盘棋、一股劲，干事创业的氛围非常浓厚。我们区级班子40多个人，大家都很累，工作的压力大、头绪多、要求高，但班子团结和谐，大家能够敞开心扉、敞开胸怀、碰撞思想、交流认识，讲党性，讲团结。特别是长友区长、伯旭主任，两头跑，工作任务都是原来的两倍以上，但活累心不累，心情舒畅，各项工作沟通很顺畅。各对口部门，都在采取多种方式方法，加强交流沟通，增进了解信任，在工作中互相支持，紧密配合，目标一致、行动一致，两家人变成了一家人，真正形成了合力。特别是，在推进重点项目建设中，产促、发改、建设、土地、市政、规划、环保等相关职能部门，共同建立重点项目一体化推进工作机制，相关部门没有扯皮的，真正做到了互相补台，无缝衔接。这样的例子还有很多，由于时间关系我就不一一列举了。应该说，成绩的取得，是大家一件一件抓出来的，是大家一点一点干出来的，是大家一步一步闯出来的；我们新的体制机制，是靠大家的觉悟、大家的党性、大家的智慧创造出来的。通过一年的工作，我们取得了实实在在的成效，积累了大量宝贵经验，为推进深度融合打牢了基础。总之，两区整合是去年全市的焦点，但没有成为热点，反而用实践证明市委、市政府决策是正确的，用大家的努力赢得了社会的广泛认同和支持，用咱们的付出赢得了市委、市政府领导的充分肯定。

二、统一思想 深化认识

首先，谈一谈什么是深度融合。深度融合，是在去年初步融合的基础上，更高起点的融合，更深层次的融合，更高水平的融合，用两个形象化的公式来表示，就是“1+1=1”，“1+1=∞”。“1+1=1”，就是通过深度融合，使大兴区和开发区真正形成一个整体，不分你我，共同围绕新区的发展目标，合力推进各项工作；“1+1=∞”，就是通过深度融合，两个积极性充分调动，两个优势充分发挥，形成更为强劲和持久的发展活力和动力，实现整合后的超常规、高水平、跨越式发展。具体来讲，就是16个字：丰富内涵、拓展外延、突破瓶颈、提升层次。丰富内涵，就是在去年融合对接的基础上深挖潜力，不断创新融合形式，深化融合内容，已经成熟的行之有效的做法要固化为机制，将融合工作做细、做实，推向深入。拓展外延，就是本着一切服从服务于发展的原则，扩大工作对接的范围，加大工作对接的力度，实现融合工作全覆盖、无缝隙。各对口部门之间要加强融合，非对口部门之间也要加强沟通与对接。突破瓶颈，就是找出当前制约新区发展的突出症结和主要矛盾，用融合的思路和办法破解发展难题，把深度融合作为抓手，集中力量，攻克一批发展中面临的困难。提升层次，就是站在新区的高度，一体推动融合发展，坚持更高标准，推动工作上新水平，取得新成效。

再谈一谈为什么要推进深度融合。第一，从发展的大局看。两区行政资源整合，归根结底是为了加快发展。整合是方式和手段，发展是目的和归属，通过整合要实现更好更快的发展。去年，两区整合迈出了第一步，融合发展势头很好，实践充分证明，越是融合得好，发展也就越好。我们要高举发展的大旗，坚持一切服从服务于发展，坚持以做大做强开发区和推进城乡一体化进程为重心，进一步创新体制机制，实现优势互补，形成强大的发展合力，这都要依靠深度融合来实现。第二，从发展的目标任务看。“十二五”规划已经明确“一体化、高端化、国际化”的目标。这“三化”体现了中央和市委关于以科学发展为主题、以加快转变经济发展方式为主线的要求。实现规划目标，不是开发区或大兴区一个区的任务，不能靠一个区或者两个区各干各的，必须是一个整体，必须深度融合。第三，从发展的现实看。今年是整合的第二年，是关系到整合成败的关键之年。与去年相比，市里更为关注，社会各界更为关注，我们不能在去年的基础上原地踏步，还停留在8个对接、6个突破上，还停留在感情沟通、信息交流上。实事求是地讲，我们通过去年一年的融合，并不是解决了所有的问题，与市委、市政府的期望和要求相比还有差距，还有不少难题需要我们去破解，有的是更深层次的问题，需要我们付出更多的辛苦和努力。我们的融合不可能拖个三五年，讲融合不能一直讲下去，融合的任务，今年就要基本结束。我们要自我加压，有更高的标准，有更高的追求，深度融合，建设新区。为此，需要深化两个方面的认识。

一方面，要深化对“新区”的认识。要充分认识到，建设新区是大势所趋，是两区整合的必然结果。深度融合，从根本上说，就是一体发展、建设新区。大家要把发展这面旗帜高高举起来，共打新区的牌、同做新区的事、齐兴新区的业，共同为新区的发展做贡献。每一位干部都要牢固树立“我是新区的干部”这样一种意识，以新区的整体利益最大化作为出发点和落脚点，从新区整体角度谋划工作、考虑问题。从目前来看，我们大部分干部都在逐步树立“新区”意识，以自己的实际行动在唱响新区、发展新区、维护新区。在这方面，还有一些人，对市委、市政府的决策认识不够清、理解不够透、把握不够准，存在着模糊认识，存在着思想障碍，对于新区，有的干部不敢提、不愿提、不会提。不敢提，可能认为市委、市政府没有给我们正式名分，怕提了不合适。要充分认识到，两区整合是全新的课题，没有现成的答案，考验的是我们的智慧和能力。我们不提新区，老是提两区，或者你提大兴区，我提开发区，就表明我们融合得还不够好，还是两家人。不愿提，可能对整合后体制机制还存在疑虑，认识不到位，实际工作中更多只考虑局部利益、个人得失。要认识到，新区发展了，就有了事业和个人发展更大的空间和舞台。只有维护新区发展大局，为新区发展做出自己的贡献，工作才会出成效，个人发展才会有机会。不会提，有的跟不上形势，考虑和谋划工作还局限在自己原来的三分地里，没有把自己的工作与新区的发展紧密联系起来，认为可提可不提。要认识到，现在新区的规划已经是一体的规划，不能再各干各的了，必须强化整体观念，强化统筹意识。至于叫什么新区，并不重要，只要我们把握了新区的实质，叫什么新区只不过是个符号。对新区如何把握，我想应该做到三点。一是脑子里要有新区的概念。外人看咱们，可能还是大兴区、开发区。但对于我们自己来说，大家就是新区，是一个整体，是一家人，没有你的我的，在思想意识里要强化这一概念。二是手里要干新区的活。建设南部高技术制造业和战略性新兴产业聚集区的任务，不是开发区或大兴区一个区的任务，靠一个区或者原来的两个区各干各的也是完成不了的，必须是一个整体，才能实现优势互补、形成合力。整合前，大家都有自己的工作范围，现在整合了，范围扩大了，就应该站在新区角度谋划工作、考虑问题。我们的区级领导，每个人的分工不一样，职责也不一样，但都是新区的领导班子成员，考虑问题就要站在全局高度，主动往前迈一步，多去沟通、去协调。我们的各部门，都要以新区为着眼点来谋划、推进工作，哪个方面工作不到位、出了问题，就是你相关部门的责任。新区是我们大家的，大家的事大家做。新区的事要靠大家来干，干得好大家脸上都有光，干得不好大家都有责任。要善于利用好新区这个更大的平台，发挥好各自优势，更好地解决工作中的难题。比如，按照有关规定，开发区不能招录应届大学毕业生，对大兴区没有这方面的限制，两边组织部门一沟通，大兴这边招了新区统筹使用，问题就解决了。我只是举一个例子，实际工作中，还有很多优势等待大家去挖掘。总之，新区的干部要善于利用新区的资源干好新区的事情。三是嘴里要讲新区的话。整合前，汇报工作的时候或者对外宣传的时候，大兴可以只说大兴的事，开发区可以只说开发区的事。但是，整合以后，特别是今年深度融合以后，就不能一家人说两家话，更不能只讲大兴区或者只讲开发区。大家都是新区的干部，嘴里要多讲新区的话，多说新区的事。在争取上级支持的时候，要做到一个声音，说一家的事。在对外交流的时候，要多讲“一体化、高端化、国际化”，多讲“一区六园”，多讲京东方 8.5 代线、奔驰、云基地。要努力争取各方支持，争取资源越多，新区发展就会越快。总之，能够做到这三点，才是我们新区干部应有的觉悟和水平。

另一方面，要深化对“两个责任”的认识。对两区整合，市委、市政府主要领导给我们提出了“两句话、十八个字”的要求，“机制新、活力大、效率高”是对体制机制的要求，希望新区通过整合走出一条体制机制创新的路子，“超常规、高水平、跨越式”是对发展的要求，希望新区通过整合实现更好更快的发展，这是市委、市政府交给我们的双重责任。第一个责任，就是加快发展。我们肩负着做强首都二产的重任。“十二五”时期，全市产业发展布局重点是一南一北两个高端产业聚集区，南部重点打造以北京经济技术开发区和大兴区整合后的空间资源为依托的南部高技术制造业和战略性新兴产业聚集区。我们提出到“十二五”末，要实现 8000 亿元的工业总产值，占全市的比重力争达到 40% 以上，实现这一目标，需要我们保持一个较快的发展速度。同时，按照加快转变经济发展方式、“两个率先”等要求，要承担起打造“北京创造”品牌主力军的责任，提高发展质量和效益，优化经济结构，真正实现在发展中促转变、在转变中谋发展。第二个责任，就是创新体制机制。两区整合模式，既不同于滨海新区、浦东新区、两江新区，也不同于新东城、新西城的合并，没有现成的东西可以照搬，要靠我们大家探索创新，在现行体制的前提下，着力在运行机制上实现突破。过去一年，我们很多工作都是在创新，大家都在尝试和突破，形成了一批好的运行机制和做法，在推进融合中取得了很好的成效。今后，仍然要靠创新来拓宽新路径，凝聚新力量，激发新活力。特别是今年，要通过深度融合，形成统一高效、运转协调、更加成型的运行机制。大家要把这两个责任勇敢地承担起来，成为新区跨越发展的推动者，探索创新的实践者、先行者。

三、把握重点 形成机制 大力推进深度融合

应该说，推进今年的深度融合，涉及方方面面，但在工作摆布上，不能平着推进，要集中力量办大事，着力在涉及全局的重点工作上抓准、抓好，努力取得新成效。主要有以下 12 个方面。

（一）拓展产业发展空间。空间是产业发展的载体。实现“十二五”规划确定的经济指标，必须有足够的产业发展空间作为支撑。在开局之年，拓展产业发展空间，加强基础设施建设，夯实产业发展基础，对五年的产业发展至关重要。要加快开发区 12 平方公里扩区拆迁收尾和基础设施建设，确保 4 月底前重点项目开工。要启动新一轮扩区，开发区再扩区 16 平方公里，生物医药基地扩区 8 平方公里。这 24 平方公里不是为今年扩的，主要是为“十二五”后期实现项目落地、产值增量。要发扬拆迁精神，

以更高的标准推进新一轮扩区。特别要注意研究新拆迁条例，结合实际情况做好政策衔接，增强扩区信心。要继续加强各产业园区基础设施建设，继续推进腾笼换鸟工作，向存量要空间。这项工作长友同志任组长，绪祥、晓林、赉勇、邵恒、伯明同志牵头，扩区办具体负责，开发区总公司、建发局、拆迁办、规划分局、国土分局、生物医药基地等相关部门、园区分工负责。

（二）深入推进联合招商工作。要细化十大产业规划，统筹“一区六园”建设，进一步优化产业布局，加强招商的针对性，着力促进产业聚集发展。要进一步充实队伍，完善机制，使联合招商工作的优势更充分地发挥出来，实现招商项目在数量、规模、质量上的新突破。要推动政策全覆盖，完善注册落户利益分配机制，研究出台全区域内的产业政策、奖励政策。要全面建立“四个一批”动态机制，促进项目早落地、早开工、早投产。这项工作伯旭同志任组长，昕昕、立成、冠超同志牵头，联合招商办具体负责。

（三）深入推进科技人才工作。去年，推进科技人才工作力度很大，召开了大会，制定了规划，出台了政策，今年重点是抓落实。科技工作，要强化统筹意识，围绕打造“北京创造”品牌，从整个新区范围着力推进科技创新“八大工程”，加强企业创新主体能力、创新平台支撑能力和创新创业服务能力建设。“八大工程”怎么推进、今年要实现哪些目标，都要做到心中有数，对培育“大旗舰”、“小巨人”等企业要有针对性强的办法措施。这里要强调一下与中关村对接的问题。前不久，《中关村国家自主创新示范区发展规划纲要（2011—2020年）》已经获得国务院批复，昨天，市里又专门召开了动员大会，我们要主动加强研究，充分利用好中关村的资源，深入开展产学研合作，加速科技成果产业化。这项工作新安、立成、冠超同志牵头，科技部门具体负责。人才工作，要切实按照“服务发展、引领创新，高端带动、整体开发，创新机制、服务人才”的总体定位，坚持人才优先发展，瞄准“基本确立人才竞争比较优势”以及“力争新区人才总量特别是高层次人才数量和整体质量位居全市前列”的目标，进一步加大人才工作力度。要抓好“十二五”人才发展规划任务的分解和落实。要加大对海外高层次人才引进工作，提供良好创业平台，吸引一批海外高层次人才入区发展。要抓好为高层次人才提供专项服务的意见等政策的落实，完成人才之家筹建工作。这项工作张文、绪祥、有国、志荣、合生同志牵头，组织、人力社保、科技等部门具体负责。

（四）深入推进劳动就业工作。今年，新区劳动力到开发区就业工作要在保持数量增长的基础上，着力实现质量和水平的新提升，圆满完成8000人的目标。要进一步促进各项资源共享，持续加大岗位开发力度，全年开发区要向新区劳动力提供3万个以上就业岗位。要深入开展“两走进、三下乡”活动，管委会领导带队走进各镇，各镇领导带队走进企业，深入调研，通过“移动招聘会”等方式，将“就业指导、就业岗位、就业培训”直接送给劳动力。同时，着力解决就业匹配度低、上下班交通不便等实际问题。比如，兴亦路开通后，要尽快对公交线路进行合理布局，采取设立公交车、自行车站点等措施，为沿线及周边地区劳动力到开发区就业提供方便。王国良、张桂海同志要抓紧研究新区公交线路布局优化问题。要着力完善促进就业政策，整合优质培训资源，开展针对性强的培训，切实增强劳动力素质能力，提高就业水平，在稳定就业、持续就业、优化就业结构等方面形成工作新亮点。这项工作绪祥、合生同志牵头，人力社保部门具体负责，相关部门配合。

（五）加强亦庄地区社会管理和城市管理。今年亦庄地区社会管理工作的重点是完成“1+3”街道办事处的设立。要加强调研，合理确定街道办事处职能、框架、内设机构，明确工作目标和服务重心。要加强沟通协调，确保上报市政府的申请5月底前得到批复，做好原由通州区管辖的开发区部分地区的行政管理对接工作，研究职能部门派出机构的设立方案。要组建亦庄地区街道办事处筹建组，加快工作进度，做好前期各项基础工作，解决好办公场地、人员调配及培训、财政管理体制等问题，确保新成立的街道办事处尽快发挥应有的作用。这项工作王新、宝东、红岩、合生同志牵头，区委社会工委、开发区社发局、民政局具体负责，相关部门配合。

（六）提升亦庄地区公共服务水平。今年，要继续实施一批民生工程，进一步改善亦庄地区群众就学、就医条件，使群众切切实实享受融合带来的成果。医疗卫生工作，要完善开发区公共卫生管理工作机制，加强公共卫生网络建设，加强疾病预防控制工作，完善卫生审批机制。要加强卫生基础设施建设，加快推进北京同仁医院二期、12平方公里搬迁区卫生服务中心等工程。要加强沟通协调和配合，解决一些医疗卫生机制对接方面的难题，研究为高端人才提供个性化医疗服务的办法。教育工作，围绕解决亦庄地区上学难、上学贵、上好学难的问题，采取引进、提升、扶持等手段，满足亦庄地区对优质教育资源的多元化需求。要提高建设、管理水平，完成12平方公里扩区回迁楼教育配套基础设施建设，确保北京八中亦庄分校今年如期投入使用。要有效整合区内职业教育资源，提高职业技能培训的针对性和实效性，有效促进农村劳动力劳动技能提升和就业观念转变。要适应高端化、国际化发展需要，教育医疗都要加大优质、高端资源引进力度，更好地为新区发展服务。这两项工作明超、荣彬、合生同志牵头，白文同志配合，卫生、教育、社发等部门具体分工负责。

（七）加快亦庄新城综合服务配套区建设。这个配套区主要包括亦庄镇、瀛海镇、旧宫镇和南海子地区。相关部门要围绕优化亦庄新城发展环境、为产业发展造势，统筹谋划，加快推进综合服务配套区建设。要认真分析该区域发展现状，科学制定《亦庄新城综合服务配套区发展规划》，做好与《亦庄新城规划》的衔接，确保规划的科学性、可行性。要打破区划界限，在整个区域内统筹考虑产业协同发展、城市功能完善互补、基础设施一体化、搬迁村农民利益保障等方面问题，体现全面性、全局性。要重点推进区域基础设施一体化。按照开发区和新城建设的标准，在道路、市政、生态等方面建设一批工程，全面提升区域内基础设施建设水平。这项工作绪祥、晓林、贲勇、文献、伯明、邵恒同志牵头，组建工作领导小组，亦庄镇、旧宫镇、瀛海镇、南海子公园管委会和开发区相关部门为成员单位。

（八）在开发区设立检法两院派出机构。在开发区设立检察院、法院派出机构，为开发区经济社会发展提供优质高效的服务保障，是惠及开发区广大企业、群众的一项重要工作。今年，要完成北京市大兴区人民检察院经济技术开发区检查处、北京市大兴区经济技术开发区人民法庭两个派出机构的设立。要组建区检法两院派出机构筹备工作组，确定编制、内设机构、人员，完成办公用房规划、设计和前期施工。要完成临时办公区挂牌工作，促进人员尽早到位、发挥作用。这项工作张文、王新、武英、贲勇同志牵头，政法、法院、检察院、编办等部门具体负责。

（九）进一步推动干部融合。两区整合后，干部发展的舞台更大了，通过相互交流学习、多岗位锻炼，有利于实现取长补短，提高干部能力素质。可以说，干部融合为培养干部提供了新途径，是推进深度融合的重要保障。今年，在干部的统筹调配使用上，要有更大的力度。要进一步加大处级干部交流，同时，探索加强处级以下干部交流的有效方式。要整合干部教育资源，继续举办境外培训班，在开发区企业建立现场教学基地，开展处级干部的联合培训。要加强非公党建和社区党建的交流合作，共同开展党员进社区工作。这项工作张文、有国、志荣同志牵头，组织部门具体负责。

（十）做好开发区人大代表、政协委员候选人推选工作。开发区优秀人才参政议政，是新区政治建设中的一件大事。在年底大兴区人大、政协换届工作中，要积极推荐开发区的优秀人才为人大代表、政协委员候选人，要注重发现、培养民主党派、群众团体的代表人士。要像去年村“两委”换届一样，把这项工作抓实做细，确定合理目标，制定详细计划，采取有力措施，确保掌控得力，目标任务顺利完成。这项工作有国、志荣同志牵头，组织部门具体负责，统战部、人大办、政协办配合。

（十一）推进新航城建设。首都新机场建设是我们的历史性机遇，必须集中多方面力量，发挥各方面优势，合力推进，实现新区利益的最大化。围绕新机场建设，相关领导、机场办和相关部门已经做了大量工作，有了很好的基础。今年，要以深度融合为契机，进一步整合资源，凝聚力量，共同推进机场建设的服务保障、新航城和临空经济区的建设。要继续加大违法建设管控力度，推进征地拆迁，做好机场建设服务保障。要加快对新航城和临空经济区规划的研究，做到与机场建设同步开展，规划、联合招商办、开发区总公司等部门都要参与进来。这项工作长友同志任组长，绪祥、贲勇、邵恒、冠超、伯明同志牵头，机场办具体负责，相关部门配合。

（十二）加强宣传工作。要加强对外宣传，围绕进一步提升新区的影响力和知名度，形成对外宣传的强大合力，在国内知名媒体策划一批有较大影响力的宣传活动，重点介绍新区发展取得的新成就、新经验和产业发展创新驱动的新模式，营造良好外部舆论环境。要强化区内宣传，向企业、社区、农村延伸覆盖，使新区发展的新成就、新形势、新任务等情况深入人心，进一步激发广大干部群众参与新区建设的热情。这项工作张文、明超同志牵头，宣传部门具体负责，其他部门，比如工青妇，也要通过自己的途径做好宣传。

这 12 项工作是推进深度融合的重点，要不折不扣抓好落实。这里我再强调两点。一是推进深度融合，各地区、各部门都有责任和义务，都要积极主动地参与其中。12 项重点工作之外，还要加快推进市级审批权限下放和政策支持、企业上市等工作；继续推进和深化工作对接，如各镇和开发区相关部门的对接，环保、税务、城管、公安、安监等各项工作的对接。去年我们提出重点推进“8 个对接”，各部门主动参与，到年底时实现工作对接的远不止 8 个。今年也是如此，在推进深度融合上，每个地区和部门都要明确自己的重点任务，切实为推进深度融合作出应有的贡献。二是积极探索创新，努力形成一批新的机制。今年，机制创新的任务非常重大。如果说，融合初年的成果是 6 个突破；那么，深度融合之年既要看发展成果，也要看形成机制，要初步形成统一高效、运转协调、更加成型的融合发展机制。以上 12 项工作，都要像招商办、扩区办一样，建立相应的工作平台，形成研究决策、日常沟通、执行落实等工作机制。12 项工作之外，其他各对口部门，也要形成相应的深度融合工作机制。总之，对每个方面工作都要进行认真研究，形成规范性制度，更好地做好今年深度融合工作。

四、几点要求

推进深度融合，今年的任务很多，在座各位领导干部肩上的担子都很重。大家一定要有大局意识、责任意识，主动思考、扎实工作，坚持高标准，狠抓工作落实，推动工作再上新水平。

一是要大胆创新。创新是促进深度融合、推动新区发展的强大动力。要拓宽思路。围绕深度融合进一步解放思想、开阔眼界。凡是有利于融合发展的事，只要认准了，就要大胆尝试，放手去干。就拿中芯国际二期来说，是市委确定的重点项目，投资量、影响力都很大，为促进早开工，各项工作都在抓紧推进，但一直解决不了项目用水问题，针对此情况，春亭、贲勇、昕昕一起研究，思路就打开了，通过统筹新区水资源利用，在满足农业灌溉用水的同时，将富余部分中水给中芯国际二期，问题迎刃而解。新区的干部要着力拓宽思路，围绕着同一个目标、同一个规划，站在新区的高度考虑问题，善于运用统筹的方法，在新区范围内推进工作、解决问题。

二是要善于总结，形成特色。对融合中好的经验和做法，要及时总结，上升为规律，形成制度，更好地指导我们的工作。要让总结成为一种工作方法、工作习惯。尤其是今年 12 项重点工作的牵头领导和单位，都要边干、边总结、边出成果，牵头领导中排在第一位的总牵头，负总责。要大力开展调查研究，深入基层，找规律、抓特点，及时总结好的经验做法，形成我们自己有特色的工作方式方法。

三是要善于统筹。今年的任务相当重，头绪多、战线长，要求大家要善于统筹。方法上要统筹。工作摆布、项目安排要分轻重缓急，资金上做到收支平衡，时序上打出节奏。注意做好沟通协调工作，牢牢把握重点和关键点，有计划、有节奏推进各项工作。资源上要统筹。今年有很多大事，新机场建设、扩区、相关政策的全覆盖等问题，都需要争取市委、市政府、市有关部门，有的甚至是中央的大力支持。在座各位要积极利用各种资源，多沟通，多做工作，争取各方面的理解和支持。比如，康宁二期项目还在等着国家发改委审批，还有很多程序，审批的速度影响着项目建设的进度，我们要动员所有力量，争取早日审批通过，使项目早开工、早投产。

四是要坚持高标准。现在，方方面面都在关注新区的发展，我们是在聚光灯下工作。去年新区经济总量 1018.9 亿元，占全市的 7.4%，工业总产值 2661 亿元，占全市比重超过 20%，在全市发展中占的分量更重了。市里对我们的关注度也不一样了，要求更高了，新区要为全市发展更多的添秤，作出更大的贡献。两区整合已进入第二年，我们得拿出实实在在的成果。我们必须以更高的标准来要求自己，通过干事业不断提高工作水平。一般说来，级别越低目标应该越高。但从年初各地区、各部门的汇报来看，基本上和政府、管委会定的目标一样，都留了较大余地，这与新区发展的形势是不相适应的。各地区、各部门要自我加压，在目标任务上少留余地甚至不留余地，体现出“超常规、高水平、跨越式”发展的要求，体现出良好的精神状态。

五是任务要切实落到实处。深度融合的成效如何，要靠发展的实效来检验，要靠各级领导干部脚踏实地、一步一个脚印去工作。大家要扑下身子，深入下去，用心去琢磨事，把各项任务抓紧、抓实、抓好。要做到“四个明确”。对于深度融合的各项工作，要进一步明确工作重点、工作主体、工作标准、工作时限，形成折子工程。对于各项工作干什么、怎么干、干到什么程度，我们部门领导，包括中层干部都要做到心里有数。深度融合工作抓得怎么样，到半年、一年的时候得有说法，到时候，大家都要说一说、比一比，看看我们的工作是怎么抓的。要形成工作合力。各项工作推进，12 项工作也好，其他融合工作也好，长友、伯旭同志要加大统筹力度，晓林同志发挥身兼两边职务的优势，多作沟通，切实发挥桥梁纽带作用。有关推进深度融合体制机制研究工作，张文同志牵头，王新同志配合，抽调专人，成立专门机构，对推进深度融合工作进行指导、协调，进一步总结、完善深度融合机制。人大、政协要继续关注和支持融合工作，各民主党派和群团组织要切实发挥作用，为推进深度融合营造良好环境。特别需要强调的是，随着融合的深入推进，各项工作涉及的领导、部门会更多，有的涉及方方面面，沟通协调的工作量相当大。我们要习惯这种大兵团作战，强化团队意识，强化主动精神，千万不能在事情面前犹犹豫豫、互相观望、互相推脱，绝不能出现三个和尚没水喝的现象。一定要讲党性、讲责任、讲大局，努力营造良好的工作氛围，形成良好的工作局面，和衷共济，干事创业，把新区的事业不断推向前进。

在开发区领导干部大会上的讲话

中共北京市大兴区委书记
中共北京市委经济技术开发区工作委员会书记 林克庆

（2011 年 10 月 26 日）

同志们：

在向全年目标任务冲刺的关键时刻，我们召开这次非常重要、十分紧迫的提醒会、鼓劲会，主要目的是认真盘点今年以来的经济工作，分析形势、找准不足；动员全区上下统一思想、坚定信心，抓住剩下的 2 个月时间，全力以赴，确保不折不扣、不退不让地完成年初确定的各项任务指标。今年是个特殊的年份，一方面经济环境不确定、复杂性不亚于甚至超过 2009 年金融危机，另一方面今年是换届年，完成今年各项指标意义重大。对于全市经济指标的完成，开发区有重要责任。即便不能更多地为全市指标添秤，至少不能拉全市的后腿。在去年半年经济分析会上，我就讲过，去年一年、今年一年都是新区困难较大的一年，熬过去后，明后年及未来几年，新区大的形势预期是比较乐观的。主要在于有一批重大项目支撑，例如诺基亚发展形势能够稳定住、京东方明年全面量产、奔驰越野车等车型投产，另外这两年重点推进的“四个一批”项目将陆续开工、投产。可以说，明年以后开发区的发展后劲更大、基础更扎实。近期，长友区长、伯旭主任连续参加几次市委、市政府主要领导召开的动员部署会，并且每个星期都坚持分析各项指标任务完成情况。应该说，完成今年的各项指标任务，从全市来看，时间紧、任务重。所以按照市委、市政府部署，我们召开今天的动员会很有针对性、意义非常重大。

刚才，伯旭同志对前三季度经济运行情况作了全面、深入的分析，分析很到位，也很客观，同时对下一步的重点工作进行了全面部署，讲得非常好，措施非常实，特别是提出“靠前指挥，主动服务”，要求非常明确，我完全赞同。会后，各单位、各部门要按照部署和要求，认真抓好贯彻落实。

下面，我向大家介绍几位新领导，并通报一下近期区级领导干部调整情况。经市委研究决定，高言杰同志，原房山区常务副区长，任开发区工委委员、管委会副主任；绳立成同志，原大兴区副区长，任开发区工委委员、管委会副主任；王宗刚同志，原大兴区委办主任、研究室主任，任开发区工委委员、组织部部长；韩洪英同志不再担任开发区工委组织部常务副部长、正处级组织员职务，任总公司党委副书记、纪委书记。因工作需要和区县换届，有几位同志离开了现在的工作岗位，邓志荣同志不再担任开发区工委委员、组织部部长，任大兴区委委员、常委、纪委书记；张晓林同志不再担任开发区工委委员、管委会副主任；文献同志不再担任开发区工委委员、管委会副主任，调石景山区工作，已经正式上任，任常务副区长。下一步按照全市统一部署，以及班子工作需要，还将进一步补充调整。

以上人事安排，是市委从新区长远发展考虑作出的重要决定，体现了市委对新区工作的充分肯定、对新区班子的高度信任和对新区干部的关心爱护，同时也对我们新的领导班子寄予厚望。根据工作需要，文献同志到石景山区任常务副区长，志荣同志任大兴区纪委书记，晓林同志另有任用，应该说都是提拔重用，这都离不开开发区这个集体的关心支持。这三位同志中，志荣同志在开发区工作了 8 年多，文献同志在开发区工作了 3 年多，晓林同志在开发区工作了 1 年多。三位同志离开开发区的时候都表示：对开发区充满了感情和深深的留恋，同时对大家工作上给予的大力支持表示衷心感谢。按照市委市政府部署和工委、管委要求，特别是在开发区广大干部群众的大力支持下，三位同志服从服务于大局，充分发挥聪明才智，促进两区融合、促进新区一体发展，为新区发展作出了突出贡献，得到大家的广泛肯定，得到市委市政府的充分认可。

在市委考察组对区级班子考察结果反馈中，市委也给予很高评价，认为开发区班子坚决服从服务大局，思想高度统一，认真贯彻落实市委、市政府决策部署，工作思路明确，组织措施得力，推动两区优势互补、双向覆盖，实现“1+1>2”的效果，形成发展合力。市委认为：开发区领导班子是政治坚定、服从大局的班子；是目标明确、思路清晰的班子；是勤奋敬业、开拓创新的班子；是团结合作、廉洁勤政的班子。这是市委通过考察后，正式反馈给班子的一个评价，是在座各位、全区干部队伍对班子的认可，是广大群众支持的结果，是大家共同努力的结果。希望大家珍惜大好的发展局面，继续巩固新区班子团结干事的良好氛围，不负重托，埋头苦干，拿出实实在在的发展成果，回报市委、市政府的支持、组织的信任、群众的期望。特别是新提拔、转岗、交流的领导干部，要从新区的发展大局出发，深刻认识市委人事安排的意图，尽快熟悉情况、融入集体、进入角色；加强沟通交流，做好工作衔接，迅速开展分管工作。

目前，班子中一些是新人、新岗位，但不能因为人事变动而影响工作。眼前重点是要切实严格落实责任制，按照年初的工作计划，按照市委、市政府确定的保增长任务，集中精力抓好年底的各项收尾工作。刚才伯旭主任讲了，除了保增长任务外，今年我们还有 60 项折子工程和 10 件实事，特别是 10 件实事是对社会各界要有交代的。目前看，一项折子工程完成有特殊困难，一件实事进展缓慢。在这里，我们必须说清楚，言必信、行必果，必须说到做到，不落实，不兑现不行。对于 60 项折子工程和 10 件实事，完不成的部门，年底必须对工委、管委会有交代，必须作出专门说明。下面，我再强调三点。

一、充分肯定今年以来取得的成绩

今年是个特殊的年份，我们面对严峻的宏观经济形势，克服不利因素影响，不断变被动为主动，按照市委、市政府的部署和要求，积极应对、攻坚克难、抢抓机遇、主动有为，经济社会继续保持良好的发展势头，深度融合的优势和效果不断显现，一体发展的新格局初步形成。刚才，伯旭主任通报了 1 ~ 9 月主要经济指标完成情况，除工业总产值增速与年初目标相比有一定差距外，大部分指标增速均在 20% 左右，明显高于年初目标，成绩来之不易。从新区来看，全社会固定资产投资增长 39.2%，其中工业投资增长 2.1 倍，税收增长 34.1%。从开发区来看，工业总产值增长 6.7%，工业增加值增长 20%，全社会固定资产投资增长 95.5%，税收增长 32%，财政收入增长 18.4%。总公司年初制定的经营收益 56 亿元、投资 170 亿元、融资 86 亿元、利润翻一番的目标，从目前情况看，能够圆满完成，其中部分任务能超额完成。今年前 9 个月，总的来讲，开发区大部分指标完成情况不错，势头是好的。联合招商、规划、土地、环保等部门通力协作，促进云计算等一批重大项目先后签约入区，截至目前，已吸引投资总额 53.5 亿美元，完成全年计划目标的 133%，京东方 8.5 代线、奔驰发动机等“四个一批”项目按计划顺利推进。发改、财政、统计等部门，积极研判经济形势，深入挖潜，积极争取，统筹安排资金使用，为各项经济指标完成提供了保障。建发局等单位攻坚克难，加快推进 12 平方公里回迁安置房等重大项目建设，生物医药园顺利开园；B 型保税物流中心通过预验收，计划在 11 月份完成验收并闭关运行，将为区内的进出口企业提供便捷服务。在这里要说明一点，开发区 B 型保税物流中心从建设速度到质量，在全国海关系统 B 型保税物流中心项目中都是罕见的，相关部门特别是总公司做了大量的工作。扩区办等部门积极与上级部门沟通，二次扩区工作取得突破性进展，继扩区12平方公里之后，市里审批同意再扩区26平方公里，占今年全市新批扩区总面积的56%。政法、工会、人劳、社发等部门，主动对接，教育、医疗、人才、就业等工作取得新突破，开发区法庭和检察处挂牌成立；入选中央“千人计划”人数达到26人，占全市1/4强；12平方公里配套学校等重点项目加快推进，北京二中、八中、首师大附中等一批名校都计划在新区建新校区；大兴区劳动力到开发区实现就业8000人，提前一个季度完成全年目标。组织部门积极探索，加强指导协调，统筹安排，换届选举工作进展顺利。开发区首次作为独立选区，参加区人大、政协和工商联换届工作（开发区的区人大代表13名；政协委员25名；工商联副主席5名、常委5名、执委9名），各方面力量进一步凝聚到新区发展建设事业上来。此外，公安、海关、工商、税务、检验检疫等驻区职能局创新服务手段、完善服务机制、提高服务质量，协调联动，主动有为，为保增长作出了重要贡献。其他部门为新区发展也做了大量工作，在这里我就不一一点了。

这些成绩的取得，是市委、市政府正确领导、大力支持的结果，也是全区上下同心同德、奋力拼搏的结果。近一年来，各级领导班子、广大党员干部讲党性、顾大局，主动有为、勇于担当，干部群众精神面貌焕然一新，干事创业的激情进一步高涨，新区的各项工作得到了市委、市政府的充分肯定。9月28日，刘淇书记在听取新区工作汇报时着重强调：首都经济社会发展离不开二产的支撑，新区要坚持做强二产不动摇，集中精力、心无旁骛把高技术制造业和战略性新兴产业发展好。要坚持创新驱动，不断提高自主创新能力，依靠创新占领产业制高点。应该说，市委、市政府对新区提出了更高的要求、寄予了更高的期望，这既是对我们的鼓励，更是鞭策，需要我们进一步解放思想、大胆创新、扎实工作，切实承担起做大北京实体经济、做强首都二产的重任。

二、全力以赴做好年前各项工作

在总结成绩的同时，我们也必须清醒地看到当前全区发展中所面临的困难和问题。刚才伯旭同志对当前的形势作了全面的分析，总的看，形势严峻，压力较大。新区务虚工作会之后，各单位按照工委、管委的决策部署，积极想实招、促实效，出台并落实了保增长的各项政策措施，目前已经初见成效，为我们全面完成今年任务奠定了坚实基础。下一步，要继续加大工作力度，将这些政策措施落实到位。在刚才伯旭主任讲的基础上，我再强调几个方面，就重点工作再点点题。

一是全力确保经济指标不退不让。要从讲政治、讲大局的高度，深刻认识完成经济指标的重要意义。从全市来看，保增长工作已经成为年底工作的重中之重，关系全市发展的大局。为了实现 8% 的经济增长目标，市里制定了经济增长工作目标体系，开发区增加值已经被列为市里督查考核指标。作为首都发展二产的主阵地，我们必须责无旁贷地承担起这一重任，不仅不能拖市里的后腿，还要努力为全市添秤加码。从新区发展来看，今年是“十二五”开局之年，是为下一步发展开好局、起好步的关键一年。今年经济指标的完成情况关系到新区“十二五”整体目标的实现，关系到新区长远发展。从目前情况看，关键是地区生产总值、工业总产值两项指标。要坚定信心，全力以赴保增长。前一段时间通过走访重点企业，我们的保增长措施已经见到了一定成效，大部分企业负责人对经济和企业发展前景非常看好，很有信心。工业总产值年初制定的增长目标是 12%，而市经信委下达的任务是增长 17%。应该说完成这个目标有困难，但并不是遥不可及的，是通过努力可以完成的。还是那句话：办法总比困难多，只要我们齐心协力，认真细致做好各项工作，完全有基础、有条件实现既定的各项指标任务。刚才，伯旭主任部署的保增长工作方案，发改、产促、财政、统计、科技、税务、海关等相关部门和单位，回去后要召开班子会，认真研究分析，采取有力措施，深入一线，深入企业，挖掘潜力，狠抓落实，确保各项指标任务圆满完成。在这里，我要强调一下，在走访服务中要做好统筹安排，不能今天这个部门去，明天那个部门去，反而给企业增加了负担，还是要本着对企业负责、支持的角度开展走访服务。另外，还要强调的是，对于新区“十二五”确定的 8000 亿元目标，具有充分的测算依据和项目基础，是经过反复研究讨论形成的共识，是首都产业发展大战略的需要，是客观的、可实现的。对于实现这一目标，我们必须坚定信心不动摇，主动有为作贡献。

二是继续加快推进“四个一批”项目。“四个一批”项目是我们推动产业项目落地的一个切入点，直接关系到开发区产业发展、经济增长的可持续性。从目前进展情况看，还比较顺利，下一步要再加把劲，不能满足于只完成任务，要争取尽量多的项目能在今年开工、投产。重大项目是区域发展的主要支撑，现在促开工、促投产的项目，都是我们明后年发展的后劲所在、基础所在。产促、发改、建设、规划、土地、环保等部门要进一步摸清项目情况，积极配合，加大服务力度，提高工作效率，推动重大项目早开工、早投产、早见效。刚才，伯旭主任提到招商工作“三个聚焦，八项要求”，讲得非常好，非常明确、到位，要在新区范围内贯彻实施。

三是进一步推进深度融合工作。今年的深度融合以 12 项重点工作为抓手，到目前为止取得了明显的进展，进一步释放了发展活力，推动了一体发展。下一阶段，要以机制创新为重点，进一步推动融合工作向更高水平、更深层次、更广范围拓展。对于已经搭建平台、理顺机制的工作，比如人才、招商、扩区等，要加大探索力度，研究深层次问题，及时总结经验，要善于把工作经验固化为工作制度，不断提高工作标准和水平。对于尚停留在简单对接、一事一议层面的工作，要抓紧研究深层次创新，建立长效机制。所有的部门和单位都要立足自身工作实际，研究提出促进深度融合的思路和措施。深度融合抓得不错，很多部门搭建了工作平台，规划、土地、税务等部门建立了定期例会制度，统计部门也做了很好的对接，形成了一体化格局，有些还需要进一步研究。在今年人大、政协换届工作中，经过积极争取，大兴区的区人大代表增加了 20 人，大兴区政协委员增加了 28 人。当然人大代表、政协委员增加后，社会事务工作量会增加，但总的来讲对开发区是有利的，对推进开发区民主政治建设是有利的。另外，要重点研究的是，今后人大代表建议、政协委员提案办理工作，涉及开发区的事，涉及两区融合的事，需要研究新的工作机制，要在探索中推进融合。

四是扎实做好人大、政协换届选举工作。人大、政协换届选举工作是开发区政治生活中的一件大事、一件新事，也是推进两区深度融合、进一步加强开发区民主政治建设的一项重要举措。前段时间参与选举工作的同志付出了极大努力，做了大量扎实细致的工作。目前换届选举已经进入公布初步候选人名单阶段，11 月 8 日将进行投票，可以说选举工作已经进入最为关键的时期，要扎实做好各项工作。开发区选举分会要统筹安排，加强组织领导，特别是要统筹考虑企业生产和选举投票，安排好投票时间，务必做到选民投票不重、不漏、不错，万无一失。各选区工作组要继续做好选民名单公布后的选民补登、选民增减公布工作，确保应登尽登，不漏登、不重登、不错登。各级领导、广大干部要增强政治敏锐性，积极参与、主动支持。下一步投票阶段，还将抽调大量人员充实选举投票一线，各部门、各单位要大力支持、积极配合。

五是高度重视安全稳定工作。当前，新区正处于大发展、大建设时期，呈现出在建工地多、流动人口多、企业生产任务重等特点。在建项目 141 个，建筑单体 1000 个，开复工面积 1036 万平方米；流动人口 12 万人，其中建筑工人近 3 万人，安全稳定压力非常大。当前即将进入冬季，风干物燥，是安全生产事故多发季节，任务非常重，建设、安监、消防等部门要集中开展安全检查和隐患排查，确保安全生产万无一失。我再强调一下，年底各个工地都在抢工期、抢进度，工棚取暖、高空作业、施工用电、消防等方面都存在安全隐患。前一段时间，12 平方公里回迁房工地出了几起事故，给了我们很大的警示，必须引起高度重视。总公司要克服施工任务重、施工单位多、建筑队伍多、管理难度大等问题，借鉴京东方工地的安全管理经验，充分发挥安全监督员的作用，加强对施工现场的管理和问题排查，坚决防止安全事故再次发生。临近年底，年关岁末往往是各类矛盾多发期，人劳、工会、社发、信访、公安、交通、政法等部门要通力协作、各负其责，加强对劳资、就医就学、物业等热点矛盾纠纷排查调处，共同确保区域和谐稳定。最近有两件事炒得比较热，一个是美格幼儿园的管理问题，虽然是私立幼儿园，但是我们要尽到监管的责任，社发局牵头，相关部门配合，密切关注该事件，帮助协调解决。另一个是公租房转租的问题，房地局牵头，将情况调查清楚并妥善处理，同时，要加强公租房监管，杜绝公共资源的浪费。

六是提前谋划好明年的工作。国庆节前，新区召开了领导班子务虚工作会，对明年的工作统一了思想、明确了方向。现在关键是要将工作任务项目化、具体化，把工作做在前面，力争早着手、早准备、早落实，确保明年的各项工作任务顺利推进，继续保持新区经济平稳较快发展的良好势头。

三、强化作风 狠抓落实 为圆满完成全年各项任务提供坚强保障

做好年底前的各项工作，关键在我们各级领导班子、关键在广大党员干部。下面我着重强调一下作风问题。

一是要心无旁骛，振奋精神。今年新区政治生活中的一件头等大事，就是区镇两级换届，其中开发区局级班子也按照市委的要求，一同列入考察调整的范围。刚才，我已经向大家介绍了新来开发区工作和新转岗的几位同志。在换届所带来的人员调整、岗位轮换等问题面前，各级领导干部必须始终保持良好的精神状态，决不能因岗位调整、职位变化，有喘口气、歇一歇的想法，要通过换启切实换出新气象、换出新状态、换出新水平。以换届为起点，以更高工作标准和要求推动工作落实。客观地讲，前一阶段在少数干部中间，存在“等、看、慢”的思想，这是缺乏大局意识、缺少责任感的表现，是一种非常消极的精神状态。应该说，无论领导班子怎么调整，无论你的分管领导是谁，我们经济社会发展的目标是不变的，为企业服务、为群众服务的宗旨是不变的，部门和个人的责任是不变的，我们没有任何理由“等、看、慢”。各级领导班子和领导干部要把心思放在谋发展上，集中精力、全心全力做好各项工作。同时，要做好两件事。一是各单位回去后，要组织、召开支部会、民主生活会，广泛开展谈心活动，做好沟通和思想交流，不能是简单的事对事、物对物，要见人、见心，充分调动广大干部的积极性、主动性和创造性，发挥大家的聪明才智，团结一致地投身于新区的建设和发展中去。二是各级领导干部特别是一把手，要关心干部的思想、工作和生活，在政策允许的范围内，想千方设百计，着力解决好干部尤其是年轻干部和科级以下干部面临的实际困难。我们的年轻干部参加工作时间不长，工资待遇不高，又面临着住房、组建家庭等多方面的压力，很不容易，大家要在思想、工作和生活上多支持、

多关心，让他们感受到组织的关怀和温暖，增强干好工作的信心。

二是要扎实工作，埋头苦干。要完成年初制定的各项指标，时间很紧、任务很重、难度很大，要求我们必须坚定信心、鼓足干劲，扑下身子、埋头苦干。要深入基层、加强服务。产值不是坐在办公室等来的，需要我们一家一家地跑，一点一点地找。各级领导干部要牢固树立服务意识，深入基层、深入企业走访调研，摸实情、解难题、出实招，帮助企业、帮助基层解决实际问题。刚才伯旭主任讲到有些企业有订单、要扩产，产促局牵头，相关部门配合，为企业服务好、把问题解决好，帮助企业做大做强。各部门、各单位要切实增强工作的主动性、针对性，要围绕年底的各项重点任务，创新工作，互相配合，主动有为，形成推动工作的强大合力。经济指标不能说与我无关，不能说就是几个部门、几位分管领导的事情，完成今年的各项指标是大家共同的任务，每个部门、每一名干部都有责任。以党群部门为例，也要围绕中心工作，研究如何发挥基层党群组织的作用，在企业增资扩产中做贡献，研究如何在严峻的经济形势下保持职工队伍稳定、区域和谐。包括我们的纪检监察和组织部门，也要围绕“保增长”任务，加强监督和检查。

三是要落实责任，严格奖惩。对于年初制定的各项任务指标、折子工程，要严格落实责任制，全力确保完成。凡是列入市、区两级折子工程和办实事的任务，没有极特殊的情况，必须确保完成，完不成的，必须有个说法。各单位、各部门回去之后，要切实按照“四个明确”的要求，倒排工期、细查欠账，将各项重点工作落实到具体的责任部门、责任人，一级抓一级，层层抓落实，全力确保今年各项任务指标的完成；办公室要加强督查督办，加大协调推进力度；组织、纪检部门要把今年的各项任务指标、折子工程完成情况，列为年终考核的重点，对于按时保质完成的，尤其是超额完成的，要给予表彰奖励，对于没有完成任务的，要有相应的处理措施。

四是要进一步加强廉政建设。廉洁自律关乎党性原则，关乎发展大局，廉政这根弦不能有丝毫松懈。当前新区正处于大发展、大建设的时期，项目多、工程多、资金量大，各级领导干部要牢固树立廉洁从政意识，用好手中的权力，守好人生的红线。尤其是各部门的一把手，不仅要做好自律，还要加强对本部门干部的教育、管理、监督，从严要求。我们党培养一位干部很不容易，每一位干部走到今天的位置也很不容易，在各种诱惑面前，要算好政治账、经济账、人生账。要进一步加强制度建设，按制度办事、用制度管人，严格财经制度，不断完善“三重一大”、招投标等制度，保证我们的干部既干成事，也不出事。

最后，我再强调一下。现在离年底只有两个月时间，明年春节比往年更早，走访慰问、安全检查的任务都要提前安排，做到早着手、早准备、早落实。

同志们，年底前时间紧，任务重，完成各项任务需要我们加倍努力。希望大家关键时刻顶得住、冲得上、打得赢，继续保持昂扬向上的精神状态，埋头苦干，狠抓落实，圆满完成今年的各项任务！

政府工作报告（摘要）

——北京市大兴区第三届人民代表大会第六次会议

北京市大兴区区长
中共北京市委经济技术开发区工作委员会副书记 李长友

（2011 年 1 月 6 日）

各位代表：

现在，我代表北京市大兴区人民政府，向大会报告政府工作，并对“十二五”规划纲要（草案）作说明，请予审议，并请区政协各位委员提出意见。

一、2010 年工作总结（略）

二、2011 年工作重点

2011 年是实施“十二五”规划的开局之年，是两区深度融合的关键之年。做好 2011 年各项工作，意义十分重大。必须全面贯彻党的十七届五中全会、中央经济工作会和市委十届八次全会精神，按照区委“统一思想、紧抓机遇、改革创新、扎实工作”的总体要求，坚持以科学发展观统领全局，抢抓重大历史机遇，突出发展的质量和效益，实现产业跨越，提升新城品质，推动低碳绿色，创新服务管理，促进民生改善，着力推进北京南部高技术制造业和战略性新兴产业聚集区建设，打造“北京创造”品牌，占领产业发展高端，为全区经济社会实现跨越式发展奠定坚实的基础。

2011 年全区经济发展主要预期目标是：地区生产总值比上年增长 10%；财政收入比上年增长 12%；社会消费品零售额比上年增长 12%；城镇居民人均可支配收入比上年增长 8%；农民人均纯收入比上年增长 8%；万元地区生产总值能耗、水耗不断降低。

为圆满完成各项任务目标，重点做好以下工作：

（一）着力推动高端集聚，促进产业发展实现新跨越。

立足优化产业结构，着力转变经济发展方式，大力发展高技术制造业和战略性新兴产业，实现主导产业高端、集聚、循环发展。按照“优化一产、做强二产、做大三产”的总体要求，着力“做强二产”，注重“做大三产”，促进金融研发、服务外包等生产性服务业发展壮大，促进三次产业融合发展。

加快拓展产业空间。按照“一区六园”产业空间发展格局，着力拓展北京经济技术开发区和生物医药产业基地、新能源汽车基地等专业园区发展空间，为重大项目落地创造条件。

积极推进项目建设。坚持政策、标准、品牌、服务四个统一，突出项目质量和效益，不断完善项目评审和准入机制，提高单位土地贡献率，着力吸引高端大项目入区。加快推进京东方 8.5 代线、中检所、以岭二期、同仁堂等项目建设，确保金晶等建成投产，新能源汽车及零部件项目实现规模化生产，尽快形成经济效益。集聚发展地铁大兴线沿线服务业，充分发挥生产性服务业大厦的平台作用，吸引高端服务业项目入区，促进宜家项目建设，提升新城商业品质。制定相关政策，引导企业调整产业和产品结构，提高市场竞争力。高度重视企业上市工作，按照“近期扶持一批、中期培育一批、远期规划一批”的思路，力争年内企业上市取得新的进展。

不断完善配套设施。继续安排 2 亿元财政专项资金，引导支持各专业园区不断完善道路、水、电、气、热等各项配套基础设施，增强承载能力。立足淘汰落后产能，清理和规范一批小散低劣企业，力争年内腾退低端产业用地 1000 亩，为高端项目落地创造条件。

高度重视节能减排。坚持低碳、循环发展理念，集约、节约利用土地等各类资源，大力发展高端、高效、高辐射产业，引导产业集群发展。着力促进高耗能、高耗水、高污染企业有序退出。强化工程减排，加快推进黄村再生水厂和瀛海污水处理厂建设。加大垃圾减量、分类工作力度，努力实现垃圾资源化、减量化、无害化的目标。认真做好大气污染防控工作，确保空气质量二级和好于二级天数增长与全市同步。

夯实北京新机场建设基础工作。配合国家和北京市有关部门，按照新机场规划建设要求，全力做好新机场选址范围限控和相关准备工作。着力发展临空经济等新兴产业，提前启动招商选资，做好项目储备，努力培育全区经济发展新的增长点。

（二）着力完善城市功能，促进新城品质得到新提升。

必须坚持“规、建、管”并举，统筹兼顾新城区建设拓展和建成区改造提升，不断完善城市功能，增强综合承载能力，提升城市品质，展现新区良好形象。

坚持规划引领。按照亦庄新城规划、大兴新城规划总体要求，完善城市空间结构，增强城市综合服务能力，实现功能互补，促进“城”与“业”协调发展。坚持精品理念，发挥大兴建筑艺术委员会作用，着力深化街区专项规划，形成整体协调、富有特色的城市建筑精品。科学布局周边产业、服务和配套设施，编制完善新航城建设规划。

建设宜居宜业新城。坚持高水平设计、高质量建设原则，加快启动大兴新城核心区建设，努力建设靓丽新区。着力打造城市精品，科学规划、合理布局、有序推进地铁沿线产业、居住项目建设，提升大兴新城整体形象。合理疏解大兴新城建成区功能，实施兴丰大街和京开公路沿线整治建设工程，推进老旧小区改造，促进大兴新城建成区管理升级、环境改善、品质提升、宜居宜业。坚持位置、标准、质量、风格与周边商品房一致的原则，高度重视回迁楼建设。立足完善亦庄新城相关配套服务功能，统筹规划旧宫地区、南海子公园周边区域基础设施、公共服务设施建设，做到功能互补，为广大居民提供一流的服务。

切实加强城市管理。推进网格化管理制度，形成科学有效的精细化常态管理模式，着力提高城市管理水平。围绕改善新城交通状况，着力打通大兴新城与中心城区连接线，年内完成马西路南延、万寿路南延、兴华大街南延等道路建设，实施“两路两桥”建设改造工程，切实提高通行能力。科学规划地铁与公交换乘接驳，进一步方便群众出行。采取购买、租赁、合作等多种形式，探索大兴新城东片区环境综合整治途径，力争年内取得实质性进展。强化属地管理职责，进一步理顺管理体制机制，整合执法资源，加大执法力度，严厉查处非法占地、违法建设，加大对突击建房、侵街占道等违法行为的整治力度，努力营造良好的发展环境。

（三）着力强化统筹联动，促进城乡一体化迈出新步伐。

加快完善农村基础设施和公共服务设施，改善农村生产生活条件，有序推进重点镇区建设，促进城镇与农村统筹联动发展，加速全区城乡一体化进程。

加快城乡结合部改造和新市镇建设。坚持把城乡结合部改造作为实现城乡一体化的突破口，努力推进旧宫、黄村、西红门等地区城市化进程。结合各镇产业特色，加快镇区发展，年内启动魏善庄、安定镇区建设，带动区域逐步实现城镇化。

促进农业产业结构调整。加快农业产业结构战略性调整，加大经济林产业、农产品加工业、籽种农业、观光休闲农业扶持力度，着力拓展农业的生态、旅游、休闲功能，提高农业附加值。继续实施“科技助农”工程，完善农业服务体系，促进农业高端化发展。

深入推进农村改革发展。 加快 200 个村集体经济产权制度改革 ，探索多种集体资产经营模式，进一步规范农村土地承包经营权流转程序，推进整建制转居村集体资产处置工作，确保群众长期收益。加大民族村经济社会发展支持力度。

加强生态文明建设。认真做好永定河绿色生态发展带和南中轴森林公园前期规划工作，加快推进南海子公园二期工程建设，确保大兴新城滨河森林公园年内开园。更加重视绿化细节和品质，切实建成一批小公园、小绿地、小景观，让绿色遍布社区。探索立体绿化思路，在新城地区适度增加乔木、灌木种植，让森林走进城市。大力改善水环境，加快天堂河、新凤河等河道治理，做好南水北调工程建设相关配合工作，为全区经济社会发展提供良好的生态保障。

突出抓好城乡环境。环境是品牌，环境是形象，环境更是一个地区核心竞争力的重要内容。必须强化“环境的产权属于每一个大兴人”的理念，形成“人人抓环境、个个树形象”的良好氛围。坚持集中治理整顿与建立长效机制并举，进一步明确行业、属地责任，强化“门前三包”等制度建设，突出抓好公共场所、道路、铁路、河道沿线整治工作，打造整洁靓丽的城乡环境。

（四）着力引导基层创造，促进民生改善取得新进展。

坚持以人为本，高度重视事关群众切身利益的民生问题，着力提高公共服务和社会保障水平，更加注重基层创造，不断加强社会建设与管理，加快构建宜居宜业和谐新大兴。

高度重视就业工作。坚持政府促进就业，继续安排财政专项资金，用于奖励和支持就业工作。加强政策引导，完善就业服务体系，围绕产业园区和重大项目建设，实现全区劳动力资源状况、入区企业建设情况和用工需求情况“三个早知道”，不断提高就业服务水平。积极开发就业岗位，年内实现农村富余劳动力向二、三产业转移 1 万人以上。着力做好拆迁转非劳动力就业工作，针对实际需求，大力开展就业指导和职业技能培训，力争实现充分就业。认真做好残疾人就业工作，提高就业技能，促进社会和谐。

提高社会保障水平。认真落实城乡居民养老保险、“新农合”、城乡低保和城镇居民基本医疗保险制度，提高保障水平，扩大覆盖范围，逐步建立统筹城乡的社会保障体系，稳步推进公费医疗制度向基本医疗保险制度过渡。加大住房保障力度，努力改善困难群众住房条件。提高城乡社会救助水平，推进社会福利中心建设，搭建三级救助网络，着力改善和保障民生。

增强公共服务能力。坚持教育优先发展战略，落实北京市学前教育三年行动计划，启动大兴十幼等 5 所幼儿园建设，不断满足学前教育需求。完成大兴新城北区九年一贯制等学校建设，继续实施中小学校舍抗震加固工程。加强教师队伍建设，强化师德教育，提高教育质量。着力改善群众就医条件，确保疾控中心和监督所投入使用，做好广安门医院南区建设筹备工作。推进医药卫生体制改革，按照“社区首诊、分级就诊、双向转诊、康复在社区”的要求，着力提升基层医疗服务水平，逐步建立二级医院医护人员进农村、进社区的长效机制。完善公共卫生服务体系，提高突发公共卫生事件应急处置能力。坚持计划生育基本国策，稳定低生育水平，提高人口素质。不断完善城乡公共文化和体育设施，启动重点镇文体活动中心建设，更好地满足群众需求。

加强社会建设管理。完善亦庄新城范围内街道社区管理机构，着力增强公共服务能力。加强新型社区建设，改善社区办公环境，提高社区服务管理水平。认真落实区委关于社区建设“三个一”工程，不断改善居民生活环境。深化“四有”工作机制，着力解决好搬迁村群众安置、转非、就业等实际问题，切实保障群众长远利益。全面推行村庄社区化管理，坚持分类指导，着力在丰富内涵、提升服务水平上下工夫，做到村内向村外延伸、硬件向软件延伸、管理向服务延伸，实现村庄社区化管理全覆盖。完善“以补促管”机制，提高流动人口服务管理水平，逐步形成与经济社会发展相适应的人口结构。

高度重视安全稳定。加大生产、食品、交通等安全监管力度，建立校园安全管理长效机制，加强消防应急演练，强化地下空间管理，创新监管机制，积极推进分级分类企业安全生产管理系统应用工程和安全社区试点工作，有效防止重特大安全事故发生。完善突发公共事件应急机制，形成规范有序、保障有力的应急管理体系。严厉打击各种刑事犯罪，加强社会治安综合治理，健全网格化社会治安防控体系，推进“科技创安”工程，切实维护长期稳定的社会局面，为全区经济社会发展创造良好的治安环境。高度重视价格监管工作，保持物价水平基本稳定和市场供应平稳有序。进一步拓宽社情民意反映渠道，完善信访工作机制，加强基层调解，及时梳理群众反映的各类问题，着力从源头上预防和减少矛盾，逐步形成解决群众问题的长效机制，促进社会和谐。

（五）着力创新体制机制，促进改革开放实现新突破。

实现新区“超常规、高水平、跨越式”发展，必须在体制机制创新上下工夫，增强创新驱动能力，进一步提高改革开放水平。

深度推进两区融合。围绕市级审批权限下放，着力推进两区各项工作全方位对接，固化相关工作机制，实现思想、感情、发展的深度融合。突出“北京·亦庄”品牌，进一步创新招商机制，提高招商选资水平。创新开发模式，促进北京经济技术开发总公司实施各专业园区一级开发，提高专业园区的承载能力。进一步发挥大兴区资源空间、社会管理、公共服务等优势，着力提升服务水平。

促进投融资体制改革。发挥农村金融综合改革试验区先行先试作用，积极培育发展新型农村金融机构，促进农村金融要素集聚，建立与农村发展需求相适应的金融体系。强化区级融资平台担保作用，进一步拓宽融资渠道，为全区产业发展、基础设施建设和重大项目推进提供有力的资金支持。

着力做大做强国有企业。支持区属国有企业与中央、市属企业充分对接，积极参与区内外重大基础设施建设，进一步提高国有企业市场竞争力。着力完善国有企业法人治理结构，提高经营管理水平，促进国有企业发展壮大。

支持民营企业和中小企业加快发展。紧紧围绕民营企业和中小企业“融资难”等实际问题，探索建立金融担保支持机制，帮助企业扩大再生产，逐步形成多种经济形式相互促进、共同发展的良好环境。

创新人才培养使用机制。围绕产业发展需求，积极引进和培养产业急需的高层次专业技术技能和管理人才，搭建人才交流与合作平台，为全区经济社会发展提供智力支持。努力创造良好的人才发展环境，激发人才的创新、创造活力。鼓励科技创新，完善扶持政策，营造创新发展的良好氛围。

（六）着力加快职能转变，促进政府自身建设适应新要求。

坚决执行区人大及其常委会决定、决议，自觉接受人大依法监督和政协民主监督。坚持重大事项向人大常委会报告制度和政协协商、通报制度。认真办理人大代表议案、建议和政协提案。贯彻落实国务院《关于加强法治政府建设的意见》，提高政府依法行政水平。立足转变政府职能，强化社会管理和公共服务，加快镇级政府机构改革。严格执行党风廉政建设各项规定，加大廉政风险防范措施落实力度，做到用制度管权、管事、管人。抓好工程建设领域专项治理，强化政府资金使用决策和流向管理。做好增收节支工作，减少行政性开支，进一步健全支出约束机制，提高资金使用效率，促进经济发展和民生改善。

面对全年艰巨的发展任务，政府部门必须切实加强自身建设，增强服务能力，在国际视野、沟通能力、创新意识、拼搏精神、服务理念上下工夫，努力建立一支与新区发展相适应的公务员队伍。

必须具备更加开阔的国际视野。实现新区一体化、高端化、国际化发展，必须进一步开阔视野、更新观念，熟悉国际通行规则，丰富参与国际合作经验，掌握市场经济理论，增强领导科学发展的能力。

必须具备更加出色的沟通能力。从当前情况看，出色的沟通能力集中表现为提高做好群众工作的能力，必须正确处理不同利益群体的关系，善于运用说服教育、示范引领和提供服务等方法把群众工作做深、做细、做实，组织带领、凝聚激励广大群众共同建设美好家园。

必须具备更加强烈的创新意识。面临全区城镇化、产业化快速推进的重大机遇，必须充分发挥大兴基层创造的积极性和主动性，以创新求得突破，以创新促进发展，科学处理好改革、发展、稳定等重大问题，促进全区各项工作迈上新的台阶。

必须具备更加顽强的拼搏精神。拼搏是一种昂扬向上的精神状态，更是一种顽强的工作作风。面对前进中的困难，必须树立顽强的拼搏意识，始终保持攻坚克难的精神状态，不畏难、不抱怨，不推诿、不松懈，埋头苦干，以脚踏实地的干劲、以追求卓越的精神促进全区经济社会实现跨越式发展。

必须具备更加超前的服务理念。服务是宗旨，更是责任。政府部门必须切实提高服务水平和服务质量，把解决群众反映的问题和基层遇到的难题，作为政府工作的重中之重，为基层和广大群众提供更加便捷、高效的服务，以一流的服务打造品牌，以一流的服务提高效率，以一流的服务提升政府公信力和执行力。

三、关于《大兴区国民经济和社会发展第十二个五年规划纲要（草案）》的说明

区委三届十一次全会通过的《关于制定大兴区国民经济和社会发展第十二个五年规划的建议》，提出了未来五年全区经济社会发展的指导思想、发展目标和主要任务。根据《建议》要求，区政府制定了《北京市大兴区国民经济和社会发展第十二个五年规划纲要（草案）》，已提请大会审议。下面，简要说明几个问题。

（一）关于“十二五”规划《纲要（草案）》的编制过程和主要特点。

区委、区政府高度重视“十二五”规划编制工作。根据区委总体安排，区政府成立了规划编制领导小组，按照“政府主导、专家领衔、部门合作、公众参与、科学决策、依法办事”的原则，从去年 4 月份启动编制工作。组织有关部门、研究机构对事关全区发展的重大问题进行专题研究，多次召开专题会议听取汇报。区人大常委会、区政协组织代表、委员深入调研，提出重要的意见建议，为规划编制工作奠定了良好基础。《纲要（草案）》初步形成后，区委多次召开专题会议，对一系列重大问题进行研究决策。《纲要（草案）》广泛征求了人大代表、政协委员、各民主党派和“两区”各部门、各镇、各街道负责同志，以及专家学者、老同志、驻区中央市属单位、驻区部队的意见，认真吸收了全区群众大量建议和意见。应该说，《纲要（草案）》的编制过程，是充分发扬民主、集思广益、科学决策的过程。

《纲要（草案）》力求反映社会主义市场经济发展和改革开放新形势的要求，体现宏观性、战略性。在规划内容上，注重解决制约全区发展的突出矛盾和问题，研究提出实现目标的具体路径、措施和重大项目，突出规划的可操作性。在规划指标上，紧扣科学发展主题，注重增加社会发展、绿色发展、创新发展等专项指标，增强了规划的战略性和指导性。在语言风格上，注重文本创新，采用愿景描述，力求让群众愿意读、读得懂，使规划起到凝聚共识、鼓舞人心的作用，充分调动全社会共同实施规划的积极性。

（二）“十一五”时期大兴区经济社会发展的主要情况。

“十一五”时期是大兴区发展史上极不平凡的五年。在市委、市政府和区委领导下，全区人民深入学习实践科学发展观，以昂扬的斗志和过硬的作风，圆满完成北京奥运会和新中国成立 60 周年庆祝活动服务保障任务，实现了“十一五”时期经济社会发展的各项目标，全区发展进入一个新的历史阶段！

经济总量实现新的跨越。成功应对国际金融危机，保持了全区经济平稳较快发展的良好势头。五年累计完成全社会固定资产投资超过 1100 亿元，全区经济保持年均 14% 以上的增幅，经济结构不断优化，经济增长的质量和效益显著提高。

社会建设取得重大突破。公共服务水平不断提升，区文化馆、影剧院、少年宫和妇女儿童活动中心、农村文化大院等文化服务设施建成投入使用，与首都优质教育、医疗资源对接合作不断深化。搬迁农民“四有”保障机制初步建立，覆盖城乡的社会保障水平逐渐提高。在全市创造了村庄社区化管理新模式，社会管理更加规范有序。

城乡总体面貌焕然一新。深入落实“城南行动计划”，地铁大兴线、亦庄线等一批重大基础设施建成投入使用，全区基础设施整体水平大幅提升。生态环境建设成效凸显，南海子公园、凉水河改造、新城集中供热等重大工程圆满完成。城乡一体化加速推进，新城建设、城乡结合部拆迁改造和新农村建设取得阶段性成果，城乡面貌和人民生活明显改善。群众文明程度显著提高，爱大兴、建大兴的热情进一步高涨，成为推动全区经济社会发展的巨大力量源泉。

体制机制创新深入推进。坚决落实市委、市政府重大决策部署，积极推进两区行政资源整合，实现优势互补，放大政策品牌效应，为经济社会发展注入了强大动力。各项改革有序推进，发展活力进一步增强。

实践证明，过去的五年，是全区发展史上具有里程碑意义的五年，是发展最快、质量最高、城乡面貌变化最大、人民群众得到实惠最多的时期之一。五年取得的成绩来之不易，积累的经验弥足珍贵，创造的精神财富影响深远，为“十二五”建设发展奠定了坚实的基础。

（三）“十二五”时期大兴区经济社会发展的指导思想、总体定位、空间格局和发展目标。

《纲要（草案）》根据《中共北京市大兴区委关于制定大兴区国民经济和社会发展第十二个五年规划的建议》，提出今后五年全区经济社会发展总的指导思想是：高举中国特色社会主义伟大旗帜，以邓小平理论和“三个代表”重要思想为指导，深入贯彻落实科学发展观，以科学发展为主题，以加快转变经济发展方式为主线，按照“人文北京、科技北京、绿色北京”战略和向中国特色世界城市迈进的要求，突出跨越发展，突出创新驱动，突出民生为本，突出绿色保障，走一体化、高端化、国际化道路，建设宜居宜业和谐新大兴。

《纲要（草案）》根据市委、市政府的战略部署和大兴区的区位特点，确定了“战略产业新区、区域发展支点、创新驱动前沿、低碳绿色家园”这一总体定位。立足北京市赋予大兴区的功能定位，努力建设成为北京南部高技术制造业和战略性新兴产业聚集区。根据国家推进京津冀区域统筹发展战略，成为区域发展的重要枢纽和支撑。围绕转变发展方式，先行先试，探索与战略性新兴产业发展相适应的体制机制。突出低碳和可持续发展理念，着力建设绿色大兴。

《纲要（草案）》把未来五年以至更长时期，大兴区的区域空间格局确定为“三城、三带、一轴、多点、网络化”。“三城”，就是快速推进大兴新城和亦庄新城的发展，结合新航城规划建设，打造功能互补、联动发展、国际化承载能力显著提升的新城市群。“三带”，就是依托京津塘高速沿线发展带、京开高速沿线和永定河绿色生态发展带、南六环沿线发展带，构筑连接天津、河北和北京南部地区的区域发展走廊。“一轴”

就是围绕“生态绿轴、文化中轴”的定位，对南中轴实施保护性开发，打造以生态涵养和文化创意产业发展为主体的功能轴线。“多点”，就是以四个重点小城镇和产业功能区为节点，促进人口和产业有序聚集，建设高标准、有特色的新市镇。“网络化”，就是通过基础设施、产业设施等合理布局，实现区域内“城、带、轴、点”的有机衔接和紧密结合，形成网络化、一体化发展新格局。

“十二五”时期总体发展目标是：坚持科学发展，走一体化、高端化、国际化道路，建设宜居宜业和谐新大兴。地区生产总值年均增长10%，地方财政收入年均增长12%，城镇居民人均可支配收入年均增长8%，农民人均纯收入年均增长8%。

（四）“十二五”时期大兴区经济社会发展的主要任务。

按照市委、市政府关于“十二五”时期我区着力打造北京南部高技术制造业和战略性新兴产业聚集区的要求，《纲要（草案）》对未来五年大兴区的重点工作提出了明确的任务及措施。

第一，坚持加快产业结构调整和发展方式转变，推动全区经济实现跨越式发展。着力优化产业结构，大力发展环境一产、高效一产、特色一产。立足打造“北京创造”主阵地，占领北京现代制造业发展高端。认真落实“北京服务”战略，推动第三产业发展壮大和优化升级。引导形成十大产业集群，壮大电子信息、汽车制造、生物医药、装备制造四大主导产业，加快发展新能源和新材料、航空航天、文化创意三大新兴产业，有效提高生产性服务业、科技创新服务业和都市产业三大支撑产业的比重和水平，为产业创新和城镇化提供支撑。加快推进开发区扩区，完善基础设施和配套设施，增强对高端项目的吸附力，辐射带动生物医药产业园、新媒体产业园、生产性服务业产业园、新能源汽车产业园、军民结合产业园、新空港产业园六大专业园区协同发展壮大。实行更加严格的产业准入、资源利用和环境约束标准，推进产业升级和发展方式转变，促进经济循环发展。

第二，坚持改善农村生产生活条件和促进农民持续增收，全力推进城乡一体化发展。按照“把握重点、有序推进”的原则，实施村庄拆迁改造，力争“十二五”末全区城镇化率达到80%。完善农村基础设施，推进城市基础设施向农村延伸，不断加强农村路网建设，提升农村地区公共服务设施水平。推进都市农业发展，充分发挥都市农业在促进生态建设、产业发展和农民增收方面的重要作用，努力实现都市农业经济效益和生态效益的有机结合。着力加快农民增收步伐，坚持“减少农民、富裕农民”，促进农业规模化、集约化经营，着力推进农村富余劳动力向二、三产业转移，加快农村集体经济产权制度改革，持续增加农民收入。

第三，坚持优化城市空间结构和完善功能，增强城市综合承载能力。紧紧围绕城市基础设施建设和完善功能，着力提升亦庄新城、大兴新城的城市品质和综合服务能力，有效承接中心城区功能转移。高标准制定新航城发展规划，加快启动北京新机场选址区域基础设施建设，提升国际化水平。推动庞各庄、魏善庄、安定和采育镇区开发，突出特色，打造高标准、现代化、有特色新市镇，辐射带动区域实现城镇化。着力完善基础设施，立足提升道路通行能力，完善主干路网和微循环体系。加快电力设施、污水处理设施建设，提高资源能源基础设施水平。切实加强城市管理，以城市网格化管理为手段，促进城市运行管理的精细化和智能化，提高日常管理水平。

第四，坚持提高保障水平和持续改善民生，提升政府公共服务水平。着力提高就业质量，坚持更加积极的就业政策，多形式、多渠道开发就业岗位，加大培训力度，提高农民到二、三产业特别是高端新兴产业就业的能力。建立覆盖城乡的社会保障体系，创新医疗保险、社会救助、养老服务、住房保障等方面体制机制，探索建立不同社会保险制度相互衔接的基础平台，实现人人享有社会保障的目标。大力促进教育均衡发展，强化政府学前教育管理职责，统筹优化中小学教育资源配置，引进优质教育资源。努力促进职业教育与区域产业发展相结合，为产业发展培养专门技术人才。深入推进医药卫生体制改革，充分借助首都丰富的医疗资源，通过设立分院、开展交流合作等多种方式，提升医疗服务水平。不断增强文化软实力，坚持继承与发展并重，注重新区文化建设，突出大兴特色，丰富文化内涵。大力发展文化事业和文化产业，实现公共文化设施全覆盖，着力打造人文新区。

第五，坚持创新社会管理和扎实推进基层基础工作，促进社会建设迈上新的台阶。深化“四有”工作机制，有效解决搬迁群众就业、持续增收、社会保障等问题。提高社区服务水平，加强公益性社会组织和服务设施建设，推动政府部分社会服务管理职责向社会组织转移。创新社会管理机制，围绕提高城乡居民文明程度，完善村庄社区化管理模式。强化人口服务管理，逐步形成与城市可持续发展和城市功能相适应的人口发展格局。坚持预防为主，建立完善应急管理机制，增强公共安全基础设施抗灾和快速恢复能力，提高预防、应对和处置突发公共事件的水平。

第六，坚持资源节约和低碳绿色发展理念，增强经济社会可持续发展能力。必须实现资源节约、环境保护和经济社会协调发展，不断加强生态保护和环境治理，为宜居宜业和谐新大兴建设提供生态保障。以资源节约和新能源开发利用为核心，重点扶持资源循环利用的重大项目和技术示范产业化项目。实施新农村新能源示范工程，加快太阳能、生物质能等新能源的推广和利用。高度重视节能减排，深入推进居住社区和公共建筑节能，减少碳排放。按照“一轴、两带、三环、多园、多廊”的目标，高质量、高水平规划建设重大生态工程，加强绿化美化工作，提高全区整体生态水平，打造生态园林新区。

第七，坚持创新驱动和人才强区战略，建立适应科学发展要求的体制机制。深化行政管理体制改革，深入推进两区行政资源整合，加强多方面、多层次融合。分类推进事业单位改革，增强事业单位发展活力。着力完善产业促进政策，推动重大项目落地和企业发展壮大。加快投融资体制改革，为产业发展提供持续资金保障。以农村金融综合改革试验区建设为契机，建立多层次的农村金融服务机构。强化信用平台建设，不断规范政府投资行为。坚持人才强区，按照“一体化、高端化、国际化”要求，制定开放的人才政策，加大培养、引进力度，促进高端人才集聚。

各位代表！党的十七届五中全会和中央经济工作会议为我们指明了前进的方向，“十二五”规划为我们展现了一幅壮丽的宏伟蓝图。我们的任务更加艰巨，使命更加光荣，前景更加美好！让我们紧密团结在以胡锦涛同志为总书记的党中央周围，高举中国特色社会主义伟大旗帜，以邓小平理论和“三个代表”重要思想为指导，深入贯彻落实科学发展观，在市委、市政府和区委正确领导下，在区人大依法监督和区政协民主监督支持下，统一思想，紧抓机遇，改革创新，扎实工作，为圆满完成全年各项任务而努力奋斗！

在开发区领导干部大会上的讲话

中共北京市委经济技术开发区工作委员会副书记
北京经济技术开发区管理委员会主任 张伯旭

（2011 年 10 月 26 日）

同志们：

今天我们召开领导干部大会，主要任务是针对保增长工作，进一步分析形势、明确任务、统一思想、狠抓落实，确保实现全年工作目标。克庆书记还将做重要讲话，大家要认真学习、切实贯彻。下面，我就保增长工作的形势和任务、下一步工作安排以及做好第四季度的工作讲几点意见。

一、进一步认清保增长工作形势 明确工作任务

今年是“十二五”时期开局之年，是两区深度融合的关键之年。全力实现保增长工作目标，对于支撑全市经济增长和为新区下一步发展奠定良好基础，具有十分重要的意义。

（一）全市保增长工作的基本情况

市委、市政府在年初确定了地区生产总值增长 8% 的发展目标。今年以来，市里

坚决贯彻落实中央各项决策部署，加大房地产调控力度，实施汽车限购措施，目的是切实贯彻主题、主线要求，调结构、转方式，提升发展的质量和效益。与此同时，推动经济又好又快发展，要求国民经济必须保持一定的增长速度。特别今年是“十二五”这一加快转变经济发展方式攻坚时期的开局之年，在稳物价、调结构、保民生、促和谐的同时，实现经济增长保8的预期目标，既是一个重要的经济发展任务，又是一个严肃的政治任务。

一年来，全市在面临国际市场低迷、内需减弱等不利因素，以及商品住宅销售下拉经济增速0.3个百分点、汽车限购政策下拉经济增速1个百分点的情况下，于上半年和前三季度均实现了8%的增长目标。这个8%来之不易，三产比重又上升1.9个百分点，二产下降了1.9个百分点，这种情况值得高度关注。前三季度，本市实现地区生产总值11404.3亿元，同比增长8%，增速同比降低2.1个百分点。其中，第二产业实现增加值2609亿元，同比增长6.5%，增速同比下降7.7个百分点。从全国看，前三季度国内生产总值320692亿元，同比增长9.4%。北京地区生产总值增速比全国低1.4个百分点。

为确保完成经济增长保8目标，刘淇书记、郭金龙市长在各类会议上多次强调、亲自部署，要求全市必须不折不扣地完成各项年度发展目标。10月23日，仲文副市长来开发区调研时又特别指示，亦庄在全市工业发展中占据重要地位，而且又是北京实施创新驱动发展的重要阵地，一定要完成保增长任务。近日，市统计局制定了涉及生产、需求、收入、区域发展四个方面共27项督查考核指标，将任务分解到各个区县、委办局以及包括开发区在内的六大高端产业功能区。总的来讲，就是市里要求各部门和各区县制定有力措施，全力以赴实现全年保增长工作目标。

（二）我区保增长工作的形势和任务

今年以来，为扭转工业经济增速放缓的态势，完成年度增长目标，工委、管委会对保增长工作进行深入研究和全面部署，坚持“靠前指挥，主动服务”的原则，实施多项积极措施，保增长工作扎实推进，取得初步成效。

一是深入调研，密切跟踪。领导带队开展“大走访、大调研”活动，并在此调研成果基础上，主动对有增产、入统、上市潜力的部分重点企业开展了新一轮走访调研和座谈交流，了解企业经营中的新情况新变化，摸清经济运行态势。

二是设立专项资金，出台鼓励政策。出台《工业保增长企业奖励办法》，设立1亿元左右的专项资金，对今年工业增长作出突出贡献的企业予以奖励，并对诺基亚、北京奔驰、富泰京三家产值百亿元企业设立特殊贡献奖，鼓励企业加快发展。

三是建立机制，主动服务区内企业。建立了服务和促进工业企业发展的长效工作机制，帮助解决企业面临的问题及困难，协调推动有潜力的企业为我区经济多作贡献，并取得了一些具体成果。例如，积极推进北京奔驰扩能技改项目，促推 GLK 项目在 11 月中旬投产，预计明年新增产能 4 万辆、新增产值 160 亿元；帮助京运通解决太阳能光伏发电并网问题，推动企业将产值在我区入统，预计今年入统产值 16 亿元；帮助诺基亚有效解决高新技术企业的认定问题，引导和帮助诺基亚与汽车 4S 店成功开展联合绑定销售模式，同时经协调争取，诺基亚已决定关闭罗马尼亚工厂，将年度规模 1800 万部的订单转至中国生产，预计四季度平均月增产值 5 亿元。

在企业与政府的共同努力下，我区在今年面临国际国内市场需求减弱、企业流动资金不足、原材料和设备价格上涨、人工成本提高，以及电子信息产品市场出现重要变化的情况下，全区工业生产保持了平稳发展。据初步统计，今年 1 ~ 9 月新区地区生产总值 815.5 亿元，同比增长 13%；规模以上工业企业完成工业总产值 1940.5 亿元，同比增长 8%; 工业增加值完成 417.3 亿元，同比增长 19.1%；完成全社会固定资产投资 621.6 亿元，同比增长 39.2%，其中工业投资 220.8 亿元，同比增长 2.1 倍；完成税收收入 275.9 亿元，同比增长 34.1%。在开发区的指标方面，地区生产总值同比增长 13%，工业总产值同比增长 6.7%, 工业增加值增长 20.3%，全社会固定资产投资增长 95.5%，税收收入增长 32%，财政收入增长 18.4%。在各项主要经济指标中，除工业总产值增速与年度目标相比具有一定差距外，其余指标的同比增速均高于年初目标。

做好下两个月的保增长工作，首先要进一步明确主要指标。市里就完成经济增长保 8 的任务，于近日对开发区提出的明确考核指标是地区生产总值增长 14% 以上，比年初我们制定的争取目标 12% 高出 2 个百分点。基于新区“十二五”末达到 8000 亿产值的目标，开发区今年需要完成工业总产值增长 12%、新增产值 267 亿的任务。另外，市经信委对各区县提出了工业总产值增速的指导性指标，要求我们增长 17%，这个目标是极具挑战性的。综合市区两级的考核指标和工作目标看，目前阶段需要我们牢牢抓住的就是地区生产总值增长 14% 以上，工业总产值增长 12% 以上、力争实现 17% 这两个指标。其他的主要经济指标，包括税收收入、财政收入、全社会固定资产投资、吸引投资总额，增长情况良好，预计可以完成全年任务。

第二，要充分认识完成保增长任务的艰巨性。前 9 个月的主要指标增长情况有喜有忧，已开展的保增长工作还要进一步坚持和加强，已取得的初步成果还要进一步巩固和扩大。我们在看到积极因素的同时，特别要增强对于保增长任务难度的认识。

目前，全区工业发展面临的国内外形势依然不容乐观，世界经济复苏缓慢，国家宏观调控政策紧缩，全市主动调整经济结构，工业企业经营情况呈现出“三高三收紧”的特点，即产成品库存高、生产经营成本高、产业转型起点高，劳动力需求收紧、利润空间收紧、融资环境收紧，实现全年工业平稳较快增长仍存在较大不确定性。

在考核指标方面，开发区地区生产总值在前三季度 13% 的同比增速，比 1 ~ 6 月同比增长 14.6% 的速度下滑 1.6 个百分点，低于市里对我们增长 14% 的要求 1 个百分点。规模以上工业总产值 6.7% 的同比增速，距离年度目标还有一定差距。就实现 12% 的增速计算，四季度需完成产值 864.8 亿元以上，月均需完成产值 288.3 亿元以上，任务十分艰巨。

最新的企业调研结果显示，诺基亚、北京奔驰、富泰京三家企业预计今年产值分别为 830 亿元、290 亿元、84 亿元，合计 1204 亿元，较 8 月份预测值增加 17.3 亿元；京运通、北方微电子等年内预期入统企业能够贡献产值约 22 亿元；和利时、朗波尔光电、京东方茶谷等 20 个入区项目实现投产，今年预计实现产值 27 亿元。加大服务区内企业稳产、增产的工作力度，加快重点项目投产、入统步伐，是下一步实现产值增长目标的重要任务。

二、全力做好保增长各项工作

在接下来的两个月中，我们要继续坚持“靠前指挥、主动服务”的原则，狠抓各项措施的推进和落实，实现地区生产总值增长“保 14”和工业总产值增长“保 12，争 17”的年度目标。

第一，落实鼓励政策，推动企业快速增长。我们在深入调研的基础上，出台了鼓励企业增加产值的政策。具体落实中，要在政策发布到兑现的全过程始终保持与企业的沟通，持续发挥资金扶持对于企业积极性的调动作用，将政策用好，使资金产生最大效能。今年我们从十分紧张的财政中专门拿出 1 个亿鼓励资金，目的是促进完成为全市保增长做贡献这个政治任务。该项政策是一个特殊时期的特殊做法，不是促进经济增长的长效手段。从长远来看，我们要坚持经济结构战略性调整、发展战略性新兴产业和提升产业核心竞争力，坚持依靠科技进步、劳动者素质提高和管理创新来实现区域经济的又好又快发展。

第二，落实服务机制，帮助企业做大做强。做好服务，前提是加强与企业的沟通，核心是帮助企业解决实际问题，关键是各部门提升服务意识和增强服务能力。首先是摸清企业在保持和加大生产规模中存在的问题，然后在此基础上根据企业在原材料供应、用工、运输、出口、动力保障、审批等方面的具体问题和需求，提出帮助企业解决问题的具体措施。

这项工作由发改局牵头，各部门按照职责分工为企业服务。发改局负责建立服务机制，设置 24 小时企业服务热线，密切跟踪有增产、入统潜力的企业，及时协调解决企业在生产过程中的困难和问题。产促局、房地局负责研究解决企业提出的土地、扩产等问题，特别要对施耐德、通用电气、光宝移动、赛升药业等有扩产需求的企业予以高度关注和支持。发改局、科技局负责建立中小企业服务机制，搭建孵化器、公共实验室等服务平台。发改局、亦庄国际以及产促局、科技局、人劳局负责从资金平台和产业扶持资金的角度为企业提供支持。

企业的生产经营一环扣一环，一个小事过不去、一个环节出了问题，整个生产就会遇到障碍，就无法将产能转化为产品和效益。从政府服务和审批的角度，我们必须站在企业董事长、总经理的位置上想企业之所想、急企业之所急，进一步提高服务企业的工作水平和工作效率，我们的工作提前一天，企业就提前一天产生更大效益。

第三，落实“四个一批”，促进产生新的增量。首先是要不退不让地完成年初确定的目标，确保 40 个亿元以上项目投产见效，40 个亿元以上项目开工建设，在 109 个跟踪储备项目中实现 15 个以上项目签约落地，紧紧盯住三星、奔驰、通用医疗等重点大项目，全力争取入区。另外，要积极吸引“短平快”项目，帮助企业以最快的速度办理入区相关手续，尽早形成增量和效益。加强与企业的沟通，促推有条件的企业将外地订单转移到开发区。产促局负责牵头清查项目入区协议，对产值未入统和未达到协议承诺产值的，要加强督促引导。

第四，加强产值统计，客观反映发展情况。统计局和调查大队牵头负责加强产值入统工作，与工商、税务核对入统企业名单，实现应统尽统。对于企业在区内、产值入统在区外的项目，要列出清单、建立台账，千方百计将这部分产值在区内入统。对于新进入规模以上企业范围的高成长性企业，要确保及时发现、及时入统。总公司要对所属办公楼和标准厂房进行调查清理，确保招商项目均在区内入统。

第五，加强与市级部门的沟通协调，形成工作合力。市里将保增长作为一项十分重要的工作在抓，各委办局也都在花大力气、想方设法进行推动落实。我们要向相关市级部门多汇报，充分争取和使用市级部门在保增长工作中的各类资源，形成推动工作合力。

第六，加快基础设施建设，为项目建设和运营提供可靠保障。我们鼓励和促推企业快速发展、实现增长，首先要将属于政府的工作超前完成。近日北京气温明显转冷，根据天气预测，今年的冬天将会比往年来得早，也比往年气温低。就项目建设来讲，既要督促企业抢在 11 月底之前抓紧施工，同时要鼓励企业在冬季进行不间断施工，加快建设进度才能早日投产见效。京东方 8.5 代线的冬季施工就是一个典型例子。为保障企业能够冬季施工，发改局和建发局负责加快区内相关道路的立项和建设工作，热力厂负责为企业施工提供热力保障。

保增长是一项系统工程，涉及部门多、层面多，需要大家齐动员、共同努力。保增长也是一项长期工作，我们的着眼点不能仅限于今后两月，前面所说措施的实施过程也不仅限于两个月。各项工作既要促进今年的保增长，又要为今后几年的经济增长积累动力。在实践中证明有效的措施，要在不断总结和完善的基础上形成长效机制，推动经济持续增长。

三、全面完成年度各项工作任务

今年以来，全区各部门、各单位按照年初制定的工作目标和工作计划，着力推进深度融合，深入破解发展难题，快速推进各项工作，取得了有效的阶段性成果，为实现全年目标奠定了良好基础。在今后两个月中，各部门、各单位在重点做好保增长工作的同时，要按照全年工作安排以及半年经济形势分析会、领导班子务虚会以及今天的会议精神，全面完成各项工作，尽快谋划好明年工作安排，维护全区和谐稳定。

第一，全面完成年度工作任务。在年度“折子工程”共 60 项工作中，从目前督办的情况看，除有 1 项工作按期完成存在困难外，其余 59 项均按照正常进度有效推进或已经完成。在 10 项拟办实事中，已提前完成 3 项，按进度正常推进 6 项，进展缓慢项目 1 项。“折子工程”和拟办实事工作总体进展顺利。接下来，各部门、各单位要进一步梳理任务，逐项检查工作进度，加大推进落实力度，确保圆满完成各项任务。特别是对于拟办实事，一定要向区内群众兑现承诺，绝不能有丝毫含糊。

第二，切实做好安全稳定各项工作。各部门、各单位“一把手”作为安全工作的第一责任人，必须亲自研究、部署和检查所负责的安全工作。特别要以预防群死群伤事故为重点，切实加强对建筑施工安全，工业企业生产安全，危化品运输使用安全，道路交通安全，食品卫生安全，高层建筑和商场，文化娱乐场所消防安全，群众性活动安全等重点领域的监管，落实企业主体责任，彻底排查治理隐患，加大行政执法力度，确保全区安全生产良好局面。临近年底，各相关部门要加强做好社会管理、来信来访、应急管理、劳动关系调处等各项工作，为全区发展和集中精力保增长创造和谐稳定的环境。

同志们，从今天开始的 9 周时间，是完成全年目标和任务的冲刺阶段，同时也是能够有所作为、争取更大成绩的关键时期。我们必须从切实承担起做强首都实体经济重任和实现新区“十二五”良好开局、为完成“十二五”目标打下坚实基础的高度，充分认识完成年度工作目标的重要意义，发扬敢于担当、敢于碰硬、敢于创新的“三敢精神”，全力以赴、全员行动，不折不扣地完成全年各项任务指标，为今年交上一份满意的答卷！

在北京经济技术开发区工作会上的报告

中共北京市委经济技术开发区工作委员会副书记
北京经济技术开发区管理委员会主任 张伯旭

（2012 年 2 月 3 日）

同志们：

今天我们召开 2012 年度工作会议，回顾 2011 年的工作，分析当前和今后一个时期的工作形势，明确今年的发展目标与具体任务，为做好各项工作奠定基础。克庆书记还要作重要讲话，我们要认真学习，切实贯彻。下面，我受开发区工委、管委会委托，作工作报告。

一、2011 年开发区经济社会发展情况

2011 年，是“十二五”开局之年，是新区深度融合的关键之年。一年来，开发区在市委、市政府的正确领导下，坚持以科学发展为主题，以加快转变经济发展方式为主线，以发展高端产业为核心，着力推动一体化、高端化、国际化发展，积极克服外部环境复杂多变的影响，全面完成各项任务，实现了“十二五”时期良好开局。

2011 年，是开发区在高端产业、服务环境、社会民生、资源利用等方面取得显著成效和标志性成果的一年。2011 年，全国第一条液晶显示 8.5 代生产线如期投产；奔驰汽车全球首个海外发动机厂开工建设；承载国家级新药创新孵化基地和国家生物产业基地重任的亦庄生物医药园正式开园；当年获批、当年竣工、当年验收封关的全国领先的亦庄保税物流中心正式运营；首批国家生态工业示范园区申建成功；国家级海外高层次人才创新创业基地获准建设；全市最大规模的示范性公租房项目率先启用。

2011 年，开发区标志性发展成果的取得，是与各单位的工作和全体人员的辛勤努力分不开的。现在，我将一年来的工作从几个方面回顾如下：

（一）经济平稳较快发展，质量效益持续提高。

经济保持较快增长。新区规模以上工业总产值完成 2742.4 亿元，同比增长 6.8%，占全市的五分之一；汽车制造、生物医药、装备制造等主导产业产值增长率分别达到

74%、28.6% 和 17.2%；新区地区生产总值完成 1150.1 亿元，同比增长 13.8%，其中开发区完成 797 亿元，同比增长 14.1%; 全社会固定资产投资 785.8 亿元，同比增长 25.3%，其中开发区完成 320.2 亿元，同比增长 42.2%。各项主要经济指标均超额完成年度任务。

经济效益继续提升。新区工业增加值完成 582.1 亿元，同比增长 17.2%，增速在全市各区县中排名第一。开发区新产品产值（1 ~ 11 月）达到 231.5 亿元，同比增长 22.8%。新区工业投资占全部投资的比重提高到 32.9%，比 2010 年增长 10.6 个百分点。新区税收收入 353.7 亿元，同比增长 20.4%，其中开发区完成 245.4 亿元，同比增长 15.6%。开发区财政收入 269 亿元，同比增长 10.2%。

全力完成保增长工作。全方位帮助企业解决生产经营中的各种困难，引导企业争取订单扩大产能。经过努力，新区 455 家企业产值实现增长，占工业企业总数的 67.6%，共增加产值 461.4 亿元。在开发区 147 家产值亿元以上重点企业中，除诺基亚及其关联企业产值下滑外，74% 的企业都保持了良好增长态势，新增产值 355 亿元。保增长工作取得良好成效。

绿色发展水平持续提高。前三季度万元地区生产总值能耗下降 10.3%，继续保持全市领先水平。国家太阳能光伏发电集中应用示范区建设进一步加快，华北地区最大的 5 兆瓦太阳能光伏发电项目在京东方 8.5 代线建成并投入使用。

（二）重大项目强势增长，产业聚集快速提升。

继续强化招商引资。新批企业投资总额（含增资）63.6 亿美元；合同利用外资 17.1 亿美元，同比增长 1.3 倍。引进央企项目 13 个，累计超过 60 个；引进世界 500 强项目 12 个，累计达到 108 个；跟踪储备重大项目 138 个。项目引进对产业发展的带动力量持续增强。

大力推进促开工、促投产。奔驰越野车、北汽新能源汽车等 25 个项目实现投产，当年新增产值 50 亿元。中电华通、协和药厂等 40 个产业项目实现开工，涉及投资总额 291 亿元。区内在建产业项目 64 个，在施面积 232 万平方米。项目开工与投产的推进节奏明显加快。

扎实推进产业园区建设。数字电视产业园冠捷等 13 个项目开工建设，入园配套项目总数达到 22 个；移动硅谷产业园移动硅谷创新中心等 4 个项目签约落地，在促项目 15 个；中国云产业园引入百度云计算中心等近 20 个重点项目。生物医药基地引进大基康明等 14 个项目；新媒体产业园引进央广购物等 6 个项目；新能源汽车产业园引进北汽光华等 3 个项目；军民结合产业园获批成为市级产业基地。“一区六园”的产业发展取得较大进展，产业引领和聚集效应进一步显现。

（三）产业环境日趋成熟，产业空间加快拓展。

着力完善产业发展内部环境。移动通讯、液晶显示、生物工程与新医药、云计算等核心产业的产业链条日趋完善，配套协作企业聚集度逐步提高，产品技术研发与应用、服务外包等平台建设日渐成熟。经过近 20 年发展培育起来的具有较大优势、较强竞争力的产业发展内部环境已成为持续吸引高端项目入区的重要因素之一。

全面强化政策优势。有效放大区域政策，将开发区吸引投资和产业发展的鼓励措施覆盖“一区六园”，形成品牌、政策、标准、服务、项目布局“五个统一”。积极争取市级政策支持，推荐 52 个项目申请获得 35.7 亿元的市级重大科技成果转化和产业项目统筹资金，相当于我区财政投入资金的 3 倍，占全市统筹资金总额的 35%。快速对接中关村政策，将 98 平方公里产业用地纳入中关村政策覆盖范围。

着力拓展发展空间。12 平方公里功能拓展区拆迁工作基本完成、实现征地 5347 亩。调整完成 26 平方公里建设用地的土地利用总体规划。加大土地腾笼换鸟工作力度，全年腾退项目 4 个、盘活土地 22.4 公顷。

（四）创新要素加速聚集，支撑条件更加完善。

加快实施科技强区战略。出台促进孵化器发展办法，认定开发区首批公共技术服务平台 9 家。挂牌成立开发区首批企业创新中心 60 家，新增各类市级研发机构 35 家，目前国家、市级研发机构总数达到 111 家。推进中小企业知识产权保护工作，新增专利引擎试点企业 20 家。制定“小巨人”企业培育方案，筛选确定“小巨人”培育企业 42 家。对 132 家企业的 238 个项目提供 1.2 亿元科技创新专项资金支持。区内企业在 2011 年 1 ～ 10 月共申请专利 1608 项，同比增长超过 30%。

加速聚集高端领军人才。全年共有 13 人入选中央“千人计划”，累计达到 27 人，占全市的四分之一；23 人入选北京市“海聚工程”，累计达到 37 人，占全市的五分之一。认定 73 名海外高层次人才，引进各类核心人才 612 人。落实扶持奖励政策，安排各类人才扶持奖励资金近 6000 万元。实施“一线创新人才培养”项目，设立开发区第 4 家留学人员创业园。2011 年，海外高层次人才创办的企业年度产值同比增长 54%。人才第一资源对产业发展的引领作用进一步显现。

有力提升产业服务功能。亦庄生物医药园正式开园，建成多功能、全过程、高端化的科技创新服务体系。亦庄保税物流中心正式运营，显著提升了对区域外向型企业的服务水平。

不断完善产业金融体系。支持舒泰神药业、中化岩土等 6 家企业获批上市，与市属国有企业联手设立北京创造壹基金，推进投融资平台规范工作，恢复总公司和亦庄国际的融资能力。

（五）基础设施加快建设，新城面貌日新月异。

加快基础设施建设。建成亦柏路、采伟路等 11 条，共 31 公里市政道路，建成太和桥等 3 座道路桥梁以及 6 座过街天桥，46 平方公里内全部市政道路建设基本完成，12 平方公里功能拓展区初步具备通行能力，新能源汽车产业园等专业园区的通行水平得到提升。路东区 1 号、7 号供热厂，12 平方公里临时供热厂等能源场站建设完成。

全力提升新城建设水平。荣华路沿线的亦城国际写字楼和丰大国际酒店建成使用，亦城科技中心等 7 个项目实现开工，核心区高端化商务街初具规模。沿荣华路、企业文化园等“三线两园”亮丽工程顺利竣工，新城夜景更加怡人。交通指挥中心投入使用，建成 4 号公交场站，在热点地区投放 1000 辆公共自行车，区内交通智能化、便利化、低碳化水平不断提高。

继续开展区域环境综合整治。全年绿化面积 195 万平方米。重点强化京东方周边、京沪高速沿线、轻轨沿线的环境综合整治，加强城市环境秩序治理，加大违法建设拆除力度，共拆除违章建筑 2700 平方方米。

（六）社会事业健康发展，区域环境和谐稳定。

深入推进劳动力就业。深化“政府—企业—劳动力”和“区—镇—村”两项劳动力就业合作机制，开展岗位开发、培训指导等全方位服务，全年共开发就业岗位 30160 个，推荐 9252 名大兴区劳动力在开发区就业。

社会建设水平有效提升。完成人大代表、政协委员换届选举工作，开发区 13 名人大代表、25 名政协委员出席新区两会。检察院和法院设立派出机构，区域法治建设水平显著提高。亦庄实验学校完成转制，北京八中亦庄分校正式开学，保华国际学校前期工作基本完成，区域办学水平得到提升。同仁医院二期工程完成立项并获得市政府批准。配租公租房 1644 套，有效解决区内企业与职工最关心的住房困难问题。继续开展送电影、送演出、送讲座活动，举办新区第八届运动会暨北京市第三届外企职工运动会，丰富企业员工和居民的文体生活。

全力做好安全稳定工作。积极参与举办 2011 年度全国安全生产宣传咨询日等教育活动，深入开展社会治安专项维稳，加快推进交通执法规范化建设，加大力度实施防火监督，加强对食品药品及相关产品企业监督检查，有效维护了生产安全、治安秩序、交通秩序、消防安全和食品药品安全。引导企业构建新型劳动关系，积极推进和谐社区建设，进一步加强信访、应急管理、突发事件处置及网络维稳、网络舆论引导工作，区域环境日趋和谐稳定。

（七）服务水平继续提升，对外交流广开门路。

加强政策和体制机制创新。适时调整基准地价，促进土地资源节约集约利用。积极稳妥地推进工业蒸汽价格改革，建立蒸汽、热水和燃气价格联动机制。成立国有企业监事会，加强国有资产的监督管理。积极推广社会保险业务网上申报的试点工作，社会保险精细化管理工作走在全市前列。

增强创新服务能力。工商分局深入百家纳税大户企业，深化十项服务措施，帮扶支持企业发展。国税、地税部门进一步强化税源管理、优化纳税服务，有效提升办税服务效率，税收征管水平进一步提高。药监分局积极推进新版《药品生产质量管理规范》认证工作，引进并设立市医疗器械检验所及市药品检验所业务受理窗口，质监分局完成在开发区设立市级组织机构代码办理窗口工作，使辖区企业不出开发区就能享受到方便快捷的服务。海关、检验检疫局对重大项目采取高效放行的服务模式，有力保障了京东方 8.5 代线等项目的建设投产进度。公安分局采取社区民警驻区制、巡逻民警站巡制，不断提升社会治安掌控能力，及时侦破各类刑事、治安案件，提高了群众的安全感和满意度。交通大队实施智能化交通管理科技工程，智能管理水平走在全市乃至全国前列。消防支队创新开展消防车进企业、进工地、进学校、进社区系列宣传活动，全力消除各类隐患，确保全区火情形势平稳。

着力提升区域品牌。积极参与筹办金博会、科博会、京港洽谈会以及中国云产业园发布会、世界云计算大会等推介活动，创新拓展央视中文国际频道、北京卫视、首都国际机场和纽约时报广场等广告渠道，充分利用人民日报、北京日报、新华网等媒体资源，进一步宣传新区，“北京·亦庄”品牌的国际国内影响力不断扩大。

（八）主体作用充分发挥，多种途径促进发展。

总公司作为“开发建设、园区经营、资本运作、资产管理、综合服务”重要主体，全面参与新区建设发展，各项工作取得明显成效。着力推动融合发展，12 平方公里功能拓展区回迁安置房、基础设施、公共配套设施建设稳步推进，投入资金 14.5 亿元开展园区对接工作并取得显著成效。着力打造“大融资”平台，全年融资规模突破 150

亿元，为重点项目顺利推进提供了有力的资金保障。高水平高质量完成生物医药园、亦庄保税物流中心、路东区产业配套公租房一期等一批重点项目建设，为优化区域发展环境作出有力贡献。

亦庄国际以服务新区产业发展为目标，探索新型金融服务模式，参与发起北京创造壹基金，落实市统筹项目股权投资，为通用电子转向、中芯国际、奔驰等重大战略产业项目落地提供融资支持，各方面工作取得较大进展。

各专业公司、金融机构围绕开发区重大项目建设、城市运行和区域发展，提供了良好的服务保障。

同志们，过去一年的成绩，是我们在国际政治经济环境复杂多变、国内经济运行出现新情况新变化、主导产业市场环境急剧调整、新建龙头项目尚未产生显著效益等不利条件下奋力取得的，标志着开发区朝着“十二五”时期总体目标迈出了重要一步，为继续提升新区建设发展水平奠定了坚实基础。成绩来之不易，这是市委、市政府正确领导和市各委办局、兄弟区县大力支持的结果，是新区深度融合、团结一心、共同奋斗的结果，是工委、管委会、总公司各级班子和干部职工扎实工作的结果，是驻区各单位、各企业和广大居民辛勤劳动的结果。在这里，我代表开发区工委、管委会，对各界的支持和全体工作人员的努力致以崇高的敬意和衷心的感谢！

在肯定成绩的同时，也要清醒地看到，我们仍面临着许多困难和问题，仍需在以下几个方面加大工作力度：一是拓展产业发展空间的节奏还要加快，要集中力量争取从政策层面有所突破，为产业发展提供超前空间保障。二是做大做强高端产业的速度还要加快，要着力培育重大产业项目增长点，尽快做大产值规模，积极优化产业结构。三是完善城市配套功能和提升产业发展软环境的力度还要加大，要牢牢把握国际高端产业新城的规划和建设定位，不断提升城市面貌、商业配套水平和政府服务水平。对此，我们要继续发扬敢于担当、敢于碰硬、敢于创新的精神，更加奋发有为地去争取新的胜利。

二、2012 年的形势 工作目标与主要任务

2012 年是新区领导班子换届后的开局之年，是实施“十二五”规划的突破之年，是新区一体发展的关键之年，做好全年各项工作至关重要。

总体看，当前宏观形势依然不容乐观，国际金融危机深刻地改变了全球经济的发展格局，世界经济复苏的不稳定性不确定性上升。国内经济结构正处在关键的调整转

型期，面临着外部市场萎缩，原材料和人工成本急剧上升，资源环境对发展的硬约束不断增强等不利因素。这些会给开发区这样一个外向型经济区域带来重要的影响。

但我们更要看到，新区经济发展的基本面和总体趋势是良好的。一方面，做强实体经济逐步形成广泛共识，中央经济工作会提出要牢牢把握发展实体经济这一坚实基础，市委、市政府将做强二产、发展实体经济的重任寄予新区。另一方面，两区融合发展释放的动力，已有产业基础积累的实力，新机场等重大战略性项目创造的引力，以及产业空间、人才资源、科技创新提供的潜力，都是我们实现更大发展的有利条件。我们务必充分利用好这些有利条件，推动经济跨越增长，为首都实体经济发展提供重要支撑。

做好今年经济社会发展工作，实现各项主要目标，关键是要切实把握“稳中求进，创新发展”的工作基调，着力在求进上取得成效。“稳”，就是要在复杂多变的环境中稳住新区发展的良好势头。“进”，就是要在创新驱动、重大项目建设、推动城乡一体化和改善民生上取得突破。“求”，就是要奋发有为，勇于创新，确保“稳”，争得“进”。

2012 年开发区工作的总体思路是：全面贯彻落实党的十七届六中全会、中央经济工作会议和市委十届十次全会精神，以科学发展为主题，以加快转变经济发展方式为主线，以一体化、高端化、国际化为发展方向，坚持稳中求进、创新发展、民生为本、绿色保障，全面提升高技术制造业和战略性新兴产业聚集区建设水平，为实现“十二五”规划目标奠定坚实基础。

主要目标是：力争实现地区生产总值增长 15% 以上，工业总产值增长 20% 以上，税收收入增长 15% 以上，全社会固定资产投资 365 亿元，吸引投资总额增长 20% 以上，完成北京市下达的节能减排和环境保护的任务指标。

为此，今年要重点做好以下几方面工作：

（一）大力发展高端产业，提升区域发展水平。

以发展结构优化、技术先进、清洁安全、附加值高、吸纳就业能力强的现代产业体系为目标，促进战略性新兴产业和现代服务业的快速发展。

加快推进“四个一批”重大产业项目建设。按照“在谈项目促签约、签约项目促落地、落地项目促开工、开工项目促投产”的要求，全年确保康宁玻璃、金晶智慧太阳能材料等 30 个以上重点项目投产见效，新增产值 400 亿元以上；确保瑞云云计算、同仁堂集团等30个以上重点项目开工建设；确保20个以上重点项目签约落地，力争几个具有突破性影响的重大项目签约入区；跟踪储备重点项目100个以上。

加速发挥产业链聚集效应。推动高端产业向产业链上下游延伸发展，重点推进数字电视、汽车制造、生物医药、云计算、集成电路、LED新能源等产业集群和产业链的建设。力争实现京东方数字电视产业园新增产值160亿元，奔驰汽车产业园新增产值150亿元。

统筹推进“一区六园”产业发展。加快推进奔驰汽车产业园、数字电视产业园标准厂房及配套项目建设；规划启动中国云产业园建设，引导形成“研发—生产—服务—应用”为一体的产业格局。按照“五个统一”原则，推进生物医药基地三期基础设施建设，完善周边商务、居住生活配套设施；加快新媒体产业园土地开发和基础设施建设；以中瑞兰科、航天新长征电动汽车等项目开工为重点，促进新能源汽车产业园、军民结合产业园取得新进展；以新机场启动建设为契机，同步推进新空港产业园各项工作。

（二）加快聚集高端要素，构建创新驱动格局。

以提升区域发展软实力为核心，充分发挥科技第一生产力、人才第一资源、金融重要支撑等高端资源要素的作用，着力构建创新驱动格局。

加快实施科技强区战略。继续推进科技创新八大工程，积极落实中关村“1+6”先行先试政策。围绕提高科技创新能力，搭建5个以上公共技术服务平台，继续完善生物医药公共服务平台功能。积极建设电子信息、生物医药等领域的国家级、市级创新和成果转化基地，推进国家临床标本库落户新区。加快推进科技中心建设，进一步营造创新环境。

大力支持中小企业发展。打造“小巨人”企业，力争培育总数达到60家以上，其中8～10家跻身产值过亿元企业。继续实施中小企业知识产权战略推进工程，培育优势中小企业20家，北京市专利试点企业20家。充分发挥中小企业在产品研发、完善产业链、吸纳就业等方面的重要作用，形成龙头企业与中小企业联动发展的产业格局。

加快实施人才强区战略。以建设国家级海外高层次人才创新创业基地为契机，有力推进新区人才强区十大工程。进一步加强海外学人分中心、留学人员创业园、博士后科研工作站、青年英才创新实践基地建设，继续做好人才的引进、开发和服务工作，力争入选中央“千人计划”人数累计达到30人，入选北京市“海聚工程”人数累计达到42人，认定新区海外高层次人才累计达到170人，积极组织“外专千人计划”评选工作，进一步确立人才政策、人才队伍、人才核心竞争力在全市的领先优势。

进一步完善产业金融服务体系。积极引进银行、基金公司等金融机构，规范运作北京创造壹基金、中关村股权投资基金，深化与行业协会的合作，广泛吸纳社会资金参与新区发展。积极争取市级统筹资金，强化统筹资金对产业发展和重大项目的支持力度。研究制定中小企业融资成本补贴和风险补偿政策。按照近期扶持一批、中期培育一批、远期规划一批的思路，实现新增培育上市企业 10 家左右。

（三）提高扩区建设速度，保障产业项目落地。

以一体化、高端化、国际化发展为目标，加快扩区开发，促进“三镇一园”与开发区协同发展，为产业发展提供坚实保障。

加速扩区开发进度。加快 12 平方公里功能拓展区建设工作。落实占补平衡指标，加快拆迁收尾和土地征用报批。年内完成回迁安置房建设并实现按期入住，完成市政道路、供热厂等基础设施和教育、卫生等各项设施建设。启动 26 平方公里规划建设，抓紧完成军民结合产业园、生物医药基地、新能源汽车产业园的扩区方案、规划编制和拆迁准备工作。

加强综合服务配套区建设。完善亦庄镇、旧宫镇、瀛海镇和南海子公园“三镇一园”综合服务配套区的商业、生活配套功能，为产业发展提供服务保障。抓紧完成各专项规划研究和编制，将其纳入管委会固定资产投资计划。开工建设凉水河（旧宫段）河滨公园等 13 个项目，确保旧宫南街产业新园区基础设施配套工程等重点项目年内完工。

加大产业空间内部挖潜及腾笼换鸟力度。鼓励和支持产业园区集中建设专业标准厂房，为配套企业和成长期企业提供发展空间。科学制定项目评估标准，调出不符合产业发展方向、缺乏发展潜力的项目，为高端优质项目提供发展空间。

（四）推进生态园区建设，提升绿色发展水平。

以推进国家生态工业示范园区建设为重点，加快构建资源节约型、环境友好型开发区，进一步提升新能源利用和水资源综合利用水平。

加快示范区建设。积极创建国家水资源综合利用示范区，通过提高自来水、再生水、雨水等水资源的利用效率，多渠道解决用水问题，保障工业用水需求。推进污水处理厂提级改造、雨水利用、再生水价格改革以及亦庄水厂建设等工作。高标准建设国家太阳能光伏发电集中应用示范区，实现太阳能光伏发电总装机容量 20 兆瓦以上。加快建设国土资源节约集约示范区，保持地均产值、地均税收的全国领先水平。

优化生态环境。建成亦庄新城万亩滨河森林公园，加快推进企业文化园改造、市政绿地改造等重点工程建设，实施植树造林工程，提升绿色家园建设水平。进一步做好环境监测管理工作，深入开展清洁空气行动计划，确保完成市政府下达的指标任务。

（五）完善基础设施建设，提升城市承载能力。

以适度超前和突破瓶颈为标准，努力构筑便捷的交通网络，营造高品质的居住环境，提升城市承载能力，加快建设高端产业新城。

改造升级交通运输基础设施。加快提升对外通行能力，推进博大路、成寿寺路、旧忠桥、大羊坊桥、康化桥改造，推动新增京津塘高速东区入口。不断完善区内交通设施，开工建设荣昌康定组合桥，确保路东区跨排干渠桥竣工通车。加快公交场站建设，年内新开通2条公交线路，提高公交线路微循环水平。超前规划布局公共停车场，完成轻轨亦庄线“停车换乘”停车场二期等项目建设，显著提升静态交通管理水平。

提高城市管理水平。推进美化亮化工程建设，改善道路市政设备设施、广告及夜景照明。加大环境综合整治力度，坚持对各类违法建设的“零容忍”，营造良好的城市发展环境。进一步扩大城市公共视频监控覆盖范围，继续推进将重点社会单位监控接入城市综合管理平台。

推进重点商业设施建设。构建多层次商业服务体系，发展社区便民、电子商务等服务。推动亦城国际中心二期等高端商业服务设施建设，引导建立农超对接示范店、便民早餐示范点，实施亦庄地区汽车4S店品牌包装和推广工程。

（六）推动社会事业发展，维护区域和谐稳定。

以保障和改善民生为根本，逐步完善符合区情、比较完整、覆盖城乡、可持续的基本公共服务体系，促进社会事业全面发展。

积极促进劳动就业。多渠道增加劳动力供给，保障新区产业发展对劳动力的需求。加强农村劳动力的就业观念转变和职业技能培训，提升劳动力稳定、持续就业能力。年内开发就业岗位3万个，开展各类培训1.5万人次。推动大兴区各镇、各街道与开发区企业建立就业对接渠道，确保吸纳8000名以上劳动力实现就业。

全力做好社会保障工作。按照市政府要求完成保障性安居工程建设任务。深入宣传落实《社会保险法》，推进区域补充医疗保险经办模式改革，进一步扩大社会保险覆盖面，稳步提高保障水平。

推动文教卫体工作。加快推进保华国际教育园、同仁医院二期、河西区社区卫生服务中心、体育中心二期、河西区文体中心以及图书档案馆等项目建设，完善硬件设施水平。举办文化艺术节、全民健身体育节，促进群众性文化体育事业发展。

全力确保区域和谐稳定。增强政治意识和大局意识，以十八大维稳为核心，全力做好各项维稳工作。加大社会矛盾与纠纷排查处理力度，完成社区居委会两委换届，实现社区实有人口管理服务全覆盖，创建平安、和谐社区。建立劳动用工动态管理机制，做好劳动纠纷调处工作，确保劳动争议仲裁案件结案率达到 95%。压减各类安全事故，重点加强 12 平方公里开发建设过程中的现场监管和执法力度。

（七）创新发展提升服务，拓展交往加大宣传。

以创新机制、提升服务、强化作风、廉洁从政为内在动力和根本保障，努力提高区域软实力和核心竞争力。

加快工作机制创新。坚持把提升服务水平作为优化区域软环境的重点，做好国家级开发区政策权限覆盖六园的实施准备。进一步加强统筹，建立 12 平方公里功能拓展区、综合服务配套区建设和管理的有效机制。完成服务大厅调整改造，提升管理和服务水平。

提高综合服务与保障水平。工商、国税、地税、海关、检验检疫、药监、质监、公安、交通、消防等部门要围绕新区跨越式发展的核心任务，按照机制新、活力大、效率高的工作要求，充分发挥自身优势，主动创新工作模式，综合利用各种资源，发挥专业指导和协调作用，在项目引进、技术研发、标准创制、成果转化、产品认证、市场拓展等各个方面做好企业服务和保障工作，在社会治安、交通秩序、防火安全等各个方面做好安全维稳工作，服务企业更好更快发展，有效维护区域和谐稳定。

加强队伍作风建设。今年的任务重、压力大、难题多，我们要进一步强化干部队伍建设，着力提升干部队伍的责任意识、主动意识和专业化、国际化工作水平。加强绩效管理、督查督办和考核激励工作，提高工作效能。进一步强化与外部各单位的沟通联系，统筹利用多种资源，解决好空间和资金需求等问题。

强化党风廉政建设。进一步落实党风廉政建设责任制，积极推进教育、制度、监督并重的惩治和预防腐败体系建设。增强监督合力，发挥审计联席会议制度作用，增加任中审计环节，把审计过程中发现的问题作为风险防范工作下一步完善的重点。加强对政府性债务和财政资金使用的监管力度，保证国有资金的安全合理使用。

加大亦庄品牌推广力度。继续采取国际交流、媒体报道、广告宣传等多样化手段，充分利用参加京交会、京港洽谈会、科博会、金博会等大型活动的机会，提升新区和“北京·亦庄”品牌的影响力。重点支持自主举办的具有国际影响力的重要活动，注重增强宣传的针对性和实效性，提高宣传资金的使用效能。

（八）增强主体服务功能，全面参与新区建设。

以服务新区建设、促进企业发展为原则，以总公司和亦庄国际为主体，建立健全现代企业制度，全力做好新区开发建设、园区经营、资本运作、资产管理、综合服务等各项工作。

按计划完成12平方公里功能拓展区开发建设，参与26平方公里规划建设，做好“一区六园”和旧宫功能配套区开发建设。按照新区的统筹安排，积极推进新航城、新空港产业园、亦城国际中心二期等重点工程。

进一步提高融资能力，拓宽融资渠道，扩大融资规模，为重大产业项目和中小企业提供融资支持。提升资本运行效率，做好市级统筹资金运行和管理及重大项目的投后管理跟进工作。加强国有资产的经营和管理，确保国有资产保值增值。

进一步提升各专业公司的经营管理与服务水平，高标准完成综合服务保障工作。

同志们，回首2011年，我们虽遇到了严峻的挑战，但仍取得了丰硕的成果。展望2012年，道路虽不平坦，但我们有决心奋力求进、勇于创新、埋头苦干、攻坚克难，全面提升高技术制造业和战略性新兴产业聚集区建设水平，将更加丰硕的成果奉献给建区20周年，以更加优异的成绩迎接党的十八大胜利召开！

最后，祝大家在新的一年里，工作顺利、身体健康、事业有成。谢谢大家！

专文

北京南部新区
“十二五”时期产业发展规划

（2011 年 1 月 8 日）

指导原则：走创新驱动、内生增长的道路，实现经济总量和发展质量的新跨越，着力提高产业竞争力、自主创新力、国际影响力和环境承载力。

发展目标：引导形成高端、高效、高辐射的十大产业集群，构建“一区六园”为载体的产业发展平台，成为首都战略性新兴产业引领区、高技术制造业核心区、体制机制创新先导区和低碳绿色发展示范区。

一、调整产业结构

坚持“优化一产、做强二产、做大三产”的发展思路，重点发展高端、高效、高辐射产业，引导产业集约、集聚、循环发展，确立高技术制造业和战略性新兴产业的领先优势。

（一）优化三次产业结构

适应后工业化时期产业融合发展趋势，以科技进步和创新为重要支撑，引导三次产业集约、集聚、循环发展，发挥产业之间关联发展的放大效应。

战略性调整农业结构。加快都市型现代农业发展，突出新区农业的生态功能、城市应急保障功能、科技示范功能和体验功能，与新区快速城市化、产业化进程中的各类需求和资源约束相适应，优先发展环境农业、高效农业和特色农业，引导设施农业、观光农业和体验农业等有传统优势的服务型农业向高新技术、名优品牌方向发展，促进农产品绿色种植、绿色加工和高效流通。提升现有标准化农产品基地和观光园水平。发展农民专业合作组织，深化农村集体经济产权制度改革，鼓励农业规模化经营，支持符合条件的农业企业上市。通过战略性调整，实现农业与二三产融合发展。

全面提升高技术制造业和战略性新兴产业的综合实力。以北京经济技术开发区为产业发展主体平台，以“北京 · 亦庄”为产业发展统一品牌，突出创新驱动和低碳绿色的新区产业特点，重视产业发展的质量和效益，大力发展高技术制造业，加快培育战略性新兴产业，引导产业集约、集聚、循环发展，重点引进和培育规模大、潜力大、贡献大的高端优质项目，高标准、高水平建设南部高技术制造业和战略性新兴产业聚集区。

培育发展面向生产、科技创新和生活的服务业。与一产、二产的发展需求相适应，积极发展金融服务、信息服务、商务服务、工业设计服务、流通服务等生产性服务业，科技研发服务、科技信息服务、科技金融服务、科技商务服务等促进科技成果产业化的科技创新服务业，以及商贸服务、电子商务服务、旅游服务、文化服务、社区便民服务、养老服务、健康服务等有利于保障和改善城乡居民生活、提升公共服务功能的生活服务业，鼓励发展服务外包业。

服务民生、促进消费，加快建立与新城、新市镇、新农村居民不断提高的物质文化生活需求相适应的现代商业体系。不断提升宜居品质，提高服务水平，形成现代商业中心和社区便民超市、高端品牌专营和普通日用百货、网上电子商城和网下实体店铺布局合理、共同发展的现代商贸服务体系，配套发展流通服务业。引导房地产业健康发展，调整房地产供应结构，大力推进保障性住房建设。

加快国际化进程，实行更加积极主动的开放战略，以开放促产业发展、促服务水平的提高和投资环境的改善。积极扩大利用外资规模，引导外资投向重点发展的产业和园区，着力提高利用外资水平，通过引进外资实现引进先进技术、现代管理和高端人才。优化和改善出口结构，巩固高新技术产品和农副产品的出口优势，扩大生物医药和文化创意产品的出口比重。发展服务贸易，形成出口特色，增强国际竞争力。

建设“智慧大兴”，以信息化提升三次产业水平，推进信息技术的深度应用，促进信息资源的开发利用。

（二）重点发展十大产业

加快发展高技术制造业、战略性新兴产业和高端服务业，增强产业发展持续性、产业体系集群性、产业组合协同度，培育一批有影响力的“北京创造”品牌，发挥产业链龙头企业带动作用，形成若干个千亿级和百亿级产业群。

重点发展四大主导产业、三大新兴产业和三大支撑产业，形成十大产业“四三三”发展格局。

1. 巩固提高四大主导产业

电子信息产业。以构建移动通信、数字电视、集成电路三个千亿级产业集群为重点，推进星网工业园、移动硅谷产业园、数字电视产业园、中芯微电子产业园持续升级。积极培育发展物联网、智能电网、下一代互联网等新兴行业，形成以移动通信、数字电视、集成电路、网络通信、计算机、物联网、云计算等为多极支撑的电子信息产业格局。

生物医药产业。坚持研发创新、高端制造和流通服务并进，打造以生物药、中药、化药、医疗设备等为主导，检验检测、流通、服务与健康管理为辅助的产业格局。积极引进国际知名生物工程和医药企业，加快培育本土企业。大力发展以疫苗、蛋白药物为重点的生物医药，推进中药新品种、中药保健品等现代中药以及基本医疗器械、生物医用材料等行业，加快发展研发外包（CRO）、委托生产（CMO）等新兴业态。

装备制造产业。以推进产业集聚、完善配套体系、促进两化融合为主线，着力推进跨区域产业互动，打造面向战略性新兴产业、城市化与民生发展的高端装备制造体系，中国“高端化、特色化、协同化”的装备制造产业聚集区。重点发展以高速动车组、城市轨道交通车辆等为主的轨道交通装备，以化工、医疗器械等为主的专用设备，以变压器、开关控制等为主的电气机械及器材，以光学仪器、传感标准用计量仪器等为主的仪器仪表及文化、办公用机械。

汽车制造产业。以打造品牌和技术双领先的汽车产业集群为目标，增强汽车产业链协同程度，大力实现汽车制造、研发、生产三大领域的跨越发展。加快发展中高档乘用车、新能源汽车等整车制造，动力系统、汽车电子等核心零部件制造以及电动汽车动力系统等方面。培育自主开发能力，形成有较强竞争力的电动汽车以及关键零部件工业体系。鼓励汽车服务产业发展，加快研发、设计、展示、销售、金融保险、物流等融合型服务业发展。率先投放电动汽车充电站、加氢站等基础设施。

2. 加快培育三大新兴产业

新能源和新材料产业。着眼北京建设世界城市和能源结构调整的战略选择，发挥首都新能源产业技术研发、高端装备制造、技术服务等方面的领先优势，聚焦发展以风电、太阳能光伏、绿色电池、LED为主的新能源产业，以满足航空航天需求的高性能结构材料、化工新型材料、光电子材料、生物材料为主的新材料产业，不断延伸产业链条，建设北方绿色能源创新中心和高端制造基地，具有国际先进水平的新材料技术成果转化及产业化平台，实现技术经济规模化和产业化发展。

航空航天产业。推进军民结合，发挥首都新机场的带动作用，利用国防科研单位和军工企业总部集中的地位优势，重点吸引航空航天领域的研发机构和总部，培育以航空技术应用、航空服务、通用航空、航空电子为主的航空航天产业，以反恐维稳装备、安保安防装备、医疗救缓装备、城市管理与应急救援为主的应急救缓装备产业。加强国防科技工业与民用工业在规划、政策上的协调衔接，着力推进军民用技术双向转移。

文化创意产业。依托国家新媒体产业基地，以“星光电视节目制作基地”为发展平台和先导，汇聚影视制作各环节企业，重点发展以数字信息技术支撑的新媒体产业，延伸发展影视制作、创意设计、出版印刷、动漫网游等产业，培育发展文化旅游业及文化休闲体育业，成为集“媒体总部、影视文化、体验旅游”为一体的综合性文化创意产业集聚区。

3. 配套发展三大支撑产业

生产性服务业。依托地铁沿线五大生产性服务业集聚区和产业基地，重点发展金融服务、信息服务、商务服务、工业设计服务和现代流通服务等生产性服务业。加快培育面向战略性新兴产业的产业金融发展、面向城乡统筹的农村金融改革。鼓励工业和创意结合，积极发展工业设计产业。以首都新机场规划建设和物联网推广应用为契机，高标准发展现代物流产业。

科技创新服务业。按照“多功能、全流程、高端业”的发展定位，大力促进面向科技创新的新兴服务业态，加快建设“四大板块、三大组群”，培育科技研发服务、科技金融服务、科技信息服务和科技商务服务，扶持孵化器、产业化基地和工程技术平台的专业化和综合化发展，打造成为面向环渤海科技创新服务领航区。

科技创新服务业

科技创新服务业是指面向科技创新的高端服务业，是为科技创新提供支撑服务并产生重要作用的新兴业态集群，以企业、科研机构、公共机构等为主要服务对象，可划分为“四大板块、三大组群”。“四大板块”是指科技研发服务、科技金融服务、科技信息服务和科技商务服务；“三大组群”是指面向不同科技创新主体进行服务聚合所形成的综合载体，主要包括：孵化器、产业化基地和工程技术平台。科技创新服务业是当前国际服务业持续升级和重构的结果，尤其是随着国际科技创新活动的发展和变革，推动了科技创新服务业作为具备明确服务对象、服务载体和服务渠道的新兴产业。

都市产业。以形成具有品牌影响力的现代都市产业群为目标，重点发展都市型现代农业、都市特色工业和都市服务业。都市型现代农业在设施农业、观光农业的基础上向环境农业、高效农业、特色农业及与农产品加工和流通业融合方向发展，都市特色工业在印刷包装、服装、食品加工等基础上向品牌总部、低碳绿色方向发展，都市服务业在体育休闲、家居服务、都市商业基础上向品质化、便民化、网络化方向发展。

都市型现代农业：应用现代农业科技手段，大力提升技术含量和品牌价值，着力开发农业新功能，积极发展环境农业、高效农业、特色农业，重点发展以经济林产业、花卉产业、籽种产业、观光休闲农业、科普体验农业、数字农业和农产品加工配送业为主的都市型现代农业，促进农业向高端、高效、生态、创意方向发展，实现农业产业结构的战略性调整。

都市特色工业：与市场需求和发展要求相结合，优先引进具有国际或国内影响力的品牌企业，引导扶持区内品牌企业做大做强，发展低碳绿色工业，淘汰高耗能、高耗水、高污染的低端都市工业。

都市服务业：以保障和改善民生为出发点和落脚点，建设与城乡发展、产业发展适应的现代商业服务体系，优先发展社区便民服务、养老服务、社区商业和电子商务服务，加快镇村商业网络化、便利化、城市化发展，在新城规划建设综合高品质的商业中心、交易中心和会展中心，在永定河绿色生态发展带、南中轴沿线发展带和庞安路沿线布局发展高端体育休闲和生态旅游产业。

引导都市型现代农业、都市特色工业和都市服务业融合发展。

战略性新兴产业与新区“十二五”时期重点发展产业的关联							
新区“十二五”时期重点发展的产业		电子信息	生物医药	装备制造	汽车制造	新能源和新材料	航空航天
战略性新兴产业	节能环保	★		★			★
	新一代信息技术	★					★
	生物		★				
	高端装备制造			★			★
	新能源					★	★
	新材料	★	★			★	★
	新能源汽车				★	★	

二、优化空间布局

以北京经济技术开发区为新区产业发展主体平台，提升北京经济技术开发区产业承载能力。在集约增效的基础上，整体拓展、分期实施，积极拓展新区产业发展空间。坚持高标准、高水平和适度超前，大力提高基础设施和公共服务设施水平。统一品牌、统一标准、统一政策、统一服务，加强生物医药、新媒体、新能源汽车、军民结合、生产性服务业、新空港六大产业园的规划建设，形成“一区六园”的产业发展格局。

（一）做大做强开发区

以做大做强开发区为主要任务，坚持创新驱动、高端引领，结构优化、特色突出，循环集约、绿色发展，内外并举、区域协作，继续发挥建成区主导产业带动优势，推进协作配套区的开发建设，完善配套服务功能，提升发展质量和实力，在打造“北京创造”品牌中发挥主体作用。

突出产业集群，做强开发区中心区。发展壮大电子信息、装备制造和汽车制造等主导产业，大力培育光伏、风电等新能源产业，同时积极发展生产性服务产业。以星网工业园的运作方式组建移动硅谷产业园、数字电视产业园，推动完善奔驰汽车产业园、风电产业园、中芯微电子产业园建设。加快 12 平方公里新扩区土地一级开发，推动 LED 产业园建设。加快推进开发区中心区向东南方向继续拓展。通过产业集聚发展模式打造若干个千亿级和五百亿级产业集群。

推进功能整合，加快建设周边配套区。对旧宫镇、瀛海镇和南海子公园等开发区周边区域进行功能配套整合。旧宫镇定位为企业总部、商务服务、开发区配套生活消费区；瀛海镇定位为企业研发机构聚集区、科技创新服务业、文化创意产业聚集区；南海子定位为生态旅游、商务休闲、文化创意、会议展览、主题活动区。

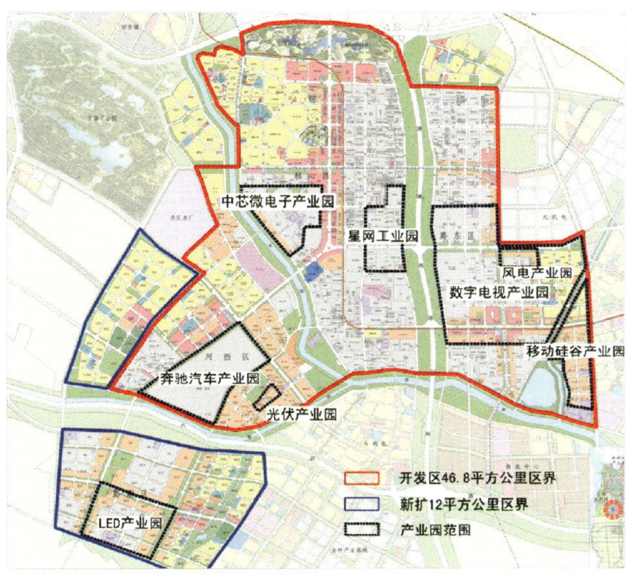

图 1 开发区中心区

（二）建设六大专业园

以“北京·亦庄”为总体品牌，按照“四个统一”的原则，引导产业向专业园区集聚发展，重点建设生物医药产业园、新媒体产业园、新能源汽车产业园、军民结合产业园、生产性服务业产业园、新空港产业园等六大特色专业园。

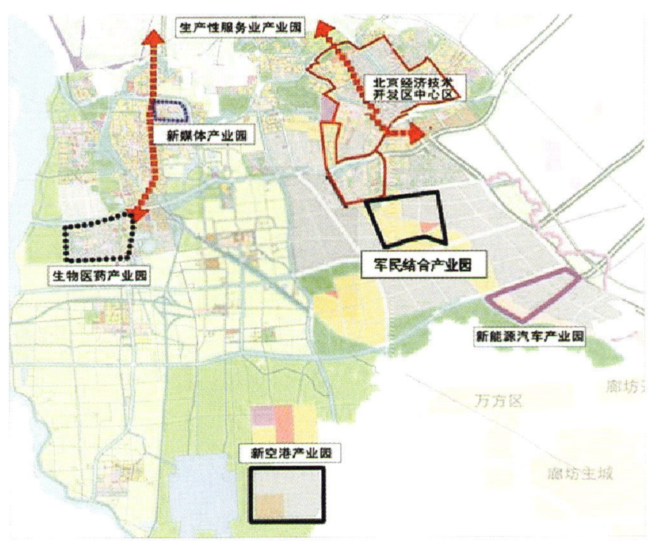

图 2 “一区六园”空间布局

生物医药产业园。以大兴生物医药基地为载体，以国家检定检测权威机构为依托，重点发展生物制药、医疗器械、现代中药，推动创新药物及高端仿制药产业化，带动健康服务等区域特色产业，建设集研发、制造、销售、服务为一体的现代化生物医药产业聚集区，加快推进生物医药国际企业花园、现代中药产业园、北京医疗器械产业园、生殖健康产业园、蛋白药物产业园、国家复合复方药基地、国家药物标准品生产基地、全国药品电子交易平台暨中小企业流通服务中心等一批标志性项目，构建“十二五”时期北京生物医药产业发展的龙头区域和产值增量的主要载体。

新媒体产业园。以国家新媒体产业基地为核心，重点发展新媒体产业、影视制作、动漫网游、创意设计等产业，加快推进星光影视园二区、新华社新华网新媒体产业基地、北京大学新媒体产业园等一批重点项目。积极举办时尚服装发布、电影新片发布、电影电视节日首映、数字多媒体技术体验等多种活动，增强园区的品牌影响力。

新能源汽车产业园。以采育经济开发区为依托，重点发展新能源汽车、汽车零部件等产业，加快推进北汽控股新能源汽车、北京普莱德新能源电池等重点项目，建设技术领先、链条完整、规模集聚的新能源汽车研发和生产基地。

军民结合产业园。以北京经济技术开发区近期拟拓展区为依托，以重大产业项目为带动，积极发展通用航空设备、航空电子、智能装备、新材料等产业。加快引进中航工业集团、中航科技集团、中航科工集团、中国兵器集团等央企重大项目，汇聚企业总部和研发机构，争取建设成为国家级军民结合产业示范基地。

生产性服务业产业园。依托地铁大兴线和亦庄线，采取轨道交通与新城发展相结合的模式，重点发展金融服务、研发设计、软件和信息服务、商务服务等产业，促进工业设计、新型和中小型金融机构在地铁沿线集聚发展，加快宜家购物中心等一批重点项目建设。

新空港产业园。在首都新机场两侧规划发展航空企业总部、空港服务业、空港物流、商务会展、高技术制造等产业。创新区域合作机制，优化产业链布局，促进区域融合发展。

三、转变发展方式

着力提升城市承载能力和产业服务能力，建设优质的产业发展硬资源和软环境，鼓励自主创新，加强科技成果转化及产业化，促进产业集约、集聚、循环发展。

（一）创新驱动

围绕“创新驱动前沿”的功能定位，全面实施科技强区战略，强化企业创新主体能力、创新平台支撑能力和创新创业服务能力建设，深化与央企及研发机构的合作，推进国家科技重大专项和重大科技成果转化及产业化项目，加快“北京创造”品牌建设。推进科技创新系列工程，打造一批具有创新引领作用的“大旗舰”企业，孵育一批创新型、成长型“小巨人”企业，建设一批国家重点工程实验室、工程技术研究中心，加强行业共性技术研发平台、资源共享平台及服务平台建设，加快智慧、低碳、绿色科技建设，实施知识产权和技术标准战略，完善科技投融资服务体系，健全多元化科技创新中介服务体系，加快创新文化建设。

（二）集约发展

挖掘现有土地潜力，通过腾退落后产能，建设标准厂房，回购闲置厂房，腾退、置换、整合零星产业用地等方式提高土地利用水平。严格供地管理，提高项目准入标准，坚持以项目定土地、以投资定面积的原则，完善土地集约利用评价指标体系，发挥市场对土地资源配置的基础性作用。加大对企业开展节能减排、能源替代、再生水使用等方面的引导支持力度。确保全区规模以上工业企业实现大气和水体的主要污染物达标排放。强化环保审批和监管，严格依照环保政策和清洁生产原则对项目落户进行环境评价，对生产运行过程进行持续监测和监督。

（三）集聚发展

引导产业向园区集中，优化配置资源，合理布局项目，以加快培育产业集群。重点引进龙头企业和重大项目，围绕主导产业的特点改善提升产业园区的共性服务，带动和吸引上下游配套企业及各类生产要素集聚。推进制造业企业服务化转型，支持制造业企业实施服务化战略，鼓励发展农产品深加工和流通服务，促进农业与二三产业融合发展。

（四）循环发展

通过提高资源能源再利用水平，发挥新能源新材料的替代作用，发挥全市节能减排的引领示范功能。实施循环经济技术开发和应用示范工程，促进高能效、低排放的技术研发和推广应用。建立循环经济的关键技术和共性技术创新体系，构建高端产业生态链。建立循环经济促进政策体系，完善有利于可持续发展的融资机制和激励措施，引导行业和企业形成资源共享、循环利用和产品互换的产业合作共生关系，实现区内资源消耗减量化和循环化。构建完善区内废物循环体系、物质能量优化利用体系和水生态基础设施，提高资源利用效率和效益。

资料来源：摘自《北京市大兴区国民经济和社会发展第十二个五年规划纲要》

北京经济技术开发区
“十二五”时期科技发展规划

北京经济技术开发区管理委员会
（2011 年 4 月）

前 言

近年来，北京经济技术开发区加大科技创新发展部署，重点产业技术水平和国际市场竞争力大幅提升，已成为北京高技术制造业创新发展的重要载体，国际高端产业新城的品牌形象进一步凸显。“十二五”时期，是北京加快建设“世界城市”，推进南部高技术制造业和战略性新兴产业聚集区建设的关键时期，也是开发区把握两区行政资源整合机遇，加强科技创新部署，引领和加速南部新区整体经济社会跨越式发展的关键时期。为进一步明确“十二五”时期开发区科技工作的方向和重点，着力增强科技创新能力，切实推动开发区向创新驱动发展模式转变，辐射和引领北京南部地区城乡经济社会整体快速发展，力争成为市政府“十二五”规划提出的“两个率先”[1]目标的排头兵，特制定本规划。

规划依据：

《国务院关于加快国家高新技术产业开发区发展的意见》《“十二五”时期科技北京发展建设规划》《北京市大兴区国民经济和社会发展第十二个五年规划纲要》《北京南部新区“十二五”时期产业发展规划》。

规划期限：

2011 年~ 2015 年 。

规划范围涵盖南部新区“一区六园”高端产业聚集区。

专栏 1：一区六园

《北京市大兴区国民经济和社会发展第十二个五年规划纲要》中提出要形成“一区六园”的产业空间格局。开发区未来科技创新部署将涵盖经济技术开发区和大兴区，全面支撑和引领南部新区创新发展。

一区：北京经济技术开发区中心区；六园：生物医药产业园、新媒体产业园、新能源汽车产业园、军民结合产业园、生产性服务业产业园、新空港产业园。

【1】《北京市国民经济和社会发展第十二个五年规划纲要》提出“两个率先”的具体目标，即率先形成创新驱动的发展格局、率先形成城乡经济社会发展一体化新格局。

一、开发区科技发展走出独特创新之路，取得辉煌成就

建区以来，开发区始终坚持探索适宜的发展路径和模式，加大各项创新发展部署，形成了“以企业为主体、市场为导向”产业高端化创新、“外资与本土企业”互动创新、产业集群化创新等系列鲜明特色，在产业发展、科技创新、环境营造等方面取得了一系列辉煌的成就。

（一）开发区科技发展成就斐然

1. 科技创新水平显著提高

近年来，开发区对自主创新重视程度不断增强，创新环境显著改善，开发区科技创新能力实现大幅提升。涌现出了以百泰的人源化单克隆抗体国家一类新药泰欣生、太时芯光具有自主知识产权的 LED 芯片技术、中芯国际 32nm 芯片工艺技术、北京同益中荣获 2009 国家科技进步二等奖的“新一代超高强高模聚乙烯纤维项目”等为代表的一大批重大科技创新成果。截至目前，开发区有各类企业研发中心超过 300 家，北京市专利引擎重点企业 165 家；专利申请量达 3872 件，其中发明专利占申请总量的比重达 65%，远高于全市平均水平；开发区有 67 家高新技术企业主导、参与了行业标准和国家标准的制定工作。

2. 创新引领产业快速发展

高技术产业已成为推动开发区可持续、快速发展的重要力量。截至目前，开发区累计入区企业 3393 家，其中高新技术企业 229 家，占全市的 11%；2001 ~ 2009 年间，开发区高新技术产业产值占工业总产值比重连续 9 年超过 80%。围绕重点产业领域，产生了一批具有国际、国内领先技术的企业。根据“开发区企业创新情况调查问卷”[1]结果，有效反馈问卷的 137 家企业中，有 75.2% 的被调查企业技术达到国内领先水平，有 19.7% 的被调查企业技术达到国际领先水平。生物医药产业创新能力相对突出，自主创新产品数量占开发区总量的一半以上，占北京市生物医药类自主创新产品的 36%，涌现出了泰德、金豪制药、百泰等一批拥有自主知识产权的行业领军企业。

3. 创新型人才队伍不断壮大

开发区高度重视创新人才队伍建设，集聚了一批高层次创新人才，形成了开发区科技创新的强大智力支撑。目前，开发区聚集了近 1000 名海外学人，经认定的海外高层次人才 83 名，其中有 12 人入选北京市“海聚工程”，11 人入选中央“千人计

【1】开发区企业创新情况调查问卷累计发放 300 多份，回收有效问卷 139 份，涵盖各重点产业领域。

划”，以海外高层次人才为主的科技人才队伍承担了一大批国家重大项目、国家自然科学基金和市级重点项目，有力提升了重点产业领域的技术水平。从人才队伍结构来看，开发区各类专业技术人员已达 46263 名，其中有两院院士 27 名、博士 806 名、硕士 9206 名，以两院院士和海外高层次人才为代表的创新人才队伍已初步形成，发挥着越来越重要的作用。

4. 创新服务体系逐步形成

近年来，开发区不断加强科技创新的扶持力度，深入推进科技条件平台、孵化器、产业联盟、科技中介等方面的建设，致力于增强科技创新服务能力。截至目前，开发区组建了包括生物医药产业公共服务平台、专利服务平台、科技创新数据服务平台、亦庄国际、生物医药领域成果转化与承接平台等一大批公共服务平台；聚集了北京昭衍新药研究中心、中国电子技术标准化研究所、国家药物安全评价监测中心等 8 个获得国际、国内权威机构认证的检测和专业技术服务平台；建设了包括经开科创、汇龙森、北工大软件园、生物医药产业园等在内的一批专业孵化器；开发区龙头企业发起组建了中国生物技术外包服务联盟 ABO、北京市重点产业知识产权联盟、抗体产学研联盟等一批产业创新联盟和云计算、诊断试剂、高技术服务业（钢铁行业）三大知识产权创新联盟，初步形成了孵化器、条件平台、产业联盟等为主体的科技创新服务支撑体系。

5. 政策扶持体系不断完善

自 2008 年以来，开发区围绕创新人才、技术标准、科技研发、专利技术成果转化、科技创新能力建设等方面，先后出台了《北京经济技术开发区鼓励高级人才入区的规定》《北京经济技术开发区科技创新专项资金管理办法》《北京经济技术开发区技术标准鼓励资金管理办法（试行）》等一系列创新政策，对企业创新的扶持能力不断增强，创新创业政策环境渐趋完善。开发区每年设立 1 亿元 ~1.5 亿元专项资金，用于吸引各类高层次创新人才集聚、创业、发展；设立科技创新专项资金，2008 ~ 2010 三年期间共支持 294 家（次）企业的 398 个项目，资助金额达 3.4 亿元，拉动区内企业研发投入高达 48.6 亿元。

（二）未来科技发展要着力解决的突出问题

承担国家级经济技术开发区新时期的使命，着力改善科技创新薄弱环节，开发区未来科技发展中仍需着力解决以下几方面的问题：

一是本土企业创新能力有待提升。本土企业创新仍以引进、消化吸收再创新、集成创新为主，在企业研发投入、整体技术水平、研发中心数量与级别、专利产出等方面仍相对不高。

二是科技创新政策体系仍需完善。开发区科技创新政策体系还不够完善，缺乏一些针对性的专项扶持政策，对国家、北京、中关村国家自主创新示范区相关政策的落实和对接力度不够，科技政策宣讲力度仍需进一步加强。

三是产学研协同创新能力不强。开发区企业对北京市产学研相关的政策、工程、活动参与程度相对不高；科研院所、高校与企业间缺乏有效的沟通渠道和对接机制；产学研合作方式主要以委托研发、技术转让等低层次合作为主。

四是科技创新中介服务体系不够健全。开发区知识产权、技术标准、技术转移、信用评估、技术产权交易、科技金融、管理咨询等科技中介服务机构偏少；对全市各类科技中介服务资源的引进、利用，缺乏适宜的途径和机制安排。

五是良好的创新创业氛围尚未形成。开发区科技协会、产业联盟、行业协会等创新型组织作用发挥不足，企业之间、创业者之间的创新交流活动偏少，区域尚未形成“鼓励创新、激励创业、宽容失败”的良好创新创业文化氛围。

二、“十二五”开发区面临新形势，迫切需要以科技创新驱动产业发展

“十二五”时期，高技术产业发展的内外部环境发生深刻变化，全球面临新一轮的科技与产业革命，国际国内产业创新竞争日趋激烈，开发区迫切需要加强科技创新部署，实现创新驱动转型发展。

（一）开发区发展外部环境发生深刻变化

第一， 全球以绿色低碳、生物技术等为代表的新一轮技术革命，科技与产业发展格局正发生着重大变化。全球正面临新一轮科技与产业革命，为抢占新一轮竞争的制高点，美国、俄罗斯、英国、法国、日本等发达国家纷纷加强以新能源、生物技术、新材料等为代表的技术攻关与产业部署，我国也将战略性新兴产业发展放在了突出的战略位置。作为高端产业聚集区，开发区承担着加快战略性新兴产业发展，参与国际新一轮科技竞争的重要使命。

第二，全球性金融危机对服务型经济、外向型经济产生较大冲击，部分发达国家加强“再工业化”发展部署。全球性金融危机对世界各国的经济发展方式、全球贸易格局产生重大影响，美国、英国等发达国家提出加强“再工业化”部署。这一形势变化将产生深远影响，一是国外制造业向国内转移的机会将大大减少；二是我国制造业将会面临技术、成本、市场等方面更大的压力，迫切需要通过科技创新带动制造业竞争力的提升。

基于这一背景，我国正在加快制造业转型升级，着力推动“中国制造”迈向“中国创造”。

第三，我国处于创新驱动发展的关键时期，自主创新成为国家战略。随着我国生产要素成本的不断上升、资源环境带来的压力越来越大，传统的资源和要素驱动型经济发展模式面临新的挑战。党的十七大明确提出，增强自主创新能力，加快经济发展方式转变，走“创新驱动、内生增长”之路。2009 年国务院批复同意中关村建设国家自主创新示范区；十七届五中全会，进一步强调把“科技进步和创新作为加快转变经济发展方式的重要支撑”。

第四，北京推进“世界城市”建设，京津冀区域一体化发展不断深化。北京市全力推进“三个北京”建设，建设中国特色世界城市，并作出了推进两区行政资源整合、建设南部高技术制造业和战略性新兴产业聚集区的重大部署。近年来，国务院相继出台了一批大区域振兴规划，《京津冀都市圈区域规划》正在制定中，滨海新区、曹妃甸国家级循环经济示范区等一批高端集聚区建设提速，京津冀一体化发展面临新的机遇。

（二）开发区自身面临迫切的转型发展需求

第一，我国开发区进入战略转型期，对开发区转型发展提出新的要求。当前我国工业园区和经济技术开发区经过 20 年的发展，普遍进入“二次创业”的战略转型期，苏州高新区、西安高新区等纷纷加强科技创新部署，推动园区转型发展。2010 年，《国务院关于加快国家高新技术产业开发区发展的意见》，明确提出：“努力把国家高新区建设成为自主创新的战略高地”，对开发区新时期的转型发展提出了新的目标和要求。

第二，开发区外延式增长模式有待提升，迫切需要加强创新驱动发展转型。当前国内开发区之间的发展竞争日趋激烈，常规的靠优惠政策和增加资源投入数量的外延式增长方式已经不能适应新形势下的发展要求。两区行政资源整合将为开发区提供更广阔的产业发展空间，也将为开发区政策区范围拓展、产业辐射提供有利契机，但受开发建设周期的影响，在短期内还难以形成开发区发展的空间支撑，开发区必须加强科技创新能力建设，加快探索内生式的增长模式。

第三，开发区发布《关于推动实施科技强区战略的决定》，全面推进科技强区战略。2010 年 10 月，开发区工委、管委会联合发布《关于推动实施科技强区战略的决定》，召开“推动实施科技强区战略动员大会”，全面推进和落实科技强区战略。科技强区战略的深入实施，对开发区加强科技创新部署，着力推动由外生发展为主向外生与内生发展并重，由产业发展为主向产业发展与研发创新并重，由招商引资为主向招商引资与自主创业并重，由做大规模为主向总量规模与结构效益并重，由经济发展为主向经济社会发展与城市功能强化并重五个转变，提出新的要求。

三、站在新的历史起点，谋划开发区“十二五”科技发展

（一）实施“一二三”创新发展战略

全面贯彻落实科学发展观，按照国家建设自主创新示范区的战略部署以及北京市“人文北京、科技北京、绿色北京”和“世界城市”建设的要求，以“创新驱动产业发展”为核心，以“提升科技创新能力，促进科技成果产业化”为重点，坚持“政府引导、企业为主体，市场导向、应用研究为重点，高端发展、重大项目为抓手，机制创新、环境完善为支撑”四大发展原则，大力加强“企业创新主体能力、创新平台支撑能力、创新创业服务能力”三大能力建设，突破重点行业和前沿领域的核心和关键技术，培育一批具有全球影响力的创新型企业和知名品牌，全面提升开发区自主创新能力，成为北京市率先形成创新驱动的发展格局的先行区，打造成为高端要素资源集聚、高端功能配套齐全、高端产业结构合理、强大经济实力支撑、具有全球影响力的高技术制造业和战略性新兴产业聚集区。

一个核心：

——创新驱动产业发展。落实科技强区战略，集成各类创新资源，加强重点行业领域科技创新与发展模式创新，探索产业转型升级的适宜路径，使创新真正成为开发区产业高端化、集约化、国际化发展的根本驱动力，提升开发区主导产业的国际竞争力。

两大重点：

——提升科技创新能力。加大区内外科技资源的统筹，鼓励开发区企业围绕高端产业和前沿技术领域，加大研发投入、加强产学研协同创新，着力突破一批产业前沿领域的关键和共性技术，增强开发区整体科技创新能力。

——促进科技成果产业化。健全重大项目发现、筛选、支持与跟踪服务在内的一整套流程和机制，争取市政府重大科技成果转化和产业项目资金，探索适宜的科技成果产业化服务模式，加强对国内国际各类重大科技成果、重大项目的落地转化，快速扩大开发区经济规模。

三大能力建设：

——企业创新主体能力建设。强化企业创新主体地位，实施“大旗舰”打造工程和“小巨人”孵育工程，引导企业加大研发投入，鼓励企业联合多方主体申报市级工程研究中心、国家工程研究中心、国家工程技术中心，支持企业加强产学研用创新协作，共同参与国家科技重大专项、市区两级重大科技攻关及产业化项目，着力提升企业创新能力和发展能力。

——创新平台支撑能力建设。围绕行业和企业创新需求，实施“科技条件平台升级工程”，以专业孵化器建设为重点，搭建一批共性技术平台、专利和数据服务平台、科技信息平台、科技成果交易平台和科技成果产业化平台等创新硬件设施，推进科研院所科技资源共享，加速创新平台等科技基础设施建设，提升创新平台的支撑能力。

——创新创业服务能力建设。以优化创新创业软环境为目标，实施“高端创新人才汇聚工程”、“知识产权推进工程”、“科技金融创新工程”、“科技中介服务提升工程”、“创新文化建设工程”，完善开发区科技创新生态系统，全方位提升创新创业服务能力，打造高端创新创业聚集区形象。

（二）贯彻落实四大指导原则

“十二五”时期，开发区科技发展要坚持“政府引导、企业为主体；市场导向、应用研究为核心；高端发展、重大项目为抓手；机制创新、环境完善为支撑”四大原则：

——坚持政府引导、企业发展为主体。要坚持发挥政府规划、资金、政策等方面的引导职能，确立企业创新主体和市场主体地位，鼓励企业围绕其核心技术和产品进行创新，增强企业资源配置能力和市场竞争力。

——坚持市场导向、应用研究为重点。要坚持以市场需求为导向，以应用研究为重点，加大先进技术、先进工艺和产品的研发扶持，积极占领国内外市场，增强开发区产业整体竞争力。

——坚持高端发展、重大项目为抓手。要坚持发展高端产业领域和产业高端环节，围绕开发区重点行业领域、战略性新兴领域，部署和落地一批具有国际领先水平的重大项目，提升开发区科技创新整体水平与产业竞争力，提升扩大开发区国际影响力。

——坚持机制创新、环境完善为支撑。要坚持体制机制创新，以完善科技创新环境为重点，着力在适宜科技创新的政策、文化环境，创新平台，科技中介服务体系等方面取得突破，形成支撑开发区产业与企业创新发展的优良环境。

（三）描绘开发区科技发展蓝图

到“十二五”期末，开发区自主创新能力显著提升，“以企业为主体、政产学研资介相结合”的科技创新体系初步形成，突破高技术制造业和战略性新兴产业领域的一批关键和共性技术，落地一批重大科研成果和产业化项目，形成一批国际知名企业和品牌，区域产业结构和发展效益显著提升，国际高端产业新区的品牌效应进一步凸显。各项具体指标如下：

科技创新能力显著增强。企业创新主体地位进一步凸显，“十二五”期末，全社会R&D经费支出占地区生产总值的比重达到6%，企业研发经费占全社会研发投入的比重超过 55%；市级以上研发机构数超过 50 家；取得一批关键技术突破和具有国际领先水平的国际标准；万名从业人员发明专利申请数超过 60 件，初步形成创新驱动产业发展格局。

专栏 2：开发区中心区与六大专业园科技创新能力指标

开发区中心区：企业研发经费占全社会研发投入的比重不低于 80%；每万名从业人员发明专利申请量超过 80 件，企业创新能力大幅提升。

六大专业园区：入园企业研发投入大幅上升，各专业园区围绕特色产业发展，搭建一批共享技术创新平台，突破一批行业关键和共性技术，行业整体研发支撑能力稳步增强。

高技术产业竞争力大幅提升。高新技术产业持续快速增长，转化一批重大科技创新成果，经济规模进一步扩大。“十二五”期末，开发区总产值超过 8000 亿元；高技术制造业规模稳步扩大，占全市高技术制造业比重超过 80%；高新技术产品市场竞争力凸显，开发区高新技术产品出口额占全市高新技术产品出口总额的比重达到 50% 以上；产值在十亿元以上的企业数量达到 50 家以上，百亿元以上企业的数量达到 10 家以上。

专栏 3：开发区中心区与六大专业园产业竞争力指标（至 2015 年）

开发区中心区：实现总产值超过 6600 亿元；高技术产业增加值占全区工业生产总值的比重达 85% 以上；高新技术产品出口额占全区地方出口总额的比重超过 90%。

六大专业园区：

——生物医药产业园。在生物医药、医疗器械、现代中药、高端化药仿制等重点领域，取得一批具有较强行业带动性的重大创新成果，生物医药产业创新能力、产值规模大幅提升，力争实现总产值 500 亿元。

——新媒体产业园。先进数字信息技术应用水平大幅提升，数字新媒体、创意设计、动漫网游等产业要素集聚发展，力争实现总收入 300 亿元。

——新能源汽车产业园。以新能源汽车和动力电池为核心的产业链初步形成，产业规模显著扩大，力争实现总产值 300 亿元。

——军民结合产业园。以中航工业集团、中航科技、中航科工等代表的一批重大项目落地产业化，力争实现总产值 300 亿元。

——生产性服务业专业园。金融服务、研发设计、软件和信息服务、商务服务等产业要素加速集聚，对区域产业发展的支撑能力显著增强，总收入突破 100 亿元。

——新空港产业园。加快园区开发建设与产业要素引进，初步形成临空产业聚集的发展局面。

科技人才队伍进一步壮大。依托“千人计划”和“海聚工程”等国家、市级与开发区人才引进计划，集聚一批全球高端领军人才和高技能人才；到 2015 年，高技能人才达到 3.2 万人，经认定的海外高层次人才超过 300 名；培养和引进一大批中青年技术骨干和专业实用型技术人才，一批具备国际领先技术和管理能力的高科技创业团队；每万名从业人员中专业技术人员达到 2500 人。

科技创新服务体系渐趋完善。组建 5 家以上专业孵化器，搭建一批公共技术平台、检测平台、中试平台等公共服务平台；引进一批信用评估、知识产权、投融资、技术转移、人才服务、法律等相关的科技中介服务机构，组建一批产业技术创新联盟，打造完善的科技创新服务链条。

科技支撑区域经济社会发展能力显著提升。加快 3G 通信技术、新能源、生物医药等开发区先进技术和高新技术产品在南部新区的推广与应用；科技创新推动区域经济发展方式转变，万元地区生产总值能耗保持在全市最低水平；开发区科技创新对区域产业升级、社会发展、城市建设等领域的支撑能力显著增强，辐射带动南部新区城乡经济社会一体化发展，成为北京率先实现城乡经济社会一体化发展新格局的典范区。

“十二五”时期开发区科技发展主要指标及其预测依据

类别	序号	指标	目标	指标预测依据
科技创新能力	1	R&D 经费支出占地区生产总值的比重（%）	6	《北京市大兴区国民经济和社会发展第十二个五年规划纲要》中提出：新区 6%、北京市 5.5%
	2	企业研发经费占全社会研发投入的比重（%）	55	《北京市大兴区国民经济和社会发展第十二个五年规划纲要》中提出：新区 55%、北京市 50%
	3	市级以上研发机构数量（家）	50	2010 年 32 家（2010 年认定了 15 家）
	4	万名从业人员发明专利申请量（件）	60	开发区中心区 80 件
	5	企业 R&D 经费支出占开发区 R&D 经费支出比重（%）	80	2010 年 86% 2009 年 91.4%
	6	开发区中心区：万名从业人员发明专利申请量（件）	80	国家自主创新示范区 2009 年 99.35 件 开发区中心区 2008 年 45.7 件
产业竞争力	7	开发区总产值（亿元）	8000	《北京南部新区“十二五”时期产业发展规划》中提出：总产值 8000 亿元。
	8	高技术制造业增加值占全市高技术制造业增加值比重（%）	80	2007 年 71%
	9	开发区中心区：高新技术产品出口额占全市高新技术产品出口总额的比重（%）	50	2009 年 57.83% 2008 年 58.2%
	10	产值在 10 亿元以上的企业数量（家）		2009 年 28 家；开发区 2009 年工作报告中提出：尽快培育 50 家产值超 10 亿元的企业。

类别	序号	指标	目标	指标预测依据
“十二五”时期开发区科技发展主要指标及其预测依据（续）				
产业竞争力	11	百亿元以上企业的数量（家）	10	《北京南部新区“十二五”时期产业发展规划》中提出：10家百亿元以上企业
	12	开发区中心区：总产值（亿元）	6600	《北京南部新区“十二五”时期产业发展规划》中提出：开发区中心区总产值6600亿元
	13	开发区中心区：高技术产业增加值占全区工业生产总值的比重（%）	85	2008年80.7% 2007年80% 2006年76.06%
	14	开发区中心区：高新技术产品出口额占全区地方总出口额的比重（%）	90	2009年86.23% 2008年89.5% 2007年97.97%
	15	生物医药产业园：总产值（亿元）	500	《北京南部新区“十二五”时期产业发展规划》中提出：总产值500亿元
	16	新媒体产业园：总收入（亿元）	300	《北京南部新区“十二五”时期产业发展规划》中提出：总收入300亿元
	17	军民结合产业园：总产值（亿元）	300	《北京南部新区“十二五”时期产业发展规划》中提出：总产值300亿元
	18	生产性服务业专业园：总收入（亿元）	100	《北京南部新区“十二五”时期产业发展规划》中提出：总收入100亿元
科技人才队伍	19	高技能人才（万人）	3.2	《大兴区、北京经济技术开发区“十二五”人才发展规划》中提出：高技能人才3.2万人
	20	经认定的高层次人才（名）	300	2009年67人；2010年83人 《大兴区、北京经济技术开发区“十二五”人才发展规划》中提出：经认定的高层次人才达300名
	21	每万名从业人员中专业技术人员（人）	2500	目前2313名（现有专业技术人员46263人，从业人员按20万计算）
创新服务体系	22	专业孵化器数量（家）	5	汇龙森、京开科创、生物医药、移动硅谷、数字电视等

四、把握产业与技术发展方向，提升重点产业自主创新能力

（一）重点提升四大主导产业创新能力

1. 电子信息

——移动通信。围绕3G技术应用、4G关键技术演进，加强移动通信终端芯片及移动终端产品、关键元器件、软件及操作系统、虚拟现实技术、新人机交互技术、丰富情景计算、音频识别等关键技术和产品研发。

——光电显示。加快大尺寸液晶显示技术、笔记本用 TFT-LCD 产业技术、低功耗节能技术、面板材料、关键零部件及专用设备的研发；加强 LED 领域的材料、外延片、芯片、封装等关键技术和产品研发。

——集成电路。重点研发系统级芯片（SOC）、核心专用芯片等领域的关键技术和生产工艺；结合国家、北京市集成电路产业重大专项，突破 32-28 纳米制造工艺、18 英寸硅片生产等行业关键技术；大力发展材料、封装和测试新技术。

——数字电视。重点支持高性能的 CPU 芯片、IC 芯片、信源 / 信道编解码专用芯片、地面传输标准芯片、数字卫星接收机、3D 模拟仿真系统产品、LED 光源 DLP 引擎产品等数字电视专用集成电路及配套器件的研发；加强数字电视信号处理、前端设备、发射与接收、终端产品、增值服务以及数字电视操作系统、业务管理软件、电子节目指南软件、节目管理和播出控制系统软件、条件接收系统软件、增值应用软件等数字电视相关技术及软件开发。

——软件与信息服务。加强中文办公套装软件、电子商务、安全认证、测绘软件、卫星导航终端设备、工业级控制系统等领域的关键技术和产品研发；加强物联网、云计算、数据备灾、业务持续管理等领域信息技术研发，推进高可用 IT 服务、多媒体研发服务等新兴领域的技术攻关。

2. 生物医药

——生物技术及产品领域。突破基因技术、蛋白质技术、哺乳动物细胞培养技术、干细胞技术、靶向技术、生物芯片等生物技术领域关键技术；加强干细胞、新型疫苗、基因工程创新药物、诊断试剂、单克隆抗体药物、新型高效工业用酶制剂、新兽药等新型药物开发。

——化学药领域。围绕癌症、肿瘤、心脑血管病、糖尿病、肝病等重大疾病和传染病的防治，加强创新药物、抗肿瘤药物、心脑血管疾病治疗药物、靶向给药的新型药物制剂等的研发。

——现代中药、天然药物领域。支持中药生产中的提取、分离、精制和新型制剂技术开发；加快名优中成药的二次创新和名医名方的深度开发；加强用于治疗癌症、肿瘤、流感等重大疾病和传染病的新型中药和保健品开发。

——医疗器械领域。支持重大疾病的急救、诊疗与康复技术和装置、数字医学影像技术和装备的研发，推动生物医学材料、组织工程和生物人工器官、理疗与康复设备和血液处理等产品的研发。

3. 装备制造

——节能环保、资源利用与新能源装备制造领域。大力推进太阳能光伏装备、脱硫设备、风力发电及配套产业装备、新型高效化工设备、余能利用装备等关键设备的研发。

——专用设备领域。推进电子信息、医疗器械、纺织及轻工行业等领域的技术升级，加强先进的刻蚀设备、生长设备、诊疗设备、高效纺织机、自动化印刷机、现代化的冶金装备等关键产品和核心技术的研发。

——发电及输变电设备、数控机床、自控系统与精密仪器仪表等领域。加强发电机、断路器、变压器、精密数控车床、成套自动化控制系统、精密测试仪器、传感器、智能化变送器等核心产品及部件的研发。

——其他先进装备制造领域。推进先进气动、液压元件、激光加工、机器人、轨道交通设备等领域的创新发展，加强环保节能气动元件、激光加工技术及设备、机器人等技术和产品研发。

4. 汽车制造

——整车与关键零部件。围绕车身、底盘、发动机等重点领域，加强悬架系统及车桥总成、座椅系统、气动元件、液压能力再生装置、电控喷油等关键技术和产品研发。

——汽车电子。加强汽车电子控制装置、车载电子设备、汽车网络平台等领域的技术研发，推进发动机控制系统、底盘电子控制系统、车身电子控制系统、数字娱乐系统、信息导航系统、实时监控系统等领域的技术研发。

——新能源汽车。以纯电动汽车和混合动力汽车为重点，围绕动力电池及管理系统、电动汽车充电、动力总成控制系统等关键技术和设备加强研发。

（二）加快推进三大新兴产业技术创新

1. 新能源和新材料

——太阳能光伏。加强太阳能硅片、光伏发电系统等产品的研发，推进硅材料提纯、并网运行等光伏发电关键技术以及高性价比的太阳能热利用技术、太阳能光伏发电技术、太阳能热发电技术及其相关标准的研发制定。

——风电能源。加强具有自主知识产权的MW级风力发电机组的总体设计、电控系统、测试技术、总装技术及关键零部件的设计制造技术等的研发。

——节能环保。加强高效节能照明、污水废水处理、煤燃烧污染防治、垃圾填埋及焚烧等技术的研发。

——新型功能材料。围绕电子信息、生物医药、航空航天、新能源环保等产业领域需求，重点加强新型光电信息功能材料、高温超导材料、光伏电池材料、燃料电池材料、生物医用材料、高性能纤维及其复合材料等新型功能材料的技术研发。

2. 航空航天

——核心技术与配套装备。围绕航空发动机、应用卫星、卫星导航系统、核心零部件制造等领域，加强装备数字化共性关键技术、新型传感器、导航定位、机器人等技术的研发。

——空间生物技术。加强空间生物学效应、空间生物育种、空间微生物发酵等领域的技术与产品开发。

3. 文化创意

——数字新媒体。加快先进数字信息技术的研发与推广应用，推进“北京国际影视特效和动画外包服务平台”、“星光电视节目制作基地”等载体建设，着力提升影视制作、数字出版、数字音乐等数字新媒体领域的技术水平。

——工业设计。围绕开发区重点产业领域需求，搭建共性设计服务平台，加强手机设计、数码产品设计、汽车设计、工艺设计等领域的创新发展。

——动漫游戏。推进游戏技术支撑平台、游戏引擎开发实验室和测试平台、动漫游戏设计、网络运营和增值服务等领域的技术开发。

（三）积极引导三大支撑产业创新发展

1. 生产性服务业

——加速生产性服务业集聚发展。推进以信息技术为代表的新技术的应用，提升信息服务、金融服务、科技服务、流通服务等生产性服务业发展水平；加强对外埠高端生产性服务业资源的吸引和集聚，在地铁大兴线沿线集中布局一批生产性服务业重大项目，打造“生产性服务业聚集区”。

——推进生产性服务业与高技术产业融合发展。围绕开发区主导产业、新兴产业创新发展需求，加大对研发设计、工程技术服务、节能投资服务、服务外包、电子商务、现代物流、投融资服务等重点服务领域发展扶持，加速生产性服务业与开发区主导产业、新兴行业的融合发展。

2. 科技创新服务业

——加强科技创新服务载体建设。推进以“孵化器、产业化基地和工程技术平台”为重点的三大科技创新服务载体建设，增强对中小企业创新、高技术制造业升级、战略性新兴产业发展的创新服务能力。

——健全科技创新服务体系。吸引科技咨询、检验检测、技术交易、资产评估、知识产权、会计、法律服务等科技中介服务机构聚集，组建专业的科技创新服务联盟，推动科技经纪、科技金融等新业态、新模式的发展，形成多元化、多功能的科技创新服务体系。

3. 都市产业

——加快都市产业技术改造与升级。加快信息网络技术、先进制造、节能降耗等高新技术在服装纺织、印刷包装、食品饮料、塑料制品、都市型现代农业等产业领域的推广应用，推动都市产业信息化建设与技术改造升级，提升都市产业发展质量。

——推进都市产业与高技术产业的互动发展。围绕南部高技术制造业和战略性新兴产业发展配套，着力加快印刷包装、塑料制品、文体用品等重点领域发展，推进区域都市产业与开发区高新技术产业发展配套，形成区域都市产业与开发区高技术产业互动发展格局。

五、实施科技发展八大工程，建设开发区科技创新生态系统

（一）“大旗舰”打造工程

围绕区域主导产业和新兴产业领域，打造一批“大旗舰”企业，发挥其创新引领作用。力争到2015年，开发区产值在十亿元以上企业数量达到50家，百亿元以上的企业数量达到10家。

重点内容：

——引进和培育行业领军企业。围绕开发区重点产业领域，吸引一批国内外行业龙头企业、总部或研发机构入驻开发区；在开发区现有企业中选择一批初具规模的企业，加强各项政策扶持，培育一批具有较强国际影响力和行业影响力的领军品牌企业。

——吸引国家重大科技成果落地转化。加强与高校、科研院所、跨国公司等各类主体的对接，转化或引进一批具有国际领先水平、产业带动效应明显和规模化前景的重大科技成果。

——支持市场前景广阔的重大创新产品研发和产业化。围绕开发区重点产业领域，筛选一批具有广阔市场前景、高附加值、高行业带动性的重大创新产品，加速其研发创新和产业化进程。

（二）“小巨人”孵育工程

增强对创新创业企业、科技型中小企业的扶持能力，支持中小企业跨越“死亡谷”，步入快速成长轨道，打造一批“小巨人”企业。力争“十二五”期间，培育100家销售收入亿元以上的企业。

重点内容：

——建设一批专业化、功能完善的特色孵化器。推进海外学人创业园及科技孵化器建设，以孵化增值服务为重点，探索“政府主导、合作共建、民营运作”等多元化孵化器建设模式，创新孵化器管理和运作模式，完善孵化器服务链条，打造国内一流、国际知名的区域创新创业孵化体系。通过自建、合作、联营等方式，在生物医药、数字电视、新能源等开发区重点行业领域建设5家以上专业孵化器；新增入孵科技型企业500家以上，孵化资金总额1亿元以上，力争为100家以上在孵企业提供投融资服务。

——孵育一批“专、特、精、新”的技术和项目。设立科技型中小企业创业孵育种子资金，

面向海外领军人才、高科技创业团队、开发区内外企业和机构，征集和遴选一批“专、特、精、新”的技术和项目，建立“重点孵育新技术和新项目库”，力争孵育一批产值过千万元的企业，培育一批产值过亿元的科技型中小企业。

——探索中小企业适宜的扶持模式。加大开发区“科技创新专项资金”扶持力度，提升对中小企业创新投入的引导和放大效应；加大对初创企业、科技型中小企业的先期投资引导，吸引天使投资、社会资金进入；通过政府采购、鼓励中小企业承担国家和市级各类重大项目等方式，加大各类科技资源对中小企业的倾斜；探索政产学研资介相结合的科技创新机制，引导中小企业围绕大企业开展创新合作与配套服务，加快先进技术向中小企业的转移和辐射，完善产业创新链条。

（三）科技平台升级工程

围绕产业和企业创新发展需求，加强行业共性科技平台、企业创新基础设施建设，推进各类平台、资源的共享与整合，提升对科技创新与成果转化的支撑能力。

重点内容：

——打造一批高端科技研发平台。加快推动50家以上国家级和市级重点工程实验室、工程研究中心、企业技术中心等各种研发机构的建设。依托重点行业领域的龙头企业研发中心，打造一批行业前沿领域的研发条件平台，提升行业创新支撑能力；鼓励企业组建企业技术中心，与高校、科研院所联合设立研发机构和实验室，积极申报国家级和市级重点工程实验室、工程研究中心和企业技术中心；吸引高校、科研院所、国际知名企业在开发区设立研究开发机构。

——搭建科技资源共享平台。加快建设20个左右主导产业和战略性新兴产业领域的科技研发、成果转化公共技术服务平台，包括专业化的检测、认证、标准化服务平台，提升行业整体研发支撑能力；健全与高校、科研院所资源共享机制，建立开放式实验室，推进高校、科研院所仪器设备、试验平台、科学数据库等科技资源的共享；完善科技创新数据服务平台、中小企业专利易检信息平台、专利经营网络平台、科技信息交流平台等信息平台服务功能，推进信息资源的开放和共享，提升“研发—孵化—成果产业化”全链条的平台支撑能力。

（四）高端创新人才汇聚工程

结合产业与企业创新需求，汇聚国内外高端创新人才，形成科技创新的强大智力支撑。到2015年，经认定的海外高层次人才超过300名，聚集一批由高端领军人才领衔的高科技创业团队。

重点内容：

——加强高端领军人才的引进。依托中央“千人计划”、北京市“海聚工程”和中关村“高聚工程”，加大对战略科学家、产业精英和领军人才的引进力度，努力聚集一批世界水平的科技领军人才和高水平创新团队；建立海内外高层次人才特聘专家制度，发挥领军人才对人才团队的集聚和引领作用，打造一批高端人才群，培育一批具有创新意识的产业领袖和优秀企业家。

——培养和集聚专业实用型人才。创造有利于引才、育才、用才、成才的软硬环境，多渠道从国内外吸引各类急需短缺型实用人才、专业技术人才，努力培养一批创新、创业型科技人才；加强企业与高校、科研机构合作，共建3～5个创新型人才联合培养基地，推广定制化联合培养模式；推行首席技师制度，搭建高技能人才的技术交流和学习平台，鼓励企业加大专业技能型人才的培训和培养；引进一批社会专业培训机构，加强在人力资源、技术管理、知识产权等领域的专业培训，培育一批具备管理能力的专业技能人才和复合型人才。

——健全创新型人才激励和服务机制。完善人才发展平台和人才服务体系，优化人才成长环境，加强公寓、住房、户口、配偶就业、子女入学等环节的配套服务，支持创新型科技人才承担国家及市级重大专项；发挥市场在人才配置方面的基础性作用，完善创新型人才培养开发、评价发现、流动配置、激励保障等一整套的人才配套服务机制。

（五）知识产权推进工程

鼓励和引导企业实施知识产权和技术标准战略，完善知识产权服务体系，营造良好的知识产权环境，形成科技创新的强大保障。

重点内容：

——提升知识产权服务能力。建立以政府管理为引导，以知识产权托管机构为支撑的知识产权服务体系。推进知识产权托管工程，引进一批知名的知识产权服务机构，健全专利经营网络平台和中小企业专利易检信息平台，提升知识产权服务能力；探索知识产权涉外应对和维权援助机制和知识产权预警、监管及执法协作机制，增强知识产权创造和保护能力。

——大力推动产学研知识产权联盟发展。建立知识产权的集体保护机制，鼓励产学研知识产权联盟采用灵活实用的合作方式，携手解决行业共性知识产权问题。支持联盟成员间知识产权的交流与合作，共同承担国家、北京市的重大科技项目，共同开展技术攻关，推动专利技术产业化，形成一批有影响力的创新企业群。

——推进专利引擎试点和示范工作。扩大专利引擎试点和示范企业范围，健全企业内部知识产权管理制度、完善专利激励机制，提高企业知识产权创造、运用、保护和管理能力。到2015年，开发区专利引擎试点企业突破200家。

——鼓励企业实施知识产权和技术标准战略。鼓励企业实施知识产权战略，继续实行对企业申请国外专利的扶持政策，支持企业与高校、科研院所进行研发合作，创造具有国际领先水平的自主知识产权，在重点行业领域形成专利池或专利群；加大对企业技术标准制定的扶持力度，鼓励和引导企业主导、参与行业标准、国家标准和国际标准的制定，提升企业对技术标准的创制和运用能力。

（六）科技金融创新工程

围绕增强科技创新能力、促进重大科技成果转化和产业化、支持企业做强做大的战略目标，优化投融资环境，完善投资、担保、贷款的联动机制，建立并完善政府资金与社会资金、股权融资与债权融资、直接融资与间接融资有机结合的科技金融体系。

重点内容：

——完善科技信贷支持体系。研究制定知识产权质押贷款贴息、业务风险补贴等政策措施，扩大知识产权质押贷款规模；积极支持金融机构开发集合信贷产品，对技术联盟、战略联盟、销售联盟，或是紧凑的上下游企业自律组织联盟进行集合授信支持；鼓励金融机构开展软件外包贷款、集成电路贷款等产品和服务创新，采用股权质押贷款、保理、融资租赁等多种融资手段，拓宽企业融资渠道；鼓励金融机构对重点科技项目提供专业化的融资咨询服务。

——拓展科技企业市场化融资渠道。集中力量培育一批创新能力强、成长快、前景好的优质企业，加强培训辅导与上市资助，鼓励开发区企业登陆中关村代办股份转让系统、创业板、主板及国际资本市场；建立健全与银行间市场交易商协会的全面合作机制，利用北京市在银行间市场为科技企业融资的绿色通道，鼓励区内科技企业发行短期融资券、中期票据等债务融资工具，充分利用银行间市场融资；积极推动开发区科技型中小企业发行集合债券。

——健全科技保险创新体系。鼓励保险机构将保险服务拓展到企业成长的各个阶段，扩大保险覆盖面；探索建立政府采购首台（套）重大技术装备、自主创新产品首购风险的保险补偿机制；鼓励区内保险机构建立科技企业保险理赔绿色通道，提高科技保险理赔服务水平；鼓励开发区企业、保险公司和商业银行联合开展国内外应收账款信用保险及贸易融资创新；加大与中国出口信用保险公司的沟通合作，鼓励其加大对区内企业的支持力度，对企业自身信用评级和海外买家资信调查费用给予优惠，对购买统保保险的企业给予保险费率优惠。

——加强对科技成果产业化的投融资支持。积极落实国家对创业投资企业发展的优惠政策，探索设立创业投资引导基金，吸引保险机构、证券机构、大公司参与创业投资，吸引社会资金进入创业投资领域；推动境内外专业性风险投资公司或风险投资基金落户开发区，培育形成一批具有高新技术企业管理经验和投资能力的天使投资者队伍，形成包括天使投资、风险投资、私募股权在内的创业投资体系。积极发展并购、兼并等资本运营形式，促进企业股权的流动；以股权投资方式引导和鼓励企业及民间资本推动国家科技重大项目、重大科技成果落地产业化。

——优化科技金融创新的配套环境。积极利用北京市科技企业信用信息系统，加强科技企业信用环境建设；组建科技信贷风险评估咨询专家库，建立科技信贷风险评估专家咨询机制，为商业银行审批科技企业贷款提供专家人选。搭建金融机构与研发机构、科技企业的对接平台，吸引科技要素和金融要素集聚，实现科技与资本的良性互动。

（七）科技中介服务提升工程

完善配套政策，吸引紧缺型科技中介服务机构集聚，健全多元化科技创新中介服务体系，增强区域科技创新服务功能。

重点内容：

——聚集一批科技研发、设计服务机构。聚集一批研发外包、工业设计、检验检测、技术转移、技术评估、技术交易等科技服务机构；鼓励龙头企业集成上下游为其提供研发、设计服务的机构入驻开发区，提供开放式服务。

——吸引科技创新中介服务机构集聚。探索建设中介服务办公空间、提供服务费用补贴、租金减免、信息对接等途径，吸引科技咨询、知识产权、信用评估、科技经纪、财会服务、法律服务等科技中介服务机构集聚，组建科技中介服务平台和服务联盟，完善科技中介服务链条。

——积极利用区外各类科技服务资源。搭建科技服务供需对接平台，建立科技中介服务资源数据库，推进开发区企业与区外各类科技服务资源的交流对接，积极促进区外的大学、科研机构、行业协会、专业中介机构等各类科技服务资源为开发区企业创新发展提供专业化服务。

（八）创新文化建设工程

搭建科技创新合作、交流平台，完善科技创新激励机制，组织各类创新创业活动，加快区域创新文化建设。

重点内容：

——搭建创新交流合作平台。围绕重点产业发展、前沿领域创新、品牌打造等重点方面，策划开发区创新发展高端论坛；鼓励国内外知名行业协会、学术社团等组织在开发区设立分支机构；支持科协组织与企业共同承办国际、国内有影响力的学术会议；组建行业协会、企业家协会等创新型组织，完善区域内部创新交流合作机制。

——积极探索国际科技合作的新型模式。以重大项目为纽带、以园区创新发展为重点，加强与国内外知名园区间在学术研究、技术交流、项目对接等层面的国际合作，搭建国际科技交流与合作基地，探索多元化的国际科技合作模式，对接全球产业技术与创新资源。

——加强产业科技普及工作。加大产业科技普及和创新文化宣传的投入，打造若干个具有开发区特色的科普教育基地和创新文化宣传基地，探索建设科技学术交流与展示中心，集中展示开发区科技创新成就；围绕开发区主导产业、前沿技术、节能降耗等领域，定期组织开展各类专项科普活动，实现开发区产业创新发展与区域科技素质提升、创新文化建设的有机结合。

——活跃创新创业文化氛围。支持开展创新沙龙、创业家俱乐部、创业培训等活动，积极参与北京市、中关村各类创新创业活动，营造宽松、活跃的创新文化氛围；探索“宽容和激励”的创新引导机制，倡导“鼓励创新、激励创业、宽容失败”的创新精神，建设创新型“亦庄”。

六、创新机制，加强部署，构建开发区科技发展保障体系

（一）完善科技创新政策扶持体系

——加强对国家、北京各类科技创新政策的对接与落实。梳理和分析国家、北京市在重大科技专项、重大示范工程、行业扶持政策、产学研创新、市级工程技术中心申报、高端人才引进、研发费用加计扣除等各类科技创新政策，加强各类创新政策在开发区的宣讲和落实，鼓励和帮助更多的开发区企业获取各类政策支持，扩大政策的覆盖面。

——探索出台各类扶持创新的专项政策。注重与中关村国家自主创新示范区先行先试政策的对接，加强中关村股权激励、科技金融等政策在开发区的落实与覆盖。加强对国内外其他园区政策调研和分析，结合开发区科技创新实际需求，探索出台针对战略性新兴产业、知识产权、技术标准、产业联盟、专业孵化器建设、国际科技交流、产业支撑平台、科技中介服务等各方面的专项扶持政策，形成完善的创新政策扶持体系。

（二）加强组织领导与沟通协调

——加强对科技创新的统筹领导，形成开发区科技创新合力。围绕“科技强区”战略部署，强化“推进科技强区战略领导小组”的领导职能，统筹规划，组织和整合创新资源，有效推进开发区科技发展规划各项工作部署。

——加强各职能部门的沟通协作，健全推动科技创新的联动机制。探索建立跨部门、跨行业、跨领域的新型科技管理体制，以科技创新政策制定和重大科技项目实施为纽带，加强开发区科技管理部门与其他职能部门之间、与其他相关单位之间的合作，建立联动

工作机制，发挥共同推动科技强区的合力效应。

——组建区域性创新创业促进或服务机构，提升科技管理和服务能力。围绕开发区科技工作及企业创新发展的需求，探索组建区域性科技促进或创新创业服务机构，赋予其科技政策宣讲、科技项目服务、科技产品推广等层面的具体工作职能，切实增强对企业的服务能力。

（三）完善监督考评与调整机制

——健全科技规划实施的监督和考评机制。将科技规划实施中的任务分解成具体目标，纳入相关部门的工作计划，明确责任分工和进度要求，定期开展考核评估。完善社会监督机制，拓宽公众参与渠道，引导并鼓励社会力量积极参与规划纲要的实施和监督。

——建立科技规划的动态调整机制。根据开发区科技工作的具体推进和实施情况，建立动态调整机制，根据开发区科技创新实际需求，及时对规划做出必要的调整。

（四）加大科技资金的扶持力度

——加大财政科技资金投入力度。鼓励和引导开发区企业积极申报国家及北京市各类重大科技专项、示范项目、工程技术中心、重点实验室等各类科技项目，获取科技资金支持。五年统筹一百亿元资金用于科技强区，并随着区域财政收入的增长而逐步增加。

——探索吸引社会资本介入的适宜模式。制定支持创业投资发展的有关政策，发挥政府政策性资金的引导和杠杆作用，积极探索设立创投基金、股权投资、技术参股等多种方式，引导各类社会资本参与开发区科技创新。

（五）推进科技项目管理改革

——推进科技计划管理创新。创新科技管理理念，建立涵盖科技计划项目申报、立项、结题等全面信息的科技项目数据库，加强科技创新相关的统计与管理工作，提高科技管理的信息化和科技工作效率。加强对已实施各类科技计划、项目实施效果的总结和梳理，根据各类科技计划实际效果，不断改进管理模式。

——加强对科技项目管理的指导。建立一支由专家学者、行业领军人才等组成的专家队伍，加强对开发区企业申报各类科技项目的培训和辅导，推进开发区企业申报国家、市、区各类科技计划与项目。

——健全科技项目实施、考核与监管评价机制。对开发区各类科技计划项目的实施情况进行及时追踪，健全对科技项目实施、考核与监管评价机制，加大对项目实施效果显著、信誉良好单位的项目和资金扶持，杜绝对项目实施不力、蓄意骗取政府资金企业的支持，提升政府科技项目和资金使用的效果，实现引导效应最大化。

大兴区、北京经济技术开发区“十二五”时期人才发展规划

北京经济技术开发区管理委员会

（2010 年 12 月）

序 言

人才是指具有一定的专业知识或专门技能，进行创造性劳动并对社会作出贡献的人，是人力资源中能力和素质较高的劳动者。人才是经济社会发展的第一资源，其在经济社会发展中的基础性、战略性、决定性作用愈益凸显。大兴区、北京经济技术开发区是北京高技术制造业和战略性新兴产业集聚区，人才发展不仅是新区提高核心竞争力、加快建设南部现代制造业新区的关键，而且关系到首都建设世界高端人才聚集之都、建设创新型城市的大局。人才发展，则事业兴旺。

全国和北京市人才工作会议对今后一个时期的人才工作提出了新的更高的要求，大兴区、北京经济技术开发区人才工作面临着新的机遇和挑战。制定好“十二五”时期人才发展规划，是全面确立人才优先发展的战略举措，对指导两区“十二五”时期人才工作具有重要意义。

《大兴区、北京经济技术开发区“十二五”时期人才发展规划》依据《国家中长期人才发展规划纲要（2010—2020 年）》《首都中长期人才发展规划纲要（2010—2020 年）》《大兴区国民经济和社会发展第十二个五年规划》制定，根据“服务发展、引领创新，高端带动、整体开发，创新机制、服务人才”的总体定位，确定“十二五”时期新区人才事业发展的主要目标、任务和政策措施，是“十二五”时期人才工作的重要指导性文件。

规划期限为 2011 年至 2015 年。

专栏 1：国家中长期人才发展规划纲要（2010—2020 年）

《国家中长期人才发展规划纲要（2010–2020 年）》是我国第一个中长期人才发展规划，是今后一个时期全国人才工作的指导性文件。制定实施《纲要》，是贯彻落实科学发展观、更好实施人才强国战略的重大举措，是在激烈的国际竞争中赢得主动的战略选择，对于加快经济发展方式转变、实现全面建设小康社会奋斗目标具有重大意义。《纲要》提出了“服务发展、人才优先、以用为本、创新机制、高端引领、整体开发”的人才发展指导方针，确立了到 2020 年我国人才发展的总体目标：培养和造就规模宏大、结构优化、布局合理、素质优良的人才队伍，确立国家人才竞争比较优势，进入世界人才强国行列，为在本世纪中叶基本实现社会主义现代化奠定人才基础。

专栏 2：首都中长期人才发展规划纲要（2010—2020 年）

为落实人才强国战略，服务首都经济社会发展，根据《国家中长期人才发展规划纲要（2010–2020 年）》《北京城市总体规划（2004–2020 年）》，按照建设“人文北京、科技北京、绿色北京”要求，制定《首都中长期人才发展规划纲要(2010–2020 年)》。《纲要》提出了“创新机制、服务人才、高端带动、引领发展”的首都人才工作指导方针，确立了到 2020 年首都人才发展的战略目标：培养和造就一支数量充足、结构优化、素质一流、富于创新的人才队伍，确立支撑世界城市建设的人才竞争优势，成为世界一流的“人才之都”，为落实人才强国战略发挥示范带动作用。

一、人才工作全面提升的关键时期

随着世界多极化、经济全球化深入发展，科技创新孕育新突破，人才的竞争已经成为国家与地区间竞争的焦点，加快人才发展是在激烈的国内外竞争中赢得主动的战略选择。科技创新、产业升级、结构优化归根结底取决于劳动者素质的提高，取决于人才资源结构的优化和升级。“十二五”时期，大兴区、北京经济技术开发区的建设与发展面临着北京实施“城南行动计划”、建设世界人才之都等重大历史机遇，将进入深度融合、互促共进的新阶段，是打造“北京 · 亦庄”人才品牌、确立人才工作比较优势、形成人才核心竞争力的重要时期。因此，必须把人才工作摆在经济社会发展更加突出的位置，确立人才优先发展的战略布局，调动各种资源保障和促进人才工作，激发各类人才的积极性、主动性和创造性，全面提升新区人才工作。

“十一五”以来，新区人才工作取得了明显成效：与经济社会发展相适应的人才工作体制机制基本形成，与人才发展需要相适应的环境条件逐步优化，与高新技术产业和现代制造业发展相适应的人才队伍不断壮大。但是，在看到成绩与进步的同时，还必须清醒地认识到，人才工作现状与建设北京南部新区的要求相比，仍有一定的差距，主要表现在：人才对新区经济社会发展的引领作用有待进一步发挥，产业领军人才、复合型人才、高技能人才总量不足，人才培养体系尚不健全，人才结构和布局不尽合理，统筹推动各类人才队伍建设的力度不够，统筹协调新区教育、医疗、住房等资源为人才发展服务的支撑条件不足，等等。

未来五年，我们要进一步认清形势，提高认识，增强责任感和使命感，坚定不移走人才强区之路，积极应对激烈的人才竞争，科学规划，深化改革，重点突破，整体推进，不断开创新区人才工作的新局面。

二、指导思想、总体定位、工作原则和主要目标

专栏 3：北京南部新区

建设北京南部新区是北京向中国特色世界城市迈进的重要组成部分，大兴区与北京经济技术开发区行政资源整合，为建设北京南部新区带来了历史性的发展机遇，其主要特点是：

总体要求新：走一体化、高端化、国际化道路，建设宜居宜业和谐新大兴。一体化就是要加大统筹发展力度，坚持一体化规划、建设和管理，形成城市与农村经济社会发展一体化新格局，实现行政区和功能区、新城与小城镇、经济社会与生态环境一体化协调发展；高端化就是要围绕加快转变经济发展方式，高水平建设北京南部现代制造业新区，着眼于提高核心竞争力和资源集约利用水平，充分发挥首都科技人才优势，大力发展具有高端、高效、高辐射特征的产业；国际化就是要适应北京向中国特色世界城市迈进的需要，扩大对外开放，加强合作交流，聚集国际优质要素，完善国际服务功能，努力建设具有国际水平和国际影响力的首都新区。

发展定位新：战略产业新区、区域发展支点、创新驱动前沿、低碳绿色家园。战略产业新区是指从北京市赋予我区的产业职能出发，强化北京经济技术开发区的产业发展主体平台地位，提高辐射带动能力，努力发展成为高技术制造业、高端服务业和战略性新兴产业聚集区；区域发展支点是指从国家推进京津冀区域统筹发展出发，发挥“承上启下、连接两端”的区位优势，使我区成为区域发展的重要枢纽和支撑；创新驱动前沿是指从转变发展方式、转换发展动力、突破发展瓶颈、化解突出矛盾的需要出发，按照“机制新、活力大、效率高”的要求，先行先试，锐意创新，探索与促进自主创新、科技成果产业化、城乡一体化建设、战略性新兴产业培育相适应的体制机制；低碳绿色家园是指从低碳经济、可持续发展理念出发，引导建立和完善绿色生产体系、绿色消费体系和绿色环境体系，以点带面，覆盖全区，营造宜居宜业绿色大兴。

工作机制新：打破原有的体制机制分割，整合两区资源，实现“思想、感情、发展”有效融合，推进规划编制、对外招商、劳动就业、数据统计、社会管理、城市管理、公共服务、信息资源及人才工作对接，以超常规的理念谋划工作，以高水平的标准开展工作，以跨越式的力度推进工作，用全新的工作机制促进新区全面发展。

产业形态新：大力发展高技术制造业和与之配套的高端服务业，加快培育战略性新兴产业。巩固提高电子信息、生物医药、装备制造、汽车制造四大主导产业；加快培育新能源和新材料、航空航天、文化创意三大新兴产业；配套发展生产性服务业、科技创新服务业、都市产业三大支撑产业。

（一）指导思想

高举中国特色社会主义伟大旗帜，以邓小平理论和“三个代表”重要思想为指导，深入贯彻落实科学发展观，以科学发展为主题，以加快转变经济发展方式为主线，尊重劳动、尊重知识、尊重人才、尊重创造，坚持党管人才原则，遵循社会主义市场经济规律和人才发展规律，紧紧围绕新区总体要求和发展定位，深入贯彻落实全国和北京市人才工作会议精神，大力实施人才强区战略，支持人才全面发展，着力打造“北京·亦庄”人才品牌，开发利用好国内国际两种人才资源，以高层次人才、高技能人才为重点统筹推进各类人才队伍建设，为实现“超常规、高水平、跨越式”发展提供坚强的人才保证和广泛的智力支持。

（二）总体定位

“十二五”时期人才工作的总体定位是：服务发展、引领创新，高端带动、整体开发，创新机制、服务人才。

——服务发展、引领创新。围绕“走一体化、高端化、国际化道路，建宜居宜业和谐新大兴”的总体要求和“战略产业新区、区域发展支点、创新驱动前沿、低碳绿色家园”的发展定位，确定人才发展工作任务，聚集发展所需的各类人才；发挥人才在科技创新中的引领作用，提升“北京创造”的南部新区品质。

——高端带动、整体开发。加大高层次人才和高技能人才的引进和培养力度，建设一支适应经济社会发展需要的高端人才队伍，形成人才队伍的比较竞争优势；发挥高端人才的辐射效能，带动人才队伍整体开发，统筹抓好党政人才、企业管理人才、专业技术人才、农村实用人才和社会工作人才等人才队伍建设。

——创新机制、服务人才。充分发挥新区行政资源整合优势，大力推进新区人才工作融合，实现统一的人才工作领导体制、统一的人才发展规划、统一的人才政策体系、统一的人才资源信息管理、统一的工作运行机制；制定和完善人才服务政策，落实好各项人才服务措施，为人才发展营造宜居宜业的良好环境。

（三）工作原则

“十二五”时期人才工作应遵循以下原则：

政府引导与市场配置相结合的原则。建立政府宏观管理、市场有效配置、单位自主用人、人才自主择业的人才管理体制机制。推动政府人才管理职能向创造良好发展环境、提供优质公共服务转变，政府通过政策支持和机制创新，引导人才结构调整和优化升级。充分发挥市场配置人才资源的基础性作用，发挥用人单位在人才培养、吸引和使用中的主体作用，企业通过事业凝聚人才，通过发展造就人才。

满足当前与着眼发展相结合的原则。加大人才选拔、培养和引进力度，持续对各类人才进行开发，既要满足新区“十二五”期间经济社会发展对人才的需求，又要尊重人才发展规律，努力营造“鼓励创新、宽容失败”的文化氛围，为新区经济社会可持续发展和人才队伍可持续开发创造条件。

整体推进与重点突破相结合的原则。在整体推进和统筹抓好各类人才队伍的基础上，重点在加强高层次人才和高技能人才队伍建设上取得新的突破，着力提高党政人才队伍领导科学发展的水平，增强新区人才队伍的竞争实力。

高端引领与团队聚集相结合的原则。发挥高端人才的引领作用，不断聚集人才团队，建立“引进一个高端人才、聚集一个人才团队、崛起一个新兴产业”的人才工作新机制。发挥产业集群发展的作用，通过产业集群的升级转型带动人才集群的发展。

（四）主要目标

到2015年，人才发展的主要目标是培养和造就一支数量充足、结构优化、素质一流、富于创新，适应“走一体化、高端化、国际化道路，建设宜居宜业和谐新大兴”总体发展要求的人才队伍，基本确立人才竞争比较优势，在建设世界人才之都的进程中走在全市前列，努力把新区建设成为开放型、创新型、引领型的战略产业人才高地。

——人才资源总量稳步增长。到2015年，人才资源总量从2009年的20万人增加到32万人，年均增长9.8%，人才队伍规模不断壮大，人才资源总量占人力资源总量的比例明显提高，基本满足新区经济社会发展的需要。

——人才队伍素质不断提升。到2015年，高技能人才占技能劳动者比例从2009年的28%增长到33%，中级以上专业技术职称人才占专业技术人才总量比例从2009年的40%增长到42%。人才的分布、层次、类型等结构进一步优化。

——人才竞争比较优势基本确立。到2015年，人才效能从2009年的46万元/人增加到49万元/人，在电子信息、汽车制造、生物医药、装备制造、新能源和新材料、航空航天等主导产业和生产性服务业以及社会发展重点领域，建成一批人才高地。

——人才发展环境明显优化。到2015年，人才工作政策比较完善，人才服务体系初步建成，人才发展所需的教育、医疗、交通、居住等环境条件基本满足，高端人才聚集效应基本显现，人才辈出、人尽其才的环境基本形成。

——高层次人才队伍建设成效显著。重点培养领军人才和复合型人才，大力开发主导产业和重点领域紧缺人才，努力造就一批世界水平的科技领军人才、工程师和高水平创新团队，培养造就一大批技术精湛的高技能人才。

三、主要任务

专栏 4：人才发展的主要指标			
指标	单位	2009 年	2015 年
人才资源总量	万人	20	32
高技能人才占技能劳动者比例	%	28	33
中级以上专业技术职称人才占专业技术人才总量比例	%	40	42
人才效能	万元 / 人	46	49
每万人专利授予量	件	28	42

专栏 5：高层次人才队伍建设的主要指标			
指标	单位	2010 年	2015 年
高技能人才	千人	18.7	32
具有高级专业技术职称的人才	千人	11.3	17
入选中央“千人计划”	人	11	35
入选北京市“海聚工程”	人	12	60
入选中关村“高聚工程”	人	13	60
认定新区海外高层次人才	人	83	300

（一）产业人才聚集工程

发展目标：瞄准建设北京南部新区的目标，适应主导产业和重点领域发展的需要，以高端人才为重点，加大紧缺人才开发力度，到 2015 年，在电子信息、生物医药、装备制造、汽车制造、新能源和新材料、航空航天、文化创意、都市产业等主导产业和金融财务、国际商务等生产性服务业重点领域培养和引进一大批紧缺人才。

主要举措：

实施“产业高端人才开发计划”，培养聚集具有世界眼光和战略思维，能够支撑、引领重点产业发展的高端人才；利用“项目引才”、“以才引才”、“团队引才”、“环境引才”等方式，大力引进紧缺人才；加大生物医药产业园、新能源汽车产业园、新媒体产业园、数字电视产业园、移动硅谷产业园、生产性服务业产业园、军民结合产业园、新空港产业园的建设，通过完善产业园区的政策措施和服务体系大力引进紧缺人才。

与国内外高等院校和科研机构广泛合作，推进产学研结合，建立主导产业紧缺人才培养体系；建立区域公共研发平台，降低人才培养成本；鼓励用人单位建立重点工程实验室、工程研究中心、技术中心及研发机构，根据发展需求培养、开发产业人才。

发挥产业协会等组织凝聚产业人才的作用，为产业人才沟通交流提供平台；完善产业扶持政策，通过支持主导产业促进人才队伍的发展；开展主导产业紧缺人才需求预测，科学制定年度紧缺人才引进计划。

（二）创新人才推进工程

专栏6：主导产业和重点领域紧缺人才开发目录

产业和领域	紧缺人才类别
电子信息	集成电路设计、制造、封装、测试、装备等领域人才
	新一代宽带无线移动通信增值业务开发、移动数据收集、三维城市数字化、终端产品研发制造等领域人才
	液晶显示屏及电视整机制造、数字电视系统终端设备研发制造等领域人才
生物医药	肿瘤药物、自身免疫性疾病药物、重大传染病药物和疫苗、心血管疾病药物、神经性疾病药物和血液病药物研发及产业化人才
	重组蛋白病毒疫苗研发、生物活性分析技术及纯化技术人才
	生物制品质量控制、临床前药理和毒理研究技术及工业化生产技术人才
	动物细胞大规模培养、单克隆抗体药物发现技术人才
装备制造	液压、气动、低压电器、微电子、电力电子器件、仪器仪表及自动化控制零部件设计及制造人才
	机床及零部件设计、制造人才
	精密医疗设备、大型纺织机械设备、化学工业设备设计及制造人才
汽车制造	汽车全球化经营、管理及资本运作人才
	车身、底盘、发动机、电子电控技术研发及制造人才
	新能源设计与应用人才
新能源和新材料	煤炭洁净和高效利用的技术人才
	新型能源电池研发人才
	智能控制、照明设计研发人才
	超导电缆、纳米材料、风电技术研发人才

（续）

产业和领域	紧缺人才类别
航空航天	飞机发动机设计、制造人才
	电磁场与微波技术专业人才
	航天电子信息系统、测控与通信、卫星导航专业人才
文化创意	动漫制作、营销人才
	电影投资、制作、营销人才
	广告、设计、舞蹈专业人才
都市产业	物流、物联网人才
	现代印刷技术管理人才
	包括云计算服务在内的信息技术外包服务人才
	食品、化妆品、保健品专业人才
金融财务	资本运作、金融分析、国际会计、保险精算、保险核赔、资产评估、证券投资等高级金融分析专业人才
	金融机构中、高级管理人才
	具有国际资质的注册会计师、大型企事业单位高级会计人才
国际商务	跨国经营管理及国际投资管理人才
	高级国际商务营销专业人才
	国际经济法律、国际商务谈判及国际知识产权保护专业人才
	中介组织高级专业人才

专栏 7：产业高端人才开发计划

新区发展，产业先行。产业高端人才具有较强的辐射和带动作用，是引领产业发展的中坚力量。“产业高端人才开发计划”根据主导产业发展需求，从引进和培养两个方面着手，围绕高级管理人才、高层次专业技术人才和高技能人才三支队伍进行开发。高级管理人才重在开发把握发展、驾驭全局的能力和沟通协调的能力；高层次专业技术人才重在开发持续创新能力和科技成果转化能力；高技能人才重在开发解决技能难题的能力和发挥“传、帮、带”作用的能力。

发展目标：围绕提高区域自主创新能力，以产业发展为依托，以产业园区和创新平台为载体，以高层次创新人才和高水平创新人才团队为重点，到 2015 年，建设一支实力雄厚、具有一定规模的创新型人才队伍，建成一批结构合理、团结协作、勇挑重担、绩效显著的创新人才团队，科技创新成果不断涌现，区域创新能力明显增强。

主要举措：

利用国家和北京市重点建设工程、重点科研项目、重点实验室等平台，聚集高层次人才，形成人才团队联合攻关的优势，在科技攻关中培养造就一批创新型科技领军人才和高水平创新人才团队；加强领军人才、核心技术研发人才培养，发挥领军人才、核心技术研发人才的辐射和带动作用，促进创新人才团队的形成；围绕重点发展产业有计划、有目标的开展创新人才团队建设，在电子信息、汽车制造、生物医药等重点产业培养建立海外高层次人才领衔的人才团队；加大海外高层次创新人才引进和选拔力度；注重培养一线创新人才和青年创新人才，不断壮大创新人才队伍；大力吸引世界500强企业、跨国公司、企业总部等落户新区，通过高端企业聚集推动创新人才和人才团队的形成和发展；整合企业、高校、科研院所力量，形成市场化配置、具有自主知识产权、竞争力较强的人才团队。

研究制定加强创新人才团队建设的政策措施，对带技术、带项目、带资金的重点创新人才团队，给予一定的扶持；尊重科技人才的创新理念，对创新能力强、创新思路好、创新举措实的科技人才，加大政策支持和资金投入力度；建立高端科技创新公共实验平台，配备先进的科研设施，为人才开展科技创新实践营造良好环境；支持人才团队与国内外研究机构和团队建立开放合作关系，不断增强人才团队的全球战略意识。

“不为所有，但求所用”，建立柔性工作机制，鼓励采用项目合作、技术指导、讲座讲学等方式大力引进高层次人才，促进人才团队整体创新能力的提升；注重复合型人才培养，破除论资排辈、求全责备观念，鼓励创新人才脱颖而出；发展具有新区特色的创新文化，倡导追求真理、勇攀高峰、宽容失败、团结协作的创新精神，营造科学民主、学术自由、严谨求实、开放包容的创新氛围。

（三）海外人才引进工程

发展目标：建立“知、寻、引、用”的海外人才工作体系，加速新区人才队伍建设的国际化进程，提高本土人才的国际化素质，到2015年，初步建成具有核心竞争力的国际化人才队伍，拥有一批掌握国际先进技术和管理经验、善于开展国际合作交流、引领经济社会面向国际发展的人才。

主要举措：

实施“国际高端人才聚集计划”，依托中央“千人计划”、北京市“海聚工程”、中关村“高聚工程”和新区“海外高层次人才引进计划”（“新海计划”）的遴选平台，按照“人才引进与产业发展相结合、回国创业与回国工作相结合、支持个人与扶持企业相结合、国内发展与国际合作相结合”的原则，大力吸引海外高层次人才，使海外高层次人才数量和质量有较大幅度提升，并位居全市前列，力争到“十二五”期末，入选中央“千人计划”35人左右、入选北京市“海聚工程”60人左右、入选中关村“高聚工程”60 人左右、认定新区海外高层次人才 300 人左右；完善留学人员创业园服务体系，逐步扩大留学人员创业园数量，吸引更多的留学人员来新区创业；将招商引资与招才引智紧密结合，依托海外招商服务机构，建立和扩展海外人才联络渠道；主动“走出去”，广揽全球精英来新区发展。

鼓励承办国际科技创新研讨会议、高端产业发展论坛和国际展览，为人才拓宽视野、开展交流提供平台；加大引进国外智力工作力度，增进本土人才与外国专家的交流；推动人才参与制定行业国际新标准；鼓励人才参与国际前沿科学、应用技术研究和国际学术会议；加大人才的海外培训力度。

加大《关于鼓励和吸引海外高层次人才来北京经济技术开发区创业和工作的意见》的实施力度，为海外高层次人才来新区创新创业创造更加有利的条件；充分发挥大兴区、北京经济技术开发区海外学人工作联席会和北京海外学人中心开发区分中心的作用，为海外高层次人才来新区创新创业搭建专业化、信息化、国际化平台。创新投融资服务模式，为海外高层次人才领衔的企业在境内外上市提供投融资服务；建立海外高层次人才服务绿色通道；落实好海外高层次人才的社保、医疗、住房、配偶就业、子女教育等配套政策。

（四）青年英才开发工程

专栏 8：国际高端人才聚集计划

中央“千人计划”：中央人才工作协调小组制定了《关于实施海外高层次人才引进计划的意见》(简称“千人计划”)，主要是围绕国家发展战略目标，在未来的 5 到 10 年内为国家重点创新项目、重点学科和重点实验室、中央企业和国有商业金融机构等，引进 2000 名左右人才并有重点地支持一批能够突破关键技术、发展高新产业、带动新兴学科的战略科学家和领军人才来华创新创业。

北京市“海聚工程”：制定了《关于实施北京海外人才聚集工程的意见》及《北京市鼓励海外高层次人才来京创业和工作的暂行办法》、《北京市促进留学人员来京创业和工作的暂行办法》，围绕北京市重点发展产业、行业、学科的建设目标和中关村科技园区建设国家自主创新示范区的重大任务，重点聚集一批具备较高专业素养和丰富海外工作经验，掌握先进科学技术、了解国际政治经济、熟悉国际市场运作，具有广泛的国际联系，能够突破关键技术、发展高新产业、带动新兴学科的战略科学家、科技创新人才和产业领军人才；着力研发和转化国际领先的科技成果，做强做大一批具有全球竞争力的创新型企业；培育一批国际知名品牌，全面提高首都自主创新能力。

专栏 8：国际高端人才聚集计划（续）

南部新区"新海计划"：为建设国际化高端产业园区，按照"人才引进与产业发展相结合、回国创业与回国工作相结合、支持个人与扶持企业相结合、国内发展与国际合作相结合"的原则，制定了《关于鼓励和吸引海外高层次人才来北京经济技术开发区创业和工作的意见》，包括 15 条扶持政策和 4 条奖励政策，大力吸引海外战略科学家和从事科研、工程技术、金融、管理、法律等工作并取得显著成绩的 6 类领军人才来新区发展。成立了北京市海外学人中心开发区分中心，为海外高层次人才提供服务。目前已入选中央"千人计划"11 人，入选北京市"海聚工程"12 人，入选中关村"高聚工程"13 人，认定新区海外高层次人才 83 人。"十二五"期间，新区将大力实施"新海计划"，力争入选中央"千人计划"达到 35 人，入选北京市"海聚工程"达到 60 人，入选中关村"高聚工程"达到 60 人，新区海外高层次人才达到 300 人。

发展目标：适应新区经济社会未来发展需要，加强对青年人才的培养，持续提升人才队伍竞争力，到 2015 年，培养一批在经济社会发展中发挥骨干作用的青年英才，形成较为完善的青年人才培养体系，青年人才的创新能力明显增强，青年人才脱颖而出的环境基本形成。

主要举措：

加强对青年人才思想道德素质的培养，引导教育青年树立正确的世界观、人生观和价值观；广泛开展青年读书求知活动，推动青年在学习中成长；建立青年人才的培养机制，及早选苗，重点扶持，对素质好、能力强、想发展的青年人才持续跟踪培养；千方百计地为各类青年人才创造成就事业的机会，不拘一格选拔优秀青年人才；加强对青年人才的培训，提升青年人才创业创新能力，重点落实好中国青年创业国际计划（YBC）。

利用博士后科研工作站和博士后创新实践基地等创新平台，在科技创新实践中培养青年人才；通过岗位练兵、技术比武、挂职交流等多种形式，发现青年人才、培养青年人才、锻炼青年人才、使用青年人才；依托重大科研和工程项目、国际交流合作项目，培养一批具有国际视野和世界前沿水平的青年人才；加大"北京市优秀人才培养资助"、"留学人员科技活动择优资助"工作力度和"新世纪百千万人才"、"北京市优秀青年知识分子"、"北京市优秀青年工程师"选拔力度，使更多的青年人才脱颖而出。

大力开展"导师带徒"活动，加快青年技能人才培养开发步伐；鼓励大学生"村官"、农村优秀青年立足农村，服务农民，带动新农村建设；表彰奖励在科技活动中取得突出成绩，为南部新区发展做出突出贡献的青年人才，营造有利于青年人才发展的良好环境。

（五）党政人才素质提升工程

专栏9：博士后科研工作站

博士后制度是一项具有中国特色、有计划、有目的培养高层次人才的重要制度，是一条有利于青年人才快速成长、脱颖而出的重要途径。通过在产业园区、高新技术企业设立博士后科研工作站，促进“产、学、研”结合，形成企业与高校、科研院所科研开发合作机制，并将人才“吸引、培养、使用”紧密结合，使人才培养、科研开发、成果转化、企业技术进步融为一体。

目前，新区有18家博士后科研工作站，已培养博士后25人。“十二五”期间，新区的博士后工作将继续坚持“培养和使用相结合，在使用中培养，培养和使用中发现更高级的人才”的指导方针，充分发挥北京经济技术开发区博士后科研工作站的职能优势，紧密围绕新区发展对人才的需求，有计划、有目的、有重点地做好博士后工作。进一步加强宏观指导和管理，完善相关政策措施；逐步扩大企业博士后科研工作站的数量，着力提高博士后研究人员的培养、使用质量；发挥政府协调职能，完善企业与高校、科研院所的合作机制，把人才培养、科技开发和科技成果转化有机地结合起来，加快科技成果的产业化；加大资金支持力度；扩大博士后工作的国际合作交流。

专栏10：中国青年创业国际计划（YBC）

中国青年创业国际计划（英文名称是Youth Business China，简称YBC）是一个旨在帮助青年创业的教育性公益项目，通过动员社会各界特别是工商界的资源，为创业青年提供“一对一”的导师辅导以及“无利息、无抵押、免担保”的资金支持，引导青年进入工商网络，帮助青年成功创业，成就具有社会责任感的未来企业家。

2003年11月，中国青年创业国际计划由共青团中央、中华全国青年联合会、劳动社会和保障部、中华全国工商业联合会等7家机构倡导发起。经过6年的探索和实践，YBC已扶持青年创业企业1000个，带动就业岗位10000多个，在全国12个省市建立了25个地方工作网络，招募导师志愿者3000多人YBC的成功运作引起了国际社会的高度关注，2010年初，成为中国第一家走进达沃斯的公益组织。目前，YBC已进入到规模化发展阶段，一个多层次、广覆盖的社会化公益支持系统正在形成并不断扩大发展。2010年8月，YBC大兴区创业办公室成立。

发展目标：到2015年，建设一支政治坚定、勇于创新、勤政廉洁、求真务实、奋发有为、善于推动科学发展的高素质党政人才队伍，培养一批“具有开阔的国际视野、熟练掌握国际通行的规则、具备出色的沟通能力”的党政人才，大学本科及以上学历的干部占党政干部队伍的比例超过72%，专业化水平明显提高，结构更加合理。驾驭全局和审时度势的能力、把握产业发展的能力、现代城市管理的能力、推进城乡一体化建设的能力明显增强。

主要举措：

坚持把提高党政人才的政治素养和职业道德水平放在教育培训工作的首位，广泛、深入、持续开展邓小平理论、“三个代表”重要思想和深入贯彻落实科学发展观的教育培训；坚持以需求为导向，创新党政人才教育培训模式；加大对外交流力度，每年选派优秀干部参加出国（境）培训；进一步规范和加强公务员任职和在职培训。

科学设置党政人才岗位，重点向基层倾斜；大力引进新区发展的各类党政人才；大力抓好后备干部队伍建设，完善优秀党政后备人才库；完善党政人才交流轮岗制度；完善党政人才、企业经营管理人才、专业技术人才交流和挂职锻炼制度；加大选拔优秀年轻干部力度；注重培养、选拔女干部、少数民族干部和非中共党员干部；加强配备正职女领导干部的工作；完善竞争性选拔干部工作机制，使更多优秀人才通过公开选拔、竞争上岗走上领导岗位，发挥更大作用。

建立和完善科学规范的党政干部考核指标体系，坚持考核结果与薪酬待遇挂钩；坚持精神激励为主、物质激励为辅的原则，用新区美好的发展愿景、广阔的事业平台和优势的发展机遇来鼓舞激励人才。

（六）高技能人才振兴工程

发展目标：适应走新型工业化道路和产业结构优化升级的要求，以提升职业素质和职业技能为核心，以技师和高级技师为重点，打造一支门类齐全、技艺精湛的高技能人才队伍，到 2015 年，高技能人才总量达到 3.2 万人左右，占技能劳动者总量的 33%，技师、高级技师达到 1 万人左右。

主要举措：

完善以企业为主体、职业院校为基础，学校教育与企业培养紧密联系、政府推动与社会支持相结合的高技能人才培养体系；加大职业教育投入力度；促进企业与院校之间的联系，立足企业需求，培养企业适用的高技能人才；加强职业教育“双师型”教师队伍建设；鼓励和支持高技能人才参加各类提高培训；鼓励高技能人才开展“传、帮、带”活动，形成高技能人才团队；根据产业发展需求，逐步扩大高技能人才实训基地数量；持续开展对失地农民转移就业过程中的技能培训，使之成为高技能人才队伍的一支重要后备力量。

制定加强高技能人才队伍建设的政策措施，指导新区高技能人才队伍建设；鼓励企业建立“首席技师”制度和“高技能人才工作室”；对高技能人才承担的技术研究和技能改进项目，给予项目经费支持；探索建立新兴产业高技能人才评价体系；建立新区高技能人才津贴制度；加大对高技能人才的表彰奖励力度。

加大高技能人才的选拔力度；鼓励企业积极参加国家和北京市的技能大赛；鼓励企

业定期组织内部技能竞赛、技能比武、技能创新活动；建立高技能人才定期交流制度，鼓励高技能人才切磋技艺，为高技能人才沟通交流、提升水平搭建平台。

（七）企业管理人才培养工程

发展目标：以提高现代经营管理水平和企业国际竞争力为核心，以战略企业家和职业

专栏 11：高技能人才队伍建设

高技能人才是指在生产、运输和服务等领域岗位一线，熟练掌握专门知识和技术，具备精湛的操作技能，并在工作实践中能够解决关键技术和工艺难题的人员，主要包括取得高级技工、技师和高级技师职业资格及相应水平的人员。高技能人才作为产业大军的优秀代表和技术工人的核心骨干，是产业高端人才的重要组成部分，在加快产业优化升级、提高企业竞争力、推动技术创新和科技成果转化等方面具有不可替代的重要作用。

2006 ~ 2008 年，新区全面启动首个北京市优秀人才培养集体项目："高技能人才培养与开发"，力求通过该项目的实施，实现"十百千"的人才培养目标，即推出 10 名技能领军人才，新增 100 高技能人才，带动 1000 名初、中级技能人才培养。项目实施后，北京奔驰、SMC、中芯国际等 30 家内外资企业积极参与。

项目覆盖员工 3.9 万人，重点培养高技能人才 3710 人，涉及工种 205 个，带动 8805 名一线员工经过培训获得职业资格证书。项目获得了北京市人才培养专项资金 50 万元，累计带动政府及企业投入高技能人才培养经费 1767.84 万元，使高技能人才培养工作切实得到推进。

2009 年，新区开始实施第二个北京市优秀人才培养集体项目："一线创新人才培养"，目的是为了贯彻落实党的十七大报告提出的"注重培养一线创新人才"的要求，进一步提高一线人才的创新能力，项目获得了北京市人才培养专项资金 50 万元。目前，该项目已资助 38 家企业的 65 个项目共 117 万元，企业配套资金 1626.31 万元，其中资助 16 个技能类项目 26 万元，企业配套资金 392.53 万元，培养包括高技能人才在内的技能劳动者 346 人。各单位通过广泛开展职业技能培训、技术竞赛、岗位练兵等活动大力培养一线员工的创新能力，提升了一线员工的技能水平，提高了生产效率、企业研发项目的进展速度和质量，重视一线技能人才培养的良好氛围初步形成。

"十二五"期间，新区将更加重视高技能人才队伍建设，将制定相关的政策措施，落实好与有关职业院校的战略合作协议，发挥"一线创新人才培养项目"对高技能人才队伍建设的持续带动效应，加快引进、培养、聚集一批掌握精湛技艺的高技能人才，大力营造有利于高技能人才成长的舆论环境，努力打造首都高技能人才高地。

经理人为重点，加快推进企业经营管理人才职业化、市场化、专业化和国际化，培养造就一批具有全球战略眼光、市场开拓精神、管理创新能力和社会责任感的优秀企业家和一支高水平的企业经营管理人才队伍，到 2015 年，企业经营管理人才的总量达到 9 万人左右。

主要举措：

依托知名跨国公司、高水平大学和其他知名培训机构，加强企业经营管理人才培训，提高战略管理和跨文化经营管理能力；突出抓好重点产业经营管理人才的培训，围绕重点产业发展需要制定经营管理人才培训计划；抓好后备人才和青年人才的培养，不拘一格，大胆使用，在企业管理实践中加强锻炼和培养。

加大国有企业经营管理人才的选拔、培养力度。采取组织选拔与市场化选聘相结合的方式选拔国有企业领导人员；健全企业经营管理者聘任制、任期制和任期目标责任制，实行契约化管理；完善以市场和出资人认可为核心的企业经营管理人才评价体系，建立社会化的职业经理人资质评价制度，加快推进企业经营管理人才评价机构的建立；完善年度薪酬管理制度、协议工资制度和股权激励等中长期激励制度；建立企业经营管理人才库。

发挥企业协会、行业协会等组织的桥梁和纽带作用，广泛联系各类企业经营管理人才；加强国有、民营、外资企业管理人才之间的交流，相互借鉴管理经验和方法，促进管理水平的提升。

（八）专业技术人才建设工程

发展目标：以提高专业水平和创新能力为核心，以高层次人才和紧缺人才为重点，建设一支高素质专业技术人才队伍，到 2015 年，专业技术人才总量达到 16 万人左右，具有高级专业技术职称的专业技术人才达到 1.7 万人左右，涌现出一批高端科技成果和领衔产业发展的高层次专业技术人才。

主要举措：

做好国家及北京市有突出贡献专家、享受政府特殊津贴专家、新世纪百千万人才工程等人才培养选拔工作；大力引进海外高层次专业技术人才；重点引进电子信息、生物医药、汽车、装备制造、新能源和新材料、航空航天等产业发展所需的高层次专业技术人才；加大知识产权的保护力度；通过项目合作、人才派遣等方式，鼓励紧缺专业技术人才到新区兼职；重点向农村地区配备优秀专业技术人才；加强专业技术人才的宣传表彰；注重发挥离退休专业技术人才的作用。

全面提高教师队伍政治思想素质、职业道德水准和教育教学能力，到 2015 年，95% 的幼儿园专任教师、小学专任教师达到大专及以上学历，90% 的初级中学专任教师、中等职业学校专任教师达到本科及以上学历，高级中学专任教师全部达到本科及以上学历，其中 15% 的高级中学专任教师达到研究生水平。实施教育家型校长培养工程，重点培养 30 名左右的中小学校长、幼儿园园长，形成全国有影响的教育家型校长团队；进一步加大教师培训力度，开展教师“带薪脱产”培训工程、英语教师培训工程和音乐、美术教师专业技能提升工程；加强骨干教师队伍的培养，分层培训 1000 名左右市级、区级骨干教师，重点培养 25 名市级学科带头人；成立“名师讲学团”、“名师工作室”，组织骨干教师到教育基础相对薄弱的农村学校，帮助农村学校培养优秀教师；加强进修学校教师、教研员的培训；建立重点要素突出、操作简单易行的教师继续教育管理平台；继续加大与高水平高等院校的课题合作及联合培养力度，为教师提高学历层次、进修学习提供更多途径；大力引进全国知名的中小学校长和特级教师、骨干教师，进一步改善干部、教师队伍结构。

大力培养医疗卫生学科带头人及业务骨干，全面提高卫生专业技术人才队伍整体素质，到 2015 年，卫生专业技术人员中，8% 具有研究生学历，40% 具有本科学历，10% 具有高级专业技术职称，35% 具有中级专业技术职称。继续评选新区医学首席专家；有计划地引进高层次卫生专业技术人才、管理人才和高学历医学专业毕业生；积极参与北京市卫生系统“215”、“十百千”人才的遴选；全面开展继续医学教育；整合区医学教育培训中心与区人民医院医学教学资源，加快推进区域医疗中心建设；加强与名医、名院的联系，通过项目合作、医疗援助、技术讲座等形式推动新区卫生专业技术人才成长；大力推行区域医疗共同体建设，开展双向转诊及远程会诊等服务项目；积极培养和补充社区卫生服务机构预防保健人才。

（九）农村实用人才支撑工程

发展目标：围绕社会主义新农村建设，以提高科技素质、职业技能和经营能力为核心，以农村实用人才带头人和农村生产经营型人才为重点，着力打造服务农村经济社会发展、数量充足的农村实用人才队伍，到 2015 年，农村实用人才总量达到 8000 名左右，每名农村实用人才掌握 1–2 项实用技术，农村实用人才的结构更加合理，在生产类、技术类、管理类、营销类、社会文化类、乡村旅游大户和技能型中所占比例更加适应南部新区经济社会发展需要。

主要举措：

继续深化与中国农科院、北京农林科学院的农业科技合作，通过农业项目指导，采取农民田间学校、现场指导、观摩交流等方式加强农村实用人才的培养；强化创业类农村实用人才培养，探索不同类型的创业培训模式；以现有的 2 个市级农村实用人才示范实训基地为龙头，加大扶持力度，更好的发挥示范带头作用。

围绕农业产业发展变化，逐步提高社会文化类、乡村旅游类、营销类和管理类等农村实用人才比重；通过技术服务、成果转化、项目合作、贸易合作等方式，鼓励各类人才到农村创业兴业，不断壮大农村实用人才队伍；加强农村实用人才的交流。

制定农村实用人才奖励制度，对有突出贡献的农村实用人才给予奖励和扶持；建立农村实用人才自主创业绿卡制度，支持农村实用人才兴办现代农业产业经济实体，在创业、科技立项、工商审批、协调贷款等方面给予优惠和支持。

（十）社会工作人才发展工程

发展目标：适应构建和谐新区的需要，以人才培养和岗位开发为基础，以中高级社会工作人才为重点，培养造就一支职业化、专业化的社会工作人才队伍，到 2015 年，新区社会工作人才总量达到 2.6 万人左右，具有专业技术职称和社会工作职称的占 15% 左右，力争在册志愿者人数占社区居民总数的 20% 以上。

主要举措：科学开发、设置社会工作岗位；培育和发展社会工作中介和民间组织，扶持一批民办公益性、慈善性的社会工作协会，调动和发挥各级社会工作人才的积极性；拓宽引才渠道，通过引进大中专毕业生、大学生“村官”、公开招聘、鼓励兼职、招募志愿者等多种形式，引进社会工作人才；成立社会工作者队伍指导中心，统筹新区社会工作人才队伍建设。

按照工作性质不同，有计划、分层次地开展社会工作人才培训；加强社会工作实习基地建设，有针对性地建设一批社会工作人才实习、培训基地；加大在职培训力度，到 2015 年，全区 60% 以上的社会专职工作者具有执业资格证书、助理社会工作师或社会工作师职业水平证书；重点培养一批高层次社会工作者。

大力推行职业资格管理制度，社会工作人才全部实行持证上岗；逐步推行社会工作职业资格注册登记制度，力争在“十二五”期间内全面实行社会工作职业资格注册制度；建立符合新区发展需求的社会工作人才薪酬制度和职业发展通道。

四、政策措施

（一）确立人才优先发展的地位

依据“服务发展、引领创新，高端带动、整体开发，创新机制、服务人才”的人才工作总体定位，在新区发展的进程中确立人才优先发展的地位。坚持人才资源优先开发，确立人才资源相对其他各类资源优先开发的战略布局，提升各类人才整体素质；坚持人才结构优先调整，及早谋划和率先调整人才队伍结构，以适应新区经济社会发展需要；坚持人才投资优先保证，推动政府、社会、用人单位和个人共同投资人才资源开发，提高人才投资效益；坚持人才制度优先创新，高度重视并优先进行人才制度设计，完善人才管理体制机制，激发各类人才的创新活力和创造智慧。

（二）完善人才发展政策

以海纳百川的视野和胸怀，鼓励海外留学人员以回国工作、创业或多种方式为国服务，为海外人才优选“北京 · 亦庄”打造绿色通道；制定实施《大兴区、北京经济技术开发区关于为高层次人才提供专项服务工作的意见》、《关于鼓励高层次人才来大兴区、北京经济技术开发区创业和工作的意见》；完善党政人才、企业经营管理人才、专业技术人才交流和挂职锻炼政策，打破人才身份、单位、部门和所有制限制，营造开放的用人环境；建立完善的人力资源公共服务体系，鼓励公共人力资源服务机构创新；开发国（境）外优质教育培训资源，扩大人才参加海外培训规模；发展国际人才市场，鼓励和吸引世界知名人力资源服务机构落户新区。

（三）加大人才资金投入

建立人才资本投入增长机制，教育、科技支出增长幅度要高于财政经常性收入增长幅度，卫生投入增长幅度要高于财政经常性支出增长幅度；建立健全政府投入为引导、用人单位投入为主体、社会和个人投入为补充的多元化人才投入机制；建立重大规划项目人才投入机制，在重大建设和科研项目经费中，安排一定比例的经费用于人才培训；优先保证人才能力素质提升、人才表彰奖励项目、人才资助计划等项目的资金投入；建立科研经费匹配制度，对获得国家和北京市资助的科研项目，给予一定的经费匹配；鼓励企业通过市场机制引进紧缺人才，并给予一定的经费支持；加大对人才公共服务机构的财政投入。

（四）创新人才工作机制

研究人才工作的决策规律，完善人才工作的决策机制，提高决策效率；破除不利于人才发展的机制性障碍，从人才培养开发、评价发现、选拔任用、流动配置、激励保障等方面形成更加科学、更具活力的机制；建立人才工作议事制度、督查制度、信息收集反馈制度、专项资金管理制度，通过制度落实形成统分结合、上下联动、协调高效、整体推进的人才工作运行机制；加强政府宏观管理，建立各层次人才市场，使人才管理体制更加健全、高效；建立“党政领导直接联系高端人才”、“政府特聘专家”、“专家委员会”等工作制度，发挥高层次人才在研究区域发展战略、重大招商项目评估、重大工程建设评价中的咨询作用；推动职称制度改革，创新职称评审机制；建立人才工作的调研和理论研究机制，推动理论创新和工作创新。

（五）推动人才一体开发

促进中央和北京市重大投资项目落户新区，带动人才的聚集；鼓励、支持聘请中央、市属单位高层次专业技术人才到重要岗位兼职；鼓励中央、市属高等院校和科研院所通过共建研究开发机构、共建科技成果转化基地、共同承担科技项目等形式，实现人才资源上交流共享、投资建设上合作共赢；构建统一的人才市场，为中央、市属单位选才、用才提供服务。

（六）实施知识产权保护

加大知识产权的执法力度，建立知识产权、工商、质检、公安等部门共同执法的联动机制；完善知识产权的申报流程，指导企业积极主动开展知识产权申报；加大知识产权工作的资金投入，对于企业在国内外获得授权的知识产权、申请获得国家或北京市著名和驰名商标或到境外注册商标，给予一定的经费资助；鼓励企业开展知识产权交易；制定核心知识产权保护政策。

（七）促进农村劳动力素质提升

坚持以人为本，树立科学的人才观，大力开发在产业发展和城市化进程中转移出来的农村劳动力资源；加强就业指导，转变农村劳动力就业观念；建立健全农村劳动力培训体系，重点加强职业技能培训，使农村劳动力适应第二、三产业对技能人才素质的要求；加大岗位开发力度，为农村劳动力转移就业提供充足的岗位，公益性岗位要向农村劳动力倾斜；发挥政府导向作用，加大新区《招用征地拆迁农村劳动力享受岗位补贴办法》《职业技能培训补贴办法》《关于补贴劳务派遣单位招用劳动力的办法》的落实力度；大力宣传表彰农村劳动力中的优秀分子，带动更多的农村劳动力在产业变革和优化升级中成长、成才，使农村转移劳动力逐步成为新区人才资源源源不断的后备力量；大力推动“有岗位、有资产、有保障、有组织”机制的建立和完善，保障新区经济社会协调发展。

（八）整合行政资源优势

按照“政策覆盖、机制联动、优势互补、成果共享”的原则，做大人才总量，提升人才质量，盘活人才存量；实施统一的人才政策，每年设立“1亿元人才发展专项资金”，并根据人才工作发展需要建立相应增长机制，形成具有吸引力和竞争力的新区人才政策体系和资金保障体系；按照互联互通、资源共享的原则，整合人才资源信息库，构建涵盖新区的人才资源信息管理系统；关心人才的政治待遇，发挥人才在政治生活中的作用；统筹人才工作力量，发挥各自优势，促进人才工作整体效能提升。

专栏12：人才发展环境持续改善计划

营造良好的人才发展环境是落实“十二五”期间人才工作总体目标的重要举措，人才发展环境主要包括政策环境、制度环境、市场环境和人文环境，是一个综合指标体系，需要统筹考虑，全面推进。

“十二五”期间要全面实施“人才发展环境持续改善计划”，其内涵是：

一是要进一步解放思想，创造性地制定和落实好凝聚海内外人才的政策措施，营造有竞争力和吸引力的政策环境。

二是要建立和完善各项工作制度，调动各种资源共同推进人才工作，营造运行良好、高效优质的制度环境。

三是要培育和发展各层次人才市场，按需提供各类人才服务，营造规范、繁荣的市场环境。

四是要建立以租赁方式为主、住有所居的人才住房保障体系；以预防保健为主、病有所医的人才医疗保障体系；以子女就学为主、学有所教的人才教育保障体系；完善社会保险制度，不断提高社会保障水平；加大劳动关系调整力度，维护劳动关系的和谐稳定，营造和谐、舒适的人文环境。

“十二五”期间，新区将更加重视高技能人才队伍建设，将制定相关的政策措施，落实好与有关职业院校的战略合作协议，发挥“一线创新人才培养项目”对高技能人才队伍建设的持续带动效应，加快引进、培养、聚集一批掌握精湛技艺的高技能人才，大力营造有利于高技能人才成长的舆论环境，努力打造首都高技能人才高地。

五、实施保障

（一）加强组织领导

坚持党管人才原则，完善党委统一领导，组织部门牵头抓总，有关部门各司其职、密切配合，社会力量广泛参与的人才工作格局。成立大兴区、北京经济技术开发区人才工作协调领导小组及办公室，建立人才工作例会、重大人才工作事项报告等制度，制定实施《大兴区委、开发区工委关于进一步加强人才工作的意见》，加强对人才工作的组织领导，履行管宏观、管政策、管协调、管服务的职责。

（二）制订实施方案

根据人才规划确定的主要目标和任务，制定人才规划的实施方案，将主要目标和任务按年度进行分解，明确承担各项人才工作的单位和部门，确保规划实施的持续性和实效性。

（三）强化责任落实

各单位、各部门应高度重视人才工作，落实好人才规划的年度实施方案，明确工作重点、明确工作主体、明确工作标准、明确工作时限，加强考核，确保各项工作落到实处。

（四）注重宣传总结

大力宣传人才规划及规划实施过程中涌现出来的优秀人才和他们的先进事迹，注意总结人才规划实施过程中产生的新思路、新做法，形成典型示范带动、相互学习借鉴的良好氛围。

（五）加强监督检查

建立人才发展规划实施情况监督检查和工作报告制度，除每年自身督促检查提出改进措施外，规划实施中期要开展评估，通过评估使人才规划更加符合发展实际，切实发挥人才工作的保障和引领作用。

规范性文件

北京经济技术开发区
鼓励企业获得中国驰名商标、
北京市著名商标认定的奖励办法
（试行）

京技管[2011]1号

第一条　为鼓励和引导北京经济技术开发区（以下简称开发区）企业增强商标和品牌意识，推进企业自主创新，支持企业实施品牌战略，根据《驰名商标认定和管理暂行规定》《北京市著名商标认定和保护办法》和《中共北京市委、北京市人民政府关于建设中关村国家自主创新示范区的若干意见》等有关法规规定，结合开发区实际，制订本办法。

第二条　本办法所称中国驰名商标是指由国家工商总局认定的中国驰名商标；北京市著名商标是指由北京市工商行政管理局认定的北京市著名商标。

第三条　北京经济技术开发区管理委员会（以下简称管委会）对获得中国驰名商标或北京市著名商标的企业进行奖励。开发区工商管理部门和科技管理部门是本办法的日常管理机构，负责办法的具体实施。

第四条　开发区鼓励企业获得中国驰名商标、北京市著名商标，认定的奖励资金从开发区"科技创新专项资金"中列支。

第五条　申请奖励的企业应当具备以下条件：

（一）在开发区内注册、经营并纳税满五年；

（二）在经营纳税、环境保护、安全生产、劳动用工和社会保障等方面无违法、违纪行为。

第六条　获得中国驰名商标认定的企业，给予一次性每件100万元的奖励；获得北京市著名商标认定的企业，给予一次性每件20万元的奖励；接受过奖励的北京市著名商标，在奖励后被认定为中国驰名商标的，给予一次性每件80万元的奖励。

第七条　奖励应当符合下列规则：

（一）已经享受到奖励政策的北京市著名商标，三年期满复审重新认定的，不再奖励。

（二）同年度内既被认定为北京市著名商标又被认定为中国驰名商标的，以被认定的中国驰名商标奖励为限。

（三）企业某个商标被认定为中国驰名商标、北京市著名商标并进行了奖励，同一企业其他商标在以后年度被认定为中国驰名商标、北京市著名商标的，可以再次进行奖励。

（四）已被认定为中国驰名商标并已给予奖励的企业，在以后年度同一商标被认定为北京市著名商标的，不再进行奖励。

第八条 企业申请和获得奖励的时序为：

（一）申报材料：每年 9 月 1 日至 9 月 30 日；

（二）审查、征求意见和审定：每年 10 月 10 日至 11 月 30 日；

（三）公示和批准：每年 12 月 1 日至 12 月 31 日；

（四）资金拨付：次年 1 月 1 日至 3 月 31 日。

第九条 申请奖励的企业应当向工商管理部门提交下列材料：

（一）获得中国驰名商标或北京市著名商标的证明材料；

（二）加盖本企业公章的营业执照复印件；

（三）商标注册证书；

（四）税务登记证及近五年纳税情况证明；

（五）工商管理部门认为需要提交的其他材料。

第十条 奖励资金受理程序如下：

（一）工商管理部门受理并审查企业申报材料；

（二）科技管理部门针对工商管理部门初审合格的企业向开发区国税、地税、海关、公安、财政、环保、安全生产监督、劳动和社会保障等相关管理部门征求意见；

（三）科技管理部门商工商管理部门形成统一意见后，报管委会主任办公会审议；会上，工商管理部门对初审情况进行说明，科技管理部门对征求意见情况进行说明；

（四）主任办公会审定后公示一周；

（五）公示后无异议或经审查异议不成立的，管委会予以正式批准并发布；经科技管理部门与工商管理部门共同核查，异议成立的，不予批准，并向管委会主任办公会报告；

（六）财政管理部门安排资金拨付。

第十一条 本办法由管委会负责解释。

第十二条 本办法自 2011 年 2 月 7 日起开始实施，有效期五年。

北京经济技术开发区管理委员会

2011 年 1 月 7 日

北京经济技术开发区
促进科技企业孵化器发展办法（试行）

京技管[2011]138号

第一章 总 则

第一条 为贯彻落实《北京市关于进一步加强科技孵化体系建设的若干意见》，促进北京经济技术开发区（以下简称开发区）科技企业孵化器的建设与发展，完善科技创新孵化体系，促进高新技术企业的聚集与成长，加快实现开发区高端产业聚集的目标，参照《科技企业孵化器认定和管理办法》《北京市高新技术产业专业孵化基地认定和管理办法》，制定本办法。

第二条 本办法所指科技企业孵化器（以下简称孵化器），是指以促进科技成果转化、培养高新技术企业和企业家为宗旨的科技创业服务机构，是中小型科技企业创新、创业的主要载体，是开发区科技创新孵化体系的重要组成部分。

第三条 开发区科技部门是本办法的日常管理机构，负责本办法的具体实施。

第四条 本办法支持资金由开发区科技创新专项资金列支。

第二章 认定条件

第五条 孵化器应具备的条件

（一）具有独立法人资格，在区内（含一区六园）注册、经营、纳税且运营1年以上。

（二）可自主支配的孵化场地使用面积达3000平方米以上。其中，在孵企业使用的场地（含公共服务场地）原则上占70%以上。

可自主支配场地是指具有自主产权或租赁期在2年以上的房产。公共服务场地是指孵化器提供给在孵企业共享的活动场所。

（三）可自主支配场地内的在孵企业达10家以上。

（四）以孵化和培育科技型中小企业和转化高新技术成果为宗旨，具有明确的主要方向，且符合区域的重点发展领域。孵化器主要专业领域中，在孵企业所占比例应为60%以上。年度毕业企业数与在孵企业总数之比在5%以上。

（五）具备专业服务的能力，能提供多功能、全方位的专业技术服务、金融服务及综合商务服务。与高等院校、科研院所、科技型企业等机构在科研仪器、设备、人才、数据等科技资源方面有密切的合作关系，能利用合作机构的资源为在孵企业提供服务。

（六）有孵化资金，并对在孵企业进行直接投资或提供融资担保。

（七） 按现代企业制度经营管理，组织机构健全，管理团队有较丰富的专业领域经验，具有较强的人才、技术、管理、市场等服务能力。有专职的创业服务人员。90% 以上管理人员具有大专以上学历。

第六条 国家、北京市科技部门已经认定的孵化器可直接享受本办法的政策支持，无需重新认定。

第七条 在孵企业的标准

（一） 具有独立企业法人资格，在本孵化器场所内注册、经营、纳税。

（二） 符合区域重点产业发展方向，具有自主知识产权，主要从事高新技术产品的研究开发、生产和销售自有产品的科技型中小企业。

（三） 企业有稳定的技术经营队伍，80% 以上人员有大学以上学历。

第八条 孵化器毕业企业是指符合以下条件之一的企业

（一） 按照国科发火 [2008]172 号文件认定的高新技术企业。

（二） 在孵化器内有两年以上的运营期，经营状况良好，主导产品有一定的生产规模，年度总收入达 500 万元以上。

第三章 支持措施

第九条 鼓励各孵化器之间，孵化器与大型企业、高等院校、科研院所、风险投资等机构之间开展合作，为企业提供服务。项目合作成功的，以年度按照为企业提供服务投入的 30% 给予补贴，最高不超过 30 万元。

第十条 鼓励孵化器开展创业咨询、市场策划、市场信息、市场开拓、专业管理咨询、政策资金申请、中介代理和知识产权保护等增值服务。孵化器对 95% 以上的在孵企业提供上述服务的，给予其年度增值服务投入经费 30% 的补贴，最高不超过 30 万元。

第十一条 鼓励孵化器组织在孵企业参加国际、国内行业展览会议、学术交流等活动。对组织的上述交流活动，每年给予相关支出费用 50% 的补助，最高不超过 10 万元。

第十二条 鼓励孵化器积极申报国家级、北京市级孵化器的认定。对获得国家级、市级科技企业孵化器资格认定的，分别给予 100 万元、50 万元的资金支持。累计最高支持 100 万元。

第十三条 鼓励孵化器对在孵企业进行投资。对孵化器投资的项目申请开发区科技创新专项资金项目的，给予优先支持；申报科技部、北京市等科技项目的，给予优先推荐。

第十四条 鼓励孵化器吸引国家和北京市重大科技成果转化项目在园区转化落地并给予特殊支持。该项支持将根据具体情况实行“一企一策”。

第十五条 鼓励孵化器做强做大。孵化器经过复核仍符合本办法规定的认定条件，并为在孵企业提供多功能、全过程、专业化服务表现突出的，在购置土地用于扩大孵化器建设方面予以优先考虑。

第四章 申报受理

第十六条 开发区科技部门负责受理孵化器认定及相关支持措施的落实。依照定期受理，集中审批，统一拨付的原则办理。一般程序为：

（一）企业按要求提供相关申报材料。

（二）科技部门受理申报材料并进行初审，需要评审的，由科技部门组织专家统一评审。

（三）科技部门根据初审或评审意见提出审核意见。

（四）审核意见经主管领导核定后，报管委会主任办公会审议批准。

第十七条 孵化器认定、复核及孵化器发展资金申报等事项的时间安排为：

（一）每年7月1日至31日为孵化器认定、复核及孵化器发展资金申报时间。

（二）每年8月1日至31日为孵化器认定、复核申报资料审查、评审和审批时间。其中8月最后一周为孵化器认定和复审通过的孵化器公示时间。

（三）每年8月1日至11月30日为孵化器发展资金申报资料审查、审批时间，12月1日至31日为最后核准时间，次年第一季度为资金拨付时间。

第五章 监督管理

第十八条 科技部门负责对孵化器及支持资金的日常管理和验收工作。财政部门安排资金拨付，财政、审计、监察部门负责支持资金的监督管理。

第十九条 孵化器应按照专业领域开展工作。每年年初向开发区科技部门报送上一年度孵化经营情况。每两年开发区科技部门对已认定的孵化器进行复核。

第二十条 孵化器应严格按照本办法规定的资金用途，将支持的资金用于孵化器建设和在孵企业的项目支持。

第二十一条 对于提供虚假材料、骗取专项资金、未按规定使用支持资金或资金用途与本办法规定的支持方向不符的，收回专项资金，且5年内不得申报项目资助。

第六章 附 则

第二十二条 开发区科技部门依据本办法制定相应实施细则。

第二十三条 本办法由开发区管委会负责解释。

第二十四条 本办法自公布之日起30日后开始施行。

北京经济技术开发区管理委员会

2011年9月5日

大事记

1月

4日 中共中央政治局委员、市委书记刘淇，市委副书记、市长郭金龙到新区调研加快经济发展方式转变、推动南部高新技术产业重大项目投资落实情况，并出席“北京·亦庄”重大项目签约仪式。

6日 大兴区第三届人民代表大会第六次会议召开，会议通过了《北京市大兴区第三届人民代表大会第六次会议关于<政府工作报告>及大兴区国民经济和社会发展第十二个五年规划纲要的决议》。李长友在会议上作了政府报告。

7日 国家发展改革委高技术产业司司长綦成元到新区调研北京市汽车产业发展情况，先后考察了北京新能源汽车科技产业园和北京奔驰汽车有限公司，听取新区“十二五”规划和“一区六园”产业规划情况汇报。

14日 开发区召开2011年度工作会，全面总结了2010年各项工作，回顾了“十一五”期间开发区经济社会发展取得的成绩。

18日 北斗卫星导航产业（北京）有限公司、中国嵌入式系统产业联盟、北京北工大软件园发展有限责任公司共同签署合作建设北斗卫星导航民用开发产业技术创新孵化器协议。

▲ 开发区企业协会召开2011年度理事会。协会理事会成员单位由30家增加至43家。

20日 开发区举行2010年度科技创新专项资金项目落地大会暨企业创新中心授牌仪式。给予124家企业的186个项目科技创新扶持资金共计1.3亿元，并认定29家研发机构为北京经济技术开发区企业创新中心。

▲ 英飞凌集成电路（北京）有限公司在开发区正式开业。公司总投资4500万美元，注册资本1500万美元，是英飞凌集团在北京地区设立的第一家独立法人公司。

24日 举行开发区2010年度纳税50强、纳税增长50强企业颁奖典礼。

28日 开发区总公司召开2011年度工作会。会议要求，总公司要认真贯彻落实两区工作会精神，以发展为中心，坚持解放思想，创新驱动，以实施新的发展战略规划为契机，充分发挥新区开发建设、园区经营管理、资本运作、资产管理、综合服务的重要主体作用，主动承担新区今后的重点工作，着力促进两区深度融合，着力搭建好产业投融资平台，着力优化区域产业发展环境，服务南部高技术制造业和战略性新兴产业聚集区建设，加快推进总公司现代企业集团建设步伐。

2月

7日 开发区管委会颁布实施《北京经

济技术开发区鼓励企业获得中国驰名商标、北京市著名商标认定的奖励办法》(试行)。

16日 中共中央政治局常委、全国政协主席贾庆林就“推动区域资源整合，建设南部高技术制造业和战略性新兴产业聚集区”问题到开发区考察。

22日 市政协副主席熊大新调研开发区科技创新和成果转化情况。

23日 开发区召开2011年党风廉政建设大会。会议深入学习十七届中央纪委六次全会和市纪委十届七次全会精神，总结2010年开发区党风廉政建设各项工作，研究部署党风廉政建设和反腐败工作。

24日 开发区召开交通安全工作表彰奖励大会暨全面贯彻落实北京市文明交通行动部署大会。

26日 召开两区推动深度融合工作动员大会。会议提出，重点推进拓展产业空间、联合招商等12项深度融合重点工作。

3月

1日 北京市地方税务局开发区分局第一税务所被中华全国妇女联合会授予“全国巾帼文明岗”称号。

2日 全国人大常委会副委员长、民建中央主席陈昌智一行到新区调研。先后考考察了新媒体产业基地星光影视园、北京奔驰汽车有限公司和南海子公园，听取了新区经济社会发展情况的汇报。

▲ 开发区管委会原则通过《北京经济技术开发区国有资本经营预算管理暂行办法》、《北京经济技术开发区国有资本收益收缴管理暂行办法》等8项开发区国有企业管理办法。

10日 副市长洪峰到开发区调研流动污染源监管工作。先后考察了北京市机动车排放管理中心和鑫邦达加油站。

15日 刘淇、郭金龙到新区就“加快保障性住房建设，着力保障和改善民生”进行调研。

▲ 开发区东区再生水厂完工。

29日 合众思壮卫星导航产业基地、三盈联合加油设备生产基地及国家级技术中心、清大科华创意港三个项目集中奠基。

▲ GE航卫医疗系统有限公司举行10000台CT下线暨成立20周年仪式。

31日 开发区移动硅谷龙头企业中电华通通信有限公司获1亿美元投资。该公司与韩国SOM投资公司、三星电子在北京首都大酒店举行共同投资签约仪式。三方将共同推进以北京为主的新一代无线宽带网络及智能交通的建设。

4月

7日 商务部副部长王超到开发区调

研，听取了开发区发展情况及两区行政资源整合情况和百泰生物药业公司在科技研发、产品销售、长期发展规划等方面的情况汇报。

8日 开发区与耐世特汽车系统公司举行耐世特中国区总部落户开发区框架协议签署仪式。

▲ 北京同仁堂现代化产业园暨重点项目奠基仪式在生物医药产业基地举行。

12日 北京天地超云科技有限公司主办的“超云比·测·研暨25款服务器发布会”在亦庄云基地举行。

16日 《“十二五”时期北京经济技术开发区科技发展规划》课题开题报告在开发区管委会举行。课题组汇报了前期工作主要成果，从开发区科技发展成就、面临机遇与挑战、发展思路及总体目标、战略重点、科技创新体系建设及保障措施等方面对开题报告做了全面阐述。

22日 市委常委、海淀区委书记赵凤桐等领导到开发区参观考察诺基亚移动通信有限公司、京东方科技集团股份有限公司、中芯国际集成电路制造有限公司。

25日 环保部、商务部、科技部联合下发通知，批准北京经济技术开发区为国家生态工业示范园区。

26日 开发区首届“云计算产业知识产权创新高峰论坛”在亦庄云基地召开，国家知识产权局专利管理司司长陆毅、北京市知识产权局局长汪洪等出席，50余家企业代表参加相关活动。

27日 海关总署党组成员、驻署纪检组组长胡玉敏到开发区企业调研并参观诺基亚通信有限公司。

28日 开发区举行庆祝“五一国际劳动节”暨先进模范表彰大会。会议对获得“全国五一巾帼标兵先进个人”、“全国五一巾帼标兵岗”、“首都劳动奖章”、“北京市工人先锋号”、“爱企业的好职工”、“爱职工的好经理”等荣誉称号的先进集体和先进个人进行了表彰。

5月

1日 开发区工业供热价格改革实施方案开始实施。

6日 开发区工委建立开发区网络发言制度，开发区管委会副主任赵昕昕兼任开发区网络发言人。

7日 开发区派出代表队参加中关村国家自主创新示范区第二届运动会，代表队取得47个比赛项目的91个前8名成绩，包揽赛会三分之一的奖项。

18~22日 新区以“南部高技术制造业和战略性新兴产业聚集区”为主题，以“北京·亦庄”为产业发展统一品牌，组织北京奔驰、京东方、云基地等40余家企业联合参加第十四届科博会，成功签约

10 个项目，引资额达 525.74 亿元。

20 日 由开发区总公司开发建设的 5A 级写字楼亦城国际中心一期竣工验收并交付使用。

25 日 常务副市长吉林到京东方 8.5 代线项目现场调研，听取京东方 8.5 代线项目建设以及新产品、新技术的研发情况汇报，并了解北京数字电视产业园相关配套项目的建设情况。

26 日 开发区交通大队新办公楼落成启用，总面积 1.5 万平方米。开发区交通指挥中心投入使用。

31 日 市人大常委会副主任赵凤山就换届选举工作到新区调研。

▲ 北京天地云箱科技有限公司主办的“云就是箱——中国首台模块化数据中心商用上市会”在亦庄云基地举行，其设计生产的国内首台商用模块化数据中心——云箱模块化数据中心的八大系列产品正式发布，并发布云箱独有的技术标签“M-TEC”。

同月 由华兰生物工程股份有限公司投资的华兰生物工程技术（北京）有限公司落户开发区，公司注册资金 8000 万元。

6月

1 日 副市长苟仲文、发展改革委高技术产业司司长綦成元到京东方 8.5 代线项目建设现场调研，考察 8.5 代线厂房及阵列、彩膜车间。

▲ 路东区产业配套公租房项目二期启动。

12 日 2011 年全国安全生产月宣传咨询日活动在开发区举行。全国人大常委会副委员长司马义·铁力瓦尔地、国家安监总局局长骆琳、全国总工会副主席张鸣、副市长苟仲文出席，并为“五一劳动奖状”获得者和“工人先锋号”获奖企业颁奖。

14 日 海关总署署长于广洲到北京奔驰汽车有限公司和京东方 8.5 代线项目建设现场进行调研，了解企业增资扩产、产品创新、科技研发及 8.5 代线竣工投产等方面的情况。

18 日 新区推进深度融合工作领导小组召开第一次全体会议。会议宣布成立新区推进深度融合工作领导小组及其办公室，并对 12 项深度融合重点工作进行部署。

19 日 “北京市第三届外企职工运动会暨新区‘一区六园’第八届运动会”在开发区体育中心举行。此次运动会以“融合、参与、运动、快乐”为口号，97 家中外企事业单位的近万名职工参赛，刷新 11 项赛事纪录。

21 日 新区举行“坚定信念、埋头苦干，以更高的素质和能力为新区发展作贡献”专题报告会。林克庆作报告。

27日　新区举行纪念建党90周年红歌会演暨表彰大会，对120个基层党组织、330名共产党员、55名党务工作者进行表彰。

28日《北京奔驰发动机工厂、研发中心和新项目投资框架协议》在德国柏林总理府签署。协议总投资额约20亿欧元，用于北京奔驰公司筹备生产的GLK中型豪华越野车和引进的紧凑型乘用车，建立新发动机工厂、研发中心等重点项目。

29日　京东方8.5代线项目建成投产。贾庆林出席了投产仪式并考察8.5代线生产工艺展示及北京数字电视产业园项目工程现场，详细了解京东方科技集团自主创新情况、北京数字电视产业园区以及京东方8.5代线建设情况。

▲ 联合招商办公室党总支成立。这是新区行政资源整合后成立的第一个联合党总支。成立大会上选举产生5名党总支委员，党总支第一次会议选举产生党总支书记、副书记，下设3个党支部。

7月

9日　北京奔驰发动机工厂奠基暨未来发展项目启动仪式在开发区举行。

22日　新区举行2011年军事日活动。

27日　新区召开上半年经济形势分析会暨区委三届十三次全会（扩大）。

28日　北京“祥云工程”中金云后台项目在开发区正式启动。该后台是中国新兴的云计算产业中第一个建成投入使用的公共云后台。

▲ 由市委组织部、市科委主办的科技北京百名领军人才培养工程实施工作会举行，新区共有3名入选。

8月

25日　发展改革委副主任张晓强、副市长苟仲文到开发区调研，并参观了京东方8.5代线工厂、中芯国际集成电路制造（北京）有限公司，详细了解企业生产经营、产品销售、科技创新、未来发展规划等方面的情况。

26日　“弘扬主旋律，唱响正气歌”大型廉政文艺汇演在开发区举行。

▲ 商务部公布《关于国家级经济技术开发区2010年投资环境综合评价情况的通报》。在全国90个国家级经济技术开发区综合评比中，北京经济技术开发区名列投资环境综合评价第7名。

29日　在第三届投资北京洽谈会上，北京皓海嘉业精密钣金公司与开发区签订入区协议，投资3亿元在北京数字电视产业园建设生产基地，为冠捷科技提供配套材料。

同月《北京市大兴区国民经济和社

会发展第十二个五年规划纲要》正式对外公布。

9月

1日　开发区办事大厅设立组织机构代码办理窗口。

▲ 北京市大兴区人民检察院经济技术开发区检察处、北京市大兴区法院经济技术开发区人民法庭正式挂牌。

▲ 北京八中亦庄分校建成投入使用。

▲ 北京经济技术开发区实验学校完成转制工作，正式成为公办学校。

▲ 开发区劳动用工管理信息系统启用，规定区内各用人单位须登录系统进行劳动用工备案。

6日　中共中央政治局常委李长春调研京东方8.5代线项目，考察了京东方8.5代线项目车间和技术展室，并了解TFT-LCD产业的发展和京东方科技集团在提升自主创新能力、增强企业核心竞争力等方面的做法。

8日　开发区院士专家服务中心暨驻区企业院士专家工作站授牌仪式举行。市科协与开发区签署协议，建立以促进自主创新能力建设为目的的“院士工作站”，并在此基础上建立“院士专家服务中心”，这是市科协在北京市成立的首家院士专家服务中心。

15日　开发区药监分局搬迁至康定街1号（国盛科技园），北京市医疗器械检验所开发区受理机构同时入驻，成为全市范围内的第二个受理窗口。

23日　北京京运通科技股份有限公司硅晶材料产业园（一期）屋顶光伏电站实现并网发电。

27日　北京·亦庄“中国云产业园”正式启动。

▲ 北京开拓热力中心更名为北京博大开拓热力有限公司，注册资金41479万元。

同月　开发区管委会发布《北京经济技术开发区促进科技企业孵化器发展办法》。

10月

10日　UT斯达康全球运营总部正式入驻北京移动硅谷产业园。

14日　开发区与中国航天科技集团签署《合作备忘录》。

18日　北京亦庄生物医药园开园暨北京生物医药产业跨越发展工程创新成果转化基地揭牌仪式举行。

21日　新区组团参加第十五届京港洽谈会，成功引资5.8亿元。

25日　世界500强企业德尔福公司

扩建项目在开发区正式开工。

26日　开发区召开领导干部大会。会议要求要从讲政治、讲大局的高度，深刻认识完成经济指标的重要意义，坚定信心，全力以赴保增长。

28日　北京经济技术开发区生物医药创新孵化联盟、孵化器创新联盟成立大会召开。

29日　北方微电子公司新厂房在开发区落成。

11月

3~6日　新区首次以北京金融博览会战略合作伙伴身份参加第七届北京国际金融博览会。郭金龙在开幕式当天参观新区展位，张伯旭在2011年中国金融年度论坛发表演讲。

4日　郭金龙到开发区调研工业经济运行和保增长工作。

▲ 中央巡视组领导围绕“加快保障性安居工程建设、着力保障和改善民生”的主题到开发区调研。

6日　开发区在第十四届京台科技论坛上成功引资8500万美元，签约项目涉及电子信息产业和汽车产业两大领域。

8日　在国家级开发区工作会议上，北京经济技术开发区被授予“国家生态工业示范园区”的称号。

9日　2011年全球大学创意博览会暨中国教育电视台高校创意总部基地落成仪式在开发区举行。

▲ 中国卫星民用产业化高峰论坛暨2011年中国嵌入式系统年会在开发区举行。

10日　全国政协副主席、台盟中央主席林文漪到开发区考察京东方8.5代线工厂、京运通科技股份有限公司的生产经营情况。

16日　中关村留学人员企业精品项目推介会（三三会）汇龙森留创园专场在汇龙森科技园举行。会议期间，举行了汇龙森留创园与开元科创（北京）科技发展有限公司的投资签约仪式。

19日　张伯旭出席第五届亚洲制造业论坛年会，并应邀在开幕式上作了主题演讲。

22日　中共中央政治局委员、市委书记刘淇，市长郭金龙就“践行北京精神，加快转变经济发展方式，推动重大项目落地”的主题到新区调研。

30日　“国家生物医药产业基地汇龙森中小企业公共实验中心”在中关村开放实验室百家授牌大会上被授予中关村开放实验室。

12月

2日 北京奔驰GLK级豪华中型SUV正式下线。

▲ 全国总工会副主席、书记处书记张鸣起一行到开发区调研，参观了北京奔驰汽车有限公司。

5日 “基因组学北京市重点实验室”正式挂牌成立。实验室由ABO成员北京诺赛基因组研究中心有限公司暨国家人类基因组北方研究中心承担并组建。

9日 北京亦庄保税物流中心（B型）一期通过海关总署、财政部、国家税务总局及国家外汇管理局等四部委联合验收。

12日 “2011年云世界大会”在开发区举行，微软、英特尔、中国移动等企业及行业精英参会。

14日 开发区总公司成功发行中期票据，发行金额14.5亿元。

20日 北京奔驰E级轿车首次出口。首批出口车型为35辆奔驰长轴距E级轿车，主要面向南美市场。

▲ 大兴区、北京经济技术开发区人才工作会议召开。张伯旭主持会议。会议发布了《大兴区、北京经济技术开发区“十二五”时期人才发展规划》并下发了与之配套的《中共北京市大兴区委、中共北京市委经济技术开发区工委关于深入推进人才工作的意见》、《关于鼓励高层次人才来大兴区、北京经济技术开发区创新创业的意见》以及《北京市大兴区、北京经济技术开发区关于为高层次人才提供专项服务工作的意见》三个具体政策。会上，张文宣读了《关于聘请沈岩等同志为大兴区、北京经济技术开发区首批“政府特聘专家”的决定》。

24日 开发区工委决定认定47人为第六批北京经济技术开发区海外高层次人才；认定3家企业为北京经济技术开发区海外高层次人才创办企业；给予入选中央“千人计划”人员所在企业人才引进奖励；给予入选北京市“海聚工程”人员所在企业人才引进奖励；给予5家企业人才引进奖励；给予5名高层次人才所在企业“北京市优秀人才培养资助”配比资金，给予6名高层次人才所在企业“留学人员科技活动择优资助”配比资金，给予4名高层次人才所在企业“北京市新世纪百千万人才工程培养资助”配比资金；通过“博大贡献奖”名单。

27日 中国电子瑞得盛产研基地项目在开发区开工建设。

▲ 开发区实验学校与北京二中签署合作办学协议，正式更名为北京二中亦庄学校。

28日 中航工业集团主办的“中航动科投资协议、中航动科落户北京经济开发区签字仪式”在中航工业集团举行。

29日　生物医药企业家俱乐部成立大会暨国家“十二五”生物医药发展战略研讨会举行。

同月　开发区出入境检验检疫局召开首次南部新区家具企业工作会议，研讨帮助企业提高产品质量和避免产品出口风险相关措施。

同月　北京开发区网站跻身国家级经济技术开发区网站十强，总成绩在参评的97家国家级开发区中名列第9位。

产业发展

北京经济技术开发区年鉴 2012

BEIJING ECONOMIC-TECHNOLOGICAL DEVELOPMENT AREA YEARBOOK

综述

2010年初，中共北京市委、市政府作出大兴区与北京经济技术开发区行政资源整合的决策部署，两区按照“机制新、活力大、效率高”和“高水平、超常规、跨越式发展”的要求迅速推进整合工作，强强联合，优势互补，共同打造南部高技术制造业与战略性新兴产业聚集区。

2011年，两区深度融合一体发展，进一步完善统筹资源、统一布局的联合招商工作机制，健全项目审批和落地建设协调机制，发挥“北京·亦庄”产业发展主体平台作用，扩大政策覆盖范围，辐射带动生物医药、新能源汽车、新媒体、军民结合、生产性服务业和新空港产业园等6个产业园区发展。两区优化产业发展环境和服务水平，通过统筹安排，引导关联企业集中布局，加强各产业各园区的合作与互动，推动产业结构升级，推进二、三产业融合发展，形成各具特色、优势互补的“一区六园”产业发展新格局。

2011年，新区联合招商工作呈现出“投资速度快、单体数额大，项目质量高、龙头作用强，产业高端化、园区专业化”的良好发展态势。第一，投资速度快、单体数额大。新区融合以来共吸引投资总额约120亿美元，为融合前18年总和（190亿美元）的60%以上。其中外资40.6亿美元（新设企业投资15.7亿美元、现有企业增资24.9亿美元），内资企业注册资本501.5亿元，合同利用外资23.9亿美元，实际利用外资9.6亿美元，核准内资项目投资465.5亿元。融合以来，共储备项目200余个，项目总投资逾千亿元，其中5亿元以上项目近100个，包括CKS电子芯片产业园、亿光电子LED封装及芯片制造、AMD第二全球中心及云基地联合实验室等大项目；签约项目累计125个（含投资意向书），涉及投资1665亿元，其中引进5亿元以上项目42个，包括中电华通、彩虹集团、大火箭、百度云计算等投资较大项目；促开工工业项目累计87个，涉及投资552亿元，包括京运通、康宁、奔驰发动机、开发区保税物流中心等投资额较大项目；促投产工业项目累计50个，实现产值约135.7亿元，包括和利时、绿竹生物、冠捷科技、奔驰GLK等投资额较大项目。第二，项目质量高、龙头作用强。新区融合以来，共引进了10家世界500强企业的17个项目，500强项目总数达到108个，500强企业个数达到76家；融合以来共引进央企项目17个，央企项目达到62个，央企聚集效应初步形成。京东方8.5代线充分发挥龙头带动作用，已吸引19家上下游配套企业共22个项目聚集发展。奔驰汽车在德国以外地区建立的首个发动机工厂已在新区开工建设，与之配套的零部件企业60余家正在积极洽谈，新区汽车产业的核心竞争力逐步显现。第三，产业高端化、园区专业化。京东方8.5代线的投产，实现了从1.8英寸到55英寸全系列主流液晶面板的国产化，使数字电视产业园成为继星网工业园之后的又一全产业链产业园；中国云产业园已吸引百度云计算中心、日本KDDI数据中心等龙头项目入驻，开发区生物医药基地通过商务部评审，成为了国家首批“国家外贸转型升级专业型示范基地”之一，现在已初步形成大兴生物医药基地以研发生产为主、开发区生物医药产业以孵化外包为主的“东西两线、互补发展”的态势；大兴军民结合产业园也已获市经信委批复同意建设为北京市军民结合产业基地。

（孙懿男）

产业促进

概况

2011年，开发区新批内、外资企业投资总额（含增资）63.6亿美元，同比增长7%，完成全年任务的159%，其中外资25亿美元，同比增长59%；内资企业注册资本243.3亿元，同比增长10.29%；合同利用外资17.1亿美元，同比增长132%；实际利用外资6.45亿美元，同比增长103%；核准内资项目投资196亿元；新设立内、外资企业1038家，其中内资993家、外资45家；新设立1000万美元以上外资企业10家，增资1000万美元以上外资企业18家。新增世界500强企业6家，项目12个；引进央企项目13个。“四个一批”工作稳步推进，跟踪储备项目137个，签约项目57个，签约开工项目40个，开工投产项目25个。开发区产促局利用《开发区纳税50强及纳税增长50强奖励方案》等相关政策，为企业争取各项扶持资金，助推企业快速发展，帮助区内50个项目获得35.6亿元的北京市的统筹资金，占全市统筹资金总额的35%；帮助30余个项目申请工业和信息化部物联网发展专项、市经济信息化委中小企业专项，资金总额3亿元；申报北京市战略性新兴产业重大项目10个。86个项目申请开发区产业扶持资金1.78亿元全部兑现。开发区企业协会充分发挥桥梁纽带作用，通过举办各类年度盛会和五大亦庄系列活动为企业之间、企业与政府之间搭建交流对话平台，使企业之间互通信息，加强合作，形成发展合力；同时使政府及时了解企业发展所需，为企业发展创造更加优越的条件，进一步提升了开发区企业发展软环境。

（张凯）

招商引资活动

同仁堂等项目签约

1月4日，大兴区、开发区主办的“北京·亦庄重大项目签约仪式”在丰大国际酒店举行。中共中央政治局委员、市委书记刘淇，市委副书记、市长郭金龙到大兴区、开发区调研加快经济发展方式转变，推动南部高新技术产业重大项目投资落实情况，并出席该签约仪式。林克庆致辞，李长友主持，张伯旭代表两区与各企业签约。市领导吉林、李士祥、赵凤桐，市有关部门负责人孙康林、崔述强、李福祥、戴卫、张工、朱炎、李志军、严力强以及开发区工委、管委会、总公司领导陪同调研并出席签约仪式。本次签约共有生物医药、新媒体、新能源汽车、新材料、微电子等领域的7个项目，涉及总投资额135亿元，各项目投资额均达到或超过10亿元。7个项目中，5个项目位于大兴区域，即：同仁堂集团拟投资30亿元在生物基地建设集生产、制造、物流、销售于一体的同仁堂中药现代化产业园；步长集团拟投资20亿元，在生物基地建设包括科研中心、医疗器械生产基地、现代中药生产基地在内的北方区区域总部；上海同捷科技股份有限公司拟联合北汽集团、开发区总公司及其他多家投资公司在采育新能源汽车产业园开展整车及超级平台的研究；亿利资源集团拟在青云店镇建设新材料新能源产业园高端PVC、木塑复合新材料（WPC）等新材料生产研发基地；大业传媒集团有限公司拟在国家新媒体产业基地核心区建设集影视、动漫、创意、培训、综合服务于一体的传媒产业园。2个项目位于开发区，即：中国黄金集团公司投资10亿元，注册成立特大型黄金珠宝有限责任公司；华润集团将建设华润微电子地区总部、研发和设计中心。

（张凯）

举行科博会亦庄项目入区签约仪式

5月18日，第十四届中国北京国际科技产业博览会“2011中国金融论坛暨北京·亦庄项目入区签约仪式”在钓鱼台举行，张伯旭作题为《创新发展迫切要求金融创新》的演讲。市政协副主席蔡国雄、开发区工委副书记李长友等领导出席。签约仪式由赵昕昕主持，张伯旭分别与各入区企业签约。共签署10个项目，总投资额约525.74亿元，其中中国南方航空集团公司“北京航空产业城”，投资总额300亿元，将以新机场为依托，打造南航北京枢纽，建设航空总部基地及国际运营总部；彩虹集团“LED、OLED项目”，投资200亿元，打造“彩虹光电产业园”，建成LED及OLED全产业链的研发、检测及生产基地；中国电子科技集团公司第十三研究所计划投资3.94亿元，建设集成电路设计及半导体照明项目；北京诚益通控制工程科技股份有限公司投资6亿元建设诚益通科技产业基地；北京生泰尔生物科技有限公司投资

科博会北京·亦庄项目入区签约仪式　　刘柳　摄

3亿元建设动物疫苗研发与生产基地。

（王磊）

参加第十四届科博会

5月18~22日，由科技部、商务部、教育部等主办的“第十四届中国北京国际科技产业博览会”在中国国际展览中心举行。新区组织北京奔驰汽车有限公司、京东方科技集团股份有限公司、北京云基地等40余家区内企业参展，专设“北京·亦庄”展区，以“南部高技术制造业和战略性新兴产业聚集区”为主题，“一区六园”(“一区”为北京经济技术开发区，“六园”为生物医药产业园、新媒体产业园、新能源汽车产业园、军民结合产业园、生产性服务业产业园、新空港产业园等六大特色专业园）为主线，全面展示新区创新驱动、人才集聚、低碳绿色等产业新优势、新成果及“十二五”新蓝图。云基地的云计算服务器、云箱，京东方的55英寸液晶屏、高清数字交互机、双视角显示及3D显示等新技术和新产品，移动硅谷物联网的联合节点网络系统和商品溯源系统等诸多成果得到参观者的广泛关注。中共中央政治局委员、市委书记刘淇，国务委员孟建柱，国务院法制办主任宋大涵，市委副书记、市长郭金龙，市委副书记、市政协主席王安顺等到“北京·亦庄”展区参观。

（白利红）

参加中国国际投资贸易洽谈会

9月7~11日，由商务部主办的“第十五届中国国际投资贸易洽谈会”在厦门举办。大兴区副区长绳立成率领新区代表团分别参加了市商务委、市投资促进局共同组织的区县代表团和中国开发区协会组织的中国开发区代表团。代表团通过展板介绍、宣传材料发放、工作人员现场接待咨询等形式，向咨询来宾详细介绍新区融合发展后的地域优势、产业规划、招商政策、投资环境等方面内容。

（白利红）

与航天科技集团签署《合作备忘录》

10月14日，市政府与中国航天科技集团公司“战略合作协议签约仪式” 在北京国际饭店举行。仪式上，中国航天科技集团与开发区签署《合作备忘录》，双方将建立合作推进工作小组，共同推动中国运载火箭制造股份有限公司总部和航天高端装备制造产业园项目落户新区。市委常委、常务副市长吉林，市政府副秘书长戴卫，中国航天科技集团公司总经理马兴瑞及开发区领导林克庆、张伯旭、赵昕昕、文献等出席签约仪式。《合作备忘录》提出，集团公司携手京城机电公司共同打造航天高端装备制造产业园，围绕工程机械、环保设备、印刷机械、

航天集团与市政府合作项目签约仪式　　刘柳 摄

煤化工设备、低温储运存储设备和液压等领域，在技术创新、产品研发制造和采购等方面与京城机电公司展开合作，发挥集团公司科研技术优势和京城机电公司的规模化生产优势，促进集团公司科研成果实现产业化发展和升级，将中国运载火箭制造股份有限公司总部落户到航天高端装备制造产业园，总投资 80 ~ 100 亿元，首批规划建设用地 6.67 公顷。

（张帅）

京台科技论坛签约

11 月 6 日，国台办、市政府联合台北世贸中心、台湾工业总会等近 20 家机构在京举办“第十四届京台科技论坛”，张伯旭、赵昕昕分别与茂林光电科技股份有限公司、联恒工业（上海）有限公司负责人签约，签约额达 8500 万美元。茂林光电科技股份有限公司在开发区数字电视产业园内投资 3500 万美元建设专业导光板厂，为京东方等相关企业提供产品。联恒工业（上海）有限公司在开发区投资 5000 万美元生产冲压件。

（孙懿男）

参加第五届亚洲制造业论坛

11 月 19 日，由亚洲制造业协会主办的“第五届亚洲制造业论坛年会”在北京富力万丽酒店举行。张伯旭在论坛上就新区概况、产业定位、高端装备制造业发展情况、配套环境和产业政策等方面进行推介。“十二五”期间，新区将围绕建设“世界城市产业新区，区域经济战略支点，体制机制创新高地”的总体目标，加快体制机制创新，着力转变经济发展方式、调整产业结构，重点发展高技术制造业、战略性新兴产业和高端服务业，推进产业融合，实现超常规、高水平、跨越式发展，全力建设南部现代制造业新区。

第五届亚洲制造业论坛年会　　徐建红 摄

（白利红）

引进 500 强企业和央企投资项目

年内，开发区新增中国铝业集团公司等世界 500 强 6 家、中铝物资供销有限公司等项目 12 个，完成“十二五”目标的 1/3；引进南航北京航空产业城等央企项目 13 个。截至年底，区内共有 500 强企业 76 家，项目总数 108 个，央企项目 62 个。

（张肖阳）

推进“四个一批”项目

年内，开发区跟踪储备 137 个项目中

有内资项目 118 个、外资项目 19 个，其中 CKS 电子芯片产业园、亿光电子 LED 封装及芯片制造等投资 5 亿元以上的重大项目 50 个。签约在谈 57 个项目（含投资意向书、框架协议、合作备忘录等）涉及投资额约 1255 亿元，其中包括中国南方航空集团公司的“建设南航北京航空产业城”等投资额 5 亿元以上的项目 24 个。签约开工项目 40 个，投资总额约 286 亿元，总建筑面积约 290 万平方米，促开工项目 25 个，投资总额 220.77 亿元，全部投产见效。

（王小雨 王磊 洪洁）

招商机制

奖励纳税强企 6400 万元

纳税、增税 50 强企业颁奖典礼　　刘柳 摄

1 月 24 日，开发区管委会主办的“开发区 2010 年度纳税 50 强、纳税增长 50 强企业颁奖典礼暨新春招待会”在博大大厦举行。林克庆、张伯旭、张文、张晓林、赵昕昕、杜新安等领导及驻区各职能局代表、企业代表等出席。开发区管委会对北京奔驰汽车有限公司、拜耳医药保健有限公司、北京金风科创风电设备有限公司等在 2010 年度纳税前 50 强企业和纳税增长超 10% 的前 50 强企业进行嘉奖，奖金总额 6400 万元，获奖单位涉及电子信息、装备制造、汽车、生物医药、新能源与新材料、军民结合、生产性服务业等诸多行业。

（王磊）

完成土地利用现状调研

4~6 月，开发区产促局会同开发区房土局　委托北京博大万泰国际咨询有限公司，对开发区辖区范围内已批准立项、通过有偿使用方式取得建设用地、已供给的工业项目、对外销售或出租经营的办公（商业）类“公建项目”，采用政务数据资料收集、空间影像判识、现场实地踏勘、入户访谈业主、中介及网络媒体调查等多种方式进行调研，形成《开发区房屋土地利用现状专项调研报告》，为引导企业集约用地，盘活闲置资源做准备的同时，也为新区及时统筹安排的产业招商资源提供参考。

（孙懿男）

对 128 家产值亿元以上企业调研

6 月，新区联合招商领导小组办公室（简称联合招商办）对新区内 128 家年产值亿元以上的工业企业进行摸底调查。经过走访调研，收集、整理了大量数据后，摸清区内企业增资扩产情况、上市需求，了解企业经营中遇到的问题，完成了《关于确保工业产值增长幅度的意见》。

（闫继东）

修订《开发区政策汇编》

7月，联合招商办对2009年出版的《开发区产业政策》进行了修订。新版《开发区政策汇编》汇总对比了国家、北京市相关区域产业发展政策，在实地考察调研呼和浩特经济开发区、重庆两江新区的基础上，修订了覆盖到“一区六园”，辐射带动各专业园区的发展产业政策和奖励措施。该汇编分为产业政策扶持、科技创新奖励、人才吸引鼓励、海关服务4个部分。产业政策扶持包括《开发区产业扶持和鼓励办法（试行）》《开发区鼓励建设数字电视产业园办法（试行）》，科技创新奖励包括《开发区鼓励企业获得中国驰名商标、北京市著名商标认定的奖励办法（试行）》《开发区技术标准鼓励资金管理办法（试行）》《开发区科技创新专项资金管理办法》和《开发区促进科技企业孵化器发展办法（试行）》，人才吸引鼓励包括《关于鼓励和吸引海外高层次人才来北京经济技术开发区创业和工作的意见（试行）》《开发区“博大贡献奖”实施办法》《关于鼓励高层次人才来大兴区、北京经济技术开发区创新创业的意见》和《北京市大兴区、北京经济技术开发区关于为高层次人才提供专项服务工作的意见》，海关服务包括《北京海关支持扩大内需促进首都经济增长十项措施》和《开发区海关服务地方经济发展八项措施》。

（孙懿男）

出版《新区产业发展研究报告》

11月，《新区产业发展研究报告》正式出版。联合招商办8个产业部根据实际招商需求，总结梳理了新区8大产业发展现状和发展思路。该报告主要围绕数字电视产业、移动通信产业、集成电路及LED产业、汽车产业、生物医药产业、新能源与新材料产业、文化创意产业、军民结合产业的发展现状、产业链建设程度以及产业发展思路等方面进行论述。

（张凯）

招商管理与决策支持系统通过验收

12月，联合招商办委托北京博尔大思潮科技发展有限公司承担实施的开发区招商管理与决策支持系统（一期）完成验收。系统中的“项目台账管理子系统”可实现对开发区内项目的采集录入管理、项目办理、综合查询、统计分析及导出、打印等功能；“入区企业管理子系统”可实现对开发区内企业的采集录入管理、跟踪、综合查询、统计分析和导出、打印等功能。

（陈志洁）

制定符合新区工作特色的“十项机制”

年内，联合招商办在深度融合、共谋发展的大背景下，不断创新工作思路，探索好的工作方法，以品牌、政策、标准、服务、项目布局“五个统一”为指导，逐步总结固化形成了适应新区发展需要、具有新区工作特色的“十项机制”，即：统一品牌，步调一致，建立统一对外工作机制；统一项目布局，优化决策程序，建立项目入区决策机制；统一政策，均衡发展，探索建立项目落地利益分配机制；统一标准，优化结构，建立项目入区准入机制；专家评审、科学判断，建立项目评审机制；强化意识，落实责任，建立项目经理全程负责制；集中各方力量，发挥团队作用，建立重大项目统筹协调推进机制；部门联动，绿色审批，建立“四个一批”项目推进机制；重视存量，挖掘潜力，固化产值超亿元企业动态跟踪机制；提升服务，优化环境，完善入区企业服务机制。

（张凯）

出台《重大项目入区决策程序》

年内，联合招商办充分研究两区不同体制下项目入区决策的特点和优势，结合新区统一布局融合发展的需要，本着统一高效的原则，研究出台了《重大项目入区决策程序》。该程序根据项目投资、用地面积、政府政策扶持等指标，按照逐级负责的原则分为招商小组办公室碰头会、招商小组专题会、招商小组重点项目联席会3个决策层次。招商小组办公室碰头会由联合招商办主任主持召开，各相关职能部门参加，对项目信息、质量、投资及产出效益进行筛选、论证和评价，得出是否准入的初步意见；招商小组专题会由招商小组常务副组长主持召开，各相关职能部门参加，对占地面积6.7公顷以下或投资总额10亿元以下且通过碰头会初步审议的项目进行决策；招商小组重点项目联席会由联合招商小组组长主持召开，新区领导及相关部门参加，对选址在新区内占地6.7公顷以上（含）或总投资10亿元以上（含）和对超出政策扶持范围或需特殊扶持且经过专题会审议的重大项目进行决策。通过规范的项目入区决策机制，对拟入区项目进行统一论证、层层把关，保证了入区项目的高质量、高水准以及科学合理的选址布局。

（张凯）

出台《工业项目入区指标体系》

年内，联合招商办为推动产业转型升级，优化产业结构，在充分摸清新区产业发展现状和征求各相关部门意见的前提下，综合考虑两区环境资源承载能力，研究出台了《工业项目入区指标体系》，通过定性评价和定量评价相结合的方式，从项目基本准入门槛、投资效益、市场潜力及附加值3个方面对拟占地的一般工业项目提供了参考评价标准，包括准入评价、投资效益评价、市场潜力及附加值评价等。该指标体系的制定，对于发挥开发区高端辐射作用、促进产业转型升级、引导区内专业化园区发展具有重要意义。

（舒星）

建立“四个一批”项目推进机制

年内，新区产促、发改、土地、规划等相关职能部门积极配合、共同努力，建立了跟踪储备一批、签约在谈一批、开工建设一批、投产见效一批，即“四个一批”的项目推进机制。从项目储备到项目建设投产全过程，各部门之间反复研究推敲，缩短审批时间，并在实践中摸索形成了一整套行之有效的既约束企业又监督政府的工作方法，通过采取“提前介入制、专人联络制、企业约谈制、联系会议制、并联审批制、双周报表制”6项措施，及时发现问题、协调问题、解决问题，极大地推进了项目落地速度。至年底，在“四个一批”工作已实现常态化和规范化的基础上，正在筹备建设促开工电子审批系统，通过信息化手段，以电子预警方式进一步明确项目开工各项审批流程时间节点，各节点任务分工职责，确保重大项目审批流程公开透明、督办及时，推进项目早开工、早投产、早见效。

（王小雨）

争取国家、市项目支持资金35.6亿元

年内，开发区产促局对企业申报的项目材料进行了评估，经开发区管委会统一组织上报到北京市重大科技成果产业化项目审批联席会议审定，50个项目获得了35.6亿元的统筹资金，占北京市统筹资金总额的35%（含非由开发区申报项目）；受理企业产业扶持资金的申请，经审核，由开发区财政局拨付86个项目（含2011年开发区纳税50强）扶持资金1.78亿元。

（王小雨　王磊）

企业服务

开发区企业协会召开年度理事会

1月18日，开发区企业协会组织召开2011年度理事会。会议从协会活动、协会宣传、会员发展等方面总结了协会一年来的工作，并提出了2011年工作思路。会议一致通过增补中芯国际集成电路制造（北京）有限公司、中国数码信息有限公司、博世力士乐（北京）液压有限公司、宝健（中国）日用品有限公司、康宁显示科技（中国）有限公司5家公司为副会长单位；增补北京大宝化妆品有限公司、悦康药业集团有限公司两家公司为常务理事单位；增补北京航天万源煤化工工程技术有限公司、中外运－敦豪国际航空快件有限公司、欧必翼门控科技（北京）有限公司、北京昭衍新药研究有限公司、深圳市大族激光科技股份有限公司、中科晶电信息材料（北京）有限公司6家公司为理事单位。协会理事会成员单位由30家增加至43家。开发区企业协会会长张伯旭出席会议并对协会2011年工作提出继续创新沟通机制，建立全方位、多层次、高效率的沟通平台；继续关注企业高端人群，为企业家提供个性化高端特色服务；加大协会宣传力度，一网一刊宣传平台要迈上新台阶；学习先进协会工作理念，拓展协会工作思路4点要求。开发区企业协会副会长赵昕昕出席会议。

（陈思）

举办开发区区情通报会

3月4日，2011年开发区区情通报会在博大大厦召开。赵昕昕通报了2010年开发区整体工作情况，2011年开发区发展目标及工作重点。经济专家就国内外经济形势及热点信息作了深度解读。通过此次会议，各参会企业代表对开发区的发展有了进一步的了解，有助于在建设南部高技术制造业和战略性新兴产业聚集区过程中更加顺畅地展开工作。

（卢小雪）

举办女企业家交流活动

3月4日，由开发区管委会主办的“亦庄有约”企业精英圆桌论坛暨女企业家交流会在博大大厦举行，该活动为“亦庄有

约”系列活动的第 5 期。赵昕昕出席并讲话。德尔福、泰德制药、北方医药等十几位女企业家及相关职能局女性领导参加。会议邀请了北京中医医院副院长王国玮作女性健康养生讲座，就养生的理念、方法、注意事项及女性常见疾病的预防等为参会女企业家作了专题讲解。

（卢小雪）

举办企业家领导力培训

3 月 23 日，开发区企业协会在博大大厦举办“企业管理创新大讲堂——企业家领导力培训”。此次培训特邀 GE 医疗集团全球供应链中国区总经理杨伟国主讲。杨伟国与 160 余位企业家分享了自己的职业生涯和 GE 的管理经验。讲述“梦想启动未来”一直以来是支撑 GE 不断发展的管理理念，企业要根据市场大环境的改变而改变，利用变革加强战略和竞争优势，从而顺应市场和客户的需求。此外，还要对内部管理体系作出相应的改变，优化现有的体系以配合改变的市场环境，内外相辅相成。杨伟国强调企业要提升人的价值，管理者要对员工进行评估，要考虑人员的发展，利用相应的培训来不断提升整个团队的力量。

（卢小雪）

举办海关工作交流活动

5 月 10 日，由开发区企业协会举办的第 6 期“亦庄有约”——B20 企业精英圆桌论坛暨海关工作主题交流会在博大大厦召开。康宁显示、资生堂、三洋能源、SMC 等 10 余家企业负责人参加。开发区海关负责人介绍了海关税收状况，对开发区海关新政、企业分类、业务指标考核和走私违规等内容进行详细解读。地税局负责人提出两点建议：一是企业有问题要及时与税务部门联系；二是企业有新的想法可以直接与税务部门进行沟通，提早让税务部门介入，为企业提出建设性的意见。赵昕昕出席并与大家进行交流。

（卢小雪）

举办体验古酿工艺感受窖香文化鉴赏活动

5 月 17 日，由开发区企业协会主办，北京泸州老窖品味国窖有限公司协办的第 3 期“亦品·亦庄”主题系列暨体验古酿工艺感受窖香文化鉴赏活动在北京兴基铂尔曼饭店落幕。活动以“感受源远流长的窖香文化和中国精神”为主题。开发区企业协会副会长赵彤、区内 30 余名企业家参加。

（卢小雪）

召开服务中央在京企业情况通报会

6 月 2 日，“北京市军民结合产业基地——第四届服务中央在京企业情况通报会”在龙熙温泉度假酒店举行。会议由市政府对外联络服务工作办公室、开发区管委会主办，开发区企业协会、新区联合招商工作小组军民结合产业部承办，市政府办公厅、市外联办、市经信委、军民结合产业基地筹备小组等相关领导，以及十大军工集团央企负责人，开发区央企代表等约 60 人参加。市外联办主任刘京生主持会议。绳立成就新区及军民结合产业基地的有关情况作介绍，赵昕昕在讲话中针对员工进京户口、优惠政策的申请及兑现、项目入区效率、配套住宅及地价等企业普遍关心的问题作详细解答，并希望各军工集团“常来大兴、选择大兴、投资大兴”，新区政府将尽全力提供一流的服务，实现互促共赢。此次通报会有利于促进央企、尤其是十大军工企业与地方的合作，实现优势互补、力求共赢。

（卢小雪）

举办企业家主题鉴赏活动

6月28日，由开发区企业协会主办、大兴区邮政局协办的“传承民族文化·品鉴绝世精品”邮票鉴赏活动在博大大厦落幕。本次活动吸引了来自开发区企业、机关等各界的邮票收藏爱好者30余人，展出的各类精品邮票、钱币总价值百万余元。活动让大家以邮聚友，以邮叙情，从集邮的乐趣中传承民族文化，品味中华民族文化的博大精深。

（卢小雪）

组织联络员暨通讯员培训

8月12日，开发区企业协会在怀柔水岸山吧举办了2011年度第1期联络员暨《开拓者》通讯员培训活动，并向联络员们详细介绍了年度协会工作，即“一个宗旨：服务会员；二条渠道：政、企沟通，企、企交流；三方机制：协调、维权；四项服务：机场贵宾通道、健康管理服务、出入境签证、咨询代理；‘五亦’活动：亦庄有约——B20企业精英论坛、亦庄课堂——企业管理创新讲座、赢在亦庄——BDA企业CEO高尔夫邀请赛、亦品亦庄——企业家主题鉴赏活动、亦影亦友——摄影爱好者沙龙；六大盛典：纳税50强颁奖典礼、企业家中秋联谊会、开发区区情通报会、开发区企业家工作座谈会、会员联络员活动日、理事单位新年招待会”，并对企业协会各个部门的职责作了介绍。企协网刊编辑部对《开拓者》各个板块作详细解读，就《开拓者》通讯员队伍建设、征稿内容和范围以及征稿方式等问题同大家展开热烈讨论。至年底，开发区企业协会共举办了5期培训，100余家会员企业联络员参加了活动。

（卢小雪）

召开企业家中秋联谊晚会

9月9日，由开发区企业协会主办的2011年开发区企业家中秋联谊晚会在兴基铂尔曼饭店举办。李长友、张伯旭、张晓林、杜新安及各职能局领导出席。区内近200位企业人士参加。张伯旭代表开发区工委、管委会向与会企业家致以中秋节的祝福和问候，对企业家们为开发区经济发展作出的贡献表示感谢，并在会上通报了开发区2011年以来的发展情况。与会企业家们畅所欲言，对开发区的发展提出中肯的意见、建议。晚会以沙画、歌舞、猜谜等独具特色的文艺节目，为与会人士呈现了一场精彩的视觉盛宴。

（卢小雪）

主导产业

电子信息

概况

2011年，新区成为北京市发展电子信息产业的主要聚集区之一。电子信息产业产值约占全市比重近60%，位居新区四大主导产业之首，形成了以诺基亚为龙头的移动通信产业链、以京东方8.5代线为龙头的数字电视产业链和以中芯国际为龙头的集成电路产业链。在北京数字电视产业园中，京东方 8.5 代线正式点亮第一块液晶面板，实现了中国第一条拥有自主知识产权的大尺寸液晶面板生产线正式运行投产；以冠捷、京东方视讯为主体的“数字电视整机生产基地”和以后期数字电视设备提供、数字电视内容制作、数字电视内容传播、数字示范平台建设为主体的“数字电视创新基地”，形成完整的数字电视上、中、下游产业链；康宁二期玻璃基板工厂主体工程已完工，将具备 8.5 代玻璃基板的前段熔炉和后段加工生产能力。在星网工业园中，以诺基亚为龙头，吸纳全球不同地域著名的移动通信配套企业，形成世界上最具规模、最完整、最具竞争力的集技术研发、产品设计、零配件供应、物流、生产和地区总部于一体的移动通信终端产业链，主要配套企业近 20 家，包括全球最大的物流企业 DHL、全球最大的印刷线路板企业揖斐电、台湾地区最大机壳及零部件制造公司富士康、手机电池生产商三洋、芯片制造企业美国威讯半导体等，50% 以上企业都在本地建立了研发机构，从业人员达到 3.6 万人，实现产值 800 亿元。移动硅谷产业园规划面积 100 公顷，以京芯和中电华通两项目为核心，德信、天宇、移动硅谷创新中心项目为重点，已入驻企业达到 20 多家，投资额近 80 亿元。中国云产业园启动建设，初期规划占地面积 3 平方公里，由云技术研发基地、云计算设备研制中心等单元组成，有百度云计算中心、日本 KDDI 数据中心等近 20 家项目正式签约入驻。

（张凯）

英飞凌集成电路（北京）有限公司开业

1 月 20 日，英飞凌集成电路（北京）有限公司开业仪式在开发区康盛工业园 16 号厂房举行，主题为“‘芯’系华夏‘英’势而生”。工业和信息化部科技司司长丁文武、德国驻华大使施明贤、中国半导体产业协会副理事长徐小田、开发区管委会副主任赵昕昕、英飞凌科技股份有限公司前首席执行官 Peter Bauer 等出席。该公司为英飞凌科技股份有限公司位于开发区的子公司，注册资本 1500 万美元，也是英飞凌集团在北京地区设立的第一家独立法人公司。公司专注于汽车电子、工业与多元化电子市场、智能卡与安全芯片三大核心领域的半导体产品技术开发与销售，并建有一座 1500 平方米的制造工厂，从事 IGBT(Insulated Gate Bipolar Transistor，绝缘栅双极型晶体管）组件制造。

（王新美 陈思）

中电华通获 1 亿美元投资

移动硅谷龙头企业获 1 亿美元投资　　刘柳 摄

3 月 31 日，韩国 SOM 投资公司、三星电子投资中电华通签约仪式在北京首都大酒店举行。副市长苟仲文、市经济信息化委副主任白新、开发区管委会副主任赵昕昕等出席。根据协议，韩国 SOM 公司将分 3

期向开发区移动硅谷龙头企业中电华通通信有限公司投资 1 亿美元，三方将共同推进以北京为主的新一代无线宽带网络及智能交通的建设。韩国 SOM 投资公司是由韩国多家大型企业集团和专业的投资管理人员共同发起成立的专注于通信领域投资的私募股权投资基金，此次联手三星电子共同投资中电华通，将为该公司新一代无线宽带网络建设计划的实施提供资金保障，进而推进北京无线宽带产业的发展。

（王新美 陈思）

中金数据助力三座城市云计算发展

3 月，受广州市科信局邀请，中金数据为广州市“天云计划”成立规划项目组，帮助制定“天云计划”行动方案，推进云计算在广州的建设、应用、产业化发展。4 月，由重庆市经济和信息化委、两江新区和重庆市云计算办公室发起，政府相关部门与中金数据合作展开了重庆市“十二五”期间云计算产业规划工作。7 月，哈尔滨科技创新城云计算产业发展计划——“云飞扬”计划开始全面启动实施。云计算作为战略性新兴产业，在产业链构建、产业布局协调、可持续发展以及配套设施规划建设等方面都将是全新挑战。

（张松 赵力 孙健）

市领导到京东方 8.5 代线项目现场调研

5 月 25 日，常务副市长吉林到京东方 8.5 代线项目现场调研。听取京东方 8.5 代线项目建设及新产品、新技术的研发情况汇报，详细了解 8.5 代线和北京数字电视产业园的相关配套项目的建设情况。市国资委主任周毓秋、副主任王灏，市经济信息化委主任朱炎、副主任梁胜，市发展改革委副主任张燕友，市财政局副局长王婴，开发区管委会领导张伯旭、贲勇陪同调研。

（孙鹏 陈思）

市领导到京东方调研

6 月 1 日，副市长苟仲文、发展改革委高技术产业司司长綦成元到京东方 8.5 代线项目现场调研，考察 8.5 代线厂房及阵列、彩膜车间，在现场召开会议，讨论研究京东方 8.5 代线建成投产的活动方案。张伯旭、贲勇及市发展改革委、市经济信息化委、京东方集团等相关领导陪同调研。

（孙鹏）

京东方 8.5 代线投产

京东方 8.5 代线生产线　　刘柳 摄

6 月 29 日，京东方科技集团股份有限公司北京第 8.5 代 TFT-LCD 生产线正式投产。中共中央政治局常委、全国政协主席贾庆林调研京东方 8.5 代线，察看了该生产线的生产工艺、北京数字电视产业园项目工程现场，详细了解京东方自主创新情况。中央政治局委员、市委书记刘淇，全国政协副主席钱运录，海关总署署长于广洲，全国政协经济委员会副主任李毅中，全国政协副秘书长仝广成，工业和信息化部副部长奚国华，国家发改委副主任穆虹，财政部副部长王军以及市领导郭金龙、王安顺、吉林等陪同调研。该项目2009年启动建设，总投资280亿元，是中国大陆首条自主建设的高世代TFT-LCD生产线，是北京市有史以来单体投资额最大的电子工业项目，也是电子信息产业振兴规划宣布后投资规模最大的电子信息产业项目。8.5代线主要生产26英寸至55英寸显示器和液晶电视用显示屏，设计产能为每月9万片玻璃基板，达产后将实现年产液晶显示屏1300万片，年产值近200亿元。随着京东方北京8.5代线的投产，京东方实现了从1.8英寸到55英寸全系列主流液晶面板的国产化，其在全球液晶面板市场的份额将提升至8%左右，出货量排名提升到全球前六，成为平板显示产业的世界级企业之一。9月27日，京东方北京8.5代线实现量产，标志着中国在平板显示这一战略性新兴产业取得重大突破性发展。

（张楠 朱珊珊）

中金数据云后台正式投产运营

云后台投入运行　　刘柳 摄

7月28日，北京“祥云工程”第一个云后台——“中金祥云后台”在中金数据系统有限公司北京数据中心正式启动。副市长苟仲文、工业和信息化部副部长杨学山出席启动仪式。工业和信息化部与发展改革委2010年联合印发了《关于做好云计算服务创新发展试点示范工作的通知》，确定北京等5个城市先行开展云计算服务创新发展试点示范工作。“中金祥云后台”是市经济信息化委授牌的“祥云工程”三大示范项目之一，可以为北京“祥云工程”提供超过2000平方米的机房面积，能够支撑近万台服务器的运行。

（张松 赵力 孙健）

北京康宁入围中国电信第一集团供应商

7月，在中国电信集团集中采购项目中，北京康宁成为一类供应商，为中国电信“八纵八横”长途光缆传输网的重点干线工程项目提供多种直埋、管道和架空光缆产品，累计光纤敷设约112万芯公里。

（万红）

北京皓海嘉业精密钣金公司入区

8月29日，在第三届投资北京洽谈会上，北京皓海嘉业精密钣金公司与开发区签订入区协议，拟投资3亿元在北京数字电视产业园投建一个占地4.7万平方米的生产基地，为冠捷科技（北京）有限公司亦庄新项目提供液晶电视大尺寸后壳、支架原材料配套。至此，数字电视产业园配套签约企业达到16个，配套项目数额超过25个，产业链条日趋完善。北京皓海嘉业精密钣金公司的前身是成立于2003年

北京皓海嘉业精密钣金公司入区　　新闻中心提供

的北京皓海金属机箱厂，目前已成长为北京一个初具规模、有实力的精密钣金加工企业，是冠捷、施耐德、ABB 等知名企业的重要合作伙伴。

（王新美　陈思）

中国云产业园启动建设

9 月 27 日，由市经济信息化委、开发区管委会共同主办的中国云产业园启动新闻发布会在北京饭店举行。原信息产业部部长吴基传、电信产品管理司司长张琪，中国软件行业协会副理事长赵小凡，工业和信息化部软件服务司副司长郭建兵，市科委、市经济信息化委、市投促局等相关领导，开发区领导林克庆、张伯旭、张晓林、绳立成，云计算行业专家和企业代表等共 200 余人参加，赵昕昕主持会议。中国云产业园位于亦庄园，初期规划占地面积 3 平方公里，由云技术研发基地、云计算设备研制中心、系统平台及应用软件研发中心、大规模数据处理及计算中心、云后台服务中心、新一代移动通信技术研制中心、下一代互联网技术研发中心、终端设备研制中心、显示技术研发中心等单元组成。中国云产业园目标定位在建设“两中心、一基地、一平台”，即中国最大的云计算技术研发中心、中国最大的云计算运营及增值服务中心，中国最大的云计算系统设备制造基地，中国最大的云计算数据平台。

（刘一红）

百度云计算中心入驻云产业园

9 月 27 日，在中国云产业园启动新闻发布会上，开发区分别与百度在线网络技术（北京）有限公司就“百度云计算中心”、北京云基地科技有限公司“云计算系统设备制造基地”、瑞云云计算研发建设有限公司“云计算研发运营中心”、KDDI 株式会社与世纪互联公司合资成立“KDDI 数据中心”、北京电信“云计算数据中心”5 个项目签约，总投资规模达 261 亿元，其中百度云计算中心包括云计算数据中心、云计算相关服务和支撑业务中心两部分，总投资约 59 亿元；云计算系统设备制造基地计划投资约 60 亿元，以云计算核心硬件服务器，瘦终端，云箱的研发、设计、生产为中心，吸引龙头企业和关键配套厂商，建设明星企业聚集、高端产品制造、关键技术研发为一体的专业云计算硬件研发生产基地；云计算研发运营中心投资约 122 亿元，包括云计算技术研发中心、云计算运营和增值服务中心、国际企业基地、两岸合作企业基地、创新企业孵化与综合服务基地、产业配套服务基地等六大功能板块；KDDI 数据中心总投资约 10 亿元，计划建设 KDDI 北京第二数据中心，为国内互联网数据中心、互联网服务提供商、运营商、企业等提供设备、技术和咨询服务；云计算数据中心计划投资约 10 亿元，将结合 3G 应用、物联网、云计算、智能网络、网络安全、增值业务、绿色节能等新技术和新业务，打造以“安全节能、高效管理、智能运营”为核心的“第三代数据服务中心”。

（刘一红）

UT 斯达康入驻硅谷产业园

10 月 10 日，UT 斯达康全球运营总部入驻北京移动硅谷产业园。该项目投资 5000 万美元，在开发区设立全球运营总部、IPTV/IDTV 运营中心、结算中心、研发中心。绳立成出席入园仪式。

（王新美 陈思）

北方微电子亦庄新厂房落成

北方微电子新厂房外景　　企业提供

10 月 29 日，北京北方微电子基地设备工艺研究中心有限责任公司举办“北方微电子新厂房入驻暨成立十周年庆典”活动，通过“十年创业路、众志铸辉煌”主题宣传活动，充分展示了北方微电子公司的十年创业历程、取得的成绩以及发展规划，进一步强化了北方微电子行业领军企业的公司形象。国家部委和北京市政府及各委办局领导、北京电控领导、各股东单位领导、02 专家组领导、客户与供应商代表等近 500 位嘉宾莅临。公司基地占地面积为 10 万多平方米，其中新建装备楼 4.4 万平方米，超净厂房 1.3 万平米。设有专业的集成电路设备工艺开发和检测实验室、各类微电子装备生产组装车间及 PSS 图形化中试线，进一步完善了开发区微电子产业链。

（胡立琼）

数字政通公司入区

10 月，北京数字政通科技股份有限公司与开发区签订入区协议，拟将办公、研发、结算中心整体迁移至开发区内，并在区内建设全国总部大楼。项目总投资约 3.15 亿元，占地面积约 2.3 万平方米，建成达产后销售收入可达 3.35 亿元，净利润约 1.6 亿元，税收约 1 亿元。该公司主要为各级政府、城市管理主管部门、规划和国土资源管理部门提供数字化城市管理信息系统、规划和国土资源管理系统等基于 GIS 的专业电子政务软件，是中国领先的智慧城市应用与信息服务商。

（张楠）

瑞得盛产研基地开工建设

12 月 27 日，中国电子国际工程研究院、瑞得盛科技开发有限责任公司产研基地奠基仪式在亦庄举行。开发区管委会主任张伯旭、中国电子信息产业集团有限公司副总经理聂玉春、中国电子进出口总公司总裁陈旭等出席仪式并为项目培土奠基。该公司系中国电子进出口总公司全资子公司，其产研基地项目是以中国电子进出口总公司特种贸易及海外工程业务为基石和发展动力，充分利用国内、国际两个市场、两和资源，将“前向市场”与“后向产研基地”之间有机对接，打造出的具有核心竞争力、覆盖防务电子、海外工程等多层面的战略

瑞得胜产研基地开工建设　　徐建红　摄

实体平台。项目总投资8.2亿元，占地面积7.6万平方米。建成后，该基地将成为集综合产品验证、大型系统项目集成和联试、关键软件研发和核心设备研发生产、海外高技术人员培训为一体的综合性系统集成中心，主要研发生产防务电子设备、光通信设备等，年营业收入达数十亿元。同时，基地作为中国电子国际工程研究院的重要战略实施平台，在公共安全产品与集成设备的研发与推广方面发挥重要作用。

（王新美　陈思）

康宁二期项目取得开工证

年内，康宁显示科技（中国）有限公司二期完成钢结构施工，计划2012年5月竣工。该企业是世界500强美国康宁在中国的独资公司，2010年7月23日正式与开发区管委会签署了入区协议，整体投资约8亿美元。新工厂位于开发区路东区C9地块，总占地面积3.94万平方米，总建筑面积12.33万平方米。新建玻璃基板生产工厂安装了包括玻璃基板熔炉、后段加工生产及配套辅助设备，具备生产尺寸达到8.5代玻璃基板的熔炉及后段加工生产能力。

（张楠）

部分企业

诺基亚通信有限公司

诺基亚通信有限公司由芬兰的诺基亚公司投资设立的外商企业，2000年在开发区设立星网工业园，主要生产移动终端产品。截至2011年底，诺基亚公司在华分别拥有位于北京和东莞的两家手机生产厂，累计生产手机超过11亿台。投资总额达59亿欧元，出口额达46.7亿欧元，在中国拥有2.5亿个产品用户。星网工业园是全球最大的手机生产链之一，是中国移动通信行业中最大的出口企业之一，星网工业园的运行模式成为企业运营成效和可持续发展方面的典范。2011年，诺基亚公司启动了全新战略，专注于Windows Phone智能移动终端；多赢生态系统建设、通过移动电话连接下一个10亿用户；突破性技术创新和变革三大方向，在华创立8家研发中心。北京已成为诺基亚公司的全球创新中心，专注于不断提升本地用户

诺基亚组织公益活动　　新闻中心提供

沟通体验，为其创建全新的沟通方式。诺基亚北京研究院与中国20多家大学建立合作关系，并支持30多万个创新开发伙伴开发移动应用。

诺基亚公司以环境保护、青少年教育与发展、灾难救助为切入点，积极发起和参与各类长期可持续性公益项目，力求成为中国最优秀的企业公民之一。公司投资6000万元携手合作伙伴共同推出“手牵手”计划，旨在为0至6岁的农村儿童提供优质的早期教育和养护，该项目是中国农村儿童早教事业史上最大的非政府投资项目。积极与合作伙伴共同发起“金色阳光工程”，关注“5.12”后地震灾区人民的精神家园建设。多年来，诺基亚公司一直是手机制造行业中电子废弃物回收行动的倡导者，启动“废弃手机变森林”行动，希望让更加广泛的社会公众参与到“绿箱子环保计划”中。截至年底，诺基亚公司在近300个城市的700余家诺基亚客户服务网点放置回收箱，“绿箱子环保计划”项目共收到170余吨废弃手机及附件，全部得到专业回收处理。

（高翔）

京东方科技集团股份有限公司

京东方北京第8.5代TFT-LCD生产线厂区　　企业提供

京东方科技集团股份有限公司（简称京东方）创立于1993年4月，是一家光电显示技术、产品与解决方案的提供商。经过数年的发展，京东方建立了自己的核心技术团队，技术研发能力已具较强系统性，产品覆盖TFT-LCD、氧化物、AMOLED和柔性显示产业领域的各个方面。截至年底，京东方拥有可使用专利7000余项，2011年度新增专利申请数量突破1200项，已成为中国大陆规模最大、出货量排名全球前五的半导体显示领域高科技企业。京东方拥有一条月产能为4.5万片玻璃基板的第4.5代TFT-LCD生产线（成都）、一条月产能为10万片玻璃基板的第5代TFT-LCD生产线（北京）、一条月产能为10万片玻璃基板的第6代TFT-LCD生产线（合肥）、一条月产能为9万片玻璃基板的第8.5代TFT-LCD生产线（北京），及一条在建中的月产能为5.4万片玻璃基板的第5.5代AMOLED生产线（鄂尔多斯）。京东方北京5代线于2003年在开发区开始建设，2005年实现量产，创造了业内5代线建设的最快速度，整体技术水平及实力位居业内前茅，2011年产品结构调整，正式进军时下新兴的平板电脑市场。京东方北京8.5代线是北京市单个投资额最大的工业项目，2009年在开发区奠基，2011年6月底实现产品点亮，9月量产，成为中国大陆最早投产的最高世代线。自量产以来，京东方8.5代线仅用两个多月时间，实现产品综合良品率超过90%，单日最高综合良品率达到94%。此外，京东方以北京为核心，以合肥和成都为分中心，分别建有研发和制造基地。位于开发区的京东方技术中心于2009年奠基，2010年7月投入使用，联合全球多所高校与科研机构，贯穿上下游厂商，共同构建了中国平板显示研究开发和技术创新、上下游技术融合与验证、标准研究、人才培养四大平台，我国首个TFT-LCD工艺技术国家工程实验室就落户在京东方技术中心内。

（任敏）

中芯国际集成电路制造（北京）有限公司

中芯国际集成电路制造（北京）有限公司外景　　企业提供

中芯国际集成电路制造（北京）有限公司（简称中芯北京）是中芯国际集成电路制造有限公司2002年7月25日在开发区设立的全资子公司，位于开发区文昌大道18号。该公司具有中国大陆第一条、规模最大（月产能达3.5万片）、技术最先进的12英寸集成电路生产线。自2004年建成投产后，在集成电路生产工艺上一直领跑中国集成电路制造业，2006年实现90纳米工艺量产，标志着中国的集成电路制造工艺进入纳米级；2009年实现65纳米工艺量产，成为中国科技成果产业化的亮点；2011年实现55纳米工艺量产，65/55纳米工艺产品成为公司的主要生产产品。截至年底，该公司员工2516人，其中外籍员工84人，博士生24人，硕士生429人，本科生579人。

（马焱）

揖斐电电子（北京）有限公司

揖斐电电子（北京）有限公司（简称北京揖斐电）是日本揖斐电株式会社（IBIDEN CO.,LTD.）于2000年在开发区星网工业园设立的全资子公司。日本揖斐电株式会社在印制电路板行业中是全球最大的专业厂家之一，其独自研制开发和生产的产品如CPU用半导体封装板、多层高密度移动电话用电路板等的技术水平和加工工艺均处于世界领先地位。北京揖斐电是移动电话用多层高密度印制线路板的主要生产基地。截至2011年底，公司投资规模已达2.38亿美元，有员工2500余人。揖斐电经过几年来的不懈努力，在管理、生产、销售等各项经营指标方面都获得了长足的发展和进步。“以人为本、安全第一、环境优先、顾客至上、回报社会”为北京揖斐电基本经营理念。公司特别重视合法经营，尤其是在劳动法、安全生产法、环境保护法等领域付出了巨大的努力，以确保公司的整体经营和运行完全在合法性的框架内进行。6月，全国安全生产月期间，北京揖斐电组织举办的“生命之歌大家唱”主题活动荣获2011年度北京市安全活动最佳实践奖。该活动形式多样，内容鲜活，全员参与，进一步提高了企业员工安全意识和安全技能。北京揖斐电小合唱队代表开发区参加了11月由市文化局和安监局联合举办的“安全生产歌曲学、传、唱活动”的决赛，并获得优秀奖。年内，公司召开了2011年度生产维修成果发表会（TPM大会），各部门负责人和员工代表共300余人参加。会议回顾了2003年以来公司TPM发展的历程和成果，对8个优秀改善课题分别进行发表并对课题小组颁发证书和奖金。公司组织员工及员工家属369人开展北京郊区植树，组织员工通过中国红十字会向日本里氏9.0级地震及海啸灾区捐款等活动回报社会。

（小柳由里香）

富士康精密组件（北京）有限公司

富士康精密组件（北京）有限公司外景　　企业提供

富士康精密组件（北京）有限公司（简称北京富士康）是富士康科技集团旗下富士康国际控股有限公司的北京分公司。北京富士康主要生产手机整机、手机主板和手机机壳，是大型劳动密集型高科技生产企业，主要客户为诺基亚和索爱等国内外知名手机制造商。2001年，富士康科技集团与诺基亚成为战略合作伙伴，入驻开发区星网工业园，建设厂房专用于生产诺基亚手机，同时成立北京富士康。北京富士康一期项目占地2.3万平方米，厂房建筑面积3.7万平方米，2002年8月投产，并于当年底通过了ISO9000和ISO14000认证，当年投产，当年获利，当年缴税；二期项目占地8.95万平方米，厂房建筑面积11万平方米，2004年11月投产，一、二期项目主要产品为NOKIA手机零组件。截至2011年底，富士康职工总人数1.2万余人，年产值170亿元，各项纳税13亿元，累计投资超过5亿美元。

（张海娜）

中科晶电信息材料（北京）有限公司

中科晶电信息材料（北京）有限公司（简称中科晶电）于2004年成立，注册资本1500万美元，总投资4500万美元，占地约3.4万平方米。中科晶电是一家依托中国科学院半导体研究所的前沿科研优势，通过资源的优化整合和产品技术的自主研发，具备原材料提纯、多晶合成、单晶生长、晶片加工及大规模生产全系列、多品种砷化镓衬底材料的企业。年均可产2、3、4英寸半导体砷化镓单晶片、4英寸和6英寸半绝缘砷化镓单晶片、P型锗单晶及Epi-Ready晶片合计约500万片，主要应用于LED/LD、微波通信等领域。公司先后通过了“ISO9001质量管理体系认证”、“俄罗斯 GOST 认证”、“中关村高新技术企业认证”、“中关村科技园瞪羚企业认证”。已着手开展“ISO/TS16949 汽车标准认证”、“ISO14000 环境管理认证”、“OHSAS18000 职业健康安全管理体系认证”。截至 2011 年底，公司有职工 497 人，总资产 50642 万元，负债 29459 万元，净资产 21183 万元；产值达到 31767 万元，同比增长 30%；实现销售收入 30874 万元，同比增长 27%；实现利润 7064 万元，同比增长 41%。上缴税金 1944 万元，同比增长 66%。

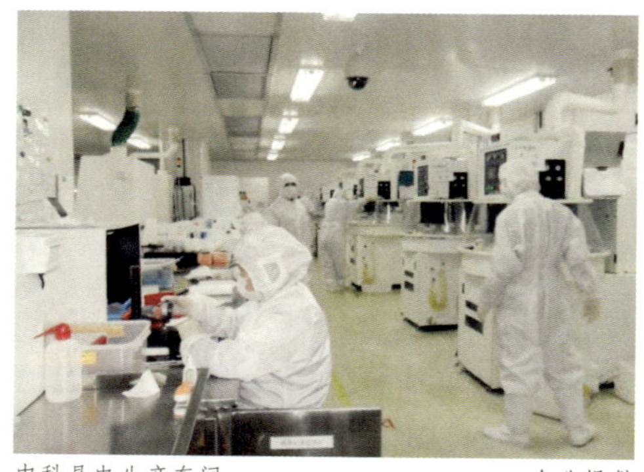

中科晶电生产车间　　企业提供

（张元璋）

北京康特荣宝电子有限公司

北京康特荣宝电子有限公司（简称康特荣宝）于 2004 年 12 月成立，位于开发区兴业街 7 号，投资总额 2000 万美元，主要从事液晶显示器 CCFL 背光源用 M/F 的模具设计、开发和 M/F 的注塑，液晶显示器 CCFL 背光源用导光板的制造，PCBA 线路板开发、生产及手机主板部件印刷线路板、精密模具制造，其中产品尺寸从 5 英寸到 46 英寸，产品范围覆盖笔记本电脑、大型液晶电视用背光源用部件。康特荣宝 2005 年通过国际质量管理体系认证，2009 年通过 ISO9001、ISO14001、OHSAS18001 体系认证。2011 年 3 月，市人力资源和社会保障局、市总工会、市企业家联合会、市企业家协会联合评选出 100 家北京市和谐劳动关系先进单位，康特荣宝作为 100 家单位之一，被授予“北京市和谐劳动关系先进单位”荣誉称号。截至 2011 年底，公司拥有员工近 600 人，销售额 3.4 亿元，净利润 3960 万元，纳税额 1300 余万元。拥有 M/F：300 万套 / 月，LGP：120 万片 / 月，PCBA(SMT)：120 万片 / 月和精密注塑模具制造 20 套 / 月的生产能力。

（单亚奇）

北京北方微电子基地设备工艺研究中心有限责任公司

北京北方微电子基地设备工艺研究中心有限责任公司（简称北方微电子）于 2001 年 10 月 25 日注册成立，公司股东由北京电子控股有限公司、北京亦庄国际投资有限公司、北京圆合电子技术公司、北京工业发展投资管理有限公司、北京七星华电科技集团、中科院微电子研究所、清华大学、北京大学以及中科院光电技术研究所共同组成。是一家专业从事集成电路和半导体照明高端工艺设备研发与生产的微电子装备制造企业，是国家 02 专项的主要承接单位。产品涉及 8 英寸、12 英寸等离子硅刻蚀机及 PVD 设备，半导体照明领域的产品是 ELEDE 系列电感耦合等离子体刻蚀机及 iTops LED ITO 薄膜溅射设备。北方微电子自成立以来肩负发展民族产业之重任，以推进高端微电子装备国产化为使命，通过实施国家科技重大专项，实现了我国高端集成电路装备的技术提升，同时积极向节能环保、新能源等新兴战略产业拓展，在多个技术领域实现了重大突破。北方微电子正通过不懈的努力，成为全球领先的集成电路和半导体照明领域设备和工艺解决方案提供商。2011 年，资产总额达到 58218 万元，净资产 19632 万元，分别较上年增长 6% 和 5%。签订合同总额 12640 万元，同比增长 183%；主营业务收入 10111 万元，同比增长 147%；利润总额 1097 万元，同比增长 121%。全面完成年初制定的“超亿过千”经营目标。在 2011 年北京市首批 61 个战略性新兴产业重点项目中，北方微电子占据 4 项。

北方微电子生产车间　　企业提供

（胡立琼）

北京三箭和众鼎电子有限公司

北京三箭和众鼎电子有限公司（简称三箭和众鼎）成立于 2001 年 1 月，由香港三箭和众鼎电子有限公司投资。公司注册资金 2600 万美元，投资总额 4300 万美元。2011 年职工总人数 745 人，拥有一、二期厂房共 49300 平方米。公司位于开发区星网工业园区内，毗邻诺基亚、三洋、富士康等大型企业，为知名大厂专属配套手机按键。由于手机触摸屏改变了全球手机供应链，2011 年公司订单减少，销售额比上年度减少 1.8 亿元，出货总数量 21779 千片，比上年下降 50%。为此，公司作出较大调整，开发、试作和开始量产的产品有富士通 Fujitu 机种和索尼 SE 机种及丰田 Toyota 车标。年内，公司开始将 CSR 社会责任管理系统纳入系统进行管理，同时加入公司内部稽核，逐步完善公司的 CSR 系统。年内，公司获得谱尼测试“绿色企业”称号，实验室获得中国合格评定国家认可委员会颁发的“实验室认可证书”。年底，新开发多家大型客户，包括 Foxlink、友达、飞利浦，公司获得客户索爱公司颁发的“2011 年度最佳供应商”证书。

（李青）

中金数据系统有限公司

中金数据系统有限公司（简称中金数据）是一家高等级数据中心外包服务提供商，以自主建设、覆盖全国的大规模、高等级数据中心为基础，以社会化服务和合作共赢为发展方向，为高度依赖信息技术系统来运作其关键业务的行业客户提供信息技术系统的数据中心外包服务；提供灾难备份和业务持续性管理服务，并在此基础上，建立国内领先的云计算后台服务体系，为客户提供云咨询、云集成、云运营的全方位服务。中金数据的主要客户群是金融行业，重点客户有中国人民银行、中国进出口银行、中国农业发展银行等。数据中心布局全面覆盖北京、上海（长三角经济圈）和广州（珠三角经济圈），核心数据中心节点组成覆盖全国的大型高等级数据中心网络集群，不仅为当地客户提供生产中心、同城备份中心和远程异地备份中心服务，还作为网络化的存储、计算和应用运行资源；以高可用性和高功率密度等级、大规模和大容量，成为先进的云计算基础设施平台。2008年，中金数据被发展改革委认定为国家信息安全专业化服务项目并获得国家资金支持；受国信办、发展改革委等邀请参与了国家重要信息系统灾难备份规划、标准、管理政策制定工作，被市政府认定为首批高新技术企业。2009年，中金数据参与了工业和信息化部牵头组织的信息技术服务标准工作组，是标准工作组的发起组织单位。2010年，中金数据成为国家指定"云计算"试点城市北京市"祥云工程"的5个核心企业之一，牵头组织"云计算"产业链项目，为北京市"十二五"期间实现2000亿云计算相关产业发展提供动力。2011年，中金数据参与市云计算"祥云工程"产业规划，公司高级副总裁黎江担任产业规划组组长；正式加入绿色网格组织，成为绿色网格组织在中国的第一个贡献会员；公司对所服务的金融、政府、央企等外包服务客户进行了外包服务满意度调查，共收到86份有效问卷，经计算2011年度客户满意度平均值为98.09%，同比增长2.08%；获得国家信息安全测评信息安全服务资质（灾难恢复类二级）证书，北京数据中心通过信息服务管理（ISO20000）、信息安全管理（ISO27001）和质量管理（ISO9001）的认证，并获得国家版权局颁发的17个计算机软件著作权登记证书。

（张松　赵力　孙健）

中金数据系统有限公司云后台　　刘柳　摄

中企动力科技股份有限公司

中企动力科技股份有限公司（简称中企动力）成立于1999年，是中国数码信息有限公司旗下的一家大型股份制高新技术企业。自成立以来，中企动力始终致力于为中国的企业提供信息化服务，在国内开创了以运营模式实现企业信息化的先河。中企动力在全国设立了80余家直属分支机构，员工总数逾8000人，拥有研发及运营工程师1200余人，成为规模庞大、实力雄厚的信息化运营商，已成功为30余万家企业提供了全方位、多层面的信息化整体解决方案。中企动力在国内率先开创了基于"云平台"的信息化服务模式，并定义为"信息化运营"，以网站建设为切入点，向企业客户提供一站式的信息化整体解决方案。其主要产品"数商Z+"即是国内首创的"企业网站云平台"。本地化服务是中企动力信息化运营模式的重要基础之一，中企动力将本地化、面对面、持续的顾问式服务作为其帮助企业客户实现信息化的主要服务手段。多年来，中企动力以直属分支机构为依托，在全国主要城市和二、三级城市建立了庞大的专业服务网络，面向客户提供一对一的专业顾问服务，随时了解企业客户在不同发展阶段的个性化需求。领先的技术实力和完善的运营服务体系是中企动力信息化运营服务理念的强大支撑。中企动力在多个主要城市设立了专业的超大规模数据中心，拥有千兆的独享带宽，数千台高性能服务器，专业的防火墙、防病毒网关等安全设施，并在业内率先推出了 7×24 小时不间断的运营维护服务，实时响应客户的需求，即时解决用户的问题。

（顾汶 陈伟）

北京日立北工大信息系统有限公司

北京日立北工大信息系统有限公司（简称日立北工大）是日立制作所和北京工业大学共同投资的 IT 企业，于 2003 年 9 月成立，以“成为客户可信赖的 IT 企业”为理念，依托日立的先进技术和北京工业大学的研究能力及人才资源，为社会提供最高质量的 IT 产品和优质服务。日立北工大主要业务包括对日软件外包、国内软件产品销售、咨询和开发服务。业务面向国内市场，主要涉及智能交通、教育培训、信息安全及信息无障碍等方面。智能交通方面，是在日本最先进的动态交通信息系统的基础上，进行本地化改造，提供适合中国国情的综合交通信息解决方案。教育和培训方面，通过引入日本先进的教育教学资源，结合中国教育的实际情况，整合出了一系列完备的教育教学解决方案，其范围涵盖了幼儿电化教育、企业远程教育、高校辅助教学教育、证书防伪等诸多领域，大大推进了中国现代化教育事业的发展。在不断发展上述事业的同时，公司将目光投向了中国的福利事业，推出了世界上先进的网页信息无障碍产品，力求使尽可能多的人能够平等、方便、无障碍地获取信息，利用信息。公司主要产品有：网络学习管理平台——“DigiLearning 在线学习管理平台”是符合 E-Learning 规范的在线学习管理平台（LMS），是针对教育和培训机构设计的新一代 B/S 架构的网络学习和培训平台。DigiLearning 在承接传统教育的基础之上充分实现了 E-Learning 的设计理念，它为现代学习型组织提供了卓有成效的学习与培训方案。信息无障碍支持工具——贴心广角是一款能够使浏览网页有障碍的人群，方便快捷地浏览网页的辅助工具，比如老年人、弱视、色盲、白内障、外国人、儿童，乃至全盲的用户。手指静脉认证管理系统是利用近红外线穿透手指后所得的静脉纹路影像来进行个人识别，是具有高精度、高速度的世界上最尖端的生物识别技术。手指静脉认证管理系统提供了丰富的开发接口，尤其是基于 WEB 结构的应用系统的开发，可应用于计算机安全管理、门禁控制、社保系统、银行系统、教育系统、会员管理、一卡通系统等。个人认证系统完成了业务信息及手指静脉信息的录入项目后，根据用户 ID 及手指信息进行个人认证，也有基于用户 ID 或姓名等信息的检索功能，并在此功能之上，可以根据客户的不同需求而进行量身定制的二次开发。指静脉考勤管理系统是利用人体指静脉所具有的唯一性、排他性而研制的最新一代人事考勤系统。它克服了传统打卡钟、磁卡、IC 卡等考勤方式存在的代打卡、卡丢失等不足和缺陷，最为有效地杜绝了考勤管理中的人为因素，充分体现了考勤管理的公正，避免不必要的人事纠纷。幼儿园安全接送系统可以提高幼儿园的治安管理水平，弥补目前幼儿园手工接送卡和 IC 卡容易被盗取后仿制的不足，完全杜绝幼儿在校安全隐患。同时，也为幼儿园的日常管理、学校安全问题，通过指静脉识别技术提升到一个更高的水平，使家长备感放心，为幼儿园申报升级打下了良好基础。日立交互式电子白板使用超声波技术（FX-77,FX-82W）和图像传感技术（FX-DUO）及电磁技术（T-17），结合电脑和投影机，可用于学校、各种培训、教育机构的教学和研讨，及企业、政府机关、各种组织的会议和交流。截至 2011 年底，公司员工总人数 130 人，办公面积 1700 平方米，年销售额 3000 万元，年度总利润 82 万元，纳税总额 42 万元。

（吴楷）

生物医药产业

概况

2011 年，新区内 400 余家生物医药及相关企业，包括一批具备高端化药制剂、生物技术药物、中药现代化、新型疫苗、生物芯片和诊断试剂等企业，建立了涵盖基因组学、病毒、试剂与疫苗、蛋白与抗体等门类齐全的现代化医药物流服务体系，形成了跨越发展潜能巨大的生物医药产业集群，建立起了符合 GLP（药物非临床研究质量管理规范）标准的从先导化合物到化学优化至临床申报的前期技术研究平台、符合 GCP（药品临床试验规范）标准的历经四期临床试验的技术开发平台、符合 GMP（药品生产质量管理规范）标准的制造平台及符合 GSP(药品经营质量管理规范)的流通平台，形成了涵盖“技术研发—临床试验—检测审批—生产加工—销售流通”5 个关键环节的生物医药产业链。年内，新区生物医药产业实现产值约 270 亿元，占北京市生物医药总产值的一半。共签约项目 18 个，开工建设项目 13 个，完工投产项目 4 个。北京亦庄生物医药园开园，可吸纳 100 余家生物医药创新及服务外包企业入驻，已成为亦庄打造具有国际影响力的生物医药研发创新中心，推动北京市生物医药产业由先导产业向主导产业跨越的重要载体。至年底，已有北京百奥赛图基因生物技术有限公司等 20 余个项目入驻园区，领域涵盖药品、疫苗、医学影像等行业。以拜耳医药保健有限公司、赛诺菲安万特（北京）制药有限公司等生物医药企业和北京岛津医疗器械有限公司、瓦里安医疗系统（北京）有限公司等医疗器械企业以及 10 家国家级研发中心、百余家生物医药研发机构及外包企业等科技创新体系共同形成了生物医药产业集群，涵盖基因组学相关技术、病毒生物技术、疫苗、抗体及蛋白相关技术、药物安全性评价、诊断试剂、化学合成与制剂等门类，拥有中国、乃至全球名列前茅的生命科学领域研发人员，建立了大规模的项目孵化和科研成果转化支撑平台。

（蔡茜 易骁骁）

拜耳医药率先通过新版 GMP 检查

3 月 24 日，拜耳医药保健有限公司北京工厂完成全面而严格的 GMP 检查。由于是首家接受新版 GMP 标准检查的企业，拜耳医药保健北京工厂的检查得到了北京市药监局和食品药品监管局的高度重视。拜耳医药保健是新版 GMP 标准颁布以来北京市第一家获得此证书的制药企业，在全国也是首家。

（李璟）

中央医药储备检查组到国药天坛现场检查

3 月 25 日，中央医药储备检查组成员工信部消费品司、卫生部应急办、国家反恐办等有关部门领导到北京天坛生物制品股份有限公司进行现场检查。检查组成员详细了解了企业生产和储备情况，查阅了特储相关管理文件、制度、年度生产、储备计划，实际完成情况，并实地检查了特储产品的库存情况，对公司的特储工作进行了现场指导。

（贾涛 于莉晶）

GE 航卫第 10000 台 CT 机下线

3 月 29 日，GE 航卫医疗系统有限公司举行“第 10000 台 CT 下线暨成立 20 周年仪式”。大兴区政府、开发区管委会、中国医学装备协会等相关领导共同为 GE 航卫第 10000 台 CT 下线揭幕。该公司是 GE 集团在中国的第一个合资公司，现已

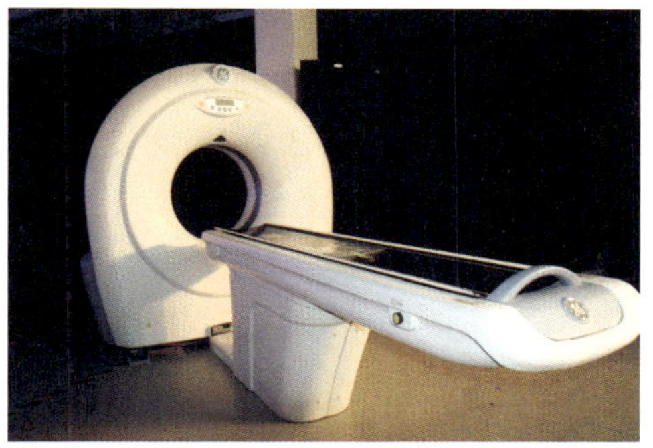

第 10000 台 CT 机下线　胡蓉洁 摄

成为 GE 医疗在中国最大的生产基地，主要生产医疗影像设备 CT 机。

（孙鹏）

北京同仁堂现代化产业园奠基

4 月 8 日，“北京同仁堂中药现代化产业园暨重点项目奠基仪式”在生物医药产业基地举行。开发区李长友致辞。市长郭金龙，卫生部党组书记、副部长张茅讲话。北京同仁堂集团有限公司总经理梅群介绍了北京同仁堂中药现代化产业园项目规划建设情况。中共中央政治局委员、市委书记刘淇，副市长吉林，市委秘书长李士祥，市委教育工委书记、中关村管委会党组书记赵凤桐，食品药品监管局副局长吴浈，中医药局副局长马建中，市政府秘书长孙康林，市委副秘书长崔述强和新区领导林克庆、张伯旭、王新、王荣彬、谢冠超及相关领导参加了奠基仪式。同仁堂产业园项目占地面积 43.5 公顷，建设用地 33.1 公顷，总建筑面积 36 万平方米，计划 2013 年竣工投产，预计总投资 30 亿元，主要从事创新成果产业化生产、物流配送、药材提取处理和成药制剂生产，拟建成国内一流、绿色、低碳的中药现代化产业园。产业园内将同期建设九州通医

药集团股份有限公司、北京双鹭药业股份有限公司、北京桂龙堂投资管理有限公司、北京联馨药业有限公司和北京五和博澳医药科技发展有限公司等医药企业，项目总投资27亿元。

（孙鹏 王新美）

生物医药基地获批外贸转型示范基地

4月15日，开发区生物医药基地被商务部认定为第一批国家级外贸转型升级生物医药产业示范基地，北京地区只有2家企业入选。12月13日，开发区绳立成出席商务部在中国职工之家饭店召开“外贸转型升级示范基地与交易平台、营销网络建设交流会”。会上，商务部副部长钟山及财政部、海关总署等有关部门负责人共同为第一批国家外贸转型升级示范基地授牌。培育示范基地有助于夯实外贸转型升级的产业基础，培育外贸竞争新优势，推动贸易结构优化升级。

（蔡茜 易骁骁）

华兰生物北京公司落户开发区

5月，华兰生物工程股份有限公司投资的华兰生物工程技术（北京）有限公司落户开发区。公司注册资金8000万元，是从事血液制品、疫苗、基因产品的研制生产和销售的国家级高新技术企业、国家级创新型试点企业，是全国最大的血液制品、流感疫苗生产企业。并计划在开发区建设一家研发新型疫苗和血液制品的大型疫苗研发中心。

（王新美 陈思）

盖茨基金会投资疫苗产业基地

6月10日，中国生物技术集团公司和比尔与梅琳达·盖茨基金会就关于全球健康项目合作谅解备忘录签署仪式在北京中国生物技术集团公司总部举行。此次合作项目是盖茨基金会通过多种形式的资助，用于支持公司在建的亦庄疫苗产业基地OPV项目，也是盖茨基金会首次直接投资国内生物制药企业。车间建成并通过世界卫生组织预认证后，可满足每年1.6亿人份左右的国际采购用于全球消灭脊髓灰质炎。

（贯涛 于莉晶）

凯因科技引进风险投资

6月，北京凯因科技股份有限公司以15倍的PE引入了国内著名风险投资商——联想投资，顺利完成了公司股权结构的优化。此次引进风投在行业知名度、管理模式以及业务拓展等方面对凯因科技产生深远的影响，同时建立了在资本市场的良好声誉，为凯因科技作了很好的品牌背书。

（李嵘）

悦康药业国际化产业园项目奠基

8月18日，悦康医药科工贸产业基地暨悦康创新药物国际化产业园建设项目奠基，致公党中央常务副主席王钦敏、卫生部科教司副司长刘登峰、市经济信息化委副主任王颖光、市卫生局副局长郭晋和、市药监局副局长袁林、市科委委员王建新、开发区管委会巡视员杜新安、安徽省及重庆市驻京单位的相关领导出席典礼，并为新项目培土奠基。该项目位于开发区路东区B8M1、B8F1地块，占地96314.5平方米，总投资8.5亿元，将按欧盟和美国FDA标准建设国际首仿药品生产基地及相关药物研发和技术中心。

（何铖）

国药天坛应急调运脊灰疫苗

8月27日~9月2日，北京天坛生物制品股份有限公司接到卫生部疾控局、中生集团的电话指令，要求尽快做好全疆脊髓灰质炎疫苗的紧急配送准备工作。经过5天持续奋战，满载着400多万粒糖丸的军机在9月2日5点15分飞离南苑机场，公司储运部人员在0至4℃低温下随机押运。此次装箱总量达360个，总重近20吨，总体积达150立方米。截至9月2日22点，送往新疆28个单位的疫苗全部按要求配送到目的地，顺利完成交接手续。

（贾涛　于莉晶）

亦庄生物医药园开园

生物医药园开园　　企业提供

10月18日，开发区管委会和开发区总公司共同举行“北京亦庄生物医药园开园仪式”。国家“重大新药创新”科技重大专项实施管理办公室主任、卫生部科技教育司司长何维，商务部外贸司副司长包玲，市政府副秘书长朱炎，市科委主任闫傲霜，开发区领导林克庆、张伯旭、赵广义等出席，商务部、中国生物技术发展中心、科技部火炬中心、区内企业、新闻媒体等单位代表共近300人参加。该医药园是“重大新药创制”科技重大专项支持的“北京生物医药产业基地”的重要组成部分，位于开发区东区，占地面积约8.7万平方米，总建筑规模超过17万平方米，建有综合服务楼、孵化器楼、中试车间和中型企业楼。医药园由开发区总公司、北京亦庄国际生物医药投资管理有限公司承担建设与运营，可吸纳100余家生物医药创新及服务外包企业入驻。正式开园后，园区将打造包含技术支撑、成果转化、信息交流、政策支撑和公共服务在内的“多功能、全过程、高端化”的五大创新服务体系，以整合创新资源为重点，以高端研发为支撑，为国内外生物医药类研发机构、科技型企业和海外归国学人提供发展空间，完善开发区生物医药产业链、形成生物医药产业聚集区。截至年底，已有北京百奥赛图基因生物技术有限公司、北京罗诺强施医药技术研发中心有限公司、北京华昊中天生物技术有限公司等20余个项目入驻园区，涵盖药品、疫苗、医学影像等细分行业。同日，生物医药园“北京生物医药产业跨越发展工程创新成果转化基地”挂牌。

（蔡茜　易骁骁　郭盛萌）

举行悦康药业建厂十周年庆典

10月18日，悦康药业集团有限公司举行建厂10周年庆典，并在悦康药业大厅为新落成的邓小平铜像举行揭幕仪式。致公党中央常务副主席王钦敏、市人大常委会副主任李昭玲、市经济信息化委副主任王颖光、中关村管委会副主任王汝芳、开发区管委会副主任绳立成等领导出席活动并讲话。

（何钺）

与香港 GVN 公司签订入区协议

与香港 GVN 公司签订入区协议　　刘柳 摄

10 月 21 日，在第十五届京港洽谈会上，开发区与香港 GVN 公司签订入区协议，投资 8000 万元在开发区建立北京 GVN 生物工程制药股份有限公司，生产市场需求的高纯度、高稳定、高疗效、低生产成本的重组人体皮肤细胞生长因子（hEGF）。

（陈思）

基因组学北京市重点实验室揭牌成立

12 月 5 日，基因组学北京市重点实验室揭牌仪式在北京新大都饭店举行。该实验室由 ABO 成员北京诺赛基因组研究中心有限公司暨国家人类基因组北方研究中心承担并组建。实验室将通过整合高通量测序和以“云计算”为基础的生物信息学，进一步解决生物医药领域重大关键问题，成为支撑北京生命科学领域的基础实验平台。

（王新美　陈思）

同仁堂科技公司从扁平化管理向集团化过渡

12 月 6 日，北京同仁堂科技发展股份有限公司刘家窑分厂、亦庄分厂及通州分厂正式挂牌。分厂的成立，是公司从扁平化管理模式向“集团化”过渡的一个重要标志。年内，按照董事会的统一部署及公司“五年规划”设计，公司积极运作开展了大兴物流中心（前处理）、唐山营养保健品公司、亳州中药材前处理及物流 3 个重点工程项目。3 个重点项目全部完成奠基，其中，唐山营养保健品厂于 10 月份开工。

（葛惠明　张锋　刘连起）

生物医药企业家俱乐部成立

12 月 29 日，开发区主办的生物医药企业家俱乐部成立大会暨国家“十二五”生物医药发展战略研讨会在锦江富园大酒店举行。张伯旭、杜新安为俱乐部揭牌，程京主持仪式。该俱乐部由开发区倡导发起成立，旨在为区内生物医药企业搭建一个沟通交流的平台。企业家入会后，俱乐部将为会员提供“三加一”服务，即为科研院所找合作单位，为科研项目找政府支持，为产业化项目找投融资，定期为会员解读政府相关政策。仪式后，俱乐部为企业成员进行了第一次培训。国家自然科学基金委员会医学科学部董尔丹、科技部社会发展科技司王震、卫生部重大专项办公室詹启敏为参会企业就“十二五”生物医药战略进行现场解答。

生物医药企业家俱乐部揭牌　　新闻中心提供

（王新美　陈思）

新区生物医药项目进展势头良好

年内，新区有生物医药签约项目18个。其中：开发区内有4个，占地面积约5万平方米，投资总额约8.7亿元，产值约18.1亿元；大兴生物医药产业园内有14个，占地面积69万平方米，投资总额89亿元，产值约232.5亿元。已开工建设项目13个，其中开发区内有7个，项目投资总额达54.3元，项目全部达产后产值可达143.9亿元；大兴生物医药基地产业园内有6个，项目投资总额约37亿元，项目全部达产后产值可达约46.7亿元。已有完工投产项目5个，产值约27.25亿元，其中开发区内有3个，项目投资总额13亿元；大兴生物医药产业园内有2个，投资总额4.6亿元。

（蔡茜　易骁骁）

新区生物医药产业实现产值270亿元

年内，新区生物医药产业实现产值约270亿元，占北京市生物医药总产值的一半。270亿元中，新区生物工程和医药产业实现产值220.5亿元，同比增长28.6%，其中化学药品制剂制造实现产值147.8亿元，同比增长23.8%；中药饮片加工实现产值28.7亿元，同比增长38.5%；医疗器械实现产值约44亿元，同比增长约20%。

（蔡茜　易骁骁）

同仁堂科技公司全面通过TGA复验

年内，北京同仁堂科技发展股份有限公司顺利通过澳大利亚TGA审查，确保了公司在澳大利亚市场的认证资质。同时通过复验，充分体现了公司的高质量生产水平。

（王悦　李荣）

同仁堂7个品种销售收入过亿元

年内，北京同仁堂科技发展股份有限公司着力加强品种群建设，销售收入过亿元的品种达到7个，5000万元以上的有11个，其中阿胶系列品种销售收入成功突破亿元大关，达到1亿元，同比增长80.14%；西黄丸、复方丹参片等品种的销售增长均大幅增加，为公司持续的品种群建设打下了坚实的发展基础。

（冯辉　徐辉　李永成）

部分企业

拜耳医药保健有限公司

拜耳医药保健有限公司（简称拜耳医药保健）是拜耳集团的子公司，于1995年8月25日正式在开发区注册成立。公司占地面积3.6万平方米，建筑面积2.28万平方米，处方药工程建筑面积约为1万平方米。拜耳医药保健致力于研发、生产和销售能够改善人类健康的创新产品。这些产品通过对疾病的诊断、预防和治疗，提高了人们的整体健康水平和生活质量。其中，著名产品包括拜阿司匹灵、拜唐苹、拜新同和拜复乐等。目前，拜耳医药保健在中国拥有6000多名员工，总部设在北京，并在北京、广州、成都和江苏启东建有生产基地。2008年，拜耳医药保健完成北京生产基地的扩建，使其生产能力达到了以前的4倍。除了在硬件方面的投资外，该生产基地还引入了先进的软件管理系统，包括全自动称重系统和物流管理系统，有助于进一步提升药品质量。2011年，拜耳医药保健北京工厂顺利完成了新版GMP标准检查，成为新版GMP颁布以来中国第一家获得此证书的制药企业。此外，拜耳医药保健一直十分重视其在医药市场的发展机遇和挑战，并长期处于行业领先者的地位。截至2011年底，公司总资产47.98亿元，产值82.49亿元，销售额86.65亿元，研发经费20.66亿欧元，占拜耳集团总研发投入的67.7%，同时，为国家纳税20亿元，为开发区纳税11.2亿元。且在中国医药企业排名中一直处于领先水平。正如公司使命宣言“科技成就美好生活”所倡导的，拜耳会不懈地为患者与社会创造更多价值。

（李璟）

通用电气医疗北京工业园

通用电气医疗北京工业园（简称GE工业园）由通用电气旗下航卫通用电气医疗系统有限公司（简称GE航卫）和北京通用电气华伦医疗设备有限公司（简称GE华伦）组成。GE航卫是由美国通用电气医疗系统亚洲公司与中国科学器材公司于1991年合资成立，是美国通用电气公司在中国的第一个合资公司。GE航卫是通用医疗集团中国公司的第一家制造公司，注册资金250万美元，主要生产CT、核磁等设备。GE华伦是通用医疗集团的全资子公司，1995年在开发区成立，注册资金3800万美元，生产X光机、手术机、核医学设备、血管机等。GE医疗工业园占地面积7万平方米，是通用医疗集团全球最大的生产和研发基地之一。2011年，GE工业园有职工近1500人，总资产18亿元，利润总额4亿元，纳税额2亿元，产值36亿元，比上年增长26%以上，主要产品CT机累计产量已超过万台。公司获得北京市和开发区工业“保增长”奖励，2人获得首届“中关村国家自主创新示范区高端领军人才专业技术资格”教授级高级工程师职称。

（俞航）

北京同仁堂科技发展股份有限公司

同仁堂科技发展股份有限公司外景　　高宁　摄

北京同仁堂科技发展股份有限公司（简称同仁堂科技）由北京同仁堂股份有限公司于2000年3月组建，同年10月底在香港联交所创业板挂牌上市。同仁堂科技公司是一家集产供销为一体的高科技现代化中药企业，通过了澳大利亚TGA、国家新版GMP以及ISO9001质量体系认证，生产的六味地黄丸、感冒清热颗粒、牛黄解毒片等产品，在市场上畅销不衰。公司现有数个品种享誉中国香港地区及东南亚、欧美市场。公司产品涉及20多个剂型，200 多个品种，并有丰富的已开发新产品和在开发新产品的储备。近年来，根据市场需求和变化，公司提高了产品科技含量，注重二次科研，采用无糖制作、全提取浓缩丸技术和片剂薄膜包衣、大孔树脂吸收、喷雾干燥、流化床造粒、全提取浓缩、超微粉碎等新工艺等新技术，推出了无糖感冒清热颗粒、六味地黄浓缩丸、多种薄膜包衣片、片剂、软胶囊剂型等新产品，拥有先进的片剂、软胶囊、浓缩丸、蜜丸、颗粒生产线，以满足患者的不同需求。2011 年，同仁堂科技共有职工 1827 人，与子公司一起实现合并收入 19.36 亿元，同比增长 22.64%，合并利润总额 3.36 亿元，同比增长 25.8%。同仁堂科技利润 2.64 亿元，同比增长 29.8%；净利润 2.26 亿元，同比增长 28.6%；出口创汇 591 万美元，同比增长 20.6%。工业总产量 1199.8 万公斤，同比增长 17%；工业总产值 19.38 亿元，同比增长 28%；上缴税金 1.97 亿元，同比增长 11.2%。

（王煜炜）

北京泰德制药股份有限公司

北京泰德制药股份有限公司（简称泰德制药）原名北京泰德制药有限公司，于 1995 年成立，位于开发区荣京东街 8 号，是一家研发、生产、销售医药产品的中外合资高新技术企业。泰德制药先后被评为外商投资先进技术企业、北京市高新技术企业、中关村国家自主创新示范区创新型试点企业、中国医药企业制剂国际化先导企业、中国医药工业最具投资价值企业。2010 年被列入北京生物医药产业跨越式发展工程首批 G20 企业，并被评为 G20 工程最具贡献度高成长企业称号，是中国首个拥有向日本出口小容量注射剂许可证并自 2008 年起实现向日本批量出口注射液产品的企业。公司自成立以来，以“产业化和市场性为导向”，依靠技术创新形成企业技术优势，在市场竞争过程中追求“人无我有，人有我精”的研发策略，通过不断的引进吸收再创新，逐步形成了脂微球和脂质体靶向制剂、高分子透皮贴剂、基因重组生物制剂、微分散固体制剂四大具有高科技优势的研发和产业化技术平台，推出了前列地尔注射液、氟比洛芬酯注射液、贝前列素钠片、氟比洛芬巴布膏、链霉蛋白酶颗粒 5 个主导产品，其中，前列地尔注射液是国内首个上市的脂微球载体病变血管靶向药物，在 2010 年成为北京市药品销售额过 10 亿元大品种之一。2010 年和 2011 年，泰德制药在开发区连续 2 年纳税排名第 5 位。2011 年，泰德制药注册资本达到 5 亿元，在全国医药行业工业企业利润总额排名第 30 位。

泰德制药股份有限公司注射剂灌装线　　企业提供

（贾琳）

悦康药业集团有限公司

悦康药业集团有限公司（简称悦康药业）2001 年在开发区建厂并成立集团

悦康药业集团有限公司外景 企业提供

总部，是一家集新药研发、药品制造、流通贸易于一体的医药企业集团。集团连续多年入选中国制药工业百强企业、研发十强企业、中国制剂国际化先导企业、美国《福布斯》杂志“中国潜力企业”。2010 年，悦康入选中关村“十百千工程”和北京生物医药产业跨越发展工程，成为北京市重点医药企业、开发区纳税 50 强企业。2011 年 6 月，集团注册商标“悦康药业”被市工商行政管理局评定为“2010 年度北京市著名商标”。多年来，悦康药业坚持“药品质量只有一百分，九十九分等于零”的质量原则，以生产优质安全的药品，服务百姓健康为己任。公司继 2011 年通过欧盟 cGMP 认证后，又率先在国内通过粉针制剂的新版 GMP 认证。通过引进消化吸收，并不断创新发展，公司在抗生素、消化系统、心脑血管系统、抗病毒系统和抗肿瘤用药等领域确立了技术优势，树立了悦康药业的品牌和规模效应。悦康产品不仅畅销国内，还远销国际市场。截至 2011 年底，公司共有 70 多个品规的药品在俄罗斯、巴基斯坦、东南亚、中东、拉美、非洲等 40 多个国家和地区进行出口注册并开展出口业务，药品出口金额逐年翻番增长。公司获得欧盟认证的产品已出口到欧洲市场。为完善自身医药产业体系，在安徽投资兴建了中药材提取生产基地和生物制药产业园项目，建立了以安徽原料供应为基础，打造北京、上海、广州、重庆四大悦康品牌制剂生产基地的全产业发展格局。总投资近 20 亿元的悦康高端制剂国际化产业园（北京四期）项目将于 2013 年投入试车。

（何铖）

北京大基康明医疗设备有限公司

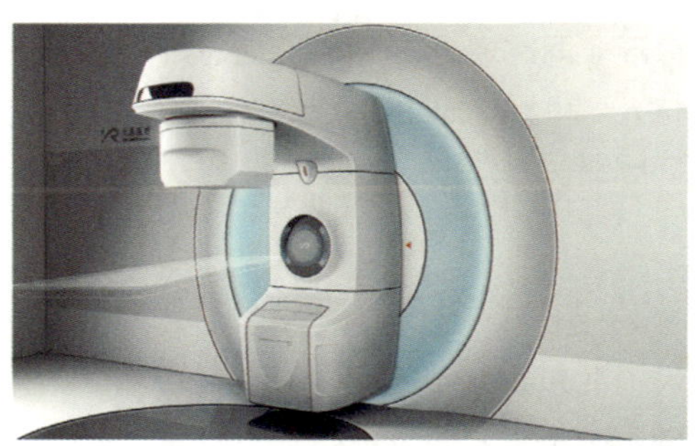
LA45 直线加速器 企业提供

北京大基康明医疗设备有限公司（简称大基医疗）2003 年成立，位于开发区永昌北路 11 号。大基医疗是一家专业从事大型核医学影像装备，放射治疗装备等大型医疗装备及配套产品，软件研发、生产、销售、服务于一身的国际化医疗集团，共有企业员工 300 余人。公司成立以来先后被认定为北京市高新技术企业、中关村十百千工程企业、北京生物医药产业跨越发展工程（G20工程）企业、瞪羚企业。核医学影像设备方面的主要产品有正电子发射扫描仪器（PET）、32环/64环/96环PET、派特CT（PET-CT）、派特MRI（PET-MRI）、闪烁分层摄影仪（DS）、单光子发射断层扫描仪（SPECT）、光核仪制药、医学影像机器人系统等设备。PET-MRI产品及机器人影像定位系统全球首家应用于临床，填补国际空白。放射治疗设备方面的主要产品有医用电子直线加速器LA45、LA45-PET/DS诊断治疗一体化系统、质子－重离子系统。LA45是治疗早、中、晚期肿瘤和头部疾病的放疗设备，具备目前市场上所有中低能加速器功能，同时LA45-PET/DS诊断治疗一体化系统，可实现分子水平的生物适形调强放疗、放射动力治疗癌症、心血管病和白血病等三大死亡疾病；氧十五水等放射性药物的制备及应用，是目前国际唯一拥有此自主知识产权的的专利技术，填补了国际空白，全球独有。LA45承担了北京市重大科技成果转化和产业化项目。大基医疗奉行“效率 团队 创新 沟通”的行为理念，不断开拓创新，以技术为核心、视质量为生命、服务客户为最终使命，竭诚为客户提供优质的医疗产品、及无微不至的高价值服务。

（张连敏）

北京绿竹生物制药有限公司

北京绿竹生物制药有限公司（简称绿竹生物）成立于2003年10月，是重庆智飞生物制品股份有限公司独资控股子公司。公司位于开发区同济北路22号，注册资金6.7亿元，占地总面积达5.5余公顷。公司是集疫苗科研开发、生产制造及市场营销于一体的国家级高新技术企业，现有自主研发产品“b型流感嗜血杆菌结合疫苗”、“A、C、Y、W_{135}群脑膜炎球菌多糖疫苗”、“A群C群脑膜炎球菌多糖结合疫苗”、“A群C群脑膜炎球菌多糖疫苗”等4个品种，另外还有2个品种处于生产文号申请阶段，4个品种处于临床试验申请阶段。绿竹生物立足自主研发推动企业发展，建有占地面积1500平方米的研发中心，配有发酵室、纯化室、结合室、检验室等实验室，同时还配有动物房、制水室等辅助设备。研发中心拥有全自动发酵罐、大容量离心机、福斯凯氏定氮仪、酶标检测仪、层析系统、超滤设备、沃特斯高效液相系统等。为了加速产业化进程，公司在开发区竞得X53F2地块，占地面积为3.9万平方米，用于“疫苗新产品产业化生产基地项目”建设，旨在研发、生产更大规模的新型疫苗制剂，达产后各类疫苗的总产能可达1亿剂。近年来，公司得到科技部“863”项目、科技部重大项目“创新药物研究开发”、市科委“创新药物研究发展”等项目资金支持。绿竹生物积极参与多元化的外部合作，与香港科技大学、美国疾

北京绿竹生物制药有限公司外景　　企业提供

病预防控制中心、美国 Wistar 等建立了良好的合作关系，共同研发疫苗项目；积极拓展已上市产品的海外市场，与多个国家和地区建立了产品出口意向；与北京师范大学生命科学学院成立了“北京师范大学绿竹制药实训基地”，与中科院过程所、中国军事医学科学院、北京 302 医院建立了项目合作关系。公司以提高全中国儿童的身体素质为己任，力争以最低的价格向社会提供高质量的疫苗。2011 年，公司拥有 56 名研发人员，实现生产产值 2.1 亿元，销售额 15993 万元，利润额 10914 万元，上缴税收 3875 万元，研发投入 3930 万元，占销售收入的 24.6%。

（李楠楠）

北京京精医疗设备有限公司

北京京精医疗设备有限公司外景　　企业提供

北京京精医疗设备有限公司（简称京精医疗）由香港金卫医疗科技有限公司 2000 年 6 月投资设立，位于开发区万源街 11 号，总投资 1500 万美元，注册资本 1010 万美元。建有 2.4 万平方米的京精工业园，是集现代化专业生产厂房、10 万级大型无菌净化车间、智能办公大楼为一体的科研、生产、办公基地。京精医疗是专门从事血液回收系统、血液净化、血液治疗及血液储存技术的开发，集研究、生产、推广、销售、服务、培训为一体的高新技术企业。公司有多项产品获得食品药品监管局准产注册，其中主要有自体—2000 型血液回收机、自体—3000P 型血液回收机、血液回收治疗机（3000H）、一次性使用血液回收罐装置、一次性使用血液收集装置及加温输液泵等。血液回收机系列产品是公司的主打产品，在全国 500 多家大中型医院内使用，血液回收数 10 万例，回收失血近 100 吨，为国家节省了宝贵的血液资源，对避免异体输血感染和减少异体输血引起的不良反应起到了相当重要的作用，具有长远的市场竞争力。公司研制开发的升级产品 3000P 型血液回收机和 3000H 型血液回收治疗机，成为国内首创的将血浆置换、血液治疗功能成功地引入血液回收机的功能范围。血液回收机系列产品体积小，操作灵活方便，性能稳定可靠，很多重要的安全指标及性能指标都接近国外先进水平。截至 2011 年底，员工总人数 225 人，拥有一支光、机、电、信息、医学等学科比较齐全的科技队伍，大专以上学历科技人员 75 人，占 34.8%，研究开发人员 49 人，占 22.7%。公司注重求才、用才、育才、激才、留才，建立了一整套员工培训管理体系。

（高光普）

北京岛津医疗器械有限公司

北京岛津医疗器械有限公司是具有 130 多年历史的日本岛津制作所在华设立的独资企业，于 1992 年 12 月成立，是研发和生产医疗器械的综合性企业，产品为多配置、多组合的医用诊断 X 线透视摄影系统 FLEXAVISION、D—VISION PLUS、移动 X 光机、X 线摄影系统、图像处理装置、管球封装等。2011 年，北京岛津医疗器械有限公司与岛津制作所的中国 10 多家办事处携手建立了庞大的销售网点，有 20 多家分布全国各地的销售代理商、售后服务网点和技术支持网点，员工总人数 60 人，销售额 1.9 亿元，纳税额 1000 万元。

（吴粉丹）

北京四环生物制药有限公司

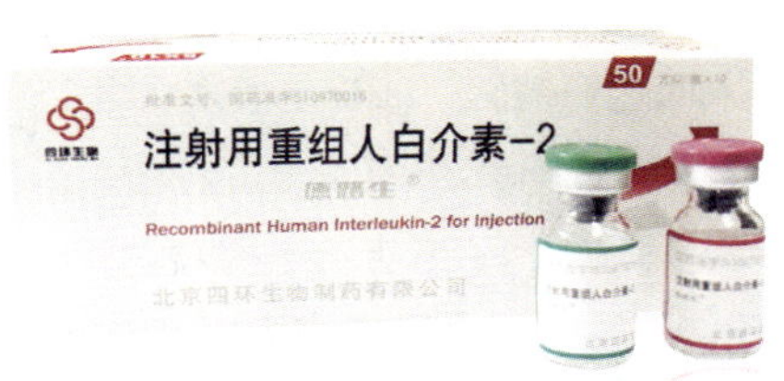

德路生　　企业提供

北京四环生物制药有限公司（简称四环生物）成立于 1988 年，是我国最早从事基因工程药品和诊断试剂的研究、中试生产和销售，集科工贸为一体的高新技术企业。2001 年，江苏四环生物股份有限公司收购了四环生物，注册资本 3.2 亿元。2004 年，现代生产厂房在开发区建成，总投资 1.5 亿元，占地面积 1.7 万平方米，达到欧盟 GMP 标准。2005 年 12 月，四环生物通过了 GMP 认证。公司主要产品有德路生、新德路生、欣粒生、环尔博等药品，其中抗癌新药德路生是国家“八五”重点课题和“863”高技术研究开发项目“基因工程人白细胞介素—2 的研制、中试生产及临床应用”的科研转化为产业化生产的基因工程产品，曾荣获中国发明协会中国发明成果金杯奖、国家“八五”攻关重大科技成果奖、国家科技进步二等奖、第四届科技之光奖、北京市新技术产业开发实验区颁发的“百项表彰拳头产品”。2011 年，四环生物获批高新技术企业，向中国癌症基金会捐款，支持临床研究活动；在厦门举办的第十四届全国肿瘤学大会暨 2011 年 CSCO 学术年会上，推出特展展位，并举办题为“重组人白介素—2（IL-2）——肿瘤的生物治疗”的卫星会；参加在南京召开的中华医学会肾脏病学分会，围绕慢性肾脏病与急性肾损伤的诊断和治疗及肾脏疾病基础科学问题进行了交流研讨。截至 2011 年底，公司员工总人数 130 余人，其中工程技术人员占 70% 以上，具备大专学历的员工超过 80%。公司固定资产原值 12232 万元，固定资产净值 7317 万元，全年完成工业总产值 11721 万元，销售收入 11380 万元，同比增长 26.33%，纳税额 2169 万元，同比增长 37.36%，利润额 2982 万元，同比增长 49.4%。

（朱丽芳）

康龙化成（北京）新药技术有限公司

康龙化成（北京）新药技术有限公司（简称康龙化成）由康龙化成股份有限公司于 2004 年 7 月出资设立，投资额 1.5 亿元。公司主营业务涉及新药研发临床前的全流程，包括化学、生物、药物代谢及药代动力学、药理、毒理等各个领域。公司拥有约 10 万平方米符合国际药物研发标准的实验楼，建有完整的化合物

康龙化成（北京）新药技术有限公司外景　　企业提供

合成、分离、分析检测、生物活性筛选、DMPK、药物安全性评估等一整套药物临床前研究体系，自行研发网上新药研发数据管理信息系统，拥有多项专利核心技术，通过了高新技术企业资格认定。2011 年 4 月，公司新园区占地面积逾 5 万平方米正式投入使用，从根本上改善了实验环境，设施更加齐全，公司进入了全面发展阶段。7 月，“神经疼痛动物模型测试公共平台”、“生物标记物与疾病相关性公共技术研发平台”获得“北京市商务委、财政局 2011 年外贸公共服务平台”资金。年内，康龙化成通过了市商务委、市财政局、北京海关、市国家税务局联合认定的“第二批外资研发中心采购设备退 / 免税资格企业”，被商务部评选为“中国服务外包成长型企业”，并获得市商务委 2011 年度支持承接国际服务外包业务发展资金和北京市服务外包配套资金。康龙化成学院成立并完成一期招生，举办康龙化成第一届学术研讨会，充实和丰富了在职培训体系，康龙化成获得了北京市博士后（青年英才）创新实践基地青年英才进站补助。康龙化成客户包括国际排名前十大制药公司中的 7 家企业在内的共约 40 家企业和研究机构，与欧美及亚洲制药巨头保持合作伙伴关系。截至 2011 年底，康龙化成员工总人数 1800 名，向客户提供外包服务的科研人员占 80%，博士学历科研人员占 8%，硕士学历科研人员占 35%，本科学历科研人员占 37%，专科学历科研人员占 12%，有 50 多位归国科学家，2 人入选中组部“千人计划”，2 人入选“中关村高端领军科技创新人才”，6 人入选北京市“海聚工程”，18 人入选开发区“海外高层次人才”。公司总资产 32628 万元，销售收入 29468 万元，净利润 1729 万元，缴税总额 1295 万元，研发投入 22429 万元，全部为直接研发投入，出口总额 4520 万美元。

（楼小强）

北京昭衍新药研究中心有限公司

北京昭衍新药研究中心有限公司（简称昭衍）是一家专业从事新药研发服务的 CRO 公司，可为客户提供新药从研发设计、筛选、药效学、毒理学评价以及临床试验、注册咨询等一站式服务。所提供的实验报告可同时被食品药品监督局（SFDA）及美国食品药品监督管理局（FDA）认可。昭衍成立于 1995 年，是中国首家通过美国 FDA 的 GLP 现场检查，并同时具有国际 AAALAC（实验动物评估和认可委员会）认证和中国 SFDA GLP 资质的专业临床前安全性评价机构及临床实验外包服务公司。昭衍作为中国最早的企业化GLP实验室，历经近20年的发展，公司已拥有400多人的高素质、高学历专业技术团队，建立了系统完善的与国际接轨的标准操作规程；能为客户提供药物立项、药物筛选、药效学研究、药代动力学研究、药物临床前安全性评价、临床试验Ⅰ－Ⅳ期以及药物申报、注册服务等一条龙外包服务，服务内容涵盖了从药物发现到新药注册的全过程，客户遍布欧美、日韩及东南亚；可进行口服、肌肉注射、皮下注射、静脉注射、腹腔注射、静脉滴注、经皮给药、鼻腔给药、滴眼给药等多种给药途径的临床前实验。经昭衍评价过的药物包括疫苗、抗体、多种细胞因子、基因治疗药物等生物制品、小分子化学药物、植物药等。昭衍在开发区及苏州太仓生物医药产业园区共建有约8万平方米符合国际标准的动物饲养管理设施和现代化功能实验室。动物饲养设施可饲养猴、犬、猪、兔、豚鼠、鸡及其它啮齿类动物，功能实验室覆盖了新药研发所需的临床检验、病理、分析、细胞生物等各项功能，并在美国设有分公司以方便为客户提供美国FDA申报、注册及技术咨询服务。先后为国内外200多家制药企业和新药研发机构提供了系统的药物临床前评价业务，试验数据被美国FDA认可，所评价的药物顺利批准在美国进入临床试验。作为新药研发服务平台企业，2011年承担了国家“十一五”、“十二五”重大新药创制“国际化创新药物安全性评价技术平台建设”等多个专题；国家蛋白质药物专项“动物实验服务平台”以及北京市“动物实验公共服务技术平台”等多个政府课题；被评为“生物制品安全性评价北京市重点实验室”。昭衍多年来得到了各级政府的大力支持，和中国医药企业一起成长，是目前国内试验设施规模最大、开展临床前实验数目最多、评价一类新药最多的实验室之一。

（王云亮）

北京永瀚星港生物科技股份有限公司

北京永瀚星港生物科技股份有限公司（简称永瀚星港）前身是北京永瀚星港生物技术有限公司，成立于2006年，是专业从事肿瘤及相关恶性疾病早期诊断试剂研发和生产的国家级高新技术企业。公司核心技术人员由学术带头人，中国协和医科大学、中国医学科学院肿瘤医院肿瘤研究所陈智周、范振符教授及海外归国专家等一批顶级科学家组成。公司通过ISO13485医疗器械质量管理体系认证，技术涵盖了当今国际通用的酶免疫分析（ELISA）、免疫放射分析（IRMA）、化学发光免疫分析（CLIA）、即时检验(POCT)等先进分析方法。公司拥有胃蛋白酶原Ⅰ、胃蛋白酶原Ⅱ及高灵敏C-反应蛋白等一批先进产品，均荣获北京市自主创新产品称号。公司主营业务是生产、研发、体外分析试剂，包括数十种肿瘤标志物的检测试剂，另外还研发具有自主知识产权的胃癌早期筛查：胃蛋白酶原Ⅰ（PGⅠ）、胃蛋白酶原Ⅱ（PGⅡ）以及用于心血管风险预报的高灵敏C反应蛋白（hs-CRP），均获得食品药品监管局颁发的注册批号。公司建立了医疗卫生服务平台，注册了由市卫生局批准的北京永瀚星港临床医疗检验所，直接以公司产品和先进理念为百姓服务。2011 年，胃蛋白酶原 I、胃蛋白酶原 II 产品的产业化被评选为国家科技部科技型中小企业技术创新基金立项项目，同时成为中关村科技园区小企业创新基金支持项目。永瀚星港设立的全资子公司北京玉康龙源科技有限公司注册资本 100 万元，经营范围是技术开发、技术服务、技术咨询、仪器仪表维修。截至年底，永瀚星港员工总人数 21 人，资产总额 821.6 万元，营业收入 599.9 万元，同比增长 31.58%；利润总额 204 万元，同比增长63.40%；净利润 148.6万元，同比增长 41.84%。永瀚星港承担国家立项项目 1 项，中关村立项项目 1 项，开发区科技创新项目 2 项，拥有发明专利 3 项，实用新型专利 2 项，软件著作权 1 项。

（尹星　季海清）

北京凯因科技股份有限公司

北京凯因科技股份有限公司（简称凯因科技）是以生物技术为平台的生物制药公司，成立于 2008 年 8 月，注册资本 7530 万元，致力于发展成为为肝病患者提供治疗解决方案的专业化公众公司，2009 年被市科委认定为高新技术企业，中关村国家自主创新示范区百家创新型企业试点单位，是市专利引擎试点企业，产品进入《北京市自主创新产品目录》。2010 年，凯因科技被评为中关村企业信用培育双百工程最具发展潜力企业，2011 年成为北京市重组蛋白药物工程技术研究中心，入选中关村瞪羚企业、新锐百强企业和中关村高端领军企业，并引进联想投资作为战略合作伙伴。2011 年从美国安进公司聘请潘海博士全面负责公司产品研发。潘海博士在生物创新药工艺开发和质量控制方面有多年经验和技术，入选了中关村“高聚工程”和北京市“海聚工程”，并受聘成为国家生物医学分析中心兼职教授。截至年底，公司共有授权专利 13 项，在研产品 19 个，包括 6 个 1 类生物新药，其中长效干扰素的临床研究等 2 个项目获得国家科技重大专项支持。17 个品种已出口至巴基斯坦等多个国家，已在哥伦比亚等 13 个国家进行注册。2011 全年销售增长率超过 35%，净利润增长 91%。

（李嵘）

北京迪玛克医药科技有限公司

北京迪玛克医药科技有限公司生产线　　企业提供

北京迪玛克医药科技有限公司（简称迪玛克）是由澳洲迪玛克投资的独资企业，2004 年 11 月成立，从事心内介入医疗器械的研发、生产与销售，已通过欧盟 CE 认证和澳洲 TGA 专业认证，迪玛克是北京第一家通过 GMP 认证的三类无菌医疗器械生产厂家，是心脏介入领域的知名品牌。2011 年，公司近 5000 平方米的新厂房投入使用，销售额同比增长 294%，被开发区评为“吸纳新区劳动力就业先进单位”。公司国际销售部、市场部及IT部门入驻亦城国际大厦，建立了迪玛克驻开发区的新办公区。

（张京）

北京天坛生物制品股份有限公司

北京天坛生物制品股份有限公司（简称国药天坛）是一家从事疫苗、血液制剂、诊断用品等生物制品的研究、生产和经营一体化的国有控股高科技上市公司。1998年，由北京生物制品研究所通过重组、剥离、改制在上交所发起上市，控股股东为中国医药集团总公司。主导产品有重组乙型肝炎疫苗（酵母）、麻腮风联合减毒活疫苗、麻疹风疹联合减毒活疫苗等。国药天坛加强自主研发体系建设，通过统筹协调各种科研资源，加速新产品的开发和现有产品的技术升级，逐步形成病毒性疫苗、细菌性疫苗、多联多价疫苗等科研方向，承担“十一五”科技支撑计划、863计划专项等国家重大科技专项课题9项。公司在2009年获得了甲型H1N1流感疫苗新药证书和生产文号，生产甲流疫苗1000多万人份，为国家防控甲流疫情作出了贡献。国药天坛科研成果多次获奖，麻腮风联合减毒活疫苗获得国家重点新产品证书，冻干精制流行性乙型脑炎灭活疫苗（Vero细胞）获得“九五”国家技术创新优秀产品奖，重组乙型肝炎疫苗（酵母）获得北京名牌产品称号等。2011年，国药天坛实施了亦庄新产业基地建设项目设计规划，总规模约26.2万平方米，总用地面积为15.8万平方米，基地整体按照欧盟标准设计建设。基地项目主要产品包括菌苗系列产品、麻风腮系列产品、重组乙型肝炎疫苗等20个品种疫苗，建设项目总投资共计约37亿元，是迄今为止国内最大的生物制品生产基地建设项目，得到比尔与梅琳达·盖茨基金会多种形式的资助。截至2011年底，国药天坛（合并报表）总资产322404万元，净资产144614万元，全年实现营业收入139439万元，净利润29183万元。

（贾涛　于莉晶）

北京亚宝生物药业有限公司

北京亚宝生物药业有限公司外景　　企业提供

北京亚宝生物药业有限公司（简称亚宝生物）隶属于亚宝药业集团，是亚宝药业集团制剂国际化发展的一个窗口，成立于2007年，注册资金8000万元，厂房占地面积1.7万平方米，建筑面积2万平方米。公司按照美国FDA cGMP标准及国际化的企业管理模式和机制建立，各项质量技术指标及产品质量符合美国FDA、欧盟及澳大利亚TGA的标准；同时与多家美国制药公司及国内外控释制剂研究开发中心建立了战略伙伴关系。公司建立了以处方药为主，OTC为辅的产品架构。主要产品为创新型缓控释制剂，治疗领域覆盖心肾、抗病毒、消化、呼吸等各大系统。公司在美国拥有子公司Yabao Pharmaceuticals Inc.（亚宝美国药业），负责公司在美国产品的注册及全球行销并获得2个ANDA产品文号。2011年，公司在职人员100人，首批通过新版GMP认证，获得北京市药品质量管理示范企业称号。截至2011年底，亚宝生物投资总额达2.5亿元，计划于2012年正式投产。

（程洁）

北京旷博生物技术有限公司

北京旷博生物技术有限公司（简称旷博生物）是由高端海归创业团队发起，国际著名风险投资机构晨兴集团和国内大型生物科技产业集团永泰红磡集团投资，于2009年8月在开发区成立的生物高新技术企业，主要从事生物科研试剂和诊断试剂产品的开发、生产和销售。旷博生物组建了由2个“千人计划”人才领衔的北京旷博生物技术研发中心，承担1项国家重大科技专项项目，开发具有自主知识产权的产品；与多家国际大型试剂公司建立紧密的产品和技术合作业务；与美国杜克大学、北京大学、中科院、协和医科院等国内外著名科研院所的一流实验室建立了长期的产学研技术联盟。旷博生物获得中国质量认证中心“关于实验室用生物试剂盒的研发、生产及服务的质量管理体系认证”。2011年，公司通过ISO9000认证，被市科委认定为“北京科技研究开发机构”，被市科委、市财政局、市国家税务局和市地方税务局联合认定为“高新技术企业”，并被评为“中关村新锐百强企业”。截至年底，公司总人数50人，在旷博生物创业团队中有3个“海聚工程”人才，6个亦庄海外高层次人才，研发团队中有12个博士、14个硕士。公司总资产2615万元，全年累计实现主营业务收入1487万元，利润总额499万元。

（孟佳瑶）

装备制造

概况

年内，新区装备制造产业实现产值564.1亿元，同比增长17.2%，其中通用设备制造业实现产值198.5亿元，同比增长24.6%，专用设备制造业实现产值122.4亿元，同比增长16.8%。共引进装备制造产业项目5个，引进投资总额20.2亿元。北京凯工科技集团有限公司拟建立凯工集团科技研发中心和高智能电动执行器的组装、测试中心；中国国机重工集团有限公司投资建立营销中心、配件中心、培训中心；北京东方诚益通工业自动化有限公司投资建立生物工程行业自动化系统。北京金风科创风电设备有限公司的“直驱式变速恒频2.5MW风力发电机整机技术”获得2011年度北京市科学技术奖三等奖；中冶京诚工程技术有限公司参与承担的“建筑钢结构新型连接节点及体系的设计理论、关键技术与工程应用项目”获得2011年度国家科技进步二等奖。

（张京华）

中航国际北京公司收购德国洪堡股份

2月23日，中国航空技术北京有限公司通过所属境外全资子公司——中航国际凯融有限公司收购德国洪堡公司（KHD）20%股权完成交割，收购交易金额为4500万欧元（约合6500万美元），成为该公司第一大股东。洪堡公司是法兰克福上市公司，是水泥设备、技术及工程领域具有国际领导地位的企业。

（黄巍　张敏）

宏达日新获得国家电网公司首个LBS订单

2月，北京宏达日新电机有限公司从国家电网公司获得首个LBS订单：1000kV晋东南（长治）—南阳—荆门特高压交流试验示范工程的扩建工程3次回路用168kV调相设备用开关器（LBS）。5月，18套168kV LBS产品交付国家电网公司投入使用。

（周俊婷）

三盈联合加油设备生产基地奠基

3月29日，三盈联合加油设备生产基地举行奠基仪式，副市长苟仲文、市政府副秘书长戴卫等出席。该基地用于加油设备制造及国家级行业研发中心的建设，由北京三盈联合石油技术有限公司投资兴建，位于开发区博兴六路与兴海一街交叉口，建筑面积近2万平方米，将具备年产3万台加油机的生产能力。该公司是一家专业从事燃油加油机及加油站自动化设备的研发、制造、销售与售后服务的高新技术企业，位居国内行业前三名。

（孙鹏　王新美）

和利时收购新加坡Concord公司

5月18日，和利时集团与新加坡Concord公司签署股权转让协议，正式收购Concord公司，并将其转化为和利时的全资子公司。和利时集团董事长王常力博士表示本次收购是和利时首次收购海外企业，也是和利时正式进军海外自动化市场、实现美国和中国香港两地上市的重要举措。本次签约收购将有力推动和利时集团国际化战略的落实，对于中国自动化产业布局也具有深远的影响。

（陈盈）

中冶京诚主编《挤压钢管工程设计规范》

5月30~31日，中国冶金建设协会对中冶京诚工程技术有限公司主编的国家标准《挤压钢管工程设计规范》送审稿进行审查。专家组认为，该送审稿的指导思想和编写原则符合国家相关要求，规范包含了生产工艺、设备选型、主要技术经济指标等内容，体现了规范的先进性、科学性、协调性和可操作性，原则通过审查。

（程芳）

凯工科技签约入驻开发区

5月31日，北京凯工科技集团有限公司与开发区签订入园仪式。项目总投资2.2亿元，占地1.3万平方米，将建立凯工集团科技研发中心和高智能电动执行器的组装、测试中心，形成一个完善的产品研发、加工组装、市场开发体系。

（张京华）

经纬纺机参加第十六届国际纺织机械展

9月22~29日，第十六届国际纺织

机械展（ITMA 2011）在西班牙巴塞罗那新展览中心 Gran Via 举行。经纬纺织机械股份有限公司有针对性的以精灵 -8 异性纤维分检机、JWF1276 型精梳机，E2528/2A-186-E28 型高速经编机和 K3506 直捻机参加展会，拓展海外市场。

（刘君）

施耐德中压签约江苏省电力公司项目

9 月，施耐德（北京）中压电气有限公司与江苏省电力公司就 2011 年居配工程采购框架的签订，标志着施耐德与江苏省电力公司又一次大范围的合作，产品涉及江苏省电力公司下辖 13 个市供电分公司、58 个县（市、区）供电公司，合同总金额超过 2 亿元，其中针对 10 千伏环网柜的生产与供货，实现了施耐德集团内部的合作，施耐德（北京）中压电器有限公司和施耐德开关（苏州）有限公司将联合为该项目提供支持。

（刘韧　张敏　陈君）

中航国际北京公司子公司新加坡上市

10 月 7 日，中国航空技术北京有限公司控股 75% 的子公司中航国际投资有限公司在新交所主板上市，正式挂牌交易。这是中航工业旗下首只国外上市的股票，实现船舶业务海外上市，为船舶业务打造了资本化运作的平台。至此，中航工业旗下的上市公司达到 25 家。

（江玮）

中航国际北京一山推（东非）公司开业

10 月 28 日，中国航空技术北京有限公司所属的中航国际北京一山推（东非）公司（简称东非运营中心）开业典礼在肯尼亚首都内罗毕举行，肯尼亚总理 RailaOdinga 应邀出席并剪彩。中国航空技术北京有限公司副总经理邹康宁以及合作单位代表、用户代表共计 200 余人参加庆典活动。东非运营中心以山推系列工程机械及其零配件为主营产品，进行产品调试、售后服务、技术支持，同时负责东部非洲的经销商或代理商管理工作，适时开展租赁业务，经营范围覆盖东部非洲 12 个国家。东非公司的组建和正式运营，是中国航空技术北京有限公司实施国际化发展战略的重要标志。

（严琼）

中航国际北京公司签约委内瑞拉水泥项目

11 月 24 日，中国航空技术北京有限公司与委内瑞拉 Invecem 水泥公司就其位于 San Sebastian 的日产 2400 吨熟料水泥生产线项目在委内瑞拉总统府签订工程总承包合同。此项目为中国航空技术北京有限公司与德国洪堡公司合作的第一个 EPC 工程总承包项目，包括设计、施工、设备供货、安装、调试，该水泥生产线预计 2012 年开工。

（江玮）

赤那思电气展车引领科普活动

11 月，经过近半年的酝酿，北京赤那思电气技术有限公司成功制造了自己的展车，开始了“智能绿色电网、滤波补偿节能”科普活动全国巡展的历程。展车的全国巡展开行业之先河，成为了赤那思发展历史上的又一个里程碑。

（战子英）

康宁光缆主编《防鼠光缆测试方法》

年内，北京康宁光缆有限公司主导起草的《防鼠光缆性能测试方法》国家标准通过了标准协会技术委员会的审查，形成报批稿。其在国际线缆会议上共发表了5篇有关防鼠测试方法、测试设备及防鼠光缆产品的科技论文。该公司先后获得防鼠光缆测试方法专利2项，防鼠产品设计专利4项。

（万红）

编写《发电厂直接空冷凝汽器单排管管束》

年内，北京龙源冷却技术有限公司完成《发电厂直接空冷凝汽器单排管管束》标准编写任务。龙源冷却成立行业标准编写小组，经过初稿、复稿、征求意见稿、送审稿、报批稿的逐次推进，及电力行业火电建设标准化技术委员会、汽轮机标委会相关责任专家的严格审核、修订，最终通过国家能源局审批并实施。

（蒋澜）

部分企业

SMC（中国）有限公司

SMC（中国）有限公司（简称SMC公司）是日本SMC株式会社在中国投资外商独资企业，1994年9月2日在开发区注册成立，1997年正式投产，投资总额230亿日元，注册资本210亿日元，占地面积19万平方米，厂房建筑面积10万平方米。SMC公司是现代制造、光机电一体化企业，其产品广泛应用于汽车制造、半导体制造、生物医药工程等高新技术企业。2011年，SMC公司职工人数2770人，平均年龄28岁，具有研究生、本科、大专、中专以上专业学历的技术人员占职工总数的65%，出口额达到1998年的60倍，国内销售额达到1998年的56倍。SMC产品的占有率在世界同行业中排名第一位。5月，SMC商标被国家工商总局认定为“中国驰名商标”，SMC公司成为中国气动行业中唯一获此殊荣的企业。7月，由中国机械工业企业管理协会主办的“2011年（第九届）《中国机械500强研究报告》暨《世界机械500强》发布会”在北京举行，SMC公司作为气动行业的代表，继续成功入选2011年《中国机械500强》和《中国机械500大》企业，分别名列229位、227位。10月，由国际人力资源管理

SMC（中国）有限公司外景　　企业提供

协会、首都经济贸易大学劳动经济学院、中国雇主品牌论坛理事会主办的“2011 中国最佳雇主榜单”在京揭晓，SMC 公司获“2011 中国最佳雇主”称号。年内，北京 SMC 教育基金会继续开展公益活动，向清华大学、哈尔滨工业大学等 12 所院校提供奖学金及教学科研经费，资助学术交流、研究活动，资助贫困地区教育事业，继续对援建的希望小学进行资助，改善校园环境。在云南盈江地震灾区 4 所学校中建设快乐音乐教室，5 所学校中建设快乐体育教室，改善灾区学生的就学环境。

（杨柏东）

经纬纺织机械股份有限公司

经纬纺织机械股份有限公司外景　　企业提供

经纬纺织机械股份有限公司（简称经纬纺机）是国资委管辖的中国恒天集团有限公司旗下的以纺织机械为主业，兼营商用汽车、医疗设备、农用机械以及信托业务的上市公司。2000 年，经纬纺机总部在北京设立，2003 年公司迁入开发区，为国家高新技术企业，在全国拥有 30 多家分、子公司，1380 多人的技术研发队伍。经纬纺机技术中心被认定为国家级技术中心，主要企业技术中心均通过省级认定，拥有纺织机械专利技术 500 余项，是国内最大的棉纺织成套设备供应商。在做精做强纺机主业的同时，经纬纺机还积极拓展新业务领域，形成了以纺机主业为核心、非纺机械（商用汽车、医疗设备、农用机械）、金融信托及股权投资共同发展的业务格局。农用机械有玉米收割机、挖掘装载机、饲料搅拌机等；医疗设备有热疗设备；商用汽车有载货汽车及其底盘、专用车、客车等。经纬纺机建有完善的国内市场营销和技术服务体系，在全国主要纺织产业区域建有销售技术服务网点，组建全国统一的备件物流中心，加强经纬纺机专备件供应，并将售后服务延伸到客户车间设备的日常维护保养，极大地满足了客户的需求。经纬纺机出众的成套技术和性价比优势，在国内市场上享有良好的声誉。经纬纺机的海外营销和技术服务，通过中国纺织机械和技术进出口公司（CTMTC）专业化的渠道，建立了覆盖全球的产品营销和技术服务体系，产品出口世界 40 多个国家和地区，在国际市场上有着重要的影响。2011 年，经纬纺机获得“2011 年度中国纺织服装行业社会责任信息披露实践示范奖”。截至 2011 年底，经纬纺机总资产 129.7 亿元，净资产 57.3 亿元，建有完善的科研开发、工艺技术、生产制造、采购供应、销售服务和经营管理体系，员工 14200 余人。年营业收入 100 多亿元，年利润总额近 15 亿元，经营规模、经济效益和管理水平等方面位列国内同行业前茅。

（刘君）

蓝星（北京）化工机械有限公司

蓝星（北京）化工机械有限公司（简称蓝星公司）隶属中国蓝星（集团）股份有限公司，是在原国有企业北京化工机械厂的基础上通过搬迁改造进入开发区的企业。蓝星公司于2006年11月注册成立，注册资本2亿元，主要产品有氯碱生产用离子膜电解槽及配套设备、隔膜法金属阳极电解槽，非标化工设备以及单元化工机械等。蓝星公司是目前国内唯一具备从基础设计、制造、安装到售后服务，能够提供成套离子膜烧碱装置“交钥匙工程”的专业工程公司。离子膜电解槽设计、生产能力名列国内首位、世界第3位。产品拥有自主知识产权，公司拥有专利30件，其中发明专利12件。“北化机”牌电解槽类产品一直保持北京市名牌产品称号。蓝星公司已经向国内外100多家氯碱生产企业提供了产能总计约1100万吨烧碱/年的离子膜电解装置，市场占有率达47%。蓝星公司是中国著名的化工设备及化工机械制造商，公司已通过ISO9001国际质量体系、ISO14001环境体系和ISO18001职业健康安全体系认证证书，拥有国家颁发的A2级三类压力容器设计、制造许可证，美国机械工程师学会（ASME）颁发的压力容器设计制造证书及U和U2钢印标志。蓝星公司是市高新技术企业、中关村第二批百家创新型试点企业、市专利示范单位、市企业技术中心、市氯碱装备工程技术研究中心、开发区企业研究中心，被中国石油和化学工业协会认定为中国化工行业技术创新示范企业。公司先后获得中央企业先进集体荣誉称号、国家科技进步二等奖、北京市首届专利发明奖二等奖、第十届中国专利优秀奖、北京市科学技术奖二等奖。2011年，蓝星公司有职工930人，资产总额131532.6万元，工业总产值135200万元，营业收入107845万元，上缴税费总额4280万元。

（王洪余）

施耐德（北京）中压电器有限公司

施耐德（北京）中压电器有限公司（简称施耐德中压）是一家专注于提供中低压成套设备及技术解决方案的中外合资生产型企业，1997年5月在开发区成立，总面积1.4万平方米，其中车间面积0.8万平方米，库房面积0.35万平方米。2011年，施耐德中压中标恒力石化（大连）有限公司PTA-1、PTA-2主装置MCC低压开关柜项目、中国人寿数据中心机房低压配电柜项目；为澳洲奥林匹克Ammonia项目一期提供设备间Okken低压柜，完成并柜并进行调试；交付中国移动通信集团山东有限公司东营分公司采购的Okken低压柜；完成北京金融街国家开发银行项目，为甲方提供了90台Okken低压柜。2011年，经过审核，施耐德中压被确定为壳牌公司Okken低压柜的工程设计及生产基地。自此施耐德中压成为壳牌公司全球第二大工程设计及生产商。截至2011年底，施耐德中压有员工340人，企业注册资金650万美元，营业额9.3亿元，纳税额6077万元。

（刘韧 张敏 陈君）

北京ABB低压电器有限公司

北京ABB低压电器有限公司外景　　企业提供

北京ABB低压电器有限公司（简称ABB低压）成立于1994年11月，由ABB（中国）有限公司与北京敬业电工集团共同投资创建，是ABB集团在华30多家生产制造基地之一。公司主要生产终端配电保护产品和建筑电器附件产品，产品核心技术来源于ABB德国、ABB意大利等公司，广泛应用于城乡建筑、工业及公共事业等自动化领域。终端配电保护产品包括微型断路器产品、电磁式及电子式剩余电流断路器产品、隔离开关及其他模数化终端配电产品、电涌保护器、智能电表、配电箱、充电桩，广泛应用于城乡建筑、工业及公共事业等自动化领域。建筑电器附件产品包括机械开关产品、插座产品、弱电插座产品、酒店功能控制产品、附件产品。2011年，公司共有员工700余人，其中本科以上学历职工占员工总数30%。公司总投资2900万美元，销售收入持续增长，出口业务稳步增加。安装调试成功全自动微型断路器装配生产线—Jupiter（“木星”）线并开始进行试生产，同时拥有多条自动化生产线，保证产品质量一致性，同时，ABB低压特别关注于新产品技术的研究，公司专利申请40项，参与ABB集团多个产品研发项目，自主开发设计的“由·艺系列”开关插座获得由北京工业设计促进中心和中国工业设计协会等单位共同颁发的“2011年中国创新设计红星奖”。

（边卡　杨朝辉）

北京华德液压工业集团有限责任公司

北京华德液压工业集团有限责任公司（简称华德液压）是由集团总部、研发中心、营销服务网络、生产基地（分公司）及控股子公司等组成的国有大型有限责任公司，拥有完善的营销服务网络，产品和服务遍及全国并远销世界各地。华德液压旗下产品包括液压阀、液压泵马达、液压成套设备、液压铸件及密封件等，是国内产品种类齐全的专业液压元件及集成设备的设计、制造、服务供应商。华德液压是北京京城机电控股有限责任公司下属重点企业，中国液压气动密封件工业协会副理事长单位、中国机械工业500强企业，先后获得“北京市名牌产品”、“全国用户满意产品”、“中国液压行业最具影响力品牌”及“中国市场用户满意第一品牌”等称号。截至2011年，华德液压已具备年产200万件液压阀、10万台液压泵马达、5亿元成套设备的产销能力。华德液压服务于机床、冶金、工程机械、环保、船舶、航天及军工等多个领域，参与了多项国家重点工程和国防装备的改造项目。2011年启动实施工程机械关、主液压件产业化建设项目，进军工程机械高端液压件领域，助推中国工程机械行业扭转高端液压件长期依赖进口的局面。同时，集团还入选工业和信息化部品牌培育试点企业、中关村国家自主创新示范区“十百千工程”第二批重点培育企业（创新平台发[2011]25号），北京市将给予“一企一策”重点扶持，使企业创新能力进一步增强，品牌知名度和产业带动力显著提升。

（岳高丽）

北京龙源冷却技术有限公司

北京龙源冷却技术有限公司（简称龙源冷却）是中国国电集团所属国电科技环保集团股份有限公司的控股子公司，2006年5月注册成立，以发电厂的空气冷却系统（空冷）设计、空冷系统核心设备制造、成套设备供货、施工安装服务为主营业务，是具有大型机组空冷系统总承包能力的专业化空冷高科技企业。龙源冷却的空冷系统核心设备——空冷散热器生产基地占地3.5公顷，引进了直接、间接空冷散热器生产线，直接空冷生产线年产可满足12台600MW直接空冷机组空冷散热器的设备供应，间接空冷生产也较同类公司有明显产能优势。2007年，龙源冷却取得ISO9001:2000质量、ISO14001:2004环境和GB/T28001—2001职业健康安全“三标一体化”管理体系认证证书及英国UKS国际质量体系认证证书；2009年，取得散热器产品认证证书，并获得欧盟CE认证，被国家电力行业评为AAA级信用等级企业。龙源冷却设有独立的空冷技术研究分公司，获批准多项技术专利，掌握的核心专有技术18项。2011年1月，龙源冷却与美国益美高集团合资合作，在美国马里兰州托尼敦市注册成立益美高龙源冷却空冷公司（EVAPCO-BLCT DRY COOLING,INC.），将在世界范围内开发和销售空冷式凝汽器。截至2011年底，龙源冷却职工总人数500余人，其中电站空冷系统的设计人员和生产技术管理人员约200人，大学以上学历占95%以上，拥有由国内知名空冷专家为首的一批具有博士、硕士和高级职称的专业技术队伍。龙源冷却总资产由最初的1.18亿元增长到11亿元，生产总值增长到近8亿元，税收4389万元，国际国内空冷机组装机容量超过2万兆瓦，市场占有率居行业内领先地位。龙源冷却承建的多个项目在2011年度全国火电能效对标竞赛中获奖，其中国电内蒙古东胜热电有限公司龙源冷却2号机组获一等奖。

2×66CMW直接空冷机组　　企业提供

（张靖　蒋澜）

英资莱尔德无线通信技术（北京）有限公司

英资莱尔德无线通信技术（北京）有限公司（简称英资莱尔德）前身是阿尔贡电信设备（北京）有限公司，2001年

8月在开发区成立，隶属于英国伦敦的莱尔德集团私人有限公司。英资莱尔德主要生产手机天线、天线模组、集成于中壳或背壳上的天线模块以及手机的滑动组件、相机开关快门组件等产品。英资莱尔德拥有自己的研发团队，独立从本地客户和国际大客户得到项目，研发产品，设计制造生产线，产品和技术出口到世界各地，拥有的客户群包括诺基亚、索尼爱立信、摩托罗拉、华为、OPPO、RIM等。英资莱尔德拥有研发中心、先进的研发和测试设备，其地位与设立于美国硅谷和瑞典斯德哥尔摩的研发中心并驾齐驱，为莱尔德公司三大研发中心之一。英资莱尔德是国家高新技术企业、中关村高新技术企业，获得了ISO9000、ISO14001和OHSAS18001等国际标准认证，以及索尼公司绿色伙伴认证和三星公司的ECO伙伴认证。2011年，英资莱尔德员工人数近2500人，引进的三维形状激光扫描后金属化天线制造技术及电镀生产线投入运营，研发中心添设了专门从事与面向未来技术的先进技术研发组，为公司的未来发展提供了新的引擎。年内公司被英国商会授予年度最佳公司称号。

（王雷　刘静）

安川首钢机器人有限公司

安川首钢机器人有限公司（简称安川首钢机器人），前身为首钢莫托曼机器人有限公司，2011年正式更名。公司由中国首钢总公司和日本株式会社安川电机共同投资，1996年8月成立，专业从事工业机器人及其自动化生产线设计、制造、安装、

安川首钢机器人有限公司外景　　企业提供

调试及销售，致力于中国工业机器人应用技术的发展，提高中国的工业自动化水平和生产效率。安川首钢机器人具有强大的系统集成能力，通过北京总部和上海分公司两大生产、研发基地，不断为用户提供最佳的解决方案，生产出满足不同用户需要的弧焊、点焊、搬运等各种机器人应用系统，应用于汽车、摩托车、工程机械等行业。随着国家环保、节能减排、减轻人员作业强度需求的进一步提高，公司生产的机器人应用系统在环保、太阳能、食品等领域的市场份额不断扩大。2011年，安川首钢机器人在北京召开第22届董事会，讨论通过了关于调整合营各方出资比例的决议，同意由株式会社安川电机购买岩谷产业株式会社12%的股份，并拥有相应的权力，承担相应的责任和义务，株式会社安川电机拥有55%的股份，首钢总公司拥有45%的股份。

（李彩云）

北京北开电气股份有限公司

北京北开电气股份有限公司（简称北开电气）前身是北京开关厂，1999年12月组建为股份制企业，具有60年高压开关产品制造经验，现已成为国内输配电设备制造行业的骨干企业，于2003年

搬迁至开发区，占地面积 14 万平方米。北开电气在全行业率先通过了 ISO9001 质量管理体系认证、ISO14001 环境管理体系认证和 GB/T28001 职业健康安全管理体系认证。北开电气拥有一流的硬件设施、现代化的物流系统和 ERP 管理系统，采用先进的精加工中心、数控设备、焊接机器人、激光切割、复合柔性加工生产线，所有核心主件均实现了专业化生产。北开电气拥有系统检验设备，大型的实验室可以实现 550 千伏产品的高压绝缘试验、机械特性试验和温升试验等。北开电气致力于高、中、低压开关控制设备，超导和机电一体化开关控制设备技术的研究、项目的投资管理、销售、制造及安装维修服务，主营 SF6 组合电器、SF6 断路器、真空断路器及真空接触器、低压陆用 / 船用 / 舰用空气断路器、高低压成套配电装置及核电站控制设备等产品，作为国家电网公司和南方电网公司主要设备供应商，产品广泛应用于电网、电厂、电气化铁路等市场。2011 年，北开电气有员工 900 余人，其中技术人员 300 余人。年内，公司通过国家三级保密资格单位认证；通过《武器装备科研生产许可现场审查申请》现场审查，获得了武器装备科研生产许可证书；获得北京质量协会颁发的“优秀会员单位推进质量活动特别贡献奖”；被中国电力企业联合会评定为 AAA 级信用企业。

（李劭晶　崔小维）

北京供电福斯特开关设备有限公司

北京供电福斯特开关设备有限公司（简称福斯特）2002 年进驻开发区，整个园区占地面积 2.7 万平方米，公司下设 4 大部，包括 7 个部门，3 个车间，有大中小型设备 16 台套，装备了从日本进口的 58 工位数控冲模回转头压力机、数控剪板机、数控折弯机等。公司主要产品是高低压开关设备，共五大类二十几个品种，销往全国各地。主要生产 JYN1-40.5、KYN10-40.5 等高压成套设备；ZN12-12（40.5）、ZN28-12、ZN63A-12 等真空断路器；生产的 JYD2000 等低压成套设备，优先选用 ABB、施耐德、穆勒、西门子等进口或合资元器件，同时可选用北京人民电器、上海人民电器等国内知名企业产品，广泛应用于石油化工、发电、输变电、配电及企事业等各行业。2003 年 1 月，福斯特通过了埃尔维质量认证中心（EWC）的 ISO9001:2000 质量体系认证，并按照 GB/T19001-2000 idt ISO9001:2000《质量管理体系》建立了可靠的质量保证模式。截至 2011 年底，福斯特职工总人数 490 余人，其中具有高级技术职称的有 15 人，中级技术职称 46 人，初级技术职称 58 人。2011 年，福斯特销售额 6.5 亿元，利润 5000 万元，纳税额 900 万元。

（陈林）

北京赛德高科铁道电气科技有限责任公司

北京赛德高科铁道电气科技有限责任公司（简称赛德高科）是国家级高新技术企业，致力于轨道交通高压电器产品的系统集成研发和制造；高压电器系统集成产品全面进入中国北车、中国南车的和谐号

赛德高科高压厂区　　企业提供

动车、机车领域；受电弓系列产品覆盖全部速度等级的和谐号动车、机车和地铁、轻轨车辆；系统集成产品型号规模、产量规模稳居全球第一，产品出口日本、新加坡、阿根廷、印度等国家和地区，进入技术引进、吸收、创新、出口的高速发展轨道。公司下设高压电器研发中心和高压电器实验室（北车集团国家重点实验室分支机构），有教授级高工、高级工程师、博士、硕士、北车集团专家、工程师、高级技师、技师等35人组成的研发团队，专注于高压电器产品的系统集成、研发、实验，同时与清华大学、浙江大学、西南交通大学等高校开展产学研合作和交流。公司下设两个制造基地，生产面积3万多平方米，高精尖加工、焊接、实验、检测设备50台套，有20名高级技师、技师、高级工、国际焊接技师、国际焊接技士组成技能团队。公司成立以来先后取得多项研发成果和专利：2004年，DSA200受电弓被国家科学技术部等4部委认定为“2004年国家重点新产品”，并承担了铁道部部级科研项目—300km/h受电弓的研制；2005年，DSA200受电弓被北京市评定为“北京市高新技术成果转化项目”；2008年，与清华大学共同完成了教育部科技成果项目——“高速列车受电弓导流板设计及优化”；2009年，联合西南交大承担的国家科技支撑计划——V500受电弓研发，国拨资金1000万元，赛德高科获得其中149万资助；2010年12月，装备DSA380受电弓的CRH380AL动车组在京沪线试运行中创造了486.1公里/每小时的中国第一速。截至年底，赛德高科职工总人数103人，企业销售收入3.85亿元，净利润6837万元，上缴各项税金3517万元，获得“2011年度开发区纳税增长五十强”表彰。公司获得国家发明专利1项，实用新型专利38项，外观设计专利4项。2011年，赛德高科的高压电器产品市场占有率快速提升，1万多架受电弓和2000多套系统集成产品运行在京沪、武广、郑西等高速铁路和客运专线及20个铁路局的货运大动脉上。

（王颖平）

北京宏达日新电机有限公司

北京宏达日新电机有限公司（简称宏达日新）为原北京北开日新高压开关设备有限公司，是中日合资企业，成立于2001年9月，位于开发区宏达南路8号。公司注册资本6500万元，中方股东是北京京城机电控股有限责任公司，持股比例为15%，外方股东是日本日新电机株式会社，持股比例为85%。公司是国家高新技术企业，主要从事设计、生产和销售六氟化硫气体绝缘组合电器（简称GIS）及售前、售后服务和咨询等业务，主要技术和产品从日新电机株式会社引进，主导产品包括126KV GIS、252KV GIS、72.5-

168KV无功补偿专用开关等。2011年，宏达日新销售收入29773万元，产值30279万元，增加值8910万元，利润4392万元，利税7008万元，荣获了由市国家税务局和市地方税务局联合颁发的“纳税信用A级企业”称号。截至2011年底，宏达日新资产总额39012万元，日常经营管理机构设置为8个部门，有从业人员182名。

（倪朋飞）

北京康宁光缆有限公司

北京康宁光缆有限公司（简称康宁光缆）成立于1993年6月，是由美国康宁公司、北京兆维科技股份有限公司、北京兆维电子（集团）有限责任公司、北京西海工贸公司和中国普天信息产业集团公司共同投资组建的高科技合资企业，总投资额5838万美元。产品以光缆为主，同时还提供多种光网络连接产品，广泛应用于电信、联通、网通、移动、广电、铁路、国防系统、石油、高速公路等领域的网络通信建设，其中光缆产品在中国累计敷设超过120万皮长公里，光纤敷设超过2000万芯公里，在国家一级干线的敷设量超过3.9万皮长公里，对亚太地区及美国市场的出口总量超过6万皮长公里。公司取得了ISO9001、ISO14001、OHSAS18000认证和TL9000通信行业质量体系认证。2011年，康宁光缆职工总人数285人，在中国各省市销售光缆产品累计超过10万皮长公里，敷设光纤超过245万芯公里，在中国电信集团公司西藏地区光缆干线项目中中标，向西藏电信提供高寒地区加强型光缆产品，全年销售额累计超过3.4亿元。

（万红）

北京华东电气股份有限公司

北京华东电气股份有限公司（简称华东电气）成立于1985年，注册资本1亿元，固定资产2.8亿元，占地面积6万平方米，建筑面积4万平方米，具备年销售3亿元的生产能力。华东电气致力于以客户为中心的高压、中压、低压开关成套设备的研发、制造、服务，服务于核电站、城乡电网、发电厂、变电站、石油、化工、冶金、造船、电气化铁路、地铁、城市轻轨、港口、军队国防、垃圾电站及环保等行业，是国家定点制造高低压成套开关设备的企业，主要产品被列入《全国城乡电网建设与改造所需主要设备产品及生产企业推荐目录》，被国家电力公司电力规划设计总院、国家电力公司成套设备部列入《电力工程主要辅助设备推荐厂商目录》。华东电气拥有自营进出口业务资格，被市科委、市财政局联合评定为“高新技术企业”。从1999年起，连续9年被市工商局命名为重合同守信用单位。华东电气多项产品和技术获奖或取得专利，其中GHK-Z2000型低压抽出式开关柜和HKA-12型金属铠装移开式开关设备、LW50-252/3150-50罐式断路器先后被科技部等5部委评为国家级重点新产品；KYN28A-12型大电流开关柜和LW50-252/3150-50型罐式断路器分别被科技部和市科委列入国家、市重点火炬计划项目；ZF10B-126型SF6金属封闭组合电器、N28A-12、

HKA-12 型高压开关柜、GHK-Z2000 型低压抽出式开关柜与西门子合作生产的 SIVACON8PT 低压开关柜被市科委、市发改委列为市高新技术成果转化项目和市自主创新产品。2011 年，华东电气有职工 328 人，工程技术人员及管理人员 150 余人，其中 70% 具有高级技术职称，公司全年销售产值 2.2 亿元，销售收入 15385 万元，同比增长 2.13%；利润额 1151 万元，同比增长 15.67%; 纳税额 1148 万元。

（彭立华）

萨姆森控制设备（中国）有限公司

萨姆森控制设备（中国）有限公司外景　　企业提供

萨姆森控制设备（中国）有限公司（简称萨姆森公司）是萨姆森国际控股股份有限公司的全资子公司，1998 年 5 月在开发区成立，占地面积 10138 平方米。萨姆森公司在上海、成都、南京等先后设立了分公司或办事处，并且在上海、南京、成都成立了维修中心。萨姆森公司构筑起服务全国的营销网络，售后工程师都具备德国认可的资质，并拥有 5 年以上的服务经验，具有与国际同步的技术水平。萨姆森公司与包括北京热力、中石化、中石油、拜耳等在内的众多大型知名企业建立了良好的合作关系，不断参与中国各行各业的发展建设。2011 年，萨姆森公司正式上线 IFS 系统，实现了萨姆森中国公司与萨姆森全球其他集团子公司数据连接的信息化统一管理。2011 年底，萨姆森公司职工总人数 180 多人。

（高立春　高岩）

中国航空技术北京有限公司

中国航空技术北京有限公司（简称中航国际北京公司）成立于 1992 年，是中国航空工业集团公司的成员单位，中国航空技术国际控股有限公司的全资子公司，有船舶和机电工程总包两个核心业务板块。船舶业务主要包括船舶设计、制造、贸易和投融资平台。公司拥有自己的船舶制造基地——中航威海船厂有限公司和泰州中航船舶重工有限公司，年建造能力 200 万载重吨。机电工程总包业务主要包括水泥工程、机械车辆、石化、电力等方面，具有包括工程设计、设备集成、安装调试、现场管理等全价值链服务能力，为客户提供整体解决方案。公司在美国、德国等国家建有公司或代表处，在开发区建有工业园并注册登记了北京凯昌技工贸发展有限责任公司、北京凯堡清洁设备有限公司、北京凯通恒达投资管理有限公司、北京凯祥恒业贸易有限公司、北京凯玖科技发展有限责任公司和中航凯新（北京）船舶有限公司等公司。2011 年，公司本部及投资企业共有员工近 5000 人，实现销售收入 84 亿元，同比增长 100%，利润总额 4.8 亿元，同比增长 40%，3 年平均复合增长率 136%，纳税总额 8600 万元，同比增长 270%。年内，捐资成立的第二所希望小学——位于山东省梁山县马营乡的长青希望小学奠基，新学校建成后，将解决近500名小学生上学问题，服务9个行政村。

（刁伟程）

中冶京诚工程技术有限公司

中冶京诚工程技术有限公司外景　　企业提供

中冶京诚工程技术有限公司（简称中冶京诚）前身是成立于1951年的北京钢铁设计研究总院，于2003年11月28日改制为国际化的工程技术公司，隶属于世界500强企业中国冶金科工集团公司。中冶京诚提供多行业的工程全流程服务，形成了以工程咨询和工程承包为中心，装备制造和投资开发为支撑，资产和资金运作为策应的业务架构；实现了从单一的钢铁行业工程咨询、设计业务向矿山和工业工程、装备和材料制造、市政和公用设施、资源开发业务转型，业务领域延伸至矿山、机械、造纸等多个行业。服务涵盖了工程设计、装备研发与制造、工程咨询等全过程。在业内率先获得“国家综合设计资质”、“国家工程监理综合资质”等一系列国家行业最高级别的行政许可。完成多项国家重点工程设计和科研课题，荣获国家发明奖、国家和省部级科技进步奖、国家和省部级优秀工程设计奖等500余项，拥有职务发明专利300余项，主持或参加了260余项国家和行业标准的编制工作。中冶京诚先后为国内外500余家客户提供了近5000项工程技术服务，经人力资源社会保障部的批准建有中冶京诚博士后科研工作站。2011年，中冶京诚在住房城乡建设部、中国勘察设计协会举办的全国勘察设计单位营业收入百强年度排名中位居全国第2名；被中关村管委会和市质监局评为“TC/SC推进先进单位”；所承担的江西九江钢厂有限公司以新代旧综合利用技术改造工程项目获第六届全国建设工程优秀项目管理成果一等奖；子公司华宇公司设计的国贸三期工程获第七届全国优秀建筑结构设计奖一等奖；中冶京诚参加了第11届德黑兰国际工业展览；被中央精神文明建设指导委员会评为“全国文明单位”。截至年底，中冶京诚有国家工程设计大师3人，享受政府特殊津贴专家73人，全国冶金高级管理专家3人，全国冶金高级技术专家29人，中冶集团首席专家3人，中冶集团工程技术院院士5人，具有国际认证资格10人，国家注册人员718人；教授级高级工程师357人，高级工程师618人，工程师1091人；博士70多人，硕士1125人，本科生2030人。2011年中冶京诚完成营业额136.53亿元，同比增长35.67%，纳税额 9.55 亿元，同比增长 49.67%，利润额 6.05 亿元，社会贡献额 30.47 亿元，同比增长 30.3%。

（程芳）

北京京诚瑞达电气工程技术有限公司

北京京诚瑞达电气工程技术有限公司（简称瑞达公司）是中冶京诚工程技术有限公司的子公司，成立于 1998 年 4 月，前身为北京赛瑞斯达电气设计研究所，2004 年 4 月改制成立瑞达公司，同年迁入开发区。瑞达公司集工厂设计、设备设计、设备制造、软件编制和现场调试等各项工作为一体，可承接工程设计、技术咨询、技术服务、设备成套、项目总承包等项业务，尤其在冶金行业基础自动化系统及传动系统的设计和调试方面具有丰富经验。现已成为国内冶金行业知名控制系统集成商，业务量得到快速发展，1999 年到 2011 年累计合同总额超过 45 亿元。公司业务范围覆盖了冶金行业的原料、高炉、转炉等非冶金类市场，与多家世界知名企业形成了长期、稳定的合作关系，遍及美国、瑞典等国家，是 SIEMENS、ABB、AB、Schneider、GE 等公司的系统集成商或代理商。瑞达公司拥有实力雄厚的研发团队，建有一流的研发中心，配备了大部分项目应用所涉及的主流设备，可用于完成各种类型的过程控制、工艺控制以及运动控制试验，为公司将高新技术产品化奠定基础。2011 年，在亦庄办公区的实验中心投入使用，设有演示中心、仿真中心、培训中心等，其网络系统可以实现目前流行的全冗余配置、工业总线网络、实时以太网、无线网络通信和远程访问等功能。瑞达公司通过了中国船级社的质量、环境、职业健康安全管理体系认证，被市科委授予高新技术企业，已正式成为中国节能协会节能服务产业委员会会员单位，被列入到国家《节能服务公司备案名单》之中。截至 2011 年底，瑞达公司在职员工 400 余人，其中博硕研究生 100 余人，中高级技术职称 220 余人，国家注册执业资格 50 余人，全年营业收入 5 亿元，利润 6000 万元，纳税额 5800 万元。

（郑欢）

北京和利时集团

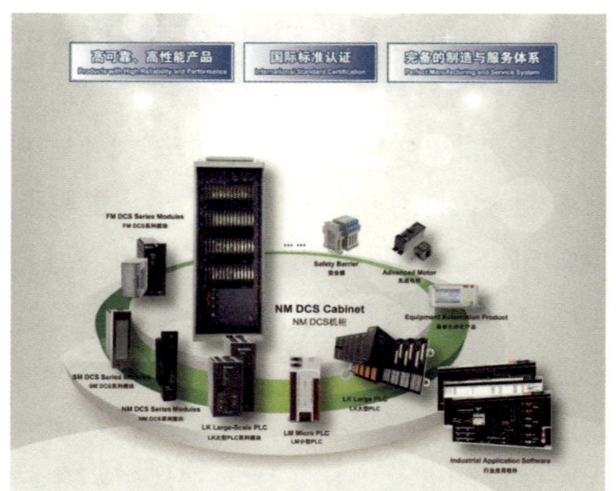

和利时集团产品　　企业提供

北京和利时集团（简称和利时）成立于 1993 年，是一家从事自主设计、制造与应用自动化控制系统平台和行业解决方案的高科技企业集团，于 2008 年在美国纳斯达克上市。和利时的业务单元主要包括过程自动化（DCS）、工厂自动化（PLC 及驱动）、核电站数字化仪控系统、高速铁路、城市轨道交通自动化等；提供的自主技术、高品质自动化平台及解决方案，在国内率先成功应用于核电站、大型火电机组、铁路提速和城市轨道交通等多种关键装备及重要工程；自主开发制造的信号系统和综合自动化系统在高速铁路和城市轨道交通方面获得广泛应用；核心产品DCS及PLC在核电、火电、石化等行业的成功实施工程项目超过1万项，PLC与驱动产品相继获得CE、UL认证。集团产品通过直销、代理和分销网络已遍及世界各地，产品海外出口量逐年增长，已经成为自动化行业知名品牌。和利时被发展改革委、财政部、海关总署、税务总局联合认定为国家级企业技术中心，是科技部、国资委、全国总工会认定的创新型企业，具有计算机信息系统集成一级资质，是市高新技术企业、软件企业，国家“863”成果产业化基地，拥有国家级企业技术中心和博士后流动工作站，被国际权威市场研究机构ARC列入全球50强自动化产品供应商，是全国优秀博士后科研工作站，连续多年被评为中国软件行业100强企业。截至2011年底，和利时承担“863”计划等国家级重大科技专项20余个，拥有自主产品开发专利及软件著作权200余项，其中发明专利35项，获得国家发改委颁发的“国家高技术产业化十年成就奖”，参与并主持多项国家标准的制定。2011年和利时主持编写的《轨道交通行业标准》有3项发布成为国家标准，获得国家科技重大专项“自主知识产权的核电站数字化仪控系统平台研制”课题。2011年，和利时员工总人数3000余人，85%以上为大学本科毕业，其中硕士研究生占比68%以上，销售额达30亿元，出口业务共完成合同额5000万元，出口到16个国家和地区，实现净利润2.86亿元。

（陈盈）

北京赤那思电气技术有限公司

北京赤那思电气技术有限公司外景　　企业提供

北京赤那思电气技术有限公司（简称赤那思）创立于1999年1月8日，致力于无功补偿、谐波治理技术及电能质量优化领域的研究，产品应用于能源电力、汽车制造、船舶重工等领域。赤那思通过了国家高新技术企业认证，ISO9001:2008、ISO14001:2004认证及CCC国家强制性产品认证，获得了全国优秀企业家创业奖章和市科委科技成果转化扶植资金，被评为科技创新型中小企业100强。赤那思拥有独立的产品进出口权，是中国企业联合会、中国企业家协会、中国电气工业协会电容器行业分会、中国电力电容器行业标准起草委员会、中国电工技术学会电力电容器专委会会员，是《高压无功补偿装置》国家标准编制委员会、《高压电力滤波装置设计与应用导则》国家标准编制委员会成员单位。公司产品入选2009年市第二批自主创新产品目录，是市政府采购的首选产品。赤那思注重技术力量的积累与培养，在国内著名学术带头人赵翯的领导下有一大批专家与技术人员，建立了产品研发中心，与行业内的科研机构及大专院校保持紧密的合作关系，形成了多项自主知识产权及特色产品，部分产品代表着国内乃至世界的先进水平，在业内率先提出了用规范的产品解决不规范的系统的设计方向。“全部产品保修三年”是赤那思电气为保证用户利益的一大创举，在全国各地建立服务中心随时随地为新老用户服务。2011 年，赤那思向国外发展业务，与德国石荷州经济技术促进中心达成了共同合作意向，低压无功补偿产品顺利通过了 CE 认证，与山东电建三公司合作的沙特阿拉伯项目装机调试成功，赞比亚、越南项目顺利交货。金蝶 ERP 管理系统的正式启动与成功上线，结束了赤那思多年的手工管理方式，全面迈向了高效的系统化管理模式。截至 2011 年底，赤那思员工总人数 124 人，其中博士学位 2 名，硕士研究生 5 名，具有学士学位 37 人，全年营业额突破 8000 万元，同比增长 23%。

（战子英）

北京国能子金电气技术有限公司

北京国能子金电气技术有限公司（简称国能子金）是 2011 年新入区企业，注册资本 1 亿元，占地 62000 多平方米，现有员工近 200 名，其中博士 5 名，硕士 30 名，大专以上学历占 80% 以上；拥有 60 多名科技人员；现已申请发明专利 5 项，实用新型专利 8 项，软件著作权 6 项。国能子金主要从事智能电气设备的研发、设计、生产和销售业务，是北京市高新技术企业、中关村高新技术企业。主要产品系列有（干式、油浸式）高压动态无功补偿及谐波治理成套装置（MSVC）、自动调谐偏磁式消弧线圈、高压静止无功发生器（SVG）、有源滤波成套装置（APF）、高压自动无功补偿电容柜、调压式动态无功补偿装置、干式变压器、特种电抗器、柱上式线路电压无功自动控制装置、高压开关柜局部放电检测仪等智能电气设备，在电网、风电、光伏发电、煤炭、铁路、冶金等行业得到广泛应用，其中磁控电抗器产品在电网公司的市场占有率第一，产品的可靠性和各项性能指标得到好评。截至 2011 年底，公司总资产 13968.89 万元，净资产 9799 万元，实现销售额 1266.68 万元，交税总额 30 万元。

（张传青）

汽车制造

概况

2011 年，新区共有汽车零部件企业 16 家，汽车电子制造企业 10 家，聚集了一批高端零部件配套厂商，初步形成了由德尔福、康明斯等 20 余家企业组成的奔驰配套零部件产业园，为开发区汽车产业的壮大发展提供了有力保障。采育新能源汽车产业园引进北京北汽光华汽车部件有限公司、北京海纳川长鹏汽车部件有限公司等 3 个新项目；北京汽车新能源汽车有限公司已于8月正式投产。为配合开发区奔驰增产项目落地，开发区产促局统计了与奔驰相关的55家配套企业情况，为项目排序做前期准备；主动接触高质量“三小电”（电辅助制动、电助力转向、电动空调）企业，储备此类企业及研发机构相关信息，为吸引其入驻园区做准备，从而达到以新能源汽车项目“三大电”（电池、电机、电控）为基础，“三小电”为辅助的科学整体产业布局目标。截至年底，新区汽车及交通设备产业的产值达到352.3亿元，同比增长90.5%，是四大主导产业中增速最快、成长性最好的产业。其中，拥有125年历史的北京奔驰汽车围绕奔驰发动机项目，形成开发区核心区、瀛海镇、采育镇一体化布局奔驰配套产业园格局，打造奔驰整车、发动机、研发中心上下游产业链的产业集群，年内产值达到296亿元，实现税收41.9亿元。年内，奔驰第一辆GLK越野车正式下线；奔驰前驱车项目已获得市发改委项目核准批复；奔驰后驱车扩产项目也已获得市发改委项目核准批复，已于当年7月开工。戴姆勒唯一的海外研发中心——MRA及研发中心项目，总投资6.6亿元，建成后将主要进行新产品试制、试验，零部件测试、认证，适应性改进及支持新产品国产化等。戴姆勒唯一一个海外发动机工厂，将引进奔驰M274/M270/M276发动机，实现北京奔驰及福建戴姆勒整车发动机全部国产化并一部分出口。依据戴姆勒集团与北京奔驰的长期发展规划，在2015年之前，要将MFA（前驱）产品引入中国，打开豪华紧凑型车型的市场。

（李靖思 孔祥龙 穆涛）

发展改革委领导到新区调研

发展改革委领导到新区调研　　高宁 摄

1月7日，发展改革委高技术产业司司长綦成元到新区调研北京市汽车产业发展情况。綦成元一行先后考察了北京新能源汽车科技产业园和北京奔驰汽车有限公司，了解企业在科技研发、产品创新、长期发展规划、市场销售等方面的情况，并听取大兴区、开发区“十二五”规划和“一区六园”产业规划情况汇报。市委常委赵凤桐出席。市发展改革委副主任张燕友，市经济信息化委副主任梁胜，海淀区副区长陈双，中关村管委会副主任王汝芳、杨建平，开发区管委会主任张伯旭、副主任文献等陪同调研。

（陈思）

大兴区与北汽签署框架协议

1月24日，大兴区政府与北汽集团签署战略合作框架协议。新区领导李长友、绳立成、文献，北京汽车集团有限公司董事长徐和谊等领导出席签约仪式。根据协议，未来双方将在整车制造、零部件生产及服务配套等多方面进行更为深入的交流与合作。

（穆涛）

中央主要领导到北京奔驰公司调研

2 月 16 日，中共中央政治局常委、全国政协主席贾庆林和随行的全国政协副主席兼秘书长钱运录，在中共中央政治局委员、市委书记刘淇和市委副书记、市长郭金龙，以及市委、市政府领导，大兴区和开发区等领导陪同下，到北京奔驰公司调研。北汽集团董事长兼北京奔驰董事长徐和谊，北汽集团总经理汪大总，北京奔驰总裁兼首席执行官戴斯，北汽集团副总经理、北京奔驰高级执行副总裁、党委书记蔡速平陪同调研。

（阮伟建）

签署北京奔驰未来发展项目框架协议

6 月 28 日，《北京奔驰发动机工厂、研发中心和新项目投资框架协议》在德国柏林总理府签署。国务院总理温家宝与德意志联邦共和国总理默克尔以及北京汽车集团有限公司董事长兼北京奔驰汽车有限公司董事长徐和谊、戴姆勒股份公司董事长兼梅赛德斯 - 奔驰汽车集团总裁蔡澈博士等出席了签约仪式。《协议》总投资额约 20 亿欧元，将用于北京奔驰公司筹备生产的 GLK 中型豪华越野车和未来即将引进的紧凑型乘用车，建立新发动机工厂、研发中心等重点项目。根据协议，继 2011 年引进生产中型豪华越野车 GLK 之后，北京奔驰还将引进生产 3 款梅赛德斯 - 奔驰新一代紧凑车型。奔驰发动机工厂、研发中心等发展项目的确定，标志着汽车合资企业核心技术领域以及企业技术升级和技术开发平台建设的重大突破，北京奔驰将成为北汽集团的利润中心和技术龙头，带动和促进整体素质和实力的提高。

（王新美　陈思）

北京海纳川长鹏汽车部件有限公司

6 月，采育新能源汽车产业园引进北京海纳川长鹏汽车部件有限公司。该公司由北京海纳川汽车部件股份有限公司与重庆长鹏实业（集团）有限公司共同出资，专业从事汽车隔音、隔热及震动、噪声、舒适度（NVH）等系统产品，包括汽车顶棚、地毯、消音隔热垫及其附属延伸产品的研发、生产、销售和售后服务。公司全面服务于北汽集团各整车厂及相关客户，致力于打造国内一流的汽车隔音降噪专家，为客户提供 NVH 系统性解决方案。

（穆涛）

北京奔驰新发动机工厂奠基

北京奔驰新发动机工厂奠基　　刘柳　摄

7 月 9 日，“北京奔驰新发动机工厂奠基暨未来发展项目启动仪式”在开发区举行。仪式上，副市长苟仲文、开发区工委书记林克庆等出席并讲话，北汽集团董事长徐和谊、北京奔驰总裁兼首席执行官戴斯、北京奔驰高级执行副总裁蔡速平、经营管理团队成员和部分员工代表等共

300 人参加。该工厂占地总面积约 30 公顷，由中德双方共同投资，是戴姆勒在德国以外地区建立的首个发动机工厂。工厂计划在 2013 年 6 月正式投产，首先推出 1.6L、2.0L、3.0L 三种排量新型汽油发动机，一期产能 25 万台以上，以满足国产奔驰车型发动机需求。此外，新工厂还将进行发动机主要零部件加工及发动机总成的装配和试验、检测等工作。该项目是 6 月 28 日在德国柏林签署的《北京奔驰发动机工厂、研发中心和新项目投资框架协议》内容之一。

（李靖思 郜小丹）

德尔福扩建项目开工

10 月 25 日，“北京德尔福万源发动机管理系统新厂址奠基仪式”在开发区举行，绳立成出席。项目总投资 3.6 亿元，占地面积约 3 万平方米。此次德尔福公司在开发区扩建其北京生产基地和研发中心，主要从事汽车发动机电子控制系统的生产和发动机管理系统及变速箱控制系统的研发。

（孙鹏 陈思）

北京奔驰首批轿车出口

北京奔驰首批轿车出口　　刘柳 摄

12 月 20 日，“北京奔驰首批出口轿车交车仪式” 在北京奔驰汽车有限公司举行。仪式上，宣布首批梅赛德斯－奔驰长轴距 E 级轿车正式交付出口销售。这是国产奔驰首次向海外出口。该轿车是戴姆勒专为中国市场开发的一款产品，其最主要的变化是营造出更大的后排空间。首批出口的轿车共计 35 辆，主要销往南美地区。

（王新美 陈思）

北京北汽光华汽车部件有限公司入区

年内，采育新能源汽车产业园引进北京北汽光华汽车部件有限公司。该项目计划投资资金 1.30 亿元，分批投入。先期建设资金约 5000 万元，将在现有场地基础上为配套企业北京江森汽车内饰科技有限公司建设厂房、配套设备用房、附属用房等，待后期北京江森入驻后引进生产设备与生产线，建设成为拥有现代化的注塑，奔驰座椅、座舱、门板、顶衬、仪表板等内饰件能力于一体的大型综合汽车零部件企业。

（穆涛）

北汽模塑科技二期启动建设

年内，位于采育新能源汽车产业园的北京北汽模塑科技有限公司二期启动建设，总投资约 2.5 亿元，主要生产奔驰保险杠。将建设的年产量 30 万套汽车彩色保险杠涂装生产线，涂装设备、注塑机及装配线等主设备均采用德国国际一流技术，其新项目生产产品全部服务北京奔驰国产化。该项目计划于 2013 年初正式运营量产，产后年产值达 11 亿元以上。

（李靖思 穆涛 郜小丹）

部分企业

北京奔驰汽车有限公司

梅赛德斯－奔驰 GLK 中型豪华 SUV 正式下线　　徐建红　摄

北京奔驰汽车有限公司（简称北京奔驰）位于开发区博兴路 8 号，成立于 2005 年 8 月 8 日。2011 年，北京奔驰全年销售突破 9.3 万辆，销售收入和利润大幅增长，各项经营指标创下更高的历史记录。北京奔驰未来发展项目全线启动，并按节点高效率全面推进。新发动机工厂奠基、产能扩充、研发中心开工、梅赛德斯－奔驰 GLK 中型豪华 SUV 正式量产，首批由北京奔驰生产的梅赛德斯－奔驰长轴距 E 级轿车实现出口。北京奔驰被市总工会授予“首都劳动奖状”，北京奔驰党委获市委“先进基层党组织”称号，北京汽车集团“红旗党委”称号，梅赛德斯－奔驰 E 300 L 获“CCTV2010 年度高级乘用车”奖，北京奔驰连续第 5 次成为中国网球公开赛的首席赞助商。

（阮伟建）

北京德尔福万源发动机管理系统有限公司

北京德尔福万源发动机管理系统有限公司（简称德尔福万源）前身是北京德尔福汽车系统有限公司，是由美国德尔福公司与中国运载火箭技术研究院共同投资组建的合资企业，其中外方占股 51%，中方占 49%，于 2000 年正式投产。德尔福万源主要开发和生产汽车发动机管理系统（电子燃油喷射系统），该产品使汽车发动机性能达到最佳状态的同时，也能使汽车排放满足世界公认的排放法规标准。德尔福万源为满足中国客户实际需要，对于核心控制部件——发动机电子控制模块（ECM）进行持续更新，相继推出 ITMS-6F、MT20、MT20U、MT20U2、MT22U、MT34、MT60、MT80、MT22.1 等适用于不同法规、不同市场应用的系列控制元件。德尔福万源现已成为国内汽车市场发动机管理系统的第二大供应商，市场占有率达到 20%，主要客户是国汽车厂和发动机厂。德尔福万源还致力于产品国产化，已拥有 20 余条生产线，国产化项目主要为电喷系统（EMS）零部件的国产化生产，包括喷油系统 (GIS)、燃油输送系统 (Fuel handling)、供气调节系统 (EACV)、传感器类 (Sensors &Actuator)、排放检测传感器 (O2 sensor)、点火线圈 (Ignition coil)。德尔福万源先后获得“北京市国际经贸合作奖”、开发区“特殊贡献奖”，被评为开发区“2006 年度纳税信用 A 级企业”、中国汽车工业协会“2007 年度中国汽车零部件百强企业”。2011 年，德尔福万源职工总人数 810 人，人均销售收入和产值达到 500 万元以上。

（邢贵中　陈砾）

北京北汽李尔汽车系统有限公司

北京北汽李尔汽车系统有限公司（简称北汽李尔）是由北京汽车投资有限公司与李尔（毛里求斯）投资有限公司共同出资组建的中外合资企业。成立于 2007 年 4 月，注册资本 220 万美元，中外方各持

北京北汽李尔汽车系统有限公司外景　　企业提供

有50%的股权。主要经营范围为设计、生产汽车座椅系统、车身电子控制系统及其他汽车电子电气产品；销售自产产品，并提供自产产品的技术服务。2008年5月，公司以91.5分的最高分通过Daimler组织的过程审核，顺利成为北京奔驰汽车有限公司A级供应商。2008年6月30日成功向北京奔驰提供首批量产座椅。2008年公司实现当年量产，当年盈利，产值突破1亿元。随着业务的增长和规模的扩大，2011年，北汽李尔启动了新工厂建设项目。新工厂毗邻北京奔驰发动机工厂，规划占地4万平方米。新工厂拟分两期建设，一期总投资1.5亿元，建设面积14479平方米，含2400平方米办公楼及12000平方米厂房，规划建设有奔驰W204/X204座椅混装生产线、北汽C70/C50座椅混装生产线。2011年北汽李尔有员工126人，其中管理人员31人，工人95人。员工中研究生学历8人，大学本科21人，大学专科学历8人，中专及职高学历89人。截至2011年底，北汽李尔为北京奔驰提供了超过93000套整车座椅，并实现了100%准时交付，品质也获得了北京奔驰的高度认可。公司年产值已达到3.8亿元，销售收入年平均增长率为55.2%。

（孙琦　石峰　贯燕）

康明斯排放处理系统（中国）有限公司

康明斯排放处理系统（中国）有限公司成立于2008年6月，是康明斯（中国）投资有限公司的全资子公司，为轻型、中型、重型和大马力的商用车发动机开发各种排放解决方案和生产各种排放系统产品，可生产与集成氧化催化器、壁流式和半壁流式颗粒过滤器、选择性催化还原器等排放控制系统，开发生产欧IV、欧V和国IV、国V及以上排放标准的排放处理系统，集排放处理系统产品开发、生产和销售为一体。其北京工厂建于2008年，投资约1000万美元，规划用地面积2万平方米，是中国目前同类企业中最大的一家，2009年9月正式批量生产。该工厂是康明斯（中国）投资有限公司在亚太地区的第一家排放后处理系统生产基地。

（张慧丽）

新兴产业

新能源和新材料

概况

2011年，新区已聚集新能源新材料类企业近百家，主要涉及风电、光伏、绿色电池、新型材料和节能环保设备等五大领域，初步形成了研发创新、高端制造、应用示范、咨询服务相互促进的产业格局。

未来，新区将加快构建风电、光伏、新材料和节能环保设备四大产业集群，打造千亿级销售规模的新能源新材料产业基地，建成国家级新能源与新材料产业研发创新中心和应用示范平台。

（孙懿男）

金风机组进入巴基斯坦和非洲市场

1月4日，北京金风科创风电设备有限公司与中水顾问国际工程公司签署风电设备供货合同，为其总承包埃塞俄比亚首个风电场项目——Adama 风电场提供 34 台 1.5MW 直驱永磁风力发电机组及为期 5 年的运行维护服务，标志金风风力发电机组落户非洲大陆并投入运行。12月21日，北京金风科创风电设备有限公司与中国长江三峡集团公司达成协议，向三峡集团位于巴基斯坦的三峡巴基斯坦第一风电项目提供 33 台高温系列直驱永磁风力发电机组 GW77/1500，并签订了 2 年的项目运行维护合同，该项目是金风在南亚市场获得的第一单，也使金风科技在全球六大洲都有了风电项目。

（陈戈）

同益中主编《超高分子量聚乙烯长丝》

4月1日，北京同益中特种纤维技术开发有限公司主导制定的 FZ/T 54027-2010《超高分子量聚乙烯长丝标准》由工业和信息化部正式颁布实施。这是我国制定的第一个超高分子量聚乙烯纤维行业标准，填补了我国在该行业技术标准的空白。

（刘晓薇）

通力盛达完成股份制改制

9月26日，北京通力盛达节能设备股份有限公司董事会决议召开股东大会。大会通过了对公司进行股份制改制的决议。截至10月21日，完成与股改相关的审计、评估、验资等全部相关工作，取得工商营业执照。公司在股改期间，引入创业投资机构，并与国信证券等中介机构签订上市辅导协议。

（陈国舫）

部分企业

三洋能源（北京）有限公司

三洋能源公司外景　　企业提供

三洋能源（北京）有限公司（简称三洋能源）由日本三洋电机株式会社于2000年11月9日设立的外商独资公司，是以开发和生产电池及电池零配件、销售和维修自产产品、技术咨询、技术服务、技术培训为经营范围的全球最大的锂离子电池生产基地之一。公司以“发展绿色能源、保护地球环境”为主题，把生产物流多元化体制作为依托，将建立大规模的生产销售点、向顾客提供短期内交货、追求灵活的生产出货体制、建立最新的锂离子电池生产基地作为自身的发展目标。三洋能源的锂离子电池、锂离子聚合物电池体积小、重量轻，以高性能、高质量著称，并销往世界各地，受到世界尖端水平的电脑、手机制造厂商的高度评价。三洋能源向全世界提供安全、优质的技术、产品和服务，倡导美好生活方式和现代绿色能源文化，努力为人们创造更宜人的环境和更舒适的生活，并将以此为始终不变的追求，力求为人类社会作出更大的贡献。2009年，Panasonic为了发展成为电子产业领域中更具广度和深度的企业集团，收购三洋电机使之成为连结子公司。2011年，Panasonic对三洋电机实现完全子公司化。截至年底，三洋能源共有在职员工4007人。

（宁然）

北京金风科创风电设备有限公司

北京金风科创风电设备有限公司外景　　企业提供

北京金风科创风电设备有限公司（简称金风科创）成立于2006年2月，注册资金9.9亿元，是新疆金风科技股份有限公司（简称金风科技）的全资子公司。依托北京市和开发区的综合优势，金风科创已成为金风科技国际化的核心总部基地。公司主营业务包括大型风力发电机组生产与销售、风力发电机组技术的引进与应用、风力发电机零部件的生产与销售、风电场建设运营业务的技术咨询服务、中试型风力发电场的建设与运营。金风科创一期工厂位于开发区康定街19号，占地2.3万余平方米。金风科创二期工厂位于开发区博兴一路8号，占地面积9万会平方米。2011年金风科创销售收入41亿元，累计销售风机近1500台，所销售风机遍布全国近20个省市自治区，并且运行良好。金风科技已成长为全球领先的风电系统整体解决方案提供商，拥有完全自主知识产权的直驱永磁技术代表着当前风电行业最为先进的技术路线，并且以“发电效率高、运行成本低、可靠性能好以及并网性能优”等综合优势，成为新一代的风机产品。2011年9月28日，国内风电设备制造行业首家企业大学——“金风大学”正式挂牌成立。金风大学位于金风科创二期工厂，是金风科技构建学习型组织的重要里程碑之一。

（陈戈）

北京京运通科技股份有限公司

北京京运通科技股份有限公司（简称京运通）原名北京东方科运晶体技术有限公司，成立于2002年8月8日。2006年，京运通承担北京市火炬计划项目的QR-400区熔高阻单晶硅炉产业化项目。2007、2008年，JRDL-900型软轴单晶炉、JZ-660型多晶硅铸锭炉连续荣获中国半导体行业协会、中国电子材料行业协会、中国电子专用设备工业协会和中国电子报社联合授予的“中国半导体创新产品和技术奖”。2008 年，京运通承担北京市高成长企业自主创新科技专项的 JZ-460 多晶硅关键生长设备的研发项目；京运通研发的 JRDL-900 型软轴单晶硅炉被认定为北京市高新技术成果转化项目。2009 年，京运通被评为“德胜科技园年度优秀自主创新企业”和“德胜科技园年度高成长企业”；JZ-460/660 多晶硅铸锭炉被认定为北京市高新技术成果转化项目；承担金太阳示范工程——北京京运通厂房屋顶光伏发电项目、工业和信息化部电子信息产业发展基金的 JZ-660 节能高效多晶硅铸锭炉研发及产业化项目。2010 年，承担国家火炬计划——JZ-550/800 定向凝固结晶法多晶硅铸锭炉产业化项目；被评为“德胜科技园年度优秀自主创新企业”。2011 年 9 月 8 日，公司在上海证券交易所上市。11 月，JZ-460/660 多晶硅铸锭炉被评为“产品质量奖”；JZ-660 多晶硅铸锭炉获得“北京市科学技术进步三等奖”；公司被北京市产品评价中心评为“产品质量创新企业奖”。截至年底，公司总资产 45.46 亿元，注册资本 4.29 亿元，净资产 37.03 亿元，营业收入 17.75 亿元，净利润 4.34 亿元。公司销售单晶硅生长炉超过 2200 台，销售多晶硅铸锭炉超过 500 台。

（陈亚男）

博世力士乐（北京）液压有限公司

博世力士乐（北京）液压有限公司（简称博世力士乐）是 1996 年博世集团在中国设立的制造基地之一。博世力士乐在开发区有两个生产厂区。第一厂区位于开发区永昌南路 6 号，总占地面积 8 万多平方米，建筑面积 6 万多平方米，为客户提供行走、回转、卷扬减速机，液压泵和马达等产品与服务。第二厂区位于开发区泰河一街 2 号，是博世集团在华重点投资发展项目之一，于 2009 年底建成投产，总占地面积 8 万多平方米，建筑面积 3 万多平方米，主要生产 2MW 风力发电变速箱。2011 年，博世力士乐拥有职工 1607 人，其中博士、硕士学历职工人数 102 人，本、专科学历职工人数 408 人。年内，公司获得由中华环保联合会颁发的中华环境友好单位奖、荣获客户三一重工股份有限公司颁发的“三一最佳质量奖”、荣获客户歌美飒风电有限公司颁发的“歌美飒最佳供应商奖”等多个奖项。

博世力士乐（北京）液压有限公司外景　　企业提供

（朱丽）

北京华仪乐业节能服务有限公司

北京华仪乐业节能服务有限公司（简称华仪乐业）是中国首家综合性能源服务公司，主要经营供热计量、节能产品的研发、生产和销售；供热系统节能技术的开发和应用；供热系统节能工程的方案设计、施工、运行和管理。1998 年 3 月 2 日注册成立，2008 年 8 月开工建设，2010 年 8 月投产，在开发区建成总面积 6 万平方米的研发中心、检测试验及综合办公大楼，总投资额达 4 亿元。华仪乐业是国家住房和城乡建设部发布的《供热计量技术规程》的参编单位，依托国家住房和城乡建设部供热计量和节能工程技术研究中心，借鉴国内外先进技术，发挥集团资金和技术优势，不断开发制造适合中国国情的系列供热计量产品，并自主研发出国内首款无线远传电子式热分配表。公司同时拥有国内最新的散热器热工性能及供热计量热分配装置检测台，可依据国际、国内标准对国内外现有散热器、热分配表进行检测。截至 2011 年底，职工总人数 65 人，企业净利润 165.5 万元，同比增长 160.67%，纳税 170.8 万元，同比增长 791.19% 。

（杨旭彬）

北京云电英纳超导电缆有限公司

北京云电英纳超导电缆有限公司（简称云电英纳）于 2001 年 7 月成立，公司注册资金 3000 万元，其中云南电力试验研究院（集团）有限公司投入货币资金 1530 万元，占注册资本的 51%；北京英纳超导技术有限公司以非专利技术出资 1470 万元，占注册资本的 49%。云电英纳致力于超导电力产品的研发与生产，长远目标是发展成为一个以高温超导技术为核心，以电力产品为主线，在国际上具有竞争力的现代化企业。2002 年云电英纳启动了超导电缆项目 ,2004 年启动了超导限流器项目。超导限流器能够快速、平稳、有效地限制输配电线路的短路电流，解决电网过大的短路电流对系统和电气设备带来的危害，在电力系统中有广泛而迫切的需求。云电英纳独立开发了拥有完全自主知识产权的世界首台电压等级最高、容量最大 220 千伏高温超导限流器。云电英纳共承担了 13 项政府科技项目，其中 8 项列入“863”计划，1 项北京市科技计划重大项目，1 项天津市科技创新专项，云南省省院省校科技合作、科技攻关和联合支持国家科技计划项目各 1 项。云电英纳投资数百万元建成超导实验室，占地面积 200 平方米，用以进行超导带材、电缆和限流器等的相关基础试验，在国际上成为具有一定影响力的企业。在国际大电网会议（CIGRE）的超导电力设备工作组（D1WG15）和国际电工委员会（IEC) 超导材料和技术标准工作组（TC90），云电英纳都占有一席之地，具有发言权。2004 年，云电英纳信赢博士获“第二届北京经济技术开发区博大贡献奖”。2007 年，云电英纳获“北京经济技术开发区创新奖”。2008 年，按照新规定重新认定为首批“北京市高新技术企业”。2009 年，云电英纳获得 GB/T19001-2000 认证证书。信赢博士入选首批“北京经济技术开发区海外高层次人才”，龚伟志博士入选“北京市科技新星计划”。2010 年，云电英纳超导设备研发小组荣获“北京市模范集体”称号。洪辉博士入选“北京市科技新星计划”。此外，公司先后有 4 人被评选为“北京市优秀青年工程师”。2010年，被北京市企业评价协会评选为“北京企业自主创新Top100”。2011年，与北京英纳超导技术有限公司合作，被市科委评认定为“高温超导材料及应用技术北京市重点实验室”。此外，云电英纳被开发区评为“企业创新中心”称号。截至年底，公司共申请专利39项（其中1项美国专利，1项PCT国际专利），22项已获得授权，发表论文80余篇。

（任安林 漆素薇 李欢欢）

北京通力盛达节能设备股份有限公司

北京通力盛达节能设备股份有限公司外景 企业提供

北京通力盛达节能设备股份有限公司（简称通力盛达）是一家集节能产品研发、生产、销售为一体的高新技术企业，主营产品为智能通信开关电源系统、基站换热器、LED系列路灯、庭院灯、工矿灯及相关电源等，为不同客户提供整体节能解决方案。通力盛达研发及营销重心以LED照明产品及相关电源为主，新开发的LED系列产品是专门针对LED照明行业开发的专业产品。公司的LED系列路灯已经通过国家CQC体系认证及节能认证，LED驱动电源全系列产品已经取得了包括UL\CE\TUV\EMC\FCC\ROHS在内的各种认证，已形成年产值LED照明产品及驱动电源1.5亿元~2.0亿元的生产能力。公司拥有先进的科研设备和生产仪器，包括四通道记忆示波器、逻辑分析仪、频谱分析仪、力科功率测试系统、可编程交流电源供应器、通信电源系统通信协议、检测软件、功率分析仪、工控机。公司拥有1.8万平方米的科研生产厂房，在通信电源技术领域如高频软开关技术、控制技术、分步电源技术、电源智能化技术和系统集成化技术以及可靠性设计及测试等方面积累了丰富的技术经验。公司是北京电源行业协会常务理事单位，通信电源产品一直是三大运营商的集采中标产品，是北京市专利工作试点单位。公司已通过ISO9001标准管理体系认证、ISO14001环境管理体系认证、ISO28001职业健康安全管理体系认证。为推动企业办公现代化，公司于2009年引入了神州数码的易飞ERP与CRM管理系统，为合理调度公司资源、最大限度地发挥资金的使用效率打下坚实基础。2011年通力盛达共获得国家授权专利30余项。公司对研发投入力度大，在通风换热器及LED照明方面技术居于同行业先进水平。公司新产品TC换热空调一体机获得北京市自主创新产品证书，并被推荐为第二批通信行业节能服务公司。截至2011年底，通力盛达职工总人数399人，资产总额19900万元，产值12000万元，利润1600万元，上缴国家税收1200万元，相比上年各项指标均有所增长。

（陈国舫）

北京同益中特种纤维技术开发有限公司

同益中参加国际警用及反恐技术装备展览会　　企业提供

北京同益中特种纤维技术开发有限公司（简称同益中）成立于1999年，注册资金8000万元，隶属于国家开发投资公司，是中纺投资发展股份有限公司的全资子公司。同益中是专业从事超高分子量聚乙烯纤维及其复合材料研发、生产和销售的国家高新技术企业、北京市科技创新研究开发机构，拥有一支高水平的研发团队，其中硕士和博士30余人，高级工程师9人，工程师23人。公司是国内最早开始探索并率先实现超高分子量聚乙烯纤维产业化的机构之一。经过十几年的发展，建立了一套较为完善的自主创新体系，包括科学的知识产权管理体制，创新人才集聚与培育机制以及产学研合作开发与互动机制。年内，同益中参加第四届国际警用装备及反恐技术装备展览会。展会在北京展览馆举行，来自14个国家和地区的427家企业参展。同益中在展会上展出了公司最新研制成功的高强高模聚乙烯纤维、有色纤维、抗静电纤维、陶瓷复合板、防弹防刺服等最新警用产品，受到了来自世界各地参展人员的关注。9月6日，由工业和信息化部和黑龙江省人民政府共同主办的第一届中国国际新材料产业博览会在哈尔滨市国际会展体育中心开幕。本次博览会共有915个单位参展，同益中作为北京市1300多家新材料企业中的13家参展企业之一参加了本次博览会。12月，同益中投资近1.5亿元的新一代超高分子量聚乙烯纤维生产基地顺利竣工。该项目属“国家高技术产业示范工程”，投产后实现了同益中在科技创新成果转化方面的跨越式发展。该项目预计全部达产后可实现年产1500吨的超高分子量聚乙烯纤维及其制品的生产能力，将为整体提高我国高性能纤维及复合材料的设计、制造和开发应用水平，加快提升全国新材料产业的发展做出重要贡献。截至年底，同益中累计申请国内外专利30余项（包括3项国际PCT申请），其中17项已获得授权，包括9项国内外发明专利（1项PCT专利，7项实用新型专利和1项外观设计专利）。

（刘晓薇）

航天航空

概况

2011年，经北京市委常委会审议，正式批复在南部新区建设市级军民结合产业基地。该基地作为唯一获市政府批复挂牌的市级产业园区，将打造成为集高端研发、先进制造和总部经济为一体的综合性高科技园区，国家级军民结合产业示范基地。市、区两级政府发布了《北京市人民政府关于加快推进军民结合产业发展的指导意见》《大兴区加快推进军民结合产业发展的意见》，明确提出了军民结合产业的总体目标以及卫星产业快速成长工程等九大发展领域，重点开展“航空航天、装备制造、新材料、新能源、应急救援装备等五大军民两用产业”建设。军民结合产业园被列为“十二五”期间新区重点建设的“一区六园”中一个重要专业园区。至年底，基地已有包括航天科技、中航工业等企业近百家，共引进中航动力科技有限公司、中高电力集团有限公司等技术类项目 11 个，投资总额 51.6 亿元，其中买地自建厂类项目 4 个，总投资额 30.4 亿元；总部注册 / 租赁类项目 14 个，其中华润电力燃料（中国）有限公司等外资项目 4 个，北京长征运载火箭应用技术发展有限公司、北京长征火箭总装科技有限公司等内资项目 10 个。

（张帅　陈佳）

中航科工实施股权激励计划

1 月 17 日，国资委同意中国航空科技工业股份有限公司进行限制性股票激励计划试点，并明确首次授予激励范围 149 人。股权激励的各项工作稳步推进，按规定完成股权激励董事会、股东大会审批程序、对外公告披露；并委托信托机构、开立外汇账户、确定授予日、同每个激励对象签订协议、购买股票等，完成限制性股票的第一期授予工作。4 月 4 日至 5 月 4 日，公司完成了股权激励计划首次购股工作，共计购入 3701.6 万股 H 股。6 月 9 日至 7 月 11 日，公司完成了股权激励计划补充计划的购股工作，共计购入 3108 万股 H 股。中航科工第三届董事会 2011 年第 5 次会议，审议通过公司增发境外上市外资股的决议。9 月 8 日，中航科工增发境外上市外资股事宜获国资委批复，国资委原则同意中航科工增发方案。

（彭晓娟）

签订北斗卫星导航孵化器协议

国家卫星导航产业技术创新孵化器合作协议签约仪式
高宁　摄

1 月 18 日，北斗卫星导航产业（北京）有限公司、中国嵌入式系统产业联盟、北京北工大软件园发展有限责任公司主办的“国家卫星导航产业技术创新孵化器合作协议签约仪式”在北工大软件园举行。国家相关部门负责人、开发区等有关领导以及企业、大专院校、研究所代表共 40 人出席。仪式上，中国北斗卫星导航系统服务平台管委会、中国嵌入式系统产业联盟、北京北工大软件园发展有限责任公司签署了合作协议。该孵化器坐落在北京亦庄北工大软件园内，由中国卫星导航定位应用管理中心批准设立，规划面积 5 万平方米，可满足 200 家企业需求。该孵化器将加速技术支撑服务体系建设和技术成果孵育，为北斗卫星导航在国民经济各领域的应用提供解决方案，推进北斗卫星导航民用的标准化、产业化、国际化，并以北京为中心向全国辐射拓展产业集群。

（孙鹏）

北京市军民结合产业基地批准建设

3月25日，经北京市委常委会审议，正式批复在南部新区建设市级军民结合产业基地。该基地是唯一一个获市政府批复，挂牌“军民结合产业基地”的市级产业园区，位于开发区扩区范围，规划面积20平方公里，其中建成区4平方公里，规划区16平方公里。基地将按照“军民融合、创新驱动、市场导向、开放合作”的原则，充分发挥北京总部资源、技术优势和人才优势，加快引进中国航天科技集团公司、中航工业集团公司、中国兵器工业集团公司等龙头企业重大项目，以企业为主体，推进军事科技、民用技术的双向转移与产业化，形成新型的军民融合的产业集群和创新集群，重点发展“航空航天、装备制造、新材料、新能源、应急救援装备等五大军民两用产业”，带动基地周边产业园区协同发展。基地现已有企业近百家，包括航天科技、中航工业、兵器工业、中电科等军工集团的下属企业，年销售收入10亿元以上的企业5家。

（张帅　陈佳）

合众思壮卫星导航产业基地奠基

3月29日，“合众思壮卫星导航产业基地奠基仪式” 在开发区举行，副市长苟仲文、市政府副秘书长戴卫、开发区管委会主任张伯旭等出席。该项目是由国内最早进入卫星导航定位领域的专业技术公司、卫星导航定位领军企业——北京合众思壮科技股份有限公司在开发区投资兴建，将大量投产GNSS多系统兼容板卡、芯片等产品，推动北斗导航系统的产业化应用。

合众思壮卫星导航产业基地奠基　　刘柳　摄

（孙鹏　王新美）

卓越航空完成组装和质检人员培训

3月，在美国卓越公司派驻中国的生产总监的指导和带领下，北京卓越航空工业有限公司完成第一批发动机组装，同时完成发动机测试人员和质检人员的培训，初步建立发动机组装、测试和质量检验的生产线流程和规范。

（吴海超）

推进军民结合产业发展的意见发布

4月27日，《北京市人民政府关于加快推进军民结合产业发展的指导意见》（京政发[2011]21号）发布。《意见》明确提出了到2015年、2020年军民结合产业的总体目标；推进重点领域九大工程，即卫星产业快速成长工程、航天技术应用示范推广工程等；重点发展大兴军民结合产业基地。为贯彻落实《意见》精神，大兴区政府颁布了《大兴区加快推进军民结合产业发展的意见》(京兴政发[2011]9号),将军民结合产业园列为“十二五”期间新区重点建设的“一区六园”中一个重要专业园区。

(张帅 陈佳)

长城测控签订飞控试验加载系统项目

长城测控公司航空协调加载系统　　企业提供

8月4日,北京瑞赛长城航空测控技术有限公司中标某研究院技术改造项目飞控试验加载系统,合同金额达千万元。这是北京瑞赛长城航空测控技术有限公司近年来首次承接的全机加载任务, 现已派出技术人员赴该院进行系统的试验工作。飞控试验加载系统是一套典型完整的伺服控制系统,要求整个系统具有高可靠性、安全性以及在试验过程中的调试、安装、使用方便性。

(杨婷妹)

获得 FAA Vantage 发动机型号认证证书

8月29日,北京卓越航空工业有限公司获得中国民航局(CAAC)颁发的 FAA Vantage 发动机的型号认证证书。公司下一步的工作目标是申请美国卓越发动机在中国的生产许可。美国卓越公司的发动机已经在美国取得了美国民航总局(FAA)颁发的型号认可证,如在中国生产,须得到 CAAC 对发动机型号的认可。

(吴海超)

中航科工投资百慕新材

8月31日,中国航空科技工业股份有限公司与北京航材百慕新材料技术工程股份有限公司(简称百慕新材)签订了股份(增资)认购协议,认购220万股,按每股人民币4.02元计算,共投入884.40万元。百慕新材是中航科工控股股东中航工业附属公司北京航空材料研究院的控股子公司,主营航空涂料及高性能军民品功能涂料、节能环保涂料、特种功能涂料的研发、生产、销售及施工,近3年净资产收益率均在20%以上。

(彭晓娟)

卓越航空成功运行 XP-360 发动机

9月2日,北京卓越航空工业有限公司第一次成功运行了一台 XP-360 发动机的测试。北京卓越航空工业有限公司的发动机测试间经过几次升级改造后已经完全具备发动机测试的条件。

(吴海超)

承担天宫一号、神舟八号发射部分任务

9月、11月,在天宫一号发射和神舟八号发射任务中,航天长征火箭技术有限公司承担了七大系统中火箭、飞行器、发射场、测控通信等重要系统的大量电子产品的研制生产任务。交付火箭、飞行器配套产品共计100多项1000多台件,为飞行器参数测量、飞行状态判断、飞行控制、精确导航定位入轨、对接精准测控发挥了至关重要的作用。

交付首区、航区、落区以及国外测控站、远望号测量船等 20 多套测控数传设备，在火箭发射、目标飞行器在轨运行各阶段发挥了重要作用，实现了对火箭发射的全过程跟踪监测，建立了目标飞行器与地面指挥中心、各测控站的信息通道。

（董建良）

中国卫星民用产业化高峰论坛举办

11 月 9 日，“中国卫星民用产业化高峰论坛暨 2011 年中国嵌入式系统年会”在开发区举行。年会由国际卫星应用技术创新孵化器、中国嵌入式系统产业联盟、中国软件行业协会嵌入式系统分会主办，北京经开工大投资管理有限公司承办。开发区管委会主任张伯旭、工业和信息化部信息化推进司副司长董宝青、市经济信息化委副主任姜贵平、中国软件行业协会理事长陈冲、中国嵌入式系统产业联盟沈昌祥院士、中国卫星导航定位应用管理中心常务副主任赵康宁、中国工程院院士倪光南、中国科学院院士沈绪榜等 200 人参加。会上，表彰了北京航空航天大学机械工程及自动化学院副教授魏洪兴等“第二届中国嵌入式系统十大杰出青年”；中国工程院院士倪光南就“走自主创新道路，发展中国软件产业”、中国科学院院士沈绪榜就“未来的世界怎么样”以及相关专家就“多学科融合 SoC，促进嵌入式创芯发展”、“海尔物联网之家服务平台”、“北斗卫星导航与知识产权保护”等主题作精彩演讲。会议针对卫星定位导航应用产业的发展，卫星定位的产品、服务等论题进行了深入探讨。

（王新美 陈思）

中航动科落户开发区

中航动科落户开发区 徐建红 摄

12 月 28 日，中航工业集团主办的“中航动科投资协议、中航动科落户北京经济开发区签字仪式”在中航工业集团举行。副市长苟仲文以及开发区领导林克庆、张伯旭、绳立成、白文等出席。仪式上，开发区与中航动力科技工程有限责任公司签署了中航动科投资协议、中航动科总部项目落户协议。该项目注册资金 11 亿元（其中：北京亦庄国际投资发展有限公司和北京中关村发展集团股份有限公司共以 2 亿元现金入股中航动科），用地 2.49 万平方米，将建公司总部、研发中心、销售中心、服务中心、工程总包中心，打造研发、生产、销售、服务一体化产业链条。

（张帅）

中航科工收购天津航空

12 月 31 日，国资委批复原则同意中国航空科技工业股份有限公司收购中航机电系统有限公司所持的天津航空机电有限公司（简称天津航空）100% 股权，总代价为 77274.5 万元，其中 25% 以现金支付，75% 以发行内资股的方式支付。天津航空是中国第一家制造航空电器的大型国有企业，也是中国航空电器的发源地，主要从事航空二次配电控制及防火装置等产品科研、生产和销售。

（彭晓娟）

部分企业

北京卓越航空工业有限公司

北京卓越航空工业有限公司（简称卓越航空）成立于2010年7月8日，是通用航空活塞发动机及零部件的生产和供应商，拥有1500多种零部件的生产许可PMA认证以及质量管理体系和资质认证，在世界通用航空活塞发动机产业界具有较高知名度。公司全资收购了美国卓越航空发动机公司（Superior Air Parts, Inc.），引进其发动机专有生产技术生产的航空活塞发动机不仅满足了V750无人直升机和B-2B轻型直升机发动机的需要，更可为国内外众多的通用航空飞行器提供高品质和完美的航空动力支持。卓越航空生产的发动机系列有华帝(Vantage) I/O-360系列和XP系列的I/O-320、I/O-360、I/O-400发动机，其中部分通用航空活塞发动机（Vantage系列）已经获得美国联邦航空局、欧航局和加拿大适航当局的相关认证。2011年，卓越航空在职人数30人，与青岛九天飞行培训学校签署了第一份通用航空活塞发动机维修和保养服务协议，为公司发动机维修业务的开展奠定了基础。

（吴海超）

航天长征火箭技术有限公司

航天长征火箭技术有限公司（简称航天火箭公司）于1999年12月15日在开发区注册成立，是航天时代电子技术股份有限公司最大的子公司，以航天七〇四所为依托组建的国家高新技术企业，国防和航天电子信息领域骨干型企业。航天火箭公司以研制航天综合电子信息系统和设备为主，下设有研发中心和电子工程、测控仪表、卫星导航、机电产品4个事业部，下辖11个研究设计室，6个试制/生产车间和1个检测试验中心，集研究、设计、制造、配套、销售、服务于一体，专业技术覆盖了测控通信与卫星导航、精确制导与信息对抗、卫星有效载荷、MEMS与传感器、微波与天伺馈等领域，拥有多项国防发明专利。航天火箭公司作为国家一级保密单位，具备年研制生产上万台（套）航天遥测、测控系统设备和单机产品的能力。航天火箭公司作为军工科研企业，长期为航天两大集团及航空、兵器等其他军工集团的总体单位提供产品和服务，涉及火箭、战略战术导弹、卫星、飞船、军用飞机等应用平台，并为总参、总装和各军兵种研制装备。自20世纪90年代以来，航天火箭公司全面参与载人航天工程、探月工程、高新工程及北斗二号等国家重大工程和重大科技专项，为我国运载火箭、卫星、飞船、载人航天等航天型号研制专业配套产品，承担着中国载人航天工程七大系统中火箭、飞船、发射场、测控通信等重要系统的大量电子产品的研制生产任务。航天火箭公司是我国载人航天飞行器和地面测控站重要的研制、生产配套单位。公司主营业务收入在

2008年后保持在7亿元以上，2006年后每年上缴的税款都超过2000万元，连续多年被评为开发区纳税先进企业和纳税50强、纳税增长50强。2011年，航天火箭公司在职员工2000余人，其中大专以上学历人员超过总人数的80%，享受政府特殊津贴的专家40余人，副高级以上技术人员250余人，各类专业技术人员1000余人。年内，航天火箭公司完成了以天宫一号为代表的多个型号科研生产任务。公司注册资本达到29833.3万元，全年完成工业总产值86892万元，累计实现销售收入88094万元，利润总额12269万元。

（董建良）

航天拓扑高科技有限公司

北京航天拓扑高科技有限责任公司（简称航天拓扑）位于开发区永昌南路21号，成立于2001年5月18日。2003年航天拓扑在开发区购置土地10725平方米，兴建了测控研发生产基地。航天拓扑第一大股东北京航天万源科技公司是中国运载火箭技术研究院下属的全资单位，第二大股东航天投资控股有限公司是中国航天科技集团公司授权的投资管理主体、资本运作和战略合作的平台。航天拓扑依托航天产业和航天技术，从事电源系统设计及制造、电子产品设计及制造、城市燃气热力及供水监控管理系统开发、烟草行业工业自动化及信息化系统开发等4个主营业务。2011年，航天拓扑员工总人数400余人，本科以上学历员工占比50%以上。专业技术人员中，中级职称49人，高级职称24人，研究员9人，国家级技师11人，全国技术能手3人，中华技能大奖得主1人。年内，航天拓扑对外积极开拓市场，对内进一步加强企业内部管理，推动公司各项工作的全面展开，公司注册资金达到5878万元，全年实现销售收入2.8亿元，总利润3608万元，同比增长20%，纳税额3313万元。

（王永为）

北京瑞赛长城航空测控技术有限公司

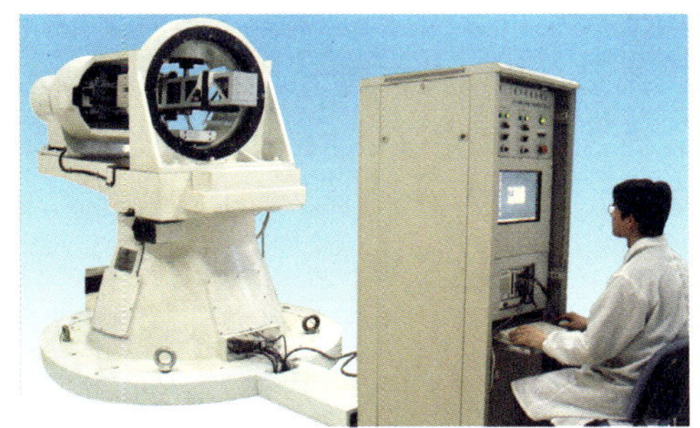

长城测控公司二维天线稳定平台　　企业提供

北京瑞赛长城航空测控技术有限公司（简称长城测控公司）成立于2002年底，隶属于中航高科智能测控有限公司（中国航空工业集团公司北京长城航空测控技术研究所），为国有控股型企业，是从事易燃易爆环境和特种环境测控系统及测控设备研究、开发与制造，并提供监测、管理、控制一体化的整体解决方案（技术支持、工程服务）的高新技术企业，产品分布在全国的30多个省、直辖市、自治区。长城测控公司的支柱产品包括煤矿安全生产监控系统、空气分离现场制氮系统、油库储罐遥测计量系统、电液伺服控制系统、多自由度仿真测试转台及PXJ型多通道协调加载系统等。2011年，长城测控公司召开第9次股东会和第三届董事会，完成领导班子换届。年内，长城测控公司中标阳泉煤业集团有限责任公司2011年度“一通三防”设备采购九包—安全监控系统补套KJ2000N项目，包含井下分站、千兆网络传输接口、电源、断电器等多项产品，合同金额超过千万元；与中石化北京石油分公司联合研制的“车载式流量计在线检定装置”项目顺利通过鉴定。截至2011年底，长城测控公司有职工260人，工程技术人员170人，包括高级工程师30人、研究员8人，具有博士学位的工程技术人员3人，具有硕士学位的工程技术人员56人、管理人员30余人。公司注册资本达到1200万元。全年新签合同17610万元，同比增长17.8%，营业收入18169万元，利润总额1709万元，净利润总额1453万元。

（杨婷姝）

中国航空科技工业股份有限公司

中国航空科技工业股份有限公司（简称中航科工）于2003年4月30日注册成立，注册资本46亿元，2003年10月30日在香港联交所主板上市。中航科工内资股股东为中国航空工业集团公司、中航机电系统有限公司、中国华融资产管理公司、中国信达资产管理公司、中国东方资产管理公司，H股股东主要有欧洲宇航防务集团(EADS)。中航科工主要通过附属公司进行运营，主要从事航空产品的开发、制造、销售和改进，为国内外客户提供直升机、教练机、通用飞机、支线飞机，以及与国外的航空产品制造商共同合作开发和生产航空产品。主要产品有：直-8、直-9、直-11、HC-120等系列直升机，K-8和CJ-6型等系列教练机，运-12系列多用途飞机和农-5系列农林飞机，与欧直公司合作生产的EC-120型直升机，与阿古斯特合资生产的CA-109型直升机，与巴西航空工业公司合资生产的ERJ-145系列支线飞机，以及航空零部件、航空电子产品及附件。截至2011年底，中航科工总资产295.78亿元，总股本49.49亿股，H股20.14亿股，全年综合业务收入137.65亿元，其中航空产品销售收入129.01亿元，同比增长17.57%，主要得益于直升机业务的快速增长及航电业务的增长。航空产品中直升机收入55.57亿元，较上年增长11.6亿元，增幅达到26.38%。截至2011年底，中航科工自上市以来共派发3次股息，共计约1.47亿元。

（彭晓娟）

文化创意

概况

2011年，新区文化创意产业的发展呈现出主业突出，产业特色鲜明；骨干项目带动，产业聚集效应显著；整体推进，产业联动作用增强等特点。已形成以国家新媒体产业基地为核心，涵盖星光影视园、国际印刷包装产业基地、星明湖时尚休闲体育产业区等专业园在内的文化创意产业集群，具有一定规模以上企业共计213

家，实现收入118.2亿元，税金总额5.6亿元，从业人员达到2.86万人。国家新媒体产业基地总规划占地面积10平方公里，呈现开放式的产业布局，已形成“两区四园”的发展格局。“十一五”期间，累计实现收入558.44亿元。该基地核心区是以新媒体、数字出版印刷产业、电子制造、网络信息和现代服务业为主要内容的产业园区，集居住、配套服务业、电子信息业为一体的产业港。2009年6月，大兴经济开发区正式划归国家新媒体产业基地管辖，属基地北区，促使基地从业态、土地承载、产业基础和资源匹配等各方面有了新的提升，重点在文化创意产业、现代服务业、电子信息制造业等为主要内容的数字化高科技方面发展。星光影视园立足于为电视节目制作提供全方位专业服务这一理念，打造了节目制作、卫星传输、媒体聚集三个专业平台，为电视节目制作机构提供专业的演播场地、设备、技术人员，卫星传输、产业链综合配套服务等一站式服务，被广电总局授予为国家级电视节目制作基地。北普陀影视园集旅游观光、影视拍摄、影视培训、会议招待、文化交流为一体的大型多功能影视城，极具中国传统文化特色，为中国十大影视基地之一。多维创新园占地40公顷，配有新媒体研发楼、孵化器及原创工作室，主要为动漫游戏企业提供孵化入驻服务。北京时尚体育公园主要以公园滑板、U池滑板、BMX小轮自行车、BMX平地花样自行车等项目为主，面向北京及国内外青少年和极限运动人才，依托完善的配套资源，打造以旅游、体育休闲、娱乐休闲为一体的主题公园。

（唐伟　丁丹　王婧）

大业传媒签约入驻新媒体产业基地

1月4日，国家新媒体产业基地与大业传媒新高地产业园项目签订意向入驻协议。该项目选址在基地核心区一期，分为5个部分，将组成集影视、动漫、创意、培训、综合服务于一体的产业园区，形成一个全国性的文化创意产品聚集、交易、交流的传媒商务区，融合高科技、创意元素的动漫以及工业设计等新兴文化创意产业，真正成为新区文化产业的发展方向。该产业园将由人民日报社所属的大型文化企业大业传媒集团有限公司具体运作。

（唐伟）

新华网产业园区项目启动

1月11日，“新华网产业园区开园典礼”在星光影视园举行。市长郭金龙、新华社社长李从军、开发区工委副书记李长友以及中宣部、中央外宣办等相关领导出席。新华网产业园区是迄今新华社建立的第一个传媒高新技术研发、生产基地，以新华网和中国政府网、中国平安网、中国文明网、中国信访网、振兴东北网等中央和国家级政府网站为主体，以新华社和中移动合作建设并开通的国家级搜索引擎——盘古搜索为重点，着力于研发新一代智能搜索、多媒体技术和新媒体产品，开发电子商务和网络文化产品，大力拓展新媒体业态，延伸新媒体基地上下游产业链条，使之成为孵化器和放大器，发挥集聚效应，增强新区整体文化实力。

（唐伟）

清大科华“创意港”奠基

3月29日，集科技、教育、设计、影视、展览、论坛、艺术、休闲等九大文化创意产业平台于一体的清大科华“创意港”科技文化产业园奠基。副市长苟仲文、市政府副秘书长戴卫等领导出席仪式。该项目由清大科华创意港（北京）科技有限公司、清大科想等9家公司共同投资建设，集科技、教育、设计、影视、展览、论坛、艺术、休闲等文化创意产业平台于一体，主要致力于创新科技、创意文化产业的发展，在18个行业内建设36个工作室，为青年学子提供良好的创新、创意、创业平台。

（孙鹏　王新美）

新媒体云计算中心项目启动

5月11日，由星光影视园投资有限公司主办的“新媒体云计算中心奠基仪式”在星光影视园举办。大兴区科委、产业促进局、经济信息化委、国家新媒体产业基地等单位参加了活动。星光影视园云计算中心项目由星光影视园投资，北京天恒建设工程有限公司建设，是中国首个超大型专业型云计算中心，也是北京首家专为新媒体企业服务的云计算中心，国内首家对口向新媒体企业提供服务的大型云计算服务平台。项目建筑面积4万平方米，将建成专业机柜6000个，云计算服务器6万~8万个，于2012年上半年竣工并投入使用。主要功能设计为云渲染、云存储、云媒体资产管理、企业云计算和网络电视CDN。中心可以为内容制作商提供3D影像的渲染合成、影视内容信息的存储及搜索；为渠道传播商提供网络加速、海量信息存储、安全可靠的运行环境等；在这两项功能的基础上，为三网融合、IPTV和3G技术的推广等提供技术和平台的支撑，从而实现新媒体行业的跨越式发展。

（唐伟）

高校创意总部基地落成仪式举行

高校创意总部基地落成仪式　　徐建红　摄

11月9日，2011全球大学创意博览会暨中国教育电视台高校创意总部基地落成仪式在开发区举行。新区领导张伯旭、绳立成、王荣彬出席活动。该基地项目位于开发区亦庄创意生活广场，是中国教育电视台数字化新媒体建设的重点项目，总投资约5亿元，总面积约3万平方米，由创意研发、产业发展、资本运营、发布交易四大战略平台组成，将服务于大学生实习与就业以及文化创意产业的可持续发展。

（王新美　陈思）

央广购物项目落户新媒体产业基地

11月11日，“北京市文化创意产业重点项目推介暨签约仪式”在长富宫饭店举行，央广购物总部项目正式落户国家新媒体产业基地。该项目是第六届中国北京国际文化创意产业博览会的重要活动之一。新闻出版总署机关服务局局长王平、副市长程红、市贸促会主任熊九玲、市委宣传部副部长张淼及市相关部门领导出席活动。新媒体产业基地管委会主任闫德强、央广幸福购物（北京）有限公司董事长董铁明分别代表各方签署了合作协议。央广购物公司为中央人民广播电台央广传媒发展总公司下属全资子公司，是11家拥有全国性居家购物电视频道牌照的电视购物公司之一，也是国内为数不多的兼具行业规模和品牌效应的电视购物公司。央广购物总部项目根据自身业务发展需要，将公司总部变更及整体搬迁至新媒体基地内运营，总投资10亿元，未来5年将实现收入总额超过200亿元，纳税总额超过16亿元，并为区域提供1000个就业岗位。

（唐伟）

部分企业

北京华联印刷有限公司

北京华联印刷有限公司（简称华联印刷）于2001年4月注册成立，由中国印刷总公司、中华商务联合印刷（广东）有限公司、中华商务联合印刷（香港）有限公司共同投资兴办的合资企业。2009年3月股东发生变更，成为中华商务联合印刷（广东）有限公司和中华商务联合印刷（香港）有限公司共同投资，总投资3600万美元，注册资本3000万美元，兴建的现代化大型中港合资印刷企业。华联印刷位于开发区东环北路3号，厂区占地面积25889平方米，总建筑面积为33300平方米，2002年8月16日正式投入生产。企业经营范围是出版印刷、包装装潢印刷、其他印刷、印刷数字技术研究开发。华联印刷为国家级定点书刊印刷企业，拥有国际先进的技术、设备和管理手段，企业定位于精品印刷，主要从事高档图书、报纸、期刊、广告、商标、包装装潢和安全印务、数码印刷等其他商业印件的设计、印前制作和印刷、印后加工等。华联印刷自成立以来先后通过了ISO9001、ISO14001、ISO27001、OHSAS18001管理体系认证、首批绿色印刷中国环保标志认证。2月7日，华联印刷获“十佳出版印刷企业”称号，总经理朱敏获“印刷包装领军人物”称号。8月16日，华联印刷成功举办“网络·数字·融合——现代印刷新技术论坛暨‘历久弥新’华联印刷开业9周年”活动。本次论坛以当今领先的数字技术为核心，以印刷前沿技术为引领，以数字技术和绿色印刷为两条主线，重点推出华联印刷运用领先数字技术和秉承印刷理念，在印刷领域探索开辟出崭新的市场蓝海，在给整个中国印刷业带来清新的绿色之风的同时，还让人们体验到了数字绿色印刷品的独特魅力。11月1日，华联印刷获得首批绿色印刷中国环保标志认证，新闻出版总署印刷发行管理司和环境保护部科技标准司对全国首批通过中国环保标志认证的60家印刷企业进行正式授牌，华联印刷是其中之一。华联印刷在绿色产品、绿色环保、节能减排3个方面，将继续加大投入力度，力争走在国家制定的绿色印刷战略的前沿，这不仅是增强开拓国际市场竞争力的要求，也是向社会传播绿色印刷理念的责任。12月23日，华联印刷获“全国新闻出版‘走出去’先进单位”。年内，在首届全国新闻出版行业文明单位评选中，华联印刷被评为“全国新闻出版行业文明单位”，此次评选，全国共评选出90家文明单位，其中北京有5家单位获此殊荣，在这5家获奖单位中，华联印刷是唯一一家获得此殊荣的印刷企业。公司成立以来累计销售收入超过30亿元，累计实现利税2.5亿元。

（胡生宝）

北京日邦印刷有限公司

北京日邦印刷有限公司（简称日邦印刷）位于永昌北路，1993年由日本I.N.T株式会社投资成立，投资总额2900万美元，注册资本1500万美元，占地面积12263平方米。日邦印刷于1994年入驻开发区，是第一家入驻印刷企业。1994年7月，正式竣工。1995年8月，日邦印刷引进了北京市第一台八色商业轮转印刷机，首次采用日本东芝商业卷筒纸印刷机印刷彩色书刊，开创了商业卷筒纸印刷机印刷彩色书刊的先河。两年后，IT界和时尚类刊物开始大量涌现于中国市场，此类印刷品的印刷量大、纸张薄、工艺要求高，而这正是轮转印刷机的独有优势，日邦印刷率行业之先，牢牢抓住了这个机遇。2002年，北京市红星印刷厂入股转变为中日合资企业，企业的生产规模和综合实力进一步壮大。日邦印刷成为拥有具有国际先进技术水平的八色高速商业轮转印刷设备和全套电脑数字化制版系统，同时拥有一流的专业技术人员，能够为客户提供电脑制作、制版、数码打样、印刷及印后加工等一条龙优质服务的专业公司。2006年7月，日邦印刷加入已有百年历史的世界500强企业之一，同时也是世界印刷行业第一的日本凸版集团。凸版集团拥有雄厚的资金、先进的技术及科学的管理体系，作为凸版印刷成员的日邦印刷以崭新的面貌迎接新的挑战，并得以长足发展壮大。十几年来，北京日邦与开发区共同成长和成熟，多次获得开发区颁发的“明星企业”、“五大每平方米投资总额最高企业”、“缴纳增值税千万元以上企业”、“纳税总额千万元以上企业”等荣誉称号。2011年，公司共有员工200人，纳税额为1061万元。

（周洁）

北京新华印刷有限公司

北京新华印刷有限公司外景　　企业提供

北京新华印刷有限公司（简称新华印刷）是隶属于中国印刷集团公司的国有大型综合性印刷企业，是在整合了原北京新华印刷厂、人民美术印刷厂、北京百花彩印有限公司、北京新华印刷二厂、北京新华彩印厂5家印刷企业的基础上组建而成。新华印刷位于开发区凉水河一街8号，厂区建筑面积5.4万平方米，厂房占地面积3万平方米，2007年5月注册成立，注册资本2亿元，固定资产5亿元。2008年10月8日新华印刷在开发区奠基，2009年6月15日竣工，2010年正式投产运营。企业经营范围是经典书籍、精美画册、期刊杂志、商业广告、包装、证件的制版、印刷、装订；产品涉及书刊印刷、期刊印刷、商业印刷、包装印刷、数码印刷等。新华印刷装订工艺具有60多年历史，作为国家级重点书刊印刷企业，长期承担着党中央、国务院、全国人大和政协等国家重点图书和文件的印制工作，生产了包括《马克思恩格斯全集》《列宁专题文集》《毛泽东文选》《邓小平文选》《江泽民文选》等经典著作，获得中华印制大奖、“北人杯”质量大奖、三菱印刷机质量大奖等；荣获北京市先进企业、质量管理十佳企业，被列为书刊印刷国家级定点企业、印刷复制国家秘密载体定点单位、中央国家机关和中直机关政府采购定点印刷企业。新华印刷组建以来顺利通过了ISO9001质量管理、ISO14001环境管理、OHSAS18001职业健康安全管理体系认证，是全国首批60家绿色认印刷认证企业之一。2011年，新华印刷积极参加了由中国印刷科学技术研究所和科印网主办的“绿色印刷在中国”系列活动之一的“绿色印刷大奖”的评选，荣获“绿色企业（机构）大奖”及“绿色印品网络人气大奖”。11月1日，公司参加了由新闻出版总署印刷发行管理司和环境保护部科技标准司在北京联合召开的绿色印刷推进会，被授予中国环境标志产品证书，并参加“绿色印刷宣传周”系列活动。11月16日，新华印刷“国内外领导人文集”印制项目获北京市文化创意产业发展专项资金奖励。

（董凯玲 刘磊磊 郑东旭）

北京金辰西维科安全印务有限公司

金西公司生产车间　　企业提供

北京金辰西维科安全印务有限公司（简称金西公司）成立于1995年12月，是一家专业从事国家级出入境等高安全防伪证件印刷企业，是中央国家机关定点印刷企业。公司位于开发区荣昌东街甲1号，占地面积1万平方米，注册资本6640万元。金西公司先后通过了 ISO9001 质量管理体系认证、ISO14001 环境管理体系认证、 GB/T28001 职业健康安全管理体系认证、信息安全管理体系认证，并取得了中央国家机关涉密防伪票据、证书类国家秘密载体定点复制单位、印刷复制国家秘密载体定点单位、中央国家机关印刷政府采购定点单位、北京市市级政府采购印刷定点单位、全国诚信印刷企业、印刷行业诚信企业、北京市重质量守信用企业、中华名特优产品指定供货单位等资格。2011 年，金西公司实现产值 22620 万元，同比增加 29%。公司拥有职工 200 多人，其中拥有印刷专业执业资格的超过 2/3，员工队伍年龄结构合理。公司还从国内外著名高等学府和权威科研机构聘请了一批知名专家学者，组成多学科顾问团，绝大多数技术骨干都曾到国外接受过专业的技术培训。公司年生产能力可达 2000 万本本式防伪证件。

（程砚春）

支撑产业

生产性服务业

概况

2011 年，新区重点发展金融服务、信息服务、商务服务、工业设计服务和现代化物流生产服务等特性服务业。鼓励工业和创意结合，积极发展工业设计产业，以物联网推广应用为契机，高标准发展现代化物流产业。新区已聚集京东商城、惠买商城、酒仙网等一大批以电子商务为主的生产性服务业。

（孙懿男）

中外运敦豪推出全新包装的“易速箱”

中外运敦豪包装箱　　企业提供

4 月 25 日，中外运－敦豪国际航空快件有限公司打造经济型环球快递产品线，推出全新包装的服务产品——易速箱。此产品凭借坚固的包装材料、多样的重量尺寸选择和更经济的价格，为广大客户，特别是中小企业，提供更灵活实惠的国际快递选择。

（卜凡训　王瑞青）

中外运敦豪推出“北京至美国一日达”

6 月 29 日，中外运－敦豪国际航空快件有限公司宣布正式推出“北京至美国一日达”服务，通过科学地安排航班和线路优化，确保中美航线转运时间稳定在一个工作日。“北京至美国一日达”以中外运敦豪提供的日常国际航空快递服务为基础，只要客户在周一到周四每日 12 点前进行预约，快件即可搭乘当天的中美直航航班在当地时间同日抵达美国。

（卜凡训　王瑞青）

部分企业

阿尔特汽车技术股份有限公司

IAT 武锋展车　　企业提供

阿尔特汽车技术股份有限公司（简称阿尔特汽车），原名为阿尔特（中国）汽车技术有限公司，创立于 2002 年 9 月，是国内唯一能进行发动机 / 变速箱设计的工程公司。2011 年由北京亦庄普丰兴业创业投资中心（有限合伙）对阿尔特（中国）汽车技术有限公司进行增资，更名为阿尔特汽车技术股份有限公司。阿尔特汽车业务范围涉及传统汽车整车设计关键系统总成（如发动机、变速箱）及新能源汽车整车设计两大类，涵盖整车策划与开发、样车 / 展车试制、电动汽车整车策划开发、电动汽车关键零部件的设计开发、电动汽车整车匹配、赛车设计与开发等领域，形成以北京为总部，跨越国内外重要汽车产业聚集区的 6 个设计、研发和销售中心。截至年底，公司有员工 740 人，其中国外专家 77 人，国内专家 45 人，高级工程师 39 人，工程师 228 人，员工中 94% 以上具有大学本科学历。公司共承接开发项目 233 项，合同金额超过 13.5 亿元，其中整车类项目有 217 项，发动机类项目 18 项。公司获授权专利 22 项。全年销售收入 2.7 亿元，净利润 3100 万元。

（孙绍男　白伟兴　杨博）

中节能（北京）节能环保工程有限公司

中节能（北京）节能环保工程有限公司（简称中节能公司）成立于 2002 年 12 月，注册资本 3000 万元，股东包括中国环境保护公司、中节能环保科技投资有限公司和上海发电设备成套设计研究所。2010 年 4 月，中节能公司划归第一大股东中环公司管理。业务范围包括节能环保领域的工程总承包、工程建设管理、专利设备的研发和成套供应以及技术咨询等。公司定位为以工程总承包和技术咨询为主，集节能环保装备研发、设计、技术服务、工程建设、设备成套、项目运营管理为一体，提供以合同能源管理项目、生物质能发电项目、生活垃圾焚烧发电项目以及煤层气发电项目为主的交钥匙工程，并辅以相关环境污染防治工程技术服务的专业节能环保工程公司。公司研制的燃用生物质燃料的循环流化床燃烧装置及方法和秸秆直燃发电给料装置专利技术能适应不同种类的秸秆混合燃烧，应用于中节能（宿迁）生物质能发电有限公司的秸秆直燃发电项目中，并于 2007 年并网发电。公司先后承担了 20 多个节能环保项目，提供从工程咨询、立项建议、可行性研究、方案设计、方案评估到工程实施、安装调试、生产运营的全程服务。2009 年至 2011

年，合同能源管理项目投资累计 1455 万余元，合同收入 1812 万余元。企业投资总额、营业额中合同能源管理项目所占比重分别为 100% 和 90%。年内，公司税前利润 6 万元，扣除所得税 2 万元，实现净利润 4 万元。

（何珊）

欧必翼门控科技（北京）有限公司

欧必翼门控科技（北京）有限公司（简称欧必翼）始建于 2000 年，为全球用户提供出入口控制解决方案，致力于在全球范围内提供楼宇出入口通道控制系统和设备，并针对用户的需求提供最佳通行及安防解决方案。经营产品为自动旋转门、保安门、速通门、平开门、门控五金系列产品，广泛应用于国内外五星级酒店、政府办公楼、5A 写字楼、银行金融机构、大型商场、机场、休闲娱乐等建筑出入口。2011 年，欧必翼年产值 1.3 亿元，员工约 300 人，总资产 11186.15 万元，利润额 4366.2 万元，利税额 110 万元，同比增加 25%。年内，欧必翼速通门产品亮相深圳安防展，来自中东、南亚、东欧等 51 个国家的合作系统集成商或代理商和欧必翼携手参展。

（王娜）

葆婴有限公司

葆婴有限公司（简称葆婴公司）成立于 1999 年 1 月，注册资本为 2000 万美元，在中国的投资总额达 5000 多万美元。公司位于开发区宏达北路 8 号内 3 号厂房 1 层，占地 3600 平方米，建有符合 GMP 规范的工厂。葆婴公司是一家为孕妇、0~6 岁孩子及家庭提供高品质的母婴、家庭健康产品、婴幼儿智力开发产品及专业资讯服务的外商独资企业。经营范围为设计、开发、生产围产期胎儿和婴幼儿保育产品，销售自产产品，从事上述同类产品的零售、批发、进出口、佣金代理；提供技术咨询、技术服务、技术培训。葆婴公司帮助年轻父母解决第一个孩子到来时的各种困惑，帮助孩子健康、智力、情感的全面发育。葆婴公司在北京、广州、深圳等地设立分公司，向广大客户提供各种产品和专业服务。2011 年，公司有职工 298 人。总利润为 20.6 亿元，比上年增长 31.2 亿元。纳税 20.5 亿元，比上年增长 4.8 亿元。

（白琳）

中外运－敦豪国际航空快件有限公司

中外运敦豪专用交通工具　　企业提供

中外运－敦豪国际航空快件有限公司（简称中外运敦豪）成立于 1986 年，由全球快递物流业的领导者 DHL 与中国对外贸易运输集团总公司合资成立，专注发展限时递送服务，全球范围的文件、包裹快递业务。从1986年公司成立至今，中外运敦豪在中国建立了广泛的快递服务网络，服务覆盖全国400多个城市，在全国各主要城市有近200个服务网点，拥有超过6000名员工。中外运敦豪的网络覆盖中国95%的人口聚集区和经济中心城市。2006年，在公司成立20周年之际，DHL发布“中国优先”战略，包含一系列针对中国的投资举措，进一步完善网络覆盖，并在北京兴建中外运敦豪大厦。中外运敦豪大厦于2007年在开发区落成并投入使用。中外运敦豪凭借DHL作为国际快递业领导者的丰富经验和中国外运集团总公司在中国外贸运输市场的经营优势，在国内各主要城市为企业提供最广泛的国际、国内门到门航空快递和物流服务。中外运敦豪率先推出国内快递服务，国内130个城市间的包裹快递有了世界级品质的服务选择。中外运敦豪推出一项独具特色的创新产品——DHL重宝箱，该产品以其包装独特大大简化了客户的操作，加强了货物运输的安全性，并有助于降低客户成本。自2006年起，中外运敦豪4次获得由荷兰CRF Institute颁发的“中国杰出雇主”称号。2010年和2011年，中外运敦豪直接销售渠道精英团队连续两年获得由呼叫中心与BPO行业资讯网颁发的“中国最佳客户联络中心电话营销奖”。客户服务部门帮助服务人员了解高品质服务的重要性，安排服务人员参加了专业认证培训。同时，中外运敦豪会向员工提供多样化、可持续发展的职业机会，尽最大可能实现员工个人职业生涯和公司业务的共同发展。2011年由专业人力资源服务机构前程无忧主办的“中国最佳人力资源典范企业”评选中，中外运敦豪成为物流运输行业唯一获评企业。中外运敦豪坚持以自身的核心竞争力贡献社会的宗旨，在服务所到之处，着力关注当地的自然环境、人和社会。针对贫困地区青少年学习用品匮乏的状况，携手中国儿童少年基金会开展长期合作，创立“小书包，大未来·DHL爱心背包行动”，切实帮助贫困地区的青少年更好地完成学业。从2008年开始，公司展开了针对中国贫困地区少年儿童爱心助学活动——“小书包，大未来（DHL爱心背包行动）”。由于长期以来对中国儿童少年发展事业作出的突出贡献，中外运敦豪获得中国儿童少年基金会颁发的“中国儿童慈善奖”。

（卜凡训 王瑞青）

金鹰国际货运代理有限公司

金鹰国际货运代理有限公司（简称金鹰国际）成立于1996年9月，隶属于DHL品牌，为德国邮政集团的全资子公司。德国邮政DHL集合了DHL和德国邮政两大品牌，提供包括国际快递、海运、空运、公路铁路运输以及合同物流等全方位的服务，行业综合排名全球第一，是全球最大的邮政和物流服务供应商。金鹰国际于2002年作为星网成员之一入驻开发区，为诺基亚以及其主要供应商提供仓储物流和供应链管理等服务，负责星网企业间物流的统一运输，有利于实现资源共享和规模效应。其在中国区域的运营网络覆盖到21个城市，拥有72个站点，近50万平方米仓储面积，且现有业务量以每年20%左右的增长量稳定增长。在关注自身发展的同时，金鹰国际一直致力于履行企业的社会责任。从 2008 年开始，公司展开了针对中国贫困地区少年儿童爱心助学活动——“小书包，大未来 · DHL 爱心背包行动”。除此之外，金鹰国际还积极对国家和世界范围内的灾难伸出援手，履行企业的社会责任。为 2008 年汶川地震，2009 年台湾莫拉克台风，2011 年泰国水灾，2011 年日本地震、海啸等自然灾难捐赠了不同额度的现金和物资，因此被评为《财富》杂志中文版最具社会责任前 50 强企业。2011 年，金鹰国际现有员工 2200 人，上缴税收 4470 万元。公司被评为吸纳新区劳动力就业先进单位 。

（袁航　王俭　崔建平）

华北高速公路股份有限公司

华北高速公路股份有限公司（简称华北高速）于 1999 年 7 月 20 日经交通部、国家经贸委批准成立，以京津塘高速公路为主营资产的股份制上市公司。华北高速注册资本 10.9 亿元，公司股票于同年 9 月在深圳证券交易所挂牌交易。华北高速成立以来，坚定地发展核心业务，大力推进公路资产和相关产业拓展，全面提升经营管理水平，着重突出履行高速公路社会责任，致力于为客户提供优质服务、为所在地区作出突出贡献。2011 年 5 月，经北京市、天津市、河北省政府批准，京津塘高速公路（G2）全线调整通行费收费标准，对客运车辆在适当降低收费标准的基础上仍实行按车型分类收费，对货运车辆实行计重收费，保障桥梁安全，提高社会效益。12 月，华北高速分获“北京市‘十一五’公路养护管理工作基础管理先进单位”及“天津市‘十一五’全国干线公路养护管理工作检查先进单位”荣誉称号。截至 2011 年底，华北高速总资产为 40.84 亿元。总收入 71446 万元，其中通行费收入 68093 万元，营业利润 31983 万元，净利润 2.48 亿元，同比增长 2.25%。公司累计上缴税款 13.2 亿元，2011 年纳税额为 1.03 亿元。公司拥有职工 1108 人，其中生产人员 754 名，占 68%；后勤人员 40 名，占 4%；管理人员 314 名，占 28%。

（翟欣）

科技创新服务业

概况

2011 年，新区按照“多功能、全流程、高端业”的发展定位，大力促进面向科技创新的新兴服务业，培育科技研发服务、科技金融服务、科技信息服务和科技商务服务，扶持孵化器，产业化和工程技术平台的专业化和综合化发展。

（孙懿男）

举行成长型企业信息化应用发布会

6 月，中企动力科技股份有限公司举行主题为“运营 · 提速 · 成长”的 2011 年成长型企业信息化应用全国推进工程新闻发布会，标志着中企动力“成长型企业信息化服务工程”第 2 阶段工作的正式启动。

（顾汶　陈伟）

中企动力云平台入选云计算解决方案

8月31日，由工业和信息化部软件与集成电路促进中心(CSIP)联合举办的"基于安全可控软硬件优秀云计算解决方案推介会"在北京国家会议中心召开。工业和信息化部、发展改革委以及地方政府主管领导，行业协会，相关企业领导人参加。中企动力科技股份有限公司开发的"云平台"在前期评比中顺利入选"基于安全可控云计算的解决方案"，受到与会者一致好评。

（顾汶　陈伟）

汇龙森承建项目立项

12月底，由开发区管委会主持，汇龙森国际企业孵化（北京）有限公司承建的市委、市政府重点工程及北京市"十二五"科技规划专项——"先进陶瓷材料公共技术服务平台"项目经市科委、市财政局多轮论证审核，正式立项并获得市政府专项财政支持。

（肖云颖）

部分企业

诺基亚西门子通信网络科技服务有限公司

诺基亚西门子通信网络科技服务有限公司（简称诺西公司）前身为诺基亚（中国）技术服务有限公司，由诺基亚（中国）投资有限公司于2002年成立，注册资本为650万美元。诺西公司经营业务主要为向第三方提供通信产品的技术开发、技术咨询、技术支持和技术服务；通信产品及组件、零部件和配件的批发和零售。2008年1月31日，诺基亚（中国）投资有限公司和诺基亚西门子（中国）有限公司（简称诺西中国公司）共同签署股权转让协议，将诺基亚（中国）投资有限公司持有的诺西公司100%股权转让给诺西中国公司。诺西公司总人数为1062人，总资产15.8亿元。2011年，公司主要营业收入18.3亿元，与上年基本持平，主营业务利润4亿元，利润总额4700万元，同比减少50%以上，扣除所得税后的净利润3940万元，经纳税调整后应纳所得税为760万元。

（田位）

北京国富安电子商务安全认证有限公司

北京国富安电子商务安全认证有限公司（简称国富安）成立于1998年12月，直属于中国国际电子商务有限公司，是中国权威电子认证与信息安全服务提供商，是国家部委首家获得工业和信息化部颁发的电子认证服务许可资质的第三方电子认证服务机构，是具有国家涉密信息系统集成资质、安全工程类信息安全服务资质和ISO质量管理体系认证资质的高新技术企业。国富安拥有超过13年的安全稳定运营经验，具有国际一流的三地容灾备份体系和电子认证服务基础运营环境。国富安在全国100个城市设有技术服务支持机构，37个证书受理点，服务范围遍布全国。国富安凝聚了一批国内知名的信息安全技术专家，先后参与制定国家、行业标准与技术规范等30余项。国富安坚持以技术创新为核心竞争力，以云计算作为新的技术驱动力带动核心产品线的多样化发展，并设立了专门的云计算研究中心，全部产品及核心技术均具有自主知识产权，形成包括安全认证类、网络安全类、移动安全类在内的完善的产品体系，并为用户提供专业的电子政务和电子商务信息安全整体解决方案。国富安拥有一支具备完整硬件接口、底层驱动、通信协议、安全中间件、应用软件等研发能力的队伍，拥有PKI/CA密码技术、交叉认证技术、指纹认证技术、虚拟化技术、嵌入式安全操作系统、数据库查询与存储技术等关键技术储备。此外，作为信息安全行业开拓者的国富安公司承担了国家“九五”计划重中之重的科技攻关项目“商业电子信息安全认证系统”。该项目成为我国第一个自主开发、具有自主版权的CA安全认证系统。年内，国富安与德国LexCom公司签署战略合作协议，为其提供海外服务外包业务，并荣获北京市科学技术奖和2011年度中国信息安全技术创新奖。国富安拥有一流的信息安全专家和专业的安全服务团队，根据等级保护、分级保护要求，为客户构建整体安全体系架构及全面、可信的信息安全服务。截至2011年底，国富安职工总人数136人，总资产5464.64万元，产值4595.17万元，纳税额322.68万元，利润352.40万元。

（吕璐）

汇龙森国际企业孵化（北京）有限公司

汇龙森国际企业孵化（北京）有限公司（简称汇龙森）成立于2002年4月26日，注册资本6000万元，位于开发区核心区，专业从事科技园区建设与管理、科技企业服务和科技投资业务。汇龙森是开发区内国家级科技企业孵化器、北京市留学人员创业园，同时还是北京市战略性新兴产业孵育基地、市中小企业公共服务平台和市小企业创业基地。汇龙森拥有28万平方米的科技孵化园区，可满足不同行业、不同规模、不同发展阶段企业的研发、中试、生产和综合办公需求，已经成为开发区科技型中小企业和高科技人才创业的落地首选。汇龙森已初步搭建完成专业的孵化服务体系，可为企业提供人力资源、财税、知识产权、技术支持、市场营销、政策导入、管理咨询、投融资与公共服务，为企业创立和发展的各个阶段提供全方位多功能的支持。园区坚持“科技园区建设、科技服务与科技投资”三位一体的发展思路，建设了包括生物医药平台、新材料平台、信息化服务平台、综合商务平台、投融资平台在内的多个专业服务平台，为企业提供高规格专业化服务。汇龙森科技孵化园长期以来秉承“完善服务体系、搭建专业平台、强化投资管理、促进成果转化”为核心的发展战略，不断创新、完善服务体系，将引导产业聚集的要素链型孵化器建设，促进科技创新、推进成果转化的知识产权型孵化器建设及投资型孵化器建设作为公司工作的主要方向，努力将自身建设成为世界一流的专业科技型中小企业创业服务机构。2011年，汇龙森科技孵化园区共入驻科技型中小企业510多家，实现产值120亿元，纳税近7亿元，提供就业岗位近2万个，各类自主知识产权570余项。园区已吸引留学人员创业企业68家，海外留学归国人员

119人，其中含博士后、访问学者及博士45人；园区内入选中组部“千人计划”11人，北京市“海聚工程”21人，中关村“高聚工程”14人，开发区海外高层次人才49人。汇龙森科技孵化园被中国中小企业协会认定为中国中小企业创新服务先进园区，并被评为2011年度开发区“科技企业孵化器”。

（肖云颖）

北京嘉捷美锦科技发展有限公司

嘉捷企业汇园区外景　企业提供

北京嘉捷美锦科技发展有限公司（简称嘉捷美锦）成立于2005年，由北京嘉捷集团、山西美锦集团共同投资建立，是以科技园区建设和运营为主营业务的民营企业。开发及运营的项目包括嘉捷科技园、BDA企业汇、BOX企业汇等，统称为嘉捷企业汇。年内，嘉捷企业汇提出“满足政府招商条件，以创新型企业为主要客户的企业园运营商”的业务发展新定位。进入嘉捷企业汇的企业超过120家，包括中国移动、中航惠腾、中材集团设计院和包钢集团设计院等大型国有企业集团的分支机构，以“同为时代生物”，“天申集团”，“伟奥软件”以及同属嘉捷集团旗下的“嘉捷恒信”和“嘉捷博大”等为代表的民营高新技术企业。“嘉捷企业汇”融区位优势、产业优势、政策优势、环境优势、交通优势于一身，入园企业拥有生态办公、景观办公的优越环境，享受国家级开发区及中关村科技园区的双重优惠政策，高品质的物业管理及一流的商务配套服务。2011年，嘉捷美锦对公司网站进行了改版，并利用平面媒体（亦庄时讯、开拓者）、网络媒体（专业网站、微博）、客通刊物、内部简讯等渠道进行宣传，使嘉捷企业汇“企业园运营商”的形象在开发区广为知晓，达到了预期的效果。2011年是嘉捷美锦招商和服务两项业务的启动年，服务内容包括金融、政策、物业、行政、人力资源等方面。“400嘉捷贵宾专线”的开通搭建了与客户沟通交流的桥梁。嘉捷双子座、BOX企业汇两项目以其准确的市场定位和品牌积累优势，全年招商签约额突破3亿元。11月，嘉捷企业汇与大兴长子营镇正式签约，是“嘉捷企业汇”首个以“科技园”名义立项的项目。嘉捷企业汇物业服务公司取得二级物业管理单位资质。截至2011年，嘉捷企业汇总资产达6.8亿元，实现产值3.5亿元，利税2700万元。

（田琳　徐进　李程安）

北京雷霆万钧网络科技有限责任公司

北京雷霆万钧网络科技有限责任公司（简称雷霆万钧）成立于2000年11月23日，注册资本1亿元。雷霆万钧主要经营业务为网络、计算机软硬件及通信设备的技术开发、技术转让、技术咨询、技术培训、技术服务；提供信息源服务；信息咨询（不含中介服务）；销售计算机软硬件及外围设备、通信设备（无线电发射设备除外）、手持移动电话机、五金交电、办公用机械、医疗器械（未取得专项审批前不得开展经营活动）；互联网信息服务；设计制作网络广告，利用TOM.COM网站发布网络广告、因特网接入服务；移动网增值电信业务专项。公司运营的TOM在线网站是国际化综合门户网站，以年轻时尚兼追赶技术潮流的群体为对象，为3亿用户提供无线及互联网服务，旗下有互联网门户、无线与移动互联网业务、Skype网络电话、幻剑书盟、TOM游戏等优秀产品。2011年2月，幻剑书盟频道与著名作家麦家合作影视同期书《风语2》，《风语2》手机版独家授权幻剑书盟在移动手机阅读基地全面上线，成为移动开年首发书。TOM网幻剑书盟频道举办亮剑无线阅读市场“品书论剑”沙龙活动，与业界知名作家、网络作家共同探讨移动阅读市场发展前景及版权保护，达成许多共识，并建立了多方面的合作初步意向。TOM在线与中国作家协会战略合作，推出TOM读书频道。TOM在线与中国作家网进行深度合作，成立了专门的传统作家签约维护团队，负责对国内众多传统知名作家的签约维护工作，获得独家及其他版权运营权，供读书频道进行线上刊发，成为国内具有传统作家独特资源的文学网站。3月，TOM在线与世界斯诺克联合会达成战略合作，成为世界斯诺克联合会中国大陆地区互联网官方合作伙伴，世界斯诺克中文官方网站落户TOM在线。TOM在线与世界斯诺克联合会共同建立、发展、管理和拥有中文官网，为台球运动在中国蓬勃的发展，整合最优势网络及跨媒体体育数字营销平台资源，向所有台球受众群提供权威资讯。4月，第八届茅盾文学奖手机WAP官方网站落户幻剑书盟，“第八届茅盾文学奖WAP专题”在TOM首页及新闻等频道首页、Skype客户端、读书频道首页、幻剑书盟首页等重要位置推广，取得了良好的效果。截至2011年底，雷霆万钧资产总计82829万元，营业收入24484万元，职工总人数297人。

（李苗）

都市产业

概况

2011年，新区都市产业以形成具有品牌影响力的现代化都市产业群为目标，重点发展印刷包装、服装、食品加工、体育休闲、家居服务、都市商业。

（孙懿男）

威克多制衣中心项目签约

2 月，国家新媒体产业基地与威克多制衣中心项目签订协议，项目主要定位为时尚品牌总部基地、商业店铺、办公、服装研发、品牌结算中心及相关配套服务。

（唐伟）

百花蜂业科技发展股份公司创立

百花蜂业科技发展股份公司创立大会　　钟一鸣　摄

3 月 30 日，百花蜂业科技发展股份公司创立大会在百花公司总部召开。北京市供销合作总社副主任胡晓勇、党委常委王迎建等出席。出席会议的 28 位发起人共同签署《发起人协议》，同意将“北京百花蜂产品科技发展有限公司”整体改制为“北京百花蜂业科技发展股份公司”。会议审议通过《关于设立北京百花蜂业科技发展股份公司的议案》《关于北京百花蜂业科技发展股份公司筹办情况的报告》和《北京百花蜂业科技发展股份公司章程》等决议。创立大会结束后股份公司第一届董事会和监事会召开了会议。

（马芬）

“加多宝 · 学子情”开启公益助学

5 月 31 日，由加多宝集团和中国青少年发展基金会在北京共同举办的 2011 年“加多宝 · 学子情”爱心助学行动启动。“加多宝 · 学子情”爱心助学行动继续秉承“圆今日学子梦，造未来栋梁材”的助学理念，自 2001 年至 2011 年共捐助 3000 多万元，资助 6000 多名优秀贫困高考生圆梦大学。

“加多宝·学子情”开启公益助学　　企业提供

（冯艳丽）

加多宝参加凉茶文化与产业发展峰会

7 月 13 日，加多宝集团参加在北京召开的凉茶成功申遗五周年暨凉茶文化与产业发展峰会。以加多宝集团为首的 50 余家企业代表在峰会上共同签署了《凉茶发展公约》，为进一步保护凉茶这一国家文化遗产，继续推进凉茶产业的全面发展，号召全行业共同参与和执行。

（杜为友）

昆仑山矿泉水赞助中网公开赛

加多宝昆仑山矿泉水资助中网公开赛　　企业提供

7月26日，加多宝集团旗下的中国高端矿泉水昆仑山正式与中国网球公开赛签订赞助协议，成为中国网球公开赛的白金赞助商。昆仑山天然雪山矿泉水成为中网唯一指定饮用水，以产自世界黄金水源带、源于海拔6178米的黄金品质好水，为运动员带去健康与活力。

（胡晓明）

部分企业

资生堂丽源化妆品有限公司

资生堂丽源化妆品有限公司外景　　企业提供

资生堂丽源化妆品有限公司（简称资生堂丽源）成立于1991年12月9日，是第一家入驻开发区的企业。1993年建成投产，开始在日本资生堂研究所的协助下生产"AUPRES/欧珀莱"系列化妆产品。作为日本资生堂与北京丽源公司的合资企业，公司秉承资生堂"高品质、高服务、高形象"的企业文化理念，旨在引进日本资生堂的先进技术和科学的经营管理方法，生产经营高知名度、高品质的化妆品，以适应中国市场和国际市场的需求。作为国内化妆品市场的主流品牌，欧珀莱自1994年1月推向市场至今，已经在全国900多家百货商场开设了形象专柜，并保持着高额的年销售增长率，连年荣获全国市场同类产品销售额翘楚桂冠。持续的销售高速增长，使资生堂丽源成为日本资生堂集团海外销售成绩最好的公司。欧珀莱在各项评比和检测中得到了专家和消费者的认可。资生堂丽源把研发符合时代需求并基于肌肤本质的护肤品作为产品功能定位，于2008年对"AUPRES/欧珀莱"品牌进行了全面更新，欧珀莱也因此而重获新生。欧珀莱随后不断更新产品系列，并于2011年向中国市场推出了全新美白产品系列和全新时光锁紧实弹润系列，致力于改善因环境影响、年龄增长、色斑暗沉等所带来的肌肤烦恼。2011年销售情况与同期对比，表现出稳中有增的发展趋势。经北京市质量审定委员会审定，资生堂丽源化妆品公司的欧珀莱化妆品被评选为2010年度北京知名品牌。中国轻工业联合会公布资生堂丽源化妆品有限公司荣获"全国轻工业卓越绩效先进企业"和"中国轻工业化妆品行业十强企业"称号。资生堂丽源化妆品公司的管理体系已经过审核，并被证明符合ISO22716化妆品优良制造规范（GMP）。年内，拥有139年历史的资生堂集团在北京饭店举行了中国事业30周年的盛大庆典，200家中外媒体和社会各界人士共400多人共同见证了这一历史时刻和参加答谢会。2011年，资生堂丽源全年生产总量突破了5000万个大关，产值为263053万元，销售收入224057万元，税收48732万元。

（张妍）

加多宝集团

加多宝集团（简称加多宝）是一家以香港为基地的大型专业饮料生产及销售企业，主要产品包括加多宝红色罐装、瓶装加多宝和昆仑山天然雪山矿泉水。加多宝1995年推出第一罐红色罐装凉茶，先后在广东东莞、浙江绍兴、福建石狮、北京、青海、杭州、武汉成立生产基地，并有多处原材料生产基地。加多宝在北京的生产基地——加多宝（中国）饮料有限公司，位于开发区康定街21号，2008年8月8日正式开业，占地面积51628.42平方米，在北京的员工总人数达1142人。

（唐怀建）

和路雪（中国）有限公司

和路雪（中国）有限公司外景　　企业提供

和路雪（中国）有限公司（简称和路雪）于1993年6月入驻开发区。1994年6月1日第一支冰淇淋下线上市，当年销量取得巨大成功，随后陆续在上海、武汉、广州等地建立了分公司，并在江苏省太仓市建立了与北京同等规模的第二家冰淇淋生产工厂，2002年首次实现联合利华公司内部赢利，2003年实现中国冰淇淋首次出口欧洲的历史性突破。和路雪的冰淇淋品牌有可爱多、梦龙、奇彩旋、奶昔杯等，销售范围遍及中国大陆、香港地区以及澳大利亚、南非、泰国、荷兰、法国等海外诸多国家。2011年，和路雪共有员工310人。

（刘然）

联合利华（中国）食品有限公司北京第二分公司

联合利华北京食品工厂生产线　　企业提供

联合利华（中国）食品有限公司北京第二分公司（简称联合利华北京食品工厂）成立于2005年，占地5万多平方米，主要产品有家乐鸡精鸡粉、浓汤宝、沙拉酱，主要客户是肯德基和必胜客。自成立以来，食品工厂产量每年都有大幅度提高，已经成为联合利华中国北方最重要的食品工厂之一。2011年，联合利华北京食品工厂员工总人数400人左右，其中第三方员工约占1/3。

（刘然）

宝健（中国）日用品有限公司

宝健（中国）日用品有限公司（简称宝健）1996年在中国市场正式营运，是一家专业从事健康理念传播及健康产品生产、销售的大型港资高科技健康企业。它集研发、生产、配送、销售、服务于一体，通过提供营养保健、美容护肤、日化用品等多元化的产品与服务为国民提供全方位的健康保障，满足国人对健康的全面需求。宝健拥有宝健营养保健系列、宝芙美容护肤系列、宝馨日用护理系列3大系列近百种产品，专为中国人研发设计。2008年，宝健投入4亿多元在开发区建成亚太区营运总部，面积近5万平方米，是目前北京规模最大的健康产业中心。宝健是北京市第一家直销企业，在国内率先推行“60天无因退货”、“保质期质量问题换货”的满意保证。宝健创新性地提出3个1%公益理念（即宝健每年至少捐出应纳税所得额的1%；广大代理商自愿捐出个人年收入的1%；员工在第一时间自愿捐出个人年收入的1%），与中国青少年发展基金会共同成立“宝健自主基金”项目，并持续以3个1%的固定捐赠汇入“宝健自主基金”。此外，宝健还积极参与其他公益事业建设，累计公益捐助超过亿元。2011年，宝健获得了中国青少年发展基金会颁发的“2011希望工程志愿力量奖”，宝健15周年感恩大会上捐建西藏、新疆、河北各1所希望小学。截至2011年底，宝健捐建和资助的希望小学和农民工子弟学校已达67所，帮助10万名孩子获得公平受教育的机会。

（林京姬　黄崧　秦楠）

北京可口可乐饮料有限公司

北京可口可乐饮料有限公司（简称北京可口可乐）成立于1992年，投资总额4300万美元，注册资本1950万美元，是可口可乐在北京地区唯一授权装瓶厂，产品销售范围为北京市行政区域。其主要产品包括：可口可乐、零度可口可乐、雪碧、芬达、健怡可乐、醒目、美汁源果汁系列、果粒奶优、果清新、酷儿、冰露矿物质水、

北京可口可乐饮料有限公司外景　　企业提供

原叶绿茶、原叶冰红茶、冰露矿物质水、维他命水。公司产品在北京饮料市场具有领导地位，汽水类的市场份额近70%，果汁饮料、茶饮料市场占有率居前3位。公司具有国际先进的饮料生产能力，现有4条生产线，可以生产易拉罐、塑料瓶、玻璃瓶、BIB等各种包装的产品。公司视产品质量为企业的第一生命，在生产和管理中，对生产工艺、品质控制、市场营销和售后服务等全过程，采用可口可乐在全球推行的TCCMS全面质量管理系统，以满足广大消费者的需求。可口可乐为2008年北京奥运会饮料产品的唯一供应商，在奥运产品保障方面的卓越表现，获得奥组委和北京市质监局的一致好评。年内，可口可乐举办了125周年典藏展，现场2万人及全国190万人通过微博点击和转发活动展现了世界级市场的执行力，让消费者感受到了可口可乐带来的激情和活力，也得到了来自可乐全球总裁及中可集团的高度评价。2011年底，北京可口可乐饮料有限公司举行“卅载风华同心路再展龙腾入云端”30周年庆典活动。活动展现了北京可口可乐30年来的光辉业绩及丰富的发展历程。5月4日，可口可乐作为大运会

合作伙伴之一，在北京大学举行了大运会火炬接力活动，中粮可口可乐总裁张吉细参与火炬接力活动，将积极乐观美好生活理念传递到高校中。8月，与大兴区榆垡镇建立城乡共建对子，资源互补，作为开发区评选的优秀城乡建设模范对子企业，可口可乐热心当地公益事业和文明建设，积极参与教育、体育、环保和文化等方面的社会活动，建立了良好的社会公众形象。

（赵森）

北京大宝化妆品有限公司

北京大宝化妆品有限公司（简称大宝公司）成立于1999年，是北京市三露厂成功进行股份制改造的结果（北京三露厂始建于1985年，是国有二级企业，北京先进福利企业），位于开发区荣华中路12号，占地面积25070平方米，建筑面积44871平方米，2001年正式投入生产。2008年7月30日，强生（中国）投资有限公司完成收购北京大宝化妆品有限公司的交易，大宝品牌及公司正式成为强生大家庭中的一员。2009年至2011年，大宝公司陆续推出大宝SOD滋润霜、大宝清爽保湿洁面乳、大宝SOD滋养手霜和大宝清爽保湿防晒露。2011年3月，新推出的大宝清爽保湿防晒露，根据第三方市场调查数据，自上市第二个月开始，销量即跃至同类产品第一。同月，公司邀请市疾控中心等有资质的检测机构对大宝公司进行职业危害因素的现场检测，通过检测制定更加有针对性的管理控制措施，以杜绝或减少公司内部的职业危害因素数量。大宝公司始终遵守《中华人民共和国职业病防治法》，在日常管理运营过程中，坚持为员工提供职业健康相关知识培训，并严格执行上岗前、在岗中和离岗后的职业健康体检政策。9月通过“环境健康安全管理体系”审核。年内，公司投入了大量的资金和人力，对所有的厂房设施和生产设备进行了全面更新和改造，对所有质量相关的记录和文件进行全面自查。通过多轮内部审核，全面确保大宝公司在质量管理体系和产品质量控制方面满足中国国内法规、国家标准和行业标准以及强生内控的要求。2010年至2011年底，大宝聋儿康复项目中累计有150余名聋儿受到240万元资助，公司共有300余名员工参加此项目公益活动。在植树造林项目中，2000年至2011年公司累计在内蒙古多伦捐款475万元建成占地666.7余公顷的“大宝生态园”，在河北丰宁建立“大宝公益林”，累计资助100余万元。2011年，企业全年净销售额同比增长15%。

（周敏涛 姚冀宁 杨树坚）

北京百花蜂业科技发展股份公司

北京百花蜂业科技发展股份公司（简称百花公司）创建于1919年，2004年7月，公司将总部迁入开发区，建成符合国家标准的GMP保健品生产车间。2011年北京百花蜂产品科技发展有限公司整体改制为北京百花蜂业科技发展股份公司。百花公司经营范围包括自主开发蜂蜜、蜂花粉、蜂王浆、蜂胶、日化、蜂产品制品等6大类140多个产品，其中蜂蜜类产品销往全国23个省市。专卖店

百花蜜蜂文化节　　企业提供

遍布全国 20 多个省市地区，开店数量达 500 多家，为社会解决就业岗位 1000 多个。公司坚持为农服务的方针，在京郊领先为养蜂专业合作社探索出“龙头企业 + 养蜂合作社 + 农户 + 标准化生产”的发展模式。“百花牌”连续 4 届被评为“北京市著名商标”、“北京名牌产品”；2006 年 12 月，被商务部评为“中华老字号”；2006 年和 2007 年，连续被中国连锁经营协会评为中国零售业十大优秀特许品牌；2008 年 4 月，获“中国驰名商标”，2008 年成为奥运会、残奥会餐饮原料供应商。先后通过 ISO9001 质量管理体系认证、ISO22000 食品安全体系认证和有机食品认证。蜂蜜、蜂王浆、蜂胶 3 类产品通过国家医药管理局审批，2007 年通过蜂产品 QS 市场准入认证。2009 年开始举办百花蜜蜂文化节，活动内容包括蜂产品健康知识课堂进社区、社区居民参观百花公司、联合大型连锁超市进行百花牌蜂蜜的让利促销等。蜜蜂文化节取得了较好的效果和销售业绩。2011 年，百花公司职工总人数为 120 人，总资产 9100 万元，产值 17096 万元，利润 1868 万元，税收 2000 万元。

（钟一鸣）

乐天（中国）食品有限公司

乐天（中国）食品有限公司（简称乐天食品）是乐天集团在华独资企业，成立于 1994 年，注册资本 9206 万美元，资产总额 6.3 亿元，乐天集团是韩国第五大财团，在食品饮料、石油化工、酒店娱乐、商业流通等诸多领域处于韩国领先地位。乐天集团在中国成立了多家食品饮料工厂，分布于北京、上海、青岛、沈阳、威海等地，乐天食品是其中成立最早也是最大的一家工厂，生产出中国第一瓶木糖醇口香糖。除了口香糖，公司还生产派、小熊饼干、巧克力棒等系列休闲食品，除在中国销售，还销往日本、韩国、中东及东南亚地区。1995 年 8 月，乐天食品厂房建成并投产，占地面积 76050 平方米，2003 年 8 月三期厂房投入使用。2011 年，乐天食品有员工近 500 人，产值 2.7 亿元，销售收入 3.15 亿元，上缴税收 1150 万元，税后利润 12.5 万元。

（林思雨）

北京中富容器有公司

北京中富容器有限公司（简称中富容器）位于开发区永昌北路 18 号，1995 年底成立，公司从之初 PET 饮料瓶，瓶盖、标签等生产销售，发展到目前北京地区可

OEM 生产热灌装、无菌灌装各类冷热灌装饮料。中富容器秉承“专心、专业、专注；共享、共赢、共进”的企业发展理念，倾力打造一个和谐、 专业、进取的发展环境，夯实公司持续发展的基础。年内，应不断增长的瓶胚市场需求，经过项目小组的通力合作，年产能 4 亿支瓶胚项目在开发区正式上马。实现与北京市知名企业红星二锅头的倾力合作，红星二锅头每年需要大量 PET（聚对苯 = 甲酸乙 = 醇酯 CPET）白酒瓶，经过多轮洽谈，中富开始为红星二锅头供应优质的产品。针对传统玻璃啤酒瓶存在不安全、能耗大、破坏环境的特点，公司着手启动 PET 啤酒瓶项目，主要进行了产品研发，设备调试等工作，目前已具备生产 PET 啤酒瓶的能力。中富容器为“可口可乐”、“百事可乐”以及其他国内名牌饮料厂家提供食品饮料容器包装。中富容器的技术先进，设备齐全，主设备来自德国、法国、美国、英国等国家，是目前业内最知名的 PET 瓶、瓶胚专业生产企业之一。中富容器产品有各种款式的 PET 汽水瓶，各种规格的 PET 瓶胚，具备生产矿泉水、纯净水和 PET 热灌装（茶、果汁）饮料瓶的能力，目前，安全节能的 PET 防爆啤酒瓶及系列瓶胚生产项目正在前期筹备当中。中富容器视质量为企业生命，所生产产品获美国“可口可乐”、“百事可乐”两大国际皇牌饮料公司的质量认可。通过 FSSC22000 体系认证。2011 年，中富容器年产瓶胚 7 亿支，PET 瓶 1.25 亿支，实现销售收入 1.7 亿元，上缴各项税费 500 万元。

（周升林　张静）

北京章光 101 控股集团有限公司

北京章光 101 控股集团有限公司（简称章光 101 集团）成立于 1987 年，以赵章光先生发明的章光 101 生发、护肤系列产品为主导，以医药业为龙头，多元化发展，涉及房地产、园林工程等多种行业，是一家拥有 10 多亿元固定资产、14000 多名员工，2000 多家 101 生发专业连锁咨询服务机构的外向型经济实体。章光 101 集团的产品包括生发、养发、防脱发和护肤 4 个系列的 20 多个品种，除章光 101 系列之外，还开发了以养发为主的子品牌，满足了不同层次、不同类型头发亚健康人士的需求。章光 101 已被认定为中国驰名商标，拥有北京、乐清、郑州 3 个生产基地，产品行销世界 65 个国家和地区，在海外设有 16 个分支机构，已为世界 3000 多万脱发者解除了痛苦，是全球公认的生发知名品牌、中国毛发行业的开辟者和领军企业。章光 101 集团除生产发用类产品外，还涉足制药行业。已通过 GMP 认证的北京、浙江千岛湖、吉林临江 3 家 101 药业公司大量引进高科技人才和先进的生产萃取设备，不断改进生产工艺，积极发扬祖国医药传统的优势，结合国际最新的高科技技术进行新药的研制。多层次的产品结构既保证了章光 101 品牌在生发、养发、防脱发等同类产品中的优势地位，又立足长远，体现了一专多元的综合化经营理念。章光 101 集团多元化发展，在杭州千岛湖、温州、乐清、山东等多地投资房地产。2009 年，章光 101 集团以 1.428 亿元竞得千岛湖临湖

章光 101 产品　　企业提供

商住用地，成为千岛湖新“地王”，受到业界广泛关注。2011 年 6 月 19 日，在青岛举办的第四届世界环保大会上，章光 101 集团董事长赵章光因其对红豆杉及环保事业的贡献被大会授予“世界环保贡献奖”，章光 101 集团被授予“中国节能环保优势推动力企业”称号。来自国际经济和环保组织代表、政府官员、行业专家和学者、企业代表等 300 余人与会。7 月 15~16 日， 鉴于在中韩经济交流发展的优秀成就，在韩国济州岛召开的世界生态论坛上，章光 101 集团董事长赵章光被授予“中韩经济大使”荣誉称号。韩国副总理吴明、世界华人企业家协会执行主席余顺标、济州岛知事禹谨敏及多名中韩专家、企业家、媒体出席论坛。7 月 18 日，为推动红豆杉产业的快速发展和保护人们健康，章光 101 集团在北京新闻大厦举办了首届全国红豆杉健康产业高峰论坛暨章光 101 红豆杉枕养生保健推广项目启动仪式，本届论坛得到了国家相关部门的高度重视。论坛的召开为红豆杉产业的深度开发提供了思路，对红豆杉产业以及章光 101 红豆杉枕项目市场前景与发展规划有着重要的作用。8 月 12 日，为期 3 天的中国国际妇幼婴童产业展览会暨轻工精品展览会在国际展览中心盛大开幕，章光 101 集团受邀参加展览会并以新产品 101 养发液获得创新大奖。101 养发液是章光 101 集团研发的新产品，是公司以消费者需求为根本，不断研发创新的新成果。

2011 年，北京科技公司总利润 586.42 万元，同比增长 68%，纳税总额 1014.8 万元。

（章芳　郑伟涛）

亨特建筑产品（北京）有限公司

亨特建筑产品（北京）有限公司（简称亨特北京）原名亨特建材（北京）有限公司，是荷兰亨特集团于 2000 年设立的全资子公司。荷兰亨特集团主要从事建筑产品、窗饰产品的制造、销售和服务，以及金属加工、精密机械生产和金属期货交易等业务。亨特公司占地面积约 1 万平方米，设有加工、装配工厂，通过 ISO9001 质量认证体系及 ISO14001 环境认证体系。亨特北京是亨特建筑产品在中国华北区域的营销管理中心，为北京、天津、河北等业务区域提供专业的销售和技术支持工作。亨特将世界先进的建筑产品、服务体系和营销理念引入中国，以“定制化”和“零损耗”为特征的供货模式为满足客户个性化需求提供全面解决方案，引领行业的发展。产品广泛应用国家重点和具有社会影响的项目，涉及交通、商业、办公、政府、公共建筑和工业制造等领域，参建的国家重大项目包括首都博物馆、国家游泳馆、天津奥林匹克中心体育场、首都机场、北京地铁、中央机构办公楼等，取得了良好的市场业绩和社会效应。2011 年，亨特开展“传统元素、现代演绎——NBK 2011 中国巡回演讲会”系列活动，面向全国约 2000 位建筑师全新发布 NBK 产品。年内，亨特北京中标大连国际会议中心屋面装饰工程，为该项目提供 25 毫米盒式蜂窝板 20500 平方米；签约大连市民健身中心屋面装饰工程，为该项目提供盒式蜂窝板屋面产品 7000 平方米；签约中冶焦耐工程技术有限公司大连新办公楼吊顶装饰工程，总签约面积 2.4 万多平方米。2011 年，亨特北京职工总数 30 余人，销售额 6629 万元，缴税额 513.8 万元。

（周小燕 庄京萍）

北京德宝商三包装印刷有限公司

德宝商三包装印刷有限公司外景　　企业提供

北京德宝商三包装印刷有限公司（简称德宝商三）成立于 2001 年 7 月，是由北京市商标印刷三厂和澳大利亚安姆科（Amcor）和惠州宝柏包装有限公司合资组建的中外合资企业。德宝商三投资 16000 万元，注册资本 8000 万元，占地面积 3.4 万平方米，拥有全封闭高洁净厂房，年生产复合软包装材料 7500 吨。销售额近 2 亿元，已成为中国北方最具竞争力的软包装企业。2011 年，德宝商三共有员工 242 名，总资产 14099.8 万元，产值 6677.6 万元，实现利润 927.6 万元，纳税 991.6 万元。

（李建军）

北京捷联设备有限公司

北京捷联设备有限公司是捷联克莱门特集团 (Chat Union CLIMAVENETA) 设在中国的骨干企业，2001 年入驻开发区荣昌东街。捷联克莱门特集团是一家以从事研发和生产各类空调设备为主的国际性集团，业务范畴涉及机房整体解决方案；空调制冷系统及产品的环保节能、新工艺、新产品的研究开发和制造；电源产品的研发、生产和服务。北京捷联设备有限公司占集团总营业额的 40%，员工近 400 人，主营产品有“先控”UPS 电源、“海洛斯”机房专用空调、“非凡”工业电池、“海洛斯”高级机房地板、发电机等机房专用产品，客户涉及国家部委和各类企事业，行业涉及通讯业、金融银行业，石油石化业等所有对电源和空调等机房设备有需求的行业，并中标各类大型建设项目和国家重点工程，例如首都机场 T3 航站楼、奥运场馆、公安部信息大楼、GPS 卫星工程、广州地铁、天津地铁等。北京捷联设备有限公司积极参与各类社会公益事业，如每年定期资助 100 名特困生从入学至毕业及全部生活费，投资建立两所希望小学，负责安排 200 名下岗职工技术培训课程，参加中国妇联“中国母亲援助”活动等。

（张冰）

大族环球科技股份有限公司

大族企业湾外景效果图　　企业提供

大族环球科技股份有限公司（简称大族环球）隶属于大族控股集团，于 2007 年 12 月 17 日成立于北京，注册资本 4 亿元，是以房地产开发、经营及金融运作为主的综合企业。大族环球公司开发的房地产项目主要有位于开发区内的大族企业湾（产业园区）、大族广场（城市一站式综合体）以及位于北京怀柔箭扣长城的“黑坨山旅游开发项目”。大族企业湾总建筑面积 22 万平方米，由 18 栋 9000-10800 平方米的企业独栋及两栋配套公寓组成。企业独栋每栋标准层建筑面积 1800 平米，首层层高 7.9 米，标准层层高 4.2 米，柱网为 8 米 ×10 米。大尺度，超常规设计，开启亦庄大办公时代。大族广场总建筑面积 31.7 万平方米，由 6 栋呈舰队式排列的 5A 甲级写字楼及 6.5 万平方米的融合超市、餐饮、影院、百货零售、高档会所等为一体的 Shopping Mall 组成。打造亦庄核心区一站式商务、购物平台。

（孙平）

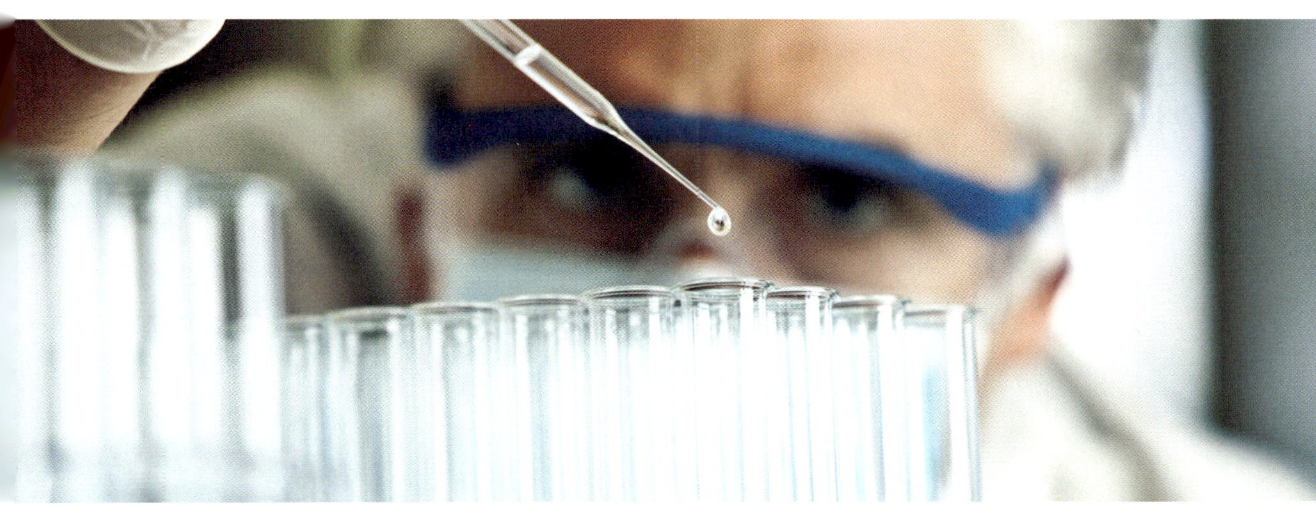

科技

北京经济技术开发区年鉴 2012
BEIJING ECONOMIC-TECHNOLOGICAL DEVELOPMENT AREA YEARBOOK

综 述

2011年，开发区围绕产业发展、科技创新和重大项目的需要，以加快实施科技强区战略和加速聚集高端领军人才为目标，科技和人才资源对产业发展的引领作用进一步显现。

2011年，开发区深入落实2010年召开的科技强区战略推进大会精神，按照《关于推动实施科技强区战略的决定》的要求，制定印发了《北京经济技术开发区"十二五"时期科技发展规划》，明确了"十二五"时期科技创新工作要实施"一二三"创新发展战略和科技强区八大工程，即"大旗舰"打造工程、"小巨人"孵育工程、科技平台升级工程、高端创新人才汇聚工程、知识产权推进工程、科技金融创新工程、科技中介服务提升工程、创新文化建设工程。年内，出台《北京经济技术开发区促进科技企业孵化器发展办法（试行）》，认定开发区9家首批公共技术服务平台，60家首批企业创新中心，新增各类市级研发机构35家。推进中小企业知识产权保护工作，新增专利引擎试点企业20家。制订"小巨人"企业培育方案，筛选确定"小巨人"培育企业42家。对132家企业的238个项目提供1.2亿元科技创新专项资金支持。

截至2011年底，开发区共拥有北京同仁堂科技发展股份有限公司、百泰生物药业有限公司等312家国家级高新技术企业；病毒生物技术国家工程研究中心（北京凯因生物技术有限公司）、国家人类基因组北方研究中心（北京诺赛基因组研究中心有限公司）等各类国家级重点实验室、研发中心11家；北京英纳超导技术有限公司等市级各类研发机构超过100家；北京金风科创风电设备有限公司等专利引擎重点企业185家；北京航天万源煤化工工程技术有限公司的"HT-L航天粉煤加压气化装置"等64家企业的243种产品被认定为市自主创新产品；中冶京诚工程技术有限公司等67家高新技术企业主导、参与了行业标准和国家标准的制定工作；悦康药业集团有限公司、北京大基康明医疗设备有限公司等企业累计承担国家、市级科技项目300余个，获得财政资助超过15亿元；蓝星（北京）化工机械有限公司的"NBZ—2.7型膜极距复极式离子膜电解槽"、北京金风科创风电设备有限公司的"直驱式变速恒频2.5MW风力发电机整机技术"等项目获得国家或北京市的科技奖励；科技创新专项资金累计支持了北京金豪制药股份有限公司等426家（次）企业的636个项目，支持资金达4.6

亿元。开发区科技工作管理主管部门开发区科技局（知识产权局）成立于2007年7月，是开发区管委会组成部门。主要工作内容是编制开发区内科技发展中长期规划和年度计划并组织实施，推进开发区内科技创新体系和科技服务体系建设；组织高新技术产业化工作，推动科技成果转化和应用技术的开发与推广；负责高新技术企业认定的组织申报以及技术市场管理、科技奖励、科技保密工作；承担知识产权保护、科协等工作。全局现有工作人员12人。

（李群虹　苏荣）

综合管理

发布驰名商标、著名商标奖励办法

1月7日，开发区管委会发布了《关于印发〈北京经济技术开发区鼓励企业获得中国驰名商标、北京市著名商标认定的奖励办法〉（试行）的通知》（京技管[2011]1号），旨在鼓励和引导开发区企业增强商标和品牌意识，推进企业自主创新，支持企业实施品牌战略。《奖励办法》规定：获得中国驰名商标认定的企业，给予一次性每件100万元的奖励；获得北京市著名商标认定的企业，给予一次性每件20万元的奖励；接受过奖励的北京市著名商标，在奖励后被认定为中国驰名商标的，给予一次性每件80万元的奖励。该办法共12条，自2011年2月7日起开始实施，有效期5年。

（崔春雷）

186个项目获科技创新专项资金扶持

1月20日，“北京经济技术开发区2010年度科技创新专项资金项目落地大会暨‘企业创新中心’授牌仪式”在开发区管委会举行。开发区管委会主任张伯旭出席并讲话，副主任赵昕昕、王合生，巡视员杜新安，企业代表等共200人参加。会上，北京凯因生物技术有限公司、北京爱生科技发展有限公司等124家企业的186个项目获得1.3亿元科技创新专项资金扶持。此次获得资助的项目中，研发配比类项目21个，自定研发项目42个，成果转化类项目20个，研发机构资助项目31个，知识产权授权项目57个，标准创制项目15个；生物医药和节能减排技术领域得到了重点资助，仅节能减排技术类项目就有48项获得资助，支持金额达到3368万元，是2009年度支持节能减排项目金额的3倍。会上，赵昕昕宣布了《关于认定开发区首批企业创新中心的通知》，经纬纺织机械股份有限公司、蓝星（北京）化工机械有限公司企业技术中心等29家企业获颁首批“北京经济技术开发区企业创新中心”，张伯旭为企业创新中心授牌。

（崔春雷）

举办云计算知识产权创新高峰论坛

举办云计算知识产权创新高峰论坛　　新闻中心提供

4月26日，开发区云计算知识产权创新联盟首届“云计算知识产权创新高峰论坛”在亦庄云基地举办，知识产权局专利管理司司长陆毅、市知识产权局局长汪洪等出席相关活动。开发区举办本次知识产权创新高峰论坛，将有效促进开发区云计算产学研机构之间的信息和知识产权等资源共享机制的形成，促进企业关注并积极参与国家标准、行业标准的制定以及知识产权的创新和保护工作，提升云计算的创新意识和创新能力，进而提高开发区云计算企业的综合竞争力，助力开发区企业进入崭新的信息时代——云时代，并最终推动亦庄云计算产业链和市场的形成与健康发展。50余家企业代表参加了当天的活动。在论坛开始前，与会代表参观了北京云基地“云箱”模块化数据中心、“超云”系列云服务器，以及各种云计算软件应用演示和“电力仿真实验室”、“视频云”等应用案例呈现。

（孙鹏　陈思）

印发开发区“十二五”时期科技发展规划

4月，《北京经济技术开发区“十二五”时期科技发展规划》经开发区管委会主任办公会审议通过并正式印发。

（崔春雷）

实施“一二三”战略及科技强区工程

4月，《北京经济技术开发区“十二五”时期科技发展规划》中提出的“一二三”发展战略及科技强区八大工程正式启动实施。“十二五”时期，开发区科技创新工作要全面贯彻落实科学发展观，按照国家建设自主创新示范区的战略部署以及北京市“人文北京、科技北京、绿色北京”和“世界城市”建设的要求，以“创新驱动产业发展”为核心，以“提升科技创新能力，促进科技成果产业化”为重点，坚持“政府引导、企业为主体，市场导向、应用研究为重点，高端发展、重大项目为抓手，机制创新、环境完善为支撑”四大发展原则，大力加强“企业创新主体能力、创新平台支撑能力、创新创业服务能力”三大能力建设，突破重点行业和前沿领域的核心和关键技术，培育一批具有全球影响力的创新型企业和知名品牌，全面提升开发区自主创新能力，成为北京市率先形成创新驱动发展格局的先行区，高端要素资源集聚、高端功能配套齐全、高端产业结构合理、强大经济实力支撑、具有全球影响力的高技术制造业和战略性新兴产业聚集区。

（崔春雷）

开展科技信息平台评估

4~8 月，上海思沃企业管理咨询有限公司对开发区科技创新数据服务平台运行情况进行了评估，结果为优秀。开发区科技局按照评估意见对系统进行了后续完善，为驻区企业提供了更加充足的科技创新资源。截至年底，平台企业用户超过 240 家，登录超过 8 万次，检索超过 32 万次，下载文献 7 万篇，资料 70 万页。

（崔春雷）

20 家企业入选市专利试点企业

5 月 24 日，市知识产权局印发《关于发布参加 2011 年北京市专利试点单位名单的通知》，公布了 368 家参加 2011 年北京市专利试点单位名单。开发区的北京迪玛克医药科技有限公司、北京爱生科技发展有限公司、北京万东鼎立医疗设备有限公司等 20 家企业入选。至此，开发区共拥有的市级专利试点企业达到 185 家。

（崔春雷）

智飞生物疫苗新产品产业化基地奠基

7 月 16 日，北京绿竹生物制药有限公司三期工程“智飞生物疫苗新产品产业化基地”奠基仪式在开发区 X53F2 地块举行。该工程项目用于建设“疫苗新产品产业化基地”，旨在研发、生产更大规模的新型疫苗制剂，达产后各类疫苗的总产能可达 10000 万剂。公司董事长蒋仁生、副总经理陈渝峰、绿竹生物总经理杜琳以及全体绿竹员工参加了奠基仪式。

（李楠楠）

获批进入创新型产业集群建设工程

7 月，科技部火炬中心发布《关于印发〈创新型产业集群建设工程实施方案〉并组织开展集群建设试点工作的通知》（国科火字 [2011]153 号），拟组织实施创新型产业集群建设工程。11 月 16 日，在由科技部火炬中心举办的创新型产业集群建设工程工作座谈会上公布了 41 家创新型产业集群建设工程名单，亦庄数字电视和数字内容创新型产业集群成功入选。12 月，开发区按照科技部火炬中心的有关要求，组织集群内北京亦庄数字显示产业管理有限公司等 5 家企业向北京市推荐、申报了国家火炬计划创新型产业集群数字电视和数字内容产业集群类重大项目。（2012 年，北京亦庄数字显示产业管理有限公司、北京京东方光电科技有限公司 2 家企业的项目获批，获批资金总额 500 万元。）

（崔春雷）

悦康药业入选百强榜单

8 月 17 日，由中国医药工业信息中心、中国医药企业管理协会主办的“2011 年（第 28 届）全国医药工业信息年会”上，公布了 2010 年度中国医药工业企业 TOP 100 企业名单，悦康药业集团有限公司入选百强榜单，列第 86 位。本次年会还公布了“2011 年中国医药研发产品线最佳工业企业”榜单，旨在实时追踪国内外研发动态、挖掘中国医药研发领域的最强音。入选企业共 10 家，悦康药业位列其中。

（何铖）

出台促进科技企业孵化器发展办法

9月1日，开发区科技局正式印发了经管委会第11次主任办公会审议通过的《北京经济技术开发区促进科技企业孵化器发展办法(试行)》(京技管[2011]138号)，旨在完善科技创新孵化体系，促进高新技术企业的聚集与成长，加快实现开发区高端产业聚集的目标。《办法》共分6章24条，对孵化器的认定条件、支持措施、申报受理、监督管理等方面均作了详尽的规定，目的是引导区内孵化器和专业园区由工业房地产的单一服务向创新、创业为核心的多功能、专业化服务转变，打造多功能、全过程、高端化的创新孵化体系。办法自公布之日起30日后开始施行。为配合该办法的实施，开发区科技局发布了《北京经济技术开发区促进科技企业孵化器发展办法实施细则(试行)》。

(崔春雷)

建立北京市首家院士专家服务中心

9月8日，由开发区管委会主办的“北京经济技术开发区院士专家服务中心暨驻区企业院士专家工作站授牌仪式”在博大大厦举行。中国高新技术产业开发区协会、中国科学技术咨询服务中心、市科协等相关领导以及开发区工委委员、管委会副主任张晓林等出席，杜新安主持，开发区科协、相关企业等代表200人参加。仪式上，市科协相关领导为开发区院士专家服务中心以及北京云基地企业管理有限公司、电子贸易产业技术创新战略联盟、中冶京诚工程技术有限公司3家院士专家工作站授牌，3家企业领导为进站的中国工程院院士倪光南、刘韵洁、殷瑞钰颁发了聘书。院士专家服务中心成立后，将围绕驻区内企业开展决策研究，在技术论证、政策把关、高层次人才培养等方面发挥作用，协调企业建站需求与院士科研对接，打通“产学研”一体化道路。进站的院士将结合自身研究课题，与工作站企业展开深度合作，在电子信息、物联网、云计算等方面进行研究实践，“零距离”帮助企业破解技术难题，培训技术研发团队，起到企业高端智力资源库的作用。

(崔春雷)

举办第三届首都创新论坛

9月8日，由市科协、开发区管委会共同主办的“第三届首都创新论坛”在开发区举行，主题为“创新英雄”，旨在聚焦国际前沿科技动态，相邀政府官员、科技创新领域院士专家、创新企业家，共同解析前沿科技，分享企业创新经验，齐话创新智慧。全国政协委员、中国高新技术开发区协会理事长张景安就“‘十二五’高新技术开发区与企业自主创新”、中国工程院院士刘韵洁就“未来网络的发展及前景”、中国工程院院士倪光南就“云计算推进可靠、低成本信息化”作了主题演讲。来自开发区的企业代表、科技研发人员、博士生代表及媒体等共200余人参加论坛。

(崔春雷)

中冶京诚综合管廊技术亮相国际博览会

9月8日，中冶京诚综合管廊技术作为专项参展内容亮相河北省廊坊国际会议展览中心举行的第十六届中国国际生态建筑建材及城市建设博览会，这是中冶京诚市政业务开拓进取的里程碑。国家住建部副部长陈大卫亲临中冶京诚展台了解综合管廊技术应用情况，公司副总裁陈杰、总裁助理曾建忠也来到展会参观并予以指导。

（程芳）

康龙化成新增研发服务中心实验楼

9月，康龙化成（北京）新药技术有限公司新增13.6万平方米的临床前研发服务中心实验楼，成为亚洲地区最大的大动物科研中心。

康龙化成实验室　　企业提供

（楼小强）

生物医药园被认定为G20基地

10月18日，在开发区主办的“北京亦庄生物医药园开园仪式”上，举办了北京生物医药产业跨越发展工程（G20工程）创新成果转化基地揭牌仪式，市科委主任闫傲霜、开发区管委会主任张伯旭为基地揭牌。该基地总建设规模约17.8万平方米，具备专业公共服务平台、中试车间、创业企业孵化器三大功能，将吸纳100余家生物医药创新企业入驻，是推动创新成果在京转化落地的重要平台，将成为国内最大、专业性最强的生物医药孵化器，集聚创新资源，加快首都生物医药产业跨越发展。卫生部、科技部、中国生物技术发展中心等国家部委领导，大兴区、市药监局等相关委办局和区内企业、院所以及媒体等代表近300人出席此次活动。

（崔春雷）

华德液压举行成果转化签约仪式

10月20日，华德液压集团与哈尔滨工业大学、天津工程机械研究院等7家单位举行2011年国家重大科技成果转化项目——《工程机械用高压轴向柱塞泵/马达关键技术成果转化》合作签约仪式。廖显胜代表华德集团与上述7家单位的代表签署合作协议，标志着科研成果转化项目正式走向实施阶段。

（岳高丽）

生物医药创新服务联盟成立

开发区生物医药创新服务联盟、孵化器创新联盟成立大会
徐建红 摄

10月28日，由开发区科技局主办的“生物医药创新服务联盟成立大会”在亦庄生物医药园召开。科技部、市经济信息化委、市科委等相关领导以及联盟各成员单位代表、部分企业代表100人出席。生物医药创新服务联盟是在开发区科技局的支持与指导下，由北京义翘神州生物技术有限公司、北京凯因科技股份有限公司、北京旷博生物技术有限公司等9家公司共同组建而成，旨在建立完整的生物医药服务体系，探索满足生物医药科技创新与产业化需要的新型服务体制与机制。第一届理事长为北京义翘神州生物技术有限公司董事长谢良志。

（崔春雷）

孵化器创新联盟成立

10月28日，孵化器创新联盟成立大会召开，孵化器创新联盟由汇龙森国际企业孵化（北京）有限公司、北工大软件园、嘉捷企业汇等发起组成，旨在利用孵化器的特有模式集结各方资源，为高端人才引进，创新型科技项目落地，创造适合项目、人才、科技发展的成长环境。第一届理事长为汇龙森国际企业孵化（北京）有限公司董事长刘泳。

（崔春雷）

移动硅谷获批4G工程智能终端基地

11月6日，在由市科委主办的“北京高端数控装备产业技术跨越发展工程（精机工程）北京新一代移动通信技术及产品突破工程（4G工程）启动仪式”上，移动硅谷产业园获得“4G工程智能终端产业创新基地”授牌，成为北京市4G工程重要实践基地。开发区管委会副主任任绳立成参加授牌。移动硅谷产业园定位于移动通信的总部、研发、交易和服务型园区，将建设包括研发基地、企业办公、交易平台等在内的配套设施，旨在依托3G-4G核心芯片技术，集聚产业链优秀企业，建设达到千亿级的高端移动通信产业基地。

（崔春雷）

2011云世界大会召开

12月12日，由开发区管委会、北京云基地共同主办的“云基地·2011云世界大会”在亦庄创意生活广场举行。副市长苟仲文出席并讲话，政府领导、业界领袖、企业高管、云创业者、云应用方、投资人代表等共800人出席。大会围绕全球云计算趋势与实践、中国云计算发展现状与未来、中国云计算道路探索与成果、云计算产业政策和资本市场对云计算关注焦点等问题展开，以分论坛的形式针对云计算领域的不同话题，包括云基础设施——新一代绿色数据中心、云服务器、云基础架构；大数据——如何在大数据中挖掘商业智能、建构绿色共享的云；云应用/实践——云落地案例、云应用前端技术，以及运营商、云广电/家电、云产业/投资等进行深入探讨。大会还设有“云秀场”，展示北京云基地及战略合作伙伴的云成果，现场还进行了天云科技Skycloud Stack云平台、Skycloud cStor系列存储产品以及大数据产品方案发布，中关村软件园云服务平台展示，以及业内第一台大数据服务器、云端时代瘦终端新品展示、中国首台 MINI 模块化数据中心等多个云世界新品发布。

（崔春雷）

认定公共技术服务平台 9 家

12 月 30 日，开发区管委会发布了《北京经济技术开发区关于认定首批公共技术服务平台的通知》（京技管［2011］170 号），在电子信息、生物医药等主导产业内筛选、认定了 9 家研发能力强、服务水平高的公共技术平台为区内企业提供专业服务（于 2012 年 1 月 12 日举行了挂牌仪式）。9 家平台分别是：北京昭衍新药研究中心有限公司承担的“药物筛选和药物临床前安全性评价平台”、北京凯因科技股份有限公司的“原核细胞重组蛋白药物制备平台”、北京义翘神州生物技术有限公司的“真核细胞重组蛋白制备平台”、北京五加和分子医学研究所有限公司的“病毒载体公共服务平台”、北京诺赛基因组研究中心有限公司的“生物信息学平台”、康龙化成（北京）新药技术有限公司的“化学合成平台”、北京伊斯康科技有限公司的“新型药物制剂研发平台”、北京赛西科技发展有限责任公司的“电子信息产品标准化研究与测试平台”、北京神州腾耀通信技术有限公司的“移动通信产品测试平台”。

（崔春雷）

组织国家高新技术企业申报、复审

年内，开发区科技局组织了政策普训、高新复审、中关村政策 3 次专场、专题培训，并邀请市科委、国地税等相关专家出席，讲解答疑，参训企业 400 余家。经过辅导，125 家企业参加了三年一次的国家高新技术企业复审，通过了 122 家，通过率为 97.6%；54 家企业申报高新技术企业，通过 50 家，通过率为 93%。截至年底，开发区共拥有国家高新技术企业 312 家，新增 42 家。

（崔春雷）

企业科协基层组织呈发展趋势

年内，汇龙森国际企业孵化（北京）有限公司、北京金豪制药有限公司等企业建立基层科协组织，开发区非公企业科协基层组织总数已达到 86 家，占北京市非公企业科协的 50%。开发区科协为上述企业科协组织了创新沙龙、政策解读、国际交流、培训学习、承办或参与国内外学术会议、专业峰会、科技展览会等活动，搭建各具特色、不同功能的交流平台。

（崔春雷）

专利申请、授权大幅增长

年内，开发区专利申请量、授权量双创新高。专利申请量 2098 件，比 2010 年的 1292 件增加 806 件，同比增长 62.38%，高于北京市专利申请同比增长 36.05% 的水平；专利授权 1270 件，比 2010 年的 849 件增加 421 件，同比增长 49.59%，是北京市专利授权同比增长 22.01% 的 1 倍以上。其中企业的发明专利申请与授权量均超过开发区总量的 90%，京东方、中芯国际、中冶京诚等企业的专利授权数量位居前列，其中京东方成为北京市仅有的两家专利申请量过千件的企业之一。

（崔春雷）

技术交易合同成交额达 20.5 亿元

年内，开发区共在北京市技术市场办公室登记 1000 万元以上的重大技术交易 59 项，主要涉及生物医药、新材料、电子信息等领域，合同成交额达到 20.5 亿元。

（崔春雷）

技术研发

京运通国家 02 专项项目正式启动

1 月 1 日，由北京京运通科技股份有限公司承担的国家 02 重大专项（极大规模集成电路制造装备及成套工艺）正式启动，标志着作为民营企业的京运通科技股份有限公司第一次承担国家级重大项目，具备行业内领先的技术实力。

（陈亚男）

施耐德中压产品改进中心成立

1 月 28 日，施耐德中压产品改进中心成立。由年轻且有经验的工程师组建的中心，为施耐德（北京）中压电器有限公司注入了新的血液，促进了施耐德中国发展 LV 装备的 3 年战略，推动了 2013 年公司发展的战略目标。产品改进中心主要针对客户的特殊要求对相应机柜进行设计，并结合市场需求量进行划分，满足市场要求。

（刘韧 张敏 陈君）

氧阴极离子膜法烧碱装置试运行

1 月 28 日，蓝星（北京）化工机械有限公司在河北省沧州市黄骅市举行了“5000 吨 / 年氧阴极离子膜法烧碱装置”试运行仪式。科技部、中国石油和化学联合会、中国化工集团、中国蓝星（集团）股份有限公司、北京化工大学等领导出席了试运行仪式。氧阴极离子膜法烧碱技术研究是蓝星公司与北京化工大学共同承担的科技部、北京市及开发区支持的重点科技计划项目，氧阴极电解技术是目前氯碱行业国际性前沿技术，与现有金属电极相比，具有显著的节能效果。

（马瑛）

京诚公司承担的“十一五”课题通过验收

3 月 12 日，中冶京诚工程技术有限公司承担的国家“十一五”科技支撑计划课题“新一代钢厂精准设计技术和流程动态化研究”通过了中国钢铁工业协会和国家科技部共同组成的专家组验收。技术总监谭雪峰和项目负责人李传民代表公司出席专家组验收会，并回答了与会专家的提问，课题验收专家对课题研究成果给予了高度评价。

（程芳）

智飞研发中心、绿竹产业化基地奠基

3 月 12 日，北京绿竹生物制药有限公司二期工程 “智飞生物疫苗研发中心、北京绿竹产业化基地”奠基仪式举行。公司董事长蒋仁生、副总经理陈渝峰、绿竹生物总经理杜琳以及全体绿竹员工参加了奠基仪式，此举标志着公司正积极谋求通过

推进创新型疫苗的研发和扩大生产规模以增强企业实力。

（李楠楠）

北京成为诺基亚部分产品研发主要基地

4月27日，诺基亚公司宣布北京作为诺基亚全球最主要的生产研发基地，将为中国用户和全球用户开发 Windows Phone 手机。同时，北京将成为诺基亚移动电话业务研发的主要基地，致力于实施诺基亚帮助未来10亿用户紧密相连的发展战略。

（高翔）

北开电气的4个产品通过专家鉴定

北京北开电气股份有限公司外景　　企业提供

5月7日，北京电力行业协会和北京电器电材行业协会共同组织召开了北京北开电气股份有限公司研发的 XYN27.5（Z）2000-31.5 移开式金属封闭开关设备、ZN27.5/T2000-31.5 电气化铁道户内高压真空断路器、ZN105-18/T6300-63 型户内高压真空断路器、DXN800-40.5-550 Ⅲ P 型高压带电显示及闭锁装置4个产品鉴定会。经鉴定委员会充分讨论后，一致同意4个产品通过鉴定。

（李劭晶　崔小维）

AMD 携手云基地成立联合实验室

5月17日，在“第二届北京云计算国际高层论坛签约仪式”上，全球领先的半导体厂商 AMD 公司与云基地签署合作备忘录，共同宣布将成立云计算联合实验室，在云计算技术及相关产品的研发、设计等领域开展合作，以促进亦庄乃至北京云计算产业链的完善，携手推动云计算技术的发展和应用。副市长苟仲文、中国电子学会副理事长刘汝林、市经济和信息化委主任朱炎、开发区赵昕昕等出席。北京云计算国际高层论坛主席、宽带资本董事长田溯宁和 AMD 全球高级副总裁、大中华区总裁邓元鋆签署合作备忘录。根据备忘录，AMD 与云基地将综合双方优势资源，建立联合实验室作为长期合作项目，在云服务器、云终端、云应用方案以及基于云应用的平台技术开展研究工作。AMD 与云基地云计算联合实验室的成立，将进一步促进亦庄云计算产业链的完善与壮大，为把北京打造成为世界级的云计算产业基地，实现占据新一代信息技术制高点的战略布局，提供产品和技术创新支持。

（王新美　陈思）

四环生物制药组建新药研发中心

5月，北京四环生物制药有限公司加大对新产品研发的资金投入，组建北京四环生物制药有限公司新药研发中心，并向市科委申请研发机构认定。研发中心依托母公司的生产和质量管理经验，致力于新型抗肿瘤和免疫制剂的开发，并初步建起一个生物制品新型黏膜给药制剂研究平台。

（朱丽芳）

伺服气缸方法、装置及系统研制成功

5 月，SMC 中国技术中心向知识产权局提出首件发明专利申请，名称为“一种伺服气缸方法、装置及系统”，发明人为 SMC 中国公司的两名员工。

（杨柏东）

宏达日新 126KV 新型 GIS 完成试验

8 月，北京宏达日新电机有限公司历时 3 年多时间、投入近 700 万元研发经费、自主研制开发的 126KV 新型 GIS 在沈阳试验站完成了全套型式试验，标志着 126KV 新型 GIS 在国产化和商业化道路上迈出关键步伐。

（王迎春）

云电英纳高温超导限流器通过验收

9 月 26 日，北京云电英纳超导电缆有限公司在保定完成了 220kV 高温超导限流器各系统的制造、组装工作，并对限流器进行了油箱密封试验、绝缘油试验、交流绕组直流电阻测量、外施工频耐压试验、局部放电试验、雷电冲击试验、绕组过电压试验、直流励磁系统性能测试试验、监控系统性能测试试验、稳态性能试验等试验。试验结果满足设计要求。11 月 7 日， 220kV 高温超导限流器运输至天津石各庄安装现场，11 月 26 日完成了现场安装。11 月 30 日完成了交接试验，结果完全满足国家和行业相关标准要求。12 月 28 日，科技部高技术中心在天津组织了云电英纳承担的“220kV/800A 高温超导限流器的研究与开发”课题验收会。验收专家组前往天津石各庄变电站对限流器设备进行了考察，并形成了一致意见，通过验收。

（任安林 漆素薇 李欢欢）

自动测温、定氧取样装置研制成功

9 月，安川首钢机器人有限公司的技术创新成果，国内首次研发的“一种自动测温、定氧取样装置”研制成功。实现了冶金钢水精炼工序测温、取样及定氧的自动化操作，提高了取样合格率及测温定氧的精确度和稳定性，满足了品种钢开发的需要，对提高产品的质量和稳定性，减少铸坯的降级、改判率起到了重要作用。

（张颖 李彩云）

云电英纳 220kV 高温超导限流器安装现场　　企业提供

默克雪兰诺中国研发中心实验室启用

9月，全球领先的生物制药企业默克雪兰诺公司宣布，其位于康龙化成中国研发中心的首个实验室正式启用。该实验室将为中国和亚洲其他国家的药品研发工作提供支持。该实验室的正式启用是对默克雪兰诺于2009年宣布在华投入1.5亿余欧元建立中国研发中心的落实行动之一。

默克雪兰诺公司位于康龙化成的首个实验室正式启用　企业提供

（楼小强）

汇龙森公共实验中心获批中关村开放实验室

11月30日，在中关村开放实验室百家授牌大会上，“国家生物医药产业基地汇龙森公共实验中心”被授予中关村开放实验室。汇龙森公共实验中心由分析测试实验室、生物技术实验室、中试工艺研究实验室、蛋白研究实验室以及符合国家新版GMP标准的，适用于Ⅱ类、Ⅲ类诊断试剂生产和研发的十万级、万级洁净厂房组成。实验中心共配备了200余台（套）仪器设备，为园区企业提供仪器设备租赁、实验室整体租赁、专业技术服务以及咨询服务等门类的优质服务项目。

（肖云颖）

医用球囊充压器械和装置研制成功

北京迪玛克医药技术有限公司实验室　企业提供

12月14日，北京迪玛克医药技术有限公司历经一年多的研发创新，解决了临床上使用充压装置单手操作困难、需双手同时操作，以及压力自锁困难、不易快速泄压等问题，顺利通过国家知识产权局的批准，上市销售后得到客户好评。

（张京）

膜极距节能改造技术得到专业评定

12月24日，30多家国内知名氯碱企业的专家和领导聚集到山东滨化集团股份有限公司氯碱生产现场，对蓝星（北京）化工机械有限公司为其提供的“膜极距节能改造技术”进行专业评定。此次活动由中国石油和化学工业联合会主办，中国氯碱工业协会、中国节能协会节能服务产业委员会、山东氯碱协会参加。本次会议是对蓝星公司利用自有知识产权成功改造引进设备的再次评定。

（马琰）

迪玛克“医用Y型连接器”研制成功

12月28日，北京迪玛克医药技术有限公司在原有旋转式医用Y型连接器的基础上，创新研发出推拉式的Y型连接器，由此提供给客户更多的选择，解决了临床操作中费时、不便、对操作人员使用熟练度要求较高的问题。迪玛克获得“医用Y型连接器”的发明专利，填补了国内在该领域的一项空白。

（张京）

研发间接空冷用钢管钢翅散热器管束

年内，龙源冷却通过自主创新开发了一种间接空冷用钢管钢翅散热器管束，并与西安交通大学合作完成了此种散热管束的小样热力性能试验。在工程应用上，此种间接空冷散热器首次采用双层立式布置模式，缩小了间冷塔塔径，减小了间冷塔的占地面积，降低了间冷塔的建造成本。

（张靖）

赛德高科高压电器实验室初步成型

赛德高科实验室控制室　　企业提供

年内，北京赛德高科铁道电气科技有限责任公司高压电器实验室（中国北车集团国家重点实验室分支机构）初步成型，完成试验设备采购、高压电器试验室的搭建。高压实验室分为控制室、高压区、淋雨区、人工气候室、环境实验室、机械寿命实验室、环境实验室、局放屏蔽室。

（王颖平）

龙源冷却组织科技创新活动

年内，北京龙源冷却技术有限公司组织科技创新活动，组织申报专利8项，其中发明专利3项，实用新型专利5项；获得授权专利5项，其中发明专利1项，实用新型专利4项；发表科技论文7篇。

（张靖）

成果转化

中金数据CeBCM3.0管理软件发布

1月，中金数据系统有限公司正式发布中金业务持续管理软件CeBCM3.0，中金数据高级副总裁黎江曾在第八届中国业务持续管理高峰论坛上发表了“BCM持续管理最佳实践”的演讲，阐述了中金数据在云计算及业务持续管理领域所取得的成就。CeBCM3.0能帮助客户实现有效应急保障和外部监管要求与内部持续改进，可全面预防客户风险。

（张松　赵力　孙健）

中金数据“智能语音云”上线运行

2月，中金数据系统有限公司的“智能语音云”是采用云存储技术提供长期的语音数据文件在线存储和访问调听，运用云计算技术提供基于内容的大规模语音数据检索和智能分析服务。“智能语音云”通过交通银行内部审计，在其信用卡中心上线运行，这是国内金融行业首个云计算落地项目。

（张松　赵力　孙健）

宏达日新面向海外的首批产品交付

2月，北京宏达日新电机有限公司面向海外的首批产品THAI TOHKEN THRMO的145千伏六氟化硫气体绝缘组合电器（GIS）交付泰国客户，公司首次实现了110千伏等级GIS的出口。

（周俊婷）

亚宝生物首个ANDA产品递交美国FDA

2月，北京亚宝生物药业有限公司首个ANDA产品成功递交至美国FDA。北京亚宝cGMP认证目标确立于企业新建伊始，经过3年多发展，企业完成了FDA标准厂房建设，引入了国际一流水平的硬件设施、设备，并建设了符合美国CFR210和211标准的质量管理体系。公司首个ANDA产品的成功申报，标志着企业cGMP认证进入了实质性阶段。

（程洁）

和利时软件平台发布

2月，北京和利时集团研发生产的HOLLiAS-MACS-V4.6.0系统软件平台正式发布。截至2011年底，HOLLiAS MACS、LM小型一体化PLC、LK系列大PLC、“syntron森创”系列伺服产品、步进电机驱动器等产品已通过CE认证，获得欧盟市场通行证；LK系列大PLC通过UL认证。

（陈盈）

通用电气医疗高技术低成本CT机进基层

3月29日，GE医疗北京工业园举行第10000台CT下线仪式暨GE航卫成立20周年庆典活动。在2009年应对金融危机中，GE医疗北京工业园技术人员结合中国国情，成功研制了技术含量高，制作成本低，超小型具有自主知识产权的CT机，让高技术、低成本的CT机走进基层医疗机构。GE航卫医疗系统有限公司已走过了20年的历程，成为GE医疗全球最大的CT机生产工厂。

（俞航）

亚宝生物首个国内产品获批

3月，北京亚宝生物药业有限公司首个国内产品卡托普利片获得国家食品药品监督管理局颁发的《药品补充申请批件》。卡托普利片系从亚宝药业集团通过生产技术转让获得，适用于高血压、心力衰竭症状的治疗。该产品的成功获批标志着企业进入国内GMP认证准备阶段，为公司快速顺利通过认证起到积极推动作用。

（程洁）

天地超云发布25款绿色服务器

4月12日，北京天地超云科技有限公司主办的“超云比·测·研暨25款服务器发布会”在亦庄云基地举行，主题为“冲上云霄，共享未来”。市经济信息化委副主任梁胜、开发区杜新安以及行业专家、合作伙伴、客户代表等100余人出席。发布会上，天地超云公司推出了25款“超云”绿色服务器新品，并通过“对比优势”、“评测数据”和“研讨合作”等3方面内容为与会者阐述了超云系列产品与解决方案的特性。超云服务器产品预装了VMware、TCloud及RedHat等合作伙伴的虚拟化软件以及Platform的自动调度与管理软件，可帮助用户节约部署时间与部署成本，实现开箱即用的CloudAppliance云解决方案，具有高性能、高密度、高可靠、高可定制、低碳、低能耗、低成本等七大特点。此次推出的新品包括超云SuperCloud SC-R6240、SC-R6280、 SC-R7110，主流通用型服务器SC-R2000、SC-R3000、SC-R5000系列，创新、高性能云服务器SC-R6000系列，性能卓越的高端服务器SC-7000系列等。存储产品方面，超云发布了SC-RE436存储服务器6个PCI-E扩展槽为外接存储或对外服务提供高速通道，以符合企业对存储量及I/O效率需求的增长。

（孙鹏　王新美）

金风科创兆瓦级高海拔机组运行

金风科创车间　　企业提供

4月21日，北京金风科创风电设备有限公司位于青海锡铁山的高海拔试验风电科技示范项目成功并网运行，这是国内首台直驱永磁高海拔1.5MW风力发电机组（金风87/1500系列产品之高海拔机组）成功并网运行。该型号产品针对我国“风电处女地”的西南与西北高海拔地区量身定制。

（陈戈）

ABB微型断路器产品出口亚洲市场

4月，北京ABB低压电器有限公司参与研发的微型断路器S200系列产品开始出口亚洲多个国家和地区，出口数量稳步增加。S200系列产品是ABB集团2010年在全球统一发布的一款微型断路器，北京ABB低压电器有限公司不但参与了该产品的研发，作为ABB集团微型断路器的主要生产基地之一，也负责该产品的生产以满足中国乃至亚洲广大客户的需求。

（李家赓）

蓝星公司产品在台湾上线

5月9日，蓝星（北京）化工机械有限公司为台湾台塑麦碱厂生产和改装的14件单元槽正式在台塑烧碱装置上线，开始试运行。与此同时，双方合作也正式进入实质性阶段。实验数据证明：经蓝星公司改装的产品应用效果非常理想。台塑方面明确表示从实验效果看来，双方将继续合作。

（马琰）

京东方55英寸国产液晶屏首次亮相

5月18日，在第十四届中国北京国际科技产业博览会上，京东方55英寸国产液晶屏作为目前中国大陆首块自主生产的55英寸液晶屏首次亮相，备受瞩目。

（任敏）

举行中国首台模块化数据中心商用上市会

5月31日，北京天地云箱科技有限公司主办的“云就是箱——中国首台模块化数据中心商用上市会”在亦庄云基地举行。

中国首台模块化数据中心商用上市会　　新闻中心提供

市经济信息化委、亦庄园管委会等有关领导以及相关专家、企业代表共 40 人出席。会上，该公司正式发布了其设计生产的国内首台商用模块化数据中心——云箱模块化数据中心的八大系列产品，并发布了云箱独有的技术标签 M-TEC。云箱是该公司的集装箱式机房系列产品的统称，整体采用了模块化的设计理念，以集装箱为载体，在其中放置机房运行环境所需的动力、制冷、消防、监控等各种设备。模块化是指云箱由若干相互独立的模块构成，每个模块具备机房运行中的一个或多个系统功能，这些即插即用的功能模块通过简单组装就可构成完整的机房运行环境。该产品可应用于分离式云箱、一体式云箱以及堆场式集装箱机房等场景，具备高密度、低碳节能、快速部署、绝佳定制、快速扩展、可移动等优势，可应用于工业园区、科研院所、智慧城市、高等院校、IDC 扩建新建、灾备中心等。

（王新美　陈思）

国内首台 400 吨级大型矿用自卸车下线

8 月 22 日，由中冶京诚工程技术有限公司湘重公司自主研发制造的国内首台 400 吨级大型矿用 HMTK-6000 非公路电动轮矿用自卸车在湖南湘潭九华工业园成功下线。全国政协副主席陈宗兴、湖南省委常委陈肇雄、湖南政协副主席龚建明、澳大利亚 FMG 驻中国首席代表霍演、京诚公司董事长施设等领导出席了 400 吨级大型矿用自卸车下线庆典。该车车体总长 16.02 米，宽 9.65 米，高 7.55 米，轮胎直径达 4.03 米，设计满载重量 360 吨，相当于装载 6 节火车皮标准总重。最高车速 64 公里 / 小时，具有容积大、负载重、自重轻等特点，可广泛用于煤、铁、铜、金、油砂等各种露天矿产和特大工程土石方的运输，帮助大型露天矿山企业提高采矿生产率，降低运输成本。

国内首台 400 吨级矿用车　　企业提供

（程芳）

首钢迁钢实验室自动化系统交付使用

8 月，安川首钢机器人有限公司承担的首钢迁钢实验室自动化系统交付使用。该系统是我国钢铁行业第一条国产自动化分析线，样品从现场取样到实验室分析到主控室获取分析结果，仅需三分钟，整个过程无须人工干预，提高了分析的准确性和信息传递的效率。

（张颖　李彩云）

悦康药业兰索拉唑评为国家重点新产品

8月，悦康药业集团有限公司生产的注射用兰索拉唑被科技部、环境保护部、商务部、国家质检总局联合评定为“国家重点新产品”。注射用兰索拉唑是化药3类新药，新一代高端质子泵抑制剂，是治疗消化性溃疡的一线用药，市场潜力大。

（何钺）

首个兆瓦级屋顶光伏电站并网发电

9月23日，北京京运通科技股份有限公司硅晶材料产业园（一期）屋顶光伏电站实现并网发电。这是北京市首个兆瓦级屋顶光伏电站，标志着开发区作为国家太阳能光伏发电集中应用示范区已正式从能源合同管理示范阶段进入全面应用阶段。京运通一期屋顶光伏电站装机容量为1兆瓦，并网之后，日均发电量达3600千瓦时。该项目由市发改委下达，经市电力公司批准同意首批光伏电站项目并网运行，京运通作为其中唯一的兆瓦级光伏电站项目，在亦庄园率先实现了光伏发电项目商业化运营。

北京市首个兆瓦级屋顶光伏电站　企业提供

（陈亚男）

泰德制药链霉蛋白酶颗粒获批

9月，北京泰德制药股份有限公司生产的国内首个用于胃镜检查时消除胃内黏液蛋白的蛋白水解酶生物制剂——链霉蛋白酶颗粒（得佑®）获得正式批准文号。得佑®与目前临床常用的胃镜检查消泡剂不同，能够真正有效分解并去除胃内黏液，显著提高胃镜清晰度，提高胃内早期微小病变检出率。

（贾琳）

诺基亚多款手机上市

诺基亚 Nokia Asha 3000　企业提供

9月，诺基亚首款全屏纯触控智能手机N9在中国市场发布，其屏幕采用3.9英寸WVGA弧面浮动高透“悦幕”触摸屏，用回归自然和人本的“滑动”实现了所有的使用操作；机身采用高强度聚碳酸酯本色材质，一体化无缝设计；同时也是全球率先采用杜比®数字+解码和杜比后处理耳机技术的智能手机。11月，诺基亚X1-01在中国上市；它主要借助“双卡双待”的功能，为新兴市场的消费者带来个性化、及时而又便捷有效的移动信息体验。12 月，诺基亚 Asha 系列手机上市；Asha 系列手机将易用的双卡模式、本地化服务和内容、第三方应用等融合在一起为用户提供良好的使用体验。

（高翔）

机器人奶包码垛上下料系统投入运行

9 月，安川首钢机器人有限公司和上海烨得自动化有限公司联合研制的奶包码垛上下料系统，陆续在太原蒙牛、滦南蒙牛、磴口蒙牛、呼和浩特蒙牛等地投入运行。安川首钢机器人有限公司承担机器人部分控制程序的设计和实施，实现奶包的自动抓取、对应垛位的自动选择，发生故障自动复位等功能。实现了一台机器人同时处理 3 条上料线，4 个码垛位的作业，每次抓取和码放在 8 秒内完成，完全满足客户对生产节拍和码放的工艺要求。

（姚鹏程　李彩云）

A 群 C 群脑膜炎球菌多糖疫苗获批

10 月，北京绿竹生物制药有限公司新产品 “A 群 C 群脑膜炎球菌多糖疫苗” 获得国家食品药品监督管理局批准的药品注册批件。该产品用于预防 A 群和 C 群脑膜炎球菌引起的流行性脑脊髓膜炎，适用于 2 周岁以上儿童及成人，属于“国家免疫规划内疫苗”（即第一类疫苗）。

（李楠楠）

126 千伏新型 GIS 首次获得商业化订单

10 月，北京宏达日新电机有限公司自主研制开发的 126 千伏新型 GIS 首次参与南方电网公司集中招标，并中标海南省电力公司文昌中南变电站 110 千伏 GIS 项目，这是 126 千伏新型 GIS 获得的首个订单，并借此实现产品商业化。

（周俊婷）

奔驰 GLK 越野车下线

首辆奔驰 GLK 越野车下线仪式　　新闻中心提供

12 月 2 日，北京奔驰汽车有限公司举办的“首辆 GLK 越野车下线仪式”在奔驰厂区举行。国家、北京市、开发区各级领导，社会、媒体界以及奔驰公司代表等出席。此次下线的是一款拥有世界级品质的梅赛德斯－奔驰 GLK 级豪华中型 SUV，其生产平台与生产线引入了梅赛德斯－奔驰的最先进技术与工艺流程，使北京奔驰全面开启了 C 级、E 级轿车和 GLK 级豪华中型 SUV 并行的“三驾马车”时代，形成覆盖轿车以及SUV两大热销细分市场的强大产品格局。GLK首批将推出3.0L车型，包括GLK300 Dynamic（动感型）, GLK300 Style（时尚型）和GLK300 Luxury（豪华型）3种配置。车身长、宽、高尺寸分别为4528mm、1840mm、1689mm，轴距为2755mm，与现款进口版保持一致；搭载3.0升V6发动机，配备7速自动变速器，与进口版相同；发动机最大功率达180千瓦，比进口版GLK300多了10千瓦，而最大扭矩仍为300Nm。

（李靖思 郜小丹）

汽车车桥机器人自动焊接生产线交付使用

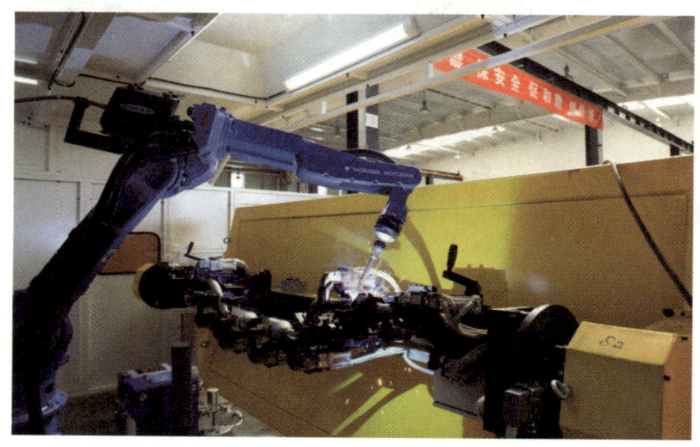

安川首钢机器人有限公司设计生产的轿车排汽总成焊接系统　　企业提供

12月，安川首钢机器人有限公司自行设计、制造、安装、调试的上海汇众汽车制造有限公司E11车桥焊接生产线交付使用，标志着国内已具有独立自主开发设计汽车零部件自动化生产线的能力。自动化生产线由焊接机器人、搬运机器人、工装夹具、变位机、积放式自动输送线、冲孔机、冷却设备、自动检具、自动打号机、自动上下料装置等设备组成，通过更换部分夹具的部件，还可满足该用户E11/E18两种产品的焊接作业。自动化生产线的应用，为用户提高了产品质量，降低了生产成本，提升了生产效率，有效地降低了工人劳动强度。

（田心宽 李彩云）

ABB低压智能DIN导轨电能表投产

12月，智能DIN导轨电能表Metrix系列产品正式在北京ABB低压电器有限公司生产。该产品是北京ABB低压电器有限公司联合同属ABB旗下的瑞典CEWE公司共同研发生产，为满足全球及中国客户对能效管理和智能楼宇、智能家居的不同需求。该系列产品涵盖多种型号，具有体积小、性能全的优势，能够满足不同客户的需求。产品除了投放中国市场以外，还出口到全球。

（边卡）

b型流感嗜血杆菌结合疫苗获批

12月，北京绿竹生物制药有限公司的新产品“b型流感嗜血杆菌结合疫苗”获得国家食品药品监督管理局批准的药品注册批件。该产品是自主研发项目，于2008年7月获得临床批件，2009年10月申请生产文号，2011年通过生产现场核查并获得药品注册批件。本产品用于预防b型流感嗜血杆菌引起的脑膜炎、肺炎、败血症、蜂窝组织炎、关节炎、会厌炎等感染性疾病，主要适用对象为2月龄至5周岁儿童。

（李楠楠）

长城测控公司 TS302E 三轴转台成功列装

年内，北京瑞赛长城航空测控技术有限公司转台产品在军品型号列装取得重大突破，TS302E 三轴转台成功列装航天某所某型号导弹，是长城测控公司第一批批量生产的转台产品。

（杨婷妹）

长城测控公司交付伺服跟踪架系统

年内，北京瑞赛长城航空测控技术有限公司为国家某重点航天项目交付一套 FS206E 二维伺服跟踪架系统。该系统是着陆试验厂的重要遥测设备，在飞行器验证试验中起到不可或缺的作用。该系统完成飞行器着陆试验场第一阶段的试验任务，各项指标均符合协议要求，成果得到客户一致好评。

（杨婷妹）

ELEDE330 刻蚀机实现批量销售

年内，北方微电子开发的 ELEDE 330 等离子刻蚀机先后实现了对上海蓝光、大连路美、江门真明丽、普吉光电、同方光电等多家生产线的销售，尤其是获得了东莞中镓半导体、上海蓝光等厂商的二次批量采购订单，市场占有率合计超过 50%。

（胡立琮）

表彰奖励

中冶京诚课题获国家科技进步二等奖

年内，由中冶京诚工程技术有限公司参与完成的“建筑钢结构新型连接节点及体系的设计理论、关键技术与工程应用”获得 2011 年度国家科技进步二等奖。本项目在国家自然科学基金、国家标准专项科研课题等资助下，历经 15 年，系统地研究了建筑钢结构新型连接节点及体系的设计理论和关键技术，提出的设计新方法和施工新技术等多项研究成果纳入了国家和行业技术标准，为中国建筑钢结构工程的结构安全性和施工质量提供了重要技术依据。该项目取得的主要创新性成果是：建立了高强度螺栓连接多种构造形式的承载力、高强度螺栓与焊接并用连接节点的承载力、外伸端板连接节点和 T 形受拉节点中高强度螺栓受拉承载力的计算方法，解决了高强度螺栓转角法施工、预拉力检测关键技术问题；建立了半刚性连接节点的非线性受力—变形计算模型，提出了半刚性连接节点设计和抗震计算方法，解决了半刚性连接节点及结构体系的整体稳定和抗震计算关键技术问题；发明了高延性抗震节点，建立了新型梁端削弱型和梁端加强型延性节点抗震计算方法，提出了钢框架节点抗震滞回模型和设计方法，解决了多高层钢框架新型延性节点抗震设计中的关键技术问题；提出了强震作用下钢框架结构抗震性能化分析设计方法，优化了钢框架的抗震结构体系，并在工程中成功应用，解决了强震作用下建筑钢结构性能化抗震设计难题。研究成果已经应用在北京国贸三期项目、青岛奥帆基地媒体中心、上海世博会摩洛哥王国馆等国家重点工程。

（张平）

LED刻蚀机获市科技奖

北方微电子 ELEDE 330　　企业提供

年内，由北京北方微电子基地设备工艺研究中心有限责任公司完成的“大产能高亮度LED刻蚀机研发及产业化”项目荣获2011年北京市科学技术二等奖。中共中央政治局委员、市委书记刘淇亲自为北方微电子公司项目负责人李东三颁奖，并对北方微电子公司一直以来的努力给予了高度的肯定和鼓励。作为此次获奖项目中唯一一个集成电路设备相关的项目，“大产能高亮度LED刻蚀机研发及产业化”项目的产业化成果，即ELEDE 330 ICP刻蚀机，自2010年上市以来，凭借其优异的产品工艺性能受到LED用户的广泛好评，作为具备完全自主知识产权的国产高端工艺设备，该产品2011年度获得了50%以上的市场份额，已经成为LED行业客户PSS工艺和GaN刻蚀工艺的主流首选设备。

（胡立琮）

风力发电机整机技术获市科技奖励

年内，由北京金风科创风电设备有限公司曹志刚、李晓谦、王晓东等承担的“直驱式变速恒频2.5MW风力发电机整机技术”研究获得2011年度北京市科学技术奖三等奖。该项目属于新能源与可再生能源技术领域，依靠自主研发完成的多兆瓦级大型风力发电设备。金风2.5MW风电机组采用全球领先的直驱永磁风力发电技术，在多兆瓦级陆海兼备机组总体设计技术、大型风电机组系统集成技术、分部件接口技术、风电机组控制策略研究等方面均取得了突破。项目采用国际先进的同步永磁发电机＋全功率变流并网的总体设计方案，以水平轴、三叶片、变速变桨恒频调节、无齿轮箱的直接驱动，是国内首创和代表国际风电行业发展方向的先进技术，也是适应陆地、近海兼备及极端环境风电场的先进设备。直驱永磁风电机组具有效率高、运行可靠、噪声低、维护量小、对电网冲击小、风速适应范围宽、控制简单、有功和无功功率调节灵活等突出优点，是风电机组发展的趋势和方向。金风2.5MW机组在产品结构设计和电控系统集成中，进行了大量的创新和优化设计，单机发电容量同比前提下，机组重量降低了50%；通过关键零部件制造工艺攻关，降低风机单位容量的造价；利用大型风力发电机仿真设计系统和最先进的载荷控制策略，降低机组载荷，提高机组的可靠性；开发能够适应中国各种环境要求的风机技术，在

90/2.5MW、100/2.5MW 机组基础上，已研发出 103/2.5MW、106/2.5MW 和 109/2.5MW 等系列机型，提高风电机组风能吸收效率和适应水平。金风 2.5MW 直驱永磁风力发电机组拥有完全自主知识产权，产品的开发与产业化，从根本上提高了我国风电机组整机的研发能力和成果转化能力，增强了中国风电企业的市场竞争力，提高了我国在风机技术领域的国际地位。金风 2.5MW 风电机组已通过国际和国内权威机构的认证，各项技术指标均达到或超过国内外同类产品，并得到了市场和客户的高度认可。

（张京华）

重点工程

出台“小巨人”企业培育方案

9 月，经开发区管委会主任办公会和大兴区政府常务会通过，由科技局会同大兴区科委制定的《新区培育“小巨人”企业实施方案》出台，11 月 11 日印发，旨在加大对创新创业企业、科技型中小企业的扶持力度。《方案》指出，“小巨人”企业是指年销售收入达到 1 亿元人民币以上的科技型中小企业。本实施方案所指的培育对象为目前尚未达到“小巨人”企业标准，但发展势头强劲，有望在“十二五”期间跻身“小巨人”行列的企业，且力争到“十二五”期末，“小巨人”企业达到 100 家。

（崔春雷）

“小巨人”企业认定标准

9 月，《新区培育“小巨人”企业实施方案》提出了“小巨人”企业认定标准，即：在“一区六园”注册、纳税并入统的科技型中小企业；企业主营业务符合新区重点推进的十大产业发展方向；企业拥有竞争力强、市场前景好、具有自主知识产权的技术和产品，具有较完善的创新体系、创新机制以及与之相适应的科研投入，有在“十二五”期间达到“小巨人”企业标准的发展规划和具体的实施方案；企业被认定前一年度的销售收入及增长率应是销售收入在 5000 万元（含）至 1 亿元之间、销售收入在 2000 万元（含）至 5000 万元之间且前两年平均增长率不低于 20%。《方案》明确了培育措施：①重点推荐被培育企业申报国家、北京市、中关村的各种重大科技项目支持，对被培育企业的成果转化、技术改造和产业化项目，优先推荐列入市统筹资金。②对符合科技政策支持条件的被培育企业优先予以资助；对于确实能在短期内产生巨大经济效益的项目，可以突破政策支持上限。③被培育企业的高新技术产品优先推荐列入政府采购目录。④优先协助解决被培育企业急需人才的引进问题。⑤优先解决被培育企业的发展空间问题。⑥优先为被培育企业提供贷款、贴息、担保等融资支持，优先为被培育企业提供上市辅导。⑦被培育企业年销售收入增速超过上年度 50% 的，按比例给予一定资金奖励。⑧对于具有一定规模，创新性强，且居于行业优势地位的被培育企业，按照“一企一策”的原则给予重点支持。

（崔春雷）

认定“小巨人”重点培育企业

9月，开发区科技局开展了“小巨人”重点培育企业的征集、筛选和评审工作。经管委会主任办公会议通过，首批北京朗波尔光电股份有限公司、北京京杰锐思技术开发有限公司、北京嘉捷源技术开发有限公司等42家“小巨人”重点培育企业被列入重点培育计划。（2011年度“小巨人”重点培育企业名单于2012年2月23日公布。）

（崔春雷）

14家企业入围第二批“十百千工程”

11月3日，在中关村管委会组织召开的“中关村第二批‘十百千工程’重点培育企业工作会”上，公布了第二批“十百千工程”重点培育企业名单，共183家。其中，亦庄园的施耐德（北京）中低压电器有限公司、北京绿竹生物制药有限公司、蓝星（北京）化工机械有限公司等14家企业入选。

（崔春雷）

资质认证

列车自动监控系统通过SIL2认证

4月8日，北京和利时集团的“和利时”品牌、具有完全自主产权的列车自动监控系统“MACS-ATS系统软件”通过了SIL2认证。截至2011年底，公司在安全产品研发过程中获得SIL4等级认证6项，SIL2等级1项，SIL3等级2项。和利时是在自动化领域近两年的时间里，在软件开发安全认证上获得国际认证最多的企业。

（陈盈）

康宁光缆防蚁直埋光缆获泰国TISI认证

6月，北京康宁光缆有限公司经过特殊工艺改进，自主研发出满足泰国生态环境的防蚁直埋光缆，通过泰国TISI认证，实现持续供货375皮长公里，在产品质量、供货服务等方面获得客户一致好评，为参与客户下一年度招标项目打下基础。

（万红）

赤那思电气通过CE认证

6月，北京赤那思电气技术有限公司低压无功补偿产品，在技术水平和安全防护上跨上了新的台阶，顺利通过CE认证，跨过了出口欧盟主流国家的门槛。公司与山东电建三公司合作的沙特阿拉伯项目装机调试成功，标志着赤那思的产品真正进入了欧盟标准的地区用户。

（战子英　袁红　浑中晶）

悦康药业获得GMP认证

7月8日，在经过为期一周的全面、严格检查后，来自德国的欧盟检查官宣布，悦康药业集团的固体制剂（片剂、胶囊剂）生产线通过欧盟GMP认证现场考核。这标志着悦康的药品生产工艺达到了国际一流水平，悦康生产的药品将获准进入欧美主流医药市场。

（何铖）

金风科创直驱永磁机组通过测试

7月14日，北京金风科创风电设备有限公司1.5MW直驱永磁机组通过德国劳氏船级社（GL）的零电压穿越现场试验，这是低电压穿越的极限测试。8月19日，1.5MW直驱永磁机组通过Intertek的ETL认证，表明此产品的设计、工艺和性能完全符合美国及加拿大的国家安全法规标准，为金风机组进入北美市场奠定了安全性和可靠性的基础。金风科创成为国内第一家通过此认证的整机制造商。

（陈戈）

泰德制药获注射剂新版GMP认证

9月，北京泰德制药股份有限公司通过注射剂、片剂和颗粒剂新版GMP（2010年版）认证，是国内首批、北京首家通过注射剂新版GMP（2010年版）认证的制药企业。新版GMP涵盖欧美及世界卫生组织对GMP的基本要求，与国际标准对接，对药品的质量管理愈加严格，要求制药企业硬件及软件建设并重，并引入了质量风险管理等概念。新版GMP的实施有利于提升医药行业的集中度、推动医药产业升级和制剂的现代化、国际化，推动整个医药行业向更健康的方向发展。泰德制药为通过新版GMP认证，在科学合理的设计规划、前期法规研究、人员意识培养以及关键项目的针对性准备方面投入大量精力，全面开展工作，提升公司的整体硬件条件、管理能力和员工意识，顺利完成新版GMP的认证工作。

（贾琳）

新增市级研发机构35家

年内，开发区新增北京汇智众鑫科技有限公司、北京起步科技有限公司、北京亿马先锋汽车科技有限公司、北京美基机电设备有限公司、北京协和建昊医药技术开发有限责任公司等各类市级企业研发机构35家。现区内共拥有国家级、市级研发机构111家，承担单位均为企业，涉及生物医药、电子信息、高端装备制造等开发区重点领域。

（崔春雷）

拥有生物医药领域国家级研发中心10个

年内，新区共拥有生物医药领域国家级研发中心10个，代表着中国最尖端的研发能力，承担着国家生物医药重点领域和战略性的研究开发任务。10个中心是：中国食品药品检定研究院、中国检验检疫科学研究院、国家药物安全评价监测中心、国家人类基因组北方研究中心（北京诺赛基因组研究中心有限公司）、病毒生物技术国家工程研究中心（北京凯因生物技术有限公司）、新型疫苗国家工程研究中心（北京微谷生物技术有限公司）、国家863工程抗体研发基地（北京天广实生物技术有限公司）、国家863计划生物领域病毒基因载体研究开发中心（本元正阳基因技术有限公司）、国家动物疫病防治控制中心、国家兽医微生物中心 。

（梁亮 蔡茜 易晓晓）

同益中复合材料通过认证

年内，北京同益中特种纤维技术开发有限公司自主研制生产的“孚泰”牌超高分子量聚乙烯纤维和“护星”牌防弹无纬布、防弹插板、防弹头盔、防割手套、高性能防刺材料等复合材料“轻薄如纸、坚硬如钢”，通过了ISO9001国家质量监督管理体系认证和国家有关部门的检验检测，广泛应用于国防装备、公安警察、航空航天、海洋石油、船舶舰艇、防割手套等领域。

（刘晓薇）

综合经济管理

综 述

2011年，开发区经济平稳较快发展，质量效益持续提高，保增长工作取得良好成效，各项主要经济指标均超额完成年度任务。新区规模以上工业总产值完成2742.4亿元，同比增长6.8%，占北京市的五分之一，其中汽车制造、生物医药、装备制造等主导产业产值增长率分别达到74%、28.6%和17.2%。新区生产总值完成1150.1亿元，同比增长13.8%，其中开发区完成797亿元，同比增长14.1%。全社会固定资产投资785.8亿元，同比增长25.3%，其中开发区完成320.2亿元，同比增长42.2%。新区工业增加值完成582.1亿元，同比增长17.2%，增速在北京市各区县中排名第一。新区工业投资占全部投资的比重提高到32.9%，比上年增长10.6%；万元地区生产总值能耗下降4.83%。

开发区全力帮助驻区企业解决生产经营中的各种困难，引导企业争取订单、扩大产能。新区455家企业产值实现增长，占工业企业总数的67.6%，共增加产值461.4亿元。开发区147家产值亿元以上重点企业中，74%的企业均保持了良好增长态势，新增产值355亿元。

工商分局深入百家纳税大户企业，深化十项服务措施，帮扶支持企业发展；国税、地税部门进一步强化税源管理、优化纳税服务，有效提升办税服务效率，税收征管水平进一步提高；药监分局推进新版《药品生产质量管理规范》认证工作，引进并设立市医疗器械检验所及市药品检验所业务受理窗口；质监分局完成在开发区设立市级组织机构代码办理窗口工作，使辖区企业不出开发区即可享受到方便快捷的服务；开发区海关、检验检疫局对重大项目采取高效放行的服务模式，有力保障了京东方8.5代线等项目的建设进度。

开发区全口径税收收入269亿元，增幅10.3%，其中开发区国税局完成各项收入180.30亿元，增幅7.90%；市地税局开发区分局完成各项税费收入65.06亿元，同比增长43.81%。

（孙鹏 张永璇 王磊）

综合调控

概况

北京经济技术开发区发展和改革局（简称开发区发改局）主要负责编制开发区经济社会发展规划和年度计划，并组织实施；负责制订开发区固定资产投资计划、投资结构和资金平衡方案；按照规定权限，负责开发区内政府投资项目的审核报批；负责开发区能源供需平衡工作；负责开发区物价管理工作；负责指导和协调开发区内招标投标工作；负责开发区外商投资目的非许可证、非配额管理的进出口设备、物料、机电产品及加工贸易合同的审核报批。2011 年，开发区发改局深入走访调研 112 家产值亿元以上企业、200 家产值亿元以下企业，摸清开发区经济运行情况，及时解决企业面临困难；同时协同开发区产促局、统计局等部门一对一约谈北汽奔驰、诺基亚、京东方等 20 余家重点企业负责人，通过开展各项企业保增长帮扶工作，为企业协调解决问题 60 余项；组织举办拟上市企业培训会，完善新区企业上市工作体系，实现区内 6 家企业获批上市；参加北京国际金融博览会，设立新区展位，通过参展让更多金融资源向新区聚集。

（蔡星月）

企业上市培育

2~3 月，开发区两次邀请北京证监局、深交所北京中心、市金融局领导到开发区就区内拟上市企业工作进行调研并举办座谈辅导。6 月 8 日，由北京证监局、市经济信息化委、市金融局、大兴区政府和开发区管委会共同主办的“2011 年北京市第二场拟上市企业培训会——高技术制造业和战略性新兴产业专题”在博大大厦举办。市政府副秘书长戴卫，市金融局局长王红、副局长朱元广，市经济信息化委副主任姜贵平，北京证监局副局长张海文，开发区张伯旭、文献等出席。证监会、深交所、证券公司等专家授课，北京市 150 多家拟上市企业的董事长、董事会秘书等近 200 人参加，其中新区有近百家企业参加。

拟上市企业培训会　　高宁　摄

（蔡星月）

组织商业企业安全培训

4 月 29 日、9 月 18 日，由开发区发改局与大兴区商务委共同组织开展新区主要商业负责人培训大会，两区、消防支队、安监局等主管领导，两区 40 余家商业零售和餐饮经营单位的 102 名安全负责人共同参加开发区安全生产条例的学习，提高了企业预防、处置安全事故的组织领导能力。

（张蕾）

推进工业供热综合改革

5月4日，开发区管委会第8次主任办公会通过《北京经济技术开发区工业供热价格改革方案》。10月，建立蒸汽、热水和燃气价格联动机制，解决热价企业经营亏损等问题。

（蔡星月 孙鹏）

深入企业走访调研

开发区领导到施耐德低压有限公司调研
新闻中心提供

8月，开发区管委会领导带队，开发区发改局与产促局、科技局、统计局等部门深入走访调研112家产值亿元以上企业、约200家产值亿元以下企业、40余家已上市和拟上市企业，摸清开发区经济运行情况。完成《开发区中小企业生产经营情况的调研报告》，提出政策建议，协调各相关职能局，帮助企业解决生产面临的困难。10月24~26日，集中对开发区128家2010年产值亿元以上企业、8家年内新入统亿元以上企业、3家年内预期入统亿元以上企业和20个新投产项目作了重点调研分析，了解企业经营新情况、新变化、新问题，发掘导致产值增速放缓的关键点以及能够快速提高产值的杠杆点。11月，从130余家亿元以上企业中筛选出50家重点关注企业，开发区发改局与产促局、科技局、统计局再次集中走访，重点约谈企业财务负责人和统计填报人，跟踪掌握企业产值完成情况、年底预计数及2012年生产计划，确保企业负责人承诺的产值如实入统。

（刘春赠）

参加北京国际金融博览会

11月3~6日，由市金融局等主办的“第七届北京国际金融博览会”在北京展览馆举办，新区首次以北京金融博览会战略合作伙伴身份参展，郭金龙在开幕式当天到新区展位参观。张伯旭在2011年中国金融年度论坛上发表演讲。

（刘一红）

中化岩土等4家企业获批上市

年内，开发区按照“近期扶持一批、中期培育一批、远期规划一批”的思路，完善新区企业上市工作体系，全年实现中化岩土、舒泰神、盛通印刷、京运通4家企业获批上市。其中中化岩土工程股份有限公司于1月28日在深交所中小板上市，募集资金6.216亿元；舒泰神（北京）生物制药股份有限公司于4月15日在深交所创业板上市，募集资金8.77亿元；北京盛通印刷股份有限公司于7月15日在深交所中小板上市，募集资金3.3亿元；北京京运通科技股份有限公司于9月8日在深交所主板上市，募集资金25.2亿元。

（蔡星月）

固定资产投资呈发展态势

年内，新区固定资产投资呈现“增速较快、结构优化、重点突出”的发展态势，全社会固定资产投资完成786亿元，同比增长25%，其中大兴区完成466亿元，同比增长16%，开发区完成320亿元，同比增长42%，投资总量增长较快。工业投资完成259亿元，同比增长76%，占总投资的比重提升到33%，占北京市的比重提升到34%，其中大兴区完成39亿元，开发区完成220亿元；基础设施投资完成88亿元，其中大兴区完成56亿元，同比下降48%，开发区完成32亿元，同比下降38%；房地产开发投资完成383亿元，同比增长44%，其中大兴区完成312亿元，占总投资的67%，开发区完成71亿元，占总投资的22%，保障性住房投资占比提高到26%，投资结构明显优化；工作重点突出：加快了12平方公里开发建设，京东方、中芯国际项目共完成投资184亿元，占开发区投资总额的58%。

（石雨）

规范进出口审批

年内，开发区发改局审批（转报）进口机电产品728张单证，总金额约67亿美元；外商投资企业进口设备已审119批次，总金额达43441万美元；加工贸易已审批557份手册，进口总额达11.4亿美元，出口总额达12.06亿美元，同时进一步完善了审批环节，规范了审批程序，并制定审批制度，确保流程规范。

（张蕾）

万元地区生产总值能耗下降10.3%

年内，开发区万元GDP能耗为0.157吨/标准煤，同比下降4.83%，继续保持北京市领先水平。国家太阳能光伏发电集中应用示范区建设进一步加快，全年完成太阳能光伏发电装机容量9.238兆瓦，华北地区最大的5兆瓦太阳能光伏发电项目在京东方8.5代线建成。

（刘昱君）

出台工业保增长奖励办法

年内，开发区发改局牵头制定政策，经全面调查、科学测算以及与市经济信息化委反复对接，在市经济信息化委、市财政局和市统计局2011年9月15日发布《2011年北京工业保增长企业奖励政策实施细则》（以下简称为市保增长政策）和《北京市工业企业流动资金贷款贴息政策实施细则》（以下简称为市贴息政策）后，《2011年北京经济技术开发区工业保增长企业奖励办法》（以下简称为区保增长政策）于9月28日经主任办公会审议发布。区保增长政策按照产值分档定基础、兼顾新老企业、设定上下限额的思路，科学合理制定奖励标准，设立1亿元专项资金对2011年工业增长作出突出贡献的企业予以奖励，并对诺基亚、北汽奔驰、富泰京3家2010年产值超百亿元企业设立特别贡献奖。

（刘春赠）

建立保增长工作机制

“保增长、促发展”企业座谈会　　新闻中心提供

年内，开发区建立保增长工作机制，设置 24 小时企业服务热线，确保企业随时反映问题，为及时高效解决企业生产经营问题提供保障；建立信息专报制度，发布《北京经济技术开发区保增长工作信息专报》，督促保增长工作。全年保增长工作取得良好成效。新区 455 家企业产值实现增长，占工业企业总数的 67.6%，增加产值 461.4 亿元。在 147 家产值亿元以上重点企业中，74% 保持良好增长态势，新增产值 355 亿元。

（刘春赠）

开展经营补贴费和污水处理费审核工作

年内，鉴于开发区污水处理费收入和再生水价格与建设运营成本倒挂、企事业单位使用高品质再生水与中水积极性不高的实际情况，为确保企业能够正常运营，开发区发改局开展了经开再生水厂 2011 年经营补贴费和东区污水处理厂污水处理费审核工作。

（蔡星月）

完成新城综配区发展规划（初稿）编制

年内，开发区发改局、规划分局、建发局等部门与大兴区相关镇政府充分沟通，相互配合，共同参与并完成《亦庄新城综合服务配套区发展规划（初稿）》的编制工作。该规划将综配区相关项目纳入开发区固定资产投资计划，并根据开发区建设工程管理程序对项目进行建设管理。综配区由开发区规划分局按照开发区标准统一规划，建设项目立项由开发区发改局批复，开发区基建办公室为建设主体具体建设实施，项目建设手续在开发区建发局报批，项目资金由开发区财政负担。

（石雨）

启动亦庄新城综合服务配套区建设

年内，新区启动了亦庄新城综合服务配套区建设工作，初步确定第一批基础设施建设项目，主要包括旧宫工业大院改造相关基础设施配套项目、瀛海镇区道路建设项目、亦庄基础设施及公共服务设施提升项目、生态环境改造项目等。截至年底，西环北路隔声屏已投入使用；亦庄镇工业区道路和老旧小区外墙改造工程等项目正在建设实施；初步确定旧宫镇工业大院改造升级实施方案；完成亦庄线（旧宫站）轨道沿线亮丽工程等项目立项；规划建设南海子公园二期；协调市相关部门给予建设资金支持。

（石雨）

建设太阳能光伏集中应用示范区

年内，开发区制定《北京经济技术开发区建设国家光伏发电集中应用示范园区实施方案》，并获得市政府批准。方案明确以数字电视产业园和部分专业园区为先行试点，注重三方面创新工作：一是加强应用技术创新，引导太阳能光伏企业开展技术创新，其中，京东方能源在北京市率先建立光伏户外优化测试系统，天诚同创搭建分布式智能微电网示范和实验平台；二是推进建设模式创新，以合同能源管理模式向中小型企业及公共建筑推广，以系统集成代建模式向大型企业推广；三是实现并网模式创新，推行用户侧低压并网接入、自发自用的创新模式。

（刘昱君）

帮助4S店应对限购政策

年内，开发区发改局对区内的汽车4S店进行专题调研，提出指导性政策和应对方案，旨在解决限购政策影响汽车4S店经营，停车位紧张和汽车购买检测手续繁复、地点分散等问题。同时，利用诺基亚手机与汽车产品之间的互补性，开展汽车4S店与手机绑定促销活动，促进手机和汽车在区内销售，帮助企业扩大市场。

（张蕾）

为企业争取市级流通商业发展资金

年内，开发区发改局帮助区内商业企业、电子商务企业等向市财政局、市商委申报市级流通商业发展资金共计3608万元，其中包括电子商务、连锁、无障碍、节能、餐饮、物流等多个项目，带动企业投资1.53亿元。

（张蕾）

组织商业安全宣传

年内，开发区发改局商务组通过信息平台、网站发布、上门入户、设置宣传点等形式，对新区餐饮和商超企业开展商业安全宣传，内容包括《北京市商业零售经营单位安全生产规定》《北京市餐饮经营单位安全生产规定》《北京市禁毒条例》《北京市消防条例》《突发事件管理办法》等法律法规和安全生产的“五知”、“四会”等。通过安全宣传，增强了商家安全生产经营和群众食品卫生、安全防范的意识，为及时有效维护群众合法权益提供了保障。

（张蕾）

开展商业安全检查

年内，大兴商委牵头联合开发区商务局，共计3次对大型商超、餐饮企业的应急通道、双语广播、排烟管道、食品安全、应急预案等安全生产内容进行联合检查，针对企业存在的安全生产隐患，要求全部当场或限期整改，认真落实安全生产各项规定。固化与安检、消防、城管、工商等执法部门的沟通机制，坚持与企业及安全生产相关执法部门的月沟通机制，共移交消防、安检等部门各种隐患事件21项。

（张蕾）

开展价格监管

年内，大兴区发改委组织开展了2次价格管理工作培训会，开发区发改局组织新区各停车场经营者参加，会议通报了开发区停车场价格收费新标准。培训会使企业明确价格监管机制，严格执行价格标准；全面调整了开发区停车场的收费价格，并与市政局、城管局、物业办等部门进行联合检查，了解调整后的状况；受理各类价格举报案件4件，其中包括上级转来3件，电话举报1件，案件办结率、答复率达100%。

（张蕾）

财　政

概况

北京经济技术开发区财政局（简称开发区财政局）负责编制开发区中长期财

政计划和年度预决算草案并组织执行；负责管理和监督开发区财政支出；负责开发区行政事业单位国有资产的监督管理工作；组织实施对社会保障资金使用的财政监督；控制开发区行政事业单位购买力；履行国有资产出资人的管理职责，对所出资企业国有资产的保值增值进行监督，指导开发区所属国有企业、国有控股企业的改革和重组；负责对开发区实行企业化管理的事业单位的国有资产进行监督管理。2011年，开发区财政收入125.44亿元，同比增长12.29%。其中一般预算收入101.06亿元，同比增长27.04%（税收收入98.41亿元，同比增长24.50%）；政府性基金预算收入24.38亿元，同比下降24.20%（土地收入23.77亿元，同比下降24.92%）。可支配财力114.28亿元，其中中关村科技专项资金68亿元，土地出让金返还20亿元，中央及市级专项转移支付4.14亿元；清理以前年度预算外收入结余2.49亿元；以前年度各项资金结转使用19.65亿元。财政支出累计完成109.38亿元，同比增长40.34%，完成年度支出预算的98.46%。基本支出0.97亿元，同比增长21.05%，完成年度支出预算的97.08%；项目支出108.41亿元，同比增长40.54%，完成年度支出预算的98.47%，其中行政事业单位项目支出4.01亿元；基本建设支出56.94亿元；企业管理支出6.55亿元；城市维护及环境保护支出2.45亿元；国有资产管理支出15.49亿元；重大科技统筹资金支出16.19亿元；历史遗留问题专项支出1.1亿元；节能减排专项资金0.8亿元；中央及市级专项转移支付4.88亿元。

（李婷）

加强国有资产管理

年内，开发区国有资产总额为504.9亿元（流动资产317.51亿元），负债总额364.12亿元（流动负债79.7亿元），所有者权益总额140.77亿元。资产负债率为72.12%。3月底前，开发区完成2010年区内企业产权登记年度检查，年检企业44户，开发区2010年末国有资本及权益总额为117.63亿元。开发区国有产权登记企业46户，其中新设3户，变更17户，注销3户。对国有资产进行评估，评估18项，资产总额账面值65.93亿元，评估值78.56亿元，评估增值12.63亿元，增值率19.16%；负债总额账面值33.92亿元，净资产账面值32.01亿元，评估值44.64亿元，评估增值12.63亿元，增值率为39.46%。制定《开发区国有资本经营预算管理暂行办法》和《国有资本收益收缴管理暂行办法》。规范国有及国有控股企业工资总额管理，明确对国有及国有控股企业工资总额实行预算管理以及不同情况下企业职工平均工资增长幅度的确定方式，改变国有企业工资管理无据可依的局面。核定开发区总公司工资总额基数为2.1亿元。

（李婷）

规范国库集中支付管理

年内，开发区完成《北京经济技术开发区财政局国库科（支付中心）业务规范及实操手册》，制定《北京经济技术开发区财政专户管理办法》。根据《财政部关于将预算外资金管理的收入纳入预算管理的通知》文件精神，开发区就历年预算外收、支情况进行了摸底调查和清理，同时规范了非税收入收缴管理程序，并通过与市财政局沟通、协商，确定了开发区非税收入收缴、返还流程。

（李婷）

做好政府采购工作

年内，开发区管委会将自收自支事业单位全部纳入政府采购统计范围，增强信息统计的全面性和完整性。转发《北京市2011年政府采购集中采购目录及标准》《北京市财政局、环境保护局调整标志产品政府采购清单》《北京市财政局关于公布2011~2012年度北京市市级行政事业单位公务用车统一保险项目采购结果》等通知，并布置相关工作。根据市委办公厅、市政府办公厅关于印发《北京市开展党政机关公务用车问题专项治理的实施意见》的通知精神，起草《开发区开展党政机关公务用车问题专项治理工作实施方案》。对开发区管委会机关及所属25个事业单位的公务用车进行了全面自查清理。对开发区各行政预算单位租赁大型客车进行管控。完成政府采购支持节能环保、信息安全产品管理和正版软件使用工作。全年完成政府采购立项、批复项目57个，采购预算金额4182.26万元，实际采购合同金额3663.07万元。

（李婷）

做好财政投资评审工作

年内，开发区财政投资评审中心加强与各建设单位沟通、联系，制定了《建设项目投资评审基本情况表》。通过与开发区审计局就建设项目相关业务沟通，实现部分审核结果共享，草拟了《开发区评审中心委托社会中介机构评审考核办法》和《开发区评审中心社会中介机构招标文件》。

（李婷）

拨付基本建设资金56.94亿元

年内，开发区财政局共拨付基本建设资金56.94亿元，其中市政建设项目资金43.33亿元、征地拆迁项目资金13.61亿元，确保开发区河西区、路东区市政工程、博兴路跨新凤河桥梁、博兴三桥工程、开发区景观亮丽工程等重点项目的顺利推进。

（李婷）

做好政府性债务管理及项目决算工作

年内，开发区需偿还政府性债务本金15亿元，其中6亿元进行延期，9亿元贷款完成偿还。完成开发区凉水河滨河绿地（公园）项目一期工程、开发区三号供热厂一期工程、开发区2008年市政热力管线改造工程等13个基建项目的财务决算批复，并着手开展核心区基础设施决算批复工作。

（李婷）

加强会计人员管理

年内，开发区与大兴区财政局联合举办会计人员继续教育，利用网络信息公开的手段，及时让更多的企业和会计人员了解联合培训的方式和方法。两区培训教师、培训设施、培训程序、培训手段共享，促使资源合理利用，方便新区财会人员。年内，开发区还首次完成中级职称申报名工作。

（李婷）

做好财政监督检查工作

年内，开发区开展“小金库”全面复查、督导抽查工作。制定“小金库”复查实施方案，由开发区纪工委监察局、财政局、审计局等部门组成的“小金库”治理领导小组，具体部署全面复查的时间、治理范围及各项要求，构建治理“小金库”长效机制。根据市财政局监督检查的工作部署，组织人员对区属国有企业二级单位进行全面检查，覆盖面 100%，并结合扶持资金的使用用途，结合行业交叉的特点，对 43 户享受产业扶持资金的企业和科技创新的企业进行检查，开发区抽调检查人员 50 人次，共查出违纪金额 1.4 亿元，补缴税款 41 万元，责令整改 36 户。

（李婷）

完成财政登记工作

年内，开发区国有资产及权益 117 亿元，比 2010 年增加 32 亿元。外商投资企业财政登记涉及新成立外资企业登记、已登记企业信息变更、已登记企业注销三方面。截至年底，外商企业相关登记办理累计 108 次，其中新成立外资企业办理财政登记 36 户，企业信息变更登记 63 户，企业注销办理 9 户。

（李婷）

加大产业扶持政策力度

年内，开发区拨付企业管理资金 6.55 亿元，扶持驻区企业 274 家，其中产业扶持资金 4.87 亿元，科技创新扶持资金 1.14 亿元，吸引海外高层次人员创业资金 0.23 亿元，政策性补贴资金 0.31 亿元。

（李婷）

建立国有资产处置进场交易制度

年内，开发区财政局下发《关于开发区行政事业单位国有资产处置实行进场交易的通知》，自 10 月起，建立开发区行政事业单位国有资产处置进场交易制度，同时拟订财政局内部审批管理进场交易的工作规范《开发区行政事业单位国有资产处置进场交易管理流程》。完成第一个交易案例，交易资产账面金额 1805136 元，最终交易收益金额 676775 元。

（李婷）

协助企业改制合并工作

年内，开发区财政局协助完成开拓热力中心改制工作；总公司二级公司博大经开物业、博大万源房地产、博大科技科创孵化器 3 家企业合并；支持 12 平方公里扩区开发建设 7 亿元，完成北京亦庄保税物流中心的封关运行以及亦庄国际公司重点项目的投资需求；协助北京经济技术投资开发总公司、北京亦庄国际投资发展有限公司、北京经开投资开发股份有限公司完成融资 35 亿元。

（李婷）

做好财政党风廉政建设基础工作

年内，开发区财政局全面落实《关于实行党风廉政建设责任制的规定》，组建廉政风险防控领导小组，分别由局领导担任小组组长和副组长，强化权力制约和监督，重大事项由局领导班子集体决策。以财政资金预算收支全过程为主线进行工作梳理，查找并确定廉政风险点55处，相应制定了76项防范措施。创办《财政廉政建设期刊》，成为区财政局廉政教育的亮点项目。制定了部门内部领导干部谈心、谈话制度，加强和改进局内领导干部思想政治建设。明确财政资金审批流程和权限，加强资金拨付监管。

（李晓红）

税　务

国家税务

概况

北京经济技术开发区国家税务局（简称开发区国税局）成立于1994年，为主管北京市经济技术开发区国家税收工作的行政机构，实行垂直领导的管理体制。全局共设11个部门，其中内设机构10个：办公室、税政科、征收管理科、人事教育科、监察室、进出口税收管理科、办税服务厅、大企业税收管理科、税源管理科、国际税务管理科。直属机构1个：稽查局。开发区国税局共有在职干部、职工122人（干部114人、工人8人），其中中共党员72名，占全局人数的59.02%，干部全部为大专以上学历。2011年新招入应届本科生5人，调入干部1人，调出干部2人。年内，开发区国税局完成各项收入180.30亿元，同比增加13.20亿元，增幅7.90%，完成市局计划任务数（179.63亿元）的100.37%，超额完成6627万元；完成地方级收入49.66亿元，同比增加4.96亿元，增幅11.09%，其中增值税完成70.76亿元，同比减收23.60亿元，减幅25.01%；消费税完成18亿元，同比增加8.85亿元，增幅96.74%；企业所得税完成87.53亿元，同比增加27.90亿元，增幅46.79%；车辆购置税完成3.95亿元，同比增加269万元，增幅0.68%。年内，总体收入规模增长较快，但增幅前高后低。一季度增幅33.08%，二、三季度增幅持续下滑，四季度出现拐点。除增值税减收外，各大税种同比增幅均超过两位数。四大主要行业呈现“三升一降”态势。以北京奔驰为代表的交通运输设备制造业纳税41.9亿元，增收24.1亿元；医药制造、装备制造业也保持两位数增长。而以诺基亚、星网工业园为核心的通信设备制造业则受到市场波动的影响，同比减收约13.9亿元。重点税源企业占据收入主体地位且保持快速增长。重点税源企业共150户，全年累计纳税170.41亿元，同比增加21.12亿元，增幅14.15%，其中纳税亿元以上企业22户。新增税源企业带来税收过亿元。累计新办税务登记和外区迁入企业共596户，入库税款1.15亿元。截至12月31日，税务登记纳税人累计6274户，处于开业登记状态的为4124户，新增纳税人687户；全年增值税申报户数2608户，企业所得税申报户数2478户（含查账征收企业2266户和定率征收企业252户），应纳消费税企业15户。

（纪云良　张永璇　李静）

编写《执法风险防范手册》

年内，开发区国税局编写完成《执法风险防范手册》，对税务登记、纳税申报、发票管理、核定征收等风险易发、多发环节进行执法风险分析，以加强规范管理，防范执法风险。

（纪云良 张永璇 李静）

开展增值税专用发票检查

年内，开发区国税局对 114 户次增值税专用发票审批情况进行检查，对发现的文书填写、签章和文书送达签字不规范等问题逐一进行了整改。全年共召开重大税务事项集体审批会议 3 次，审议企业退税等各类涉税申请 38 户次，合计批准各项退税和资产损失税前扣除等金额达到 4.32 亿元。

（纪云良 张永璇 李静）

处理重大税务案件 4 件

年内，开发区国税局共处理重大税务案件 4 件，均为举报案件，经重大税务案件审理委员会审理认定，其中 2 户企业存在偷税行为，4 户企业查补税款及涉税罚款合计 4167.58 万元。其中 3 户企业对税务处罚决定提出了听证申请。

（纪云良 张永璇 李静）

完善国税局工作岗位职责体系

年内，开发区国税局制定《开发区国税局工作岗位职责体系》，主要包括《开发区国税局机构设置图》《局内各单位岗位设置图》和《局内各单位岗位职责》。同时按照《北京市国税局对外支付出具税务证明操作规程》重新修订原对外支付管理办法；根据市局《非居民企业享受税收协定待遇操作管理规程》《非居民承包工程作业和提供劳务操作指引》《非居民企业所得税源泉扣缴管理操作指引》，结合分局实际情况，起草完成相关管理办法。

（纪云良 张永璇 李静）

加强政策效应分析

年内，开发区国税局密切关注政策落实对收入影响，加强政策效应分析与税收预测。注重对增值税转型、中关村自主创新示范区等重大政策变化深入分析，跟踪研究，同时对重点税源企业的收入情况进行详细分析，强化监控力度，及时发现组织收入工作中存在的问题和薄弱环节。

（纪云良 张永璇 李静）

强化小规模综合治理

年内，开发区国税局强化对增值税小规模纳税人的综合治理，拟定《小规模纳税人综合治理的工作意见》，集中开展了长期零申报企业的清理工作，共计清理零申报小规模纳税人 276 户，办理企业所得税核定 190 户，小规模纳税人有税率提高 7 个百分点。

（纪云良 张永璇 李静）

办理增值税减免退税 145 户次

年内，开发区国税局共办理审批、备案类增值税减免退税 145 户次，共计增值税 8042 万元。其中，软件增值税即征即退退税 104 户次，退税 6504 万元；军品退税 2 户次，退税 1494 万元；误收退税

4户次，退税44万元。

（纪云良 张永璇 李静）

认定一般纳税人315户次

年内，开发区国税局共受理增值税一般纳税人认定申请315户次，批准不认定一般纳税人3户次，不予认定18户次。对2010年新认定的一般纳税人且固定资产抵扣税额在100万元以上的企业进行检查，发现3户企业抵扣存在问题，涉及进项税额合计419万元，销项税额90余万元。

（纪云良 张永璇 李静）

完成2010年度企业所得税汇算清缴

年内，开发区范围内应参加2010年企业所得税汇算清缴户数共2289户，实际参加汇算清缴企业2278户，同比增加162户，申报率99.52%。盈利企业1581户，同比增加376户，盈利面69.40%，提高12个百分点；有税企业1391户，同比增加328户，有税率61.06%，提高10个百分点；亏损企业692户，同比减少169户，亏损面30.38%，下降10个百分点；零申报企业5户，同比减少45户，零申报率0.22%。在汇算审核中，共审核有问题企业132户，占1045户全部已汇算企业的12.6%。其中涉及应纳税所得额3300余万元，涉及税款800余万元，增加盈利企业79户。在税收优惠备案及审批事项中，共发现有问题企业37户，占全部事项的20%，共涉及金额2000余万元，涉及税款500余万元。

（纪云良 张永璇 李静）

加强所得税减免税工作

年内，开发区范围内应享受2010年减免税的企业合计621户，其中享受审批类、事前备案类优惠政策企业438户，享受事后备案类税收优惠企业183户；减免所得税额合计27.73亿元；加计扣除金额5.96亿元；抵免所得税额1280万元；免税收入合计26.28亿元。

（纪云良 张永璇 李静）

开展资产损失税前扣除审批工作

年内，开发区国税局共受理企业2010年度财产损失税前扣除审批申请54户，申请金额4.09亿元，通过审批的企业为52户，审批金额3.93亿元，影响税额7809万元；退回申请2户。

（纪云良 张永璇 李静）

落实国家自主创新示范区税收优惠政策

年内，开发区享受2010年高新技术企业优惠政策企业182户，减免税额22.34亿元；享受中关村自主示范区研发费加计扣除26户次，加计扣除金额1.7492亿元；享受中关村自主示范区职工教育经费扣除限额政策4户，多扣除职工教育经费4041万元。

（纪云良 张永璇 李静）

做好企业所得税预缴管理工作

年内，开发区国税局对2010年新增入库2000万元以上的14户企业自2011年2月征期起，一律实行按月预缴企业所得税，2011年度按月预缴企业合计49户。新增的14户按月预缴企业2010年入库所得税额合计5.41亿元。

（纪云良 张永璇 李静）

督促企业补缴税款 9970 万元

年内，开发区国税局根据《审计署关于北京市国家税务局 2009 年至 2010 年税收征管情况的审计决定》，督促企业补缴税款共计 7612 万元，滞纳金 12 万元。根据《财政部关于北京市高新技术企业认定及企业所得税优惠政策执行情况回访检查结论和处理决定》，督促企业补缴税款 2358 万元。

（纪云良 张永璇 李静）

开展纳税评估

年内，开发区国税局分别对农产品抵扣企业、按简易办法征收企业以及增值税税负异常企业开展评估，补缴税款 75.85 万元，滞纳金 27.35 万元。针对“在本局进行税收优惠备案的软件企业”、“美容美发行业”、“申请汇算退税有疑点企业”等企业展开评估，共补缴税款 3 万元，调减亏损额 37 万元。

（纪云良 张永璇 李静）

加强非居民企业管理

年内，开发区非居民税收收入 22.27 亿元，较上年 7.78 亿元增加了 14.48 亿元，增幅 186.12%，其中，源泉扣缴所得税收入 220077 万元，同比增加 144195 万元，增幅 190.03%；企业所得税收入 2599 万元，同比增加 640 万元，增幅 32.67%。对 2008~2010 年度涉及盈利的 186 户外资企业进行了股息清理，补缴税款共计 3239 万元。开展非居民企业股权转让核查补缴税款及滞纳金共计 9557 万元。

（纪云良 张永璇 李静）

做好出口退税管理

年内，开发区出口企业出口销售额累计达 497.6 亿元，同比减少 25%。免抵退税额累计 70.9 亿元，减幅 25%。当期应退税额累计达 59.1 亿元，减幅 31%。当期免抵税额累计 11.9 亿元，增幅 41%。

（纪云良 张永璇 李静）

加强发票管理

年内，开发区领购发票纳税人共 1.24 万户次，发售发票 231.80 万份，日平均发售发票 10781 份，其中增值税专用发票 123.38 万份，普通发票 102.85 万份，机动车销售统一发票 4.04 万份，比去年平均增幅 44.22%。代开增值税专用发票 353 份，涉及信息 1324 条，税额 44.60 万元。开发区国税局严格按照要求做好发票和纳税人库存旧版发票缴销、销毁的各项工作，制定《区局普通发票真伪鉴别工作制度规范》，明确岗位职责，组织开展普通发票审批自查工作，检查范围为 2011 年一季度普通发票资料，检查面 100%，共检查普通发票审批资料 74 份。

（纪云良 张永璇 李静）

搞好科技兴税工作

年内，开发区网上申报推行 1993 户，新办企业推行 270 户；推行税控收款机 387 户；防伪税控系统共初始发行 169 户，增加分开票机 3 台；自助办税终端机共受理增值税小规模纳税申报 4 户次，增值税专用发票认证 805 份，增值税普通发票认证 2 份，货运发票认证 101 份。自助售票机运行近两年，共发售增值税专用发票93万余份、增值税普通发票96万余份。

（纪云良 张永璇 李静）

落实税务管理信息化建设

年内，开发区国税局加强办公大楼信息化改造工作。电子类资产共清查计算机、服务器、笔记本设备290台，打印机设备53台，其他设备200余件（台），并确认待报废计算机类设备70台，其他设备29件。加强信息化设备维护工作，维护软件近40套，台式机、笔记本、服务器180台。上报市局问题提交单200余份，涉及户数近300户次；软硬件维护维修1500余台次。推进数据分析利用工作，提取登记、税种、申报等原始数据近10万条，筛选分析数据近3万条；将上年地税营业税与增值税进行了筛选统计，作为汇算辅助依据。推进应用软件推行、升级工作，对出口函调、出口审核、金税协查、稽核、防伪税控等系统进行了升级调整；新邮件系统推行；网上办公系统推行。

（纪云良 张永璇 李静）

做好税务稽查

年内，开发区国税局税务稽查工作共组织收入1510万元，调减以前年度可弥补亏损1127万元，调减留抵税额13万元，其中检查补税1220万元，自查补税290万元。针对房地产、医药、服装、广告行业的企业以及所得税收入大、税负低的企业开展专项检查，共检查27户，查补入库合计313万元；开展对部分重点企业的发票检查、资本交易项目检查工作，共抽查发票1.4万余张，其中有问题发票5464份，涉及金额350余万元，查补入库合计48万元；针对市局转办的股权转让案件查补入库合计859万元，查补税款入库率100%。

（纪云良 张永璇 李静）

开展纳税服务

年内，开发区国税局加强办税功能区建设，开通了自助办税终端机、自助售票机、多功能办税终端等服务设施。新设置了取表填单区，将72种文书放置到文书存放柜，并制作了16种日常文书模板。完善咨询台服务职能，拓展咨询人员服务职责，协助、审核纳税人填写各类表单。加大“12366”远程坐席的服务，全年咨询1万户次，窗口咨询3000户次。开展“一窗通办”业务，简化办税流程、节约纳税人成本。解决网上申报、IC卡申报、财税库银联网系统等多元化科技手段运行过程中的问题。落实“2号公告”和“两个减负”精神，简化35项审批事项提交的资料及流程。联合开发区地税分局、科技局、公安分局开展中关村“1+6”政策解读辅导会、税收宣传入社区、打击发票违法犯罪专题宣传等活动。年内共开展企业所得税政策讲解、一般纳税人认定、出口退税业务的小型集中培训30余次。开通纳税服务绿色通道。在中国黄金集团、恩智浦半导体等大型企业入区过程中开展一对一专业化的帮扶，为艾科泰、富士康两户企业办理深加工结转免抵退税抵减金额11.26亿元。

（纪云良 张永璇 李静）

地方税务

概况

北京市地方税务局开发区分局（简称开发区地税分局）1994年12月15日正式成立，共有干部职工95人，其中干部90名、职工5名。干部中具有研究生以上学历的占3.3%、大专及本科学历的占96.7%。内设办公室、税政管理科、征收管理科、纳税评估科、收入核算科、法制科、人事教育科、监察科等科室，第一税务所、第三税务所、隆庆街税务所3个税务所，以及稽查局（内设立案审理科和税务检查科两个科）。截至2011年底，在开发区地税分局进行税务登记的正常纳税户共有4936户，其中内资企业3771户、港澳台投资企业188户、外商投资企业510户、外国企业5户、个体经营404户、其他58户。2011年开发区地税分局完成各项税费收入65.06亿元，同比增长43.81%，完成地方公共财政预算收入51.4亿元，同比增长47.5%。开发区地税分局第一税务所被中华全国妇女联合会授予“全国巾帼文明岗”称号。隆庆街税务所和第一税务所分别被评为市级“青年文明号”和市妇联“巾帼文明岗”。开发区地税分局连续9年被开发区首都文明委评为“首都文明单位”。

（王磊）

强化税政管理

年内，开发区地税分局做好年所得12万元以上纳税人自行申报工作，成立领导小组，制订工作方案，通过“政策宣传三步走”等形式，提高纳税人自行申报的主动性和积极性。全区自行申报共计16300人，完成工作任务。对辖区内21户自开票货运企业的管理部门进行职责调整，实行专人管理，理顺工作程序，提高工作效率。全面贯彻落实残保金代征工作要求，在加强组织领导和信息互换的同时，强化宣传力度，通过申报事项告知专栏、免费邮箱、温馨提示信函、专管员催缴等方式向驻区企业发出征缴通告。残保金入库5741万元，保证代征工作的完成。配合市地税局做好车船税法实施前的相关准备工作，深入代收代缴单位开展调研，结合征管实际提出建议；在日常征管中，加大对代收代缴单位的监管力度，依托信息化手段，提高税收分析精确度，提升税源精细化管理和代征工作管理水平。稳步推进存量房交易税收征管工作。与区内房地产开发企业沟通联系，上门辅导政策，在服务大厅增设咨询台，妥善应对存量房申报工作，顺利实现了新旧政策的平稳过渡。联合开发区国税局、科技局，通过召开辅导会等方式，对开发区200多户高新技术企业深度解读个人所得税、企业所得税等相关税收优惠政策，做好中关村“1+6”政策的落实工作，完善制度，强化执行。重点对分局减、免、退税进行规范，认真核对资料，对适用政策严格把关，确保纳税人权益得到保障。年内共受理退税224笔，金额2576万元。

（王磊）

强化法治观念

年内，开发区地税分局以落实领导干部学法用法为重点，规范分局全员学法用法工作。对分局处科两级领导和全体干部开展依法行政学习培训。组织开展规范性文件备案备查工作，切实做到有件必备、有错必纠。组织开展税收规范性文件清理工作，及时公布清理结果。强化税收执法监督，制定分局税收执法督查实施方案并整理归纳了督查要点，通过对企业注销清算、普通发票管理情况等方面的执法督查，以及对查出问题的全面整改，强化了税收执法严肃性，规范了税收执法行为。

（王磊）

开展税收宣传

举办税收宣传活动　　开发区地税分局提供

年内，开发区地税分局通过开展税收宣传进社区、进园区和发送手机宣传短信等多种形式，把有关重要涉税事项、新的税收政策等第一时间告知纳税人，在开发区营造了良好的依法诚信纳税氛围。为扎实有效地开展好全国第20个税收宣传月活动，开发区地税分局围绕“税收·发展·民生”这一主题，在《亦庄时讯》开辟宣传专栏，制作大型税收宣传公益广告牌等，有效增强税收宣传的社会效应。本着优化版面、更新内容、明确职责的原则，对分局网页管理权限进行调整，对网页内容进行了优化整合，强化对信息更新工作的管理，为纳税人查阅提供便利。针对纳税人的实际需求，分别对新办企业、原有企业以及重点税源企业等进行了政策培训辅导。

（王磊）

优化纳税服务

年内，开发区地税分局积极落实处科两级领导干部走访制度，不断完善帮扶企业长效机制。围绕纳税服务、重点税收事项以及新政策的实施等情况，积极开展走访活动，面对面为企业答疑解惑，第一时间把税收政策送到企业手中。设立专门的个人完税凭证开具窗口，提高了个人所得税完税凭证开具的工作效率，受到了纳税人好评。按照市国税局和市地税局的统一安排，联合开发区国税局开展了纳税信用等级评定工作，共评选出41家纳税信用A级企业，并做好相关企业的后续服务工作。

（王磊）

依法规范税收业务

年内，开发区地税分局将“四率”指标纳入分局目标责任制考核，按月通报完成情况，开发区地税分局各月指标均达到或优于市局考核标准。继续做好税收征管业务流程在开发区地税分局的贯彻落实，规范全局日常征管工作。制作《企业登记注册类型对照表》，提高开发区地税分局税源户登记信息的准确率。加强横向沟通，细化征收管理，通过与开发区国税局进行信息交换，取得区内缴纳增值税个体工商户核定税额的信息，保证对缴纳城建税、教育费附加、个人所得税纳税人核定工作的顺利开展。在纳税评估工作方面，通过评估辅导、税种关联性比对、税款同期比对、税控信息比对、财产登记信息比对、零申报提示、亏损提示等方式，扩大对重点税种日常监控的纵深度，推动了日常评估的开展。对重点行业、重点税源和重点涉税事项进行“延伸评估”，取得显著成效。

（王磊）

开展稽查检查

年内，开发区地税分局组织开展年度专项检查、税收检举和发票协查等项工作。通过开展立案税务检查，提高了纳税人税法遵从度；通过集中开展未结案件清理工作，部分疑难案件得到了有效清理，共清理案件累计占应清理案件的81.48%。认真开展打击发票违法犯罪工作，加大与公安、国税等部门协调配合，对发票违法犯罪行为进行了强有力的打击。另外，还积极探索反避税调研式检查工作。

（王磊）

依法规范行政工作

年内，开发区地税分局加强公文规范运行的管理，做好政府信息公开和保密工作。对现有行政、政务制度进行了初步的梳理，为优化政务流程，建立健全规范、配套、高效、易行的行政办公制度体系奠定基础。依法规范财务管理，严格执行财政预算。做好办公楼维修改造的前期准备工作，成立组织领导机构，制订实施方案，向市财政申请预算资金并获得批复，为维修改造工作创造条件。根据市地税局2011年“小金库”专项治理工作的部署和要求，完成分局“小金库”全面自查工作，并通过市地税局检查。

（王磊）

开展信息化建设

年内，开发区地税分局加大信息化管理力度，及时评估网络与信息系统的安全状况，查找薄弱环节和安全隐患，提高了对系统内各设备运转状况的掌控能力。配合市地税局完成了个人所得税法修改后信息系统应急预案的制定和落实工作，保证了在新法推行阶段信息系统的安全稳定运行。

（王磊）

加强安全保障工作

年内，召开开发区地税分局安全工作会，签订安全责任书，确保安全责任得到分解落实；开展系统的消防安全知识讲座，强化“预防为主、防消结合”的意识；对分局的消防、视频监控设备进行必要的检修和更新，在分局楼内外加装8个视频监控，最大限度地消除安全隐患。

（王磊）

审 计

概况

北京市经济技术开发区审计局（简称开发区审计局）成立于2000年，主要负责对开发区财政预算执行情况和其他财政收支进行审计；负责对开发区各职能机构、所属事业单位的财务收支进行审计；负责对开发区所属国有企业、国有控股企业的资产、负债、损益状况进行审计；对开发区管委会投资的建设项目预算执行和决算情况进行审计；组织实施对开发区处级党政领导干部和所属国有企业、国有控股企业领导人员的任期经济责任审计。开发区审计局设有5个职能部门，分别是办公室、业务科、综合科、信息办、审计事务中心。2011年，根据北京审计工作会议精神，开发区审计局更新审计理念，提升审计质量，完成年度审计计划，有效地推动了两区深度融合，加快了功能区拓展。

（张玉英）

加强跟踪审计

年内，开发区审计局跟踪审计项目累计90.14亿元，审减7.68亿元，仅12平方公里项目拆迁审核6201户，审核建设招标文件158份，合同文本408份，提出建议341条，使项目开发符合“稳定、成本、阳光、进度、供应”的要求。

（张玉英）

推进经济责任审计工作

年内，开发区审计局完成对10名领导干部经济责任审计，其中9位为离任经济责任审计，同时首次开展任中经济责任审计。涉及被审计单位16个，审计金额11.80亿元，查出管理不规范金额占审计金额的5.59%，并在第二次经济责任联席会议上对审计结果进行通报。

（张玉英）

开展政策落实情况审计调查

年内，开发区审计局开展了区内2010年度财政预算执行情况及其他财政收支情况的审计，对财政预算编制与执行以及其他财政收支情况进行全面详查和重点抽查，审查了工委、管委会所属54个行政事业单位基本经费的管理和使用情况，重点审查了“市政绿地养护”和“公共交通运营费”专项资金的管理和使用情况，并对47个行政事业单位共计320个专项项目的预算执行情况进行分析，对相关单位开发区专项资金管理和使用情况进行了延伸审计，共查出违规金额29.80万元，核算不规范金额88.99万元，另有涉及预算金额3747.15万元的专项项目执行比例较低。同时从国库集中支付、提高财政资金使用效益、加强专项资金管理、完善内控等方面提出了审计建议。

（张玉英）

开展补充医疗保险基金审计

年内，开发区审计局对开发区社会保险基金管理中心2010年度补充医疗保险收支情况进行审计，重点是保险基金的收缴、管理和使用，查出多报销和少报销金额共计1.29万元，保证了补充医疗保险资金的安全。

（张玉英）

开展热力中心内控体系监督

年内，开发区审计局对热力中心内控体系2010年度在制度建设、内部环境、控制活动、信息与沟通等方面的运行情况及运行效果进行全面检查验收。结果表明，企业经营管理水平和防范风险的能力得到提升，并取得较为显著的效果。建立健全了机构设置，明确岗位职责；加强了核查和审核工作，提高了销售收入；强化了指标管理，有效降低综合能耗和生产成本；完善了选拔和聘用体系，提高薪酬透明度；强化了安全意识，确保生产安全；加强了固定资产及存货管理，确保资产的完整和安全。

（张玉英）

完成政府债务审计调查

年内，开发区审计局配合国家审计署对开发区开展政府债务审计调查工作，审查相关单位投融资的基本概况、债务规模、融资规范化、选择贷款银行、资金使用等情况，对促进开发区加强政府债务管理，防范财政风险，保障开发区经济社会可持续发展发挥了重要作用。

（张玉英）

开展市统筹资金项目开发区试审工作

年内，开发区审计局配合市审计局对开发区北京市重大科技成果转化和产业统筹项目进行试审工作，使开发区各项优惠政策的落实更为规范，保障了财政资金使用的效益。

（张玉英）

开展调研服务行动

年内，开发区审计局对区内企业内审、机构设置、培训、政策支持等诸多方面开展了问卷调查活动，共收到有效问卷82份，旨在全面了解企业需求，更好帮助企业解决实际问题，提供政府审计服务，协助企业发展。同时推荐驻区企业中铁十九局集团有限公司为内部审计双优单位。

（张玉英）

全面应用审计信息化平台

年内，开发区审计局在审计项目中全面实施计算机辅助审计，且顺利与开发区财政数据平台对接，提升了审计信息管理水平。

（张玉英）

加强审计管理

年内，开发区审计局制定《开发区审计局关于对社会中介机构参与审计项目考核评价办法》，并应用于审计项目后期对中介协审机构的验收中，同时通过建立项目后评估制度，加强对协审机构参与审计项目的质量控制，以提高审计工作质量，防范审计风险。

（张玉英）

工商行政管理

概况

北京市工商行政管理局经济技术开发区分局（简称开发区工商分局）成立于1994年6月，主要负责开发区辖区各类主体的登记注册服务工作、日常监管、消费者权益保护、食品安全监管及案件办理等工作。现设有办公室、登记科、管理科、消保科4个科室。2011年，开发区实有各类市场主体5278户，其中内资非私企业1099户，注册资本602.9亿元；

私营企业 2179 户，注册资本 82.9 亿元；外资企业 698 户，投资总额 151.7 亿美元，注册资本 73.7 亿美元，其中外方认缴 59.8 亿美元。企业开业主体 706 户，与上年同期比较增长 21.1%。内外资企业开业登记户数持续快速增长，尤其是内资企业，较上年同期增长 23.8%。企业迁入踊跃，共迁入企业 135 户，其中不乏北京觅考电子有限公司等具有较大影响力的企业。迁入企业比迁出企业多 1.06 倍。内资新设立企业规模较大，平均注册资本 730 万元，资本运作动作加大，注册资本亿元以上企业 22 户。重点项目企业投资力度增大，内外资企业投资总额、注册资本增加踊跃，内资增资主体 187 户，增加注册资本 147.8 亿元；外资增资主体 44 户，增加注册资本 7.1 亿美元。

（王颉）

组织重难点问题整治

年内，开发区工商分局结合实际进行节前市场秩序整治，向企业发放《企业安全管理提示书》，要求各商业主体严格遵守各项法律、法规，维护消费者合法权益；在日本地震期间，组织相关责任人严密监控超市食盐供应销售情况，严格执行国家价格政策，坚决打击囤积居奇等违法行为，与超市建立每日早晚信息沟通机制，保证货源和市场稳定。截至年底，开发区工商分局组织集中整治 15 次，查处无照、超范围经营行为 28 户，对 5 家因卫生许可过期出现无证经营的企业向卫生部门进行了函告。在打击流通领域食品非法添加、非法违法建设经营及 “打四黑除四害” 等专项行动中，联合相关部门铲除隐患，共办结案件 33 个，罚没 21 万元，净化了辖区市场环境。

（王贺年）

强化风险控制

年内，开发区工商分局以季度风险动态评估分析为重点，采取有力防控措施，加大对无照经营的发现及快速处置力度，强化对预付费经营主体的法规宣传及监管，加强对多次被消费者投诉主体的行政指导。截至年底，完成实地初检 1093 户，日常巡查 3700 户次，风险主体巡查 435 户次；组织网上巡查 4508 次，对京东商城及涉食、涉药网站坚持每周巡查，确保辖区未发生突发或重大问题。

（王贺年）

加强工商年检

年内，开发区工商分局按照“专人负责、登管衔接、集散结合、夯实底数”的原则，组织年检工作。与农业银行开发区支行协调，在银行设立年检收费窗口，方便企业；组织对北京经开投资开发股份有限公司等多家注册企业集中的园区和商务楼宇实施集中年检，使企业足不出户完成年检工作。截至年底，辖区个体验照率 86.37%，企业年检率 96.13%。对 145 家未参检的个体和企业实施吊销执照。

（王贺年）

加强商标管理

年内，开发区工商分局在实施商标品牌战略促进区域经济发展中，倡导和支持企业商标注册，指导创建驰名、著名商标，推动开发区管委会出台奖励办法。经开发区工商分局推荐的宝健（中国）日用品有限公司等 5 家企业的注册商标被认定为 2010 年度北京市著名商标。截至年底，开发区拥有 10 件北京市著名商标，2 件中国驰名商标。

（马志杨）

保护消费者权益

年内，开发区工商分局共接投诉 615 件、举报 134 件、建议 38 件；针对京东商城投诉量大的情况，开发区工商分局两次行政邀见京东商城相关负责人，指导企业完善管理措施，规范企业经营行为。

（马志杨）

加强安全监管工作

年内，开发区工商分局严格食品监测，提升监管水平。全年食品安全监测组织 5 类 200 个样品食品快检，11 类 300 个样本实验室监测及 5 类 50 个样本专业送检工作。实验室对辖区抽检的包括蔬菜、食用油等 11 类共计 489 个样本的 15 项指标进行了实验室检测，包括甲醛、防腐剂、甜味剂、农药残留、色素、二氧化硫和过氧化值等项目，其中不合格样本 27 个，专业复检确定 1 个不合格。

（王贺年）

加强经济合同管理

年内，开发区工商分局积极做好《合同法》《经纪人管理办法》及《合同违法行为监督处理办法》的宣传工作。为规范辖区房地产经纪机构经营行为，对区内 48 家房地产经纪机构实施检查，针对检查中发现的问题，责令企业整改，落实房地产经纪机构备案，维护辖区房地产中介市场秩序。

（马志杨）

加强对重点企业的服务

年内，开发区工商分局将百家企业作为服务重点，主动提供“提前介入、电话预约、现场办公、集中指导、走访及回访、企业联系人、法规培训、提示指导、网上答疑、年检一路通”服务。北京市首批战略性新兴产业重大项目 160 项，涉及的项目承担企业 113 家，其中开发区战略性新兴产业项目企业 22 家。工商分局主动深化服务战略性新兴产业项目企业，与企业建立联系，其中为中金数据系统有限公司提供政策法规支持，帮助企业加快工作进程，取得良好工作成效。

（潘葳）

解决企业实际困难

年内，开发区工商分局与开发区产促局建立沟通机制，定期了解招商引资项目情况，对年初确定的 15 个落地开工项目、40 个跟踪签约项目，实施月沟通、季总结，明确重点项目名称，提供提前介入服务。开发区工商分局干部与重点企业主动联系 1000 余次，为企业解决登记注册难点问题 100 余件，走访企业 28 户，解决企业困难 8 件。

（潘葳）

宣传落实中关村政策

年内，开发区工商分局采用专题开放日、走访企业、印制宣传手册等形式向企业宣传《中关村国家自主创新示范区条例》和《中关村国家自主创新示范区企业登记办法》，邀请区内10家拥有中国驰名商标、北京市著名商标的企业座谈，鼓励企业申请对自有商标进行保护。截至年底，10家企业已申请进行名称登记全行业保护。开发区亦庄园近60%的内资企业开业时无须提交验资报告，缩短企业设立时间和成本；移动硅谷产业园重点项目——泰克飞石通讯设备（北京）有限公司9月16日办理筹建登记，成为《中关村国家自主创新示范区企业登记办法》实施后北京市首批以筹建登记形式注册的法人企业。

（潘葳）

统　计

概况

北京经济技术开发区统计局（简称开发区统计局）成立于1997年，主要负责开发区内各单位的统计管理工作；执行国家和北京市的统计报表制度，完成各项统计调查任务；负责开发区内统计报表和统计资料的管理工作；负责开发区内经济和社会发展情况的统计分析工作；承办开发区工委、管委会交办的其他事项。开发区统计局下设有办公室和综合组、工业组、固定资产组、高新组、劳动工资组、商业组、服务业组、能源组、执法组、名录库组等10个专业组，与市统计局统计调查队合署办公。2011年，开发区统计工作以提高统计数据质量和统计服务水平为重点，加强统计监测、搭建直辖市新区横向交流平台，全年完成29篇统计分析资料，通过网站和开发区信息频道共发布政务信息36篇，对外提供数据2万余笔。

（吕华斌）

强化数据质量管理

4月11~18日，开发区统计局召开年报总结会，全面核查697家规模（限额）以上调查单位，下发《单位基本情况指标变动表》与《年定报指标变动表》。4月18~22日对20家企业展开集中督导，实地核查率达到100%。

（吕华斌）

推进政务信息公开工作制度化

4月，开发区统计局队制定并实施《统计信息产品发布制度（试行）》和《统计数据对外提供管理办法（试行）》，推进政务信息公开工作常态化和规范化，定期通过开发区网站和统计局网页发布政务信息，对外提供数据。

（吕华斌）

开展专项调查

4月、5月和9月，开发区统计局分别开展了非公有制企业（单位）人才资源状况抽样调查、规模以上工业企业创新调查和企业发展状况问卷调查。9~11月，完成人口普查后期工作，包括人口抽样调查的宣传、组织、培训、摸底、入户、编码、数据评估和数据处理等各阶段任务。

（吕华斌）

做好年报工作

年内，开发区统计局执行市统计局（国家统计局北京调查总队）各项规定，推进年报培训、制度讲解、工作组织和审核评估等各个环节工作，总结工作中的问题，撰写年报工作报告，做好年报备忘录工作，规范年报工作和提高年报工作水平。

（吕华斌）

加大统计分析预警力度

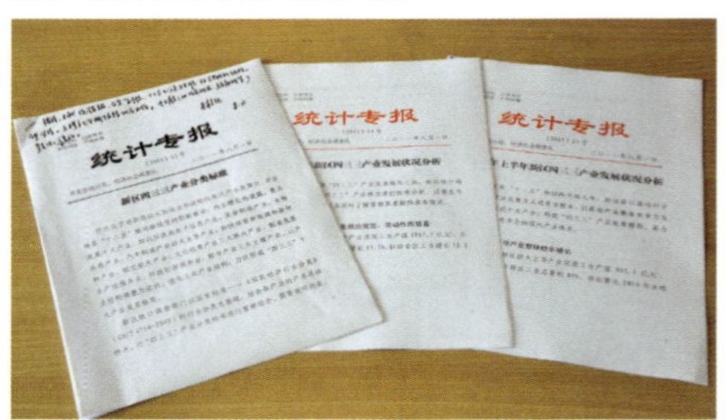

统计分析专报　　开发区统计局提供

年内，开发区统计局撰写统计分析资料 29 篇，分别从工业、人口、能源、电子商务等方面展开专项分析，强化开发区产业结构和运行特点分析监测。同时针对新区“四三三”产业发展规划，发布了《新区“四三三”产业分类标准》和《2011 年上半年新区“四三三”产业发展状况分析》《立足实际调结构、因地制宜谋发展——2011 年 1~3 季度直辖市功能新区经济发展横向分析》。

（吕华斌）

监测重点企业生产状况

年内，开发区统计局建立重点企业台账，对工业产值同比增减超过亿元的企业进行追踪监测，组织召开重点企业统计工作座谈会，对重点企业开展走访调研。通过名录核对、促投产和促开工项目核查、准规模调查单位查找等措施，采取电话、网络查找和实地调查等方式，对新登记和新纳税的 955 家企业、25 个促投产折子工程项目和 41 个促开工项目及 138 家准规模调查单位进行逐一核查，将符合规模以上企业标准的调查单位第一时间上报市统计局审批。

（吕华斌）

做好国家级开发区综合发展水平评价工作

年内，开发区统计局队承担修改完善评价体系任务，大部分意见建议被采纳，推动评价体系更加科学合理完善，同时完成了开发区 2010 年报送和评审工作。

（吕华斌）

加强信息化建设

年内，开发区统计局加强网站建设，在局内网开辟专栏，建立信息发布和数据提供制度，规范数据出处，确保数据质量，每月定时发布新区经济数据及统计分析产品，提高工作效率，为企业机关提供优质服务。

（吕华斌）

海　关

概况

中华人民共和国北京经济技术开发区海关（简称开发区海关）成立于 1997 年 5 月，下设 6 个业务科室，分别是办公室、稽查科、通关科、加工贸易监管科、保税物流监管科、缉私科。截止年底，开发区海关共有关警员 49 名，平均年龄 33 岁，男关警员23名，女关警员26名，党员39名，占全体关员的79.6%。领导班子成员由1名正处级、2名副处级和11名科级领导干部组成，科级以上领导干部占全体关员的22.4%。2011年，开发区海关税款入库38.3亿元，同比下降14.99%。审批报关单共计22460份，同比增长23%，其中进口13114份，出口9346份。审批减免税证明5984份，同比增长7.1%。审批总货值18.1亿美元，同比增长63%。减免关税和增值税5.5亿元，同比下降6.8%。开发区海关新增注册企业482家，其中内资企业425家，外资企业57家。截至12月31日，开发区海关注册的辖区企业共4669家，其中内资企业3292家，外资企业1377家；辖区注册企业AA类18家，A类87家。

（庄璐宁 吴彤）

设立北京亦庄保税物流中心

1月5日，经海关总署、财政部、国家税务总局、国家外汇管理局审批并联合发文同意设立北京亦庄保税物流中心，整体投资计划8.4亿元，总占地面积约20万平方米，一期拥有5万多平方米的保税仓储规模。12月9日，通过四部委正式验收。12月31日，首批二线进出口业务完成，实现“当年通过审批、当年开工建设、当年竣工验收、当年封关运营”目标。保税库业务类型包括保税仓储、卡口货物登记、集中申报、简单加工、区内流转、临时进出。海关监管方式包括通关管理方式、保税货物物流管理方式、卡口管理方式和视频监控管理方式。

（庄璐宁 吴彤）

海关总署纪检组领导到开发区企业调研

纪检组长胡玉敏到开发区调研　　高宁 摄

4月27日，海关总署党组成员、驻署纪检组组长胡玉敏一行到开发区企业调研，参观诺基亚通信有限公司，详细询问企业生产经营情况。海关总署驻署纪检组副组长、监察局局长王平，北京海关关长甘荣坤、副关长兼政治部主任殷宁、纪检组长齐兵，开发区张伯旭、赵昕昕等陪同调研。

（孙鹏 王新美）

海关总署领导到开发区企业调研

海关总署署长于广洲到企业调研　开发区海关提供

6月14日，海关总署署长于广洲一行到北京奔驰汽车有限公司和京东方8.5代线进行调研，了解企业增资扩产、产品创新、科技研发以及8.5代线竣工投产等方面的情况。海关总署办公厅主任赵福地、加贸司司长张皖生、人教司司长刘学新、政工办主任张砚甲，北京海关关长甘荣坤，副关长邱月玲、王永，开发区林克庆、张伯旭、赵昕昕陪同调研。

（孙鹏　王新美）

加强稽查补税工作

年内，开发区海关开展保税核查作业187次，共完成任务量的182%；核查发现违规线索5起，涉及货值151.7万元，涉税29.8万元。办结企业稽查作业56家，稽查征收税款944万元。

（庄璐宁　吴彤）

加强加工贸易海关工作

海关服务大厅　　开发区海关提供

年内，开发区海关备案加工贸易电子化手册961份，备案总金额73.75亿美元；手册结案1166本；加工贸易企业实际进出口总额68.5亿美元；加工贸易料件内销征税7.6亿元，边角料内销征税金额360.4万元。多项加工贸易业务工作量指标较上年有所下降，主要原因是受国际经济形势恶化、原材料价格上涨等因素影响，加工贸易企业生产成本增加，部分企业加工贸易订单大幅减少，甚至暂停加工贸易业务。

（庄璐宁　吴彤）

支持京东方8.5代线项目

年内，开发区海关支持国家重点项目建设，对以8.5代线为主的北京数字电视产业园内十几家上下游配套企业的规划和建设提供了专业指导，重点扶持京东方8.5代线项目。该企业于6月29日点亮第一块屏，并在9月末实现量产。

（庄璐宁　吴彤）

推进旧CT机试点工作

年内，开发区海关共监管北京通用电气华伦医疗设备有限公司进口旧CT机11台，新CT机球管16个，出口维修后CT机11台。北京通用电气华伦医疗设备有限公司是中国首家以加工贸易形式维修复出口旧CT机的企业。

（庄璐宁　吴彤）

扩大边角料拍卖试点

年内，开发区海关边角料期权拍卖工作涉及两家监管企业，即SMC（中国）有限公司和乐金化学显示器材料（北京）有限公司，其中，SMC（中国）有限公司为第一家进行边角料期权拍卖的企业。截至年底，两家企业共完成7次加工贸易边角料拍卖，总重量3310吨，拍卖成交总额2266万元，平均溢价超过10%。

边角料监管　　开发区海关提供

（庄璐宁　吴彤）

加大打击走私力度

年内，开发区海关缉私科在办案件及线索共 13 起，其中在办案件 7 起，案值近 1.2 亿元；线索甄别案件 6 起。侦办案件规模呈现出较大幅度的增长。

（庄璐宁 吴彤）

检验检疫

概况

中华人民共和国北京经济技术开发区出入境检验检疫局（简称开发区检验检疫局）成立于 2002 年，主要负责开发区和大兴区的进出境检验检疫业务执法工作。同时，担负着北京地区出口危险货物包装容器检验监管、进口涂料检验监管等指定性业务工作。开发区检验检疫局设有 8 个职能科室，分别是办公室、行财科、检务科、机电产品检验科、轻化产品检验科、动植食科、包装科、B 型物流中心办事处。2011 年，开发区检验检疫局以服务地方经济发展为中心，以开展“以质取胜、创先争优”活动为动力，围绕国家质检总局“抓质量、保安全、促发展、强质检”的工作方针，坚持从严治检，深化精细管理，加强自身建设，确保全年各项工作目标顺利完成，促进质量安全监管水平、和谐机关创建水平、服务地方经济发展水平不断提升。

（薛雷）

帮扶南部新区家具企业

12 月，开发区检验检疫局召开了首次南部新区家具企业工作会议，积极探索有效帮扶措施，帮助企业提高产品质量和避免产品出口风险。23 家出口家具企业代表 38 人参加了此次会议。会议就北京地区出口家具新政策及出口竹木草制品注册登记管理规定、出口竹木草制品注册企业分级分类管理工作、美国《复合木制品甲醛标准法案》、2011 年家具出口情况总结及实验室工作等企业关心的问题进行讲解，并在会议现场对企业提出的 29 项疑问进行了解答。

（王新美 陈思）

利用信息化手段加强出口企业诚信管理

年内，开发区检验检疫局结合出口企业质量管理体系综合评价系统升级，对所有纳入评价系统的企业重新划分责任人。检验员利用评价系统审核企业信息，根据监管情况如实填写评定结果，为加强出口企业诚信管理奠定了良好基础。

（薛雷）

加强出口工业产品分类管理企业日常监督

年内，开发区检验检疫局成立出口工业产品分类管理企业日常监督管理工作专门督导组，制定监督检查规范，定期组织人员检查各审核组工作，提高日常监督审核工作质量，确保各项审核要求落实到位。

（薛雷）

规范进口成套设备预检验

年内，开发区检验检疫局通过制定规范和标准，明确进口成套设备检验工作流程和工作重点。具体做法有：与开发区产促局建立了工作联系制度，由开发区产促局每月通报重大项目落地情况，以便及早获知企业进口成套设备的意向，提前准备；认真制订预检验方案。要求每个出国预检验小组都必须熟悉设备装运前预检验内容及要求，在了解进口设备情况的基础上制订严谨、可行的预检验方案；规范出国预检验工作要点。在认真学习相关规定，分析进口预检验典型案例的基础上，依照质量管理审核要求重新制定了出国预检验工作要点，形成了涵盖设备、木质包装、供应商管理、质量体系管理等方面的《进口成套设备装运前检验记录》。

（薛雷）

打造行业“标杆企业”

年内，开发区检验检疫局通过质量帮扶打造以富泰京精密电子（北京）有限公司为代表的出口电信产品行业标杆企业。首先帮扶富泰京公司达到出口工业品分类管理一类企业的水平，实施信用监管方式。其后，又在富泰京公司运行“出口企业ERP数据采集监管系统”。在应用信息化监管的同时，开发区检验检疫局还组织质量评审专家对该公司质量体系进行诊断，形成完整诊断报告，并帮助企业认真整改。4月，对富泰京公司出口产品正式实施无纸化报检，出口手续大大简化，真正实现了减负增效。

（薛雷）

开展食品非法添加剂专项整治

年内，开发区检验检疫局积极应对食品安全突发事件，努力建立食品安全长效机制。成立“打非添”专项检查小组，制定检查时间表，出动执法人员44人次，对辖区内出口食品生产企业进行了点对点的监督检查，重点检查食品添加剂、食用原辅材的规范使用情况。在检查中，采取多项举措，努力建立食品安全长效机制。组织辖区内出口食品生产企业开展自查自纠，强化企业产品质量安全主体责任的落实，如实申报添加剂使用情况；在检查中重点检查出口食品企业食品添加剂合格供方评价考核、采购验收机制，核查食品生产者是否依照食品安全标准关于食品添加剂的品种、使用范围、用量的规定使用食品添加剂，是否与备案内容相一致。

（薛雷）

加强出口竹木草制品企业分类管理

年内，开发区检验检疫局依托“电子监管”系统，细化北京检验检疫局的相关规定，制定适合辖区内出境竹木草制品生产企业的管理办法，创造性地将“电子监管”系统与《北京地区出境竹木草制品分级分类管理实施细则》和相关作业指导书有机地结合，以此杜绝工作中的随意性，保持工作的一致性与稳定性。

（薛雷）

加强检务窗口建设

年内，开发区检验检疫局以开展检验检疫窗口建设达标为契机，全面改善检务窗口软硬件条件；按照质检总局窗口基础建设规范要求对标志标示、政务信息公开等内容进行了规范，窗口环境明显改善。检务窗口人员自觉树立为民服务意识，转变工作作风，提高服务效能，落实质检总局窗口服务规范要求，制定严格的内部管理制度和更精细的对外服务标准，公开服务承诺，进一步树立良好的窗口形象。开发区检验检疫局检务窗口被北京检验检疫局评为创先争优文明服务示范窗口。

（薛雷）

完善进出口直通放行工作

年内，开发区检验检疫局按照质检总局“谁检验检疫，谁承担责任”的原则，进一步完善进出口直通放行工作。一方面，支持和帮助辖区符合条件的企业申报实施直通放行；另一方面，强化监管措施，确保工作到位，结合辖区实际制定了直通放行工作流程和作业文件。

（薛雷）

服务重点项目发展

年内，开发区检验检疫局采取主动跟进、提前介入、全程跟踪的工作方式，深入走访京东方、康宁、奔驰等企业，了解企业重点项目进展情况，找准帮扶着力点，宣讲进口成套设备监管要求，现场解答企业关于工作流程、业务管理方面的问题。重点完成京东方 8.5 代线进口成套设备的检验监管工作，对 8.5 代线项目的主要设备实现了从制造地预检验→港口卸货查验→工厂到货检验全程式跟踪检验模式，有力地保障了检验工作的有效性和通关放行的高效率。

（薛雷）

促进亦庄保税物流中心建设

年内，开发区检验检疫局成立 B 型保税物流办事处（正科级），负责亦庄（B 型）保税物流中心检验检疫工作。办事处针对保税物流中心业务进行工作调研，按照规定制定了工作流程，为相关业务工作开展做好前期准备。

（薛雷）

加强精细化管理

年内，开发区检验检疫局全面落实精细化管理要求，提出“管理讲制度、工作讲标准、办事讲程序”的精细化管理的基本理念。相继出台了《工作规则》《财务管理办法》《办公环境制度》《聘用人员管理办法》等制度，“以制度管人、以规范管事”的管理理念已深入人心。各业务科规范检验标准的识别和更新工作，建立不同产品类别的标准库；整理所使用的检验检疫记录，根据作业指导书和检验标准的要求，修订和完善记录格式，并报管理处室备案；按照《出入境检验检疫证单签证规范》规定，组织制订证书用语范本，检验检疫证书格式、填写规范及用语，并报管理处室备案。将培养良好工作习惯作为提高职工责任意识的切入点，倡导“事事马上办、事事有落实、事事有回复”的工作作风，通过不断完善，形成了定期检查、反馈、重点督查的流程时限管理工作制度，职工责任意识、时限观念和效率意识得到增强，提高了团队执行力。

（薛雷）

药品监督

概况

北京市药品监督管理局经济技术开发区分局（简称药监开发区分局）于 2006 年 9 月 6 日挂牌成立，为市药监局的派出机构，实行垂直管理。主要负责核心区内"三品一械"（药品、保健食品、化妆品、医疗器械）研究、生产、经营、使用单位的行政监督、技术监督和执法监督。分局设有 5 科 2 室，分别是办公室、安全监管科、保化科、市场监督科、医疗器械科、监察（法规）科、稽查办公室。安全监管科与保化科、市场监督科与医疗器械科、监察科与法规科合署办公。2011 年，药监开发区分局围绕保障区内药械质量和群众用药安全的目标，树立科学监管理念，开拓监管思路，创新监管方法，完善监管机制，提高监管效能，推进基本药物电子监管、新版药品生产质量管理规范认证、服务中央单位、开展"药品安全百千万工程"生产经营企业推选等工作，确保各项任务完成。

（贾天忠）

召开实施基本药物电子监管企业工作会

2 月 21 日，药监开发区分局组织召开了辖区内实施基本药物电子监管的相关企业冲刺阶段工作推进会。参加会议的 7 家基本药物生产企业负责人对本企业的基本药物电子监管实施进度情况按生产线进行了汇报。

（闫欢）

突击检查保健食品经营企业

2 月 22 日，药监开发区分局根据《北京市药品监督管理局关于停止销售"俏妹牌减肥胶囊"保健食品的通知》精神和《北京市药品监督管理局查处"俏妹牌减肥胶囊"保健食品的专项行动方案》，派出两个检查小组对辖区内保健食品经营企业进行现场突击检查，未发现"俏妹牌减肥胶囊"保健食品。

（刘景明）

食品药品监管局领导到企业调研

2 月 25 日，食品药品监管局副局长边振甲带领工作组，深入开发区大基康明医疗设备有限公司调研，听取了企业汇报，了解了企业发展概况及产品研发方向，与企业负责人就产品注册和临床试验等问题进行了座谈，察看了正电子发射断层扫描仪（PET）生产车间。

（卢宇）

开展知己健康行动宣传活动

3 月 2 日，药监开发区分局为贯彻落实《北京市药监局关于开展知己健康行动宣传活动的通知》精神，提升市民的健康素质，倡导科学、健康的行为方式，在辖区美廉美超市开展"知己健康行动"活动。此次活动共接待咨询 400 余人次，为居民免费测量血压 100 余人次，向社区居民发放《祝您健康知识手册》《基本药物知识手册》及打击假劣药品常识等宣传材料 800 余份，强化了消费者安全用药及识假辨假意识。

（郑艳茹　朱珠）

推进电子监管工作

3月21日，按照国家食品药品监管局《关于做好基本药物全品种电子监管实施工作的通知》及《北京市药品监督管理局关于印发北京市基本药物电子监管工作实施方案的通知》，药监开发区分局围绕市药监局制定的年度电子监管目标任务，推进电子监管工作，现场检查企业电子监管推进情况，召开基本药物电子监管相关企业冲刺阶段工作推进会，就电子监管工作完成情况及存在的问题进行汇报与交流，为企业提供了开展基本药物电子监管经验的交流平台。开发区内8家企业42条生产线均落实电子监管生产线改造、产品赋码工作，确保市基本药物电子监管工作的按时完成。

（毕元）

开展非注射剂品种生产工艺和处方核查

4月6日，药监开发区分局按照市药监局统一部署，为加强开发区内基本药物生产及质量监管，把好基本药物安全关，利用5个月时间，开展在产基本药物非注射剂品种生产工艺和处方核查工作，较好完成了任务。

（闫欢）

召开定制式义齿检查部署会

4月12日，为加强对定制式义齿使用企业的监督管理，深化医疗器械专项整治工作，根据市药监局文件精神，药监开发区分局组织召开定制式义齿产品生产使用企业专项检查动员部署会。会上，明确了检查的目的、主要内容、时间、方法步骤和具体要求，为扎实抓好此项工作奠定了坚实基础。

（卢宇）

服务驻京部队开展军民共建活动

4月28日，药监开发区分局以“军民共建”为载体，启动了服务驻京部队工作。药监开发区分局领导带领北京武警十三支队100余名官兵到位于开发区的北京同仁堂股份有限公司亦庄生产基地实地参观。

（郑艳茹）

开展保健食品、化妆品市场巡查工作

药监执法人员检查产品包装盒上的相关信息
胡蓉洁 摄

4月29日，为贯彻“4·22”视频会议精神，落实全国打击食品非法添加和滥用食品添加剂专项工作，加强第一届北京国际电影季市场监管，净化辖区保健食品、化妆品市场环境，药监开发区分局在“五一”前夕组织开展了保健食品、化妆品市场巡查工作。

（刘施）

全国政协食品药品安全调研组考察企业

5月18日，全国政协食品药品安全调研组一行30余人，到开发区北京同仁堂股份有限公司和国药物流有限责任公司进行考察。调研组听取了企业实施基本药物电子监管情况汇报，参观了同仁堂制药厂亦庄生产基地的小丸中药自动生产线、电子赋码手工包装线、中药蜜丸传统手工生产线和国药物流有限责任公司现代化立体高架仓库，对市药监局创新监管体制，确保药品安全，努力推进基本药物电子监管给予了高度评价。

（刘施）

开展个别药品撤市和说明书修订工作

5月25日，药监开发区分局依据国家食品药品监管局文件精神和市药监局的紧急部署，积极落实“阿米三嗪萝巴新片”撤市和“尼美舒利”说明书修订工作。

（刘惠媛）

召开医疗器械企业检查验收标准研讨会

5月27日，北京市医疗器械经营企业检查验收标准研讨会在开发区召开，市药监局、药监通州分局、药监朝阳分局、药监大兴分局、药监开发区分局的主管领导和相关人员参加研讨。

（卢宇）

开展保健食品市场巡查工作

6月3日，为落实全国打击食品非法添加和滥用食品添加剂专项工作，结合开发区食品办相关要求，净化辖区保健食品市场环境，药监开发区分局在“端午”前夕组织开展了保健食品市场巡查工作。

（刘施）

开展安全用药知识讲座

7月7日，根据市药监局与市妇联联合开展的“安全用药家庭行动计划”工作要求，并结合市药监局2011年新闻宣传工作要点，药监开发区分局宣传小分队深入贵园南里社区，开展了一次安全用药知识讲座活动，为社区百姓普及安全用药相关知识。

（郑艳茹　朱珠）

开展新版GMP培训

7月29日，按照国家食品药品监管局的统一部署，药监开发区分局积极抓好《药品生产质量管理规范（2010年修订）》的贯彻落实，组织辖区药品生产企业开展了新版GMP培训，帮助企业深入理解2010版GMP，提高企业的质量管理意识和风险管理意识。

（闫欢）

开展含麻黄碱类复方制剂流通领域检查

8月3日，根据《北京市药品监督管理局转发国家食品药品监督管理局关于开展含麻黄碱类复方制剂流通领域专项检查的通知》精神和《北京市药品监督管理局关于落实加强特殊管理药品及含特殊药品复方制剂监督管理的通知》要求，药监开发区分局完成对辖区内含麻黄碱类复方制剂流通领域市场的专项检查工作。

（卢宇）

开展疫苗生产用菌毒种生物安全专项检查

8月31日，根据《北京市药品监督管理局转发国家食品药品监督管理局关于开展生产用菌毒种生物安全防护及管理专项检查工作的通知》，药监开发区分局配合市药品认证管理中心，完成对辖区内两家疫苗生产企业生产用菌毒种生物安全防护及管理专项检查工作。

（苑林）

开展安全用药知识讲座活动

9月8日，为落实食品药品监管局和市药监局关于开展用药安全月活动要求，结合市药监局2011年新闻宣传工作要点，药监开发区分局宣传小分队走进郁金香社区，开展了一次安全用药知识讲座活动，为社区百姓普及安全用药相关知识。

（郑艳茹 朱珠）

分局迁入新址办公

9月15日，药监开发区分局由开发区中和街9号迁至开发区康定街1号（国盛科技园）。北京市医疗器械检验所受理窗口也同时入驻，与药监开发区分局联合办公，为企业提供更方便快捷的服务。

（任云）

推荐企业参加医药行业协会评选

9月15日，根据《北京市药品监督管理局关于印发〈北京市药品安全百千万工程建设实施方案〉的通知》精神，药监开发区分局依据质量管理示范企业标准，结合日常监督检查情况，决定推荐“三品一械”生产经营企业共计25家参加医药行业协会组织的评选工作。

（朱珠）

开展“打四黑除四害”专项行动

9月23日，根据《北京市“打四黑除四害”打防管控一体化专项行动领导小组办公室关于开展三天集中执法行动的通知》精神，药监开发区分局成立了“打四黑除四害”打防管控一体化专项行动工作领导小组，研究制定了专项行动实施方案。

（刘云杰）

召开药品生产企业新版GMP座谈会

10月12日，药监开发区分局组织召开药品生产企业新版GMP座谈会，特邀市药品认证管理中心和负责药品GMP认证工作的多位专家对企业进行现场指导、答疑，与药品生产企业负责人、质量受权人等70余人以互动的方式进行了面对面交流，收到了良好效果，赢得企业广泛好评。截至年底，开发区共有3家药品生产企业通过2010版GMP认证。

（毕元）

召开医疗器械生产企业座谈会

10月14日，为做好开发区医疗器械生产企业的监管和服务工作，药监开发区分局召开医疗器械生产企业座谈会，辖区各企业负责人参加了会议。市药监局器械处、药监开发区分局、市医疗器械检验所及市医疗器械审评中心等多个部门的领导和专家参加座谈会。

（李学达）

开展专项整治工作

10月21日，为落实国家食品药品监管局和市药监局的工作部署，药监开发区分局根据《关于停止生产销售使用盐酸克伦特罗片剂的通知》要求，对辖区内药品经营企业开展专项整治工作，现场抽查了 2 家批发经营企业、1 家零售药店，未发现盐酸克伦特罗片剂的违法药品。

（聂桂平）

开展争创“百千万工程”示范企业活动

10 月 24 日，为落实《北京市药品安全百千万工程建设实施方案》要求，药监开发区分局组织辖区内“三品一械”企业踊跃争创“百千万工程”示范企业。

（朱珠）

国务院药品安全专项整治检查组检查工作

10 月 25 日，国务院六部局（卫生部、公安部、工业和信息化部、国家工商总局、食品药品监管局、中医药局）药品安全专项整治检查组到开发区泰德药业有限公司、京精医疗设备有限公司进行现场检查，听取了泰德药业有限公司的基本情况介绍和在专项整治期间所作的各项工作，并就新版药品 GMP 具体条款与企业进行了沟通。检查了京精医疗设备公司洁净生产车间，就血液回收产品的特殊性和安全性与企业进行了交流。检查组认为药监开发区分局较好完成服务保障任务，并肯定了开发区医药企业药品安全专项整治取得的成效。

（李学达）

督导组组织“三品一械”企业座谈

10 月 28 日，根据《北京市药品监督管理局关于印发 2011 年民主评议基层站所（服务窗口）工作计划的通知》精神，北京市政风行风民主评议督导二组到开发区组织“三品一械”生产和经营企业座谈，市药监局纪检组监察处负责人出席座谈。

（朱珠）

召开药品安全百千万工程推进大会

12 月 22 日，为落实市药监局“药品安全百千万工程”的要求，保障人民群众用药安全，促进医药产业健康发展，加强开发区药品安全员对药品监管的沟通理解，协助做好“三品一械”监管工作，药监开发区分局召开 2011 年度药品安全百千万工程推进大会。

（朱珠）

抓好过期药品回收销毁工作

12 月 30 日，根据《北京市药品监督管理局过期药品回收管理办法》，在加大对非法回收过期药品行为打击力度的同时，建立与社区居委会过期药品回收联动机制，强化定点回收单位、过期药品回收负责人的责任意识，共回收过期药品 800 余公斤，销毁过期、没收药品约 4000 公斤，防止过期药品流向社会。

（刘景明）

质量监督

概况

北京市质量技术监督局经济技术开发区分局（简称开发区质监分局）前身为开发区质监分局筹备组。5 月初，参照两区行政资源整合的模式，开发区质监分局筹备组与大兴区质量技术监督局合并，同时在开发区设立办事机构，并以分局名义开展相关工作。开发区质监分局的主要工作为质量、计量、标准化、特种设备相关法律法规和技术规范的宣传贯彻；工业产品、食品、相关产品的质量监督；计量器具的制造和使用管理；企业标准化工作的推进；特种设备的日常监察；质量计量纠纷和投诉的调解和处理；组织机构代码的管理等。2011 年，开发区质监分局以创新管理为重点，以服务发展为宗旨，以依法行政为保证，不断完善监管机制，着力在保障民生和食品及特种设备两个安全方面下工夫，在开发区经济社会发展中充分发挥质监作用，为建设面向国际市场的高端产业园区作出了贡献。

（董梦铎　王红军）

开展计量专项检查

1 月 12 日，开发区质监分局筹备组会同大兴区质监局对开发区内的一家社区菜市场和两家超市的计量器具和定量包装商品情况进行了计量专项检查。共检查计量器具 64 台，定量包装商品共抽查鸡肉、香肠、拉面等 5 个品种。检查过程中，执法人员还对商户进行了计量法律、法规和计量知识的宣传。

（董梦铎　王红军）

特种设备安全进社区

1 月 21 日，开发区质监分局筹备组联合大兴区质监局特设备科对居民居住小区民用电梯、公共场所用自动扶梯、医院客梯和抢救用专用电梯进行了专项检查，重点检查了一品亦庄小区、大中电器连锁销售有限公司和同仁医院。在现场检查过程中对存在的问题及时进行了纠正。

（董梦铎　王红军）

特种设备安全进企业

1 月 24 日，开发区质监分局筹备组再次对京东方 8.5 代线工程中正在安装和调试的特种设备进行了专项检查。首先听取了业主、主包、分包方就目前特种设备安装、调试和部分试运行情况汇报，随后对三方主要负责人进行了特种设备相关法律法规及特种设备检验等方面的有关知识进行了培训。之后对有关工作提出了明确要求：一是明确主体责任，谁分管谁负责；二是安装调试完特种设备要第三方检验合格后方可使用；三是加强节日期间值班巡查，确保重要岗位要有技术骨干力量，出现突发事件要有能力尽快处置；四是在确保质量的前提下，保证工期按时或提前完成。

（董梦铎　王红军）

开展特种设备、危化品专项检查

2 月 17 日，开发区质监分局筹备组对区内部分高层建筑的特种设备和危险化学品使用企业进行了抽查，主要涉及 3 家企业。检查中各企业管理比较正规，各类值班人员都能坚守岗位，应急反应速度比较快，并在高层建筑周边都张贴了禁止燃放的标示。同时提示各企业要加强高层建筑特种设备的使用管理规定，禁止在高层建筑拥有特种设备的区域存放和燃放烟花爆竹，特别是元宵佳节燃放高峰期更是要注意，落实好值班制度，加强安全管理工作，过一个安全祥和的节日。

（董梦铎　王红军）

进行电梯保障性检验

2~11 月，开发区质监分局与市特种设备检测中心专家分别对北京泰德制药股份有限公司、生物医药园、京东方 8.5 代线等单位电梯安全运行状况进行了全面保障性检验。

（董梦铎　王红军）

部署食品质量安全工作

3 月 3 日，开发区质监分局筹备组对开发区内的食品生产企业下发了《关于在两会期间加强食品生产企业质量安全工作的通知》，要求各食品生产加工企业严格落实《中华人民共和国食品安全法》等相关法律法规规章，依法开展生产经营活动，牢固树立企业的主体责任意识和质量安全意识，建立和完善各项规章制度，打造放心品牌，严把进厂关、生产关和出厂关，加强食品生产全过程控制。在“3・15”活动期间，结合自身特点积极主动地开展食品质量安全的相关活动。同时对国家食品安全评估考核检查细则内容逐条逐项地开展一次全面、深入、细致的自查活动，清除各种食品安全隐患。

（董梦铎　王红军）

开展京东方 8.5 代线特种设备检查

3 月 29 日，开发区质监分局筹备组对在建京东方 8.5 代线的特种设备电梯进行了专项检查。检查中了解到整个项目需要安装电梯 46 部，已全部运到现场，除个别楼号外均在安装之中。建筑施工和电梯安装单位对特种设备相关的法律法规规定都较清楚，能够按照要求进行安装作业。

（董梦铎　王红军）

部署自动扶梯专项检查工作

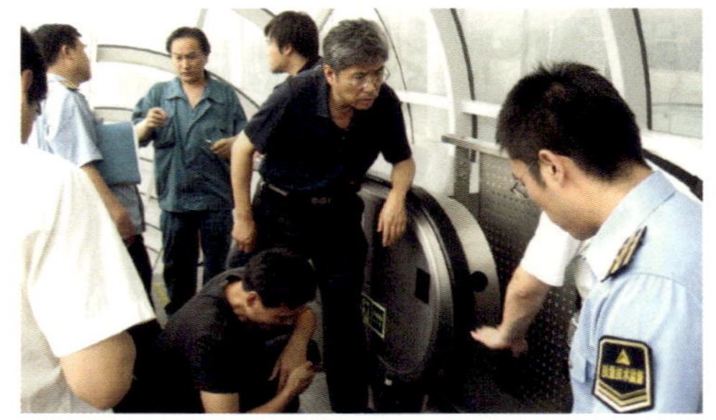

地铁自动扶梯查检　　开发区质监分局提供

4 月 6 日，开发区质监分局筹备组就质检总局和市质监局关于加强开展自动扶梯和自动人行道安全监察工作的通知、开发区管委会关于加强公共场所人员密集区域安全的要求，对所管辖内的 17 家企业，共计 140 台自动扶梯进行了专项检查。

（董梦铎　王红军）

筹备组与大兴区质监局人员合并

5 月初，开发区质监分局筹备组与大兴区质监局合并，并在开发区设立办事机构开展工作，合并后机构名称为北京市质量技术监督局经济技术开发区分局。

（董梦铎　王红军）

召开观摩能效对标交流会

5 月 17 日，开展电子制造业能效对标，服务城南经济建设和发展观摩交流会召开。市质监局党组成员、总工程师朱佩芬，市发改委、市经信委、市科委、市财政局、市统计局相关工作负责人以及富士康、诺基亚通信等 10 家大型电子制造企

工业产品能效标识检查　　开发区质监分局提供

业相关负责人参会。会上，节能监测站代表市质监局综合能源平衡测试工作组对上年在本市开展电子制造业能源计量综合平衡测试工作进行总结，介绍了对京东方光电科技、富士康精密组件、诺基亚等 10 家本市具有代表性的大型电子制造业开展能源计量综合平衡测试服务工作的具体情况，以准确的能源计量数据对企业与企业间、企业与国际国内先进行业间的能耗情况进行了对标分析。

（董梦铎　王红军）

开展邻苯二甲酸酯类专项检查

食品企业厂内检查　　开发区质监分局提供

6 月 5 日，开发区质监分局对 7 家相关食品、食品添加剂生产企业进行了专项检查。主要对食品、食品添加剂、方便面食品生产企业的食品安全生产情况开展监督检查。

（董梦铎　王红军）

提供京东方 8.5 代线专项保障

6 月 28 日，京东方“首张屏点亮仪式”举行。开发区质监分局在活动前对京东方 8.5 代线特种设备安装进展情况进行了专项检查，对安装和使用的 272 台（件）特种设备进行协调，检测机构在最短时间内对未检设备进行了检验。

（董梦铎　王红军）

设立组织机构代码办理窗口

办理组织机构代码　　开发区质监分局提供

9 月 1 日，开发区质监分局在市质监局及市代码中心的支持和帮助下，在开发区服务大厅开办了北京市组织机构代码办理窗口，主要负责开发区企事业单位和社会团体组织机构代码证书的办理业务，为开发区招商引资工作提供服务，为企业办理相关业务提供便利。

（董梦铎　王红军）

进行冬季住宅供暖锅炉专项检查

10 月 12 日 ~11 月 8 日，开发区质监分局对区内所有住宅用供暖锅炉的安全状况和司炉人员的持证上岗情况进行全面检查。检查锅炉房 18 座，锅炉共计 95 台，总供暖面积为 623 万平方米，涉及 34 个小区，54600 余户居民。

（董梦铎　王红军）

进行 12 平方公里工地锅炉专项检查

11 月 22 日，开发区质监分局对 12 平方公里建筑工地用锅炉使用情况进行专项检查，共检查了 11 家建筑工地，其中有锅炉的 6 家，无锅炉的 5 家，锅炉总计 6 台。对采购和准备安装锅炉的单位提出应按照相关法规要求办理安装手续。

（董梦铎　王红军）

召开标准创新试点单位座谈会

11 月 29 日，市质监局和中关村管委会就开展中关村国家自主创新示范区标准创新试点工作安排，北京市共确定中关村国家自主创新示范区标准创新试点第一批试点单位 153 家，其中开发区企业 11 家。开发区质监分局组织区内第一批试点单位进行座谈，推动开发区各类企业的标准创新和实施，提升了市场竞争力和内部管理水平。

（董梦铎　王红军）

开展食品生产企业质量安全培训

12 月 15 日，开发区质监分局组织召开“开发区食品生产企业食品质量安全工作会”，对区内 21 家食品及食品添加剂生产企业进行了专题培训，并部署 2012 年“两节”和“两会”期间食品质量安全工作。通报 2011 年度市级和区级食品质量抽检情况，学习加强复配食品添加剂生产监管的有关文件等。通过学习，开发区食品生产企业增强了对食品质量安全的认识，提高了质量管理水平和效益，为开发区经济建设作出了贡献。

（董梦铎　王红军）

召开能源计量平衡测试总结会

12 月 22 日，开发区质监分局召开“2011 年开发区能源计量与综合能源平衡测试工作总结会”。会上，对 2011 年的能源计量与综合能源平衡测试工作进行了总结并发放了能源计量和综合平衡测试结果报告。测试结果表明，区内 28 家企业可以实现的理论节能总量为 4136.045tce，折合 1644.118 万元。

（董梦铎　王红军）

安全生产

概况

北京经济技术开发区安全生产监督管理局（简称开发区安监局）成立于 2006 年，主要负责分析、预测开发区安全生产形势，拟定安全生产工作规划，进行安全生产重大问题的调查研究；依法监督检查辖区内生产经营单位贯彻执行安全生产方面法律法规情况以及新建、改建、扩建工程项目的安全设施与主体工程同时设计、同时施工、同时投产情况；依法组织调查处理生产安全事故并监督事故查处的落实情况，组织、协调生产安全事故的应急救援工作；负责统计生产安全事故，发布安全生产信息；负责组织安全生产宣传教育。开发区安监局下设安全生产执法监察队，主要负责对生产经营单位进行安全执法检查，对违法行为依法进行查处。2011 年，未突破控制考核进度指标，全区安全生产保持了总体平稳的良好态势。

（刘茜紫）

专题汇报安全工作

1月12日、19日，2011年度第一、第二次主任办公会，两次专门听取安全工作相关汇报，并对近期全区安全工作进行了部署。张伯旭要求各相关单位认真贯彻落实市委、市政府和开发区工委、管委会对安全生产各项工作的部署，围绕“两节”和“两会”重要时期安全保障任务，根据部门职责加强安全监管，对全区建筑施工、体育、文化、商业零售、餐饮经营等单位进行全面的安全检查，督促生产经营单位开展隐患排查，落实整改。特别是对京东方8.5代线项目的安全监管工作，管委会专门成立京东方8.5代线节日安全督导小组，开发区建发局、安监局、城管分局等部门全力开展每日安全检查、24小时应急值守的安全保障工作。

（王雷）

通过危险化学品事故应急救援专项预案

1月12日，开发区第一次主任办公会审议通过开发区安监局编制的《开发区危险化学品事故应急救援专项预案》（简称《预案》）。《预案》是安监局根据《北京市危险化学品事故应急预案》《北京经济技术开发区突发事件总体应急预案》和其他有关法律、法规，以及开发区危险化学品监管实际编制而成。《预案》的编制完成标志着开发区危险化学品监管体系和应急救援体系得到完善。

（薛小敏）

与市劳保所签订战略合作协议

1月27日，开发区安监局与市劳保所签署战略合作协议，双方本着“诚信、自愿、平等、互利”的原则在职业健康方面开展全方位合作。市劳保所以开发区需求为导向，充分发挥自身科研优势，在作业场所职业危害检测、评估与控制、职业卫生分类分级监管、安全园区建设等领域，为开发区职业健康工作提供强有力的技术支撑。

（王山）

召开2011年安全生产工作会

3月21日，开发区安监局组织召开2011年安全生产工作会，204家生产经营单位的安全管理人员参加。会议总结了上年开发区安全生产工作，分析了2011年面临的安全生产形势和任务，并针对安全标准化、隐患自查自报、教育培训、职业卫生及安全文化建设等方面的工作进行了部署，要求企业切实履行安全生产的主体责任，全力做好2011年安全生产各项工作。

（刘茜紫）

组织安全管理人员经验交流

3月22日和3月24日，开发区安监局组织年度安全管理人员培训班，对开发区《工业生产、科研开发单位主要负责人履行安全生产工作职责规定（暂行）》进行了宣传贯彻。同时，为加强企业间工作交流，大力推广优秀企业先进管理经验，启动“企业安全管理经验共享”项目。首批组织揖斐电、中芯国际和当纳利3家公司的安全管理人员进行培训，在培训班中向区内企业进行经验介绍，并汇编成共享资料发到企业手中。

（刘茜紫）

召开印刷企业安全生产标准化推进会

3月29日，开发区安监局召开印刷企业安全生产标准化推进会，中机爱生安全咨询有限公司的相关专家及区内10家印刷企业的安全管理负责人参加会议。会议指出，开发区推行印刷企业的安全生产标准化有3个特点：标准的制定要结合区内企业的实际生产状况，标准的水平要让大部分企业加把劲就能达到，标准要凸显开发区印刷企业的特色，重点关注企业的职业卫生情况。会议要求，开发区的印刷企业要在2年内全部达到区县级安全生产标准化水平，鼓励安全生产条件较好的企业申请市级安全生产标准化企业。

（王山）

开展危险化学品重大危险源调查

3月，开发区安监局根据企业提交的重大危险源辨识报告，认真梳理，组织了区内“存在危险化学品重大危险源”、“计算值接近危险化学品重大危险源企业”和“有扩产计划以及有可能存在危险化学品重大危险源”的三类企业召开会议，对《北京市危险化学品重大危险源管理工作方案》进行了重点讲解和布置，并充分听取企业意见。

（薛小敏）

召开星网工业园企业职业健康工作座谈会

4月19日，开发区安监局召集星网工业园内14家企业就企业职业健康工作进行座谈，介绍政府部门职业健康监管现状，要求以诺基亚为首的星网工业园企业站在保护劳动者利益、维护企业品牌和区域形象的高度重视职业健康工作，做到“5个100%”，即企业要有人来负责职业健康工作，对劳动者要进行职业危害告知，要定期进行职业健康体检，对作业场所要定期进行职业危害因素检测，及时进行职业危害因素申报。

（王山）

开展通信电子及机械制造行业安全审计

4~5月，为进一步掌握开发区通信、电子行业和机械制造行业安全生产总体情况，帮助、督促企业强化安全生产意识，开发区安监局依据国家、行业和北京地区安全生产法律、法规以及标准、规范，对区内通信、电子行业和机械制造行业分别进行安全生产审计。审计工作由开发区安监局聘请的北京中机爱生安全技术咨询有限公司为技术支持单位，以安监总局23号令为依据，重点加强了对两个行业的职业健康安全管理现状监察，督促企业完成职业健康5个“100%”的目标，共检查企业46家，并对3家违法企业的4个责任主体进行行政处罚。

（冯丽颖）

开展职业健康管理员继续教育培训

5月12~13日，开发区安监局组织两期职业健康管理员年度继续教育培训班，区内200余名持有资格证书的职业健康管理员参加培训。本次培训主要针对职业健康管理员工作中遇到的一些常见问题，侧重于实际操作。开发区社发局就职业健康体检状况进行了介绍，大兴区疾病预防控制中心就如何全面、准确地辨识职业危害因素及检测过程中企业如何配合进行了讲解，开发区安监局对职业危害申报进行了现场演示，并就安全监管总局23号令的重点内容进行了宣传。

（王山）

开展“五一”节前安全生产大检查

5月，根据市安委会紧急会议和开发区安全维稳工作会议要求，开发区开展安全生产大检查活动。活动由领导带队重点督察、部门独立检查和联合执法检查组成，重点检查消防通道、消防设备、电器设备、操作程序、应急逃生抢险措施等方面。其间，各部门还向企业下发《关于加强“五一”节日期间安全稳定工作的通知》，要求各单位做好领导带班和应急值守工作，加强员工安全教育工作，防范各类安全事故发生。

（刘茜紫）

开展“五一”期间专项执法检查

5月，开发区安监局全体人员停休，针对区内物流、工业园区和危化品生产经营单位等重点企业开展了安全生产专项执法检查。此次检查重点内容为消防器材是否有效、消防通道是否畅通、配电室管理是否规范、危化品存储是否规范以及应急值守是否到位等。4月30日~5月2日期间，共出动执法人员43人次，检查企业34家，发现各类安全隐患65项。针对各生产经营单位存在的不同问题，执法人员下达了《责令限期整改指令书》和《现场处理措施决定书》，确保节日期间安全生产。

开展专项执法检查　　开发区安监局提供

（刘茜紫）

举办全国安全生产月宣传咨询日活动

6月12日，2011年全国安全生产月宣传咨询日活动在开发区博大公园举行。该活动由中宣部、安监总局、公安部、广电总局、全国总工会、共青团中央、全国妇联和市政府共同主办，安全监管总局宣教中心、北京市安监局和开发区管委会联合承办。全国人大常委会副委员长司马义·铁力瓦尔地、安全监管总局局长骆琳、全国总工会副主席张鸣、副市长苟仲文为“五一劳动奖状”和“工人先锋号”获奖企业颁奖。安全监管总局副局长杨元元、王德学、孙华山、付建华，总工程师黄毅，共青团中央书记处书记贺军科，国家煤矿安全监察局副局长王树鹤、彭建勋、黄玉治，新区领导林克庆、李长友、张伯旭、赵昕昕以及相关单位的负责人出席。北京市各行各业职工和社区群众数千人参加宣传咨询活动，活动中共发放各种安全生产宣传品1万余份。开发区安监局作为牵头单位与区内各有关单位一起，从治安、消防、交通、医疗、设备及电力保障等方面严防死守，杜绝任何安全隐患的发生，为活动成功举办奠定基础。

（刘茜紫）

召开电子制造业安全生产评定标准评审会

6月29日，开发区安监局组织召开区内电子制造业安全生产标准化评定标准评审会。作为《评定标准》编制单位的北京中机爱生安全科技咨询有限公司介绍了《标准》的框架、特点和主要内容，以市安全生产协会高级工程师俞胜章为组长的专家组对《标准》给予肯定，认为《标准》框架结构清晰，内容全面，可操作性强，填补了国内电子制造行业没有安全生产标准化评定标准的空白。

（王山）

召开危险化学品安全管理工作部署会

7月7日，开发区安监局联合开发区消防支队召开开发区危险化学品安全管理培训暨工作部署会。区内273家危险化学品生产经营使用单位近400人参加会议。开发区安监局、消防支队就危险化学品储存专项整治工作和夏季高温天气危化品的安全管理等重点工作进行部署。会议要求各单位对本企业危化储存场所要进行全面自查，做到从严整治、强化管理，改善和提高储存场所的硬件设施，消除事故隐患，加强危化品监控。市安监局危化处有关负责人作了危险化学品法律法规宣传贯彻专题培训，解读了国务院新颁布的《危险化学品安全管理条例》、以及北京市地方标准《危险化学品仓库涉及储存安全规范》，使企业安全管理人员深入学习了法律法规的最新内容，明确了执行标准。

（张润婕）

开展职业健康保护计划

8月，开发区安监局分别在三箭和众鼎电子有限公司、揖斐电电子（北京）有限公司开展“毒物防控计划和听力保护计划”推进工作，聘请相关专家到企业现场调研，完成部分取样和分析任务。

（王山）

举办职业危害因素日常检测培训

10月21日，开发区安监局举办职业危害因素日常检测培训，邀请市劳动保护科学研究所研究员胡玢授课，区内10余家重点单位参加培训。重点就常规职业危害因素的取样仪器、采样点设置、采样程序及其注意事项进行详细讲解，让企业职业健康管理人员掌握了最基本的实操职能，既能有效配合社会中介机构的年度检测，同时也为探索企业采样模式、探索单位分析报告检测模式奠定基础。

（王山）

召开工业园区型安全社区建设研讨会

10月，开发区安监局联合中国职业健康协会召开“工业园区型安全社区建设”研讨会。在听取了开发区启动安全工业园区创建工作情况汇报后，专家们普遍认为开发区的安全工业园区建设起步早，工作扎实有创新性，在城市、农村和企业主导型安全社区的基础上，丰富了国家安全社区建设的类型和特征。专家们认为该项工作应该更突出“文化”，以文化为引领，让企业承担其“安全”社会责任，让员工及其家属都成为安全人；专家们建议该项工作要以安全文化为基础，考虑职业健康，依靠安全科技，让园区易于工作、易于生活，并要求工作组尽快修订完善“工业园区型安全社区建设基本规范”，使之成为行业标准。

（王山）

召开下半年安全生产工作会

11月15日，开发区安监局召开2011年下半年安全生产工作会，全区300余家企业的近600名主要负责人和安全生产管理人员参加。会议对2011年“安全月活动”中表现突出的先进单位、班组及个人进行了表彰，总结了2011年开发区安全隐患排查治理工作，对全年事故发生情况进行了通报，分析了安全生产形势，要求企业切实发挥企业安全生产第一责任人的作用，扎实推动企业安全生产工作。

（刘茜紫）

开展全区安全管理人员业务培训

11月15~16日，开发区安监局举办《北京市安全生产条例》和“企业安全生产标准化建设”宣传贯彻培训班，全区近600名企业主要负责人和安全管理人员参加培训。培训邀请市安全生产协会副秘书长俞胜章结合实际案例对新修订的《北京市安全生产条例》进行深度解读；由中国机械工业安全卫生协会副会长侯永民讲授企业安全生产标准化建设的相关知识和标准规范。通过培训，加深了企业安全管理人员对《北京市安全生产条例》的理解，对提升企业安全生产标准化建设起到促进作用，为推动企业落实安全生产主体责任奠定了基础。

（刘茜紫）

开展“安全文化建设示范企业”创建活动

12月15日，开发区安监局邀请市安全文化建设示范企业评审组专家佟瑞鹏来区辅导，50余家企业参加培训。开发区拜尔医药、当纳利、京东方光电3家公司被推选为“市级安全文化建设示范企业”，通用电气公司被推选为“国家级安全文化建设示范企业”。通过示范企业创建活动，旨在打造一批各具特色的示范企业，树立起企业安全文化建设先进典型。

（王山）

举办企业主要负责人安全生产培训班

年内，开发区安监局举办3期培训班，组织区内70余家外资、国企、民营企业负责人参加培训。重点解读了国务院23号文、市政府40号文和新颁布的《北京市安全生产条例》。通过培训督促教育企业主要负责人切实发挥安全生产第一责任人的作用，扎实推动本企业安全生产工作。特别是在针对外资企业主要负责人的培训中，特邀国家安全生产专家组成员、中国矿业大学（北京）资源与安全工程学院副院长傅贵采用英语授课方式，就主要负责人应负的法定职责作了详细讲解，并针对培训内容与企业主要负责人进行深入探讨。

（刘茜紫）

开展工业园监管专项调研

年内，开发区安监局完成全区工业园

区调研工作，共涉及企业196家，查找企业问题点566个，力争逐步摸索出适合工业园企业特点、重点突出、高效可行的工业园监督管理模式。

（张润婕）

完成事故隐患自查自报工作

年内，为全力配合好市安监局在全市范围内开展安全生产事故隐患自查自报系统搭建工作，开发区安监局根据市安委会办公室要求，制定开发区企业信息摸底调查工作方案，指导区内生产经营单位进行填写上报，确保信息采集和上报工作在规定期限内完成。

（冯丽颖）

探索园区安全监管新机制

年内，为加强对开发区各类科技园、工业园区企业安全生产监督管理，统一协调园区安全生产管理各项工作，督促企业落实安全生产责任，有效地开展事故隐患排查治理工作，开发区安监局在汇龙森园区开展工业园区隐患排查联动机制试点工作，由专家组帮助园区各相关单位重新完善《安全管理协议》，规范对园区内企业的安全要求。

（王雷）

规划·建设

北京经济技术开发区年鉴 2012

BEIJING ECONOMIC-TECHNOLOGICAL DEVELOPMENT AREA YEARBOOK

综 述

2011年，开发区规划、建设工作围绕开发区发展的主线和保障重大产业项目、重视民生工程、拓展产业空间等重点展开，调整完成26平方公里建设用地的土地利用总体规划、规划编制以及街区控规的方案深化工作。12平方公里功能拓展区拆迁工作基本完成，实现征地354.47公顷。加大土地“腾笼换鸟”工作力度，全年腾退项目4个，盘活土地22.4公顷。建成亦柏路、采伟路等11条共31千米市政道路、太和桥等3座道路桥梁以及6座过街天桥。46平方公里内全部市政道路建设基本完成，12平方公里功能拓展区初步具备通行能力，新能源汽车产业园等专业园区的通行水平得到提升。适时调整基准地价，促进土地资源节约集约利用。全年绿化面积195万平方米。重点强化京东方周边、京沪高速沿线、轻轨沿线等地区的环境综合整治。加强城市环境秩序治理。在重点地区投放1000辆公共自行车，不断提高区内交通智能化、便利化、低碳化水平。

年内，荣华路沿线的亦城国际写字楼和丰大国际酒店建成使用；亦城科技中心等7个项目实现开工，核心区高端化商务街初具规模；沿荣华路、企业文化园等“三线两园”亮丽工程竣工；交通指挥中心投入使用，4号公交场站建成；承载国家级新药创新孵化基地和国家生物产业基地重任的亦庄生物医药园正式开园；当年获批、当年竣工、当年验收封关的全国领先的亦庄保税物流中心正式运营；国家级海外高层次人才创新创业基地获准建设；全市最大规模的示范性公租房项目率先启用。

国家生态工业示范园区正式挂牌，以“科技强区”战略为支撑，构建园中园发展模式，实行绿色招商。完善基础设施，发展清洁能源，提高能源利用效率。建成投运再生水厂，推进节水工作。企业开展节能减排，实施清洁生产，强化环境管理，形成了具有首都特点的生态工业园区创建特色，推进了开发区工业生态化建设。

（孙鹏 杨新宇）

规　划

概况

北京市规划委经济技术开发区分局（简称开发区规划分局）成立于2008年，主要负责规划管理、审批、监督执法工作。设有北京经济技术开发区城市规划和环境设计研究中心，主要负责开发区规划编研、项目服务等工作。2011年，开发区规划工作围绕开发区发展的主线和保障重大产业项目、重视民生工程、拓展产业空间等重点展开，完成了开发区折子工程、规划编制以及街区控规的方案深化工作。

（周千钧　王婧）

完成近期拓展区城乡统筹发展专题研究

4月，开发区规划分局委托北京城市科学研究会、开发区城市规划和环境设计研究中心开展“产业新区近期拓展区城乡统筹发展研究”专题研究，以促进地区城乡空间协调发展，统筹区域人口、资源、环境以及重大基础设施布局，增强地区的综合承载能力和辐射带动能力，做好城乡统筹、促进城乡经济综合发展工作，并配合新扩区总规前期研究及总体规划的编制。研究工作于11月完成。

（赵安）

完成荣华路中心公建区中央节点城市设计

8月初，开发区规划分局委托北京建筑设计研究院开展“荣华路中心公建区中央节点城市设计咨询”专题研究。具体内容是结合该街区已建项目、在建项目及处于设计方案阶段项目等各类现状，在遵循荣华路城市设计要求的前提下，考虑未来荣华路的发展，从功能设置、交通组织、环境景观等方面展开研究，对未建区域的规划建设提出更加细致的管控要求。9月，该研究完成结题。

（周千钧）

4项研究获优秀调研成果奖

年内，在市规划委2011年度优秀调研成果评比活动中，开发区规划分局承担的《北京经济技术开发区保障性住房规划研究》《产业新区近期拓展区城乡统筹发展研究》《开发区公共自行车站点规划方案》《北京经济技术开发区居民出行及企业职工通勤出行调查研究报告》获得三等奖。

（江敏　赵安　葛瑶华）

完成日常审批1050件

年内，开发区规划分局完成规划审批件约1050件，审批件数量处于全市分局前三位，评议表满意率100%。重点审批项目包括：荣华路中心公建区项目11个，分别是：A-C1/B-C1/C-F1地块和裕广场项目、3C1-4地块义会嘉商务酒店项目、3C2地块富兴国际项目、4C1地块力宝中心项目、28C3地块写字楼项目、32C1地块北工大软件园CD项目、36C1地块大族项目、42C1/C2/C3地块宾仕国际A区项目、43C1地块中钢大仁项目、43C2/C3地块荣华国际中心项目和49C1地块写字楼项目；路东科技走廊及移动硅谷项目8个，分别是：C12F1/M1地块天安数码项目、G3-2F1地块中电华通项目、E17F1 地块东尚泰和项目、E17F3 地块中天银和项目、E17F4 地块盈成泰项目、F2M3 地块耐威项目、F3F1/F3M1 地块锋创软件园项目和 G3-1F1 地块京芯产业园项目；河西安置房及配套设施项目 11 个，分别是：X75R1 地块安置房项目、X76R1 地块安置房项目、X77R1 地块安置房项目、X79R1 地块安置房项目、X80R1 地块安置房项目、X81R1 地块安置房项目、X82R1 地块安置房项目、X75R2 地块幼儿园项目、X77R2 地块幼儿园项目、X82R2 地块幼儿园项目和 X84R2 地块小学项目；其他重要产业及配套设施项目 13 个，分别是：40-1 地块北工大软件园 E 区项目、56M2 地块京东方运营与研发中心项目、81M3 地块保税物流中心（B 型）项目、A9F2 地块冠华轩项目、B1-F-1/B1F-2 地块城乡世纪广场项目、B6M4 地块欧必翼项目、E12F1 地块晶门科技项目、X19-1F2 地块国电恒基项目、X28F3 地块国药恒瑞项目、X69M1 地块鸿博项目、X69M2 地块德尔福项目、奔驰汽车生产能力扩充及研发项目和 N6M1/N7F1 地块奔驰汽车发动机工厂项目。

（周千钧）

加强规划监督检查

年内，开发区规划分局推动开发区建立制止和查处违法用地违法建设联动工作机制。全年共完成卫星查违工作 7 次，核对图斑 151 处，拆除过期临建 6000 平方米，违法建设认定 2000 多平方米。

（张大鹏）

建立沟通联络机制

年内，开发区规划分局使用沟通联络单的方式主动联系社区，听取居民的意见，通过座谈会、公开信等形式向社区居民反馈规划情况，预防敏感区域、敏感项目可能出现的大规模信访，增强项目审批严谨性，提高工作效率。

（张丹）

继续实行实时跟踪机制

年内，开发区规划分局对于重点工作和重点项目，通过靠前服务、定期梳理、表格上墙、密切跟踪、每周催办等方式，配合与相关部门的定期会商研究制度，缩短审批时限。

（张丹）

推行电子政务

年内，开发区规划分局办公业务平台已启动使用到了第二年。通过经验总结，系统平台得到改进完善；同时对档案进行数字化管理，提高了分局的服务效率和水平；运用各种信息化手段，弥补了人员不足带来的困难。

（张丹）

实现 12 个街区规划全覆盖

年内，按照控规编制程序要求，开发区规划分局在考虑支持重大产业项目发展、预留产业结构升级空间、土地集约节约利用等前提下，深化和细化街区层面控规编制要求，完成亦庄新城开发区范围内 11 个街区控规深化方案的编制和报备工作，支撑开发区产业发展，同时又为区域开发建设提供了规划实施保障。

（赵安）

编制地块控规 42 个

年内，开发区规划分局完成地块控规 42 个，覆盖面积约 540 公顷。为奔驰发动机、海关 B 型库、航天、航空集团、中芯国际、中国云产业园等核心区 4 个项目、河西区 7 个项目提供保障。

（赵安）

优化亦庄新城街区控规深化方案

年内，由开发区规划分局配合编制的《亦庄新城 VII-1、VII-2 街区控规深化方案（优化）》经市规划委技术审查正式备案。在方案编制过程中，将六环路南部分绿化带调整为建设用地，同时在控规成果中明确了红凤灌渠最终线位。控规深化方案的编制，既有利于支持产业发展、增加建设用地，又有推进六环路南地区建设的作用。

（赵安）

参与修编综合交通规划

年内，开发区规划分局配合大兴区规划分局组织和参与《大兴区（含亦庄开发区）综合交通规划》的修编工作。该规划强调以高效、先进、可达为目标，加强周边城镇联系；以重大交通基础设施建设为契机，促进区域城镇群的协调发展；以先进、便捷的交通系统连接中心城和周边各新城；以构建立体、快速、多层次的交通体系，促进大兴—亦庄—新航城的区域整合。

（权文哲 马文睿）

完成开发区河西公建综合区城市设计

年内，开发区规划分局启动河西公建综合区城市设计工作，旨在通过此次设计与研究工作，提升区域次中心的价值，同时以此带动河西区的整体开发建设。在本次城市设计工作中，采取“上贴下落”的方式，将城市设计成果与街区深化方案相结合，并在地块控规中将城市设计导则化，最后运用到意见书管理中。11 月，新加坡邦域规划顾问有限公司和开发区城市规划和环境设计研究中心共同完成开发区河西公建综合区城市设计。

（唐施）

完成开发区产业配套住房规划研究

年内，开发区规划分局启动了《开发区产业配套住房规划研究》的编制工作，以提升开发区的竞争力，解决开发区产业配套主要矛盾——产业配套住房的供给与保障。该研究由开发区城市规划和环境设计研究中心承担，11 月完成。研究人员通过充分研读住房政策并结合已有研究成果，建立起多渠道、多层次的分类住房供应体系，明确分类住房建设标准及完善配套公共服务设施标准，制定出多元化的住房保障政策。

（孙雨）

完成近期拓展区产业发展定位专题研究

年内，开发区规划分局组织了“产业新区近期拓展区产业发展定位专题研究”，由中国城市规划设计研究院、开发区城市规划和环境设计研究中心具体承担，于 11 月共同完成。课题组通过分析开发区的发展轨迹，在总结以往发展模式的情况下，提出开发区所面临的问题，进一步分析新时期产业新区发展的外部环境并借鉴国内重点开发区的经验，提出了产业新区的发展定位，同时明确了产业新区四方面的发展策略：统筹区域，谋求新合作空间；西拓新区，建设区域性生产服务中心；优化开发区南扩区，支撑产业升级；提升母区，完善生产生活配套服务。

（孙雨）

完成近期拓展区生态基础设施专题研究

年内，开发区规划分局委托北京土人景观与建筑规划设计研究院和开发区城市规划和环境设计研究中心开展“产业新区近期拓展区生态基础设施专题研究”，于11月完成。课题组在分析生态现状和发展需求的基础上，通过对研究范围内生态廊道、战略点和保护区等生态用地空间格局的规划研究，提出构建综合生态安全格局的建议。同时，根据上一层面生态安全格局的研究成果，提出相应的生态化城市建设导则。

（孙雨）

完成近期拓展区产业配套指标专题研究

年内，开发区规划分局组织了“产业新区近期拓展区产业配套指标专题研究”。课题由北京大学、开发区城市规划和环境设计研究中心承担，于11月完成。研究依据产业发展方向以及综合功能定位，在开发区产业配套指标体系的基础上，明确具体配套原则，制定出产业配套指标相应标准和体系。

（苏莉萍）

开展核心区及河西区跨河桥规划研究

年内，开发区规划分局完成了4座跨河桥的规划研究工作，旨在完善对外道路交通系统，改善区域交通出行条件，增强与南部区域的交通联系。4座桥梁分别为兴海路跨六环路桥、泰河路跨新凤河桥、同济路跨凉水河桥及东环路跨凉水河桥。其中同济路跨凉水河桥为现状待改造桥。规划结合桥梁周边道路等级和功能定位，依据上位规划以及相关河道规划，制定了桥梁规划设计条件，并为配合各区域土地开发及道路建设，根据各道路及相关跨河桥的功能定位，针对规划跨河桥提出了相应的实施建议。

（权文哲）

完成居民出行及企业通勤出行调查

年内，开发区规划分局为掌握区内居民出行源的分布、交通结构和出行目的等基本特征和职工通勤出行的时空分布特征，开展并完成了开发区第四次出行调查。调查内容包括居民出行调查、职工通勤出行调查和客流吸引点特征调查三个方面。采用的方法为分层抽样法，主要针对北京市常住、暂住和临时人口以及企业职工。此次调查目的是为构筑开发区交通预测模型提供数据支持，并对开发区现有交通状况进行评价，提出改进建议。同时，从居民出行的角度出发，探讨产生交通问题的深层次原因，为交通需求管理提供依据。

（马文睿）

完成交通流量调查

年内，开发区规划分局完成了2011年开发区交通流量调查，以掌握区内各方向主要通道高峰小时交通流量情况，分析开发区各方向主要交通负荷程度以及对外交通量各方向流向比重。本次调查显示，拥堵路段主要存在于北部与中心城相连接的博大路、与五环路连接的荣华路上五环临时匝道、与京津塘高速连接的京津塘开发区临时出口及南部马驹桥连接的永昌南路跨凉水河节点。建议加快推进凉水河以西区域快速通道的研究，并进一步完善路东区内部路网和对外交通体系，建议有关部门控制货车数量增长，提高道路通行能力。

（权文哲 韦崇瑶）

完成科创十七街低影响雨水系统设计

下凹式树坑续集雨水　　新闻中心提供

年内，北京建筑工程学院、开发区规划分局联合完成路东区科创十七街低影响雨水系统设计方案。该方案设计将有效节省城市排水设施的建设和运行费用，提高防洪标准而减少经济损失，改善城市生态环境。

（龙莹洁）

进行12平方公里沙坑雨水利用规划

年内，开发区规划分局组织对12平方公里范围内位于河西区X97、路南区N11地块内两座沙坑进行沙坑雨水利用规划。通过此规划，可实现利用径流调控排放提高区域内涝控制标准、沙坑及雨水的资源化利用、径流污染控制和生态净化；改善沙坑周边地区的生态环境；提升周边用地的土地使用价值。同时结合景观，以多功能生态公园中的人工湖为核心进行峰流量控制，实现防洪调蓄、雨水回用和径流污染控制，利用人工湿地、前置塘、生态堤岸及生物浮岛等生态措施进行湖水的水质保障，进而达到雨水径流控制与景观生态的多重目的。该规划由开发区城市规划和环境设计研究中心和北京建工学院编制完成。

沿绿地沟槽进行雨水收集　　新闻中心提供

（龙莹洁）

完成市政工程规划项目综合和管线综合

年内，开发区管委会对河西片区、路南片区的控制性详细规划进行重新修编，修编后依据新的市政专项规划作出方案综合。《北京亦庄新城河西区Ⅱ-6街区市政工程规划方案综合》《北京亦庄新城路南西区Ⅶ-1、Ⅶ-2街区市政工程规划方案综合》于2010年10月完成，其中主要针对雨水排除、污水排除、供水、中水、供热、供气、电信、电力、有线广播电视网专业进行规划编制。完成此项工作的目的是为了更好体现亦庄新城整体的空间布局和发展目标，根据市政专项规划成果，结合用地规划和道路横断面布局，进行对河西Ⅱ-6、路南Ⅶ-1、Ⅶ-2街区各条道路管线数量、位置以及支线布局的合理安排。

（龙莹洁）

两成果获首都第十八届规划设计优秀奖

年内，在市规划委组织的首都第十八届规划建筑设计方案优秀奖评比活动中，开发区规划分局组织的“南部产业新区及近期拓展区产业发展定位规划研究”和“南部产业新区及近期拓展区生态基础设施规划研究”获奖。

（江敏　赵安　葛瑶华）

建　设

扩区与征地拆迁

概况

北京经济技术开发区征地拆迁办公室成立于2007年，主要负责编制开发区征地、拆迁年度计划，并组织实施；负责办理开发区规划范围内农用地转用和征收集体土地的有关手续；负责会同房屋所在地区建设管理部门协调处理开发区内房屋拆迁的工作；负责编制年度征地拆迁用款计划及具体资金使用方案，申请征地拆迁使用资金。2010年，两区行政资源整合后，根据大兴区、开发区产业发展和一区六园开发建设工作需要，经区委常委（扩大）会议、开发区工委（扩大）会议研究决定，成立大兴区、开发区征地拆迁开发建设工作领导小组，主要负责研究两区范围内扩区开发建设的各项工作任务，并指导组织实施。大兴区、开发区征地拆迁开发建设工作领导小组办公室（简称新区征拆建办）设在开发区征地拆迁办公室，具体负责编制扩区开发范围内发展规划、空间利用规划、基础设施规划、城市设计导则，并组织实施；负责编制扩区开发建设工作计划、工作方案并组织实施；负责编制扩区开发建设投资概算、年度投资计划，统筹调度使用开发建设资金；负责制定征地、拆迁年度工作计划，并组织实施；负责开发建设阶段的城市管理工作；协助做好被拆迁人安置工作；完成大兴区、开发区领导交办的任务。2011年，新区征拆建办牵头负责的开发区管委会折子工程共8项，融合工程1项。为进一步推进扩区工作，领导小组制定下发征拆建小组折子工程共19项。

（王少英）

继续推进46平方公里拆迁收尾工作

年初，46平方公里范围内剩余的拆迁项目主要在台湖镇东五村、河西区保安公司以及马驹桥镇、瀛海镇等区域。东五村未拆迁的尚有11户民宅和4户别墅。开发区征地拆迁办采取行政裁决、司法强拆与加大谈户力度相结合等办法，推进剩余户拆迁。6月，启动东五村转非撤制及路东区搬迁房产权证办理工作。年内，与台湖镇签订了《劳动力安置及留地安置补偿协议》，解决台湖镇征地拆迁相关问题。截至年底，开发区征地拆迁办与6户民宅、1户别墅达成协议，通州区法院司法强制执行了5户遗留户，剩余3户别墅。

（王龙 王少英）

新区规划调研工作会召开

3月11日，新区征拆建办、开发区规划分局召集南海子管委会、亦庄镇、旧宫镇、瀛海镇、采育镇、长子营镇、青云店镇、安定镇及北臧村镇的负责人召开新区规划调研工作会，进一步推进基础性规划调研工作，为新区统筹发展提供基础数据。

（仲东阳 王少英）

《大兴区土地利用总体规划》通过论证

4月22日，市国土局组织召开了《大兴区土地利用总体规划》专家及部门论证会。征拆建领导小组办公室主任刘振宝介绍了大兴区土地利用规划调整的相关背景，区国土部门介绍了土地利用总体规划调整的具体方案。与会专家听取了方案编制单位的汇报，并审阅了相关资料和图件。4月25日，规划通过专家评审会评审。5月6日，规划通过市政府审批，取得了《北京市人民政府关于大兴区土地利用总体规划（修改稿）的批复》。

（仲东阳 王少英）

启动城市总体规划方案编制工作

5月6日，新区征拆建办联合开发区规划分局、大兴区发改委、大兴区经信委、各乡镇等部门，结合各园区产业发展和城乡建设需求，委托市规划院启动了城市总体规划方案编制工作。年内，已经完成初步方案，方案涉及新扩展区产业定位、功能布局、村庄搬迁安置、基础设施配套等内容。

（仲东阳 王少英）

完成申报政策区材料准备

6月1日，以“中关村国家自主创新示范区”调整为契机，新区征拆建办、区国土分局、区规划分局对接中关村管委会、市国土局和市规划委，并按要求完成了98平方公里拟申报政策区材料准备工作。

（仲东阳 王少英）

进行新扩展区规划第一轮汇报成果交流

7月14日，北京市城市规划设计研究院有关人员到区规划分局就新扩展区规划第一轮汇报成果方案进行交流，新区征拆建办、规划部门参加会议。与会人员就产业布局、市政现状、人口安置、征地拆迁等内容进行了沟通和交流，方案编制人员参考相关建议对方案进行修改完善。

（仲东阳 王少英）

继续推进12平方公里拆迁工作

年内，新区征拆建办继续推进12平方公里拆迁工作。截至年底，12平方公里范围内867户非住宅剩余67户，728.7公顷地上物剩余113余公顷。12平方公里拆迁项目启动于2010年3月，涉及瀛海镇及亦庄镇共计18个村，5000户村民，12000人及867户企业。2010年8月6日，完成12平方公里项目的民宅拆迁工作，8月底启动非住宅拆迁。

（王少英）

土地与房屋管理

概况

北京经济技术开发区房屋和土地管理局，同时兼称北京市国土资源局经济技术开发区分局（简称开发区房屋和土地局）作为开发区管委会的内设部门，职能如下：根据国家及本市有关规定，负责办理开发区内国有土地使用权出让手续；受理开发区内国有土地使用权登记申请，按规定报市政府批准后，代发国有土地使用证；负责开发区房屋房地产市场的管理工作；负责开发区内房地产中介机构和物业管理单位的资质审核工作。2011年，开发区房屋土地管理工作以服务新区经济社会发展为目标，以为入区企业和居民做好服务工作为宗旨，完成了土地管理、房屋管理和物业管理各项工作任务。

（朱益民 胡滨）

完成物业项目备案

9月底，按照市建委物业处的项目备案工作要求，开发区房屋和土地局完成了区内所有物业项目的备案工作。在区内注册并取得物业管理资质的企业达41家，在区内备案的企业31家，纳入物业管理的总建筑面积近800万平方米。

（朱益民）

查处违规转租行为

10月，开发区房屋和土地局针对公租房转租的实际情况，对核实的3条发布寻租广告的房屋立即收回，对已与第三方达成租赁意向的转租人给予5年内不配租、配售保障性住房的处理；建立信用档案，对涉及公租房转租的企业3年内取消申请开发区公共租赁住房的资格，并责成企业对转租公租房的员工进行处理；对千万家亦博房地产中介公司立案查处。

（朱益民）

成立公共租赁住房租住委员会

11月7日，开发区房屋和土地局召集公租房产权单位博大新元房地产开发有限公司、物业管理单位博大经开置业有限公司及承租单位代表，成立北京经济技术开发区公共租赁住房租住委员会。租住委员会由开发区房屋和土地局、公租房产权单位、物业管理公司及全体承租单位共同组成，负责住房人员资格信息的动态监管；负责公租房物业管理工作协调；负责公租房产权关系处理；负责公租房在使用过程中信息沟通工作；及时传达公租房相关政策。全体成员单位各设立一名联系人，可以通过秘书机构工作人员将公租房使用中的一些具体问题反映给秘书机构，由秘书机构研究解决。处理结果除了通报该承租成员单位外，还可以简报的形式传达给每个成员单位。

（朱益民）

收缴地价款23.77亿元

年内，开发区房屋和土地局根据开发区项目引进情况和土地一级开发进度以及近年来土地供应情况，编制了开发区2011年土地供应计划。计划供应建设用地261公顷，其中工业仓储用地111公顷、商服用地53公顷、住宅用地97公顷（含限价房用地30公顷、公租房用地20公顷、定向安置房用地 47 公顷）。截至年底，实现供应建设用地 247.13 公顷，其中工业仓储用地 115.78 公顷、商服用地 35.69 公顷、住宅用地 95.66 公顷（均为保障性住房用地，含公租房用地 4 宗，面积 19.28 公顷；定向安置房用地 7 宗，面积 76.38 公顷）。全年共收缴地价款 23.77 亿元。

（刘宁）

入市交易土地 124.31 公顷

年内，开发区共入市交易土地 28 宗 124.31 公顷。其中入市交易工业用地 23 宗，面积 84.29 公顷；成交 22 宗，面积 88.62 公顷，成交金额 6.26 亿元。入市交易经营性用地 6 宗，面积 35.69 公顷，成交金额 12.95 亿元。

（刘宁）

办理土地初始登记 31 宗

年内，开发区房屋和土地局共办理土地初始登记 31 宗，登记面积 149.37 公顷，其中出让建设用地使用权初始登记 29 宗，登记面积 140.63 公顷；国家租赁建设用地使用权初始登记 2 宗，登记面积 8.74 公顷。

（朱益民）

办理土地变更登记 24 宗

年内，开发区房屋和土地局共办理土地变更登记 24 宗，登记面积 53.21 公顷，其中大业主转移登记 7 宗，登记面积 9.46 公顷；其他变更登记 17 宗，登记面积 43.75 公顷。

（朱益民）

办理土地抵押登记 185 宗

年内，开发区房屋和土地局共办理土地抵押登记 185 宗，面积 528.35 公顷，评估金额 6987799.49 万元，贷款 2199016.62 万元，其中商服用地 21 宗，面积 86.67 公顷，评估金额 2661221.72 万元，贷款金额 341922 万元；工矿仓储用地 154 宗，面积 396.78 公顷，评估金额 2941557.98 万元，贷款金额 1382111.62 万元；住宅用地 4 宗，面积 25.90 公顷，评估金额 796521.79 万元，贷款金额 327930 万元；综合用地 6 宗，面积 19 公顷，评估金额 588498 万元，贷款金额 147053 万元。

（朱益民）

办理土地抵押权注销登记 139 件

年内，开发区房屋和土地局共办理抵押权注销登记 139 件，注销抵押登记面积 455.93 公顷，抵押物评估金额 733.75 亿元，担保债权 99.86 亿元。

（朱益民）

办理各类房屋登记业务 6513 件

年内，开发区房屋和土地局办理商品房预售许可 9 件，预售许可项目总面积 104.51 万平方米。办理房屋初始登记 49 件，登记面积 191.3 万平方米。办理房屋转移登记 2538 宗，登记面积 55.12 万平方米，其中新建商品房转移登记 1202 件，登记面积 33.21 万平方米，交易金额 319518 万元；存量房转移登记 942 件，登记面积 11.94 万平方米，交易金额 68526 万元。办理房屋抵押登记

1906 件，面积 40.03 万平方米，抵押金额 155702 万元。办理抵押注销 1073 件。办理房屋异议登记 4 件。办理协助法院执行案件 116 件。办理存量房网上签约 289 套。出具房屋登记查询结果 514 件。办理房地产经纪机构（分支结构）备案 15 件。

（胡滨）

盘活闲置项目用地 2 宗

年内，开发区共盘活闲置项目用地 2 宗。3 月 21 日，通过权益保留方式收回北京凯正生物工程发展有限责任公司路东区 B5 街区内 3 公顷土地使用权，并安排新项目。12 月 12 日，通过法院拍卖方式盘活伟业汽车闲置用地 14.7 公顷。

（朱益民）

落实 133 公顷耕地占补平衡指标

年内，经市、区国土资源局协调，开发区管委会与密云县、延庆县人民政府签订《储备耕地协议书》，取得 133 公顷耕地的占补平衡指标，保障 12 平方公里土地一级开发工作顺利进行。

（朱益民）

拟定基准地价更新方案

年内，开发区房屋和土地局根据北京市基准地价更新成果，结合开发区土地储备情况和开发成本、产业发展政策和集约用地标准以及开发区与周边区域土地市场交易情况，拟定了开发区基准地价更新方案，较大幅度提高了开发区基准地价。在确定基准地价表的同时，制定了土地用途、容积率、产业政策等因素修正系数，以科学、合理、规范地确定地价，使开发区基准地价既体现土地价值，也鼓励工业项目节约集约用地。年内，开发区工业用地已按新的基准地价执行。

（朱益民）

开展节约集约模范县（市）创建

年内，开发区成立了由管委会主任为组长的创建活动领导小组，制定了创建活动实施方案，设置指标标准体系，并依据《北京经济技术开发区土地集约利用评价更新成果》确定了开发区土地集约利用评价的核心指标。在开展创建活动的过程中，总结了近些年来开发区在土地节约集约利用方面的经验以及取得的成效，并利用报刊、网络、公益广告等多种方式对开发区土地节约集约利用情况及创建活动进行宣传，按照《国土资源节约集约模范县（市）创建活动考核办法》的要求将相关材料上报市国土局、国土资源部，参与评优，并通过了国土资源部的实地考察。

（朱益民）

继续开展“两整治一改革”专项行动

年内，开发区房屋和土地局根据国土资源部的部署和市国土局党组的要求，结合开发区实际，把国土资源领域腐败问题治理工作与工程建设领域突出问题专项治理工作相结合，与争先创优和党员作风建设年活动相结合，与建设南部高技术制造业和战略性新兴产业聚集区相结合，与开发区开展廉政风险防范管理、落实党风廉政建设责任制相结合，继续开展“两整治一改革”专项行动，即土地交易市场专项整治、整纪纠风专项整治和深化国土资源管理制度改革，进一步深化廉政风险点排查和自查自纠，根据工作职能、办事流程和岗位人员配置，对廉政风险点查找得准不准、全不全进行重新审视，对防控措施的针对性、可行性进行完善。对土地招拍挂制度执行情况进行自查，并对2008年以来开发区工业用地招拍挂出让情况进行梳理和总结。按照土地招拍挂工作的规范和要求，结合开发区产业发展的需要和工业项目用地的特点，进一步规范和完善开发区工业用地招让方案和出让文件，保障土地交易公开、公平、公正的原则，吸引和鼓励重点发展的产业项目入区落地。

（朱益民）

交易大厅获政风行风测评第一名

年内，开发区房屋交易大厅通过受理前台增加叫号排队设施、印制规范的一次性告知单、网签服务实行服务外包等一系列措施，进一步提高了服务质量。在市住建委对2010年度全市区县房管局政风行风测评中，开发区房屋交易大厅获全市第一名。

（朱益民）

建立住房保障窗口

年内，开发区房屋和土地局与大兴区住建委、开发区社发局在开发区社会保障事务所组织建立了开发区住房保障窗口。3月，保障房申请工作正式启动。由开发区房屋和土地局负责严格根据当地区域标准，即大兴区保障房申请标准，依据保障房三审两公示的程序进行审核，经审核符合保障条件的，由大兴区住建委统筹房源，并按北京市相关规定统一摇号配售、配租。

（朱益民）

受理保障房申请145人

保障房申请工作正式启动　　新闻中心提供

年内，开发区房屋和土地局共受理181人申请，其中限价房申请176人、经济适用房申请4人、廉租房申请1人。初审通过180人，纳入“三房”轮候家庭67户。有66户家庭参加了大兴区限价商品住房的选房，66户家庭均获得配售指标，65户家庭签约选房，1户家庭弃购。

（朱益民）

启动建设4500套园区配建公租房

年内，开发区启动建设4500套园区配建公共租赁住房，用于解决开发区及大兴区相关企业和产业园区员工住有所居的需求，鼓励企业吸引人才，优化区域发展环境，促进高端产业发展。开发区根据企业对区域发展的贡献程度等条件向有关企业分配房源数额，各有关企业根据本企业自身员工具体住房困难情况确定具体承租员工家庭名单，并报开发区房屋和土地管理局进行备案。租赁期限最长不超过5年，租金价格采取比同地段市场租金下浮一定比例的标准收取。首期租金标准定为22元/建筑平方米/月，其中包括物业费、供暖费。

租金标准由开发区管委会根据市场情况每年调整一次。

（朱益民）

建立房地产销售重要信息公示制度

年内，开发区房屋和土地局在开发区内建立房地产销售重要信息公示制度，进一步规范区内房地产市场秩序。对于区内每一个销售楼盘，均制定公示信息内容及格式，指定专业广告公司制作，开发区房屋和土地管理局监制，在售楼现场悬挂重要信息公示牌，内容包括：该项目商品房规划用途、土地用途及使用年限、契税税率、物业服务费标准、水电气热标准、非住宅类项目与住宅类项目的区别与风险。

（韩芳）

完成房屋档案数字化工作

年内，开发区房屋和土地局完成房屋档案数字化工作。建立了由该局工作人员亲自负责房屋档案的质检工作，在质检合格后，档案再进入数字化公司的工作流程，以保障数字化质量。数字化工作形成例会制度，定期把在工作中遇到的问题和困难汇总，经过集体讨论后形成会议纪要。通过这种方式规范数字化工作，在工作中形成的工作标准有《系统字段录入标准》《档案数字化编页标准》。截至年底，共完成数字化房屋档案 254 万页。

（朱益民）

127 家企业获得 1885 套公租房配租指标

年内，开发区内共有 127 家企业获得 1885 套公租房配租指标。实际配租 1373 套，涉及企业 75 家，已全部交付使用。开发区还配建有用于解决区内单身产业员工的公寓式公租房 8863 间。

（朱益民）

多个小区物业管理工作获奖

年内，区内获得“北京市优秀管理小区”称号的共有 7 个，分别是鹿鸣苑居住区、听涛雅苑小区、星岛家园、青年公寓、新康家园、狮城百丽、亲爱的 Villa。获得“北京市优秀管理大厦”称号的有 4 个，分别是朝林大厦、博大大厦、万源商务中心和同仁医院。汇龙森科技园获得“北京市优秀管理工业区”五星称号。

（朱益民）

落实物业服务标准

年内，开发区房屋和土地局按照《北京市物业管理办法》及相关配套文件精神，加强行业培训，落实法规精神，继续开展住宅物业服务标准化专项活动，在全区物业服务企业中推行《住宅物业服务等级规范》。对重点企业要求推行三级标准。配合开发区社发局制定了开发区业主大会选举管理办法，并依据此办法成立了 3 个业主大会。在防汛工作中，督促区内物业服务企业落实各自制定的防汛抢险应急预案，经受住了汛期考验。

（朱益民）

组织物业管理专业培训

年内，开发区房屋和土地局按照市建委物业处和市物业指导中心的培训计划，定期开展物业服务人员的岗位技能培训和物业管理师资格认证培训，组织全区物业公司高管进行研讨，提高业务水平。通过参观、座谈、外聘专家进行专项培训等多种形式加强区内物业企业之间先进管理经验的交流借鉴，促进开发区整体物业服务水平的提高。按照管委会工作要求，配合消防支队开展多次消防安全培训，在区内各物业项目高层建筑选定消防安全协管员，杜绝重特大和群死群伤火灾事故发生。

（朱益民）

加强公共维修基金管理

年内，开发区房屋和土地局按照市建委制定的相关公共维修基金管理政策规范资金管理，严格查验和审批，确保业主使用无瑕疵。继续开展公共维修基金使用相关政策的宣传普及力度，理顺申报到审批的办事渠道，方便业主使用。

（朱益民）

加强物业投诉纠纷调解

年内，开发区房屋和土地局共接待业主和企业投诉事件上千件。接访工作中，按照市住建委和市司法局的有关要求，发挥开发区物业管理纠纷调解指导委员会的职能作用，对影响社区稳定的突出物业服务纠纷进行集中化解，把纠纷矛盾解决在基层和初始阶段，为开发区的发展提供稳定的社区环境。

（朱益民）

排查地下空间及人防工程安全隐患

年内，开发区房屋和土地局会同建设、城管、公安等相关部门对区内听涛、大雄、新康、上海沙龙等全部已入驻社区进行了地下空间及人防工程安全隐患排查，针对违法情况发放了限期整改通知书并进行查处。

（朱益民）

政府投资建设项目

概况

北京经济技术开发区建设发展局（简称开发区建发局）主要承担区县住建委职能，同时担负着区县民防局职能、政府投资建设项目的组织实施等工作。内设 5 个办公室，分别为招投标管理办、建材节能办、劳务办、安全质量办、工程办；下设 4 个事业单位，分别为基建办公室、建设工程交易中心、安全质量技术中心、民防工程事务中心。2011 年，开发区建发局在加快市政基础设施建设推进的同时，加快对亦庄新城滨河森林公园、X38 搬迁用房等一批重点工程的建设，提升开发区市政基础设施配套、生态环境和城市形象。全年承担固定资产投资任务 50 项，占开发区管委会项目总数的 64.94%；承担计划投资 20.69 亿元，占管委会投资总量的 47.4%。完成投资 22.6 亿元，占计划投资的 109.7%，提前超额完成全年固定资产投资任务。

开发区绿化带建设启动　　新闻中心提供

（杨国文）

交通指挥中心工程竣工

1月24日，基建办公室承担的开发区交通指挥中心工程竣工。该工程于2009年3月15日开工，建筑面积14852平方米，总投资9300万元，由北京金港机场建设有限责任公司承建。

（任俊超）

做好8.5代线投产运营保障工作

年初，基建办公室配合运营单位做好路东区再生水厂、蒸汽厂、污水处理厂等京东方8代线能源项目的保障任务。为配合京东方8.5代线6月28日点亮第一块屏，在环境整治的基础上恢复京东方周边绿化2.4万平方米、恢复步道2600平方米；实施绿化50万平方米；周边15.6千米道路沿线灯杆摆设垂钓牵牛花4.6万盆，主要路口摆花12万盆，架设5米高花柱4座。

（魏建环）

西环路夜景照明工程竣工

7月1日，基建办公室承担的西环路夜景照明工程竣工。该工程于5月15日开工，涉及沿线33栋建筑，包括亦庄镇人民政府、亦庄医院、北工大软件园、国光大厦、同仁医院等，总投资4500万元。该工程建设完成后，开发区的整体环境水平得到提升。

（蔡猛）

法庭、检察院改造和1号供热厂拆改竣工

8月底，基建办公室承担的开发区法庭、检察处改造项目交付使用。该项目于7月底开工，总投资1500万元，由北京诚通新新建设有限公司承建。基建办公室承担的1号供热厂改造项目竣工，该项目2月开工，总投资12650万元，由泛华建设集团有限公司承建。

（魏建环 刘毅）

保税物流中心周边路网改造工程竣工

9月20日，北京亦庄保税物流中心周边路网改造工程竣工，该项目于7月初开工，总投资为4730万元，涉及道路有同济南路、兴业街、东环南路、西环南路。基建办公室协调相关单位，对影响工程的地上物进行迁移，同时调查地下管线位置、高程，克服现况管线保护的难点，未发生一处管线破坏。

（马志和）

7号供热厂项目竣工

11月5日，基建办公室承担的7号供热厂项目竣工，完成调试工作并进行供暖。项目位于开发区C10U2地块，总投资16266万元，由泛华建设集团有限公司承建。

（刘毅）

公安分局南楼工程竣工

12月，基建办公室承担的公安分局办公楼改建项目竣工。该工程于4月1日开工，总投资8000万元，由北京怀建集团有限公司承建。

（任俊超）

承担河西区X38号地搬迁房工程

12月底，基建办公室承担的河西区X38号地搬迁房工程全部完工并进行移交工作。该工程于2010年7月开工，总

投资14亿元，共分为9个标段，分别由北京怀建集团有限公司、北京大富源建筑市政工程有限责任公司、北京京西建设集团有限责任公司、北京天恒建设工程有限公司、北京市建华公路工程有限公司、北京东兴建设有限责任公司、中建一大成建筑有限责任公司、北京建谊建筑工程有限公司、北京金港机场建设有限责任公司承建。项目以12层至18层板楼为主并配有高层塔楼，为烧饼庄、同义庄提供搬迁安置用房。

（任俊超）

完成太和桥等桥梁建设

年内，基建办公室完成太河桥、博兴三桥桥梁建设；完成科创十二街跨通惠排干渠桥梁建设；科创十一街桥梁已完成基础施工；科创十三街、科创十四街桥梁已完成主体混凝土浇筑；科创十七街两座桥梁正在进行桥面铺装。

（魏建环）

市政道路绿化及亦庄滨河森林公园完工

市政道路绿化和景观带项目完工　开发区建发局提供

年内，市政绿化和景观带项目总面积195万平方米完工，一期120万平方米，二期工程75万平方米；亦庄滨河森林公园涉及河道11公里，总面积501万平方米，河道水利部分已经完工，正在进行滞洪区水利部分施工，计划2012年6月底完成除拆迁影响段以外的全部工程。

（李国庆）

完成为企业服务工程

年内，基建办公室先后免费为生物医药园、德尔福、国网信通、天安数码、康特荣宝、鸿博昊天、德为视讯、京芯产业园、中电华通、四达时代等近30家入区企业完成自来水管道冲洗、开口审批、市政管网交底等“九通一平”服务工作。为环博达物流、康特荣宝等6家企业完成自来水通水；为联华林德、住友化学、冠捷3家企业完成厂区开口。

（魏建环）

建设市场管理

推进“四个一批”项目的入区建设

年内，经开发区建发局审批落户开发区的“四个一批”项目共计35个。其中已完成许可项目23个，分别为康宁、清大科华、华延芯光、奔驰GLK、新立基玻璃、合众思壮、万达（环博达、五金项目）、利德曼、东尚泰和、翰博高科、德为视讯、康特荣宝、保税物流中心、博电新力、赛斯特、恒昌顺乳胶、三盈联合、汉威机电、亦庄数字兴伟（与日伸半导体为一个项目，产促局分为两个）、赛蒂、微谷生物、华仪乐业、越海物流。开发区建发局将随时关注未办理施工许可的项目进展情况，以便随时跟进，更好地为企业服务。

（孙勇）

为入区企业服务做好促开工工作

年内，开发区建发局办理开工105项，建筑面积610万平方米，总计投资166亿元；办理总包、监理招标114项，建筑面积415.92万平方米，合同额119.8亿元；分包项目招标32项，合同额3.41亿元。114项总包工程中，政府及国有投资项目62项，合同金额68.8亿元，占全部合同额的57.4%，非国有投资项目52项，合同额51亿元，占全部合同额的42.6%。与2010年同期相比，政府及国有投资合同额比例下降28.4%，非国有投资合同额比例下降9.2%，总体下降约21%，2011年下半年较上半年固定资产投资有明显回升。

（刘志群）

规范建筑业和房地产开发企业资质管理

年内，区内纳入开发区管理的房地产开发企业共有38家，其中一级2家、二级4家、三级5家、四级10家、暂定级17家；新办暂定资质6家，暂定资质延期6家，变更7家，升级10家；建筑业企业共有57家，施工总承包13家，专业承包42家，劳务分包2家，新增企业9家，变更33家，升级3家。

（孙勇）

完成区内合同履约监管工作

年内，区内总计262个项目纳入了开发区合同履约监管范围，处理合同履约风险147项。其中，涉及备案风险的35项，涉及价款支付风险84项，涉及进度质量安全风险的18项，涉及重要履约风险的10项。

（刘志群）

规范区内劳务市场管理

年内，开发区建发局完成区内检查584次，劳务交底36次，接应急办通知群体性事件共计40起，涉及工人2270名，都得到了妥善解决，总计支付劳务工资801万元；全区农民工保障金账户建立达到100%，共计开户109户，存入保证资金4024万元，在规范劳务用工行为，有效保障农民工权益，维护开发区劳务用工市场稳定方面起到了积极作用。

（刘毅）

完成建材节能备案工作

年内，民用建筑节能竣工验收备案项目37项，总面积125.6万平方米。其中：居住12项，建筑面积55.7万平方米；甲类公建4项，建筑面积24.4万平方米；乙类公建21项，建筑面积45.5万平方米。

（贺秉强）

施工现场质量安全管理

概况

2011年，开发区在建房屋建筑工程142项（178个标段），开复工面积1051.68万平方米，在建市政工程93项，工程造价19.4亿元，在施道路长度约23.8公里，建设规模处于北京市各区县前列，质量、安全平稳可控；全年完成竣工验收82项，其中房屋建筑工程65项，总面积248万平方米，市政工程17项，道路及管线长度20259.2米，形成固定资产50.13亿元；开发区安监局全年累计出动执法检查人员逾2000人次，发现各类质量安全隐患5200余条，对施工、监理企业的违法、违规行为实施行政处理71项次，行政处罚68起（其中简易程序处罚47起，一般程序处罚21起），累计罚款金额61.36万元。

（徐存柱）

保障重大节日期间安全生产

年内，开发区建发局在春节、两会、国庆等重大节日、会议期间，采取未雨绸缪、事前干预的原则，提前20日左右将有关安全生产保障要求告知施工、监理单位，并在节日期间采取现场抽查、定点巡视等措施，保障工程应急值守工作落实到位。

（徐存柱 邢亚 梁珍）

加强日常监管构建安全生产屏障

年内，开发区建发局累计对涉及违反安全生产相关法律、法规的施工、监理企业实施行政处罚57起，罚款22万元（其中立案处罚10起，罚款17.3万元；简易处罚47起，罚款4.7万元），对履行安全生产职责不力的参建单位实施约谈告诫12起，开展拉网式集中治理4次，季节性、专业性专项治理11次，有效地遏制了重大责任事故的发生，全年一般性责任事故的数量和伤亡人数分别为2010年的67%和40%。

（徐存柱 邢亚 梁珍）

加强安全生产宣传工作

年内，开发区建发局下发《关于做好施工现场防汛准备工作的通知》《关于进一步加强施工现场大模板施工安全管理的通知》《关于做好冬季期施工安全管理工作》等规范性文件43份，召集全区建设系统安全生产工作会议2次，工地现场观摩会5次。针对近年来施工现场普遍存在和集中凸显的劳动力主体文化素质降低、年龄偏高、自我防护意识淡漠、管理模式松散等问题，开发区建发局利用农民工夜校及安全月主题宣传日等活动形式先后组织培训一线作业人员4批，1500余人次。播放安全教育纪录片20余场次，发放各类培训资料如《现场作业人员安全防护知识手册》《施工现场标准化管理手册》等2000余份。

（徐存柱 邢亚 梁珍）

结合工程特点开展专项治理

年内，根据季节变化并结合开发区工程特点，开发区建发局分别组织开展了对重大危险源如大型起重机械、深基坑、高支模系统、临电系统的专项检查；结合季节变化开展了冬期施工、防汛安全、消防安全等11次专项治理，对改善施工环境，遏制重大事故起到了一定的促进作用。

（徐存柱 邢亚 梁珍）

加大督导执行力度改善施工建设环境

年内，为进一步推进施工现场标准化管理的各项工作，改善建筑工地的施工建设环境，开发区建发局在日常监督过程中，将标准化管理和绿色施工工作列入重点检查科目。入冬以后，重点加强了场地降尘措施及可燃建筑垃圾的清运工作，截至11月底，累计督导施工单位清理可燃建筑垃圾、废弃土方50余批，整理加固施工围挡2500余延长米，使开发区建设工程施工现场的场容环境及文明施工水平有所改善。

（徐存柱 邢亚）

执行层级监督制度落实监管责任

年内，开发区建发局依照监督人员的专业设置和施工项目的监管流程建立了层级监督责任制度，明确项目监督的直接责任人并实施责任倒查机制，逐级分解监管责任，确保质量监管等落到实处。

（徐存柱）

实施施工质量专家委员会评议制度

年内，开发区建发局借鉴兄弟区县的先进经验，创新监管机制，对重点项目实施施工质量专家委员会评议制度，对存疑项目实施专业检测，使施工质量的评价更加公开、透明、客观、公正，有效地量化了监督检查内容和处罚指标，使被处罚施工企业心服口服。

（徐存柱）

防微杜渐，遏制施工质量通病

年内，开发区建发局针对部分施工项目盲目“赶工期，抢任务”、忽视施工质量的苗头，有针对性地开展了以防治压缩工期引起质量问题为目标的专项治理行动。重点检查了结构预留钢筋污损清理、回填土密实度、基坑杂物清理、库存水泥的降级使用及其强度复试、施工组织设计调整审批情况等项内容，通过巡检、抽样、复试等不同方式，加强了对工程质量的管理，遏制了普遍性质量问题集中爆发的苗头，有效保障了建设项目的整体施工水平。

（徐存柱）

民防工作开展

概况

2011年，民防工程的管理工作在为入区企业服务，维护区内地下空间的合法合规使用，促进社会公益事业发展，保障居民生命财产安全等方面作用越加明显。

（杨新宇 陈霞）

创新人防工程竣工认可工作

年内，根据《北京市人民防空工程竣工验收备案管理暂行规定》（[2001]京防办字第74号）第六条规定，“建设单位在人防工程竣工验收前，应取得区、县人民防空主管部门出具的人防工程认可文件”，区民防办为了压缩企业验收时间，经与市民防局协商，决定开发区的民防工程竣工认可与市民防质监部门的现场验收合二为一，区县竣工认可与市民防局验收同步进行。这一措施为项目的竣工验收节省近两周的时间，得到了区内企业的极大认同。

（杨新宇 陈霞）

协助办理人防建设审批手续

年内，在民防建设审批权限尚未下放的情况下，开发区民防办主动联系入区企业，在方案编制阶段做好民防工程报批的解释咨询，同时协助市民防局为康宁、住友、冠捷、奔驰、博电新力、合众思壮、奔驰发动机项目等30余家企业项目办理人防建设审批手续，其中包括“四个一批”项目 22 个。

（杨新宇 陈霞）

开发区人民防空工程规划编制进展顺利

年内，开发区民防办为合理配置人防工程，切实达到战时保护人民生命、财产的目标，开始筹备编制开发区人民防空规划，该规划经市民防局及开发区管委会审核后，将对今后开发区人防工程的建设起到极大的指导作用，推进开发区人民防空事业的开展。

（杨新宇 陈霞）

完成地下空间基本信息数据采集工作

年内，开发区民防办按照“关于开展地下空间综合整治工作实施方案”（京办字 [2010]10 号）要求，以及北京市的工作部署，组织开发区建发局、区房屋和土地局，集中两个月的时间对区内 285 处地下空间逐项进行了摸底排查。根据工作分工，开发区建发局继续加强对区内民防工程的管理，开发区房屋和土地局对普通地下室的违规使用情况进行查处。

（杨新宇 陈霞）

组织人防工程安全使用、维护管理培训

年内，针对区内民防工程管理使用、人民防空忧患意识不强等问题，为增强区内民防工程使用、管理单位的责任主体意识，提升民防工程管理使用的专业化水平，开发区民防办于 9 月 15 日组织了为期 1 天的“区内人防工程安全使用、维护管理培训”，由市民防协会专家对人防工程的安全使用、维护管理进行了详细讲解，区内所有人防工程的使用、管理单位 60 人参加。培训结束后，市民防协会统一组织了考核，53 人获取了“北京市人防工程安全使用培训证书”。

（杨新宇 陈霞）

市容环境整治

概况

北京市城市管理综合行政执法局开发区分局（简称开发区城管分局）成立于 2008 年，在开发区管委会的授权下，行使法律、法规、规章规定的 13 个方面的处罚权：市容环境卫生管理、市政管理、公用事业管理、城市节水管理方面的全部处罚权；园林绿化管理、环境保护管理、城市河湖管理、施工现场管理、城市停车管理、交通运输管理方面的有关处罚权；工商管理方面对流动无照经营行为的处罚权；城市规划管理方面对违法建设的有关处罚权；旅游管理方面对无导游证从事导游活动行为的处罚权。设有 10 个职能部门，分别是办公室、政工科、法制科、督察科、宣传科、指挥中心、执法一队、执法二队、执法三队和执法四队。2011 年，开发区开展环境治理和净化工作，按照市城管执法局和开发区工委、管委会总体部署，开发区城管分局联合开发区公安、工商、交管、环卫等部门，对无照经营、非法运营、夜间烧烤、违法建设、施工扬尘等违法行为进行重点整治，共出动 15179 人次、5809 车次，查处违法行为 3956 起，罚款 103.526 万元，暂扣非机动车 165 辆，暂扣渣土运输车辆 100 辆。查处违法建设案件立案 132 起，强制拆除公共区域违法建设 55 处，自

拆 61 处，面积 2700 平方米；强制拆除别墅违法建设 5 户，自拆 23 户，面积 1000 平方米。公安、交通、城管部门联合查处非法运营行为 69 起，暂扣黑摩的、电动三轮车 242 辆。全区在施工地绿色施工达标率为 95% 以上，夜施扰民现象得以有效解决。各个专项整治期间，共开展大型宣传活动 65 次，设立宣传站点 6 个、展板 240 块、悬挂条幅 288 条，发放《致广大市民一封信》6 万份，发放“城管便民服务卡”及其他宣传材料 2 万余份。通过各项环境整治，区内环境秩序乱点得到有效管控，基本实现了“无照游商、非法运营、散发小广告、店外经营等违法行为无聚集化、无摊群化、无规模化现象”、“不出现群众反映强烈事件，不出现因环境秩序问题引发的群体性事件，不出现因执法不当引发的影响社会稳定事件”、“管理模式由粗放变精细，违法行为由集中变分散，街面环境由无序变有序”、“群众举报率同比上年下降 20% 以上”（简称“三无、三不、三变、一下降”）的目标。“春风行动”、“夏季攻势”和“秋风行动”三个百日整治期间，举报数量分别为 1295 件、764 件和 308 件，环比平均下降 37%。

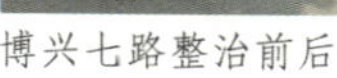

博兴七路整治前后　　开发区城管局提供

（王磊）

开展“春风行动”

城管“春风行动”第一波次整治高潮　　王勇 摄

3 月 30 日，开发区管委会召开开发区环境秩序百日整治“春风行动”部署会，成立了以贲勇、赵昕昕、王合生为组长，开发区公安、城管等 14 个职能部门为成员单位的开发区城市环境秩序百日整治“春风行动”领导小组，办公室设在开发区城管分局。按照领导小组工作部署，确定无照经营整治点位 27 处，包括青年公寓、永康公寓、美廉美商业中心等重点地区；非法运营整治点位 8 处；施工工地点位 14 处，包括市级重点项目京东方 8.5 代线和开发区新扩区域 12 平方公里内 220 万平方米的大型施工项目。在环境秩序百日整治“春风行动”期间，对无照经营、非法运营、夜间烧烤、违法建设、施工扬尘等 5 类突出违法问题开展专项整治行动 33 次，共出动执法人员 2995 人次、执法车辆 898 车次，查处无照经营、夜间烧烤、夜间大排档、非法运营、违法建设、户外广告、施工工地等违法案件 1620 件，暂扣非机动车 103 辆，罚款 32.335 万元。

（王磊）

开展“夏季攻势”

执法人员整治露天烧烤　　开发区城管分局提供

7月8日，开发区召开环境秩序百日整治“夏季攻势”动员部署会，成立以张晓林、赵昕昕、王合生为组长，开发区公安、城管等17个职能部门为成员单位的开发区城市环境秩序百日整治“夏季攻势”领导小组，办公室设在开发区城管分局。“夏季攻势”期间，各部门联勤联动分阶段开展专项整治、保障工作14次，包括“夏季攻势”无照经营、露天烧烤专项整治行动，中小学周边环境秩序专项保障工作，强拆12平方公里回迁安置房周边违法建设专项执法工作以及接待市领导视察环境秩序等专项保障工作。共出动执法人员1212人次、执法车辆343车次，查处无照经营、夜间烧烤、夜间大排档、非法运营、违法建设、户外广告、施工工地等违法案件855件，罚款17.401万元。

（王磊）

开展“秋风行动”

10月19日，开发区召开环境秩序百日整治“秋风行动”动员部署会，成立了以赵昕昕、王合生为组长，开发区公安、城管等17个职能部门为成员单位的开发区城市环境秩序百日整治“秋风行动”领导小组，办公室设在开发区城管分局。为着力解决群众反映强烈的各类环境秩序突出问题，大力整治重点、乱点和难点秩序混乱的状况，继续实现“三不、一升、一降”目标，开发区城管分局制定了环境秩序百日整治“秋风行动”方案。方案要求在落实常态化管控的基础上，重点整治三种违法行为：门前三包责任不落实行为、无照经营扰民扰序行为、非法广告行为。方案要求多部门联勤联动开展三大专项行动：“打四黑除四害”专项行动、打击非法运营专项行动、整治新生违法建设行为。在环境秩序百日整治“秋风行动”期间，开展专项整治行动27次，共出动执法人员1438人次、执法车辆669车次，查处无照经营、夜间烧烤、夜间大排档、非法运营、违法建设、户外广告、施工工地等违法案件883件，罚款42.165万元。

“秋风行动”动员部署会　　开发区城管分局提供

（王磊）

环境保护

概况

北京经济技术开发区环境保护局（简称开发区环保局）成立于1996年，是开发区环境保护行政主管部门，对本辖区的环境保护工作实施统一监督管理。开发区环保局下设3个事业单位，分别是开发区环境保护监测站、开发区机动车排放管理站、开发区环境保护管理中心。2011年，开发区加快推进环境保护事业发展，提升环境监管能力，改善辖区环境质量。截至年底，第16阶段控制大气污染各项工作稳步实施，提前10天完成二级天任务；按时完成二氧化硫减排指标；各类环境保护事权接管到位，环境监管能力得到提升；开展整治违法排污企业环保专项行动，保障百姓环境权益；监测技术人员全部完成持证上岗考核，环境监测能力得到提升；辐射安全监管到位，排除各类安全隐患，全年未发生环境污染事故。

（杨东岳）

环境统计

1月15日，开发区环保局完成了2010年第四季度环境统计季报、综合年报以及专业年报的报送工作。其中四季度季报共涉及工业企业19家；综合年报涉及工业企业27家、污水处理厂1家、医院1家。10月20日，完成了2011年一、二、三季度环境统计季报的上报工作，共涉及区内重点工业企业62家。

（陈捷）

监测采样

1月20日~10月25日，开发区环保局根据市环保局关于《2011年北京市环境监测工作要点》的通知要求，完成了区域内20个土壤样品、30个噪声点、7个地表水断面和4个地下水点监测项目采样工作。

（邢永霞）

排污收费

1月30日，开发区环保局完成了2010年第4季度的排污收费工作，2010年排污费共收取8万余元。根据排污费的征收使用管理办法，所有排污费均直接上缴市财政，专款专用，开发区环保局未发生排污费使用。截至年底，开发区环保局完成了2011年1~3季度的排污费收费工作，收费入库额为91620.38元。

（林琳）

完成排污申报工作

2月10日，开发区环保局完成了2011年的排污申报年报审核上报工作，同时接受了市环保局对年报数据和重点源数据的校验。全年排污申报共通知170余家单位。审核后，应当申报且申报合格单位最终确定为130余家。

（林琳）

加强环境应急响应处置

2月28日，开发区环保局全体执法人员参加了市环保局举办的应急监测分析设备整理调试训练。4月10日，开展了区内危险化学品检查，建立了危废产生、经营单位台账。7月18日，确立了节假日值班制度，并建立环境应急事故新闻发言人制度。9月27日，协同市环保局和重点风险

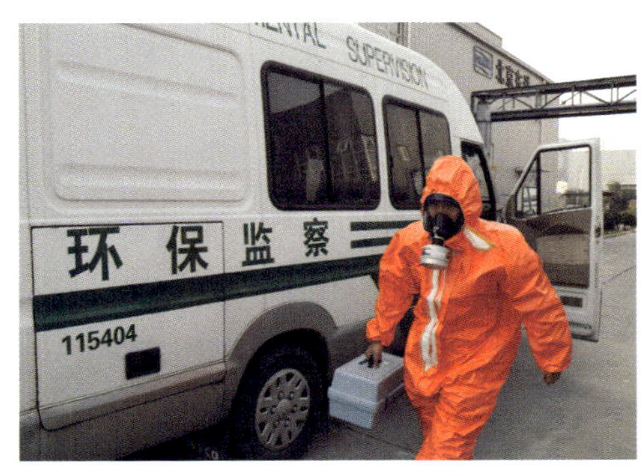

参加环境事故应急演练　　康立庚 摄

企业联合开展应急演练，分别以危险化学品泄漏和人为丢弃放射源为背景，进行危险化学品泄漏和寻找放射源两个应急处置演练。全年共处置环境突发事件 2 起，均为一般性事件，全部进行了妥善处置，未造成环境污染。

（赵苹苹）

核定区域环境总量

3 月 10 日，市环保局核定确认开发区完成了 2010 年北京市下达的总量控制指标。主要指标 COD 控制量为 1100 吨，实际排放 898 吨，SO_2 控制量为 100 吨，实际排放 5 吨。自此，开发区顺利完成了“十一五”总量控制任务。

（陈捷）

编制污染源监测年报

3 月 25 日，开发区环保局完成了 2010 年度开发区污染源监测年报的编制工作。年报中详细阐述了废气污染源、废水污染源及对金源经开污水处理有限责任公司的监测情况，综合分析了辖区内环境污染趋势，为开发区“十二五”环境质量的改善提供了科学依据。

（邢永霞）

加快 ISO14001 环境管理体系建设

4 月 22 日，开发区环保局举办开发区 ISO14001 环境管理体系知识培训。5 月 12 日，针对开发区第一次年度审核工作，组织开展了体系部门内审。5 月 27 日，协调认证专家组进行外审，促进体系认证审核通过。截至年底，开发区环保局共帮助区内 3 家企业完成 ISO14001 环境管理体系认证经费补贴申报材料的审核和上报工作，补贴金额 15300 元。

（许金翠）

获国家生态工业示范园区称号

4 月 25 日，经环境保护部、商务部、科技部批准，开发区获批为国家生态工业示范园区。9 月 29 日，开发区环保局制作完成“国家生态示范园区建设”宣传片中英文双版本。11 月 8 日，在国家级开发区工作会议上，开发区被正式授予“国家生态工业示范园区”的称号，成为北京市首家综合类国家生态工业示范园区，也标志着“北京 · 亦庄”品牌成为全国绿色工业发展的典范。

（杨东岳　孙鹏）

调整声环境功能区

5 月 30 日，开发区环保局根据市环保局关于《北京市各区县声环境功能区划调整需求》的要求，完成了前期环评资料的收集准备工作，全面掌握了开发区内道路规划及建设项目分布情况。

（刘凌）

编制开发区环境质量报告书

5 月 31 日，开发区环保局完成了

《北京经济技术开发区环境质量报告书（2006——2010年）》的编制工作。按照编制大纲的要求，开发区环保局制定编写方案，明确责任分工，通过大量调查，收集环境监测、环境统计等基础数据资料，在归纳、汇总的基础上，运用图文并茂的方式，对开发区“十一五”期间的水环境、大气环境、声环境的质量变化、原因等进行了分析阐述，反映了辖区环境质量状况。

（邢永霞）

开展环保宣教工作

环保局开展宣传活动　　康立庚 摄

6月1日，开发区环保局面向社区居民、小学生等群体开展参观座谈、“环保小卫士”评选等世界环境日宣传活动。6月19日,组织开发区实验学校学生参加了“我爱地球妈妈”、中英文双语演讲比赛等宣教活动。10月17日，协助市环保宣教中心完成“区县局长谈'十二五'”的视频录制工作。11月1日，制作完成《开发区环境管理人员通讯录》。11月9日，协助开发区管委会新闻中心完成了“区县局长访谈”的视频录制工作。

（吴薇）

起草“十二五”主要污染物总量控制规划

6月16日，开发区环保局起草了《北京经济技术开发区“十二五”主要污染物总量控制规划》。9月20日，开发区环保局完成了“十二五”主要污染物总量指标的基数确定工作。

（陈捷）

完成环境监测人员上岗考核

6月30日，开发区环保局监测站3名监测技术人员完成了持证上岗理论考核和现场考核。3人均达到了国家环境保护总局《环境监测质量管理规定》中的考核要求。

（邢永霞）

开展清洁空气行动

7月6日，开发区环保局组织编写了《北京经济技术开发区清洁空气行动计划》，并通过专题会议分解细化各项工作，落实责任部门。年内，环保、城管、建发、交通、市政等相关部门按照行动计划认真落实各项具体措施，从机动车污染控制、扬尘污染综合治理、重点污染行业治理三方面开展工作，全面控制大气污染，切实保障区域空气质量持续达标。在机动车污染控制方面，通过入户、路检、夜查、遥测等方式，全年共检查车辆124792辆，完成年内12.1万辆的检查任务，共处罚违法排放车辆111辆，其中针对夜间过境的大型货车开展 “夜鹰行动”执法专项检查，控制了夜间机动车排放污染。在工地扬尘治理方面，全年监察队共出动执法人员65人次，检查工地27家次，通过完善区内工地扬尘台账，建立临界天保障机制，

259个蓝天目标助推新区节能减排　　刘柳 摄

安装施工工地扬尘监测仪器等方式全面加强扬尘污染控制工作。截至12月31日，开发区共收获二级和好于二级天266天，占全年有效天数的72.88%，提前10天超额完成259天的二级天任务。

（王猛）

进行辐射安全专业培训

8月1日，开发区环保局组织区内100余家企业的辐射管理人员开展了辐射安全与防护知识培训，重点学习辐射安全与防护的相关知识，加强企业辐射管理人员对辐射安全与防护管理工作的理解。

（赵荦荦）

完成清洁生产审核

10月13日，开发区环保局完成了利乐包装（北京）有限公司、北京可口可乐饮料有限公司、三洋能源（北京）有限公司、蓝星（北京）化工机械有限公司4家企业清洁生产审核报告中关于污染减排相关内容的初审工作。

（陈捷）

完成环境影响评价机构及人员考核

11月24日，开发区环保局完成了43家环境影响评价机构及从业人员的工作质量日常考核。考核根据市环保环评系统对环评机构的评分进行平均加权、评定等级，其中36家机构考核成绩为良、7家机构考核成绩为合格。

（刘凌）

验证监测实验室能力

12月12日，开发区环保局监测站完成了2011年度环境保护部标准样品研究所组织的水中挥发酚、六价铬和总氮3项实验室检测能力的验证工作。通过验证，加强了开发区环保监测站的质量管理，提升了监测能力和技术水平，保障了日后工作中监测数据的可靠性和有效性。

（邢永霞）

开发区污染源统计

年内，开发区环保局监测站完成了3家国控、13家市控重点企业的《重点废水污染源监督性监测报表》数据；10家工业企业《挥发性有机物监督性监测报表》数据；北京金源经开污水处理有限责任公司污染源监督性监测数据；华润协鑫（北京）热电有限公司废气重点源锅炉烟气监测结果数据的上报工作。

（邢永霞）

污染源在线监控平台建设

召开在线监控平台建设会　　康立庚 摄

年内，开发区环保局启动污染源在线监控平台建设，完成开发区污染源在线监测系统前期试点，实现了对企业多排放口和多种特征污染物的在线监测前期验证，确定了以 11 家废水单位和 3 家废气单位作为一期工程监控企业。

（陈国明）

审批项目 224 件

年内，开发区环保局完成保税物流中心 B 型库、物联网产业园等重点项目的审批；协助环境保护部完成中芯国际二期项目环评审批；配合市环保局完成了京东方 8.5 代线的试生产验收工作；积极推进污水处理厂提级事宜；先后参加 21 次项目专题会议，参与完成对中国电子科技集团第十三所、英利集团、新华都特种电器股份有限公司等 5 个项目的实地考察。截至年底，共完成审批项目 224 件、验收 67 件、试生产 63 件、辐射类审批项目 8 件、同位素备案 10 件、辐射安全许可证 5 件。

（梁超）

开展工程领域环保专项检查

年内，开发区环保局督促有关企业完成了环境保护部在全国范围内工程领域突出问题环保专项检查中所发现的工程建设领域问题整改工作。

（刘凌　梁超）

监测国控市控重点污染源企业 12 次

年内，开发区环保局完成了 12 次针对国控和市控重点污染源企业的采样监测月检工作，包括 15 家废水排放单位和 2 家污水处理厂。加强执法监管，通过招标委托有资质的检测单位，在开发区环保局监察人员的监督陪同下完成采样监测，为遏制环境违法及相关行政处罚提供了有效依据。

（赵荦荦）

开展环境监察执法 424 家次

年内，开发区环保局监察队共出动监察人员 845 人次，检查企业 424 家次。对检查中存在问题的 98 家企业下达了限期整改通知书，并对其中 20 家整改不合格企业进行了行政处罚，处罚金额 698193.49 元。其中，开发区环保局履行重点行业大气污染源监管职能，共处罚大气违法超标企业 5 家，处罚金额 19 万元。

（赵荦荦）

开展环保专项行动

年内，开发区环保局监察队根据环境保护部、市环保局的统一部署及开发区监管需要，对涉氨企业、4S 店、电子类企业、餐饮企业、医药行业进行排污申报登记执法检查；联合市监察总队，开展重金属和高浓度 COD 排查、辐射企业等专项行动。

（赵荦荦）

对 60 家公司进行环保核查

年内，开发区环保局共为 60 家公司进行了环保核查，并为其开具了环保核查证明。核查内容包括项目的审批验收、排污申报及违法限期处罚等。申请开具环保核查证明的原由主要包括 ISO 体系认证、上市融资、生产许可证申请等。

（赵苹苹）

信访回复处理率 100%

年内，开发区环保局共接到信访举报 59 起，其中异味问题的投诉 33 起、工业企业排放废气投诉 10 起、噪声问题投诉 13 起、污水排放投诉 1 起、其他问题投诉 2 起。举报同比减少 40 起。开发区环保局监察队信访回复处理率为 100%。

（赵苹苹）

园林绿化

概况

北京经济技术开发区市政管理局（简称开发区市政管理局）负责开发区公共绿地的养护管理工作。年内，开发区绿化养护面积达 590 万平方米，主要包括企业文化园、博大公园、凉水河一期景观绿地及市政绿地。定期组织召开绿化养护工作会议，加强开发区市政管理局和养护单位的双向沟通，针对养护中出现的问题进行专项研究，并通过采取地面防治、人工普查、生物防控等措施，完成了各项林木有害生物防控任务。

（陈婉莹）

新增绿地养护面积 68.1 万平方米

年内，开发区市政管理局新增绿地养护面积 68.1 万平方米，其中凉水河一期景观绿地新增养护面积 28.5 万平方米，路东区市政绿地新增养护面积 39.6 万平方米。绿化养护总面积达到 590 万平方米。

（陈婉莹）

加强有害生物监测和防控

年内，开发区市政管理局负责完成了区内约 1000 万平方米林木有害生物的监测和防控，包括 25 个居住小区、202 个企事业单位、5 所学校以及区内市政绿地、高速路林带；对 48 个美国白蛾监测点进行了检查，邀请市林保站的专家对区内监测点的 90 余名监测人员进行培训；加大了巡防力度，强化了监测预报工作；建立起联合防治机制，实行协同监测，统一防治；全年共对防治范围内所有绿化种植苗木进行了 6 次喷药防治。

（陈婉莹）

信息化

概况

北京经济技术开发区信息化工作办公室（简称开发区信息办）负责统筹规划开发区信息基础设施，组织信息资源的开发利用，推进区域内信息化建设。2011 年，开发区信息办坚持统筹规划、集约建设、大胆创新，推进基础公共数据库和公共系统支撑平台研究及建设，深化网站建设、管理与服务，提高城市管理信息化支撑水平，加强区内企业信息化资源调研，推进重点信息化项目开展，为新区建设、产业发展、城市管理、社会服务、政府管理等提供高效便捷、安全稳定的信息化支撑与服务。

（张澎涛）

整合内部办公平台和公文交换系统

5 月，开发区电子公文传输系统进入试运行。截至年底，开发区管委会 22 个部门共报送电子公文 868 份，占部门报文总数的 50%。

（冯若娇）

“祥云工程”落地开发区

7 月 28 日，北京“祥云工程”中金云后台正式落户中金数据系统有限公司北京数据中心，支持园区信息化公共服务平台搭建。该后台是中国新兴的云计算产业中第一个建成投入使用的公共云后台。工业与信息化部副部长杨学山、国务院参事曲维枝、副市长苟仲文、市经济与信息化委员会副主任姜贵平、开发区管委会主任张伯旭等出席了落户仪式。

（张澎涛）

开发区劳动用工及薪酬系统上线

9 月 1 日，开发区劳动用工及薪酬系统正式上线。该系统分为 6 大模块（数据采集、数据查询、统计分析、预警信息、企业报表和信息发布），采集 4 类数据（企业数据、员工数据、薪酬数据和合同数据）和 2 类用户（政府、企业）。由区内企业按季度定时上报数据。年内，已有 1170 家企业上报了 12 万余条劳动合同信息。

（张澎涛）

招商管理决策支持系统试运行

10 月，开发区招商信息管理与决策支持系统开始试运行，12 月正式上线。该系统包括“项目台账管理子系统”与“入区企业管理子系统”，实现了对开发区项目的采集上报、进度跟踪、综合查询和统计分析以及对入区企业的录入管理、查询和统计分析。

（张澎涛）

开发区网站入围国家级开发区十强

12 月，开发区网站跻身国家级经济技术开发区网站十强。在由中国软件评测中心、人民网等联合组织的第十届（2011）中国政府网站绩效评估中，开发区网站入围国家级经济技术开发区网站十强，总成绩在参评的 97 家国家级开发区中名列第 9 位。

（杨扬）

开展虚拟化平台建设

年内，按照“自行管理为主、外包服务为辅”的原则，开发区信息办形成自有政务云建设和专业托管两种管委会机房服务器资源优化整合模式；利用云基地超云服务器开展虚拟化平台建设，部署 10 套系统。

（周超）

建设远端智能化运维管理平台

年内，开发区信息办完成远端智能化运维管理平台招标，以实现对管委会政务网络系统、机房设备、远程节点间、监控设备的远端可视化、图形化、智能化检测和管理。

（王砚海）

基站与 20 兆宽带入户

年内，开发区信息办协调京东方、北京奔驰、汇龙森等重点企业和开发区周边 20 个基站选址及 6 个基站建设工作；完成天华二里、郁金香、狮城百丽、星岛嘉园

20M 宽带网络入户，已接入用户 1000 户。

（高卿）

搭建完成并试运行法人数据库

年内，依托北京市法人数据平台，开发区信息办搭建完成并试运行开发区法人数据库共享交互系统，实现 5000 余条法人信息查询展现、分析利用，数据库信息与市级平台同步实时更新，向科技局、产促局等部门开放使用。

（郑超）

启动地理空间信息共享服务平台研究

年内，开发区信息办与北京市信息资源中心合作，启动开发区地理空间信息共享服务平台研究，并协调市信息资源中心开放 38 个委办局市级地理信息平台的基础图层展现 337 个图层。

（王飞程）

试用外网 CA 认证环境

年内，以满足开发区管委会各部门面向企业的业务需要为重点，开发区信息办建设了外网统一认证平台，使企业、政府在线沟通和办理业务成为可能。在劳动用工管理系统中已搭建了外网CA认证环境，并进行试用。

（郑超）

网站信息发布量达 2.9 万条

年内，开发区信息办落实网站栏目分工责任制，加强对网站信息发布的督查审核，在信息发布数量和质量不断提升的基础上，进一步细化和规范公共服务信息的组织，及时更新过期信息，完善信息内容，规范信息格式，使信息发布数量和质量稳步提升。开发区网站信息发布量达 2.9 万条。

（冯若娇）

网站点击量稳步提高

年内，开发区加强政府网站群的统一规划、协调管理和资源整合，加大信息公开力度，拓宽服务内容，丰富展现形式，网站点击量 350 万次，其中境外点击量 161 万次。网站点击量创历史新高。

（冯若娇）

开设 14 个网上专题栏目

年内，开发区网站为配合重大活动、重点园区建设开设在线调查、网上投票等网上专栏，旨在扩大区域形象和产业宣传，发布 14 个专题栏目。

（杨扬）

强化年度信息化项目组织管理

年内，为推进部门电子政务项目的实施，开发区信息办做好审核把关、技术咨询支持工作。全年对 38 个电子政务项目进行了立项审批，召开 11 次专家评审会，通过集中式监理验收项目 18 个，有效的推进了电子政务项目的实施。

（陈晨）

支撑部门信息化系统建设

年内，开发区信息办配合业务部门开展了劳动用工管理、招商管理决策、科技创新项目申报管理、安全生产执法管理、规划综合业务、环保在线监测、水资源监测、固定资产项目管理、社区精细化管理等业务信息化建设工作。

（张澎涛）

启动开发区安全生产监督管理平台建设

年内，开发区启动了安全生产监督管理平台建设工作。该平台可依托移动终端设备，现场精确快速查询企业基础信息及历年检查等情况，可为现场执法提供准确翔实的信息。

（张澎涛）

规划综合业务信息系统上线

年内，开发区规划综合业务信息系统正式上线。该系统以规划信息资源管理、电子政务、信息服务为目标，是包括业务公文管理系统、规划编制任务管理系统、会议管理、规划编制成果空间入库标准及工具系统功能模块的互通、高效、集成、一体的规划综合业务平台。

（张澎涛）

扩大城市监控覆盖

年内，开发区信息办开展 166 路城市道路和公共区域监控点位建设，将监控覆盖扩至路东区、河西区。实际完成 27 路监控点建设，其余 139 路监控点建设项目预计 2012 年完成。“两会”时期，创新建设模式，深化无线技术应用，建设 12 处重点地区安保无线监控，满足了重大活动期间安保监控需要。完成企业文化园和博大公园 39 路无线监控建设。2011 年，开发区自建监控点位 176 个，有线点位 125 个，无线点位 51 个。

（周超）

开展重点社会单位监控接入工作

年内，开发区管委会按照统一规划、分批实施的原则，启动 342 家 1710 路重点社会单位监控接入工作，完成 76 家单位 380 路监控接入，城市综合管理平台共接入社会单位监控 424 路。

（张澎涛）

启动视频图像信息管理平台改造工程

年内， 为提升系统承载能力和运维智能化水平，开发区管委会启动了视频图像信息管理平台改造工作。改造后平台将实现 2500 路监控的承载，增加对各分中心分级权限管理及前端设备运行状态的实时监测、远程巡检、故障报警和重点区域视频图像质量智能检测，增强运维主动响应能力。

（王飞程）

健全网络安全管理制度和应急预案体系

年内，开发区信息办会同网络及安全运维单位对开发区管委会政务网络系统进行全面安全评估、扫描和安全加固 4 次，对新增业务系统和网站进行渗透测试 50 余次、安全加固 77 次；结合工作特点开展网络安全专业及普及培训，建立健全了网络安全管理制度和各项应急预案体系。

（杨超）

新区信息化工作深度融合

年内，开发区信息办与大兴区信息化部门形成工作协商机制，定期开展信息交流，对接资源需求，共同研究解决信息化工作中的共性问题。开发区网站发布大兴新闻信息 10607 条，网站专题 1 个。

（陈晨）

继续推进“无限亦庄”建设模式

年内，按照“多主体建设、多技术兼容”的“无限亦庄”建设模式，开发区扩大无线信号覆盖。截止年底，布设热点数量共计 189 个，包括企业文化园 39 路无线视频监控回传；强化“无限亦庄”网络运维管理，对现有 WiFi 热点进行全面检修 2 次。

（高卿）

区属国有资产

综 述

2011年，北京经济技术投资开发总公司（简称开发区总公司）作为区域性大型国有企业，紧紧围绕新区赋予的“成为‘一体化、高端化、国际化’的重要实践者，成为新区开发建设、园区经营、资本运作、资产管理、综合服务的重要主体，成为具有国际视野、较高管理水平的现代化企业集团”的发展定位，以深入贯彻落实科学发展观为统领，以全面参与新区开发建设为己任，致力于新区基础设施和公共配套设施开发建设，致力于新区高端产业发展搭建平台，致力于面向新区市场提供专业化服务，不断完善新区基础设施和配套设施，不断优化新区产业发展环境，着力促进南部高技术制造业和战略性新兴产业聚集区建设。

开发区总公司是1992年经市政府批准成立的国有独资企业，截至年底，有在职人员1380人，实现合计营业收入58.4亿元，完成年初计划的104.36%，同比增长223.71%；实现合计利润3.89亿元，完成年初计划的324.19%，同比增长223.94%；实现开复工面积578.2万平方米；全年完成固定资产投资180.2亿元，超额完成9.15亿元；总资产430亿元，净资产81亿元，剔除京东方股票市值下跌影响，国有资产保值增值率为103%，继续保持了健康快速发展的良好态势。全年协助新区解决劳动力就业，提供就业岗位1600个，解决960人次就业。

开发区总公司加大投入和建设力度，进一步优化了区域产业环境。开发区总公司正在施工项目共25个，其中新建项目16个，续建项目9个，开复工面积和投资规模再创历史最高水平。开发区总公司全面参与新区建设发展，着力推进12平方公里功能拓展区回迁安置房、基础设施、公共配套设施建设，投入资金14.5亿元开展园区对接工作取得显著成效。完成生物医药园、亦庄保税物流中心、路东区产业配套公租房一期等一批重点项目建设，为优化区域发展环境作出积极贡献。

开发区总公司高端园区建设进展明显，其中生物医药园确定入园项目19个；数字显示产业园有13个项目启动开工建设，入园配套项目达到22个；移动硅谷园与美国无线协会签订了战略合作协议，组建了移动硅谷物联网产业联盟，协调并组织“中欧创新基金”发起工作。亦庄生物医药园正式开园，建成多功能、全过程、高端化的科技创新服务体系。亦庄保税物流中心正式运营，显著提升了对区域外向型企业的服务水平。

开发区总公司下属北京经开投资开发股份有限公司等18家分公司发展态势良好。“北京经开·国际企业大道III”奠基，光谷G130地块一期工程于9月开工；北京博大经开物业管理有限公司、北京博大万源房地产经营管理有限公司、北京博大科创孵化器有限公司共同签订了公司合并协议，博大置业公司正式成立；亦城国际中心一期工程竣工验收并交付使用。

北京亦庄国际投资发展有限公司（简称亦庄国投）成立于2009年2月，有北京亦庄国际小额贷款有限公司、北京亦庄国际担保有限公司、北京亦庄普丰国际创业投资管理有限公司、北京亦庄移动硅谷有限公司、亦庄国际控股（香港）有限公司、松辽汽车股份有限公司6家控股公司，覆盖担保、小额贷款、境内外投资、基金管理、园区开发等领域。2011年是亦庄国投综合实力、业务推进、公司管理、企业文化、团队建设各方面全面提升的关键性一年。年内，亦庄国投以促进首都实体经济发展、做好新区产业金融服务体系建设为己任，践行"政府主导、企业运作"的创新理念，重点做好金融服务、项目投管、园区建管三大业务，成为注册资本43.9亿元的大型国有投资公司。2011年，亦庄国投职工总人数44人，其中博士3人，硕士21人，海外留学归国人员8人，正高级职称2人。年内，亦庄国投落实了太平洋世纪收购耐克斯特转向和传动业务、LED封装、背光模组及照明产品线、中航动科、表皮生长因子、云计算服务器等重大产业投资项目；承办市政府统筹资金股权投资代持项目20余项，代持资金共计11.2亿元。截至2011年底，亦庄国投总资产73亿元，净资产43亿元，资产负债率39.48%，2011年合计收入7894万元，其中营业收入3474万元，同比增长46%，投资收益3200万元，财政补贴收入1220万元；亦庄国投本部利润482万元，同比增长265%。

（蒋希云 何焱 杨莹）

北京经济技术投资开发总公司

开发区总公司召开2011年度工作会

1月28日，开发区总公司召开2011年工作会。开发区总公司党委书记、总经理赵广义作了题为《新机遇，新起点，新目标，新要求，在服务南部高技术制造业和战略性新兴产业聚集区建设中加快推进开发区总公司做强做大步伐》工作报告。报告指出：要认真贯彻落实两区工作会精神，以发展为中心，坚持解放思想，创新驱动，以实施新的发展战略规划为契机，充分发挥新区开发建设、园区经营管理、资本运作、资产管理、综合服务的重要主体作用，主动承担新区重点工作，着力促进两区深度融合，着力搭建好产业投融资平台，着力优化区域产业发展环境，服务南部高技术制造业和战略性新兴产业聚集区建设，加快推进开发区总公司现代企业集团建设步伐。

总公司2011年工作会　　新闻中心提供

（蒋希云 何焱）

12平方公里安置房项目完成融资

年初，开发区总公司开展12平方公里安置房项目融资工作，3月20日农发行总行、分行、支行陆续进驻总公司开展项目实地贷款评审工作，至4月1日基本结束现场工作。7月，安置房项目获得农发行总行审批通过。安置房项目贷款在满足贷前条件后按要求下拨。

（宋健）

申请X17公租房住房公积金贷款

年初，开发区总公司开始X17公租房住房公积金贷款的申请发放工作，先后完成贷款记录重新申请、更换委托贷款银行、变更经办银行及银行账号、银行贷款系统与住建部系统对接等前期手续工作，并配合受托监管机构对项目已投入资金和对外支付情况进行逐笔检查核实。5月23日，X17项目9亿元公积金贷款发放到位，5月底完成了第一笔3亿元的资金置换工作并提前归还了项目商业开发贷款，6月上旬完成了第二笔4亿元的资金置换工作。

（宋健）

组织完成新会计准则转换

2月15日，开发区总公司组织全系统会计准则转换的培训，制定新准则实施工作步骤和工作时间表。于3月按期完成开发区总公司系统新会计准则转换和2010年财务决算工作。

（宋健）

《战略性框架协议》签署

3月17日，开发区总公司与大兴区榆垡镇政府结成战略合作伙伴关系，签订《战略性框架协议》。战略合作涉及榆垡镇工业区内总占地规划面积325.67公顷土地开发，此次合作将充分发挥双方各自的优势，实现优势互补，共同促进区域快速、协调发展。

（蒋希云　何焱）

组织应急疏散演习

应急疏散演习　　新闻中心提供

4月1日，为增强员工防灾自救意识和能力，提高开发区总公司应急处置能力，开发区总公司在总部办公的高层建筑大楼进行了消防应急疏散演练。开发区总公司安全生产办公室牵头，开发区总公司办公室、博大物业管理公司协助制定了详细的预案。此次演练是开发区总公司大楼使用一年来进行的第一次疏散演练，开发区总公司领导、各部门、相关单位200多人参加了应急疏散演练，开发区应急办、消防支队领导对演练进行现场指导并给予肯定，演练达到了预期目的。

（蒋希云　伏社宏）

保华国际教育园项目完成定制

4月25日，开发区总公司与北京耀中教育文化发展有限公司就《北京亦庄保华国际教育园项目制定一转让协议》进行协议文本签署。

（蒙乐）

完成博大经开置业公司整合改制

5月11日，根据开发区总公司业态整合领导小组的要求，开发区总公司投融资部会同开发区总公司经营管理部、法律事务部等部门积极推进北京博大经开物业管理有限公司、北京博大科创孵化器有限公司和北京博大万源房地产经营管理有限公司的业态合并工作，成立了北京博大经开置业有限公司，注册资本1400万元。整合改制期间多次与工商分局、财政局等部门沟通协调，解决了一些在合并工作中出现的难题，确定了关于新公司股权比例的“同股不同权”的分配方法，同时也确保了总公司和经开股份公司的合法权益，使总公司业态整合工作有条不紊地快速向前推进。

（宋晓梅）

清理认定政府融资平台

融资平台清理整改会议　　总公司财务部提供

5月11日，开发区总公司召开融资平台清理整改会议，邀请了北京银行、中国工商银行、交通银行、中国建设银行等12家合作银行以及市金融局银行服务处、区财政局、区金融办等相关领导参加。参会银行依次对开发区总公司现有贷款认定工作表明了观点和立场，表示将严格按照银监局的要求梳理材料，全力配合开发区总公司工作，争取尽早从政府融资平台名单中划出。北京市金融局、区金融办、区财政局领导指出，将全力支持开发区总公司发展，积极协商，配合开发区总公司做好相关工作。7月，总公司从政府融资平台名单中调出。

（宋健）

亦城国际中心一期工程竣工备案

5月20日，开发区总公司完成亦城国际中心一期工程竣工备案工作，确保了业主按期入住。该项目是荣华路商务带重点生产性服务业配套项目。

（王翠）

路东区产业配套公租房项目二期启动

6月1日，路东区产业配套公租房项目二期启动。该项目建筑面积约15.62万平方米，由2栋27层方塔、5栋27层点塔，1栋5层综合服务楼和地下车库组成。截至年底，基坑防护、CFG桩、地下2层结构等施工已完成。

（王翠）

向博大兴公司增资2000万元

7月，开发区总公司为北京博大兴投资开发有限公司增资2000万元，增资目的是为推进该公司更好更快地发展，提高自身经营和融资水平。该公司是开发区总公司的全资子公司，于2001年12月12日经市工商行政管理局批准设立，注册资本为1亿元，该公司一直承担着开发区内大量的一级、二级开发建设任务。

（宋晓梅）

路东区产业配套公租房项目一期竣工备案

7月29日，开发区总公司完成路东区产业配套公租房项目一期工程竣工备案工作，并交付入住人员使用。该项目是为京东方8.5代线（数字电视产业园）等产业工人及开发区白领员工配套投资建设的项目。

（王翠）

亦庄生物医药产业园项目完成竣工备案

8月，开发区总公司部按计划完成亦庄生物医药产业园工程竣工备案并满足企业入驻条件，为园区的招商工作提供了良好的展示平台，园区运营管理公司于10月18日举行北京亦庄生物医药产业园开园仪式。园区占地面积8.7万平方米，建设规模17.8万平方米，总投资约9亿元。该项目包括中型企业用房、中试车间用房、危险品库房、设备机房及地下汽车库等。

（王翠）

亦庄保税物流中心项目完成竣工备案

9月20日，开发区总公司完成北京亦庄保税物流中心工程竣工备案工作，10月21日通过北京海关验收，12月9日通过海关总署、财政部等国家四部委的联合验收，实现当年审批、当年完工、当年闭关运营。被开发区海关誉为全国标准最高、速度最快的保税物流园区。

（王翠）

完成开拓热力国有企业改制工作

9月26日，原北京开拓热力中心正式改制为“北京博大开拓热力有限公司”。开发区总公司投融资部作为牵头部门，积极协作开拓热力制定改制方案，做好审计评估，履行决策程序，制定公司章程，并就总公司审批及上报国资办备案等工作给予指导。

（宋晓梅）

完成股票收益权转让信托融资3.75亿元

10月21日，开发区总公司立足创新融资方式，开辟融资渠道，与民生银行和北方信托共同设计了京东方A限售流通股收益权转让信托融资方案，成功融资3.75亿元，年化综合融资成本8.20%，为公司发展输入活力。

（宋晓梅）

完成信托贷款融资7亿元

11月，为进一步拓宽融资渠道，实现开发区总公司多元化、多途径的融资目标，投融资部与中国光大银行、中粮信托股份有限公司开展合作，将中国光大银行的理财资金通过中粮信托以信托贷款形式成功为开发区总公司募集7亿元。

（宋晓梅）

成功发行中期票据14.5亿元

12月14日，开发区总公司成功发行中期票据，发行金额14.5亿元，年利率为5.73%，综合融资成本较同期银行贷款下浮约1个百分点，5年共节省利息约7250万元，银行间市场已经成为开发区总公司较为成熟的融资渠道。

（宋晓梅）

融资规模取得新突破

年内，开发区总公司继续拓宽融资渠道，扩大了融资规模，确保了开发建设的资金需求。融资渠道实现多元化，建立起以银行信贷为主，中期票据、短期融资券、委托贷款等多种融资方式并重的产业融资模式。通过中期票据、信托等融资方式，实现融资50亿元；融资规模取得新突破，开发区总公司系统合并范围内融资余额303.5亿元，新增融资额150.5亿元，全年获得新批及续批银行授信额度共212亿元。在建项目贷款资金到位6.7亿元，12平方公里拆迁征地及市政建设贷款资金到位32亿元，安置房项目贷款资金到位23.85亿元，归还到期银行借款7亿元，协助数显公司项目获批贷款3亿元、博大世通公司3亿元、经开建设公司7.5亿元、博大兴投资公司1.293亿元。

（宋健）

有效推进12平方公里项目

12平方公里现场办公　　新闻中心提供

年内，12平方公里功能拓展区范围内已取得征地批复487公顷；拆迁工作和3条市政道路施工基本完成；回迁安置房、3所幼儿园和临时供热厂建设大部分已实现结构封顶；新开的14条道路、污水处理厂、燃气调压站建设正在推进。

（蒋希云　何焱）

投入资金14.5亿元开展园区对接工作

年内，开发区总公司对7个镇的7个项目进行实质投入，累计投入资金14.5亿元。长子营31公顷一级土地开发已经完成，投资2.4亿元的采育市政道路工程实现竣工通车，总投资15亿元的北臧村保障房建设项目顺利推进，向黄村东南工业区提供了8760万元的资金支持，确保京东商城项目顺利落地。

（蒋希云　何焱）

28C3项目完成案名申报

年内，开发区总公司前期策划部完成28C3项目的立面方案、平面布局、空调系统调整，完成该项目的整体方案及高度调整并取得审定意见和方案复函。确定项目案名为亦城财富中心，已完成案名申报。

（蒙乐）

49C1项目完成案名申报

年内，开发区总公司前期策划部完成49C1项目景观和夜景照明设计招标工作，根据初步设计方案进行专业会商，对方案局部进行调整，确定项目案名为亦城科技中心，并确定了销售方案。

（蒙乐）

亦城国际中心二期项目开展方案研究

年内，开发区总公司前期策划部进行亦城国际中心二期方案研究工作，对万源街3号和万源街4号两座办公楼的使用情况进行统计，组织召开楼内各单位情况摸底会，会同博大经开置业公司拿出安置方案。

（蒙乐）

康定街以南绿化带管理用房项目获立项

年内，开发区总公司依据《绿化带认建、认养协议书》及市规委有关意见，完成京津塘高速路西侧康定街以南绿化带管理用房项目概念方案设计，经济分析，并取得《关于京津塘高速路西侧康定街以南绿化带管理用房项目建议书（代可行性研究报告）的批复》（京技管[2011]156号）。

（蒙乐）

D6项目完成案名申报

年内，开发区总公司前期策划部完成D6项目租售价格建议及财务评价编制，对项目3期进行整体策划定位研究，起草项目《策划报告》，并完成3期工程方案设计。确定项目案名为亦庄信息产业园，并完成案名申报。

（蒙乐）

创业园改造项目完成改造方案初稿

年内，开发区总公司前期策划部对创业园入驻企业进行了摸底调研，并结合开发区“腾笼换鸟”及轨道站点周边开发强度提升的政策机遇，完成了园区改造的策划及改造方案初稿起草工作。

（蒙乐）

E8、E18两项目获批复

年内，开发区总公司完成E8、E18两个项目的项目建议书、可行性研究报告及经济分析，并取得《关于路东区E8、E18产业定向安置房暨中关村人才公寓项目建议书（代可行性研究报告）的批复》。

（蒙乐）

体育中心二期项目完成策划工作

年内，前期策划部对开发区大众体育健身市场进行了调研，并对北京市各体育健身中心进行考察，按照“大众化、高普及、利经营”的原则，对体育中心项目的功能设置、建设规模等进行了研究，在此基础上完成体育中心二期项目的策划工作及可行性分析，形成策划报告及概念方案。

（蒙乐）

旧宫镇域控规编制工作完成成本测算

年内，在与旧宫合作开发工作中，开发区总公司前期策划部参与旧宫镇域控规编制，对旧宫工业大院区域一级开发成本进行测算，积极推进总公司与旧宫镇属国有企业成立合资公司，负责片区的整体改造工作。

（蒙乐）

亦城国际中心项目销售签约3.8亿元

年内，开发区总公司委托测绘公司对亦城国际中心项目进行竣工测量，向具备入驻条件的客户发放《入住通知书》，并同客户签署面积补差《补充协议》，项目累计签约合同额3.8亿元，累计回款3.5亿元，并完成中国工商银行购买底商相关工作。

（蒙乐）

电子信息工业产业园项目完成工作计划

年内，开发区总公司项目管理部从确保项目品质和有效节约投资出发，对电子信息工业产业园项目外装设计方案反复论证，最终选择合理方案并及时实施，已完成工程结构施工、机电施工部分内容、部分外墙面层安装。该项目由6栋多层厂房和8栋研发楼组成，项目于3月开工。

（王翠）

亦城科技中心项目完成工作计划

年内，开发区总公司项目管理部根据亦城科技中心项目基坑深、场地狭小的特点，重点研究深基坑支护和降水措施，确保了雨季深基坑的安全，工程已完成基坑支护、土方开挖及地下2层封顶等工作。

该项目由A、B、C、D共4栋主楼和地下车库组成，于6月开工。

（王翠）

亦城财富中心项目完成工作计划

年内，开发区总公司项目管理部已完成亦城财富中心场地平整、现场临舍、护坡桩、正负零结构施工等工作。该项目建筑功能主要为开发区高端商务、企业办公、商业服务及其他配套设施，建成后将成为荣华中路地标性建筑。

（王翠）

再生水厂源水处理项目完成工作计划

年内，开发区总公司项目管理部完成再生水厂源水处理工程加药间顶板混凝土浇筑、沉淀池墙体钢筋绑扎、滤池墙体浇筑、格栅间及调节池等土建施工，并完成机电部分施工。该项目为市政基础设施工程，通过对污水中的磷等进行工艺处理达到进、出水水质要求。

（王翠）

完成2011年度纳税申报及税款缴纳

年内，按照征期要求，开发区总公司计划财务部按期完成重点税源户报表报送、纳税申报和税款缴纳工作。全年纳税共计8606万元。编写12平方公里开发项目纳税工作管理办法，进一步规范了项目纳税管理工作。起草了新的“资产委托经营管理发票使用方案”，配套制定了《北京经济技术投资开发总公司资产委托经营税控器、发票及相关印章使用管理办法》，同时购买税控器和发票专用章下发到相关资产受托经营单位。

（宋健）

继续推进总公司集中核算系统建设

年内，开发区总公司计划财务部根据系统内二级、三级公司财务核算要求及时添加相关档案。先后为新成立子公司天津博海缘公司、博大世通公司、联港置业公司、经开光谷小张湾公司、博大汇升天津公司以及博大中伟投资公司建立账套和初始化档案录入工作。继续做好财务集中核算系统硬件设备及软件的日常维护工作，每天检查硬件设备运行情况，及时排除出现的问题，并对出现的问题进行了详细记录。检查系统备份情况，做到本机备份、异机备份、异地备份三种备份方式同时并行，保证系统稳定性及数据的安全性。对财务核算系统进行了5.7版本的升级，安装了预算管理系统软件。

（宋健）

推进总公司资金集中管理系统建设

年内，开发区总公司计划财务部启动了总公司资金集中管理系统的信息化建设工作。9月27日，计划财务部召开了资金集中管理系统的启动会，总公司相关领导、各子公司单位领导、浪潮集团领导参加会议。会上，总公司领导对实施总公司资金集中管理系统作了动员，要求各单位积极配合系统建设工作，计划财务部稳步推进资金管理系统实施上线工作。年内，本系统硬件设备，包括服务器、银行前置机已经上架安装完毕，软件包括操作系统、数据库、双机软件及备份软件也已安装完毕，现正进行银企互联程序的安装与测试及资金管理系统程序的安装与网络的配置工作及录入资金集中管理系统初始数据，搭建起系统测试环境等工作。

（宋健）

推进总公司预算管理系统建设

年内，开发区总公司计划财务部启动了总公司预算管理系统的信息化建设工作。研究预算管理框架，结合总公司发展战略的实施，设计战略导向型预算管理模式和内容体系。听取了用友全面预算管理系统和商务智能系统的讲解，与用友公司洽商预算管理需求、报价以及合作模式，明确预算管理目标，不断推进总公司系统预算管理软件的实施。12 月 6 日，计划财务部组织召开了预算管理系统培训会。并建立预算联络员机制，组织总公司系统财务人员预算系统应用培训，完善预算表样，进一步推进预算系统上线工作。

（宋健）

加强总公司建设项目管理

年内，开发区总公司计划财务部做好总公司各建设项目和资产运营项目的财务管理工作，包括项目的会议研讨、投资测算、工程评标、合同会签、付款审核、工程考核、财务决算等。作为总公司建设项目考核小组成员单位，计划财务部对项目管理部的项目建设管理工作进行考核，包括亦城国际中心、生物医药园、路东区配套宿舍 3 项完工项目及再生水源水处理工程、亦城科技中心、路东区电子信息园 3 项在建项目。

（宋健）

完成国有资本保值增值考核申报工作

年内，开发区总公司向系统内各单位下发《2011 年总公司系统国有资本保值增值考核申报工作》通知，组织填写总公司系统国有资本保值增值申报表并编制说明。

（宋健）

完成新成立子公司财务代管工作

年内，开发区总公司计划财务部负责数字显示公司、翰博高科公司、生物医药公司、博大世通公司的财务制度建设、合同会审、付款审核、会计核算、资金调配、财务预决算、税收筹划及纳税申报等财务代管工作。并在生物医药公司、博大世通公司成立财务部后，于 9 月、11 月移交了财务管理和会计核算工作，并对两公司的财务人员提出了财务管理要求和工作建议。

（宋健）

落实国有资产评估、备案和划转申报

年内，开发区总公司经营管理部办理的国有资产评估核准、备案事项共 13 项，其中包括开拓热力中心改制、博大新元公司股权转让、经开光谷增资扩股、总公司 3 家子公司业态整合、施耐德中压股权转让、经开股份增资扩股和实验学校转制等资产评估项目。落实 X17 供热项目资产划转、三号供热厂 1 期资产无偿划转、振远护卫中心第十支队资产接收事项的申报工作。

（颜敏）

加强长期股权管理

年内，开发区总公司经营管理部对长期股权收益台账进行了完善和更新，积极与各控股、参股企业保持联系，依据股东会、董事会决议及时收取各项分红款，进一步做好各企业股东会、董事会、监事会资料的归档和备案工作。

（颜敏）

维护国有资产权益

年内，开发区总公司经营管理部跟进大兴华夏村镇银行增资项目，完成施耐德中压股权转让事项，协调落实永康公寓底商和经开再生水厂资产评估等事项，协助丽源公司办理国有股转持手续，协助力宝公司完成章程、合同修正案的签订与备案，同时完善了开发区总公司转持北京银行部分国有股权手续，向国资部门提供总公司长期投资企业经营及收益情况等。

（颜敏）

完成委托贷款 10.32 亿元

年内，开发区总公司投融资部先后与大兴区亦庄镇、瀛海镇等成功合作，将部分村镇的闲散资金通过委托贷款形式贷给开发区总公司，一方面保证资金供给方资金安全并实现较高收益，另一方面满足开发区总公司资金需求，实现了资金供需双方共赢。截至年底，投融资部完成委托贷款融资 10.32 亿元，委托贷款利率与银行同期贷款利率持平。

（宋晓梅）

全资（控股）子公司

北京经开投资开发股份有限公司

概况

2011 年，北京经开投资开发股份有限公司（简称北京经开）实现主营业务收入 11.28 亿元，利润总额 2 亿元。公司完成房屋开发投资 8 亿元，当年开复工项目 5 个，开复工面积 42.38 万平方米，项目开工量超过北京经开历史累计开工量的一半，实现了北京经开发展历史上里程碑式的跨越。尽管开工量巨大，公司通过加强项目管理，确保了安全生产，实现全年安全生产零事故。

（姜昧茗）

增资扩股

3 月 31 日，经北京经开年度第二次临时股东大会决议通过，正式启动第二轮增资扩股工作。公司引进新股东王健宏，总公司也同时实施定向增资。第二轮增资扩股完成后，公司注册资本从 5 亿元跃升至 10 亿元。

（姜昧茗）

北京经开 · 国际企业大道 III 项目开工

国际企业大道 III 项目奠基　　企业提供

5 月 7 日，北京经开成功举办了通州光谷“北京经开 · 国际企业大道 III”奠基仪式，光谷 G130 地块一期工程于当年 9 月正式开工建设。北京经开 · 国际企业大道 III 是继位于亦庄的低碳高端产业园区代表——北京经开 · 国际企业大道 I 和 II 之后的三期项目，整个项目总占地面积 76

万平方米，建筑面积161万平方米，预计总投资70亿元。其中，项目一期占地面积20万平方米，建筑面积51万平方米。

（姜昧茗）

设立内蒙古子公司

6月30日，经北京经开股东大会决议通过，同意王健宏以其持有的内蒙古诚健房地产开发有限公司100%股权作价，作为增资款的首笔出资。截至年底，该公司已通过工商登记变更转为北京经开全资子公司，并更名为内蒙古经开置业有限公司。北京经开业务领域拓展至内蒙古。

（姜昧茗）

设立通州子公司

7月，北京经开张湾置业有限公司完成工商登记，随后取得了通州区通州工业开发区云杉路1号项目（定名为“北京经开·张家湾产业园”项目），可开发土地面积12万平方米。10月28日，北京经开·张家湾产业园项目签约仪式顺利举行。

（姜昧茗）

北京博大经开置业有限公司

概况

2011年，北京博大经开置业有限公司（简称博大置业公司）由北京博大经开物业管理有限公司吸收北京博大万源房地产经营管理有限公司和北京博大科创孵化器有限公司合并重组而成。公司经营资产面积达100多万平方米、管理物业面积达260万平方米，所管资产总值35亿元。年内，实现收入10195万元，其中物业收入为8789万元、房产经营收入为1406万元。公司机构设置了13个部门及子公司北京亦庄文化发展有限公司、北京博大经开社区菜市场有限公司，目前在册职工总数591人。博大置业公司主要从事房地产开发；房地产经纪业务；投资；投资管理；物业管理；出租写字间；园林绿化服务；机动车公共停车场服务；提供劳务服务（中介除外）；家用电器、机械设备维修（不含行政许可项目），社会经济咨询（不含行政许可项目）；销售文化用品；票务代理；花卉租摆业务。

（黄秀敏）

东区E14公寓投入使用

4月，东区E14公寓一期完工并投入使用，北京京东方光电科技有限公司入驻。E14公寓位于经海路科创十街，是东区唯一一家专为京东方提供员工住宿的公寓。东区公寓总投资约10.63亿元，占地面积约25.7万平方米，其中一期建有蓝领宿舍2348间，可容纳14000人。二期共有白领套间宿舍1510间。

（黄秀敏）

承接亦城国际中心一期物业管理

亦城国际中心投入使用　　企业提供

5月20日，亦城国际中心一期工程竣工，物业管理工作由博大置业公司承接。

截至年底，共有开发区行政服务中心、中国工商银行、渣打银行、中信建投证券股份有限公司、三菱东京日联银行（中国）有限公司、英飞凌集成电路（北京）有限公司、中航汽车、通用电气等32家客户入驻。亦城国际中心位于荣华北路，是开发区内一座5A级高档写字楼，一期工程总建筑面积8.66万平方米，包括A、B两栋5A甲等写字楼和底层商业。

（黄秀敏）

被评为五星级物业管理大厦示范项目

5月，博大置业公司承接博大大厦物业管理项目被评为5星级物业管理大厦示范项目。博大大厦是开发区管委会办公所在地，位于荣华中路15号，该大厦总建筑面积8万平方米，博大置业公司提供的日常服务内容为综合维修、秩序维护、保洁及室内租摆等。

（黄秀敏）

承接公共租赁住房物业管理

8月，博大置业公司承接博客雅苑和亦城茗苑两个公租房项目物业管理工作。博客雅苑位于鹿海园四里，占地面积7.8万平方米，建筑面积31万平方米，绿化面积为2.4万平方米。园区包括框架结构幼儿园1座，为开发区所有企业提供房屋配租的服务。截至年底，博客雅苑入住率为65%，主要公司有诺基亚（中国）投资有限公司、中铁十九局集团有限公司、北京奔驰汽车有限公司、北京可口可乐饮料有限公司、北京凯因生物技术有限公司等。亦城茗苑位于凉水河二街，占地面积约8万平方米，建筑面积约32万平方米，截至年底，亦城茗苑入住率为26%，入驻有开发区管委会、驻区职能局以及开发区总公司员工、海外人才等。

（黄秀敏）

通过三项管理体系认证

11月25日，博大置业公司通过兴原认证中心专家审核团的工作认证，取得质量管理体系、环境管理体系和职业健康安全管理体系认证证书，确保了公司体系认证工作的连续性。

（黄秀敏）

各物业中心平均满意度超90%

12月，博大置业公司对各物业中心所辖17个项目进行了满意度调查。共发放问卷298份，回收问卷298份，回收率100%。各物业中心平均满意率为93.25%，超过公司客户总体满意率目标（90%）。

（黄秀敏）

整合组织机构

年内，博大置业公司积极与工商局、国税局、地税局等职能部门沟通，按照相关规定，先后完成北京博大万源房地产经营管理有限公司、北京博大科创孵化器有限公司两家公司的工商、税务、组织机构注销工作。按工商、税务等部门要求，积极准备相关材料，于7月完成工商登记变更手续，取得博大置业公司营业执照。公司同时深化组织机构调整，优化人力资源配置，对原有工作岗位进行了重新梳理，实现了人员合并工作的平稳过渡。竞聘过程公平、公正，通过竞聘工作为公司选拔了一批德才兼备的队伍。

（黄秀敏）

开展多种经营业务

年内，博大置业公司经营业务实现收

入 327 万元。在承接亦城国际中心、京东方 8 代线宿舍、博客雅苑、亦城茗苑、生物医药园、保税物流中心等新项目的同时，开拓外部市场，先后与柏瑞安电子科技有限公司签订了 5.2 万平方米物业合同，与朝阳区药监局签订了 5500 平方米物业服务合同。在充分做好物业管理工作的同时，开展多种经营，服务项目涉及停车场管理、花卉管理、桶装水配送、室内保洁等服务。

（黄秀敏）

万源商务中心新增 44 家企业入驻

年内，万源商务中心新增北京汉柯林环境科技有限公司、合谷管理咨询（北京）有限公司等 44 家企业入驻。万源商务中心位于宏达北路 10 号，是开发区第一家取得租赁经营许可证的写字楼，隶属于开发区总公司，占地面积 6768 平方米，建筑面积 2.25 万平方米。1 层为商业配套，2 ~ 8 层为商务办公。现有中国银行、中国工商银行、中国移动、阳光财险等企事业单位入驻该大厦。

（黄秀敏）

隆盛大厦新增 8 家企业入驻

年内，隆盛大厦有上海拓米电子材料有限公司北京分公司、北京国源锦泰科技有限公司等 8 家企业新增入驻。隆盛大厦位于荣昌东街甲 5 号，总建筑面积约 7 万平方米。整个建筑群由 A、B、C 三栋近百米的极富个性的高层建筑组成；360 度全视角观景楼身，可不同视角俯瞰开发区。其中 A.B 座 1 ~ 3 层为商业，A 座 4 ~ 10 层为写字楼出租，B 座部分写字楼出售。现有华夏银行、中国工商银行、迪恩士电子、博大电信通、通用电气、华油燃气、永恒力叉车、天源科创等企业入驻。

（黄秀敏）

隆盛工业园出租率保持 100%

年内，隆盛工业园出租率保持 100%。截至年底，隆盛工业园一期出租工业厂房 4.16 万平方米，有 25 家生产电子产品、医药产品的企业客户。二期 2.7 万平方米为出售工业厂房，共有 5 家生产医疗器械、药品企业拥有厂房产权。隆盛工业园位于荣昌东街甲 5 号。

（黄秀敏）

BDA 企业大道新增 4 家企业入驻

年内，BDA 国际企业大道有北京意尔诗丹经贸有限责任公司、北京百家安酒店管理有限公司等 4 家客户入驻。BDA 国际企业大道位于景园北街 2 号，该项目总建筑面积 30 万平方米，分 3 期开发，1 期 11 万平方米，由 43 栋独栋写字楼组成，现已全部入驻，其中有 3M 科技、资生堂、中国黄金集团、中国石油、白领服饰、北京动向、阳光财险、锦江之星等企业。

（黄秀敏）

经开创业园新增 32 家客户入驻

年内，经开创业园有北京冉升圆通医药科技发展有限公司、金普诺安蛋白质工程技术（北京）有限公司等 32 家客户入驻，截至年底，客户达到 157 家。经开创业园位于宏达北路 12 号，建筑面积 4.3 万平方米，是开发区总公司的一个高科技孵化器基地，以孵化高新技术项目为重点，为具有广阔市场前景和竞争力的高新技术成果及产品创造良好的产业转化环境，提供必要的配套硬件支持和软件服务。

（黄秀敏）

永康公寓出租率达到92%

年内，永康公寓与国家康复辅具研究中心附属康复医院、北京国能子金电气技术有限公司等10家企业员工签订入住合同，出租率达到92%。永康公寓位于开发区康定街18号，主要为入区企业提供员工宿舍服务。

（黄秀敏）

北京博大经开建设有限公司

概况

2011年，北京博大经开建设有限公司（简称博大建设）新签合同额46.42亿元，是上年同期的2.81倍；实现营业收入30亿元，是上年同期的2.46倍；实现利润总额8724万元，是上年同期的4.28倍；纳税总额4481万元，是上年同期的2.21倍；全年固定资产投入613万元，实现融资授信10亿元，实际利用贷款3.5亿元。公司主要在建工程21项；竣工工程8项；实现开复工总面积145.01万平方米；新开工程面积100.8万平方米；竣工工程面积近50万平方米；完成市政道路建设7449米。博大建设成立于2005年12月20日，企业注册资金1.6亿元，是由北京经济技术投资开发总公司和北京经开投资开发股份有限公司共同参股重组的建筑企业。企业拥有房屋建筑工程施工总承包一级、建筑智能化工程专业承包二级、市政公用工程施工总承包二级、钢结构工程专业总承包二级资质，主要经营范围是工业厂房、公用建筑、住宅工程、市政工程、建筑智能化施工及钢结构工程施工。伴随着公司的发展，顺应市场变化和公司经营规模进一步扩大的需要，公司的发展规模不断扩大，形成了房屋建筑工程为主业，市政工程、工程维修、机械租赁、材料租赁、钢筋加工、商务会议服务等多业并举的多元化、多领域发展格局。

（林森）

数字显示产业园开工建设

3月16日，数字显示产业园开工建设。产业园总建筑面积11.52万平方米，由11栋建筑组成。一期厂房11月24日顺利通过竣工验收，截至2011年底二期工程已经封顶。数字显示园立足于园区现有产业基础，围绕OLED、电子纸、激光显示技术等新型显示产业，规划布局新型显示主体区、新型显示服务区和产业二级配套区。该工程由博大建设承建。

（蒋希云　何焱　林森）

承建工程竣工并按期交付使用

5月20日，亦城国际中心一期工程竣工验收并交付使用。X31F1地块公租房，经过努力实现了竣工验收，按期投入使用。采育市政4条道路，作为深度融合的重点工程，实现了竣工通车的目标。8月底，博大建设承建的亦庄生物医药园完成竣工备案，10月18日正式开园。路东配套宿舍一期工程顺利交付使用，确保了京东方第一批员工按期入住。12月9日，北京亦庄保税物流中心顺利通过国家四部委验收，实现当年获批、当年开工、当年竣工、当年验收封关的目标。以上工程均由博大建设承建。

（林森）

D6电子信息产业园主体结构封顶

6月15日，电子信息产业园实现了主体结构封顶。项目总建筑面积9.9万平方米，由14栋单体建筑组成。自2011年2月21日开工以来，项目管理团队提高施工管理精细程度，推行人性化管理方式，得到了来自市、区及外国友人和行业专家的一致好评。D6电子信息产业园工程获得了“北京市建筑结构长城杯”和“北京市绿色施工文明安全样板工地”。该工程由博大建设承建。

（林森）

亦城科技中心开工建设

6月28日，亦城科技中心开工建设，亦城科技中心将建成为北京亦庄高端商务地标。该项目总建筑面积10.57万平方米，由4栋中高档写字楼组成。截至年底，该项目进入到地下结构施工阶段。该工程由博大建设承建。

（林森）

全力推进在建工程

年内，北藏村回迁房工程33栋住宅楼主体结构全部完成。12平方公里、X75R1地块回迁房和X75R2地块幼儿园工程，主体结构全部封顶，综合履约能力在12平方公里9家总包单位中起到了领头羊作用。X84R2地块小学和N5地块供热厂，实现了主体结构封顶的目标。D6电子信息产业园，完成了主体结构施工。数字电视显示产业园，一期厂房11月24日顺利通过竣工验收，二期工程已经封顶。亦城科技中心和路东配套宿舍二期工程，正在进行地下结构的施工。进水截留井等6项工程，主体结构已经完成。北工大软件园配套楼正在进行土方施工。南区一街、博兴十路、新凤河路地下管线基本完成。亦城财富中心、体育中心二期工程开工奠基。以上工程均由博大建设承建。

（林森）

承建工程获多项荣誉奖项

年内，B7生物医药园一期和D6电子信息产业园获得了“北京市文明安全样板工地”称号；保税物流中心、数字电视产业园、X75R1回迁房工程获得了“北京市文明安全工地”称号。D6电子信息产业园、保税物流中心、数字电视产业园以及采育市政工程通过了“北京市建筑结构长城杯”和“北京市市政基础设施竣工长城杯”专家组评审。亦城国际中心QC小组获得了“全国质量信得过班组”荣誉称号和全国工程建设优秀质量管理小组一等奖，市政分公司、X75R1回迁房QC小组在该项评比中获得了二等奖，同时3个QC小组均获得了2011年北京市工程建设质量管理小组一等奖荣誉称号。以上工程均由博大建设承建。

（林森）

企业社会影响不断提高

年内，博大建设加入了北京市建筑业联合会和中国建筑业协会。获得了“2011年度全国质量信得过单位”和“北京市2011年度交通安全先进单位”称号，第一次荣获了新区纳税增长50强荣誉。成功举办了“农民工红歌会”、公司第二届运动会，在新区范围内开办了第一家“工友影院”；团支部荣获了“开发区五四红旗团支部”荣誉称号，健美操队、篮球队在多次比赛中获得殊荣。积极组织60台电脑爱心捐赠活动，为内蒙古阿木古郎小学捐建了电脑教室。

博大建设农民工红歌会　新闻中心提供

（林森）

北京博大数文广告有限公司

概况

2011年，北京博大数文广告有限公司（简称博大数文广告公司）紧跟总公司脚步，秉承服务开发区、建设开发区、宣传开发区的理念，深化管理，开拓创新。公司全年实际完成营业收入2167万元，完成年初计划的160.88%；利润总额562.18万元，超额完成总公司下达的各项经营指标，为公司健康稳定的发展奠定坚实基础。

（靳洋）

承接总公司X17公租房发钥匙仪式活动

5月11日，博大数文广告公司承接总公司X17公租房发钥匙仪式活动，公司从公租房是解决新就业职工等夹心层群体住房困难的一个产品出发，设计制作了此活动的背景板、条幅、指示牌等。

（靳洋）

承接制作《党旗飘扬》宣传片

7月15日，博大数文广告公司承接制作《党旗飘扬》宣传片14期，历时两个月，于2011年9月审查合格。

（靳洋）

公司经营范围扩大

9月5日，经由北京市广播电影电视局批准，博大数文广告公司获得了广播电视节目制作经营许可证，扩大了公司的经营范围，许可经营项目包括：制作、发行动画片，电视综艺，专题片等广播电视节目。

（靳洋）

承办北京亦庄生物医药园开园活动

10月18日，博大数文广告公司承办了亦庄生物医药园开园活动。公司从活动的前期策划，包括现场实地考察，辅助会议邀请，与第三方的协调和培训，会议资料的筹备，相关物品的设计与制作，到现场实施执行，包括现场接待，会议安排，VIP管理，危机管理等。后期总结做了摄影集制作，VCD制作以及活动总结报告。

展现了生物医药园作为生物医药公共服务平台的重要载体，推动了亦庄开发区生物医药产业的发展，促进了北京市生物医药产业的创新。

（靳洋）

承接拍摄《局长访谈》系列专题片

10月19日，博大数文广告公司拍摄制作《局长访谈》系列专题片，共计10期，涉及开发区工商局、税务局、环保局、人劳局、海关等10个职能局。针对企业生产经营过程中遇到的各类行政许可，政策法规等常见问题，全面、细致、生动地进行阐述解答。为企业提供支持和服务。历时3个月，于年内完工。

（靳洋）

制作金博会宣传片

11月8日，博大数文广告公司拍摄制作北京市第七届金博会宣传片，宣传片拍摄历时1周，通过影像资料全面展示国家和首都金融发展成就，为此次金博会提供了全面的介绍。此外，公司协助开发区承办此次金博会的宣传资料设计，包括纸质资料、手提袋、桌面桌牌等。

（靳洋）

配合推进自行车租赁服务公益项目

年内，博大数文广告公司在总公司支持下，配合开发区市政局推进自行车租赁服务公益项目。该项目以政府督导、国企投资、专业公司运营的方式运作。开发区市政局、博大数文广告公司、北京绿畅公共自行车服务有限公司签署了三方合作框架协议。

（靳洋）

北京博大坤元房地产开发有限公司

概况

2011年，北京博大坤元房地产开发有限公司（简称博大坤元公司）成立于2005年，为总公司控股子公司。博大坤元以天津市武清区天和城土地一级开发项目建设为中心，以规划与拆迁为年度主题，完成了从拆迁、规划、土地征转、土地上市一级开发全过程第一个完整的循环，完成了撤村建居拆迁安置、规划设计、项目开发、土地招商、工程建设准备等方面预定工作。公司规模及品牌影响力稳步增长。2011年末，公司共有职工106人。

（芦佳音）

天和城项目规划设计工作进展顺利

2月，博大坤元公司组织编制完成的天和城总体规划纳入武清区土地利用总体规划（2006～2020）并正式获得天津市人民政府批复，天和城项目实现建设用地指标300公顷落入武清区土地利用总体规划。3月和5月，博大坤元公司组织编制的天和城范围14—05—09、14—05—11两个单元的控制性详细规划以及相应的土地细分导则、城市设计导则，分别获得武清区人民政府区批复。年内，博大坤元公司参与编制的天和城区域13个地块规划条件获武清区人民政府审批通过，其中含14-05-09控规单元8个出让地块的规划条件和14-05-11控规单元5个5万平方米以下地块的规划条件。

（芦佳音）

天和林溪项目主体封顶

10月3日，博大坤元公司在天津市武清区的二级开发项目 — 天和林溪项目16栋楼全部实现主体封顶。天和林溪项目是公司在天津的第一个房地产二级开发项目，于2009年4月21日摘得土地。项目占地7.38万平方米，建筑面积14万平方米。规划为16栋16层的住宅和1栋4层配套物业楼以及1栋6层商业金融办公楼组成，容积率1.76，绿化率40%。

（芦佳音）

摘取天和城区域首块地块

10月19日，博大坤元公司子公司天和城（天津）置业投资有限公司摘取天和城区域一个地块，面积为201.27亩，这是博大坤元公司子公司天和城公司在天和城区域自行摘取的首块土地。

（芦佳音）

天和城起步区正式开放

10月26日，在博大坤元公司子公司天和城公司与花样年集团共同努力下，天和城起步区暨花样年·花郡项目展示区正式开放，武清区、北京开发区总公司及天津农垦集团领导出席了仪式。

（芦佳音）

天和城还迁房交付使用

11月15日，在博大坤元公司子公司天和城公司与下朱庄街道办共同努力下，经过1年半的建设，还迁房工程顺利竣工并交付使用，还迁居民开始办理入住手续。还迁房工程涉及天和城区域5个村、1261户家庭，累计拆迁地上物1765处（含1534所村民住宅、231处企业及其他非住宅），拆迁面积1058.24公顷；还迁新楼房3330套，还迁楼房总建筑面积330580平方米；享受保险保障人员3425名。

（芦佳音）

天和城市政道路建设取得进展

年内，在博大坤元公司子公司天和城公司与下朱庄街道办共同努力下，按计划完成市政道路建设，天和城已初步形成了一纵三横的路网格局，共完成道路施工10129米，铺筑路面390187平方米，并具备了通车条件。同时还铺设雨水管道23817米、污水管道17556米；桥梁主体完工7座；修建铁路下穿地道2处；多项市政管网按计划完成施工，其中热力、自来水、燃气、电信、照明、交通信号等市政主干综合管网已完成。

（芦佳音）

天和城土地征转及上市工作取得进展

年内，博大坤元公司子公司天和城公司组织完成道路用地征转35.6公顷。组织完成7块地共48.45公顷土地出让，出让金收入共计99535万元。截至年底，天和城累计完成土地出让84.6公顷，土地出让金累计收入161838万元，为天和城拆迁及工程建设提供了资金支持。

（芦佳音）

天和林溪项目销售近半

年内，博大坤元公司二级开发项目－天和林溪项目销售平稳进行。根据市场变化，天和林溪使用了网站、短信、LED、广告牌、网络微博等形式宣传推广，不断改进销售手段，2011年共销售房屋652套，占销售总量的 48%。

（芦佳音）

天和城项目招商工作取得进展

年内，博大坤元先后与 50 多家住宅地产企业、30 家商业地产企业及 20 家旅游度假公司进行了接触，最终北京首城置业、北京文锦华、天津锡宝钢铁等 3 家企业摘地并入驻。7 月 15 日，博大坤元公司土地一级开发招商引进北京首城置业有限公司，成功摘取天和城区域 3 个地块，面积共计 13.98 公顷，成交均价为 9 万元 / 公顷。9 月 9 日，博大坤元公司土地一级开发招商引进天津锡宝钢铁贸易有限公司，成功摘取天和城区域一个地块，面积为 3.45 公顷，成交单价为 9.9 万元 / 公顷。9 月 28 日，博大坤元公司土地一级开发招商引进北京文锦华投资发展有限公司，成功摘取天和城区域一个地块，面积为 9.9 公顷，成交单价为 9 万元 / 公顷；同日，博大坤元公司土地一级开发招商引进北京首城置业有限公司，又成功摘取天和城区域一个地块，面积为 7.68 公顷，成交单价为 9 万元 / 公顷。

（芦佳音）

北京博大兴投资开发有限公司

概况

2011 年，根据总公司总体工作部署和安排，北京博大兴投资开发有限公司（简称博大兴投资开发公司）以创先争优主题实践活动为契机，坚持“讲团结、顾大局，抓经营、算细账，求创新、谋突破”，圆满完成各项工作任务和经营指标，全年经营收入实现 71318 万元，利润完成 27536 万元，博大兴投资开发公司本部实现赢利，扭转了历年亏损的局面。

（周会丽）

悦廷住宅项目按期竣工交付

年内，博大兴投资开发公司下属子公司承建的悦廷住宅项目进展顺利。整体项目于 10 月中旬达到分户验收的条件，月底完成四方验收工作，并陆续完成了规划验收、消防验收、人防验收、节能验收、环境检测、电梯验收、锅炉设备验收在内的多项竣工验收前的分项验收和备案工作，于 12 月正式进入工程竣工备案实施阶段。悦廷住宅按计划于 12 月底全部交付业主，各项收入年底前全部确认。

（周会丽）

长子营园区对接稳步推进

年内，博大兴投资开发公司负责的长子营工业园开发工作取得积极进展。其中 31 公顷土地一级开发进行征地，大市政道路建设由于扩区规划影响暂时停顿，待扩区规划明确后，上下游市政规划能够对接时再启动建设。土地上市工作在按程序办理中。另外 22.2 公顷土地腾退及一级开发工作首笔腾退资金已支付，待长子营镇新控规确定后开展办理土地预审、规划意见书及立项等工作。公司在完成上级部署的工作任务同时，进行了镇区整体及扩区等多种组合方案的一、二级联动成本收益测算以及分析研究工作，积极寻求园区对接中博大兴投资开发公司自身的发展空间。

（周会丽）

青年公寓年度收入增长近 1 成

年内，博大兴投资开发公司负责的青

青年公寓全景　　新闻中心提供

年公寓新增 11 家客户，为园区经营带来近 400 万元的新增收入，全年收入达 3400 万元，比上年增加 9.6%。

（周会丽）

青年公寓基本形成管理新模式

年内，博大兴投资开发公司负责的青年公寓依靠政府工会服务站、联防工作站等机构加强服务和管理，同时动员引导入住学校和企业的管理人员组成联合管理机构，逐步实现入住人员自治管理，基本形成了以政府扶持为保障、以企业化运作为灵魂、以员工自治为发展方向的政府、企业、员工“三位一体”社区化职工宿舍管理新模式。

（周会丽）

北京博大酒店管理有限公司

概况

2011 年，北京博大酒店管理有限公司（简称酒店公司）围绕年初制定的工作目标，以市场为导向、细化管理为手段，稳抓企业经营管理及安全等相关工作，提前 2 个月完成全年收入指标和营业毛利率指标，2 个指标比上年均提高了 17%。安全工作以“防”为先，全年未发生安全事故。全年接待开发区、总公司各驻区企业宾客近 9 万人次。酒店公司成立于 2008 年，主要负责博大永康商务酒店和博大万源公寓的经营工作。博大永康商务酒店是总公司投资兴建的中高档商务酒店，位于开发区康定街 18 号，客房 200 多套。博大万源公寓是由总公司投资兴建的三星级酒店式公寓，位于开发区宏达北路 7 号，客房 101 套。两家酒店均配有商务中心、会议室、餐厅、健身房、美容美发室，可供商旅、会议、娱乐等。酒店公司担负着开发区、总公司及各驻区企业的宾客接待工作。设有 9 个职能部门，分别是总经理办公室、财务部、人事部、销售部、保卫部、工程部、前厅部、客房部、餐饮部。

（张玉力）

严抓安全以“防”为先

1 月，酒店公司总经理与两家酒店的部门经理、各部门经理与本部门员工签订了《安全生产责任书》和《交通安全责任书》，将安全责任逐级落实到每一位员工。两家酒店分别由总办、保卫部、工程部和前厅部组成检查小组，每月两次安全互查及不定期夜查，检查内容涵盖消防设施、配电室、中控室、前台户籍登记、厨房食品卫生等项目。总经理每季度带领安全生产领导小组成员对两家酒店的安全生产工作进行综合大检查，检查重点包括重点防火部位、食品安全及消防安全等项目。

（张玉力）

多方位的经营创收

年内，酒店公司根据客户的需求，打破常规管理模式，以满足客户需求为前提，调整经营策略。既满足客户适当需求，又增加了酒店收入。餐饮部收入比上年同期提高了15%。

（张玉力）

提高综合管理水平

年内，酒店公司制定了五项新措施来提高酒店的综合管理水平，并且要求管理层带头并落实到每个员工。全年举办了5次专题研讨会。五项措施分别是：强化酒店员工的整体服务意识，建立健全酒店服务质量管理体系，进一步提高酒店员工的综合素质，确保酒店各部门协调发展，注重宾客需求和感知价值。

（张玉力）

提高设备设施维保水平

年内，两家酒店工程部的维修班组定期对设备设施进行检查，发现问题及时加班加点抢修，保障酒店的正常运行。定期按国家规定对设备设施进行年检，保证设备设施的正常运行。维修班组人员100%持证上岗。

（张玉力）

节能降耗降低营业成本

年内，酒店总经理办公会专题研究决定，在酒店及各部门原有管理规定执行的基础上，再次向全店干部员工强调节能降耗要求。采购部每月到市场询价在工作中努力做到节约开支，降低成本，做好预算费用开支，控制采购费用的支出。在成本费用控制上比上年节约25%。

（张玉力）

北京博大科技投资开发有限公司

概况

2011年，北京博大科技投资开发有限公司（简称博大科技公司）总资产10880.9万元，业务收入422 .2万元，利润222.5万元。博大科技公司于2000年8月29日注册成立，隶属于开发区总公司，主要业务是对外投资管理及公共保税库仓储服务。仓储占地面积7494平方米，仓储面积4140平方米。

（戴工犁　秦连荣）

合并两分支机构账务

年内，根据总公司财务处决定，博大科技公司撤销了进行单独核算的两个分支机构贸易分公司、公共保税库，将两个分支机构的账务合并到公司本部。

（戴工犁　秦连荣）

完成两公司投资损失认证和审批

年内，博大科技公司就已经进行清算完毕的两家投资公司，博大电池有限公司4750万元和北京强郑自然灾害研究中心有限公司44.175万元的投资额，经过北京科之源会计师事务所审计确认，向税务机关申报投资损失，得到税务局批准。

（戴工犁　秦连荣）

向北京博大网信科技发展有限公司增资

年内，经过开发区总公司总经理办公会决定，北京博大网信科技发展有限公司因市场业务拓展需要增资，作为投资公司之一的博大科技公司，增资额为 77.5 万元，对其总投资 100 万元，占其公司 5% 的股权。

（戴工犁 秦连荣）

北京博大网信科技发展有限公司

概况

2011 年，北京博大网信科技发展有限公司（以下简称博大网信）实现营业收入 2442 万元，同比增长 124%；实现利润总额 83.75 万元，比计划增长 837.5%；资本保值增值率达到 107.3%。年内，博大网信通过资质审查成为北京市高新技术企业。博大网信由北京经济技术投资开发总公司与北京博大科技投资开发有限公司共同出资成立，注册资金 2000 万元。自 2009 年重组注册成立以来，博大网信公司从员工不超过 10 人，年产值不超过 300 万元的单项业务类型的公司，发展为职工 60 余人，年收入 2400 多万元的多元化集团管理型公司。博大网信四大主营业务为：开发区通信管孔经营、建筑智能化设计与施工、专线接入、综合电信业务，建立了自主、自立、开放拓展型的发展格局，形成了“充分利用通信管孔优势资源，前期承揽建筑智能化设计与施工、后期专线接入及综合电信驻场业务紧密跟进、IT 及弱电系统运维保障全程介入”的产业链条，初步实现了一揽到底、不丢项目、持续经营，大大增强了市场竞争力和抗风险能力。

（王娜）

自主投资建设“亦庄 · 网信城域网”

4 月 21 日，博大网信启动“亦庄 · 网信城域网”的自主设计、建设规划，于年内完成了开发区核心区的光缆环网建设。进一步增强了光纤链路的覆盖和承载能力以及数据双备份功能，有助于进一步提升开发区的数字信息化水平。

（王娜）

成立公司采购部

5 月 10 日，博大网信成立采购工作组，设立了采购部，建立《采购管理制度和流程》。采购部的成立，对公司健全组织机构、严控成本、提高采购效率，规避业务部门的廉政风险将起到有效的推动作用。

（王娜）

启动《通信管道管理软件》研发工作

11 月 3 日，博大网信与中科院高能所合作，启动了《通信管道管理软件》的研发工作，拟对开发区内的通信管道的监控由井盖延伸到光纤链路全程，进一步提高管孔维护管理水平。至年底，已完成数据录入等前期工作。

（王娜）

牵头组建北京博大数通科技发展有限公司

12 月 12 日，历经两年多调研论证、商务公关、投资及运营模式研讨、合法合规设计等工作，攻克技术与市场合作的壁垒，博大网信与 UT 斯达康、数立通正式完成了《12 平方公里安置房项目“三网融合”综合电信业务战略合作协议》的签署工作。

（范洪波）

初步建立“链条式”业务格局

年内，在 X17、X31、E14、13C1 和 B7 等项目中，博大网信全面承揽弱电工程及后期综合电信运营，实现主营业务“捆绑式”发展，增强项目“链条式”承接与施工、运维能力。

（范洪波）

树立施工资质与品牌

年内，博大网信弱电设计与施工团队，已拥有建筑智能化工程专业承包二级资质和安防施工三级资质，创建了 B7、13C1、海关 B 型保税库等重点项目的示范工程，树立了博大网信的建筑智能化设计与施工品牌形象。

（范洪波）

开辟综合电信驻场服务

年内，博大网信逐步在 E14、13C1、B7 开辟以宽带运营为主的驻场服务，拓展社区与高端写字楼的综合电信业务，为公司建立“客服体系”搭建了雏形，实现了通信管孔资源延展性经营模式的“五连跳”。

（范洪波）

北京亦庄国际人力资源有限责任公司

概况

2011 年，北京亦庄国际人力资源有限责任公司（简称亦庄国际人力资源公司）完成营业收入 1800 万元，利润总额 330 万元，传统劳务派遣业务、生产作业外包业务、人力资源外包业务、猎头业务分别占营业收入的 43%、41%、10%、6%。亦庄国际人力资源公司 2000 年注册成立，注册资本 1000 万元。2007 年公司引入了国际通行的 ISO9001 质量管理体系；2008 年划归开发区总公司管理，成为旗下子公司。2009 年注册资本金增至 1000 万元。公司服务客户横跨汽车、电子、通信、物流、制药、印刷、消费品等众多行业。

（李文君）

制定公司年战略发展规划

5 ~ 11 月，亦庄国际人力资源公司完成未来 3 ~ 5 年战略发展规划的制定工作，明确了今后一段时期内市场开发主攻方向；确定了由劳务派遣、人事代理、薪酬福利外包、猎头招聘、岗位外包、人才测评、劳动法律咨询、商务服务、培训服务、生产作业外包等产品服务体系；打造亦庄国际人力资源服务品牌，服务于新区产业升级，助力企业快速成长与发展，以“汇聚人力资源、创新服务价值”为使命，秉持“事必用心，专业达成卓越服务”的服务理念，努力实现“持续为社会创造价值的人力资源服务领跑者”的企业愿景。

（李文君）

吸收社会劳动力就业

年内，亦庄国际人力资源公司新招用大兴区拆迁劳动力就业累计 2410 人次，在岗大兴籍劳动力达 1380 人；全年新增大兴籍派遣员工 960 人；为大兴籍劳动力提供岗位 1600 个。

（李文君）

北京亦庄数字显示产业管理有限公司

概况

2011 年，北京亦庄数字显示产业管理有限公司（简称数显公司）总资产 6.7 亿元，资产负债率 24.63%，实现收入 921.42 万元，净利润 575.88 万元。数显公司共有职员 18 人，其中研究生 5 人、本科生 11 人、专科 2 人。数显公司于 2009 年由开发区总公司、北京亦庄国际投资发展有限公司共同出资成立，注册资本 5 亿元。公司经营业务覆盖工程项目管理、园区管理、房地产开发、物业管理、经营信息咨询等多个领域，是专业从事北京数字电视产业园的综合开发、建设、运营、管理的主体单位和综合服务提供商。数显公司主要经营范围：企业管理；投资；投资管理；工程项目管理；房地产开发；销售自行开发的商品房；物业管理；经济信息咨询（不含行政许可的项目）；技术服务；提供展览展示服务、会议服务、打字复印服务、翻译服务；设计、制作、代理、发布广告；电脑图文设计；组织文化艺术交流活动（演出除外）；企业形象设计；提供劳务服务；提供健身服务；专业承包；销售日用品、建筑材料等内容。

（刘骏）

北京数字电视产业园开工建设

4 月，北京数字电视产业园内 E12M1 地块上，专为京东方配套企业北京日伸电子精密部件有限公司 3 栋定制租赁的单层厂房；1 栋标准厂房和 6 栋高层厂房（含辅助配套工程）开工建设。该地块总占地面积 6.6 万平方米，建筑面积为 11.5 万平方米，容积率 1.47，绿化率为 15.7%。8 月 20 日，C8M2 地块上由数显公司子公司翰博高科（北京）电子有限公司为京东方配套企业盛宇光（北京）电子有限公司代建厂房项目开工建设。该地块总占地面积为 4.9 万平方米，建筑面积 2 万平方米。11 月 30 日，E2M1 地块，数显公司获得 2.67 万平方米的国有建设用地使用权。北京数字电视产业园地处开发区路东区，占地面积 6.2 平方公里。园区围绕北京市建设“世界城市”的发展目标，依托开发区的政策、区域优势，致力于把园区建设成为产业链完整、集聚效应明显、创新能力突出、配套设施齐全、绿色低碳环保的国际高端产业园区。

（高飞）

参与会议建立沟通

中国电子视像协会六届四次理事扩大会议　数显公司提供

年内，数显公司完成了园区网站 5 种语言建设上线；组织参与了第七届中国国际 3D 立体视像论坛暨展览会、2011 年度中国智能电视发展趋势论坛、中国电子视像行业协会六届四次理事会议、2011 年度中国数字电视产业云应用发展高峰论坛和 2011

年度彩电行业研究发布会等大型行业峰会近10余次。同时数显公司积极与相关产业联盟及行业咨询机构等单位建立交流合作，借助行业内部平台，为园区发展提供支持和专业引导。

（高飞）

服务重点项目引入

年内，数显公司积极协助开发区产业促进局完成与冠捷配套皓海、西山、航鑫等项目的实地考察，入区前环评、公司注册及后续建设面临的问题洽谈等一系列工作，实现项目的顺利入驻。数显公司充分利用自建配套厂房引入了易美芯光 LED 项目；为便于及时把握数字电视产业发展趋势和后续招商重点，数显公司还积极引入专业的咨询服务机构，充分体现招商平台作用。

（高飞）

获多个潜力园区奖

年内，在年初获得“十二五期间中国彩电行业最具成长潜力园区奖”后，数显公司组织申报了工业和信息化部“国家新型工业化产业示范基地”与科技部“创新型产业集群”项目，并通过“2012年度国家火炬计划创新型产业集群项目”的申报，得到国家资金支持。

（高飞）

构建园区产业平台

年内，数显公司委托专业咨询机构分别编制了《全球大尺寸LCD产业研究报告》和《数字电视产业研究规划报告》，并与开发区产业促进局联合召开产业研究规划培训会，为搭建园区产业支撑平台和管理服务平台提供理论指导。

（高飞）

北京亦庄国际开发建设有限公司

概况

2011年，北京亦庄国际开发建设有限公司（简称开发建设公司）作为12平方公里开发建设各项具体工作的实施者，全面贯彻执行新区和总公司的各项工作部署、决策和指示精神，紧紧围绕12平方公里项目的各项工作，落实建设“精品工程、示范工程”的指示精神。开发建设公司加强项目建设，12平方公里项目取得阶段性新成果；破解资金压力，提高融资能力；坚持统筹创新，项目管理取得新成效；强化团队建设，综合管控能力得到新提升。

（巨德慧）

完善公司组织架构

6月19日，开发建设公司召开2011年第一次股东会暨第一届董事会第四次会议，会议审议通过了设置党群工作部和安全生产办公室两个部门。7月15日，党群工作部和安全生产办公室成立。10月9日，开发建设公司召开第一届董事会第五次会议，会议审议通过公司部门调整方案。10月28日，撤销工程事务部，成立人力资源部、房建工程管理部、市政工程管理部和销售客服部，合约事务部更名为合约造价部。开发建设公司制定了经营班子工作细则、工程建设设备材料采购管理行为准则等十余项管理制度。

（巨德慧　王明明）

7 地块通过林地审核

7 月 27 日，开发建设公司代开发区总公司开发管理的 N41、N42、N43 地块取得林地审核同意书；11 月 1 日，X75、X80 地块，X79、X81 地块取得林地审核同意书。

（巨德慧 张志磊）

4 地块取得征地批复

8 月 15 日，开发建设公司取得 12 平方公里项目北区 X78，X85、87、88 地块征地批复，面积为 56.4911 公顷（均为集体土地）。年内，除含通州区土地的项目外，其他所有地块共 676.5918 公顷完成征地组卷工作，并通过市、区两级国土部门审核。

（巨德慧 张志磊）

9 地块获得用地批准

11 月 23 日，开发建设公司代开发区总公司开发管理的六环路北区涉及划拨的 X75、X80 地块项目，X77 地块项目，X78 地块项目，X79、X81 地块项目，X83、X84、X86 地块项目取得项目《建设用地批准书》，为土地划拨做好前期准备工作。

（巨德慧 张志磊）

拆迁工作有序进行

年内，依据产业落地需求，开发建设公司对北京奔驰汽车有限公司等拟落地 N5、N6、N7 地块，N44 地块，N15、N16、N17 地块内尚未拆除的建筑物进行排查，会同扩区办、瀛海镇政府等部门协调联通公司、移动公司、歌华有线、电信等公司对其光缆、基站、信号塔等相关通信设施进行移改及拆除，并依据项目方要求完成地块的腾退、清理、场地平整、市政建设等工作。全年共通过公司内部审核住宅类 3982 户，非住宅类 806 户，地上物 1346 户；全年共接待各类咨询两百余次，实现群体上访事件“零”发生的目标。

（巨德慧 张志磊）

安置房及其配套建设扎实推进

年内，开发建设公司代总公司开发管理的安置房项目 X75、X76、X77、X79、X80、X82 六个地块全部实现结构封顶；与安置房同步配建的配套公共服务设施 X75 幼儿园、X77 幼儿园、X82 幼儿园、X84 小学实现结构封顶。安置房工程是 12 平方公里项目开发建设的首要工程，是一项民心工程、民生工程。按照 8 月 8 日林克庆等领导调研项目所要求建设“精品工程、示范工程”的指示精神，秉承“跟踪始末、协调有效、沟通及时、人性服务”的工作思路，扎实推进安置房及其配套建设。

12 平方公里安置房项目安全专题会　　新闻中心提供

（巨德慧 宁猛）

13 地块通过阶段性检查

年内，开发建设公司代开发区总公司开发管理的安置房项目 7 个地块通过北京市绿色文明工地阶段性检查，6 个地块通过北京市结构长城杯阶段性检查，其中 X79 地块一标段通过了群体结构长城杯金杯的检查。

（巨德慧 宁猛）

市政基础设施建设步伐加快

年内，开发建设公司代开发区总公司开发管理的市政基础设施建设以“两区产业落地、保证能源供应、安置房入住”为出发点，结合征地和建设资金实际情况，开工建设市政道路 16 条，开工里程约 22.7 公里；编制了南区干道综合景观方案和冷热电三联产可行性研究报告；同时协调各专业公司做好 N5 临时供热厂、污水处理厂、燃气调压站建设。截至年底，亦柏路、南区三街和博兴南路建设完成，博兴十一路及泰河三街具备通车条件，N5 临时供热厂土建工程及设备安装工程完成。

（巨德慧 李红艳）

完成招投标工作 278 次

年内，开发建设公司将“公平、公正、公开、诚信”的原则贯穿于招标工作的每个环节中，及时掌握招标信息，把握招标动态，规范招标代理工作。修订完成公司《招标管理办法》。截至年底，完成 12 平方公里项目招投标工作 278 次。

（巨德慧 裴培）

完善安全生产应急预案

年内，开发建设公司完善了相关的应急预案，成立了安全生产办公室，建立了公司、安全生产办公室、项目部三级应急救援体系，形成了政企合力安全管理的模式。自 10 月 20 日起，公司建立由公司高管领导带班的值班制度，做到 24 小时对开发建设项目的监控管理。

（巨德慧 徐莹）

协助完成签订 601 份合同

年内，依据公司合同管理办法，在一级开发项目涉及面广、工作量大、任务急的情况下，开发建设公司积极主动与相关部门沟通，协同合同执行部门共同完成 601 份合同的签订工作。严格执行国家及公司相关制度，做到每份合同签订依据合规，签订手续齐全，及时下发，及时交底，执行时出现问题及时沟通，杜绝不合规的合同出现，使公司的合同管理工作健康有序地进行。

（巨德慧 裴培）

财务管控能力提升

年内，开发建设公司紧紧围绕公司经营战略，以全面预算管理为引领，以现金流管控为重点，以健全内控制度为保障，强化资金使用的计划性，进一步提升了资金把控能力；完善项目核算架构，多维度反应项目成本，满足公司多样化查询与管理需求，真实准确完整地反应项目资金情况，资本运作成效显著；多方筹集资金，融资服务体系初步搭建。

（巨德慧 蒙占虎）

人事管控能力增强

年内，开发建设公司共入职新员工 59 人，起草完成《公司考勤休假管理办法》《公司员工日常行为规范》《公司员工职务行为准则》《公司借调人员管理办法》《员工考核管理方案》《项目考核管理方案》以及《公司员工手册》共7项制度或方案。其中，《公司员工手册》内容已通过公司工会审议及公司总经理办公会审议通过。

（巨德慧　李杨）

开展施工现场检查

年内，开发建设公司邀请总公司和相关政府监管部门进驻安置房工程施工现场，全面对工程安全、质量等多方面检查，形成政企合力、多方监管的管理模式。在项目管理中，每月组织9家总包和7家监理单位进行履约能力考核竞赛，相互沟通、交流学习，并将结果反馈给参建单位。减少采购流通中间环节，在保证质量、品质、功能、品牌等条件下，寻找战略合作伙伴，直接面向厂家，合理降低成本。

（巨德慧）

开展"创先争优，从我做起"活动

年内，开发建设公司围绕创先争优活动安排，公司党支部制定活动目标、步骤和工作要求，组织开展学习胡锦涛总书记"七一"重要讲话精神、开展支部书记讲党课、"一帮一，一对红"等活动；提出点评内容约500条；探索建立"党建联动机制"和《安置房项目党建联络员工作制度》，形成安置房党建工作大格局；全体党员立足本岗位公开承诺，使全体党员"亮身份，树形象"。安置房项目党建联络员工作制度也被总公司党委评为党建创新项目。

（巨德慧　张蕊）

基础党建工作扎实开展

年内，开发建设公司加强党支部的制度建设和日常管理工作，协调工会共青团开展活动。在党支部的指导下，公司成立了3个党小组，涵盖7个部门，各党小组在公司党支部的组织和指导下，开展了多项丰富多彩的党建活动，对增强员工凝聚力、加强党群关系及公司与运行层面的紧密联系起到了较好的推动作用。

（巨德慧　张蕊）

加强党风廉政建设

年内，开发建设公司根据工程建设领域腐败高危的特点，组织开展"排查行业风险，构筑反腐防线，确保扩区建设项目圆满完成"和"提高守法意识，预防职务犯罪'为主题的两次廉政教育专题讲座；及时要求新入职员工签订《廉洁自律责任书》、新任职的中层管理干部统一签订《重要岗位廉政建设责任书》；组织对全体员工的廉政风险点和防控措施进行了再梳理工作；党支部还协调相关部门，组织制定了《公司工程建设设备材料采购管理行为准则》，进一步加强工程建设和招投标过程中设备材料采购的监督管理及廉政建设的要求，对甲指甲供和甲指乙供设备材料选购管理行为做出了具体的规定。党支部纪检委员参与招标工作，并利用公司领导干部民主生活会、理论学习组活动、廉政教育讲座、廉政考试、廉政党课、组织参看廉政教育影片等形式组织廉政建设相关政策法规的学习，策划并实施了安置房工程所有参建单位参与的党建联动机制。

（巨德慧　肖勇）

加强群众文化建设

年内，开发建设公司工会规范了工会的工作程序，制定了《工会经费审批流程》《工会财务管理制度》《工会委员会议事规则》《工会主席例会制度》和《工会走访制度》，成立了5个工会小组。组织筹备公司内网建设，为职工过集体生日，开展慰问活动，组织献爱心捐款，组织“庆三八快乐女性，玫瑰绽放”座谈会，组织秋季采摘，组织球类比赛，举办“我为公司科学发展建言献策”活动，征集各类建议百余条，4月20日，团支部组织成立了“黄文卫青年突击队”，组织拓展培训等活动。

（巨德慧　肖勇）

北京亦庄国际生物医药投资管理有限公司

概况

2011年，北京亦庄国际生物医药投资管理有限公司（简称生物医药管理公司）以生物医药园管理运营工作为重心，不断推进公司管理体系建设和园区服务体系建设，大力开展招商宣传，于10月18日成功举办了生物医药园开园活动，年内引入各类型生物医药中小企业19家，实现租金收入50万元。生物医药管理公司是开发区总公司的全资子公司，成立于2010年6月18日，注册资本2000万元，主要负责北京亦庄生物医药园（简称生物医药园）的整体管理与运营工作。公司经营范围包括：投资、投资管理、企业管理；房地产开发；房屋租赁；物业管理；工程技术咨询；承办展览展示、会议服务；技术开发、技术转让、技术咨询、技术服务等。

（郭盛萌）

生物医药园工程建设正式竣工

生物医药园工程建设正式竣工　　新闻中心提供

8月26日，生物医药园工程建设正式竣工。该工程于2009年9月24日奠基，由北京博大经开建设有限公司承建。该工程位于开发区科创六街88号，共占地8.67万平方米，总建设面积约17.8万平方米，共投资约9亿元。主要建设包括商务中心楼、孵化中心楼、中试中心楼、6栋中型企业楼、地下室及重要物品库等。

（郭盛萌）

生物医药园科技创新服务体系初步建成

生物医药园公共实验室　　新闻中心提供

年内，生物医药园科技创新服务体系初步建成。该服务体系以“多功能、全过程、高端化”为特点，具体包括专业技术、条件支撑、成果转化、政策支持和公共服务等 5 大服务内容。其中，专业技术服务为企业提供公共仪器测试、中试生产、CRO 技术外包和信息交流服务，公共仪器测试服务平台一期 650 万元设备已经安装到位，二期 300 万元设备正在招标采购，中试生产线的建设也在筹划之中；条件支撑服务为企业提供试剂耗材供应、器材洗消、纯水制备、物业保障以及会议会展服务，物业及会议会展已开始提供服务；试剂耗材供应、器材洗消和纯水制备的有关设施已建设完毕，待设备调试后即可投入使用；成果转化服务通过引入中介机构为企业提供工商注册、人力资源、法律咨询、贷款融资等服务，公司已与 8 家机构签订战略协议；政策支持服务主要帮助企业申请产业、科技、人才等政策扶持；公共基础服务主要为企业提供住宿、银行、餐饮等服务项目。

（郭盛萌）

北京博大万泰国际投资咨询有限公司

概况

2011 年，北京博大万泰国际投资咨询有限公司（简称博大万泰公司）紧紧围绕主营业务，为入区企业开展了政策、业务咨询及前期手续代理代办等服务。市场调研中心业务实现零的突破。自 3 月始第一单市调业务顺利承接后，公司业务逐步发展到工程咨询领域。由此，从 2011 年起，公司从原来单一的前期报建项目代理代办为主营业务，扩展成由前期报建项目代理代办业务、市场调查及专项研究业务（含工程咨询业务）、房地产评估等咨询报告类业务、工商登记注册代理代办业务、存量房租售业务以及商务中心等组成的较为完整的业务体系。截至年底，人员总数为 11 人。

（吴妍 孙继伟）

公司办公地址变更

7 月 23 日，博大万泰公司由开发区宏达北路 18 号 503 室搬到北京经济技术投资开发总公司办公楼 7 层（北京经济技术开发区景园北街 2 号 61 幢 7 层）办公，同时进行了工商注册地址变更等一系列事项。

（吴妍 孙继伟）

完成金博会总体组织协调

11 月，博大万泰公司受开发区发展改革局委托，负责金博会总体组织协调，提供会务服务、劳务服务，具体包括：负责前期的会务衔接沟通、组织策划；负责组织、协调相关承办单位，确保各会议实施方案的进度及质量；负责会议现场内外的调度、组织、公关、协调等会务工作；负责领导、嘉宾邀请及接待事务；负责进行会议宣传等相关工作，使金博会在预期内顺利圆满完成。

（吴妍 孙继伟）

北京联港置业有限公司

概况

2011 年，北京联港置业有限公司（简

称联港置业公司）取得了第一个房地产开发项目——大兴区北臧村镇居住及配套用地项目并开工建设，年内实现投资总额 13 亿元，公司在岗职工 29 人，其中 12 人具有中、高级职称。

（禹洋 展晓鲁 刘福生）

注册资本增至 8.5 亿元

1 月 6 日，联港置业公司召开股东会，决定将公司的注册资本从 5000 万元增加到 8.5 亿元，其中开发区总公司出资 5.1 亿元，占 60% 股份；北京生物医药产业基地发展有限公司出资 3.4 亿元，占 40% 股份；并于 1 月 17 日完成增资后的工商变更登记。

（刘福生）

北臧村镇居住及配套用地项目开工建设

2 月 18 日，大兴区北臧村镇居住及配套用地项目奠基仪式举行。42 栋住宅楼陆续在年内开工建设。8 月 10 日，首座住宅楼结构封顶。年内，2 栋住宅楼完成结构封顶，其余进行地上施工。大兴区北臧村镇居住及配套用地项目规划建筑面积 465373 平方米，包含 123400 平方米回迁房、122500 平方米限价房、1593 平方米公共租赁房、47377 平方米商品房、84584 平方米商业、办公等公建。

（刘福生）

市领导调研北臧村镇居住及配套用地项目

6 月 10 日，副市长陈刚、市政府副秘书长张玉平就大兴区北臧村镇居住及配套用地项目，到北臧村工地进行实地调研，主要就保障房建设情况进行详细了解，指出本项目对北京市保障房建设的重要意义，并对此项目给予充分肯定。

（刘福生）

北京联港置业有限公司工会成立

9 月 23 日，联港置业公司召开全体职工大会。根据《北京联港置业有限公司工会委员会选举办法》，通过无记名投票、差额选举的方法选举产生工会主席及 5 名工会委员会成员，北京联港置业有限公司工会成立。10 月份，申领了工会法人营业执照，开立了工会独立账户，联港置业公司工会活动开始步入正轨。

（刘福生）

住建部领导调研北臧村镇用地项目

10 月 9 日，住房和城乡建设部规划司司长孙安军带队到大兴区北臧村镇居住及配套用地项目进行实地调研，了解保障性住房房的设计、建设进度及存在困难，对本项目保障房建设进度及质量表示满意。

（刘福生）

为北臧村镇用地项目融资

年内，大兴区北臧村镇居住及配套用地项目开工建设，为缓解资金压力，联港置业公司与中信银行接触，通过产业链融资，由联港置业公司担保并承担利息，由银行向项目施工总包单位提供4亿元贷款。

（展晓鲁）

完善规章制度

年内，联港置业公司召开股东会、董事会，聘任了以总经理为首的经营班子，设立 5 个部门，制定了《总经理工作细则》《人力资源管理制度》《财务管理制度》及合同管理、招聘管理、公文管理、成本控制等20余项工作规范，理顺了工作流程。

（刘福生）

博大世通国际物流（北京）有限公司

概况

2011年，博大世通国际物流（北京）有限公司（简称博大世通公司）国有资本及权益总额为19461万元，资产总额为38487万元。公司成立于2010年11月23日，注册资本5000万元，2011年公司注册资本增至2亿元。公司处于建设初期，尚未开始正式运营。博大世通公司主营业务范围包括：仓储服务、物品包装、货运代理、分拨包装、专业承包、房地产开发、物业管理、劳务服务、货物进出口、技术进出口、代理进出口等。公司具体负责北京亦庄保税物流中心项目的前期调研、开发建设以及后期运营管理的工作。

（杨佳）

4部委批复设立亦庄保税物流中心

1月5日，海关总署、财政部、国家税务总局、国家外汇管理局等4部委批准设立北京亦庄保税物流中心，该中心是全国第25家保税物流中心，位于开发区核心区，总占地面积约20万平方米，东至东环南路，南至西环南路（东），西至同济南路（北），北至兴业街。一期仓储面积超过50000平方米。中心内建有内外卡口、查验库及查验场、保税仓库、围网及巡逻通道、配套办公楼及报关大厅、视频监控及红外报警系统、海关辅助监管系统等设施。外卡口设有3进3出的货车专用通道，仓储区有6座保税仓库。北京亦庄保税物流中心具备国际配送、转口贸易、增值服务等功能。

（杨佳）

北京亦庄保税物流中心规划开工

亦庄保税物流中心施工现场　　　　开发区海关提供

2月15日，开发区管委会规划批复建立北京亦庄保税物流中心。中心一期项目于2月16日进行场地平整，2月23日进行临时设施建设，5月30日正式获批许可施工，10月10日竣工验收，10月份硬件设施竣工并完成监管信息系统的开发和调试，在场区规划、设施建设和运营管理方面均借鉴国内同类保税监管场所的先进经验。

（杨佳）

北京亦庄保税物流中心通过预验收

保税物流中心预验收　　　　开发区海关提供

10月21日，北京亦庄保税物流中心顺利通过北京海关预验收。博大世通公司严格按照时间进度，按期完成了亦庄保税物流中心一期项目的工程建设任务。北京海关副关长余锦丽、宋京雁及相关部门负责人，开发区领导李长友、张伯旭、赵广义、赵昕昕、绳立成、罗伯明以及相关部门负责人参加。

（杨佳）

北京亦庄保税物流中心揭牌

12月9日，北京亦庄保税物流中心一期顺利通过海关总署、财政部、国家税务总局及国家外汇管理局等4部委联合验收。副市长程红和海关总署副署长孙毅彪为北京亦庄保税物流中心揭牌，开发区领导张伯旭、赵广义、赵昕昕、高言杰、罗伯明等出席揭牌仪式。

北京亦庄保税物流中心揭牌　　新闻中心提供

（杨佳）

北京亦庄保税物流中心通过验收

12月9日，由海关总署、财政部、国家税务总局及国家外汇管理局等国家4部门组成的联合验收组，对亦庄保税物流中心一期进行了实地验收和严格的评审。联合验收组认为，亦庄保税物流中心各项建设均符合国家规定的验收标准，验收结果合格，达到了封关运行的要求。在随后进行的颁发验收合格证书暨揭牌仪式上，联合验收组宣布了验收结果，并由联合验收组组长张皖生向总公司总经理赵广义颁发了验收合格证书。

联合验收组长张皖生颁发验收合格证书　　新闻中心提供

（杨佳）

北京亦庄保税物流中心正式封关运营

12月19日，北京亦庄保税物流中心接到海关总署“关于北京亦庄保税物流中心验收问题的批复”(署加函[2011]684号），标志着中心正式封关运营，实现了“当年审批、当年建成、当年验收、当年运营”的最初计划。正式封关运营后的中心具备保税仓储、国际物流配送、简单加工和增值服务、转口贸易和国际中转等功能。12月31日中心迎来首票进口货物，京东方与LG化学成为首批享受中心服务的企业。

（杨佳）

北京博大新元房地产开发有限公司

概况

2011年，北京博大新元房地产开发有限公司（简称新元公司）共有员工39人，全年利润总额1049万元，上缴各项税收45万元。新元公司负责开发和经营管理的X17、X31项目是北京市第一批公共租赁住房项目，开创了产业园区配建公共租赁住房的先河，项目全部住宅均作为开发区园区配建公共租赁住房使用和管理，将在很大程度上解决开发区职工的住房困难问题，对于改善园区居住环境、推动高端产业集群和人才高地的形成具有重要意义。X17项目由开发区总公司开发建设，X31项目由新元公司开发建设，X17、X31项目均由新元公司负责运营管理及客户服务工作。新元公司成立于2008年1月，注册资本11000万元，专业从事公共租赁住房开发及经营管理。

（谷守宇　韩志学）

市领导出席X17项目发钥匙仪式

3月15日，中共中央政治局委员、市委书记刘淇，市委副书记、市长郭金龙亲赴开发区公租房X17项目现场，参加发钥匙仪式。作为本市首批入驻的公租房项目，X17、X31项目受到了媒体和社会公众的高度关注，国家部委、北京市政府及相关部门多次来项目考察调研。两项目进入运营后，又以优质、高效的服务取得了住户的认可，起到了公租房项目的榜样和示范作用。

（谷守宇　韩志学）

两住宅项目完成竣工验收

7月19日、8月15日，开发区X31F1（博客雅苑）住宅项目和X17R1（亦城茗苑）住宅项目分别取得《北京市房屋建筑和市政基础设施工程竣工验收备案表》。两项目总建筑面积约60余万平方米，住宅总建筑面积约40万平方米，共有住宅4576套。项目已获得建设部A级住宅预审证书，预审评定等级为2A级。

（谷守宇　韩志学）

X31博客雅苑项目交付使用

8月，X31博客雅苑项目开始办理房屋的交付工作。年内共完成75家企业的房屋配租和租赁合同的签订，并完成房屋交付工作，总共涉及1373套房屋，占房屋总套数的62%，房屋配租对象主要面向开发区内的企业。

（谷守宇　韩志学）

北京亦庄国际投资发展有限公司

耐世特公司中国区总部落户开发区

4月8日，由中国航空汽车工业控股有限公司、北京亦庄国际投资发展有限公司、耐世特汽车系统公司主办的“中航工业汽车北京亦庄国际联合收购耐世特汽车系统公司暨中国区总部落户北京经济技术开发区签字仪式”在亦庄园举行。市领导刘淇、郭金龙、吉林、李士祥、赵凤桐、苟仲文，工信部副部长杨学山，国务院国资委副主任邵宁，中国机械工业联合会副会长张小虞，市政府秘书长孙康林，市委副秘书长崔述强，开发区领导林克庆、李长友、张伯旭等有关领导和企业代表约40人出席签字仪式。仪式上，开发区管委会与耐世特汽车系统公司签署了《耐世特中国区总部落户北京经济技术开发区框架协议》。耐世特公司原为通用汽车公司旗下转向、传动系统及零部件领域的知名厂商，具有先进的“轮到轮”转向系统，尤其是在能效和电动转向系统方面具有世界领先水平，且拥有未来混合动力和纯电动汽车都必须采用的最新一代电动转向设计。2010年1月，通用汽车公司正式宣布出售耐世特公司。开发区牵头组织了此项收购，中国航空汽车工业控股有限公司、北京亦庄国际投资发展有限公司联手成功收购了该公司。其中，中航工业汽车持有收购主体太平洋世纪（北京）汽车零部件有限公司51%股份，北京亦庄国际投资发展有限公司及合作伙伴持有49%股份。因收购主体持有耐世特汽车系统公司100%股权，中航工业汽车实际成为耐世特汽车系统公司的控股股东。收购的主要资产包括耐世特位于美国、中国等7个国家的20个制造工厂、3个研发中心、11个技术和客户服务中心以及两个试车场，1197项专利、商业机密等知识产权和完整的数据库等。此次收购历时9个月，交割金额4.26亿美元，是迄今为止中国汽车零部件产业最大的一次海外并购。

（孙鹏　杨莹）

参与设立尚健伟业科技公司

6月，亦庄国投出资1441万元，参与设立北京尚健伟业科技发展有限公司（简称为尚健伟业）。10月，亦庄国投完成尚健伟业二期出资1259万元。尚健伟业是亦庄国投与北京同仁医学科技开发公司共同出资设立，亦庄国投共出资2700万元，公司注册资本10204.09万元。

（刘琳）

参与设立泰克飞石通讯设备公司

7月13日，亦庄国投出资2101.66万元，参与发起设立泰克飞石通讯设备（北京）有限公司（简称泰克飞石）。泰克飞石是由亦庄国投和德信无线通讯科技（杭州）有限公司、德信智能手机技术（北京）有限公司共同出资。项目总投资额50000万元，亦庄国投认缴20000万元，占总股比40%，德信无线认缴24500万元，占总股比49%，德信智能认缴5500万元，占总股比11%。

（刘琳）

投资总额和数量实现稳健增长

年内，亦庄国投完成项目10个，总投资额9.19亿元；累计投资高技术制造业和战略性新兴产业项目42个，总投资额约62.24亿元，直接带动社会投资300亿元以上。其中，亦庄国投作为市政府确定的5家统筹财政资金受托管理机构之一，累计投资国家科技重大专项、北京市重大科技成果转化与产业化项目25个。产业领域涵盖数字电视、汽车制造、电子信息、文化创意、航空航天、生物医药以及风电设备制造产业。

（杨莹）

投资电子信息产业

年内，亦庄国投出资 33 亿元支持数字电视产业发展，提供 2.5 亿美元融资担保，支持以中芯国际为龙头的大规模集成电路产业发展。

（杨莹）

投资生物医药产业和装备制造产业

年内，亦庄国投出资 2700 万元与北京同仁医学科技开发公司共同成立北京尚健伟业科技发展有限公司，支持同仁健康产业平台建设。亦庄国投以 1.2 亿元入股北方微电子，促成其研究中心入区，促进高端芯片制造技术快速发展。

（杨莹）

推进和支持奔驰项目

年内，亦庄国投发挥高端产业投融资平台的引擎带动作用，参与北京奔驰扩产等北京市重大战略产业项目的推进工作。其中北京奔驰项目已确定投资架构。

（刘琳）

落实开发区重大产业项目投资

年内，亦庄国投积极推进中航动科、云计算服务器等重大产业项目。在完成法务、财务及商业尽职调查等诸多准备工作后，中航动科项目合作各方就投资达成共识，12 月 28 日完成协议签署；云计算服务器项目完成政府报批及出资，首台服务器 12 月 13 日在开发区下线，该项目是开发区千亿云计算规划的重要部分，将拉动北京市云计算产业的发展。

（刘琳）

承办政府股权投资代持工作

年内，亦庄国投作为政府股权投资代持主体参与统筹项目的实施，承办 01 专项（核高基专项基础软件类）项目两个批次，涉及投资项目 22 个，安排专项资金 8468.6 万元，其中政府股权投资项目 2 个，涉及资金 2806 万元；知识产权投资项目 20 个，涉及资金 5662.6 万元。

（刘琳）

产业投资基金发展良好

年内，航天产业投资基金新投资企业 4 家，共投资 5.928 亿元。累计投资企业 7 家，共投资 6.88 亿元。亦庄国投积极筹建中关村国盛创业投资基金、北京创造壹基金、北京亦庄科技创业投资基金，其中北京创造壹基金是北京市第一只促进战略性新兴产业发展的股权投资基金，北京亦庄科技创业投资基金是亦庄国投参与的第一只市场化风险投资基金。

（杨莹）

移动硅谷产业园建设取得新进展

年内，亦庄国投初步制定移动硅谷创新中心项目，完成土地合同签署、土地款项支付、测绘、钉桩、场地平整相关工作。牵头组建移动硅谷物联网产业联盟，至年底联盟企业数量达 37 家。与（美国）硅谷中国无线科技协会核心成员合资成立北京博大创新天使管理有限公司，借鉴国内、外优秀孵化服务与培育服务。

（杨莹）

提升经营管理水平

年内，亦庄国投聘请国内知名咨询机构为公司的战略定位、发展方向及与之相适应的业务体系、组织结构和人力资源结构、考核和薪酬等方面提供了专业化建议，相关方案采纳后开始实施。拟定《股权投资区内项目管理办法》《对外投资项目后续管理办法》《股东会议事规则》《董事会议事规则》《监事会议事规则》《总经理办公会议事规则》以及财务、法务、行政管理等方面相关制度，共计 27 项，推进公司治理的规范化。

（杨莹）

党群工作取得新进展

年内，亦庄国投党群工作步入正轨，在总公司党委领导下，深入开展“创先争优”活动。组织全体党员、积极分子参观双清别墅、国家历史博物馆等爱国主义教育基地；观看多部爱国主义电影；鼓励员工多读书，开展大家共读一本书活动。公司还组织认真学习新区领导重要讲话并开展讨论，培养职工大局意识、使命意识、创新意识，自觉参与“促融合、谋发展”新区建设。

（刘琳）

控股公司

北京亦庄国际小额贷款有限公司

概况

2011 年，北京亦庄国际小额贷款有限公司累计新发放贷款69笔，金额1.7252亿元，同比增长 142.99%，累计回收新发放贷款 26 笔，金额 6338 万元，年末贷款余额 1.0914 亿元；全年实现利息收入 1427 万元，同比增长 486.94%；实现利润总额 1110.63 万元，同比增长 852.84%；实现净利润 829.59 万元，同比增长 848.97%。北京亦庄国际小额贷款有限公司 2010 年 7 月成立，当年四季度营业，注册资本 1 亿元，由北京亦庄国际投资发展有限公司作为主发起人，出资 3000 万元。公司是经北京市金融工作局批准的开发区域内第一家小额贷款公司。集基金、担保、小额贷款及上市服务四大功能于一体。公司主要面向开发区内高新企业、科技型中小企业、海外归国创业人才开展各项小额贷款业务。

（刘琳）

通过市金融工作局联合检查

12 月 21 日，北京亦庄国际小额贷款有限公司接受市金融工作局联合检查，在北京市 2011 年度小额贷款公司试点工作会议中，作为唯一一家小额贷款公司代表作了发言，得到市金融工作局领导的认可。公司从 5 月末将市金融工作局《北京市小额贷款公司试点监督管理暂行办法》作为业务指引性文件，规范地开展业务。

（刘琳）

贷款 1.7 亿元实现资金有效循环

年内，北京亦庄国际小额贷款有限公司以 1 亿元注册资本贷出 1.7 亿元，实现资金有效循环，同时完善信贷制度体系及内部稽核制度体系，加强风险防控。

（杨莹）

完成人员调整及岗位设置

年内，北京亦庄国际小额贷款有限公司完成人员调整及岗位设置工作。离职 3 人，新招聘 6 人，明确岗位职责，组建全新的经营团队。

（刘琳）

完成 2010 年度贷款余额清收工作

年内，北京亦庄国际小额贷款有限公司由经营团队与贷款企业进行沟通与交涉，实现 2010 年度 7100 万元的贷款本金及利息全额得以回收。

（刘琳）

加强公司制度建设

年内，北京亦庄国际小额贷款有限公司重新制定和完善公司信贷制度及信贷流程、内部控制制度、出账审批制度、会计档案保管和交接制度、资产分类制度、内部稽核制度，有效提升制度的健全性和合规性，提高内部管理水平和工作效率。

（刘琳）

拓展多项新业务

年内，北京亦庄国际小额贷款有限公司完成了房管局抵押登记备案工作，弥补公司不能办理抵押登记贷款的不足；引入担保公司作为贷款企业的担保方，为 4 家企业提供担保额 1200 万元 ；开展并完成企业动产抵押工商登记工作，提高相关企业的还款意愿；全部贷款实现公司或自然人担保，并签订个人无限连带责任书。

（刘琳）

北京亦庄国际融资担保有限公司

概况

2011 年，北京亦庄国际融资担保有限公司（简称亦庄担保）秉持政策与市场相结合的经营方针，全年累计为企业提供贷款担保超过 2 亿元，业务范围涉及物联网、房屋和土木工程建设、信息传播、餐饮、机械制造、测绘、电子器件、汽车装饰等多个行业。在服务开发区客户的基础上，投入专人服务大兴区的中小企业，为北阀集团、立高防水等在内的多家大兴区企业提供融资支持。针对中央扶持小微企业的政策，推出绿色通道小额融资方案，使企业能够在五天内低成本获得 300 万以下贷款，高效率解决部分中小企业融资。将 2010 年提供的 3100 万元对外担保责任全部按期解除。接受了大小近 60 余家企业提出的担保申请，有 17 家企业通过评审，总金额 1.84 亿元。公司全年实现担保费收入超过 300 万元、业务储备近 1 亿元业务指标。亦庄担保于 2010 年 2 月 5 日正式成立，注册资本 3 亿元，由北京亦庄国际投资发展有限公司和开发区国资办分别出资 2.94 亿元和 600 万元设立。亦庄担保致力于为各类企业提供系统的金融解决方案，包括融资担保、履约担保及风险投资等，以改善企业生存发展环境，助推企业快速成长。

（刘琳）

获得担保机构经营许可证

3月，根据北京市金融局规范担保行业准入要求，亦庄担保通过监管机构北京银监局和金融局的审核，是首批获得五年期融资性担保机构经营许可证的担保公司之一。

（刘琳）

提供贷款担保超过2亿元

年内，亦庄国际担保为企业提供贷款担保超过2亿元，推出绿色通道小额融资方案，使企业能够在5天内低成本获得300万元以下贷款，高效率解决部分中小企业融资。

（杨莹）

“小企业绿色通道”开通

年内，亦庄担保与新区内多家小型微利企业接触，针对该类项目企业规模小和融资金额不大的特点，研发了针对该类企业的“小企业绿色通道”快速审批流程，以丰富的产品组合、高效的审批流程和灵活的反担保方式，为小微企业和海外学人归国创业提供资金支持和帮助。截至2011年底，已经为恒利和信建筑环境科技（北京）有限公司、北京德鑫泉物联网科技股份有限公司、北京圣福伦科技有限公司、北京博富瑞基因诊断技术有限公司及北京洁绿科技发展有限公司 等5家企业提供了“小企业绿色通道”的服务。

（刘琳）

与市再担保公司开展合作

年内，亦庄担保与北京中小企业信用再担保有限公司开展合作。北京中小企业信用再担保有限公司同意为亦庄担保申请的新增担保业务1.4亿元按照20%的比例提供再担保，有效地分担担保公司担保业务的风险，提升其担保能力。

（刘琳）

建设客户营销渠道

年内，亦庄担保建立客户数据库营销和银行渠道营销两种拓展模式，积极拓展业务渠道，逐步建立了一个近200家企业的数据库，通过对企业邮寄担保公司相关资料等多种方式进行拓展，在拓展业务的同时让更多的企业了解亦庄担保，扩大了担保公司的知名度和影响力。公司积极开拓与银行的合作，已经与中国银行、工商银行、兴业银行等建立了合作关系。

（刘琳）

与担保行业及银行交流合作

年内，亦庄担保通过多种方式，与北京首创投资担保有限责任公司、北京中小企业信用再担保有限公司等政府出资的同行业担保机构联系、沟通交流，吸取经验，建立业务合作关系。并且通过证券公司、公证处、律师事务所、信用管理公司等涉及各类相关业务的专业机构建立了良好的战略合作模式，成为北京信用担保业协会理事单位，被评级机构评为A+级单位。截止2011年底，申请合作的银行共16家，完成新授信及续授信审批9家。其中，通过授信的9家银行中，国有银行3家，股份制银行5家，地方银行1家；在审中的银行，包括国有银行1家，政策性银行1家，股份制银行4家，外资银行1家，地方银行2家、村镇银行1家。

（刘琳）

开展抵（质）押管理业务

年内，亦庄担保完成多项反担保物的抵（质）押工作，其中涉及房产、机器设备、股权等多项内容，工商、房管局、城建委、版权保护中心等多个部门，开发区、大兴区、深圳等多个区域。

（刘琳）

加强公司制度建设

年内，亦庄担保结合 2010 年工作实际，制订完成了《担保业务管理制度汇编》初稿，包括 8 项具体的制度和细则，内容涉及业务管理、项目评审、评审决策、风险管理、反担保管理、保后管理、风险分析、风险分类等多个层面。制订完成了《项目档案管理制度》初稿，并已试行。拟定《绩效考核方案》及《优秀员工、领导及团队评选方案》，正确评价员工的行为和工作业绩，实现有效激励和业务导向功能。

（刘琳）

健全内部培训体系

年内，亦庄担保各部门举办一系列关于担保业务、金融、商务谈判、礼仪、公文写作以及新区规划、公司文化等方面的培训班，采取外聘专家、领导讲演等方式，着重从大局意识、团队意识、执行能力、业务技能四个方面提高员工的政治素质和业务能力。

（刘琳）

北京亦庄普丰国际创业投资管理有限公司

概况

北京亦庄普丰国际创业投资管理有限公司成立于 2009 年 8 月，注册资本 1000 万元，北京亦庄国际投资发展有限公司为公司第一大股东。公司以发起设立和管理创业投资基金为主业，同时作为开发区实施对接境内外资本的重要窗口和纽带，通过吸引各类资本，向开发区内的高科技和高成长企业投资。

（刘琳）

北京亦庄移动硅谷有限公司

概况

2011 年 7 月 6 日，北京亦庄移动硅谷有限公司（简称移动硅谷公司）正式注册成立，注册资金 1 亿元，为北京亦庄国际投资发展有限公司全资子公司。公司作为开发区移动硅谷专门的园区管理公司，对园区开展专业化的运营和管理，业务范围包括园区规划设计、投资开发、招商引资、平台建设和管理、园区后期运营管理与服务等。公司共设：招商策划部、企业服务部、工程管理部、财务部、综合行政部 5 个部门。招商策划部负责项目前期策划以及移动硅谷的招商推广工作；企业服务部负责管理移动硅谷入驻企业、孵化器、专业技术平台及产业联盟等工作，以及政府扶持资金的申请；工程管理部负责移动硅谷施工项目的工程管理；财务部负责企业财务管理以及项目投融资；综合行政部负责办公室行政管理、法律及人力资源管理。公司初步建立了管理制度，其中综合行政人事类制度包括办公用品管理制度、公文处理制度、印章管理制度、用车管理制度、总经理办公会议事规则、人才招聘管理制度、网站管理制度、纪念品管理制度等；项目工程类包括合同订立管理实施细则、建设工程项目管理办法、建设工程项目招标管理实施细则、项目招标文件范本及评定标准等；财务类包括经费开支管理办法、建设工程财务管理办法等。公司还完成了网站与企业邮箱的建设，并与开发区管委会网站、北京亦庄国际投资发展有限公司网站申请建立了友情链接。年内，移动硅谷公司与市经信委、开发区管委会产促局共同组成招商小组，赴武汉进行招商推介活动；参加京台合作论坛，市科委为移动硅谷 4G 智能终端产业创新基地授牌，加入市科委组织的 4G 联盟；还与北京神州腾耀通信技术有限公司就合作建立移动通讯终端技术测试平台事宜进行了初步探讨。

（刘琳）

创建创新天使孵化器

4 月 22 ～ 30 日，移动硅谷公司配合开发区管委会组团赴美国进行招商活动，与美国硅谷无线通信协会签订战略合作框架协议，双方在开发区创建创新天使孵化器。12 月底，移动硅谷公司与北京博大创新天使科技有限公司正式成立合资公司——北京博大创新天使投资管理有限公司，注册资金 50 万元，其中移动硅谷出资 20 万元，主要从事吸引创新团队、科技创新企业的孵化等。年内，移动硅谷公司完成了创新天使 A03 写字楼的设计招投标及设计与施工单位的公开招标。

（刘琳）

签署“中欧创新基金”合作框架协议

5 月 18 日，在北京国际科技技术博览会上，移动硅谷公司与 BIF 国际公司、亦庄国投签署战略合作框架协议，共同出资成立中欧创新基金管理公司及中欧创新基金，注册资本 200 万美元，BIF 占 51%，亦庄国际占 29%、移动硅谷占 20%。基金成立首期募资 1 亿美元，预计五年内达到 5 亿美元，用于投资移动硅谷园内企业级其他高端、战略性新兴高科技产业及移动通讯、生物医药、新能源产业等自主知识产权的高端技术产业，促进开发区高新技术产业发展。

（刘琳）

组建移动硅谷物联网产业联盟

5 月 19 日，在北京国际科技技术博览会上，由 18 家单位构成的移动硅谷（北京）物联网产业联盟正式签约成立。至年底，物联网联盟企业发展到 54 家，移动硅谷公司协调民政局办理正式注册手续。

（刘琳）

推进创新中心项目

年内，移动硅谷公司对 G9、G4-1 地块上的创新中心进行功能定位，包括专业技术平台、一站式行政服务大厅、综合服务平台、孵化器平台、研发办公设施进行建筑产品的深度研究，对天津经济技术开发区、中关村软件园、清华科技园等科技园区及 CBD、中关村写字楼进行实地考察研究。移动硅谷公司经过与管委会相关部门沟通，通过了针对 G9、G4-1 土地的项目碰头会、项目专题会、重点项目调度会，土地获取工作顺利开展。

（刘琳）

确定创新中心相关中标单位

年内，移动硅谷公司围绕创新中心概念（方案）设计、可行性研究报告、景观、水保、环评进行招标。经过技术标及商务标谈判，选定建筑设计及研究所国际有限公司及中国建筑科学研究院联合体作为创新中心概念（方案）设计中标单位。遴选北京国际工程咨询公司编制可行性研究报告；遴选北京俪禾景观设计公司作为景观设计公司；遴选沃德兰特（北京）生态环境技术研究院编制水保报告及项目的初步设计；遴选北京中安质环技术评价中心有限公司编制环境评估报告。

（刘琳）

亦庄国际控股（香港）有限公司

概况

亦庄国际控股（香港）有限公司于2010年8月在香港成立，注册资本2575万美元，为亦庄国际的全资子公司。公司致力于打造开发区境外资本运作平台，建立开发区与境外企业、投资机构的交流与合作渠道。2011年，公司投资了UT斯达康项目和云计算服务器2个项目。

（刘琳）

开发服务器和云计算硬件

6月，亦庄国际控股（香港）有限公司，与宽带资本下属中国云技术有限公司、美国超微电脑公司共同出资开发服务器和云计算硬件。出资总额500万美元，亦庄国际控股（香港）有限公司出资75万美元，占比15%；云技术公司出资350万美元，占比70%；超微电脑公司公司出资75万美元，占比15%。

（刘琳）

松辽汽车股份有限公司

概况

2011年，松辽汽车股份有限公司实现营业收入387.32万元，比上年同期增长1615.66%；营业利润－2345.68万元，比上年同期减亏2609.89万元，原因是上年同期按规定计提了较大的资产减值；实现净利润1423.33万元，比上年同期增长128.51%。2010年6月，北京亦庄国际投资发展有限公司完成松辽汽车（证券代码：600715)24.89%的股份交割，成为松辽汽车股份有限公司第一大股东。松辽汽车股份有限公司属于从事汽车整车、汽车零部件生产制造性企业，主营业务为轻型客车、越野车及轻卡制造、销售、汽车改装及修理、汽车零部件生产等。公司的主营业务是汽车车身配套及汽车零部件制造与销售等。

（刘琳）

设立松辽科技发展有限公司

9月，松辽汽车股份有限公司（简称松辽汽车）投资100万元在开发区注册设立全资子公司北京松辽科技发展有限公司，主要从事技术推广、货物进出口及贸易等业务。年内，北京松辽科技发展有限公司连续中标开发区相关地块拆迁安置房工程复合夹心酚醛防火（A级）保温板采购项目，中标金额约5000余万元，其他贸易业务同步拓展。年内，开发区财政局拨付北京松辽科技发展有限公司财政补贴3500万元。

（刘琳）

处置负效资产

年内，松辽汽车盘活存量资产，处置负效资产，增加部分收益减轻财务负担。经公司2011年第一次临时股东大会批准，公司以公开拍卖的方式处置了闲置十几年的6台压力机设备，该设备处置后，公司每年可以减少计提一定金额的设备折旧，减轻财务负担，同时增加了公司现金流量和收益。

（刘琳）

处理历史遗留问题

年内，松辽汽车采取相关措施积极处理已决诉讼、债务、资产产权不清晰等历史遗留问题，使公司资产产权关系明晰、保值增值，化解公司潜在的财产损失风险。

（刘琳）

金融

综 述

2011年，开发区发改局与大兴区发改委共同制定了《新区“十二五”时期金融业发展规划》。与大兴区金融办共同开展了新区金融安全检查和宣传，确保新区金融安全稳定运行。4月和7月，分别对区内小额贷款公司和融资担保公司进行监督检查，规范和促进开发区内金融机构健康发展。9月，联合开发区内主要金融机构在亦庄生活广场举行“新区金融安全宣传日”活动，向社会宣传金融安全的重要性。为全面梳理开发区金融业发展情况，开发区发改局建立开发区内金融机构业务数据信息报送制度，特别针对开发区内重点金融机构，每月收集上月业务相关数据，进行信息库建设，以便及时跟踪区金融运行状况，防范金融风险，为促进开发区金融业健康发展打下基础。

截至2011年底，新区共有金融机构17家，证券期货类金融机构营业部4家，融资性担保公司6家，小额贷款公司4家，新区产业金融服务体系基本成型。

按照“近期扶持一批、中期培育一批、远期规划一批”的思路，完善了新区企业上市工作体系，并完成首批新区自主培育上市企业工作。2~3月，邀请市证监局、深交所北京中心、市金融局领导对区内拟上市企业调研；举办小范围座谈辅导2次。全年实现中化岩土、舒泰神、盛通印刷、京运通、威卡威、利德曼六家企业获批上市。

为推进投融资平台规范工作，区发改局帮助开发区总公司、亦庄国际、兴展、兴创等公司与市银监局、市金融局沟通协调，使其调出平台，从而恢复融资能力。与市金融局和银行间市场交易商协会沟通，为开发区总公司争取35亿元发债额度，协助开发区总公司发行中期票据。盘活新区闲置社会资金，协助开发区总公司与亦庄镇达成4亿元委托贷款协议。由开发区发改局牵头，北京亦庄国际投资发展有限公司、光大资本投资有限公司、北京工业发展投资管理有限公司3家企业共同发起成立北京创造壹基金，成为主导北京市实体经济发展的重要抓手。

（蔡星月）

银 行

中国工商银行开发区支行

概况

2011年，中国工商银行股份有限公司北京经济技术开发区支行（简称工商银行开发区支行）各项主要业务均保持了平稳协调有序发展，存贷款业务稳步增长，服务质量不断提升，信贷结构调整成效显著。全年实现拨备前利润近4亿元，总资产突破百亿元，同时加强渠道建设，保证网点建设进度，发挥自助渠道作用，配置自助机具达到75台，营业网点累计达到7个，不断满足开发区企事业单位及居民的金融需求。

（方园 银杰 朱静）

支持区内基础设施建设

年内，工商银行开发区支行累计为开发区基础设施建设提供约60亿元的贷款融资服务，用于核心区、河东区、河西区以及12平方公里等区域的重点项目建设，为开发区的顺利发展提供了有力支持。工商银行开发区支行自成立以来始终与开发区共成长、同发展。

（方园 冯超 朱静）

支持区内高新技术产业发展

年内，工商银行开发区支行作为唯一与投融资平台合作的银行，重点支持开发区电子、芯片、汽车、生物医药4大版块融资，积极支持区内高端工业园区建设和绿色环保新能源产业发展，与世界500强企业总对总签订全球现金管理合作协议。截至年底，累计为开发区投资平台自主产品创新提供了共计约14亿元的资金支持，为区内高新技术产业发展提供了保障。

（方园 杨凯 朱静）

支持区内中小企业发展

年内，工商银行开发区支行积极联动开发区中小企业服务中心，参与服务中心的筹备和组建等工作，并与服务中心签订了战略合作协议，依托开发区内的核心客户，重点挖掘区内科技型中小企业融资需求，拓展业务渠道、创新业务模式，向企业上下游辐射，开展供应链融资业务。截至年底，开发区支行小企业贷款客户数近百户，小企业贷款余额达到近10亿元。

（方园 朱静）

创新供应链融资服务平台

年内，工商银行开发区支行以大型民族企业和世界500强企业为工作重点项目提供供应链金融服务，为核心企业的全国供应商、经销商提供了近4亿元融资，为供应链融资业务顺利开展创造了良好的外部环境，建立起以开发区为核心的供应链服务平台。

（方园 冯超 朱静）

有序推进金融服务渠道建设

截至年底，工商银行开发区支行共计开设网点7个，重点服务于开发区。同时，在光机电、十八里店南桥等区域设有物理网点，提供金融服务辐射至周边区域；拓展自助银行渠道建设，新增自助设备17台，累计配置自助机具达到75台，其中ATM达到30台，存取款一体机达到15台，转账汇款机具达到10台，补登折机达到7台，查询缴费机达到9台，自助发票打印机达到4台，有力拓展了服务渠道。

（方园 许晶晶 朱静）

提供更为完善的个人金融服务

截至年底，工商银行开发区支行个人客户总数达20余万户，服务质量和服务效率得到提升，先进服务水平的样板网点不断增加，大大缩短了支行客户平均排队时间。

（方园 朱静）

中国工商银行股份有限公司北京经济技术开发区支行

党委书记、行长 吴迎春

中国银行开发区支行

概况

2011年，中国银行股份有限公司北京经济技术开发区支行（简称中国银行开发区支行）紧紧围绕“调结构、扩规模、防风险、上水平”的战略方针，推进“五个一”工程，加大创新力度，推进网点转型。截至年底，开发区支行本外币存款余额为646069万元，本外币贷款总额为512072万元，实现利润23472万元。开发区支行现有在职职工134人，内设五部一室，辖属3个经营性支行。

（邱延新）

成立中小企业金融服务中心

7月20日，中国银行中小企业贷款中心开发区分中心正式挂牌成立，为中国银行向区内企业提供更加优质便利的金融服务搭建了良好的平台。配合此项工作的开展，开发区支行配备了专门的中小企业客户经理队伍，并对区内客户进行了深入挖潜，广泛营销，奠定了较为坚实的客户基础。

（邱延新）

开展城乡共建活动

8月，经开发区工委宣传部牵线，中国银行开发区支行与大兴区礼贤镇结成了“魅力新区 文明同行”的共建对子。开发区支行领导多次深入礼贤镇进行实地考察，共商共建工作，了解该镇未来发展规划，提供相应专业建议和金融支持。同时充分利用自身资源优势，向黄村镇、长子营镇、瀛海镇、榆垡镇等4家周边村镇的企业提供贷款支持近2000万元，有效盘活了当地经济，从而带动农民就业并增加了地方政府的财政收入。

（邱延新）

负债业务稳步增长

年内，中国银行开发区支行个金条线以多渠道营销、扩大客户群、争揽高端客户为工作重心，利用支行理财产品，争揽存款。截至年底，开发区支行本外币各项存款余额为646069万元，其中储蓄存款余额239543万元，较年初增加30110万元。

（邱延新）

授信业务健康发展

年内，中国银行开发区支行以调整客户结构、扩大基础客户为基本思路，在集团客户、中小企业授信等方面取得突破。

为保证授信业务健康有序发展，保证授信风险可控，支行加强贷后管理，对评级、授信审批等环节进行了多次培训，公司贷款不良率保持为零。截至年底，开发区支行人民币公司贷款余额 405208 万元，较年初增加 12853 万元。

（邱延新）

创新中间业务

年内，中国银行开发区支行积极转变思路，把提高中间业务收入作为支行增收工作的突破口。开发区支行大力开展全产品线营销和全员营销，不断尝试新产品，以产品带动收益，取得良好成效。截至年底，实现中间业务净收入 5355 万元。

（邱延新）

实施综合柜员制

年内，按照中国银行北京市分行统一部署，中国银行开发区支行将“综合柜员制”的实施列为重点工作之一。辖内的 3 家网点“综合窗口”开设率达 100%，支行营业部也开设了两个“综合窗口”，一线柜员均能办理简单的综合业务，这在一定程度上缓解了对私柜台的服务压力，切实有效地提升了网点服务效能。

（邱延新）

中国银行股份有限公司北京经济技术开发区支行
行长 杨青梅

中国农业银行开发区支行

概况

2011 年，中国农业银行股份有限公司北京经济技术开发区支行（简称农行开发区支行）在加快业务发展的同时，始终根植区内市场，坚持履行助力开发区经济发展的责任和使命，在信贷规模不断趋紧的形势下，着力支持开发区经济建设，实现业务发展与开发区经济建设的互促共赢。截至年底，农行开发区支行本外币各项存款余额达 116.06 亿元，比年初增加 23.29 亿元，完成分行下达全年任务的 118.8%。其中本外币储蓄存款余额 52.23 亿元，完成分行下达全年任务的 109.7%；实现中间业务收入 7110 万元，完成分行下达全年任务的 119.9%；实现拨备后利润 3.17 亿元，完成分行下达全年任务的 133.9%。

（靳子畅）

制订考核办法

3 月，农行开发区支行参考分行考核办法，在广泛征求意见和建议的基础上，对以往的考核办法进行了修改、补充、完善，修定出《开发区支行 2011 年各项考核办法》，包括 16 项详尽考核办法，明确和强化了网点和部门各岗位的职能及考核细则。

（靳子畅）

营销业绩增加

年内，区内 5 家大型企业与农行开发区支行建立业务关系，10 余家大型优质客户在开发区支行开立注册验资户，1 家企业产业扶持基金专户（该专户将在未来 5 年由开发区划入 20 亿元产业扶持基金）开立开发区支行帐户。在分支行联动营销下，分行牵头组建了北京奔驰 48 亿元 MFA 项目银团贷款，开发区支行成为代理行，这是北京分行作为牵头行，按照市场规则规范化运作的首笔银团贷款。

（靳子畅）

强化风险防控

年内，农行开发区支行把风险管理放在与业务发展同等重要的位置，坚持做到“两手抓、两手都要硬”。开展案件风险排查工作，提升支行合规操作水平；推进运营“三化三铁”达标和信贷“三化三无”创建工作；加强风险体系建设，每季度召开支行经营风险分析会，分析业务风险点和潜在风险因素；加强安全保卫责任制，把安全保卫工作职责落实到支行各部室、各网点，形成安全目标管理责任制。

（靳子畅）

注重干部管理

年内，农行开发区支行党委坚持从自身做起，从一言一行做起，为广大干部员工树立榜样，潜移默化地影响干部员工的思想和行动，在全行较好地树立了支行党委“团结、高效、廉洁、勤政”的良好形象。规范干部选拔任用程序，对上及时请示报告，对下严把干部任用关。加强“四项监督制度”，将其作为党委中心组学习的一项内容开展学习，使各级党委在干部选拔任用方面的责任意识、合规意识得到加强。

（靳子畅）

加强员工培训

年内，农行开发区支行以提高队伍的能力建设为目标，加强培训工作，共举办41场实用性强、专业性高的业务和营销培训，提升了员工的业务素质和深度营销能力。

（靳子畅）

中国农业银行股份有限公司北京经济技术开发区支行
党委书记、行长 张晓东

中国建设银行开发区支行

概况

2011年，中国建设银行股份有限公司北京经济技术开发区支行（简称建行开发区支行）坚持“内抓管理，夯实基础，外树形象，加快发展”，发挥对公业务的主导带动作用，实施以国际业务、个人业务及小额无贷户营销为亮点的品牌战略，增强在区域内的竞争优势，提高核心竞争力，内控管理水平和风险防范能力进一步增强。截至年底，开发区支行实现本外币账面利润1.84亿元；本外币全口径存款时点余额137.63亿元；本外币各项贷款时点余额30.83亿元。支行现有中长期劳动合同人员114人，平均年龄32.8岁，其中本科及以上学历人员60人，党员36人；劳务人员5人，平均年龄41.8岁。下设4个部室，1个升格支行，2个储蓄所。

（张帆）

拓展公司业务

年内，建行开发区支行将拓展客户基础、发展存款作为公司业务发展的重中之重。开展了“拓百户、争百佳”主题活动，抢抓客户源头，针对新开工项目及各类园区新入区企业，积极营销存款结算型客户，拓展客户基础。同时，抓住企业大额资金动向，做好大客户资金的沉淀工作，年终实现本外币企业存款较年初新增 45.18 亿元，确保企业存款稳定增长。

（张帆）

建立零售业务长效机制

年内，建行开发区支行从加强网点营销能力，激发一线员工营销潜能入手，开展了贯穿全年的“为你喝彩”营销竞赛活动，建立起零售业务营销的长效机制。为做好拆迁居民的服务和营销工作，支行与保险公司密切合作，加强对柜面人员的培训力度，提高保险产品的营销能力。通过对个人客户的拓展，有效带动了个人存款与产品销售的增长。年内，支行个人“1+4”产品新增 193724 万元，全面完成分行任务。

（张帆）

提升国际业务处理能力

年内，建行开发区支行增加人员配备，充实国际业务队伍，提升国际业务处理能力；同时，有针对性地对外汇产品进行专题培训，提升了员工的业务水平，得到客户好评。通过加强对目标客户的市场宣传和营销力度，年内实现外汇中间业务收入 1600 万元，同比增长 22%；国际结算 28 亿美元，同比增长 36%；跨境人民币结算 2.6 亿元。

（张帆）

提高内控管理能力

年内，建行开发区支行通过加强教育培训等方式提高员工风险防范意识和风险防控能力，以“专项产品培训”、“案例讲解”、“有奖问答”等形式多样的培训方式，提高员工对业务的理解和掌握。支行严格按照人民银行的相关制度要求，做好代理国库业务，实现全年“零”差错的目标。同时，支行将“抓重点、抓细节”作为提升服务水平的核心，就日常客户反映的意见进行深入分析，及时发出服务工作提示，指导网点改进服务工作，促进支行整体服务水平的提高。

（张帆）

中国建设银行股份有限公司北京经济技术开发区支行

党委书记、行长 张亚纲

交通银行开发区支行

概况

2011 年，交通银行股份有限公司北京经济技术开发区支行（简称交行开发区支行）共有员工 110 人。交行开发区支行成立于 1998 年 6 月 2 日，是交通银行设立在开发区的经营网点，隶属于交通银行北京市分行，是交通银行北京市分行下属的中心支行，业务范围涵盖本外币各项资产业务、负债业务、中间业务、个人金融业务等，业务品种全面。开发区支行实行行长负责制，下设 3 名副行长，分别负责公司金融业务、个人金融业务和结算运营业务。支行本部设立办公室、公司科、个金科、营业室等部门，下辖东高地、大兴两个二级支行。

（赵楠）

召开大兴区、开发区业务创新工作会议

1 月，交通银行北京市分行召开大兴区、开发区业务创新工作专题会议，围绕新形势下如何做好政企合作，如何实现产品创新展开讨论。会议明确由开发区支行

与新区政府、发改局、金融办等部门保持密切沟通，及时将新区政府需求了解上报，调动授信、信托、租赁、资金池、保险资金等资源与新区实体单位对接，为新区工作做好金融保障。

（赵楠）

投放项目贷款支持新区建设

1月，交行开发区支行对新区国有独资公司投放7亿元项目贷款，部分解决了新区扩区建设资金问题，确保工程款、拆迁款项在春节前的顺利支付；12月，交行开发区支行又一次对新区国有独资公司投放4.5亿元项目贷款，确保了项目工程建设顺利进行，一定程度上减轻了财政资金拨付压力，支持了新区建设。

（赵楠）

扶持新区中小企业

3月，交通银行北京市分行牵头的2009年第一期中关村中小企业集合票据顺利实现兑付，由交行开发区支行推荐的新区中小企业获得了直接融资，支行提供的备用授信额度，有效降低了企业融资成本，同时为企业兑付后的生产经营发展提供了保障；6月，交行开发区支行为新区新三板上市企业申报信用贷款和知识产权质押贷款，以实际行动解决了企业融资面临的“担保难”问题，变无形资产和企业信誉为生产力；10月，交行开发区支行为新区高新技术企业申报的应收账款质押贷款，盘活了企业存量资产，丰富了企业融资渠道。

（赵楠）

参加新区国有独资公司融资平台联席会议

5月，交行开发区支行参加新区国有独资公司融资平台联席会议。市银监局领导以及新区国有公司、财政局、发改局、各合作银行代表出席。会议围绕政府融资平台清理整顿政策，新区国有企业面临形势及各合作银行开展的工作展开讨论。交行开发区支行明确表示，支持新区国有公司平台贷款清理整顿工作，同意新区国有公司退出融资平台名单，无条件配合新区国有公司做好相关数据、资料的报送工作，确保实现现金流全覆盖，早日退出平台清单。

（赵楠）

参加新区经济金融通报会

8月，交行开发区支行参加新区经济金融通报会，新区发改局领导，新区各商业银行、证券公司、小额贷款公司、村镇银行、国有企业等30多家单位代表参加会议。会上开发区发改局就上半年新区经济金融形势进行了通报，介绍了重点项目投融资情况，新区国有企业对自身重点项目建设及融资需求等情况进行了介绍，与会代表围绕金融政策、新产品以及对新区支持情况进行了交流讨论。

（赵楠）

召开新区中小企业投贷一体化培训会议

8月，交行开发区支行联合新区金融办、经信委召开新区中小企业投贷一体化培训会议，新区金融办、经信委、交通银行北京市分行中小企业信贷部领导以及50余家新区中小企业代表参会。

（赵楠）

交通银行股份有限公司北京经济技术开发区支行
行长　张魄

华夏银行亦庄支行

概况

2011年，华夏银行股份有限公司北京亦庄支行（简称华夏银行亦庄支行）的储蓄存款、金融资产总量、个人中间业务收入、信用卡、速通卡、理财业务、个人网银等业务均超额完成计划。华夏银行亦庄支行充分运用创新型金融产品营销，挖潜客户，对公业务各项指标均超额完成计划。客户开发数量完成率120%、对公存款余额完成率105%、对公存款日均完成率125%；国际结算量同比增长635%；国际业务收益同比增长1986%。华夏银行亦庄支行成立于2009年12月，2011年被北京分行评为“2011年度个人业务营销工作先进单位三等奖”、“2011年度对公业务客户开发工作先进单位三等奖”、“公司业务营销先进单位二等奖”、“国际业务先进单位”、“2011年度先进单位”。全年零案件，荣获“2011年度北京市单位内部安全保卫工作集体嘉奖”。

（吴迪）

获得企业验资资格

7月8日，市工商局核准华夏银行亦庄支行在开发区工商分局设立企业登记入资资金专用账户，9月，开发区工商分局正式批复同意。

（吴迪）

成为开发区首家ETC一站式服务网点

年内，华夏银行亦庄支行共开立华夏速通卡7536张，位居华夏银行北京分行第二位。华夏速通卡自2010年4月推出以来，作为华夏银行特色和拳头产品，以提供免费赠送电子标签和使用便利得到了广大客户的认可，支行也成为开发区内首家提供“ETC一站式”服务的金融机构。

（吴迪）

华夏银行股份有限公司北京亦庄支行 行长 孙国威

中国邮政储蓄银行开发区支行

概况

2011年，中国邮政储蓄银行有限责任公司北京经济技术开发区支行（简称邮储银行开发区支行）时点余额35132.21万元，其中个人金融业务余额28191.21万元，公司金融业务余额6941万元。开发区支行目前共有行员19人，平均年龄29岁，其中管理人员3人，个金业务条线6人，公司业务条线5人，营销人员5人；劳务人员5人，派遣人员14人。开发区支行经过几年的发展，各项业务突飞猛进，已成为以本外币个人、公司存款结算为主体的负债业务；以国内国际汇兑、转账业务、银行卡、代理保险及其他

邮储银行开发区支行业务大厅　　企业提供

各种理财产品、代收代付等多种形式的中间业务；以银行同业拆借、委托贷款、银团贷款、项目融资、供应链金融、票据融资、中小企业贷款、商务贷款、小额信贷、信用卡等资产业务为主体的全功能大型商业银行。

（张成）

参加新区国有独资公司融资平台联席会议

5 月，邮储银行开发区支行代表邮储银行北京分行参加新区国有独资公司融资平台联席会议。开发区财政局、发改局、各合作银行以及相关领导出席了会议，会议围绕政府融资平台清理整顿政策，国有企业面临的形势以及各合作银行开展的具体工作展开讨论。会上，邮储银行开发区支行按分行领导的指示，明确表示，坚决支持新区国有公司平台贷款清理整顿工作，作为参与行，要无条件配合新区国有公司做好相关工作，确保实现现金流全覆盖，早日退出平台清单。

（张成）

组建中小企业贷款中心

年内，邮储银行开发区支行组建中小企业贷款中心，丰富了邮储银行开发区支行的金融服务功能，为支持开发区内中小企业发展提供了有力的资金保障。中心积极与开发区中小企业协会、工业园区进行合作，为会员单位、园区单位提供优质的金融服务。年内，中心共发放贷款 4900 万元，成为开发区金融队伍中新的一员。

（张成）

中国邮政储蓄银行有限责任公司北京经济技术开发区支行 行长 付宏磊

北京银行开发区支行

概况

2011 年，北京银行股份有限公司经济技术开发区支行（简称北京银行开发区支行）在打造特色品牌，民生金融，消费金融，农村金融，公益捐赠及低碳运营方面业绩突出。截至年底，北京银行资产总额达 9565 亿元，全年实现利润总额 114 亿元，存款总额 6142 亿元，贷款总额 4056 亿元，存款规模为 28 亿元，贷款规模为 11.5 亿元。全年资产利润率 1.06%，资本利润率 19.25%，成本收入比 26.35%，资本充足率 12.06%，核心资本充足率 9.59%。北京银行开发区支行是北京银行立足于开发区设立的一家分支机构，成立于 2001 年 12 月 21 日，主要服务开发区公司及个人客户群体，主营商业银行业务，是社会医疗保险基金承办行。

（王菁）

开展金融普及宣传活动

7 月，北京银行开发区支行开展支付清算系统宣传月月行活动。活动中，采取发放支付系统宣传资料、上门等方式宣传小额批量处理系统和电子商业汇票系统，取了得良好营销效果。

（王菁）

服务中小企业

年内，北京银行立足服务中小企业定位，正式出台小微企业组合贷，创新推出商圈小微融资特色产品“商户贷”，并与商务部签署战略合作协议，共同搭建商圈

北京银行开发区支行外景　　企业提供

融资服务平台，形成小微拓展新亮点，为实体经济发展注入活力。与中国节能协会节能服务产业委员会（EMCA）签订战略合作协议，并采用未来收益权质押和打包授信支持方式，推出“节能贷”特色产品。该产品荣获中国银行业协会“2011年服务小企业及‘三农’十佳特色产品”奖，北京银行成为北京地区唯一获此殊荣的银行。2011年，北京银行开发区支行为1000余家企业提供此项服务。

（王菁）

发展电子银行

年内，北京银行开发区支行依托电子渠道，树立低碳经营理念，不断加大电子银行推广力度。北京银行开发区支行企业网银客户数与个人网银证书版客户数均有大幅度增长。网银主要产品对传统柜台业务的交易替代率达50%，助力低碳经营模式。推出“京彩生活”手机银行金融服务，标志着以“网上银行，电话银行，手机银行”为主体的高效电子银行综合金融服务平台正式搭建成功。“京彩生活”手机银行便于有效分流客户群体，提升对传统业务的替代作用；减少客户出行时间，降低能源消耗，将环境保护落到实处。

（王菁）

开展医保业务

年内，北京银行开发区支行共为区内约800家企业发放医保存折，新增医保账户约8万户。支行作为社会医疗保险基金承办行，负责区内医疗保险基金的结算及存储工作，主要是医疗保险统筹基账户，个人账户的医保资金结算和存储，并为参保人员发放医疗保险专用存折。

（王菁）

开展中小企业集合票据业务

年内，北京银行开发区支行与北京经济技术投资开发总公司继续合作，开展中小企业集合票据业务，并在北京银行总行及北京银行股份有限公司商务中心区管理部等相关部门的大力支持下，推进中小企业集合票据工作，为开发区内企业融资提供了新的渠道。

（王菁）

北京银行股份有限公司经济技术开发区支行

行长　周建华

北京农商银行开发区支行

概况

2011年，北京农村商业银行股份有限公司经济技术开发区支行（简称农商银行开发区支行）各项贷款余额达 21.5 亿元，各项存款余额为 67 亿元，实现考核利润 7600 万元，不良贷款率由年初的 2.22% 降到 1%。年内，农商银行开发区支行制定了《法人客户经理集中管理办法（暂行）》，组建法人客户经理队伍，并配套制定考核奖惩办法，建立周工作汇报及学习制度，及时学习信贷政策及市场形势，健全支行团队营销体系。举办业务培训 31 期，参加人员共 440 人次；组织员工参加在职学历教育及行业资格认证考试，提高了员工综合素质与业务技能。

（冷月侨）

网点转型工作成效显著

8 月，农商银行开发区支行启动经营网点转型工作，转型后网点功能分区趋于合理，网点物品摆放、标识管理及文明规范服务标准逐步规范，客户分流、引导效果良好，营销业绩显著提高。

（冷月侨）

强化存款营销

年内，农商银行开发区支行定期召开存款工作专题会议，制定配套激励办法，建立大额存款名单分析制度，开展存款业务“百日竞赛”、“大干 20 天，对公出存款作贡献”、“加强后 40 天对公存款营销”等活动，抓住地区拆迁机遇，存款增量突破历史最高水平。

（冷月侨）

拓展信贷业务

年内，农商银行开发区支行充分调研，掌握区域重点客户名单，通过上下联动营销，积极推进信贷工作开展；设置贷后管理岗位，建立月度贷后监测分析制度，开展多次贷款检查工作，切实提高贷后管理水平；开展对公授信客户“四个一批”分类工作，准确及时完成分类认定工作，推动支行信贷结构优化。

（冷月侨）

开展不良贷款清收

年内，农商银行开发区支行成立不良贷款清收小组，建立问题贷款清收台账，一户一策开展清收工作，并采取诉讼等多项措施，实现了不良贷款现金清收数额大幅增长。

（冷月侨）

开展各业务条线检查整改工作

年内，农商银行开发区支行积极组织开展会计承诺制度检查、会计及安全夜查、安全月查、柜面业务及重控检查、国库业务系统风险排查、各业务条线合规检查、“三项治理”排查（包括抵质押贷款风险排查整治工作，个人（农户类、非农户类）贷款借名、假冒名贷款专项整治工作，置换、核销不良贷款排查清理工作、电子银行业务检查、“三个办法一个指引”（即银监会发布的《固定资产贷款管理暂行办法》《项目融资业务指引》《流动资金贷款管理暂行办法》和《个人贷款管理暂行办法》）落实情况检查、年度银行卡业务检查等，有效提高规范化水平和风险严控能力，促进支行稳健经营。

（冷月侨）

优化支行财务管理机制

年内，农商银行开发区支行修定支行

财务管理办法，明确各非管辖支行财务权限，坚持遵循“真实合法、公开透明；预算控制、先审后支；大宗采购、集中招标”原则，实行总量控制、分类管理，规范费用支出管理。

（冷月侨）

个人金融业务稳健发展

年内，农商银行开发区支行深化创新工作机制，发挥网点资源优势，大力推广“凤凰金”账户，组织“凤凰亲情卡”专项营销及“凤凰乡村游，体验新农村”推广活动，促进储蓄存款及中间业务收入稳步增长。

（冷月侨）

北京农村商业银行股份有限公司经济技术开发区支行

行长　金保珍

上海浦东发展银行北京开发区支行

概况

2011 年，上海浦东发展银行股份有限公司北京经济技术开发区支行（简称浦发银行开发区支行）秉承“新思维、心服务”的经营理念，力求为区内企业和个人提供优质高效的金融服务。截至年底，浦发银行开发区支行存款达 27.6 亿元，贷款达 12.2 亿元。

（李华）

与政府企业建立合作关系

年内，浦发银行开发区支行与开发区管委会、区内企业建立良好合作关系，业务发展得到开发区基建办公室、开发区土地储备中心、开发区建设交易中心等部门和开发区总公司等相关企业的大力支持。同时，开发区支行为区内企业提供了新型的、量身定制的综合金融服务。年内，根据开发区政府企业的经营特点和管理要求，开发了多银行账户管理系统和资金虚账户等高端金融产品和解决方案。

（李华）

扶植中小企业

年内，浦发银行开发区支行被市工商局批准为开发区验资开户银行。支行努力为开发区中小企业提供优质服务，在中小企业开户过程中不设门槛、不提附加条件。同时，致力于为中小企业提供全套金融解决方案，并与北京亦庄国际投资发展有限公司开展合作，为区内中小企业提供股权或债券融资服务。

（李华）

承担为企业代发员工工资业务

年内，浦发银行开发区支行在为区内企业提供结算渠道的同时，承担着诺基亚通信有限公司、富士康精密组件（北京）有限公司、诺兰特移动通信配件（北京）有限公司、SMC（中国）有限公司、北京比亚迪模具有限公司、当纳利印刷有限公司、北京大宝化妆品有限公司、北京市阳光情学校等 176 家企事业单位、50000 余名员工的工资代发业务；定期为企业员工举办理财沙龙讲座，为客户提供全方位服务，受众人群超过 2 万人。

（李华）

为居民提供理财服务

年内，浦发银行开发区支行对常规银行理财产品实行档期化发行，每周二发行债券盈系列，每周三发行汇理财稳利系列，全年共发行银行理财产品 844 款。主要包括：首款开发式理财产品“天添盈 1 号”和 7 天滚动式理财产品“周周享盈 1 号”，理财客户超过 7000 人；为高端客户提供专享的债券盈增强计划和融通盈计划，引进了基金专户、集合资金信托计划、定向增发类、股指期货逃离类、阳光私募等新兴产品；推出电子合同业务，将证券集合理财产品拓展到网银渠道，继续加大保险业务总对总合作和产品的引入力度；引入个性化区域销售理财产品——票据盈和同享盈计划等。贷款方面，开发区支行在传统产品的基础上，为居民引入“消贷易”等新型个人贷款产品，方便了个人的融资需求。同时，还推出了缴费易服务，形成了包括自来水费代扣等在内的全面代缴费服务，成为北京市代扣业务最全面的银行之一。

（李华）

上海浦东发展银行股份有限公司北京经济技术开发区支行 行长 王宁

兴业银行开发区支行

概况

2011 年，兴业银行股份有限公司北京国贸支行（简称兴业银行开发区支行）始终坚持与客户“同发展、共成长”和“服务源自真诚”的经营理念，致力于为客户提供全面、优质、高效的金融服务。经过一年多的健康平稳发展，截至年底，各项存款余额 31.48 亿元，其中对公存款 10.12 亿元，储蓄存款 17.26 亿元，同业 4.1 亿元。各项贷款余额 55.37 亿元，其中对公贷款 48.26 亿元，个人贷款 7.11 亿元。兴业银行开发区支行于 2010 年 5 月正式迁址到开发区。

（张雪平）

开展对公业务

年内，兴业银行开发区支行与农发行合作为开发区总公司发放银团贷款，积极发展小企业贷款。截至年底，兴业银行开发区支行对公贷款余额 48.26 亿元，较上年增加 10.48 亿元；小企业贷款增加 4371 万元。

（张雪平）

拓展零售业务

年内，兴业银行开发区支行继续代发大兴区拆迁项目的拆迁款，个人储蓄业务有了较快增长。为了满足客户的需求，兴业银行开发区支行相继推出了“天天万利宝”、“万汇通”等多种理财产品，开放式基金和个人贵金属买卖等业务，并对特殊客户提供私人银行理财服务。为了满足个体工商户和自雇人士的需求，推出了“兴业通”个人贷款服务及个人经营贷款和个人消费贷款业务。截至年底，兴业银行开发区支行储蓄存款余额 17.26 亿元，较上年同期增加 9.45 亿元。

（张雪平）

加强制度建设

年内，兴业银行开发区支行相继出台了《对公客户经理管理办法》和《零售客户经理管理办法》，对员工的劳动量和工作业绩进行量化考核。《管理办法》的出台，在年底即收到了良好的成效，各项任务指标完成情况在北京分行考核体系内均排名前列。同时，兴业银行开发区加强对对公客户经理和零售客户经理的团队建设，积极引进优秀客户经理，壮大市场营销队伍。

（张雪平）

兴业银行股份有限公司北京国贸支行

行长　张春明

东亚银行开发区支行

概况

2011年7月，东亚银行（中国）有限公司北京分行开始筹建北京经济技术开发区支行（简称东亚银行开发区支行），同年11月，通过市银监部门验收，作为开发区内第一家外资银行，于2011年12月2日正式对外营业。截至年底，东亚银行开发区支行各项存款余额合计12.2亿元，其中个人存款1亿元，公司存款11.2亿元，贷款余额5亿元。

东亚银行开发区支行外景　　企业提供

（郑文鑫）

主要业务得到发展

年内，东亚银行开发区支行致力于拓展业务网络，为区内客户提供优质、全面、专业的银行服务。企业银行提供贸易融资、跨境人民币结算、企业网上银行及现金管理服务、企业理财、重点企业客户服务、中小企业服务等。个人银行提供账户服务、个人消费贷款、楼宇按揭及抵押贷款、个人网上银行服务、两地通金融服务、电话银行、借记卡服务、信用卡服务、自动柜员机服务等。财富管理业务提供财富管理、显著理财、聪明小当家、银行保险代理业务、私人银行服务等。金融机构业务包括货币市场产品、固定收益产品、外汇交易产品、衍生产品、票据转贴现、福费廷、海外代付、代理等。其他银行服务包括人民币银行卡清算服务、国际信用卡清算、本票结算、人民币汇款服务、工资代发等业务。

（郑文鑫）

东亚银行（中国）有限公司北京经济技术开发区支行

行长　郑文鑫

证　券

国泰君安证券亦庄证券营业部

概况

2011年，国泰君安证券股份有限公司北京亦庄宏达北路证券营业部（简称国泰君安亦庄营业部）依托国泰君安证券强大的研究能力和优质的客户服务体系，立足北京亦庄地区，开展个人投资者的金融理财服务以及企业客户的对公理财、财务顾问、首次公开募股（IPO）、定向增发、债券发行等一系列的投融资服务。国泰君安亦庄营业部成立于 2010 年 6 月 18 日，是国泰君安证券北京地区第八家营业部。

（姜昆）

举办 2010 年度总结大会

1 月 21 日，国泰君安亦庄营业部在廊坊市香河县“天下第一城”召开 2010 年度营业部总结表彰大会。会议介绍了营业部自 2010 年成立以来取得的成绩与存在的不足，并对营业部相关员工进行了颁奖表彰。

（姜昆）

电子杂志《亦境》创刊

1 月 28 日，国泰君安亦庄营业部创立电子杂志《亦境》，作为客户的一种创新增值服务。杂志主要反映近期国内外资本市场的动态，理财顾问的投资咨询，员工风采，顶级奢侈品鉴赏等。《亦境》由总经理王志军担任主编，负责杂志的全面指导工作。杂志为双月刊，年内共发行 6 期。

（姜昆）

增加营业面积

3 月，经北京分公司批准，国泰君安亦庄营业部增加营业部现有营业面积。营业面积由原来的 308 平方米增加到 614 平方米。

（姜昆）

成立营业部团队管理基金

3 月，国泰君安亦庄营业部成立团队管理基金——“T 基金”。该基金作为团队活动的后备资金，由专人进行保管，并采用申请制提取基金。

（姜昆）

举办下半年度投资策略报告会

6 月 25 日，国泰君安亦庄营业部举办“营业部成立一周年暨中期投资策略报告会”。报告会邀请瑞穗证券亚洲公司首席经济学家沈建光、国泰君安证券高级宏观研究员王虎、国泰君安北京分公司财富管理部总经理付林等出席。与会嘉宾分别从国内外下半年的经济形势和宏观策略等方面进行论述，为投资者提供专业指导，并与现场客户进行交流。

（姜昆）

举办周年庆典系列活动

6 月，国泰君安亦庄营业部启动“周年庆典系列活动”，包括进行广告宣传、举办群雄逐鹿“模拟炒股大赛”等活动。其中模拟炒股大赛历时 3 个月，邀请 102 名参赛者参加，共评选出 6 名获奖选手。

（姜昆）

开展君弘财富俱乐部活动

年内，君弘财富俱乐部依托国泰君安证券雄厚的研究力量和扎实的服务基础，为会员提供多达 80 余项的行情交易、资讯、咨询、理财顾问等方面的服务。营业部年内共组织三次君弘会员活动，包括：4 月，大兴静逸清“采摘之旅”；6 月，群雄逐鹿“模拟炒股大赛”；10 月 15 日，中国故宫博物院资深研究员祖莪、寇中天为君弘会员进行中国书画鉴赏和篆刻印章赏析讲座。

（姜昆）

国泰君安证券北京亦庄宏达北路证券营业部

总经理　王志军

社会保障与社会发展

综 述

2011年，开发区全面推进社会保障工作法制化建设，不断提高管理和服务水平，促进社会保障工作的科学化、规范化和人性化，努力使发展成果惠及企业、改善民生，各项社会事业健康发展。全年新增参保职工1.13万人，新发放社保卡21524张，累计收缴社会保险资金168010万元，支付各项社会保险费用26274万元；积极落实最低工资增长政策，企业退休人员基本养老金较上一年度提高11.14%，区域补充医疗保险惠及职工6913人次。截至年底，开发区共有参保单位3394家，同比增加668家；参保人员25.78万人，同比增加2.26万人。五项社会保险基金收入26.42亿元，同比增幅为31.07%；基金支付4.13亿元，同比增幅为15.04%；基金结余22.28亿元，同比增幅为34.55%；率先在全市完成公费医疗改革并建立起公费医疗补助制度。推广社会保险业务网上申报试点工作，社会保险精细化管理工作走在全市前列。

开发区深入推进劳动力就业。为了促进发展成果共享、带动城南地区城乡一体化进程，开发区与大兴区各级就业工作部门按照更细、更实、更深入的原则，改进岗位开发、技能培训、信息交流等方面的联动机制，并制定“两走进、三下乡、攻难点、超目标”工作思路。形成“定期＋移动＋专场”三位一体招聘服务体系；制定跟踪企业、跟踪岗位、跟踪乡镇、跟踪招聘会、跟踪求职者的“五项跟踪”法；在各镇和街道分别建立人力资源就业服务中心，实现为劳动力提供统一管理、统一培训、统一输出、统一匹配的服务，使就业服务的基层网络覆盖南部新区，将深度融合落实到田间和社区。社会建设水平有效提升。亦庄实验学校完成转制，北京八中亦庄分校正式开学，区域办学水平得到提升。同仁医院二期工程完成立项并获得市政府批准。配租公租房1644套，解决了区内企业与职工的住房困难问题。继续开展送电影、送演出、送讲座活动。举办了新区第八届运动会暨北京市第三届外企职工运动会，丰富了企业员工和居民的文体生活。

（孙鹏 陈咏梅 王威）

社会保障

概况

北京经济技术开发区人事劳动和社会保障局（简称开发区人劳局）主要负责开发区内促进就业和人才市场、劳动力市场管理服务工作；负责开发区内企业引进国外智力和吸引留学人员回国工作；负责开发区内企业引进人才、引进非北京生源毕业生和解决夫妻两地分居的审核报批工作；负责开发区内的劳动合同和集体合同管理、工时核定、劳动争议仲裁及劳动监察工作；负责管理社会保险基金、开展工伤认定及劳动能力鉴定等各项社会保障工作。2011 年，开发区人劳局深化“政府—企业—劳动力”和“区—镇—村”两项劳动力就业合作机制，开展岗位开发、培训指导等全方位服务。全年共开发就业岗位 30160 个，推荐 12685 名北京市劳动力在开发区 600 余家企事业单位就业，较 2010 年增长 42%，其中大兴区劳动力 9252 名，超额 16% 完成全年就业任务。在企业用工需求较高的 4 ~ 9 月，连续 6 个月单月吸纳就业人数超过 1000 人，深度融合的优势在就业方面得到充分体现。

（郭嘉）

社会保险

新开设两个社会保险窗口

3 月，开发区社会保险基金管理中心重新梳理基金征缴、支付的 67 项工作流程，在服务大厅中新开设“绿色通道”和“特殊业务专岗”两个窗口。“绿色通道”窗口主要负责受理流程较为简单，办理时间短的业务；“特殊业务专岗”窗口负责办理“补缴审核专岗”、“网上申报专岗”、“补填信息专岗”、“社保卡专岗”等手续相对较多、所需时间较长的业务，并为参保人数较多的企业提供大户预约服务。通过科学划分业务，整合服务资源，有效缓解了社保中心工作人员紧张、办公场所不足的困难，提高了工作效率，参保企业和职工的排队等候时间明显缩短。

（楚同军）

2011 年社保基金收、支、余情况统计

单位：万元

险种	收缴金额	比上年同期增幅	支付金额	比上年同期增幅	结余金额	比上年同期增幅
养老保险	171508.6	32.11%	15320.3	72.64%	156188.3	29.13%
失业保险	6826.1	37.90%	702.8	−84.47%	6123.3	1340.78%
工伤保险	4627.3	23.07%	1141.1	56.96%	3486.2	14.94%
生育保险	2893.7	23.93%	3140.3	37.01%	−246.6	−673.49%
医疗保险	78296.86	29.06%	21031.96	7.77%	57264.9	39.15%
合计	264152.6	31.07%	41336.46	15.04%	222816.1	34.55%

向企业退休人员发放一次性生活补贴

7月，开发区人劳局采取措施快速落实北京市关于给予退休人员一次性生活补贴的优惠政策，通过群发短信、电话通知等方式逐一与退休人员所在单位取得联系，准确核对发放人员名单和补贴金额，确保补贴款准确及时发放到位。首批发放的142家企业的4926名企业退休人员获得补贴140万元，缓解了物价上涨对企业退休人员基本生活造成的影响。

（楚同军）

开通劳动能力鉴定5日绿色通道

年内，开发区劳动能力鉴定中心开通劳动能力鉴定"5日绿色通道"，上门为伤病员工提供劳动能力鉴定服务，保证其在5个工作日内领到劳动能力鉴定结论并尽快获得社保待遇，大大缩短了60日的法定工作时限。截至年底，"5日绿色通道"为11名急、难、重症的伤病员工提供服务，其中上门鉴定2次，专场鉴定6次。

（张丹）

社会保险网上开通率推广率居全市首位

年内，开发区社保部门加快推进社会保险网上申报系统的推广速度。共有2114家社会保险缴费单位，开通网上申报的1686家，开通率为79.75%；网上申报月平均业务量达到18000余笔。网上申报开通率、推广率均在北京市处于首位。

（陈咏梅　王威　楚同军）

协助完成公费医疗补助资金收支

年内，开发区社保部门协调开发区财政局、结算中心等相关部门，及时完成公费医疗补助资金的收支。全年公费医疗补助资金收入81.85万元，支出42.83万元。截至年底，区域补充医疗保险费收入314.38万元，其中收缴补充医疗保险费309.17万元，利息收入5.22万元；共支付补充医疗保险费890.06万元，其中体检费支出159.62万元，医药费支出730.44万元，累计结余619.06万元。

（陈咏梅　王威　楚同军）

社会保险转移接续顺利开展

年内，开发区社会保险基金管理中心协调沟通基本医疗保险关系转移接续首年遇到的政策实施之初各地区的业务衔接问题、转移时间差新旧政策的衔接问题及财务和业务的衔接问题，保证转移接续政策落实，专人负责，专人复核，顺利实施。全年实际接到外省发来的养老保险转移接续联系函并寄出养老保险转移接续信息表人数为1102人，接到基本医疗保险关系转移接续联系函并发出医疗参保凭证105人；开发区养老异地转移支出1132人，转出金额1584.65万元；转移收入442人，转入金额924.6万元。

（陈咏梅　王威　楚同军）

开发区新增参保职工1.13万人

年内，开发区新增参保职工1.13万人，新发放社保卡21524张，收缴社会保险资金168010万元，支付各项社会保险费用26274万元；企业退休人员基本养老金较上一年度提高11.14%，区域补充医疗保险惠及职工6913人次。

（陈咏梅　王威　楚同军）

调整企业退休人员基本养老金待遇

年内，开发区企业退休人员的基本养老金待遇调整后，人均养老金水平达到2241.58元/月，较调整前提高了203元/月，受益退休人员3352名。开发区社保部门采取措施规范社会保险缴纳行为，维护企业职工合法权益。累计收回欠费2259.88万元，收回历年欠费金额807.62万元，其中养老保险历年欠费503.26万元，超额完成176.1万元的历年养老保险清欠指标；收回当年欠费金额为1452.26万元。

（陈咏梅　王威　楚同军）

劳动就业

召开两区就业工作座谈会

1月27日，大兴区人力社保局、开发区人劳局组织召开两区就业工作座谈会。大兴区委常委、常务副区长谈绪祥主持会议。会议交流2010年两区就业工作的成功经验，研究2011年就业工作的思路和措施。张伯旭代表大兴区委、区政府，开发区工委、管委会向2010年吸纳大兴区劳动力的634家企业表示感谢。会议要求，随着新区快速发展，未来几年劳动力就业的空间将有较大提升，但“高端产业岗位需求较高与当前劳动力技能较低”和“劳动力的就业观念与先进的企业管理模式不匹配”两项结构性矛盾依然存在。2011年大兴区要充分发挥劳动力资源优势，不断为开发区输送现代企业所需的合格劳动力，努力成为开发区可持续发展的人力资源保障基地。开发区要充分发挥岗位资源优势，持续加大岗位开发力度，大力加强就业指导和职业技能培训，落实好各项就业、培训补贴政策，着力促进困难群体就业，让更多的大兴区劳动力享受到两区融合发展的成果。要求两区人力社保部门和各镇进一步深化就业沟通合作机制，确保在思想上、行动上高度统一，确保全年8000人就业任务指标圆满完成。希望广大开发区企业在新的一年里积极响应政府号召、切实履行社会责任、主动吸纳大兴区劳动力就业。会议组织观看了《就业者的春天》宣传片；开发区人劳局介绍了两区就业工作对接融合的基本情况。开发区管委会副主任王合生以及两区人力社保局的有关负责人，大兴区14个镇的镇长，开发区部分职能局的相关领导，北京电子科技职业学院领导，开发区30余家单位代表以及到开发区就业的大兴区员工代表约70人参会。

（郭嘉）

召开两区就业工作座谈会　　新闻中心提供

开展“两走进”活动

2月，新区人力社保部门开展以管委会领导带队走进乡镇，乡镇领导带队走进企业为特点，旨在畅通就业渠道、深挖劳动力与岗位资源的“两走进”活动。王合生带领有关部门先后走访了瀛海、安定、长子营、黄村等镇，了解当地劳动力的就业状况，与镇党委、镇政府领导座谈交流解决就业工作中的重点和难点问题，并研讨制定下一步促进新区劳动力就业的政策措施。安定镇领导带领镇就业科及全镇33个村的就业指导员，到开发区考察调研企业工作环境与薪酬状况，与北京奔驰、三洋能源、SMC公司3家企业的人力资源部门进行交流，直接了解安定镇劳动力在企业的工作情况，并就镇企合作促就业等工作建立对接渠道。通过集中的深度互访，新区人力社保部门会同开发区职介中心招聘部门，针对每个镇的不同特点、劳动力情况、存在的问题和困难等制订了“一镇一策”的就业工作方案，提高了各镇输送劳动力到开发区就业的积极性。

（郭嘉）

举办劳动力定期专场招聘会36场

开发区首场招聘会　　刘柳　摄

3月，开发区职介中心在原有每周二、周三、周四召开定期招聘会的基础上，推出“大兴区劳动力星期五专场招聘会”即“3+1招聘会模式”。截至年底，共举办36场，提供了438家企业的一线生产工人、呼叫中心客服人员、售后服务等19212个招聘岗位。来自大兴区瀛海、长子营、安定等镇的5275名求职者到开发区寻找就业机会。

（王宁）

成立旧宫镇就业工作组

4月29日，新区人力社保部门、旧宫镇政府联合组成就业工作组，进村入户摸底调查劳动力状况、技能水平、就业愿望等情况，并现场一对一进行就业指导。就业工作组根据城乡结合部地区劳动力特点，制定“岗位先行、培训跟进”工作措施，启动南小街三村就业安置工作，为该村139户186名有就业愿望的村民筛选出990个就业岗位，并协调大兴职业技术学校培训无技能人员和技能水平达不到岗位需求人员。5月16日，就业工作组组织首场南小街三村专场招聘会，有11家企业提供400余个工作岗位。

（肖永生）

举办市“春晖杯”职业指导技能分区赛

5月14日，开发区人才交流服务中心举办“北京市‘春晖杯’职业指导技能大赛”开发区比赛。来自开发区人才职介中心、北京亦庄国际人力资源有限责任公司的16名选手参加了理论知识及技能操作比赛。比赛21日结束，6名选手获得优胜奖，并代表开发区参加北京市“春晖杯”总决赛。7月8日，开发区代表队获北京市总决赛团体赛优秀表现奖，北京亦庄国际人力资源有限责任公司桂刚获个人赛优胜奖。

（李涵潇）

召开第七届中高级人才招聘会

5月28日，由开发区人劳局、海外学人中心、博士后科研工作站主办，开发区人才交流服务中心承办的“北京·亦庄第七届中高级人才招聘会”在北京人才大厦举办。招聘会吸引北京奔驰、诺基亚、拜耳医药等40家重点企业参会，区内电子信息、生物医药、装备制造和汽车制造四大主导产业提供了包括汽车工程师、医药研发专员、进出口项目经理等在内的380个中高端职位。企业招聘标准更加全面，在注重专业与学历的同时，特别强调工作经历与执业能力。招聘会当天，有1800余名求职者应聘，其中253人与企业现场达成初步录用意向。

（王宁）

举办“镇企一对一”招聘24场

榆垡移动招聘会　　刘柳　摄

5月，开发区职介中心推进“一企一镇”对口招聘模式。榆垡镇作为“镇企一对一”成员镇，首次与资生堂公司对接招聘，首批30名榆垡镇农民参加面试，18人当场录用。“镇企一对一”招聘方式已在大兴区各镇全面展开，先后建立起“资生堂—榆垡、金佰利—长子营、LG化学—魏善庄、SMC—安定”等镇企对口招聘关系。通过该招聘方式，提高了人岗匹配度以及新区劳动力的就业成功率，弥补了传统招聘会就业成功率相对较低的不足，降低了企业招聘成本。全年共组织“镇企一对一”招聘24场，参会企业49家次，提供岗位3605个。

（王宁）

劳动力就业班车补贴实施细则执行

榆垡镇就业直通车正式启航　　新闻中心提供

6月10日，开发区人劳局制定的《北京经济技术开发区劳动力就业班车补贴实施细则》正式执行，以解决新区劳动力到开发区就业的交通问题。根据实施细则，2011年度新吸纳周边各镇劳动力30人以上的开发区企业和向开发区企业输送本地劳动力50人以上的镇政府开通连接企业与各镇之间的就业班车，可依照程序向开发区人劳局申请补贴。补贴标准为每月每辆车 1.3 万元。至年底，共支持 7 个镇开通 10 条就业班车线路。

（郭嘉）

实行“一卡通”式考勤管理模式

6 月，开发区劳动监察大队推出的“一卡通”式考勤管理模式试点在开发区建筑工地实行。该管理模式由施工单位总包负责在工地每处出入口安置刷卡机，向工地所属工人发放实名卡片，工人上下班必须打卡。该模式有效避免了一些建筑工地“人员底数不清，工人考勤不明”现象，帮助企业及时正确掌握工地总体用工情况，为解决劳资纠纷提供了明确的考勤依据，避免了恶意讨薪事件的发生，保障了劳资双方的利益。2011 年，3 家工期在 1 年以上工地被作为试点，涉及农民工 1300 余人。

（裴晓峰）

进行农民工现状调研

7 月 27 日，国务院研究室司长宋大伟带领调研团对揖斐电电子（北京）有限公司农民工工作生活现状进行调研。揖斐电职工代表表达了对政府、企业的各项政策、措施的认可，提出了在住房、薪资、福利、职业发展等方面的希望和要求。调研团对员工提出的问题进行详细记录，并对揖斐电等企业在农民工就业问题上所取得成就表示了肯定，希望在政府和企业的合作下，逐步解决企业农民工在工作生活中出现的问题、困难，共同提高农民工的生活水平。

（小柳由里香）

劳动用工管理信息系统上线运行

9 月 27 日，由开发区人劳局与中国人民大学劳动人事学院、北京北内制造业高新技术孵化基地有限公司共同研发的开发区劳动用工管理信息系统上线运行。该系统由企业信息、员工信息、薪酬信息、合同信息和数据分析 5 个子系统整合而成，可及时提供区内劳动合同和薪酬等方面的全面状况，准确反映人力资源现状和预测劳动力市场发展趋势，为企业内部制定相应人力资源管理政策提供决策依据。通过该系统劳动管理部门可进行劳动用工备案，收集、分析开发区企业有关劳动用工管理方面的各项数据和信息，实现单独企业和区域全行业劳动合同签订情况、薪酬福利水平、岗位资源信息等方面的全程动态管理和自动预警，并能够帮助企业在线快速生成企业人工成本状况报表、劳动合同履行状况季报表等 7 种法定统计报表。至年底，有关培训、动员工作已覆盖开发区从业人员 30 人以上的 510 家企业。

（汪佳音）

举办高校应届毕业生专场招聘会

11 月 3 日，开发区人才交流服务中心在北京大学生就业之家举行面向市 2012 年度应届高校毕业生的专场招聘会。航天万源、悦康药业、中金数据等 79 家开发区企业提供 400 余个应聘岗位，1400 余名毕业学生到场应聘。此次招聘会具有三大特点：参会企业和求职人员数量为历年最多；主要招聘符合南部新区产业发展特点的技术型职位，包括药物制剂研究、化学研发分析、云计算基础架构工程师等新兴产业急需岗位；求职人员学历层次普遍较高，所有参会应届毕业生均有大学本科以上学历，其中硕士研究生以上学历人员占近70%。

（王宁）

发布工资指导价位及人工成本状况手册

12月20日，开发区劳保局发布《开发区部分职位工资指导价位及企业人工成本状况指导手册》。该手册以“高位数”、“中位数”、“低位数”和“平均数”4种形式，发布自企业管理层至一线生产工人，5大职业类别333个典型职位的薪酬信息，旨在指导企业科学调整薪酬标准、合理制定薪酬分配方案，并为企业赴开发区投资提供参考。这是人劳局自2002年以来，连续第十年发布相关数据。为保证各项数据的科学性与实用性，人劳局在编印该手册过程中，开展为期6个月的调研工作，共收集区内591家典型企业的55892条相关信息，并分析不同行业和投资类型企业的人工成本构成状况。手册首期印发1000册，主要面向区内重点用工企业发放。

（汪佳音）

加强劳动监察投诉举报窗口建设

年内，开发区劳动监察部门从完善服务、建立制度入手，做好接待和重大违法案件查办工作。对于重点案件、特殊时期发生的案件和具有一定社会影响力的案件，做到快事快办、特事特办。共受理投诉举报案件238件，涉及员工1786人，办结案件120件，法定期限内结案率100%，处置各类突发性群体性事件39起，为劳动者追讨工资和社会保险费4039余万元。

（裴晓峰）

推荐劳动力就业12685名

年内，开发区人劳局共推荐12685名北京市劳动力在开发区内600余家企事业单位就业，较2010年增长42%。其中大兴区劳动力9252名，超额16%完成全年就业任务，是2010年的1.53倍，在企业用工需求较高的4～9月，连续6个月单月吸纳就业人数超过1000人。

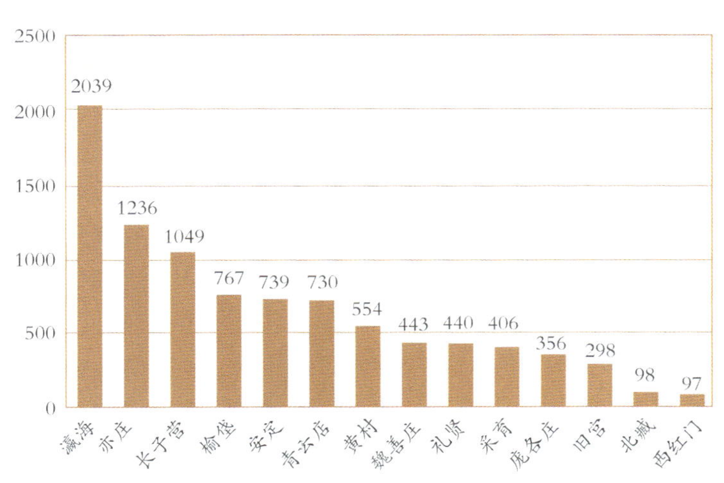

2011年大兴区各镇劳动力在开发区就业人数统计

（郭嘉）

做好劳动就业工作

年内，新区人劳局推出每周三的乡镇

专场招聘会和每周五的新区专场招聘会；建立起“资生堂－榆垡、金佰利－长子营、LG化学－魏善庄、SMC－安定”四个固定对口招聘伙伴，订单式培训长子营、安定、瀛海、亦庄、魏善庄、采育、榆垡、旧宫、黄村等镇劳动力。年内共举办招聘会284场，服务企业4231家次，接受各种技能培训的新区劳动力累计达到18784人次。

（张书强）

社会发展

概况

北京经济技术开发区社会发展局（简称开发区社发局）主要负责兴办、管理开发区的教育、文化、卫生、体育等社会公益事业；负责开发区居民委员会管理工作；负责开发区计划生育管理和服务工作；负责开发区民族事务和宗教事务管理工作。2011年，开发区社发局认真研究区内入学需求情况，根据区内入学需求情况引进国际教育机构1所，新建幼儿园3所，新开工建设小学1所；开发区实验学校顺利转制，基本满足各种入学、入园需求。北京同仁医院二期建设项目通过市政府批准；社区卫生站管理和服务不断完善，居民的医疗和公共卫生服务水平全面提升。加强区内文化队伍建设，开展“三送五进”、文化艺术节、合唱展演等文化活动，丰富了单位和社区居民的文化生活。开展全民健身运动，举办第八届全民健身体育节、第五届和谐杯乒乓球比赛、举行新区“一区六园”运动会暨北京市第三届外企职工运动会。开展和谐社区建设工作，以社区党建为抓手，开展社区精细化管理、楼门文化建设，建立和完善社区矛盾纠纷排查机制，开展社区公益服务，和谐社区建设稳步推进。

（陈秋明）

教育

调研入学需求

3月7~12日，开发区社发局调研2011年亦庄地区入学需求。通过网上发布、短信平台通知、现场发放问卷等形式共向亦庄地区学校、幼儿园、社区、企业发放纸版调查问卷1700份，收回问卷1469份，其中有效问卷共1336份，符合实验学校义务教育条件的有216人。

（齐亚丽）

开展公益讲座

5月15日，开发区社发局邀请北京市第八中学党委书记张凤兰到开发区做“好学生是怎样培养出来的”公益讲座，区内企业职工、社区居民150余人参加。张凤兰现场介绍了小升初的竞争越来越激烈的原因；好学生是怎样培养出来的；家长在为孩子择校的过程中应该注意的问题等三部分内容。着重强调了家庭教育对子女成长的重要意义，介绍了家长在为孩子择校过程中应注意的问题。张凤兰语言平实质朴，举例生动得体，赢得了家长的共鸣。现场听众普遍反映讲座内容实用性强，纠正了以往错误的家庭教育观念。

（齐亚丽）

发布入、升学方案

开学第一天　　刘柳 摄

5月31日，开发区社发局发布《关于亦庄地区2011年小学入学工作方案》和《关于亦庄地区2011年小学升入初中工作方案》。两方案规定了2011年亦庄地区小学和初中划片范围、入学方式、入学时间以及外地来京务工人员子女借读证明办理方式。

（齐亚丽）

实验学校正式转制

实验学校正式转为公办　　任彧 摄

9月1日，开发区实验学校正式转制，由民办学校转为公办学校，成为区内第一所公办义务教育学校。并与北京二中合作，校名变更为“北京二中亦庄学校”。

（齐亚丽）

爱朗国际教育集团进区办园

9月5日，开发区社发局举办林肯公园幼儿园招投标活动，从11家竞标单位中引进优秀幼儿教育机构——爱朗国际教育集团进区办园。10月19日，签订了《委托办园协议书》。《协议书》规定了该园的政府委托普惠园性质，要求该园对配套小区内居民子女采取成本收费制，同时每年对区内重点企业高管子女保留10个优惠收费学位。

（齐亚丽）

12平方公里配建的3所幼儿园封顶

年内，开发区12平方公里配建的3所幼儿园结构封顶。3所园分别位于X75、X77、X82号地。其中，X75号地幼儿园21个班，占地0.79公顷，建筑面积7902平方米；X77号地幼儿园24个班，占地0.9公顷，建筑面积9063平方米；X82号地幼儿园18个班，占地0.6公顷，建筑面积6000平方米。

（齐亚丽）

制定亦庄地区教育事业“十二五”规划

年内，开发区社发局与大兴区教委经过多次调研、协商，5次改稿，制定出《亦庄地区教育事业“十二五”发展规划》。该发展规划在分析亦庄地区教育现状和教育需求的基础上，确定亦庄地区“十二五”

时期教育改革与发展的指导思想和战略目标，明确各级各类教育的发展任务以及相应的保障措施。

（齐亚丽）

卫 生

完善卫生行政受理审批流程

1 月，开发区通过选聘增加卫生工作人员和增加亦庄监督站工作力量等措施，完善服务大厅卫生行政受理审批流程。服务大厅卫生行政许可受理审批真正实现了窗口收件、窗口办证，切实提高了辖区公共卫生监督管理质量。

（王群力）

职业卫生系列活动取得良好效果

3~6 月，区卫生监督所与安监局沟通企业职业危害相关信息，走访和指导区内 80 余家企业。职业病防治法宣传周活动中，在富士康、揖斐电和北人机械等其企业做主题为“关爱农民工职业健康”职业卫生知识现场宣传活动，普及职业卫生知识和职业病防治的法律法规知识，提高了广大劳动者的职业健康意识。6 月 15 日，开发区社发局举办安全生产月咨询日活动，发放宣传资料近 2 万份，深受企业员工欢迎。12 月，开发区社发局召开区内有职业危害因素的企业职业健康监督员会议，189 名职业健康监督员到会，170 家企业完成会前布置的开发区职业健康状况调查工作，并通过了市疾控中心质量控制检查。

（王群力）

组织企业公共卫生管理人员培训

5 月，开发区社发局组织了开发区公共卫生管理人员培训班，区内 203 家百人以上规模企业的公共卫生管理员参加。此次培训旨在明确单位公共卫生管理人员工作职责和要求，公共卫生单位职能。通过培训，使公共卫生管理人员掌握传染病防治知识和法律法规；突发公共卫生事件处置；国家免疫规划政策；结核病知识、防控措施；国家和北京市重大妇幼保健项目政策；食品卫生、职业卫生相关法律知识以及食物中毒的处理等相关知识和技能。9 月，组织了复训，取得良好效果。根据工作要求，年内百人以上的企业均设置了单位公共卫生兼职管理人员。

企业公共卫生管理人员培训　　开发区社发局提供

（王群力）

完成献血工作

9 月，经市、区献血办研究和现场考察，在开发区上海沙龙商业区设置采血点。每周五采血车来区采血一次，每次约有 20 人献血。至 12 月底，共 290 人次参加了献血。此外，富士康80名员工参加了团体无偿献血活动。诺基亚为救助患病员工，组织26人献血。

（王群力）

完成两所卫生服务站装修

9月，开发区社发局协调征收了林肯公园社区卫生站、数字产业园社区卫生站用房，确定了房屋功能分割，启动了数字产业园社区卫生站的装修和设备购置工作，12月，完成了两所卫生服务站的装修。

（王群力）

建立健康档案

年内，开发区社发局根据《北京市城乡居民健康档案管理的指导意见》的要求，配合亦庄医院，为开发区企事业员工、社区居民建立健康档案近2万份，为社区卫生服务机构实施实名就诊打下了基础。

（王群力）

体 育

全民健身纳入“为民办实事”

年初，开发区管委会将落实《北京市全民健身实施计划（2011—2015）》，将开发区健身路径等健身设施更新、开展开发区全民健身体育节等工作纳入年度“为民办实事”项目，且列入政府预算，提供政策和经费保障。

（郑浩）

举办开发区救生员技能培训

3月、10月，开发区社发局邀请市安监局、市救生员协会专家，面向区内体育项目经营单位举办安全生产知识培训和游泳场馆救生员技能培训。全年累计参训单位30家，参训人数300人次。且与各体育项目经营单位签订安全责任书，明确管理主体责任，责任到岗、责任到人。

（郑浩）

举办第八届体育节

3~11月，由开发区社发局主办的“开发区第八届全民健身体育节”在区内举行。此次活动囊括龙舟、气功、腰鼓、秧歌、登山、中关村运动会、展示、台商杯球类比赛等多项市、区级项目，有2000余人次参与，近20人次获市级比赛奖励。

（郑浩）

举办第五届“和谐杯”乒乓球比赛

5月21日，开发区由社发局主办的“开发区第五届和谐杯乒乓球比赛”在中芯体育馆举行。大赛通过趣味赛、选拔赛等多种形式，先后吸引了机关干部、企业职工、在校学生、武警官兵、社区居民以及外籍

开发区第五届“和谐杯”乒乓球赛　　胡蓉洁 摄

人士近2000余名乒乓球业余爱好者参加。活动覆盖了8个社区、2个职工公寓区、20余家企事业单位，其中6家单位获评市级优秀组织奖。在市级总决赛中，开发区两支代表队获团体三等奖。

（郑浩）

举办开发区第八届运动会

新区“一区六园”第八届运动会暨北京市第三届外企职工运动会　新闻中心提供

6月19日，由开发区管委会主办、社会发展局承办的“新区‘一区六园’第八届运动会暨北京市第三届外企职工运动会”在开发区体育中心召开。副市长刘敬民、市体育局局长李颖川以及新区班子主要领导等出席开幕式。诺基亚、北京奔驰、京东方等97家中外企事业单位近万名职工参赛。比赛期间，共刷新11项赛事记录。北京日报、中国广播网、人民网等10余家重点媒体予以报道。

（郑浩）

开展体育场馆专项检查

年内，开发区社发局联合区内安监、公安、消防、卫生等相关部门，积极开展体育场馆专项安全检查工作，加强游泳场馆等重点单位、节庆日等重点时段检查力度，采用电话随访、短信提醒等方式对各单位负责人进行即时联系，确保全年安全无事故。

（郑浩）

完善群体工作软硬件环境建设

年内，开发区制定了《北京经济技术开发区全民健身实施计划（2011—2015）》；开展社会体育指导员培训工作，培训市级一级社体指导员20人，完成区内二、三级社体指导员培训200人次；在X17和X31公租房项目、林肯公园社区、E14数字电视产业园职工公寓区、天华路派出所等区域兴建5处全民健身工程。

（郑浩）

文化

第十届新春联谊会举行

1月18日，开发区社发局举行“和谐筑根基 融合促发展”北京经济技术开发区第五届和谐社区文化艺术节闭幕式暨第十届新春联谊会。活动总结汇报开发区社会管理及公共服务工作，演出了曲艺、杂技、歌舞等精彩节目，600余人参与活动。

（王娜）

举办第六届和谐社区文化艺术节

5 月 28 日，开发区第六届和谐社区文化艺术节开幕式在开发区上海沙龙小广场举行。该艺术节由开发区社发局主办。期间，组织了合唱、摄影书画作品展、文艺演出进企业等系列活动，参与群众达 500 余人。此次文化艺术节于 8 月 27 日在天华园一里社区闭幕。

（王娜）

举办建党 90 周年大型合唱展演

建党 90 周年大型合唱展演　　新闻中心提供

6 月 25 日，开发区社发区举办“唱响时代主旋律 讴歌辉煌九十年”大型合唱展演，共有 12 支队伍、14 支曲目参演，其中《走向复兴》《南湖的船》《党的摇篮》等经典曲目，受到欢迎，共计 700 余人参与活动。

（王娜）

举办夏季文化演出

8 月 5 日，开发区社发局举办夏季文化演出。活动以“和谐亦庄 清凉亦夏”为主题，邀请了中国评剧院专业演员进行表演，曲艺、歌曲、杂技等精彩节目轮番上演，为居民送上一场丰富的文化盛宴，演出吸引了周边社区居民约 600 余人前来观看。

夏季文化广场演出　　新闻中心提供

（王娜）

举办新区迎国庆摄影展

8 月 15~26 日，开发区社发局举办“迎国庆 共建和谐新区”摄影展。此次展览展出来自社区、企事业单位等参赛人员摄影作品 200 余幅，充分反映了开发区和谐新区建设的方方面面。有 3000 余人次观看摄影展。

（王娜）

落实“三送五进”工作

年内，开发区社发局开展“三送五进”（即送电影、送演出、送讲座进工地、进企业、进社区、进学校、进部队）工作，送电影共计 267 场，开展周末演出 12 场；举办健康、心理、礼仪等系列讲座 84 场，受众群体达 3 万人次。

免费电影送进企业园区　　胡蓉洁 摄

（王娜）

社 区

召开社区建设工作会

3 月 3 ~ 4 日，开发区社发局在外研社国际会议中心召开 2011 年度社区建设工作会。会议总结 2010 年社区建设成果，部署 2011 年社区建设工作，表彰 2010 年社区工作先进个人和单位，对 2010 年的 3 个课题做结题报告。会上，上海沙龙社区居委会以“创新服务管理协调机制，扎实推进和谐社区建设”为题、北京旭东物业管理有限公司上海沙龙管理处以“推行人性化管理，营造安定祥和的生活氛围，构建和谐社区”为题做经验交流发言；天华园一里、天宝园大雄郁金香舍、天宝园金地格林居委会负责人分别就创新党建、健全社区矛盾排查机制和建设有效的社区自治网络三个方面做结题报告；社发局从稳定社区工作、加强社区工作者队伍建设、加强社区精细化管理和切实推进社区和谐建设 4 个方面提出要求。部分和谐建设领导小组成员单位代表、全体社区工作者、社区党支部专兼职委员、社区民警、物业公司负责人共计 130 余人参加会议。

（刘世奇）

召开社区建设工作推进会

6 月 13 日，开发区社发局组织的“2011 年度社区建设工作推进会”在开发区社区服务中心召开，旨在切实加强社区建设，创新社区管理模式、健全社区管理网络，完善社区管理制度。会上下发了《关于印发〈北京经济技术开发区 2011 年度和谐社区创建工作方案〉的通知》（京技社 [2011]6 号）、《关于印发〈北京经济技术开发区 2011 年度精细化管理实施方案〉的通知》（京

开发区社区鸟瞰图　　新闻中心提供

技社[2011]7号）和《关于印发〈北京经济技术开发区关于开展楼门文化建设的指导意见〉的通知》3个文件。82名社区工作者参加会议。

（刘世奇）

开发区街道科研课题结题

7月23日，《北京经济技术开发区街道定位、职能及架构研究》课题结题。研究报告包括开发区管理职能的国内外借鉴、北京主要经济功能区职责研究、开发区社区管理职能需求研究、开发区企业人员管理职能研究、开发区街道的职能架构研究、政策献议和结论。该课题于1月1日开题。

（刘世奇）

新增2处居民活动用房

8月，开发区社发局经与卡尔生活馆开发商协商，以长期租赁的方式租用卡尔会所三层西侧房屋（面积约100m²）作为居民活动用房，以解决卡尔百丽社区居民活动空间紧张问题。卡尔百丽居民活动用房的装修改造工程由北京启龙君威建筑装饰工程有限公司负责，于10月完工。经与旭东物业协商，租赁上海沙龙商业中心一期E21-1（面积215m²）作为居民活动用房，以解决上海沙龙社区居民活动空间紧张问题。该处所的装修改造施工单位为北京启龙君威建筑装饰工程有限公司。改造完成后，使其成为集会议、培训、舞蹈、娱乐等为一体的活动用房。

（刘世奇）

组织残疾人联谊和慰问活动

12月2日，开发区社发局在社区服务中心组织残疾人联谊和慰问活动。其间总结了2011年开发区残疾人工作，残疾人代表发言，参与者进行了座谈，社区文艺表演队助兴演出。这是第二十个“世界残疾人日”活动之一。

（刘世奇）

组织3场青少年主题活动

年内，开发区社发局组织3场青少年主题活动，分别是青少年才艺展演、环保小公民低碳服装秀以及应急逃生演练。共有700余名青少年、近2000名家长参加活动。

（刘世奇）

开展和谐社区建设

中芯花园社区垃圾分类　　新闻中心提供

年内，开发区社发局继续组织开展和谐社会区建设即：以建党90周年为契机，以“创先争优”为抓手，做好社区党组织建设，以党建带社建；实施社区精细化管理，探索社区管理新模式；开展楼门文化创建工作，打造和谐社区创建新举措；建立社区联席会议制度，成立社区调解员队伍，组织社区治安巡逻志愿者，多管齐下做好社区矛盾纠纷排查工作；开展丰富多彩社区公益服务活动，为老助残帮困工作深入开展，青妇工作扎实推进，计生卫生工作稳步进行，文体工作多姿多彩，垃圾分类工作逐渐铺开。

（刘世奇）

公用事业

综 述

2011年，开发区公用事业进一步完善，资源保障能力继续提升。各专业公司围绕开发区重大项目建设、城市运行和区域发展，不断提供良好的服务保障。

开发区供热系统进一步完善，路东区1号、7号供热厂，12平方公里临时供热厂等能源场站建设完成。顺利推进工业蒸汽价格改革，建立蒸汽、热水和燃气价格联动机制。开发区能源消耗总量125.47万吨标准煤，同比增长5.95%，增幅比2010年下降2.39%，比“十一五”时期的平均增速低15.78%，比全市0.6%的能耗增速高5.35%。开发区万元GDP能耗0.1574吨标准煤，扣除价格因素，同比下降4.83%，降幅较2010年缩小1.31%，比全市6.94%的下降率小2.11%。随着华北地区最大的太阳能屋顶光伏发电项目——京东方8.5代线厂房太阳能光伏发电工程正式完工，每年将节电600万千瓦时，全区可再生能源利用量将得到显著提升。

亦庄供电公司受理区内用户新装电力增容报装170户，容量52.555万千伏安；完成接电154户，接电容量69.5848万千伏安；售电网点有1个。年内，地区所辖10千伏用户647户，容量345.4万千伏安；110千伏用户4户，容量38万千伏安；最大负荷达52.3万千瓦。地区完成售电量287113.68万千瓦时，同比增长26.83%。全年完成应收电费收入22.2亿元，电费回收率100%。供电可靠率累计99.9779%。实现全年无事故目标，累计安全生产长周期2711天。

年内，开发区共拥有10万吨/日的污水处理能力，完全可保障开发区污水处理率达到100%。开发区新开通区内双向公交运营线路4条，增加运营车辆18辆，开通大兴区通往开发区的境内公交线路5条，针对新增线路修建了临时公交场站，方便开发区居民和企业职工的交通出行。建设开发区公共自行车租赁系统，作为“慢行交通系统”进一步提高开发区交通微循环能力。

（高新伟）

天然气

北京市燃气集团有限责任公司第四分公司

概况

北京市燃气集团有限责任公司第四分公司（简称燃气第四分公司）成立于2009年6月16日，设有14个职能部门，9个下属机构（分别是运行维护一所、运行维护二所、运行维护三所、运行维护四所、客户服务一所、客户服务二所、营业收费一所、营业收费二所、工程所），共有职工999人（高级职称41人）。经营范围包括燃气供应（管道然气）与销售；销售燃气设备用具、燃气专用设备和施工材料；检测、检修、安装燃气设备；燃气、热力技术开发、技术转让、技术咨询、技术服务。担负着市场开发管理，新用户发展管理，用户服务管理，燃气销售管理以及区域内管网的运行、维护、带气作业、应急抢修作业（中压A级以下压力级别）、外线拆改迁工程以及部分外线技改工程管理等功能。管辖范围从西二环阜成门桥沿阜石路向西经航天桥、定慧桥、晋元桥至门头沟双峪环岛，中间从阜成门桥沿西二环向南至菜户营桥向东至永定门桥，沿南中轴路向南经木樨园桥至南四环大红门桥向东至肖村桥，向南至五环亦庄桥向东至京津塘高速，至京津塘高速延长线；地跨石景山区、海淀区、丰台区、西城区、通州区、大兴区、房山区、门头沟区；管网覆盖面积860平方公里。辖区内共有然气管线3848公里，调压站186座，调压箱3699座，闸井3400座，家庭用户124.66万户，公服用户5459户，采暖制冷用户1434户，生产用户116户。

（董凤荣）

参加突发事件应急抢险演练

6月29日，燃气集团燃气突发事件应急抢险演练在燃气第四分公司举行。演练的主要内容为：燃气集团运营调度中心接到报警电话说亦庄北五村有人发现现场有燃气味，怀疑是燃气漏气。燃气集团运营调度中心立即通知燃气第四分公司调度室。接到报警后，燃气第四分公司即刻派出应急抢险人员携设备赶赴现场。经检测初步判断为四级突发事件，立即启动《北京市燃气集团突发事件应急预案》，并成立应急指挥部指挥抢险工作，迅速修复漏点，恢复了用户供气。至此，燃气突发事件应急抢险演练结束。通过演练检验了分公司处理突发事件的能力，保障了燃气管网安全稳定供气。

（董凤荣）

出版《俊山风采》

12月，燃气第四分公司编辑出版《俊山风采》宣传手册。《俊山风采》主要介绍北京市劳动模范、燃气第四分公司职工李俊山以高度的责任感对待燃气安全，以满腔的热忱对待广大用户，以兄弟般的情谊对待身边的职工，以严谨的作风对待管理工作，用实际行动展现了新国企建设中共产党员锐意进取、辛勤耕耘的时代风采。

（董凤荣）

开展燃气安全隐患排查治理百日行动

年内，燃气第四分公司开展燃气安全隐患排查治理百日行动，共排查燃气管线 3739.6 公里，消除外网隐患 164 处，消除户内漏气隐患 4153 户；更换胶管 7584 根，发放居民用户巡检隐患告知单 4988 张；箱群改造 2 处，消除并改造调压箱 87 台；引入口外移 386 个。完成管道基础资料清查第一阶段工作中图档信息的核查和重新命名、编码等工作。

（董凤荣）

开发燃气市场

年内，燃气第四分公司共新发展家庭用户 77240 户，公服用户 1117 个，锅炉 953.01 蒸吨，夏季负荷 79.88 蒸吨。进一步完善《规划发展制度》《用户发展管理办法》《施工管理办法》《规划发展统计报表管理制度》4 个管理办法及制度。制定《北京市燃气集团有限责任公司第四分公司切、改线工程管理办法》《北京市燃气集团有限责任公司第四分公司非家庭拆、改、迁工程管理办法》及《北京市燃气集团有限责任公司第四分公司客户发展流程》3 个管理办法及流程。借助已建立的用户发展信息资源网，做好市场信息采集，以配合和扩大重点镇燃气市场的拓展以及重点工程建设项目建设。

（董凤荣）

完成 28 个代售点转移工作

年内，燃气第四分公司完成与辖区 71 个街道、588 个社区协作网的对接工作，搭建信息平台，建立沟通渠道，搜集反馈意见，并对特殊群体建立多样化巡检宣传工作模式，建立常态化社区服务机制。将原单机版代售点转入系统联网的北京银行，为用户提供便捷购气渠道，同时也提升了公司的销售服务管理水平。截至年底共完成 28 个代售点 9.56 万户的转移工作以及星级服务窗口、星级服务班组、卓越服务员工等的评比工作。

（董凤荣）

三项管理创新项目获奖

年内，燃气第四分公司共有 3 项管理创新项目获北京市管理创新项目奖：《燃气管网（区域分控）数据链应用平台建设与实施》即“六维度”管控体系获一等奖，《降低燃气管网运行风险，创新施工配合管理——建设施工配合的全向管控机制》即“二三五工作法”和《整合公司基础台账建立数据统一机制——非居民收费、计量、客服巡检台账的更新及对应》即“三账合一”获二等奖。

（董凤荣）

健全管理制度

年内，燃气第四分公司初步编制完成《四分公司企业管理体系》和《四分公司规章制度汇编》（第一分册）、体系外规章制度11个，制定班组台账49项，共收集创新成果5项，管理合理化建议28条，安全合理化建议51条，其中“建立客户查询单体系”获得燃气集团二等奖。

（董凤荣）

取得党建创新成果10项

年内，燃气第四分公司共取得10项党建创新成果：《搭建党务公开平台 促进和谐企业建设》获得2011年北控集团、燃气集团甲类党建创新成果二等奖；《开通“支部书记热线” 为职工排忧解难》获得2011年燃气集团乙类党建创新成果一等奖；《开展“一句话承诺”活动 激励党员发挥模范作用》获得2011年燃气集团乙类党建创新成果三等奖；《成立党员突击队 开展“一帮一”入户巡检工作》《为青年人才搭建“三个平台” 促进人力资源建设》《创新党建“三＋三”管理模式为争先创优助推加力》《建设党支部“四个一”工程 加强党员队伍建设》《树正气 保安全 推行“保值增效”责任机制》《发挥党团员先锋力量 启动催欠“双引擎”行动》《开展党员安全先锋岗、安全监督岗活动》均获党建创新成果奖。

（董凤荣）

北京市燃气集团有限责任公司第四分公司
总经理 宋景祥

北京华油联合燃气开发有限公司

概况

北京华油联合燃气开发有限公司（简称华油联合）是中石油昆仑燃气有限公司的控股公司，于2001年6月22日注册成立，注册资本1000万元，总资产达3.4亿元。公司位于开发区宏达南路7号，占地面积6621平方米。公司现有马驹桥分公司、门头沟分公司、昌平分公司、齐河中石油昆仑燃气有限公司及绥中中石油昆仑燃气有限公司，拥有门站6座，CNG加气母站2座，汽车加气子站1座，主要负责开发区、门头沟区、通州区、大兴区、昌平区、山东齐河县和辽宁东戴河新区等地区的天然气供应，是一家集项目投资、开发、建设、运行管理于一体的综合性、专业化燃气公司。2011年，华油联合纳税总额4130万元，同比增长71.58%；有员工260名，其中具有大专以上学历的占员工总数的67%，具有中、高级以上职称的占总数的18%。

（侯明明）

北京华油联合燃气开发有限公司 总经理 房伟

北京北燃港华燃气有限公司

概况

北京北燃港华燃气有限公司（简称北燃

总经理到施工现场检查　　企业提供

港华）由北京北燃实业有限公司、香港中华煤气有限公司和广州恒荣投资有限公司共同出资组建，成立于2005年1月26日，注册资金4440万元。2005年3月16日，北燃港华与北京市市政市容管理委员会正式签署《北京市经济技术开发区东部区天然气特许经营协议》，特许经营年限25年，成为北京市第一家获得燃气行业特许经营权的企业。公司供气范围北至开发区北环路东延长线、南至凉水河、西起京津塘高速路、东至规划的通惠排干渠，规划总面积14平方公里。2006年6月，北燃港华取得QEO（质量、环境、职业健康安全）管理体系认证证书。2006年8月，北燃港华取得“北京市燃气经营许可证”。2011年5月，通过方圆认证中心审核专家对公司QEO管理体系的审核；同月，获得港华燃气集团安全风险管理“超五星”级称号，被列为企业安全及风险管理的典范。经过几年的发展，公司已形成“创新敬业、感恩有为、以诚相待”的企业精神，经营管理水平得到了显著提升。2011年，公司扭转了前期的投资性亏损，实现赢利。

（赵京平　袁卫中）

开展“客户服务大讲堂”活动

4月、6月、10月、12月，北燃港华开展4期“客户服务大讲堂”活动，全公司共计196人次参加。大讲堂活动分为4个专题，即“如何实现人生的自我价值”、“提升素质大家谈”、“建设讲文明、懂礼仪的高绩效团队”和“优质服务（SQS）理念及内容”。通过此项活动，强化了全体员工的服务意识，提升了基本素质，为提高客户服务水平奠定了坚实基础。

（袁卫中）

开展燃气安全使用常识宣传　　企业提供

开展燃气安全隐患排查治理百日行动

5月23日至8月31日，北燃港华联合开发区发改局、安监局、新闻办等部门，开展燃气安全隐患排查治理百日行动。活动中，公司通过举办工商客户联谊会，利用手机短信、居民小区宣传栏、在居民小区举办燃气安全活动等方式，大力宣传普及安全用气常识。同时还开展了安全隐患排查，共发现各类安全隐患 26 处（其中工商用户 4 处、居民用户 22 处）。针对查找出来的隐患，采取明确责任人员、明确整改期限、整改完成零报告以及开展总经理月查（每月进行专项跟踪检查）等措施，使所有安全隐患及时得到了排除，确保了管网运行安全以及客户用气安全。

（车永辉 袁卫中）

进行员工培训

年内，北燃港华利用政府、北京市燃气集团以及港华燃气集团的教育培训资源，组织员工参加国家强制类、安全类、生产技术、管理等 4 个方面的培训，共计 800 多人次，培训率达到 100%，有效提升了员工的整体素质和公司的经营管理水平。

（袁卫中）

北京北燃港华燃气有限公司 总经理 刘晓刚

电 力

概况

北京市电力公司亦庄供电公司（简称亦庄供电公司）成立于 1993 年，主要负责开发区电力供应、销售和变电、配电设备的建设与运行。同时，担负着开发区内企事业单位、机关学校和居民生活的安全供电，以及区内配网设施运行管理等工作。亦庄公司设有 16 个职能部门，分别是办公室、发展策划处、人力资源处、财务资产处、监察审计处、安全监察处、生产技术处、工程建设处、调度所、政治工作办公室（党委办公室）、营销处、电费核算中心、变电工区、配电工区、客服中心、多经公司。2011 年，共受理新装增容报装 170 户，容量 52.555 万千伏安；完成接电 154 户，容量 69.5848 万千伏安；售电网点 1 个。地区所辖 10 千伏用户 647 户，容量 345.4 万千伏安；110 千伏用户 4 户，容量 38 万千伏安；最大负荷达 52.3 万千瓦。地区完成售电量 287113.68 万千瓦时，同比增长 26.83%。完成应收电费收入 22.2 亿元，电费回收率 100%。供电可靠率累计 99.9779%。实现全年无事故目标，累计安全生产长周期 2711 天。2011 年，亦庄供电公司获得首都文明单位、国家电网公司文明单位、北京市电力公司文明单位标兵、北京市电力公司先进基层党组织及国家电网公司五四红旗团委创建单位等近 20 项荣誉。

（冯玉良）

进行电网规划与建设

京东方 8.5 代线第一个配电室发电成功　冯辉 摄

年内，亦庄供电公司编制完成开发区

配网“十二五”规划。“规划”结合区域内220千伏、110千伏电网的变化，对高压网架布局及接线进行了重新调查，结合网架结构变化对沟道布局做了重新规划。完成开发区12平方公里扩区的电网规划编制工作。新区共规划220千伏变电站1座、110千伏变电站6座。共完成堰上220千伏变电站110千伏切改工程；泰河110千伏输变电工程前期手续的办理及开工前的各项准备工作；康宁220千伏输变电工程土地手续办理、临水临电等相关工作；10千伏林肯公寓、京东方8.5代线宿舍开闭站验收工作。截至年底，公司管辖的110千伏变电站8座，主变压器21台，总容量1056兆伏安；10千伏开闭站22座，配电室59座，配电变压器122台；电缆线路长度917公里，架空配电线路95公里。

（冯玉良）

建立6个社区服务站

年内，亦庄供电公司实施“塑文化、

亦庄供电公司建立6个社区服务站　　刘柳　摄

强队伍、铸品质”供电服务提升工程，开展“忠诚企业 服务首都”主题教育活动，组织“阳光报装 诚信服务”专项检查。完成报修系统工作流程调整，推行业务扩展报装客户经理制、报装接电“绿色通道”等措施。全年共建立共产党员社区服务站6个：开发区鹿海园五里小区服务站、开发区管委会服务站、北京京东方显示技术有限公司服务站、北京市第二中学亦庄学校服务站、首都医科大学附属北京同仁医院南区服务站、泰福春敬老院服务站，向居民宣传安全用电、节电知识，方便居民购电。

（孙特）

完成报修工作

更换智能电表完成报修工作　　冯辉　摄

年内，亦庄供电公司办理报修1082次，修改卡665件，开展现场抢修619次，更换故障表253具，夜间应急送电卡14次。对区内14000具卡表进行集中抄表工作，发现存在“过零不跳”等问题的卡表69户；为居民安装智能电表9384具。在卡表服务工作中，日均办理业务88件，做到零超时，连续6年“零责任”投诉。

（孙特）

搞好安全生产

年内，亦庄供电公司进行安全管理工

雪天巡视12平方公里线路 徐健泓 摄

作。修订完善《亦庄供电公司各级人员安全生产职责》，组织“抓执行、抓过程、建机制”安全风险管控活动，开展安全生产月活动。做好安全教育培训工作，组织公司各部门、一线班组开展各类安全生产规程制度和专业技术培训31次，受训319人次。开展重要用户、重点线路供电安全检查，重点检查36户重要用户外电源。全年整治各类缺陷、隐患和问题近500件。累计安全生产长周期达到2711天。加强停电计划管理，做好电网运行风险管控，重视PMS、ERP、GIS等管理系统的应用。加大新设备、新技术的应用力度，推广带电作业，完善生产值班制度和应急体系。供电可靠性累计99.9779%，用户平均停电时间累计1.62小时/户。

（徐健泓）

申报创新科技成果

年内，亦庄供电公司完成国家电网公司重大科技项目—“优质电力园区建设方案研究”的实施工作。申报群众性创新成果项目3项，专利成果6项，其中实用新型成果5项；2项获专利成果授权，1项获发明型成果。

（徐健泓）

加强信息安全管理

年内，亦庄供电公司加强信息安全培训力度，每月发放一期信息安全培训材料，培训覆盖率达到100%。统一桌面标准化系统、杀毒软件系统的终端安装率与“安全U盘”使用及瘦客户机管控率均达到100%。

（徐健泓）

北京市电力公司亦庄供电公司 经理 阎澍

热　力

概况

北京博大开拓热力有限公司（简称开拓热力）成立于1993年10月，原名北京开拓热力中心。公司下属5个热源厂（一号、二号、三号、五号、七号热源厂），3个分公司（管网分公司、维修分公司、销售分公司），1个全资子公司（天津子公司），担负着开发区城市集中供热的任务，为区内企业、商住、公建、居民等提供生产、生活用热。2011年，开拓热力贯彻落实科学发展观，开展“创先争优，从我做起”主题实践活动，推进“为民服务、达标创优”，提升服务质量；在做好经营管理工作的同时，加大节能减排工作力度；完成企业改制工作，由全民所有制企业改制为一人有限责任公司；全面梳理、优化管理结构，提升管理水平，提高企业竞争力，完成开发区总公司下达的年度工作指标。截至年底，公司有职工442人，供热面积达到911万平方米，蒸汽总上网量133.2万吨，总销售量141.01万吨，高温热水产热量58.50万吉焦；完成民用收费率86%，工业收费率98%，总收入26937.6万元。加大节能减排力度，推进精细化管理，热源厂单位蒸汽综合能耗113千克标煤/吨，高温热水综合能耗为44.8千克标煤/吉焦；蒸汽管网凝结水回收率为68%；蒸汽管网输配热损失率为22%。2011年，公司荣获首都精神文明建设委员会颁发的“首都文明单位”称号。二号热源厂在2010年质检总局首次进行的全国100家安全与节能管理标杆锅炉房评选中荣获“安全与节能管理标杆锅炉房”殊荣，被中国特种设备安全与节能促进会授予“会员单位”称号。

（董迪）

通过内控体系运行成效测评

3月，开拓热力通过开发区审计局专家组对内控体系运行成效进行的穿行测试和功能测试。专家组在测评报告中认可了公司实施内控以来取得的成效，肯定了公司在制度建设、内部环境、控制活动等方面的成绩。公司不断对内控手册进行修订和完善，调整调度运行相关流程。通过内控体系的推进，在成本管理、流程控制、内部管理、技术节能、安全测评等方面都有了大幅度的提升。

（董迪）

调整蒸汽销售价格

5月，开拓热力在对供热产品生产成本严格测算后，进行了市场调查，摸清同行业同类产品销售价格，经过分析对比拟定出供热产品成本构成说明。经同上级主管领导、业务部门沟通后，蒸汽销售价格由135元/吨调整为230元/吨，但是在天然气等上游原料价格上涨的情况下，生产成本和销售价格倒挂现象依然存在。

（董迪）

成立博大开拓热力（天津）有限公司

6月1日，为开发天津市武清区供热市场，成立博大开拓热力（天津）有限公司，注册资本为3000万元人民币，为天津武清区天和城项目提供用热保障。至年底，供热项目的选址、供热系统的整体设计方案等工作已完成，B区部分管网铺设工作已经启动，完全符合整体开发进度要求。

（董迪）

实行岗位竞聘

9月2日，开拓热力按照员工岗位聘用办法，实行竞争上岗、双向选择、择优聘用任期制，完成全部中层岗位的竞聘工作，共聘用部门正职15人，部门副职12人，聘期3年。组织具备竞聘上岗条件的13个岗位进行竞聘，完成52名员工的选拔聘任工作。通过竞聘，推进了干部队伍年轻化、知识化、专业化建设，提高了干部队伍素质，增强了企业竞争力。

（董迪）

开拓热力中心完成企业改制

9月28日，北京开拓热力中心改制完成，更名为北京博大开拓热力有限公司，由全民所有制改制为一人有限责任公司，股东为北京经济技术投资开发总公司，注册金额41479.69万元。通过改制，建立、健全公司组织机构设置，形成董事会领导下的总经理负责制，实现管理决策层与经营执行层的分离，逐步完善法人治理结构。调整、理顺现有的工作制度和内控流程，提升公司的管理水平和工作效率，建立竞争有序的、科学的公司内部管理机制；同时严格执行内部管理制度的规定，贯彻公司的管理方针，做到以制度进行管理，保证各项工作按照制度化、规范化、标准化、服务优质化、高效率地运行，做到在工作中各部门通力配合、政令畅通、管理高效。

（董迪）

进行停气检修

9月29日，开拓热力依据年初制定的《大中修及日常检修计划》，各部门、各单位按计划有序开展检修工作。年度内的检修工作采取局部停气的方式进行，既完成了检修工作，又确保了供热安全，减少了驻区企业的停产损失。

（董迪）

热力检修　　刘柳 摄

搞好冬季供热供气

11月7日，开拓热力各热源厂进行试运行，15日正式供热，进入冬运阶段。本年度冬运产汽1164745吨，同比增长8.08%；产热544587吉焦，同比增长39.78%。

（董迪）

改造老旧小区换热站

年内，开拓热力对辖区的7个老旧小区换热站进行改造。改造后提高了设备可靠性，降低了能耗，减少了噪间污染，消除了安全隐患。用户服务报修24小时及时处理率、事故处理及时率、调度指令准确及时率及执行调度指令准确及时率均为100%，顾客满意度有了大幅提升。

（董迪）

北京博大开拓热力有限公司 总经理 李树栋

热　电

概况

华润协鑫（北京）热电有限公司（简称华润协鑫）前身为北京经济技术开发区天然气热电厂，2001年经国家计委批准建设，坐落于开发区第48地块南部。华润协鑫成立于2004年9月9日，隶属华润集团旗下的华润电力控股有限公司。天然气热电厂项目一期工程安装2套7.5万千瓦级FT8燃气——蒸汽联合循环热电联产机组，总装机容量为15万千瓦，于2005年6月开工建设，2006年6月28日正式投产运营。2010年，项目通过技改实现发电、蒸汽、热水、制冷“四联供”，成为典型的分布式能源项目，为开发区核心工业区提供综合能源配套服务。项目年供电量为8亿~10亿千瓦时，年供热量为50万吨以上，具有每小时300吨热水和3000吨冷水的供应能力。华润协鑫以创新发展为中心，以推广“冷热电”联供的分布能源改造为重点，以实现为开发区提供综合能源配套服务为目标，推进精益管理，全面完成年度生产指标及工作任务。全年完成发电量6.77亿千瓦时，供蒸汽38.09万吨，供热水17.04万吉焦，供冷水2.20万吉焦。2011年，公司行政与人力资源部荣获北京市单位内部安全保卫工作“集体嘉奖”。公司采取检修运行一体化管理体系，设运营技术部、财务部、经营策划部、行政与人力资源部4个部门。截至年底，有员工60人。

（蔡红健）

通过安全性评价达标检查

4月2日，“华润协鑫（北京）热电有限公司2011年安全性评价总结会”召开。此次组织的安全性评价达标检查工作，为推进安全性评价达标工作，制定了安全性评价达标工作计划，分解任务、落实责任，并分步有序地实施。经过专家组的查评，公司生产设备、劳动安全与作业环境、安全管理三个方面综合得分率为77.46%，顺利通过安全性评价。

安全性评价达标检查总结会　　企业提供

（蔡红健）

制冷工程投产

4月28日，华润协鑫制冷工程启动设备调试及试运行，完成热电冷“四联供”改造，5月15日正式投产，实现全年24小时不间断供冷，每年可节电2500万千瓦时。“冷热电”联供的分布式能源技术的实施，提升了开发区综合能源配套能力，不仅为入驻企业提供全面的综合能源配套服务，还可为其节省大量的基础配套设施投资，成为开发区招商的优势之一。仅北方微电子公司供冷项目，就为其节省2000余万元投资，每年节约管理费用百余万元。

（蔡红健）

为重点企业直供蒸汽

4月30日~5月7日，9月29日~10月7日，在北京博大开拓热力有限公司对开发区热力管网进行年度检修维护工作期间，华润协鑫两次承担开发区核心区重点企业中芯国际集成电路制造（北京）有限公司、北京京东方光电科技有限公司两家企业的蒸汽直供任务，确保两家企业的正常生产。公司全年累计蒸汽直供时间达366小时。

（蔡红健）

香港环境业界访京团来区参观考察

6月9日，由香港特区政府环境局局长邱腾华率领的香港环保业界访京团一行来到公司参观考察。访京团对公司以清洁能源天然气作为燃料，采用联合循环技术，并自主研发园区工业中水综合利用和全年24小时工业化供冷工程，成为开发区乃至北京市的节能环保明星，为北京市的分布式能源开发、清洁生产的推广，以及水资源综合利用作出的贡献给予高度评价，并希望京港两地在环保领域加强交流与合作。

（蔡红健）

中国财协专家访问团到区参观考察

12月6日，中国财政协会开发区分会专家访问团一行20余人到公司参观考察。公司总经理王东向专家详细介绍了公司及项目投资方的情况以及公司通过技术改造实现热电冷“四联供”的发展历程。访问团就上网电价、是否可以直接供电等问题与公司管理层进行了沟通，并参观生产现场。

（谭艳）

实现安全无事故生产2000天

安全无事故生产2000天　　企业提供

截至12月13日24时，公司实现安全无事故生产2000天。公司自投产以来，坚持“安全第一，预防为主，综合治理”的方针，统一各级领导、员工对安全生产的认识，采取切实有效的管理办法，不断完善管理制度、健全安全管理网络，逐步实现规范化、精益化管理，确保了公司安全生产的总体平稳。

（张国祥）

华润协鑫（北京）热电有限公司　总经理　王东

水　务

概况

年内，出现“6·23”、“7·24”、“7·26”、“7·29”等多次强降雨天气，开发区水务局共出动抢险人员276人次、抢险车辆102车次、抽水泵52台次、发电机34台次和相应防汛物资。修订完善防汛应急预案，开展防汛演练，完成防汛楼维修和防汛物资政府采购工作，其中防汛物资 77.3 万元，防汛楼维修 20 万元，防汛抢险费 14 万元和防汛值班费 7.5 万元。全年完成行政审批水土保持 38 件、节水 5 件、临时雨污水接口 6 件、永久雨污水接口 18 件。配合完成京东方 8.5 代线再生水利用工程调试。对开发区污水处理厂和再生水厂进行监管。参与开发区“十二五”水务发展规划的编制工作，配合完成 2011 年度开发区污水处理费绩效评估等。完成《水务志》排水篇部分内容的编写。

再生水厂微滤膜设备　　企业提供

（蔡雳）

开展污水监测和污泥处理前期调研项目

年内，开发区水务局委托市排水监测总站开展开发区污水监测和污泥处理前期调研项目。针对开发区污泥含有工业污染的现象，提出解决方案，为规划选址、技术路线奠定基础。完成开发区境内凉水河、新凤河、大羊坊沟的养护工作，达到预期效果。

（蔡雳）

完成中芯国际二期水资源保障

年内，开发区水务局完成中芯国际二期水资源保障。中芯国际二期项目总需水量 1.41 万立方米 / 日，其中自来水需水量为 0.02 万立方米 / 日，再生水需水量为 1.39 万立方米 / 日，再生水利用率达 98%。

（蔡雳）

制定水土保持方案及规划

年内，开发区水务局完成 15 个项目水土保持方案的审查，对水土保持方案进行监督，加大执行力度。委托北京市水利科学研究所和中国科学院植物所编制了开发区东区 6.5 平方公里水土保持规划。

（蔡雳）

开展工业用户水务普查

年内，开发区水务局根据北京市水务普查要求，配合大兴区水务普查办公室，完成开发区大部分工业用户水务普查工作，共统计 117 家企业，补充 30 家企业，抽查企业 11 家。

（蔡雳）

启动污水监测项目

年内，开发区水务局为加强对开发区企业雨、污水私排行为的监管，委托北京市排水监测总站开展污水监测项目。主要包含对全区污水管网、水环境、重点排水大户、污水处理厂和再生水厂的监测，并建立污水数据数字化系统；选取部分排水大户进行调研，逐步实施排水许可制度。配合开发区环保局完成本单位的环境管理体系内审及外审工作。

（蔡霄）

自来水

概况

北京市自来水集团禹通市政工程有限公司亦庄管理所（简称自来水公司亦庄管理所）隶属于北京市自来水集团禹通市政工程有限公司，其前身是组建于 1992 年的开发区水气热公司，主要负责应对自来水管网突发事故及供水管网维修抢修，确保供水管网的安全稳定运行。1992 年，人员入区，进入当时的开发区水气热公司。1994 年，开发区成立自来水管理部门，在册正式人员 2 人，关仕兴任部门负责人。1996 年，北京市自来水集团亦庄管理所正式挂牌成立，在册正式人员 5 人。1997 年，人员调入及购置车辆，成立一部二班，即管理部、抢修维修班、后勤班。2001 年，北京市自来水集团禹通市政工程有限公司亦庄管理所正式挂牌成立。2008 年 5 月，正式成立柜台班组及扩编了抢修维修班组，均实行三班，职工总数为 18 人。截至 2011 年年底，职工总数为 21 人，其中在册正式人员 19 人，社招人员 2 人，聘用田华公司及北通公司劳务人员各 20 人，为开发区管线安全稳定运行服务。20 年来，有力确保了开发区供水管网的安全稳定运行。1992 年入区伊始，主要职能：负责区内自来水管线，入区企业及各级单位自来水报装、方案制定审批及工程安装工作。1996 年正式挂牌成立，主要职能调整为：负责区内自来水管线，入区企业及各级单位、市政绿化等自来水报装、方案制定审批及工程安装工作。负责应对自来水管网突发事故及供水管网维修抢修，确保供水管网的安全稳定运行。截至 2011 年底，增加负责区内各类供水设施井的维护、对市政消防设施有计划地进行全面更新，及处理水压、水质等用水问题的职能。

（张然）

实施安全生产管理

1 月 18 日，自来水公司亦庄管理所与天华路派出所签署《北京经济技术开发区消防安全责任承诺书》。3 月 22 日，开展调查并填写《报警与监控系统调查表》。4 月 27 日，开展“火灾隐患排查整治预防恶性火灾事故”自检等相关工作。购置由加拿大 BW 公司生产的四合一气体检测仪 1 台，严格执行有限空间安全生产“先检测、后作业”的原则，根据施工现场的周边环境情况，将该仪器用于检测有限空间可能存在的危害因素，未经安全检测，严禁施工人员进入有限空间作业，同时根据检测结果对作业环境危害状态进行评估，有效防止和控制中毒窒息等生产安全事故的发生，确实保护好从业人员的职业健康和生命安全。

（张然）

室外低压给水工程竣工

11 月 20 日，自来水公司亦庄管理所承建的开发区三羊居住区四期室外低压给水工程竣工。共安装球墨铸铁管 DN150×1089 米，DN100×174 米，新安装水表 DN100×40 跨表 1 块，DN150×50 跨表 1 块，卡表 DN75×1 块，水表 DN75×1 块，DN50×1 块，DN40×46 块（其中高压表 22 块，绿化用表 1 块，人防用表 2 块），DN20×1 块，DN15×4 块（其中人防出口用表 2 块，物业用表 2 块），砌筑大水表井 4 座，小水表井 31 座。新安装消火栓 14 个，砌筑消火栓井 14 座。新安装闸门 DN150×11 个，DN100×7 个，DN75×2 个，DN40×1 个，砌筑闸门井 21 座。21 日，该工程的固定资产移交给北京市自来水集团管网管理分公司统一维护管理。

（张然）

完成报装工作

年内，开发区接受入区企业用水咨询服务 58 户，代用户报装 54 户，完成安装 60 户，管线完成长度为：DN20×17 米、DN40×93.2 米、DN75×50.5 米、DN100×1449.9 米、DN150×3387.4 米、DN200×3343.3 米、DN300×396 米、DN400×54 米。

（张然）

完成维修抢修工作

年内，开发区零活修理完成 108 处，更换 DN100 以下阀门 101 座，更换 DN400 蝶阀 1 座，更换水表 53 只，修漏 14 处，其中 DN75 以下 6 处、DN100×3 处、DN150×3 处、DN300×3 处、DN400×1 处，更换井圈井盖 11 套、井盖 7 个，装砌井 3 座。更换市政消火栓 105 座。

（张然）

北京市自来水集团亦庄管理所 负责人 李巍

污水处理和回用

概况

北京博大水务有限公司（简称博大水务）成立于 2008 年 5 月，是开发区总公司出资设立的国有独资公司。2011 年，博大水务通过加快水务工程建设、增强供水保障能力，实现了跨越式发展，建立了水务产业一体化的经营模式。所运行和参股的水务项目从经开再生水厂拓展到东区再生水厂、东区污水处理厂、金源经开污水处理厂等 4 座工厂，市政设施服务覆盖开发区。2011 年，博大水务运行的东区污水处理厂正式投入运行，共处理污水 450 万吨；两座再生水厂共销售再生水 453.59 万吨，同比增加 246%，占开发区总供水量的 20%，成为开发区工业企业的“第二水源”。截至 2011 年底，博大水务共有员工 81 人，其中专业技术人员 13 人，全部具有大学以上学历。博大水务是北京市第一家利用膜技术从事市政和工

博大水务外景　　石晔 摄

业废水处理再生的专业化企业，也是国内第一家生产高品质再生水并直接回用于工业企业的现代化企业，开发区再生水厂在国内第一次实现了区域内工业废水在高端制造产业中的大规模循环使用。博大水务的经营业务涉及污水处理厂、再生水厂、管网及在线监控、用户终端技术服务等，已初步发展成为以生产“高品质工业用再生水”为主，兼顾上下游发展的技术管理型企业。

（石晔）

东区再生水厂一期工程投入使用

3月15日，为京东方8.5代线项目专门配套建设的开发区东区再生水厂一期工程（日产水能力2万吨）完工并投入使用。

（石晔）

污水处理基础设施不断完善

年内，开发区东区再生水厂一期工程（日产水能力2万吨）、东区污水处理厂二期工程（日处理能力3万吨）相继建成投入使用，这两项工程为京东方8.5代线项目专门配套建设，由开发区管委会投资近2亿元。其中污水厂二期工程使东区污水处理厂的总处理能力达到5万吨/日。东区污水处理厂和经开污水处理厂接纳和处理开发区全部工业废水和生活污水，保障开发区污水处理率实现100%。2001年，金源经开污水处理厂一期工程建成并投入使用，这是北京市第一家由政府引入社会资金，采用BOT方式建设和运营的大型城市污水处理设施。金源经开污水处理厂一期设计

污水处理厂二期投入使用　　新闻中心提供

日处理能力2万吨，首次实现了开发区生活污水和工业废水的大规模集中处理。2004年，二期工程建成投入使用，污水总处理能力达到5万吨，开发区污水处理率达到100%。2007年，东区污水处理厂一期工程建设完成。2008年，经开再生水厂竣工投入使用，一期日产水能力2万吨。东区污水处理厂一期工程和经开再生水厂均由开发区总公司投资建设。

（石晔）

开发区污水处理率达到100%

再生水企业座谈会　　新闻中心提供

年内，博大水务继续致力于开发区水务产业的市场化进程，通过搭建水资源综合利用平台，为开发区水资源政策制定、监督和执行提供技术支撑和服务。博大水务与北京碧水源科技股份有限公司、北京泰宁科创雨水利用技术股份有限公司合资成立北京碧水源博大水务科技有限公司，将业务范围扩展到膜技术研发、雨水利用等领域。同时，博大水务筹备天津武清天和城污水处理厂和开发区南部西区污水处理厂，将服务区域由开发区向周边地区及外省市拓展。博大水务拥有及持股两座污水处理厂、两座再生水厂，经营业务涉及污水处理、再生水生产、管网及在线监控、用户终端技术服务、技术推广、雨水利用等方面，是开发区水资源综合利用的龙头企业。2011年，博大水务再生水销售量共453.59万吨，区内再生水签约用户达到43家，其中包括中芯国际、揖斐电、京东方、富士康等重要企业；污水处理厂日处理量达到10万吨，保障开发区污水处理率达到100%。

（石晔）

为京东方8.5代线提供水源

年内，博大水务全面参与了东区再生水厂一期工程、东区污水处理厂二期工程两项工程的建设，并于2011年开始负责运行。其中，东区再生水厂为京东方8.5代线项目提供全部生产工艺用水，使该项目的再生水使用量达到总用水量80%以上，成为国内工业企业水资源综合利用的典范。2011年6月~12月，博大水务共向京东方8.5代线项目供水230.59万吨，日均1.3万吨，单月最高供水45.73万吨，水质全部满足该项目的用水要求，为8.5代线项目的顺利投产提供了可靠的水源保障。

运行人员在巡检设备　　博大水务提供

（石晔）

市政交通建设

概况

年内，开发区新开通区内双向公交运营线路4条，增加运营车辆18辆，开通大兴区通往开发区的境内公交线路5条，针对新增线路修建了临时公交场站，方便开发区居民和企业职工的交通出行。建设开发区公共自行车租赁系统，作为“慢行交通系统”进一步提高开发区交通微循环能力。

（高新伟）

开通4条公交双向线路

1月，开发区内公共交通1、2、3、4路双向运营线路开通。线路途经京东方8.5代线、北京奔驰、富士康、中芯国际、北工大软件园、经开企业大道、同仁医院、北京职教园、中芯花园、北人集团、悦康制药、中冶京诚、宝健、康盛工业园、永康公寓、卡夫食品、汇龙森工业园，运营车辆从18辆增加到36辆。4条线路总里程达到97公里，全年累计运营284.4万公里，总客流量339.6万人次。

（高新伟）

全市首个公租自行车项目投入运营

1月，开发区市政局到大兴市政管委考察公租自行车项目，了解项目实施细节，以及大兴项目运作单位北京绿畅公司的具体情况。开发区第7期主任专题会决定在区内建设公共自行车租赁系统，项目一期建设35个租赁站点，投入1000辆自行车。2月至3月，35个租赁点布点工作基本完成，并由绿畅公司开始建设。6月27日，开始试运营，成为北京市首个投入使用的公租自行车项目。

（高新伟）

5处“P+R”停车场完成备案登记

3月，开发区轻轨沿线5处“P+R”停车场完成备案登记，共有机动车停车位1109个。开发区轻轨沿线“P+R”停车场于2010年12月投入使用，机动车停车位共计587个，为全天24小时停车场。文化园西侧停车场由北京迪兴市政工程有限公司建设，停车位198个；万源街站北侧、荣京东街站北侧、荣京东街站南侧停车场由北京东方华辉市政工程有限公司建设，停车位分别为82个和111个；荣昌东街站北侧停车场由北京东俊市政建设有限公司建设，停车位131个。

亦庄线荣京街站北侧P+R停车场　　胡蓉洁 摄

（高新伟）

开通新区通勤车

4月1日，开发区市政局与大兴区交

通局共同编制完成新区通勤车方案，通勤车开通运营，上午7：45至8：30从开发区发车至黄村，下午18：00至18：45从黄村发车至开发区，由开发区市政局承办。通勤车委托北京市兴顺达客运有限责任公司运营。

（高新伟）

开展机动车公共停车场普查

5月，开发区市政局完成区内机动车公共停车场普查工作。开发区共有各类机动车停车场84个，提供机动车泊位数1.44万个。其中经营性停车场28个，提供停车泊位1.01万个，占总泊位数的70.1%；非经营性停车场56个，提供停车泊位0.43万个，占总泊位数的29.9%。年内新办理机动车公共停车场备案28件，新增机动车停车位2300个。

（高新伟）

X24号地块北侧临时公交场站建成

6月，开发区市政局完成建设X24号地块北侧临时公交场站，总投资98万元，建设面积4000平方米，建筑面积100平方米，由迪兴市政工程公司承建。

（高新伟）

开通5条公交线路

10月，开通5条大兴区通往开发区的境内双向公交线路。由兴顺达客运有限责任公司负责运营的3条，包括大兴区小47路，首末站分别是黄村康泰园小区和亦庄桥南；大兴区小48路，首末站分别是天宫院和荣昌东街地铁站；大兴区小49路，首末站分别是礼贤和荣昌东街地铁站。由新国线客运有限公司负责营运的2条，包括大兴区小50路，首末站分别是榆垡和荣昌东街地铁站；大兴区小51路，首末站分别是采育和开发区第一公交场站。

（高新伟）

解决噪音扰民问题

12月，开发区市政局建设完成上海沙龙公交车站北侧隔音屏工程。隔音屏长度80米，高度6米，解决了金地格林小区居民反映的公交车辆噪音扰民问题。

（高新伟）

邮 政

概况

北京经济技术开发区邮电支局（简称开发区邮电支局）为满足开发区内企业及广大住户用邮需求，于2000年由北京市南区邮电局在开发区内设开发区邮电支局。2008年11月1日，在开发区设置天宝园邮电所，隶属开发区邮电支局。至2011年底，支局有职工40名，其中邮政营业人员24名，专职营销人员5名，管理人员8名，司机2名，内退1名。开发区邮电支局下设营业组、营销组、后勤组。主营业务包括：出售邮票，收寄国内、国际平常、给据函件，收寄国内、国际包裹，开发、兑付国内汇票，收寄国内、国际特

开发区邮政局外景　　企业提供

快专递，订阅报刊，集邮及各种代办业务。2011 年，开发区邮电支局开展了数据库商函、形象期刊、邮政贺卡、个性化邮票、定向邮册、缴费一站通、自邮一族、航空客票等 8 项特色业务。

（刘琦欢）

开展专项营销

年内，开发区邮电支局开展主题实践活动，通过"网格化"营销手段，挖掘潜在客户，并对开发进程进行全程跟踪，做到项目前期有立项，过程有监控，结果有反馈，促高效优质业务发展。营销团队成功开发开发区管委会《亦庄故事》纪念邮册、拜耳集团纪念册、"佳宸弘"宝宝生日日常封片卡等项目，荣获市公司营销创新奖。

（刘琦欢）

实现升位晋级

年内，开发区邮电支局通过开展主题为"以建党 90 周年为契机，积极开发政府经济，创建党 90 周年邮品营销新佳绩"的实践活动，支部全体党员全部实现自己的承诺，为全局职工树立了榜样。通过主题实践活动的开展，生产经营工作成绩显著，实现了升位晋级。

（刘琦欢）

搞好服务工作

年内，开发区邮电支局深入学习"为民服务创先争优"精神，落实南区邮电局"为民服务，创先争优"活动实施方案，要求广大职工转变服务作风，增强服务能力，坚持"用户是亲人"的服务理念，注重服务细节，通过窗口优质服务，为确保邮件时限提供有力保障。党支部号召全体党团员积极开展"三亮活动"，要求党团员亮明身份，佩戴党、团徽上岗，增强广大党团员的荣誉感和责任感，努力营造人人参与"为民服务，创先争优"活动的氛围。

（刘琦欢）

北京经济技术开发区邮电支局　副支局长　桑柏青

电　信

概况

中国联合网络通信有限公司北京市七区分公司亦庄电话局（简称亦庄电话局）始建于 1993 年，隶属中国联合网络通信有限公司北京市七区电话局分公司，亦庄电话局服务面积 52 平方公里。到 2011 年，亦庄电话局已可提供电信全业务经营，包括固定电话［普通直拨、可视电话、ISDN（包括 2B+D，30B+D）、小交换机中继线、虚拟网、DID 等］、移动电话（GSM、3G）、小灵通、宽带上网（有线、无线）、神眼（视频监控）、互联网专线、基础数据、网元出租、IDC(互联网数据中心)、ICT、电话会议、广告传媒、卡类产品(充值卡、IP卡、201卡)、同城移机不改号、话费详单查询等业务。

（于翔）

推出“沃·家庭套餐”

1月1日，中国联通针对家庭用户推出“沃•家庭套餐”。这是原“组合套餐”的品牌升级。原“宽固移全能套餐”、“固移畅聊套餐”升级为“沃•家庭—宽固移全能套餐”和“沃•家庭—固移畅聊套餐”，相关业务纳入“沃”品牌旗下，相关套餐资费融入沃•家庭套餐体系。

（于翔）

推出“沃·商务套餐”

4月11日，中国联通试运行“沃•商务”中小企业融合套餐。这是针对中小企业客户群的重点融合产品，可有效降低中小企业的综合通信成本。7月1日正式推出此项业务。

（于翔）

实施光纤入户改造工程

年内，中国联通对老旧小区开展光纤入户改造工程（20兆）。服务区域有老旧小区40余个，其中光改已完成35个，在施5个，截至年底共完成1669户的入户改造工作。

（陈勋）

中国联合网络通信有限公司北京市七区分公司
亦庄电话局 局长 张运霖

有线电视

概况

北京华开有线电视网有限公司（简称华开有线）成立于1996年，经北京市广播局许可，受开发区管委会委托，在开发区范围内建设、运营有线电视传输网络。公司按董事会授权的总经理负责制、依现代企业制度进行日常运行管理，下设工程技术部、机房运行部、客服部、维护部、公司办公室共5个职能部门。华开有线自开发区设立以来一直承担着全区有线电视信号传输和网络建设任务，经过10余年的努力，所建设的HFC有线电视传输网络已覆盖开发区近40个居民小区、20多个工业园区，全网线缆铺设里程超过上千公里、接收端口总数量近10万个，同时为3万多户居民和100多家驻区中、外企业提供有线电视节目信号，网络覆盖范围超过40平方公里。开发区有线电视网络已经成为开发区最重要的信息基础设施之一。20世纪90年代在北京地区首先进行“光纤传输有线电视节目信号”实验；2000年得到国家计委资金支持，在全国范围内“率先向用户发放、投入使用标清数字电视机顶盒并加扰传输数字电视节目信号”；2007年在北京地区率先向开发区用户提供“数字电视双向节目点播、时移服务”。至2011年底，开发区有线电视网已向亦庄地区居民、企业用户发放标清、高清数字电视机顶盒2万余台，同时在网传输100多套电视节目信号。

北京歌华有线电视网络股份有限公司经济技术开发区分公司（简称歌华有线开发区分公司）是2007年9月由北京歌华有线电视网络股份有限公司在开发区设置的分公司，负责推进开发区有线电视用户数字化、高清化。截至年底，歌华有线开发区分公司完成区内网络覆盖，并与相邻朝阳区、丰台区、通州区、大兴区有线网络实现了无缝对接。歌华有线开发区电视用户在全市范围内率先实现了数字化起步，全网高清化改造。区内全网数字电视用户超过2万户，其中高清用户超过1万户。公司高清交互数字电视系统集成了14套高清、160余套标清电视节目，同时提供视频（高/标清）点播、时移回看、网络教育、在线支付、可视交互、时讯浏览、查询发布、问卷调查、多屏互动等新应用与服务。使用户切实享受到“从标清到高清、从单向到双向、从看电视到用电视”的新体验。作为北京市三网融合的唯一广电试点企业，面对三网融合新形势，公司以高清交互数字电视新媒体为先发优势，以视频、数据、语音业务三网融合为发展契机，以有线、无线、移动应用领域为拓展空间，不断创新面向“政府、行业、企业、家庭、个人”的“跨平台、跨网络、跨终端”的新文化、新媒体和新业态，提升首都优秀文化的使用价值和使用效率，扩大首都先进文化的影响力与传播力，满足人民群众基本公共文化需求、多样化精神文化需求和多形式信息化需求，为首都文化产业和信息化产业发展贡献力量。实现“由单一有线电视传输商向全业务综合服务提供商、由传统媒介向新型媒体”战略转型。

（席志斌　张烨）

推广有线宽带业务

年内，华开有线电视网在开发区7个小区开展依托有线电视网络的Cable宽带上网业务。小区内综合接入率超过了30%，为居民有效降低了上网资费。

歌华有线基于高清交互应用平台与内置Cable Modem机顶盒终端，在完成高清交互机顶盒发放的同时，个人宽带用户取得了长足发展。开发区30个小区均具备歌华有线10M个人宽带接入能力，歌华有线宽带成为开发区内继电信运营商ADSL个人宽带上网方式外，又一重要个人宽带接入模式。

（席志斌　陈勇）

参加公益事业

年内，华开有线电视网为驻区企业户、政府委办局、区内学校、幼儿园等降低或免除工程费及有线电视收视维护费合计近50户，累计500个端口左右，为促进有线电视公益发展作出了自己的贡献。

歌华有线开发区分公司主动承担企业的社会责任，在高清交互机顶盒推广项目中，为开发区用户承担机顶盒费用约150万元。在无线亦庄项目中，歌华有线投资近千万，在区内实现了开发区核心区无线WIFI全覆盖，为区内公共场所、商用设施提供免费上网服务。

（席志斌 陈勇）

推广高清交互数字电视

年内，歌华有线开发区分公司完成对鹿鸣园、天华园三里、天华园一里、贵园南里戊区、富源里、贵园北里乙区、金泰公寓、贵园东里、金色漫香林、天华园二里二区、燕景佳园、国际亦庄、悦庭、听涛雅苑、贵园北里丙区共15个居民小区的高清交互数字电视推广，新建双向光站54个，发放高清交互机顶盒6009个。累计完成26个小区的高清交互数字电视推广，建设双向光站101个，发放高清交互机顶盒10861个。

（张烨）

三网融合应用

歌华有线开发区分公司在上海沙龙社区率先进行了网络改造，实现了视频、数据、语音三网融合功能整合和30M带宽个人宽带接入能力。2011年，公司与博大网信公司合作，对瑞海园社区1.8万户进行了三网融合模式开发，共同推进试点小区建设，实现了网络资源的充分、合理使用。

（张烨）

党建事务

北京经济技术开发区年鉴 2012
BEIJING ECONOMIC-TECHNOLOGICAL DEVELOPMENT
AREA YEARBOOK

综述

2011年，开发区工委围绕全区中心工作，服从服务大局，切实加强思想、组织、作风、制度和党风廉政建设，积极推动两区融合，为整个新区的发展创造了良好的环境。开发区工委把思想政治建设作为党建工作的核心和灵魂，引导党员干部树立正确的世界观、人生观、价值观，打造“发展理念好、发展能力好、工作作风好、团结协作好、廉洁自律好”的高素质领导班子和干部队伍。完成大兴区人大代表、政协委员选举和推荐工作，开发区13名人大代表、25名政协委员出席新区两会。加强非公有制企业党团组织建设，以深入开展创先争优活动为主线，坚持党群工作一体化格局，探索创新工作方式，建立健全工作机制，为实现超常规、高水平、跨越式推进南部高技术制造业和战略性新兴产业新区建设提供组织保证。

开发区工委宣传部认真贯彻落实党的十七届五中、六中全会精神，坚持高举旗帜、围绕新区重大工作部署，服务深度融合大局，在理论宣传教育、新闻宣传、品牌建设、精神文明及文化建设等各项工作上下功夫，扎实全面地推进开发区的宣传思想工作，为新区发展提供了强大的精神动力和思想保证。

开发区党群工作部紧紧围绕“服务大局促融合、夯实基础谋发展、发挥作用获提升、凝聚人心保增长”及深化党群工作一体化格局的工作思路，通过组织召开基层党团工作会、举办基层党组织书记培训班等形式，加强非公有制企业党团组织建设，充分发挥基层党团组织的战斗堡垒作用和先锋模范作用，推动新区经济、社会各项事业又好又快发展。

开发区总工会以“发展和谐劳动关系，维护职工合法权益”为主线，努力构建协调劳动关系“一体化”工作平台；实现百人以上企业工会全覆盖；在千人以上企业开办“阳光屋”；全区范围内开展企业技能培训工作，力争受训员工达万人的量化指标。

（孙鹏）

综合事务

概况

开发区工委办公室负责工委机关的政务工作；负责工委公文处理、保密、信息、接待联络工作；负责工委重要会议的组织、重要文件和领导讲话的起草、重要文件和会议决定事项的督查工作。2011 年，工委办公室围绕新区中心工作，充分发挥统筹协调和参谋助手的职能作用，服务大局，开拓创新，积极推进两区深度融合，较好地完成了“服务领导、服务部门、服务基层”的各项工作。

（孙立峰）

组织会议及大型活动

年内，开发区工委办公室共组织工委会 14 次，讨论议题近 50 个，主要涉及产业发展、人才、重大项目推进、重要人事任免等重大决策事项，形成工委会议纪要 14 期。组织专题会 10 次，重点研究贯彻落实“北京精神”及社会关心、关注的热点问题。筹备或参与筹备开发区年度工作会、推进深度融合工作动员大会、新区领导干部大会、“七一”表彰大会、新区学习贯彻中共中央总书记胡锦涛在庆祝中国共产党成立 90 周年大会上的重要讲话报告会、经济形势分析会、领导班子务虚会等重要会议 25 次。组织或参与“连民心、送温暖、促和谐”走访慰问等 11 次大型活动。

（孙立峰）

制发文稿 60 件

年内，开发区工委办公室围绕新区中心工作，扎实做好文稿制发工作，共制发各类文稿 60 件。其中，制发京开党文号文件共计 15 件，主要内容涉及机构编制、表彰奖励、请示报告等方面；制发京开干文号文件共计 21 件，主要涉及干部人事变动等方面；制发京开党办通号文件 24 件，主要为容涉及会议安排、领导讲话、任务部署、活动开展等方面。

（刘波）

向《北京信息》报送信息 40 余条

年内，开发区工委办公室与大兴区委办公室围绕新区的重点工作和领导关注点，就招商引资、项目进展、人才和劳动就业等内容，共享、互通信息。全年向《北京信息》报送信息 40 余条，其中长篇信息 4 篇；在《北京信息》刊发信息 30 条，其中长篇信息 4 篇。

（孙晓伟）

完成管理机要文件 1990 份

年内，开发区工委办公室认真完成机要文件的管理和阅办工作，为工委、管委会领导及各相关部门落实上级有关批示精神提供了支持和保障。全年共接收传达中发、中办发、中办通报、厅字（县团级）、京发、京办发、京办通报等机要文件 245 件，共计 1990 份。其中，按照市委办公厅有关通知要求，清退 46 件，共 206 份密级较高文件，24 小时内传达紧急文件 5 件，较好地履行了各项职责。

（刘红美）

加强保密工作管理

年内，开发区工委办公室利用各种时机，开展全方位、多层次的保密法制教育，宣传党和国家关于保密工作的方针政策、法律法规，增强领导干部、涉密人员和国家公务人员的保密意识和法制观念。会同工委宣传部、信息化工作办公室等部门加强对新闻报道的保密审查，防止涉密信息和重要数据从各类媒体上泄露出去。组织工委、管委会、总公司局级领导和工委、管委会各部门保密工作第一责任人及总公司相关保密干部 50 人前往国家博物馆参观“全国窃密案例警示教育展”展览。保密工作领导小组办公室组织工委、管委会及总公司机关保密工作第一责任人及保密员签定《保密承诺书》，切实落实保密工作责任制，把“谁主管、谁负责”的要求落到实处。赋予保密员一定的管理职能，把保密工作管理延伸到各部门，形成保密工作管理的有效机制。切实管好要害部门、重点部位，管好涉密人员、涉密文件、涉密 U 盘等各类涉密载体。加强网站信息发布、留言评论、博客信息等方面的保密管理，指定专门人员负责对拟在 BDA 网站及其他公共信息网络发布的信息进行保密审查，建立审查记录档案。组织工委、管委会及总公司机关开展在用网络、计算机和存储介质全面核查分类工作，严格区分涉密与非涉密，准确确定密级，做到不漏一网、一机、一盘。进一步明确各单位中有专网的保密要害岗位的职责，建立和完善人防、物防、技防的综合防范体系。

（黄文剑）

做好领导调研组织服务工作

年内，开发区工委办公室全程组织或配合组织了市委、市政府及工委、管委会领导先后共 50 多次到奔驰、诺基亚、中芯国际、京东方等重点驻区企业调研，重点协调解决企业用地、用工、人才引进等困难。

（孙立峰）

编撰 12 期《领导参阅资料》

年内，开发区工委办公室围绕开发区的中心工作及重点任务，结合当前国际、国内形势，组织编撰了 12 期《领导参阅资料》，为领导决策提供了较丰富的产业及宏观经济等方面的信息。

（黄文剑）

两区融合

概况

两区深度融合办公室负责新区推进深度融合工作领导小组日常工作；负责制订工作方案，并对推进深度融合工作进行监督检查，按照“四个明确”的要求，加强督促落实；负责组织召开各类会议，了解工作推进情况，协调工作开展；负责信息的汇总、整理，定期上报深度融合工作进展情况；负责组织开展调查研究活动，总结推广深度融合工作的创新机制、工作经验。2011 年是大兴区和开发区行政资源整合工作进入深度融合的关键之年，全区上下按照市委市政府“机制新、活力大、效率高”和“超常规、高水平、跨越式”发展的要求，坚持一切服从服务于发展，以做大做强开发区和加快城乡一体化进程为重心，以12项深度融合重点工作为抓手，大力推动机制创新，两区行政资源整合向更高水平、更深层次、更广范围发展。在整合新区招商主体平台的基础上，探索建立了重大产业项目入区决策机制等一批创新机制，实现了布局、品牌、标准、政策、服务的“五个统一”。不断完善“四个一批”项目推进机制，两区融合以来，共吸引投资总额约114亿美元，为融合前18年总和（190亿美元）的60%，共引进了10家世界500强企业的17个项目，使区内500强项目总数达到108个，500强企业个数达到76家。以中关村国家自主创新示范区政策覆盖范围调整为契机，推动26平方公里扩区，拓展了产业发展空间。12平方公里开发建设进展顺利，已完成征地6931亩，住宅拆迁全部完成，搬迁房及配套基础设施建设稳步推进。开展国家级、市级研发机构建设，在原有40余家国家级、市级研发机构的基础上，新增市重点实验室5家、市工程技术研究中心5家、市科技研究开发机构5家，不断提升科技创新能力，促进科技成果转化。以中关村职称评定创新试点为契机，将新区企业均纳入推荐范围，为新区高端领军人才的职称评审开通了快速直通车。按照“两走进、三下乡、攻难点、超目标”工作思路，突破就业瓶颈。社会管理和城市管理得到上级部门、周边区县的大力支持。社会公共服务有序推进。综合服务配套区建设力度加大。两区干部加强交流。新航城建设有条不紊。两区融合工作中探索出的创新亮点逐步转变为常规工作制度和长效工作机制。

（张书强）

新航城建设进展顺利

2月，新区完成北京新机场建设指挥部注册工作。新机场服务中心配合首都机场集团进行指挥部办公场所和生活基地选址工作。5月，南方航空公司与新区签署战略合作协议，拟投资300亿元建设南航北京新机场枢纽及配套设施、南航北京航空城产业项目。6月，大兴区政府与国开行签署战略合作协议。中行、农行、建行、工行等多家银行在投融资等方面分别提出对新机场和新航城的支持意向。11月，新机场建设签订了三方协议，标志着筹建工作取得实质性进展。

（张书强）

完成城市总体规划调研

3月，新区规划部门组织力量完成长子营、青云店、北臧村等镇人口、居住、交通、市政基础设施、能源等调研工作，供市城市规划设计研究院编制城市总体规划。

（张书强）

成立新区推进深度融合工作领导小组

6月18日，经大兴区区委、开发区工委领导研究决定，新区推进深度融合工作领导小组成立，下设办公室。6月23日，领导小组召开第一次全体会议。会议由张文主持，新区领导王新、邓志荣、宋卫民等出席。宣布成立新区推进深度融合工作领导小组及办公室，部署12项深度融合重点工作。7 月 20 日，召开领导小组工作会，部署相关工作，提出推进深度融合工作具体要求。12 个部门负责人汇报深度融合重点工作进展情况，领导小组及其办公室的 42 个成员单位主要负责人参加会议。

（张书强）

编发《深度融合》16 期

7 月 6 日，由两区深度融合办公室编写的《深度融合》创刊。刊物平均每月两期，主要刊登与新区推进深度融合工作有关的领导活动、工作思路、工作进展、创新经验，以及工作中遇到的困难和问题等信息，发挥汇报工作、沟通情况、交流经验、挖掘亮点、宣传总结的作用。至年底，已印发 16 期。

（张书强）

制定深度融合重点工作折子工程

7 月 8 日，两区深度融合办公室制定下发《2011 年 12 项深度融合重点工作折子工程》。深度融合重点工作折子工程包括工作目标、工作内容和工作要求三部分。突出“四个明确”要求：一是明确工作重点，将工作重点归拢为 12 大项 14 小项内容；二是明确工作主体，确保责任落实到人；三是明确工作标准，量化每项工作主要内容；四是明确工作时限，融合办每两个月进行一次定期督办，刊发 3 期工作进展，跟踪、了解和督促 12 项折子工程工作进度。至年底，12 项深度融合重点工作全部完成。

（张书强）

开展 7 项专题调研

9 月，深度融合办公室与区发改委、征拆建办、大兴区委社会工委等 6 个部门沟通，请各部门结合工作实际，开展“新区政策覆盖机制研究”、“新区征地开发建设机制研究”、“完善亦庄地区社会管理服务机制研究”等 7 项专题调研。旨在通过调查研究，总结经验、查找不足，提高各部门、各单位对推动深度融合机制创新的深刻认识和理性自觉。

（张书强）

《北京信息》刊文介绍深度融合

12 月 9 日，两区深度融合办公室在《北京信息》（工作交流）第 161 期刊登题为《新区加快推进南部高技术制造业和战略性新兴产业聚集区建设》的文章，介绍两区行政资源整合以来的主要做法和“六个机制创新”，即：创新产业发展机制，招商引资取得新突破；创新区域开发建设机制，产业空间拓展取得新突破；创新劳动就业机制，实现满足开发区企业需求与促进农村劳动力就业“双赢”；创新社会管理和公共服务机制，促进亦庄地区城业协调发展；创新要素集聚机制，走创新驱动的道路；创新环境优化机制，打造良好的区域软硬件环境。提出实现“四个一体”的工作思路，即：实现产业一体发展；城乡一体建设；社会一体管理；工作一体推动。

（张书强）

搞好亦庄新城综合服务配套区建设

年内，开发区加大综合服务配套区建设投资力度，安排瀛海镇劳动力安置费 3.8 亿元、烧饼庄拆迁工程管理费和生活费约 3000 万元，协助研究旧宫镇工业大院改造升级、南海子公园二期融资方案。不断完善配套区基础设施建设，旧忠桥菱形立交工程（旧宫镇）已完成总投资的 10%，凉水河道（旧宫段）截污工程已完成总投资的 12.5%，亦庄线（旧宫站）轨道沿线亮丽工程已完成总投资的 6.67%， 西环路周边居住楼外立面形象提升工程（亦庄镇）已完成总投资的 25%。10 月，由融合办牵头，区发改委、区发改局、区建发局等部门对“三镇一园”进行走访调研，超前谋划、综合分析、统筹安排，形成了下一步加快推动“综合配套协作区”建设的基本思路。

（张书强）

组织人事

概况

开发区工委组织部是中共北京市委经济技术开发区工作委员会领导下的组织人事工作部门。负责指导开发区工委所属党委开展党的组织建设和党员队伍建设工作；负责开发区机关干部人事管理工作；负责开发区所属事业单位领导班子建设和人事管理工作；负责开发区机关及所属事业单位机构编制工作；负责开发区机关及所属事业单位干部培训工作；负责开发区机关及所属事业单位离退休干部管理工作；负责开发区统战工作；负责开发区因公出国（境）的政审等工作。2011 年，在两区深度融合的大背景下，开发区工委组织部紧紧围绕新区建设中心，充分发挥职能作用，做好选干部、配班子、聚人才、建队伍、抓基层、打基础、争先进、创一流等项工作，为建设南部高技术制造业和战略性新兴产业聚集区提供组织保障。

（张霄羽）

成立环境保护管理中心

1 月 4 日，开发区环境保护管理中心成立。该中心是隶属于开发区环境保护局的事业单位，主要职责是负责开发区内污染源排查工作，协助有关部门开展环境突发事件应急处置工作，协助调查了解群众反映的环境问题，承担开发区环境保护局交办的其他工作。开发区环境保护管理中心主任由环境保护局局长赵军兼任。

（武春雷）

做好干部考核工作

年初，开发区工委组织部对开发区机关和事业单位处级及以下工作人员进行 2010 年年度考核。参加考核人数 505 人，确定优秀等次 100 人，称职等次 358 人，不定等次 47 人。其中三等功奖励 15 人，嘉奖奖励 72 人，对 10 名处级领导干部和事业单位负责人进行试用期满任职考核。

（翟乾）

举办新区新任职干部培训班

3 月、6 月，新区组织部门共同举办两期培训班，培训干部达 114 人次。举办新区新任职处级干部培训班，对新区 2010 年 9 月以来新任职的处级干部进行培训。6 月，举办公开选拔干部培训班，对新区 2009 年以来公开选拔的干部和新提拔任职的“80 后”干部进行培训。

（张书强）

完成开发区领导职务任免

5 月 11 日，贲勇任中共北京市委经济技术开发区工委副书记。5 月 19 日，免去其北京经济技术开发区管委会副主任职务。7 月 5 日，程京任北京经济技术开发区管委会副主任，挂职锻炼时间从 2011 年 7 月至 2012 年 12 月。7 月 24 日，韩洪英任中共北京经济技术投资开发总公司党委副书记、纪委书记。8 月 31 日，免去邓志荣中共北京市委经济技术开发区工委委员职务。9 月 7 日，高言杰、王宗刚任中共北京市委经济技术开发区工委委员。9 月 8 日，免去张晓林中共北京市委经济技术开发区工委委员职务。9 月 20 日，高言杰任北京经济技术开发区管委会副主任。9 月 28 日 ，绳立成任中共北京市委经济技术开发区工委委员。10 月 8 日，王宗刚任中共北京市委经济技术开发区工委组织部部长，免去邓志荣北京市委经济技术开发区工委组织部部长职务。10 月 11 日，绳立成任北京经济技术开发区管委会副主任，免去张晓林北京经济技术开发区管委会副主任职务。10 月 12 日，免去文献中共北京市委经济技术开发区工委委员职务。10 月 20 日，免去文献北京经济技术开发区管委会副主任职务。

（张霄羽）

制定事业单位职位说明书

5 月，开发区工委组织部为开发区 5 家参照公务员管理事业单位和 8 家工资纳入规范管理事业单位制定了 93 份职位说明书，进一步明确了事业单位岗位职责，旨在进一步规范开发区事业单位的管理工作。

（武春雷）

参与大兴区人大代表换届选举

人大代表换届选举投票　　开发区工委组织部提供

8~11 月，开发区工委组织部牵头组织有关部门完成了第四届大兴区人大代表开发区范围内的选举工作。共登记选民 57589 人，55501 人参加投票，参选率为 96.37%，选举产生了开发区出席第四届大兴区人民代表大会代表 13 名。

（孙泰旭）

做好统一战线工作

11 月，开发区工委组织部协助大兴区各民主党派做好换届工作。开发区 4 人担任民建、农工、致公等民主党派主委、副主委， 6 人任民盟、民建、民进、九三学社等民主党派工委、支部委员。推荐 2 人作为北京市新的社会阶层人事联谊会理事。做好 24 名大兴区新一届工商联（商会）领导职务人选、25 名政协委员推荐、综合评价和服务联络工作。

（卢科）

加大干部选拔培养力度

年内，开发区工委组织部结合开发区干部队伍建设实际，紧紧围绕大兴区、开发区行政资源整合新形势，创新干部任用提名方式、干部考察评价方式、干部选任方式和干部培养方式，加大竞争性选拔范

两区公开选拔工作动员会　开发区工委组织部提供

围，拓展交流轮岗对象，加大干部交流力度，新区干部队伍融合取得明显成效。全年提拔干部 21 人，其中正处级领导干部 6 名、副处级领导干部 8 名、调研员 2 名、副调研员 5 名。选取 10 个处级职位面向新区组织公开选拔，推动新区干部交流，交流干部 16 人，其中，大兴区交流到开发区任职的干部 5 人（正处 2 人、副处 3 人），开发区交流到大兴区任职的干部 11 人（正处 4 人、副处 7 人）。派出挂职干部 20 人，其中 2 名援藏挂职，3 名处级干部到市有关部门挂职，6 名正科级干部到大兴区乡镇挂职，9 名年轻干部到区内企业挂职，并安排 5 名大兴区干部到开发区挂职。

（李佳　翟乾）

组织开展创先争优活动

年内，开发区工委组织部以“创先争优，从我做起”主题实践活动为载体，以非公有制企业党建工作为重点，大胆创新、丰富活动内容，通过开展党员示范岗、党员公开承诺、爱心帮扶等活动，推动创先争优活动走向深入，表彰 20 个先进党组织，30 名优秀共产党员、5 名优秀党务工作者、评选出 11 个党建创新奖项目。组织开展“忆党史、讲党性、强基础、作表率、促发展”纪念建党 90 周年系列活动。在林克庆带动下，新区 1700 余名各级党组织书记参加了“千名书记讲党课”活动。举办“为党旗增辉、为新区添彩”红歌比赛，79 支代表队、2797 名党员参加，近万名观众观看演出。举办“筑坚强堡垒，树先锋形象”摄影展和开展党员电教播放月活动，组织开展“我眼中的共产党员”DV 作品大赛，征集 9 部电教片，其中 3 部获得市级奖励，制作系列电视专题节目制作系列电视专题节目《党旗飘扬》，展示新区融合发展基层党组织和广大党员的先锋模范作用。开展学习杨善洲、高松、叶如陵等优秀党员先进事迹，组织网上推荐全国优秀共产党员工作，组织 1400 余人参观“一切为了人民——建党 90 周年展览”。组织各党

参观中华世纪坛　开发区工委组织部提供

委开展慰问帮扶生活困难党员工作，开展共产党员献爱心活动，共有 2610 名党员群众共计捐献 212235 元。

（卢科 石磊）

完成干部培训任务

年内，局级干部人均培训 240.5 学时，处级干部人均培训 241.6 学时，其他干部人均培训 134 学时。干部在线学习进一步扩大范围，开发区工委组织部将全体公务员和在职在编事业单位人员（不含工勤人员）都纳入参学范围，所有参学干部都完成 40 学时在线学习任务，在全市 141 家单位考核评比中，获全市干部在线学习工作并列第一名，并荣获干部在线学习组织奖，圆满完成干部培训工作。

（田培利）

做好人事调配工作

年内，开发区工委组织部做好机关及所属单位日常人事管理工作。办理新录用（调入）50 人，试用期转正 47 人，内部调动 3 人，职务调整 40 人，调出 26 人，办理出国出境政审 27 批次 112 人次，办理退休 6 人。

（张宝石 张霄羽）

人才工作

概况

2011 年，开发区全面落实人才发展“十二五”规划，充分利用国家级开发区先行先试的政策优势，在全市率先试点建立起以能力、业绩为导向的高端领军人才评价机制，率先开设外国专家来华工作许可受理窗口，高标准推进海外学人分中心、留学人员创业园、博士后科研工作站、青年英才创新实践基地建设，安排各类人才扶持奖励资金投入近 6000 万元。全年共有 13 人入选中央“千人计划”，累计达到 27 人，占全市的 1/4; 23 人入选北京市“海聚工程”，累计达到 37 人，占全市的 1/5。中央“千人计划”和北京市“海聚工程”人数同比 2010 年增长 121%。认定 73 名海外高层次人才，引进各类核心人才 612 人。初步凝聚起一支具有核心竞争力的国际化人才队伍，人力资源结构更加合理，人才效能持续提升，并在近期被中央人才工作协调小组正式批准建设国家级“海外高层次人才创新创业基地”，进一步确立了首都南部人才资源高地的相对优势和在全国国家级开发区的领先地位。实施“一线创新人才培养”项目，设立开发区第 4 家留学人员创业园。2011 年，海外高层次人才创办的企业年度产值同比增长 54%。

（郭嘉）

海外高层次人才创新创业基地授牌

开发区工委组织部提供

联合举办海外学人新春联谊会

1月13日，由两区人才工作协调领导小组办公室、北京海外学人中心开发区分中心共同主办的“大兴区、北京经济技术开发区海外学人新春联谊会”在博大大厦举行。王合生以及两区组织部、人力社保局的相关领导，来自区内41家企业的97位海外学人出席。联谊会上播放了记录两区人才工作发展历程的宣传片，开发区分中心相关人员介绍了2010年海外学人工作进展情况和新出台的人才政策。部分“千人计划”、“海聚工程”入选者分别结合各自公司的发展情况，与大家做了深入交流。

（郭明宇）

开展年度人力资源状况统计调研

1月20日，开发区人劳局启动开发区年度人力资源状况统计调研，旨在了解区内人力资源状况、结构、增长态势等数据，为开发区各项政策制定、决策提供基础数据。截至6月上旬，共收集区内1200余家主要企业2010年度在人力资源方面的94项相关信息，覆盖员工198449人。通过运用“开发区人力资源状况调研系统”对企业人力资源总量、技能结构、文化结构、地区来源、岗位结构等多项内容进行分析，呈现出4项突出特点：人才效能持续增加，达到87万元/人；学历结构更加优化，大专以上学历人员同比增长10%，大专以下学历人员同比下降1%；一线生产工人技能水平不断提升，高技能人才占技能劳动者比例达到43%；海外高层次人才加速聚集，占高层人才比例达到42%。

（李大业）

8人获第二批市政府技师特殊津贴

2月15日，市人力社保局公布第二批享受市政府技师特殊津贴人员名单，共83人。开发区8人位列其中，包括一级技师6人，即：航天长征火箭技术有限公司的石岩、北京航天拓扑高科技有限责任公司的李红、SMC（中国）有限公司的张恩良、北京中安特科技有限公司的韩伟、北京京东方光电科技有限公司的冯连昆、蓝星（北京）化工机械有限公司的王守宪；二级技师2人，刘建军、谢东明均来自北京金辰西科尼安全印务有限公司。市政府将一次性发放每人2万元特殊津贴。至此，经开发区推荐的共有10人获得此项殊荣。

（李伟）

组织参加北京海外学人新春联谊会

2月16日，北京海外学人中心在国家大剧院举办了“2011年北京海外学人新春联谊会”活动，市侨联、市委组织部、市人力社保局等北京海外学人工作联席会成员单位领导出席，海外学人中心开发区分中心组织区内30位入选北京“海聚工程”的海外高层次人才代表以及获得留学人员创办企业开办费的代表、留学人员创业园的代表参加。联谊会上，与会者了解了北京市建设世界城市发展目标和建设现状，展望了各自行业的发展前景，交流了归国创业成功经验并寻求到了业务领域的合作伙伴。

（周伟）

完成新区“十二五”人才竞争力调研

2月23日，开发区人劳局完成新区“十二五”时期人才竞争力调研、预测工作。结合制定和贯彻新区“‘十二五’人才发展规划”，开发区人劳局根据大兴区、开发区实际情况和国内外关于人才指标的研究成果，对新区“十二五”时期人才竞争力指标体系的5项主要指标开展调研和预测。本次调研是配合新区“十二五”人才发展规划作的配套调研，目的是科学评估当前人才资源状况、科学预测未来5年发展趋势。根据“十一”五时期人力资源变化情况，通过利用SPSS软件进行统计分析，预计新区2015年人才资源总量将达300081人，较“十一五”末期增长49.6%；高技能人才占技能劳动者比例达到33.02%；中级以上专业技术职称的人才占专业技术人才比例达到41.68%；人才效能将达到51.43万元/人；每万人专利授予量将达42件。

（陈玉杰）

组织企业参加2011年外籍人才招聘会

4月15日，由国家外国专家局国外人才信息研究中心主办，中国国际人才网承办的“2011外籍人才招聘会（北京）”在北京港澳中心举行。开发区海外学人分中心组织北京云电英纳超导电缆有限公司、北京泰德制药有限公司等区内企业参加。招聘会上，宣传了开发区的人才政策，为区内企业与外籍人才搭建了沟通的桥梁，使企业储备和选拔了一批优秀的外籍人才。

（郭明宇）

5人获留学人员科技活动择优资助

5月4日，开发区5家企业项目获得由市人力社保局颁发的2011年北京市留学人员科技活动择优资助，金额共48万元。其中重点项目资助2项，即：北京开元科创科技发展有限公司段润润的“新型抗腐蚀氢气燃料电池双极板金属基复合材料的开发和应用”、北京旷博生物技术有限公司何有文的“microRNA”；优秀项目资助1项，即：北京贝美拓新药研发有限公司康心汕的“代替注射EPO的口服抗贫血新药制剂BPI-5072”；启动项目资助2项，即：北京凯得尔森生物技术有限公司吴俊军的“一种新型抗肺纤维化药物”、神州细胞工程有限公司张杰的“利用流式分选快速获得全人抗病毒抗体”。12月，开元科创、旷博生物的两项目又获人力资源和社会保障部颁发的国家留学人员科技活动择优资助，共计18万元。

（杨琦）

组织参加海外学人创新创业活动

5月6日，由市委组织部、市人力社保局、市科委、北京海外学人中心联合主办，开发区分中心协作的“2011年北京海外学人创新创业活动周开幕式暨2011年北京‘海聚工程’年度人物评选启动仪式”在新闻大厦举行，其间举办了北京海外学人科技创新成果展、北京海外学人科技创新成果推介会、2011年北京海外人才创业林认养暨海外学人奥林匹克森林公园长走等一系列活动。王合生以及区内海外学人代表参加了开幕式，新区海外高层次人才共30余人参加了奥林匹克森林公园长走、创业林认养活动。

（郭明宇）

开展高端领军人才专业技术资格评价工作

5月26日，新区人力社保部门开展高端领军人才专业技术资格评价试点工作，旨在帮助新区内在工作中做出突出贡献的高层次人才突破学历、资历、职称限制，直接申报市高级工程师（教授级）专业技术资格。新区人力社保部门对来自47家企业的107名申请人进行了资格评审，经各专业推荐评议组考核评价和新区专业技术资格推荐委员会表决，确定推荐54人参加北京市专业技术资格评审委员会高级工程师（教授级）专业技术资格的评审。其中包括中央“千人计划”入选者、国家级课题负责人、国家级科技进步二等奖获得者、长江学者客座教授等21人及电子信息、装备制造、生物医药、建筑工程领域的其他高端领军人才33人。7月20日，市人力社保局发布评审结果19人获教授级高工。

（李大业）

组织海外高层人才参加游新区活动

5月31日，大兴区旅游局、开发区海外学人分中心组织“过瓜节、游新区”活动，北京义翘神州生物技术有限公司等20余家企业的高层人才参加。先后参观了中国西瓜博物馆、老宋瓜园等，品尝了鲜甜可口的庞各庄西瓜，实地感受了新城滨河森林公园的优美环境，深入了解了新区的西瓜文化，切身体验高科技在农业领域的应用成果，感受新区宜业宜居的生活环境，同时交流了归国创业的成功经验。

海外学人“品西瓜 游新区”　　新闻中心提供

（周伟）

5人获政府特殊津贴

5月，市人力社保局公布，经国务院批准，开发区百泰生物药业有限公司白先宏、北京云电英纳超导电缆有限公司信赢、北京京东方显示技术有限公司邵喜斌、北京红旗中文贰仟软件技术有限公司佘友兵和北京航天拓扑高技术有限公司梁丽英5人获得政府特殊津贴，涉及电子信息、生物医药、新材料等领域。政府特殊津贴为国家级津贴，每两年评选一次，由中央财政一次性发放2万元，北京市匹配1万元。

（杨琦）

获市首批博士后工作经费支持

6月17日，在市人力社保局举行的“2011年北京市博士后工作经费资助签约和发放仪式”上，公布了获得首次北京市博士后工作经费资助的资助方案和计划，共有32家单位和88名博士后得到资助，总金额为759万元。开发区博士后科研工作站、博士后（青年英才）创新实践基地获得北京市首批博士后工作经费资助86万元，占全市资助总额的11.3%。其中包括科研活动资助13万元、招收资助63万元、产学研合作资助10万元。

（杨琦）

认定第5批区海外高层次人才和企业

6月20日，经开发区工委、管委会研究决定，认定中芯国际集成电路制造（北京）有限公司的周梅生等26名海外学人为第5批“北京经济技术开发区海外高层次人才”；认定北京泰诺迪生物科技有限公司等2家企业为“北京经济技术开发区海外高层次人才创办企业”。

（郭明宇）

进行海外学人认定工作

6月，开发区进行海外学人认定工作。认定2批共计42名新区海外高层次人才，其中大兴区有9人入选，共获得扶持与奖励资金221.1万元，包括机票报销补贴1.1万元、个人房租补贴10万元、子女入托入学补贴10万元、人才引进奖励200万元。在《北京日报》推出“海外学人创业季”系列栏目，宣传报道了12家企业的13名海外高层次人才，其中开发区11人，大兴区2人。

（张书强）

3人入选北京百名领军人才培养工程

7月23日，由市委组织部、市科委主办的“科技北京百名领军人才培养工程实施工作会”在北京国际饭店举行。会上，为科技北京百名领军人才培养工程首批27名入选人员颁发了“科技北京百名领军人才培养工程入选证书”。新区北京泰德制药股份有限公司副总经理张扬、北京义翘神州生物技术有限公司总经理谢良志、北京汽车新能源汽车有限公司副总经理詹文章3人入选。该工程是《首都中长期人才发展规划纲要(2010—2020年)》确定的重点人才工程，入选人员将在项目经费、人才培养、平台仪器设备等方面得到支持，开展科研工作。

（王新美 陈思）

新区海外学人项目投融资推介会召开

8月9日，北京海外学人中心开发区分中心与大兴留学人员创业园、汇龙森留学人员创业园、北京经开·工大留学人员创业园、大兴生物医药基地4家留学人员创业园共同举办了新区海外学人项目投融资推介会，旨在解决海外学人创办企业发展资金瓶颈难题。新区海外高层次人才分别从公司简介、项目介绍、市场分析、发展规划、融资计划等方面对新型基因工程酶制剂、重组蛋白质疫苗、HLA基因和免疫检测、企业碳排放计量管理等产品和项目进行推介，涉及生物医药、科技环保、医疗器械、电子信息等多个领域。区内金普诺安蛋白质工程技术（北京）有限公司、北京博富瑞基因诊断技术有限公司等 9 家企业，亦庄国际担保公司、亦庄国际小额贷款公司等 9 家投融资机构 40 余人参加了推介会。

（郭明宇）

4 项目获新世纪百千万人才工程资助

11 月 1 日，市人力社保局《关于 2011 年北京市新世纪百千万人才工程培养经费个人资助专家评审会评审结果的公示》发布，共有 40 人获得资助。开发区北京诺赛基因组研究中心有限公司石太平主持的“基因治疗新药候选药物 TMEM166 的研究开发”、神州细胞工程有限公司谢良志主持的“广谱流感治疗中的抗体研发”、北京中交兴路信息科技有限公司周双全主持的“城市道路能耗分析模型研究”、京东方科技集团股份有限公司王刚主持的“高分子有机电致发光喷墨打印技术研究”4 个企业项目获得该工程培养资助，入选项目数量占北京市 2011 年度资助项目总数的 1/10, 累计获得资助款 18 万元。

（杨琦）

组织企业参加外籍人才招聘会

11 月 12 日，由国家外国专家局国外人才信息研究中心主办，中国国际人才网承办的“2011 年秋季外籍人才招聘会（北京）”在北京港澳中心举办。开发区海外学人分中心组织区内北京泰德制药股份有限公司公司、海康生物科技（北京）有限公司等 3 家生物医药企业参加，对开发区各项人才政策及产业发展情况进行了推介，与参会外籍人才进行了洽谈，共收到欧美等发达国家简历 110 余份。

（郭明宇）

举办“三三会”汇龙森留创园专场

11 月 16 日，由中关村人才示范区建设促进中心主办，汇龙森留创园承办的“中关村留学人员企业精品项目推介会（三三会）汇龙森留创园专场”在汇龙森科技园举行。中关村管委会、北京海外学人分中心、北京海外学人开发区分中心等相关领导及投资专家、企业代表 150 余人出席。本次推介的项目主要集中在电子信息和生物医药两大领域，共有 21 家企业参加融资推介，其中北京佰泰荣华医药科技有限公司、北京凯莱天成生物科技有限公司、北京瑞捷奥生物科技有限公司等 9 家企业获得了现场路演机会，IDG、中发展、海科金和泰山天使创业基金等 20 余家风投机构参与了现场洽谈。会议还举行了汇龙森留创园与开元科创（北京）科技发展有限公司的投资签约仪式。

（王新美　陈思）

组织企业参加第 8 届中高级人才招聘会

12 月 3 日，开发区人劳局、海外学人开发区分中心主办的“北京·亦庄第 8 届中高级人才招聘会”在北京人才大厦举办。开发区分中心特设“海外学人”招聘展位，为区内有海外学人招聘需求的企业广揽人才。京东方、中芯国际、泰德制药、百泰生物等知名企业，易美芯光、博大光通、脑泰科技等新入区高科技企业共 36 家，提供了近200个高级技术和管理职位，涉及电子信息、生物医药、装备制造、汽车制造、新能源新材料等相关产业。

（郭明宇）

4人获第5届“博大贡献奖”

12月5日，新区人才工作协调领导小组办公室发布《第5届“博大贡献奖”获奖候选人公示》。开发区工委、管委会决定授予百泰生物药业有限公司董事长兼总经理白先宏，航天长征火箭技术有限公司总经理李艳华，北京泰德制药股份有限公司董事、生产副总经理、总工程师张扬，北京市大兴区植保植检站副站长张桂娟4人第5届“博大贡献奖”奖。每人获奖金10万元。

（杨琦）

被批准建设国家级海外人才创业基地

12月20日，在第14届中国留学人员广州科技交流会上，举办第3批海外高层次人才创新创业基地授牌仪式，全国共有45家单位被中组部正式批准建设国家级“海外高层次人才创新创业基地”，开发区为北京唯一一家入选的高新技术产业园区。海外高层次创新创业人才基地是国家实施“千人计划”重要平台之一，由符合条件的中央企业、高等院校和科研机构以及部分国家级高新技术产业开发区组建。开发区将海外高层次人才引进和培养工作放在促进开发区高端产业发展的优先地位，多措并举加速海外高层次人才快速聚集，颁布了《关于鼓励和吸引海外高层次人才来区创业和工作的意见》《关于为高层次人才提供专项服务的意见》等人才政策和措施20多项，为各类人才在开发区创业、就业提供了全方位政策保障；设有10多家博士后工作站、4个留学人员创业园，成立了物联网产业联盟、生物医药科技创新服务联盟等，建立了产业上下游、产学研信息、人才培养等资源共享机制，实现创新资源的有效分工和合理衔接，形成了立体化的人才开发体系；设立了专门为海外高层次人才服务的机构——北京海外学人中心开发区分中心，为多层次人才提供服务。

（郭明宇　武春雷）

聘请首批政府特聘专家

12月20日，大兴区政府和开发区管委会联合印发《关于聘请沈岩等同志为大兴区、北京经济技术开发区首批“政府特聘专家”的决定》。聘请国家人类基因组北方研究中心常务副主任沈岩、以岭药业首席科学家吴以领、SMC总经理赵彤、大兴区人民医院医师郭雪薇、神舟细胞总经理谢良志、乐平甜瓜董事长冯乐平、康龙化成总裁楼柏良、中芯国际技术处长吴汉明、天奈科技总经理李琦、航天长征火箭总经理李艳华、奔驰汽车技师赵郁、大兴区种植业中心农艺师刘国栋、阿尔特汽车董事长宣奇武、北汽新能源汽车总工程师廖越峰、中金数据副总裁黎江、京东方显示技术研发总监邵喜斌等为政府特聘专家。

（武春雷）

认定第6批区海外高层次人才和企业

12月31日，经开发区工委、管委会

研究决定，认定北京爱普益生物科技有限公司的周骋等47名海外学人为第6批“北京经济技术开发区海外高层次人才”，认定北京百奥赛图基因生物技术有限公司等3家企业为“北京经济技术开发区海外高层次人才创办企业”。

（郭明宇）

成立两区人才工作协调领导小组

12月，大兴区、开发区成立两区人才工作协调领导小组，组长由林克庆兼任。成立两区人才工作协调领导小组旨在确立人才优先发展地位、完善人才发展政策、加大人才资金投入、创新人才工作机制、优化人才发展环境、推动人才一体开发，落实实施知识产权保护等政策措施，推动产业人才聚集工程、创新人才推进工程、海外人才引进工程、青年英才开发工程、党政人才素质提升工程等项人才工作重点工程。

（武春雷）

安排各类人才扶持奖励资金

年内，开发区人劳局落实人才发展“十二五”规划，充分利用国家级开发区先行先试的政策优势，在全市率先试点建立起以能力、业绩为导向的高端领军人才评价机制，开设外国专家来华工作许可受理窗口，高标准推进海外学人分中心、留学人员创业园、博士后科研工作站、青年英才创新实践基地建设，安排各类人才扶持奖励资金投入近6000万元。

（李大业）

16人入选中央“千人计划”

年内，新区共组织两批中央“千人计划”申报工作，累计引进和推荐中央“千人计划”入选者16名。组织两批北京市“海聚工程”申报工作，引进和推荐北京市“海聚工程”入选者11名。海外高层次人才的不断聚集不但为打造北京南部高技术制造业和战略性新兴产业聚集区提供了创新驱动的原动力，也将为新区实现跨越式发展提供重要的人才支撑。

（郭明宇）

完成一线创新人才培养项目

年内，由开发区人劳局牵头实施完成了《北京经济技术开发区高新技术产业和现代制造业发展过程中一线创新人才培养》项目。该项目2009年启动，市委组织部资助资金50万元，开发区匹配资助资金67万元，资助了京东方、北京奔驰等38家企业的65个管理、科研、技能三类一线人才培养项目，涉及电子信息、生物工程与新医药、汽车、装备制造业等主导产业。共组织开展了600余次国内外交流、培训，实际培养一线创新人才1595人，是预计培养人数的1.26倍，其中重点培养385人，推荐典型一线创新人才37人，圆满完成了“十百千”培养目标；带动企业投入人才培养费用5853.31万元，是预期投入经费的3.6倍；取得一系列成果，申请（取得）专利、软件著作权70件，发表论文、撰写报告74篇，为企业创造经济效益71713.13万元。

（杨琦）

16家企业获市留学人员创办企业资助

年内，海外学人中心开发区分中心

推荐申报三批北京市留学人员创办企业开办费资助，其中王杨创办的奥码拓（北京）科技有限公司等16家海外学人创办企业经过答辩、评审等程序，分别获得了10万元的2011年北京市留学人员创办企业资助。受资助的企业均属于高技术与战略性新兴产业，具有广阔的市场发展前景。

（郭明宇）

为海外高层次人才提供保健就诊服务

年内，海外学人中心开发区分中心累计向区内156名海外高层次人才发放了北京同仁医院开发区分院专门保健门诊就诊卡。凭此卡将大大节省海外高层次人才挂号、就诊、取药、住院时间，进一步完善了为海外高层次人才提供个性化服务的机制，受到了海外高层次人才一致好评。

（刘彬）

举办新材料公共实验平台建设研讨会

年内，海外学人开发区分中心组织召开了新区新材料公共实验平台建设可行性研讨会。“首都杰出人才提名奖”获得者北京英纳超导技术有限公司董事长韩征和“博大贡献奖”获得者北京云电英纳超导电缆有限公司总经理信赢、北京瑞驰拓维科技有限公司董事长冯平仓、北京开元科创科技发展有限公司总经理段润润等7位新材料领域的新区海外高层次人才参加了会议。会议讨论了新材料公共实验平台建设的可行性与必要性，国内外的成功经验，平台特点以及今后的发展方向和初步设想。与会的海外高层次人才认为该平台将有利于企业自主创新和加快创新成果转化，促进产业集群的发展，对新区聚集高层次专业人才、优化产业布局具有重要意义。

（郭明宇）

宣传思想和精神文明建设

概况

开发区工委宣传部（新闻办公室）是工委主管理论、宣传思想和意识形态工作的综合职能部门，负责贯彻落实中央和市委有关宣传思想工作的指导方针，对全区干部群众进行党的路线、方针、政策和形势任务宣传教育，指导开展开发区新闻宣传、对外宣传以及群众性精神文明建设活动，指导管理新闻信息中心。2011年，开发区工委宣传部宣传思想工作紧紧围绕新区重大工作部署，服务深度融合大局，着力为坚持创新驱动、服务北京创造宣传造势，为实施科技人才战略、加快转变经济发展方式宣传造势，为重大项目建设、确保完成全年目标任务宣传造势，特别是以庆祝建党90周年、学习贯彻十七届六中全会精神和北京精神为契机，成功组织了一系列重大宣传活动，为实现新区“十二五”良好开局提供了坚强思想保证、精神动力、舆论支持。

（姚静　张宁　孙鹏）

开展庆祝建党 90 周年系列活动

5~7 月，开发区工委宣传部组织开展读书征文、摄影图片展等活动。“颂歌献给党”主题征文活动共收到企业、机关和社区来稿 201 篇，选送 80 篇参与新区征文活动评选。摄影图片展活动共收到作品 100 余件，选送 53 幅图片参与新区“筑坚强堡垒、树先锋形象”创先争优活动摄影图片展，其中反映 12 平方公里建设火热场面和新区战略性新兴产业发展的图片，成为图片展一大亮点。

（姚静）

启动工业旅游活动

6 月 23 日，开发区工委宣传部、社发局联合大兴区文明办、礼贤镇党委，组织礼贤镇 40 余名村党支部书记走进 SMC、和路雪等知名企业，感受新区高端装备制造业、都市产业的发展魅力。活动标志着“北京 · 亦庄——魅力新区发现之旅”工业旅游系列活动正式启动。全年组织大兴区镇、街道干部、居民到开发区参观交流十余次，约 300 人次参加活动。

（姚静）

举行纪念建党 90 周年红歌汇演暨表彰会

6 月 27 日，新区举行纪念建党 90 周年红歌汇演暨表彰大会。林克庆、张书领、高树旺、赵广义、王新等为 20 个优秀基层党组织、30 名优秀党员、5 名优秀党务工作者颁奖。大会表彰了嘉捷集团党支部等 120 个基层党组织、古宗胜等 330 名共产党员、李书国等 55 名党务工作者。

（孙鹏）

组织 10 次理论中心组学习

两区理论学习中心组第一次学习（扩大）会　　高宁 摄

年内，开发区工委宣传部会同大兴区委宣传部组织理论中心组学习 10 次，对统一全区干部思想和建设学习型党组织起到了推动作用。2 月 10 日，京东方科技集团股份有限公司董事长王东升讲解数字电视产业现状与发展趋势；宽带资本董事长田溯宁讲解云计算相关知识；北京市城市规划设计研究院高级工程师白劲宇讲解北京新机场临空经济发展图景展望。3 月 4 日，中关村管委会主任郭洪就中关村国家自主创新示范区系列政策和规划纲要做专题报告。3 月 16 日，组织学习《中共中央纪律检查委员会、中共中央组织部关于严肃换届纪律保证换届风清气正的通知》；中共中央组织部关于贯彻落实《关于严肃换届纪律保证换届风清气正的通知》有关问题的通知；中共北京纪律检查委员会、中共北京市委组织部关于严肃换届纪律的工作意见等文件。5 月 6 日，学习传达了北京市纪检监察工作会议精神。6 月 21 日，林克庆作《坚定信念 埋头苦干 以更高的素质和能力为新区发展作贡献》专题报告，强调当前新区正进入跨越发展的新时期，新区党员干部应具备放眼国际的视野、海纳百川的胸怀、勇于创新的魄力、争创一流的意识以及甘于奉献的精神，为新区发展作出更大贡献。6月22日，举办新区纪念中国共产党成立90周年暨“党在百姓心中”百姓宣讲团报告会。7月4日，组织北京市委市政府理论学习中心组学习会（扩大）电视电话会议，深入学习总书记胡锦涛在庆祝中国共产党成立90周年大会上的重要讲话。7月5日，中共党史学家，中共中央党史研究室原副主任、研究员石仲泉解读总书记胡锦涛“七一”讲话精神。林克庆就深入学习贯彻总书记胡锦涛在庆祝中国共产党成立90周年大会上的重要讲话提出明确要求。10月26日，歌剧院党委书记、文化部文化体制改革研究中心副主任嬴枫作题为《中华民族伟大复兴的历史性抉择——学习十七届六中全会精神》专题报告。11月25日，首都师范大学教授杨生平从“北京精神提出的背景、基本特征、内容及其关系、单位和个人如何践行北京精神”四个方面做学习践行北京精神专题报告会。

（姚静 张宁）

做好理论宣传教育工作

年内，开发区工委宣传部充分发挥宣传思想政治工作在统一干部职工思想、激发创新活力和促进新区发展方面的先导作用，利用各种手段和载体紧抓社会主义核心价值体系的宣传和普及。组织6场报告会和座谈会。4月22日、5月10日和5月23日，以社会主义核心价值体系宣传普及为重点，围绕庆祝建党90周年和学习践行北京精神，组织3场“爱党爱国爱新区——党在百姓心中”宣讲报告会；12月5~6日，组织3场“践行北京精神、建设魅力新区”座谈会。3~7月，举办新区区情学习竞答活动，1000余人直接参与。全年向基层党委和党组织发放理论光盘24盒、理论读物4000余册，在开发区范围内指导设计公益宣传广告300余幅。

（姚静 张宁）

做好新闻宣传工作

年内，开发区工委宣传部紧紧围绕重大主题，加强与中央和市属重点媒体的沟通联络，主动策划、提供选题，为新区发展营造良好舆论氛围。5月6日，经工委审议通过制定《北京经济技术开发区网络发言制度》，确定了赵昕昕为开发区网络新闻发言人。8月10日，成立新华通讯社北京分社南部新区采访部。邀请记者撰写了《每百亿元GDP如何创造税收30亿？——北京经济技术开发区“三高两低”发展模式调查》和《液晶显示产业遭国际巨头打压 急需提高进口关税率给予保护》两篇内参稿，中央领导高度重视并作重要批示。全年累计发稿1029篇次。在人民日报、光明日报、科技日报、经济日报等中央媒体发稿90篇；在北京日报发稿117篇，头版占到31篇；路透社、彭博社等境外媒体转载360余篇次。科技日报1月13~22日头版连续刊发的《资源聚合：亦庄路径》、《创新驱动：亦庄样本》、《人才“雁阵”：亦庄现象》、《战略谋划：

亦庄思维》和《前瞻布局：亦庄实践》获中宣部新闻局《新闻阅评》高度评价。全年编辑上报《舆情信息》32 期。

（姚静　隋国勇）

加强自有媒体建设

年内，开发区工委宣传部按照提升质量、形成合力、打造品牌的发展思路，加强对开发区报纸、网站、电视栏目的联动策划，增强开发区舆论引导的主动性。1 月 7 日，在开发区网站上开通亦庄新闻的无障碍阅读功能。全年出刊《亦庄时讯》53 期，开设《创新驱动看新区》《世界英才聚新区》《重点工程进行时》《低碳减排，绿色新区系列调查》等 15 个特色专栏，围绕 12 平方公里“回迁房”建设等重大民生工程采写报道 41 篇次。制作《亦庄新闻》43 期，策划录制《局长访谈》对话节目 20 期、《企业与法》专题节目 15 期。

（姚静　吕鹏宇）

加强“北京 · 亦庄”品牌建设

在机场投放平面广告　　张雪凯 摄

年内，开发区工委宣传部充分利用各种媒体手段、打组合拳，全面树立和广泛传播“北京 · 亦庄”品牌形象，“北京 · 亦庄——国际高端产业新区”的品牌力量和价值得到进一步提升。6 月 12~13 日，工委宣传部组织专业力量深入区内高新技术企业，以 E7 手机、E300L 轿车、55 英寸液晶面板、12 英寸芯片等区内高端产品为主体元素，拍摄制作了 10 秒、15 秒和 30 秒中英文“北京 · 亦庄”广告片。7~12 月，通过 CCTV-4 和 BTV-1 投放“北京 · 亦庄”10 秒和 15 秒广告片共计 1104 次。9 月 12 日，“北京 · 亦庄”广告片在纽约时报广场大屏投放，每日播出 90 次，每次播出 30 秒。10 月份，通过新华新闻电视网（CNC）累计向欧美和非洲等 20 多个国家播出“北京 · 亦庄”英文广告片。与新加坡中盛集团合作，持续向彭博社、道琼斯路透资讯、谷歌等 20 多家媒体、机构发布“北京 · 亦庄”动态新闻，完善“北京 · 亦庄”英文网页，设计制作 3110 张带有“北京 · 亦庄”形象的 VIP 会员卡，面向全球高端商务人士发放。在首都机场 T3 航站楼、T2 航站楼和深圳机场共计投放平面广告 43 面。

（姚静　张宁）

确定各级文明单位 87 个

年内，经过开发区基层党委推荐、文明委成员单位审核、社会公示、文明委研究审定等程序，审核确定各级文明单位87个。区级文明单位64个，推荐首都文明单位标兵6个（含全国文明单位2个，复核全国文明单位1家，新增全国文明单位1家），首都文明单位17个。首次将社区、学校、医院纳入文明单位申报范围。

（姚静）

12家单位与大兴区签署共建协议

"魅力新区 文明同行"主题实践活动启动式　胡蓉洁 摄

年内，开发区12家文明单位与大兴区榆垡镇、长子营镇和礼贤镇签署城乡共建协议。7月26日，北京可口可乐有限公司、北京泰德制药股份有限公司、北京博大网信科技发展有限公司、开发区人才交流服务中心、市城管执法局开发区分局等5家单位与榆垡镇签署城乡共建协议。8月12日，北京博大兴投资开发有限公司、北京亦庄国际人力资源有限公司、北京博大酒店管理有限公司、市药监局开发区分局与大兴区长子营镇签署城乡共建协议。开发区建发局、北京松下电工有限公司、中国银行开发区支行与大兴区礼贤镇签署城乡共建协议。协议就共建目标、权利义务以及保障措施等做出明确规定。

（姚静）

推动"文化亦庄"工程建设

年内，开发区工委宣传部指导和推动"文化亦庄"工程建设工作，新建亦庄书屋20家。至年底，累计建设亦庄书屋80家，基本实现开发区500人以上重点企业和重点集中住宿区的全覆盖，惠及人群超过13万人。

（姚静）

企业党建

概况

开发区党群工作部负责开发区内企业党建工作；负责落实中央及市委关于党的基层组织建设和党员队伍建设的方针、政策并完成相关的工作任务；负责区内企业党的基层组织的组建、撤销、改选，区内企业党员的发展、教育、管理、监督，区内企业党费管理，区内共青团工作。2011年，在开发区工委的领导下，中共北京经济技术开发区企业委员会（简称开发区企业党委）以党的十七届五中、六中全会精神为指导，以庆祝建党90周年为契机，以人大换届选举为推手，紧紧围绕"服务大局促融合、夯实基础谋发展、发挥作用获提升、凝聚人心保增长"及深化党群工作一体化格局的工作思路，通过"开展创先争优、发挥渠道优势、加强阵地建设、突出作用发挥、夯实党建基础、创新工作机制"，进一步推动开发区党建工作的科学化发展，带领广大党员群众较好地完成各项工作任务。

（宁玉风）

召开基层党团工作会

年度企业基层党团组织负责人工作会

开发区党群工作部提供

3 月 5 日，开发区企业党委召开 2011 年度企业基层党团组织负责人工作会。会议总结 2010 年各项重点工作，提出 2011 年加强非公有制企业党团组织建设的主要工作任务，以深入开展创先争优活动为主线，以发挥两个作用为重点，坚持党群工作一体化格局，探索创新工作方式，建立健全工作机制，为实现超常规、高水平、跨越式推进南部高技术制造业和战略性新兴产业新区建设提供组织保证。会议要求各基层党团组织充分发挥战斗堡垒作用和先锋模范作用，推动新区经济社会各项事业又好又快发展。

（宁玉风）

解读新区“十二五”规划

3 月 5 日，开发区企业党委开展解读新区“十二五”规划活动，旨在凝聚基层党团组织力量，为新区“十二五”规划顺利落实提供组织保障。活动邀请开发区发改局负责人详细讲解新区规划的指导思想、总体要求、发展目标、发展定位和格局以及推动新区科学发展的主要任务等，来自区内近 100 家企业的 200 余人参加活动。

（宁玉风）

部署建党 90 周年庆祝活动

4 月 22 日，开发区企业党委组织召开基层党组织负责人工作会，部署庆祝建党 90 周年系列活动。活动内容包括“七一”表彰、党情国情区情知识竞赛、征文、入党积极分子培训等 6 项。会议要求各企业基层党组织高度重视，广泛动员，精心组织，确保各项活动顺利开展，以优异成绩向建党 90 周年献礼。区内近 120 家企业党组织负责人参加会议。

（宁玉风）

参加“双学双比双提高”活动

4 月，开发区企业党委组织广大党员群众参加市委组织部组织的“双学双比双提高”集中活动周活动。该活动旨在通过学习先进基层党组织、学习优秀共产党员，比工作成绩、比岗位奉献，不断提高基层党组织的工作水平、提高共产党员的素质能力。167 个基层党支部的 2800 多名党员和群众参与网上学习和投票。

（宁玉风）

市领导就换届选举工作到新区调研

5 月 31 日，市人大常委会副主任赵凤山就换届选举工作到新区调研。调研组先后到京东方光电科技有限公司展厅、5 代线生产线以及北京奔驰汽车有限公司进行实地调研，并召开座谈会，听取区镇换届选举工作的汇报。新区领导张伯旭、张书领、邓志荣、李永贵、陈晓英陪同调研。

（孙鹏）

举办入党积极分子培训班

年度入党积极分子培训班　　开发区党群工作部提供

6月11日，开发区企业党委举办2011年度入党积极分子培训班，集中培训企业基层党组织的入党积极分子。来自区内企业的180多名入党积极分子参加学习。

（宁玉风）

举办建党90周年知识竞赛

庆祝中国共产党成立90周年知识竞赛　　开发区党群工作部提供

6月15日，开发区企业党委组织开展“庆祝中国共产党成立90周年知识竞赛”。揖斐电、金风科创、中芯国际、康特荣宝、泰德制药、嘉捷集团6家企业的基层党组织代表队参加比赛。揖斐电代表队获得一等奖，金风科创、康特荣宝代表队获得二等奖，中芯国际、泰德制药、嘉捷集团代表队获得三等奖。

（宁玉风）

开展主题党日活动

6月17日，开发区党群工作部、大兴区社会工委共同组织以“加强工作交流 促进融合发展”为主题的党日活动。来自新区企业的30多名基层党组织书记参加。活动通过座谈形式相互分享基层党建工作经验。

（宁玉风）

召开庆祝建党90周年暨表彰大会

6月30日，开发区企业党委召开庆祝建党90周年暨表彰大会。会议表彰了19个先进基层党组织、105名优秀共产党员、28名优秀党务工作者，9个党建创新项目。授予揖斐电电子（北京）有限公司工艺改善攻关小组等38个集体、北京康特荣宝电子有限公司王东坡等161名党员2011年度“党员示范岗”称号。

庆祝建党 90 周年暨表彰大会　　开发区党群工作部提供

（宁玉风）

开展党员献爱心活动

7 月，开发区企业党委开展“共产党员献爱心”活动，49 个基层党组织捐款 64803 元。根据活动的整体安排，企业党委将所得全款全部交至大兴慈善总会。

（宁玉风）

学习贯彻胡锦涛“七一”讲话

7 月，开发区企业党委开展学习贯彻中共中央总书记胡锦涛在庆祝中国共产党成立 90 周年大会上的讲话活动。活动下发《关于学习贯彻〈胡锦涛同志在庆祝中国共产党成立 90 周年大会上的讲话〉的通知》和辅导读本，要求各基层党组织和党员干部结合自身生产、工作实际情况，开展形式多样的学习活动。企业党委所属的近 200 家基层党组织结合公司实际参加活动。

（宁玉风）

开展学习马列选编活动

8 月，开发区企业党委根据开发区工委组织部、宣传部要求，在各基层党组织、广大党员中组织开展了学习《马克思主义经典著作选编》等活动。企业党委所属的近 200 个基层党组织全部参加。

（宁玉风）

学习贯彻党的十七届六中全会精神

10 月，开发区企业党委组织开展学习贯彻党的十七届六中全会精神活动。活动邀请中央党校教授董振华集中授课，解读党的十七届六中全会精神。来自 120 家企业的 180 多名基层党组织负责人参加活动。

（宁玉风）

开展党委和基层党组织服务水平调查

10 月，开发区企业党委开展“提供组织保障促发展，服务企业群众树形象”党委和基层党组织服务水平调查活动。活动收回企业党委制定的开发区企业党委、基层党组织服务水平调查表 1015 份。其中，企业党委服务水平调查表 491 张，总体评价的满意率为 79.2%，比较满意 20.6%，不满意 0.2%。基层党组织服务水平调查表 524 张，总体评价的满意率为 80.2%，比较满意 19.2%，不满意 0.6%。

（宁玉风）

完成开发区人大换届选举工作

11 月 8 日，开发区企业党委完成开发区第五选区人大换届选举工作。此次选举严格依照宪法和有关法律规定，落实大兴选举委员会和开发区分会各项工作要求。登记参加开发区选举的企业 224 个，登记选民 13641 人，其中含大兴区选民 3042 人。该工作始于 9 月初。

（宁玉风）

举办基层党组织书记培训班

基层党组织书记培训班　　开发区党群工作部提供

11 月 26 日，开发区企业党委举办基层党组织书记培训班。来自区内企业的 150 多名基层党组织书记和委员参加培训。活动特别邀请中央党校教授董振华解读十七届六中全会精神。

（宁玉风）

开发区党群摸查工作全面启动

12 月，开发区企业党委根据北京市和开发区工委组织部统一部署，全面摸查在开发区生产经营的非公有制企业党群工作有关情况，为区内党建工作提供基础数据，并就党群工作的开展情况广泛征求区内企业的意见和建议。

（宁玉风）

开展北京精神学习宣传活动

12 月，开发区企业党委开展北京精神学习宣传活动。组织 100 余人参加“北京经济技术开发区学习践行北京精神专题报告会”，并将报告会现场录像刻成光盘供企业基层党组织学习。

（宁玉风）

总公司党建

概况

中共北京经济技术投资开发总公司工作委员会（简称开发区总公司党委）成立于 2002 年 1 月。现有书记 1 人，副书记 1 人，委员 3 人。党委下属 21 个党总支和党支部，现有党员 442 名。2011 年，开发区总公司党委在市委、大兴区委、开发区工委的正确领导下，坚持以毛泽东思想、邓小平理论和“三个代表”重要思想为指导，认真贯彻执行党的路线方针政策，落实科学发展观，以深入开展“创先争优 从我做起”主题实践活动为契机，紧密团结和带领广大党员干部和员工，在全面参与新区建设发展，推进开发区总公司做强做大的过程中，充分发挥政治核心作用，为党的事业、南部新区建设发展和总公司建设发展做出了重要贡献。2011 年，开发区总公司党委以创先争优活动开展为着力点，党建工作稳步推进，圆满完成了“创先争优，从我做起”主题实践活动，取得了积极成效。围绕庆祝中国共产党成立 90 周年，组织开展了评选表彰先进等系列活动，营造良好氛围，进一步增强了共产党员自豪感、使命感和责任感。制定并实施了开发区总公司基层党组织议事规则，规范了子公司党组织决策程序，提高了决策水平。全面推进党务公开工作，拓宽了党员和群众了解党内事务的渠道，落实了党员对党内事务的知情权、参与权和监督权。加大竞争性选拔干部力度，完成2011年中层副职竞争上岗工作，一批年纪轻、有才干的优秀人才脱颖而出；做好优秀青年干部的培养、锻炼和输出，5名年轻干部到大兴区任职；加大后备干部储备、培养力度，充实了总公司中层后备干部人才库。组织开展了向青海地震灾区捐款、向内蒙古贫困山区捐献电脑等公益活动，彰显了总公司强烈的社会责任感。

（蒋希云　何焱）

举行“创先争优从我做起”总结表彰会

举行“创先争优从我做起”总结表彰会　　新闻中心提供

6月27日，开发区总公司举行庆祝中国共产党成立90周年暨“创先争优 从我做起”主题实践活动总结表彰大会。会上，总结了创先争优活动取得的阶段性成果，部署下一阶段创先争优工作；一批先进基层党组织、优秀共产党员和优秀党务工作者获得表彰。

（蒋希云　何焱）

总公司党委实施基层党组织议事规则

7月，开发区总公司党委制定《北京经济技术投资开发总公司党委基层党组织议事规则（试行）》，为使基层党组织的议事走向规范化、制度化创造了前提条件。各基层党组织高度重视，扎实贯彻，取得了实际成效，进一步提高了各基层党组织民主化、科学化、制度化和规范化水平，充分发挥了国有企业党组织的政治核心作用，规范决策行为，提高决策水平，确保总公司下属国有企业科学健康发展。

（蒋希云　何焱）

实施基层组织党务公开工作办法

年内，开发区总公司党委按照开发区关于党的基层组织实行党务公开的工作要求，结合总公司实际，制定了总公司党委党务公开工作实施方案，按照“因地制宜、灵活多样、简便务实”的原则，在党委及下属党组织中全面推进党务公开工作。开发区总公司党委将定期向党员群众公开7项内容：党组织重大决议、决定及执行情况，党的思想建设情况，党的组织管理情况，领导班子建设情况，党组织联系和服务党员群众情况，党风廉政建设情况及其他应当公开的事项，主动接受广大党员群众的监督。

（蒋希云　何焱）

机关党建

概况

开发区机关党委有党总支1个、党支

部31个。党员总数541名，其中：女党员220名，占40.7%；少数民族30名，占5.5%；大专及以上学历的占97.0%；中专、高中学历的占2.5%；初中及以下学历的占0.4%。年内，发展党员22名，其中35岁及以下党员20名，占90.9%。入党积极分子总数82名，其中35岁及以下的入党积极分子79名，占96.3%。2011年，在机关各党支部的支持配合下，开发区机关党委围绕区中心工作，把创先争优活动与各部门实际工作紧密结合，加强各支部作风建设，通过参加支部组织生活、党日活动、发展党员大会等，深入支部指导并落实工委领导关于加强党建工作及新区深度融合的有关讲话要求；围绕创先争优活动，开展争创先进党支部、争当优秀共产党员和“党建工作创新项目奖”活动；加强基层组织建设，成立招商中心党总支，及时督促指导有关支部做好支委会人员改选、补选工作；结合新形势，组织开展入党积极分子培训班；严格按照“坚持标准，保证质量，改善结构，慎重发展”的方针，积极指导各支部做好党员发展工作。

（张丽专）

举办入党积极分子培训班

4月12~14日，开发区机关党委举办入党积极分子培训班。培训形式包括集中授课、参观学习、互动交流、户外拓展和开卷测试。开发区机关80多名入党积极分子参加学习培训。入党积极分子平均年龄28.7岁；少数民族7人，占总人数8.5%；近半数入党积极分子是首次参加培训。

（张丽专）

开展纪念建党90周年系列活动

4~6月，开发区机关党委围绕创先争优主题，结合实际开展多种形式的庆祝建党90周年活动。活动包括评选表彰先进、参加新区庆“七一”合唱演出、组织机关700名党员干部参加全国党史知识竞赛、组织机关新党员宣誓和参观、组织机关干部参加新区“推进创先争优，服务新区发展——颂歌献给党”征文活动等。各项活动的开展达到了鼓舞干劲、促进工作的目的，受到广大党员群众的欢迎和好评。在新区庆“七一”合唱演出中，开发区机关党委获得第二名。

（张丽专）

联合招商办公室党总支成立

联合招商办党总支成立大会　　高宁 摄

6月29日，联合招商办公室党总支成立。这是新区行政资源整合后成立的第一个联合党总支。会上选举产生5名党总支委员，经党总支第一次会议选举出总支书记、副书记。党总支下设3个党支部。贲勇、赵昕昕、邓志荣等出席。

（孙鹏）

调整开发区机关党的隶属关系

年内，根据市委组织部京组通

[2011]91 号通知，开发区机关党的关系于 2011 年 12 月 15 日前，由中共北京市委市直属机关工作委员会转至中共北京市委经济技术开发区工作委员会。

（抗均平）

纪检监察

概况

开发区纪工委监察局为市纪委、市监察局派驻开发区监督管理部门。主要负责加强党风、党纪建设，维护党的纪律；教育干部廉洁自律。纪工委监察局现有行政编制 8 人。2011 年，开发区纪工委加大对各部门开展风险防控工作的指导力度，以优化权力结构为基础，以规范权力运行为核心，以加强制度建设为重点，针对重点领域、重点部门和重点环节建立防控措施。坚持重点防控与整体推进相结合，风险防控与业务工作相结合，初步形成“权力结构设置科学、权力运行规范透明、预警处置准确有力、风险防控及时有效”的廉政风险防控管理机制，不断提升预防腐败工作的科学化、制度化和规范化水平。

（王莹艳）

召开 2011 年纪检监察工作会

1 月 6~7 日，开发区纪工委监察局召开 2011 年工作会，王敬东出席并讲话，对 2010 年开发区反腐倡廉工作的总体情况予以充分的肯定，对广大纪检监察干部立足岗位、服务发展，认真履行纪检监察职能，在推动开发区纪检监察工作再上新台阶、再创新局面上做出的不懈努力表示衷心的感谢。针对 2011 年工作，提出振奋精神、团结协作，雷利风行、抓好落实，与时俱进、大胆创新，严于律己、以身作则的 4 点希望和要求。

（王莹艳）

召开党风廉政建设大会

党风廉政建设大会　　新闻中心提供

2 月 23 日，开发区 2011 年党风廉政建设大会召开。会议深入学习十七届中央纪委六次全会和市纪委十届七次全会精神，总结 2010 年开发区党风廉政建设各项工作，研究部署当年党风廉政建设和反腐败工作。市纪委常委马燕军出席会议。开发区王敬东做题为《坚持惩防并举，更加注重预防，推动开发区纪检监察工作再上新台阶》的工作报告。林克庆对深入推进全区党风廉政建设和反腐败工作提出了具体要求，强调要切实加强反腐倡廉制度建设，党员干部一定要在执行党规党纪条规上带好头、做表率。张伯旭主持会议，工委、管委会、总公司副局级以上领导和其他相关领导参加。

（王莹艳）

召开企业特邀督查员座谈会

工作作风监督检查委员会召开座谈会　　新闻中心提供

4 月 11 日，开发区公共管理服务部门工作作风督查委员会召开 2011 年特邀督查委员座谈会，旨在深入贯彻落实创先争优主题实践活动，加强机关作风建设，提高行政效能，更好地服务驻区企业。实际到会的企业特邀督查员共 17 人。座谈会上，各企业特邀督查员对开发区近年工作给与充分肯定，对管委会扶持鼓励企业成长的各项举措表示衷心感谢，并对两区融合后未来的发展前景充满信心，同时也提出了很多宝贵的意见和建议。

（王莹艳）

召开廉政谈话会

4 月 20 日，开发区纪工委监察局组织 2011 年度全区第二次集体廉政谈话会，共有开发区新调整岗位、新任处级和试用期满领导干部 9 人参加了会议，王敬东出席并讲话。开发区财政局、人劳局、社发局 3 部门的新任职领导代表全体与会人员作了会议发言。王敬东强调必须要守住“四条底线”：一是“违法的事坚决不做”，珍惜自由人生，守住法律底线。二是“违纪的事一定不做”，珍惜政治生命，守住纪律底线。三是“诱惑的事拒绝去做”，谨慎社会交往，守住交友底线。四是“尽责的事认真去做”，珍惜工作岗位，守住权利底线。

（王莹艳）

组织反腐倡廉教育活动

5 月 26 日，开发区纪工委组织开发区各部门及所属事业单位的新党员和新入职人员共 80 余人到市检察院警示教育基地参观学习，接受反腐倡廉教育。随后进行了座谈会，王敬东出席并讲话。

（王莹艳）

召开纪检监察工作会

6 月 23~24 日，开发区纪工委监察局召开纪检监察工作会。王敬东出席会议并讲话。会议传达市纪委关于加强北京市廉政文化建设的相关要求，以及关于北京市基层党组织推动党务公开的文件精神，部署了开发区关于公车清理和“小金库”治理的工作任务，并组织大家学习了北京市关于清理规范庆典、研讨会、论坛活动的文件材料。

（王莹艳）

举行大型廉政文艺汇演

8 月 26 日，开发区纪工委牵头协同开发区工委组织部、工委宣传部、社发局联合主办了“弘扬主旋律、唱响正气歌”大型廉政文艺汇演。贲勇致辞。汇演以歌曲演唱、诗歌朗诵、小品、快板等群众喜闻乐见的形式，弘扬新区超常规、高水平、跨越式科学发展主旋律，唱响党员领导干部树清风、讲廉政、促和谐的正气歌。市纪委副书记王海平，开发区领导林克庆、张伯旭、赵广义等莅临现场观看演出。开发区工委、管委、总公司、驻区职能部门副处级以上干部近500人观看了演出。

“弘扬主旋律、唱响正气歌”廉政文艺汇演　胡蓉洁 摄

（王莹艳）

部署政风行风热线工作

11月3日，开发区纪工委召开政风行风热线工作会议，通报讲评了各单位热线信件办理情况，部署下一步的工作。开发区工委、管委、总公司及驻区职能局的主要负责同志参加会议。会议指出，2011年开发区较好地完成了政风行风热线工作，基本达到了北京市提出的“倾听群众呼声，关注群众生活，加强政风行风建设，构建和谐社会”的工作目标。会议针对个别存在的问题提出了明确整改意见，并结合下一步政风行风热线提出要求。

（王莹艳）

召开党风廉政建设责任制汇报会

11月30日、12月29日，开发区召开党风廉政建设责任制检查汇报会，听取相关部门落实党风廉政建设责任制和推进城防体系任务完成情况的专项检查汇报。张伯旭、责勇、王敬东、绳立成出席。张伯旭强调：各级领导干部、党员要认真履职，严格落实“一岗双责”，塑造清正廉洁的领导集体，健全完善内部监督制约机制。 开发区工委办公室、组织部、宣传部、党群工作部、政法工作部、机关党委、总工会、市政局、社发局、审计局、环保局、统计局、安监局、研究室、信息办、公安分局、城管分局等17个单位的负责人汇报本单位2011年落实党风廉政建设责任制、推进惩防体系任务的完成情况。

（王莹艳）

工　会

概况

开发区总工会共设置3部1室，即：综合部、文体部、财务部、办公室。设工会主席1人（副局级）、常务副主席1人、副主席1人。现有行政编制（公务员）6人；聘用人员11人。职工服务（帮扶）中心（劳动争议调解中心）为开发区总工会所属事业编制单位（正科级），现有事业编2人，聘用人员4人。工会服务站6个，即：永康公寓服务站、青年公寓服务站、创业园服务站、汇龙森服务站、中航技工业园服务站、北工大软件园服务站。2011年，在开发区工委和市总工会的正确领导下，开发区总工会紧紧围绕建设南部现代制造业新区的总目标，以“发展和谐劳动关系，维护职工合法权益”为主线，努力实现“一、百、千、万”的量化指标。即“一”：构建协调劳动关系“一体化”工作平台；“百”：实现百人以上企业工会全覆盖；“千”：在千人以上企业开办“阳光屋”；“万”：全区范围内开展企业技能培训工作，力争受训员工达万人。做到维权突出重点，服务体现特色，实现了各项重点工作新突破、新进展，被市总工会评为“市级工会工作优秀单位”。开通“12351”职工服务热线。提供有关劳动政策、劳动法规等方面的咨询。全年累计接待咨询738批次，1293人次，涉及1816个问题，解答满意率达到100%。评选出2011年度“全国五一巾帼标兵”1名、“全国五一巾帼标兵岗”1个。“首都劳动奖章”获得者4名、“首都劳动奖状”1个、“北京市工人先锋号先进车间（班组）”4个、“开发区劳动奖章”获得者13名、“爱职工的好经理”14名（其中外籍经理1名）、“爱企业的好职工”571名。

（李静 陈京生）

召开二届十次委员会议

3月12日，开发区总工会召开二届十次委员（扩大）会议。会议总结了2010年工会各项重点工作；提出2011年总体思路和工作目标；审议通过开发区总工会经费审查委员会工作报告；选举产生13名开发区总工会女职工委员会委员；表彰37名2010年度开发区优秀工会干部并颁奖。

（李静 陈京生）

工会工作受到市领导表扬

3月15日，刘淇、郭金龙考察开发区总工会青年公寓工会服务站。刘淇肯定工会充分发挥群众性组织的优势，把服务站作为密切接触员工、了解员工诉求、热情服务员工的前沿阵地的做法，赞扬“工会工作做得非常好”，并指出今后“要进一步发挥好工会组织的作用”。

（李静 陈京生 孔跃进）

全国总工会领导到开发区调研

3月29日，中华全国总工会法律部劳动争议处处长王敏一行，到开发区总工会调研劳动争议调处工作。肯定总工会在调处突发性、群体性劳动争议中，作用明显、成效显著，工作扎实、程序规范，机制灵活、方法有效，坚持了以工会为主体，不断扩大辐射范围及其影响力，可以向全国推广。5月10日，中华全国总工会副主席陈豪，市总工会主席梁伟等一行，到开发区北京奔驰－戴姆勒·克莱斯勒汽车有限公司，参观北京市职工创新工作室展板、劳模赵郁创新工作室、车间生产线。

（李静 陈京生）

召开庆“五一”暨先进模范表彰会

4月28日，开发区总工会召开庆“五一”暨先进模范表彰大会。林克庆出席并讲话。会议表彰获得“全国五一巾帼标兵”、“首都劳动奖章”、“五一巾帼标兵岗”、“首都劳动奖状先进企业”、“北京市工人先锋号先进车间（班组）”，“开发区劳动奖章”、“爱企业的好职工”、“爱职工的好经理”等荣誉称号的先进集体和先进个人。开发区领导、总工会、企业党委、企业协会各部门相关负责人和获得表彰的先进模范人物600余人参加大会。

（李静 陈京生 孔跃进）

加强工会组织建设

年内，按照《开发区总工会2011—2013年推动企业普遍建立工会组织工作规划》，完成1495家企业数据库统计核实工作；新建工会组织173家，新增会员6109人。累计建会249家，覆盖867个独立法人单位，职工107779人，会员70000人，其中，世界500强企业建会率为87.9%；43家企业顺利完成换届选举、增补委员、增选工会主席等工作；为118家企业工会法人变更并办理《工会法人资格证书》办理审核登记工作。组织513名基层工会干部参加培训。17名聘用人员全部通过工会社会工作者资格认证考试。

（陈京生）

协调劳动关系

开发区总工会、人劳局、企业协会召开三方联动机制座谈会
新闻中心提供

年内，开发区建立了由开发区人劳局、总工会、企业协会组成的协调劳动关系三方机制。印发《北京经济技术开发区创建“和谐劳动关系单位”、“和谐劳动关系工业园区”活动实施办法（试行）》。北京康特荣宝电子有限公司等5家企业被评为“北京市和谐劳动关系先进单位”。印发《北京经济技术开发区总工会关于深入推进平等协商签订集体合同工作的意见》，制定《开发区总工会深入推进工资集体协商三年行动计划》，18家企业签订集体合同。《“以文‘化’之”——北京经济技术开发区总工会促进企业构建和谐劳动关系纪实》的报道在《工人日报》上刊登。开发区总工会调研报告关于《在调处群体性劳动争议中彰显工会作为》获“北京市基层工会调研报告一等奖”。《换个角度看劳务派遣工问题》获全国经济特区 开发区第24次工作会议（南沙.论坛）“优秀论文一等奖”。

（李静 陈京生 孔跃进）

维护职工权益

年内，开发区总工会成立开发区劳动争议调解中心，建立高效、快速的7方联动应急处理机制；构建以区总工会、人力社保局为主体的调解劳动关系矛盾的“一体化”办公平台；形成“接诊—分诊—会诊”一站式维权、一次性化解劳动争议的工作机制。受理个人劳动争议调解申请1051件，调解结案963件，总结案率为92%；劳动争议调解成功723件，调解成功率为75%，履行金额共计586万元。调解处理集体劳动争议案件43起，涉及职工5306人，调解成功和分流解决5273人，总解决率达99%。其中，10人以上集体事件20起，涉及单位18家，职工5159人，调解成功和分流解决5128人，总解决率为99.4%，涉及金额为1843万元。

（李静 陈京生）

实施职工素质工程

年内，开发区总工会实施“2+1”（“2”指企业和企业工会，“1”指开发区总工会）企业技能培训计划，其中21家企业确立248个项目，近1.6万名职工参加岗位技能培训。开发区总工会获“首都职工素质教育工程优秀组织单位”。永康公寓工会服务站获“全国工会优秀职工书屋”及“北京市全国‘职工书屋’示范点”。资生堂丽源化妆品有限公司工会等19个企业、单位获得“北京市‘职工书屋’”。开发区总工会被评为“全国职工职业安全卫生知识竞赛优秀组织单位”及“全国职工职业安全卫生知识普及教育及竞赛活动优秀组织单位”。

技能培训经验交流大会　　新闻中心提供

（李静　陈京生　孔跃进）

帮扶困难职工

年内，开发区总工会开展元旦、春节“两节”送温暖活动。累计投入资金70余万元。其中，慰问企业32家，困难职工302人，发放慰问金30.2万元；慰问劳动模范2万元；发放慰问品折合人民币10.3万元；支持企业在春节期间广泛开展职工文体活动30万元。接待个人求职119人，全部登录职工信息平台；利用劳务派遣企业工会联合会、职业介绍中心，为集体下岗、失业职工开辟再就业渠道，完成就业登记1271人，其中，608人实现再就业。为开发区农民工预定、预购铁路返乡团体票2408张，公路返乡团体票11271张。完成信息会员采集26004人，信息采集量累计达到60643人。办理“京卡．互助服务卡”20125张，累计办理27784张。

开发区工会到诺基亚送温暖　　新闻中心提供

（李静　陈京生　孔跃进）

开通职工服务热线

年内，开发区总工会开通“12351”职工服务热线。为职工提供政策咨询、法律援助、互助保障、困难帮扶、职业介绍、技能培训、信息查询等方便快捷的服务。累计接待咨询738批次，1293人次，涉及1816个问题，解答满意率达到100%。为集体下岗、失业职工开辟再就业渠道，在最短的时间内解决下岗、失业人员的困境，成功推荐608人就业上岗。

（李静　陈京生）

开展职工文体活动

年内，开发区总工会举办开发区第六届职工健美操比赛、第四届职工游泳比赛、第四届7人制足球友谊赛。5月7日，组

开发区第六届健美操比赛　　开发区工会提供

织 31 家企业 1100 名运动员组成代表队参加中关村国家自主创新示范区第二届运动会，取得 47 个比赛项目的 91 个前 8 名，包揽赛会 1/3 奖项。培养出三箭和众鼎公司打工妹合唱团、揖斐电公司打工妹合唱团等职工文艺团体，其中 4 支队伍分获“第八届首都职工文化艺术节”1 个二等奖和 3 个优秀奖。区总工会获“第八届首都职工文化艺术节暨第二十八届‘五月的鲜花’群众歌咏活动”优秀组织奖。举办开发区庆祝建党 90 周年职工书法、美术、摄影作品巡展，累计观展人数 20000 余人。《北京经济技术开发区工会文化调研》获“北京市基层工会调研报告二等奖”。

（李静　陈京生　孔跃进）

成立女职工委员会

年内，开发区总工会召开开发区总工会女职工委员会成立大会暨一届一次会议。民主选举产生女职工委员会委员、副主任、主任。审议通过《北京经济技术开发区总工会女工委员会工作条例》。为区总工会女工委员、基层女工会主席近 50 人进行心脑血管疾病和肿瘤早期筛选共 14 个项目的免费体检。帮助 4 名单亲困难女职工争取“金秋助学”专项资助，共计 6600 元。

（李静　陈京生）

做好工会财务审计工作

年内，开发区总工会开展工会财务会计规范化考核。制定《开发区工会财务会计管理规范化建设考核验收评分标准》，全面完成开发区 96 家基层工会的经审工作，实现工会经费审计全覆盖。开发区总工会被中华全国总工会评为“市级工会财务工作先进单位”。

（李静　陈京生）

做好职工互助保险工作

年内，开发区总工会做好职工互助保险工作。职工互助保险参保会员累计 13581 人。职工住院医疗、女工特殊疾病、团体意外伤害等保险理赔 51 人，理赔金额 65512.42 元。开发区总工会代办处获“2011 年度职工互助保障工作先进代办处”称号。

（李静　陈京生）

青年工作

概况

2011 年，共青团北京市委经济技术开发区工作委员会（简称开发区团工委）坚持高举中国特色社会主义伟大旗帜，以邓小平理论和“三个代表”重要思想为指导，深入贯彻落实科学发展观，紧紧围绕庆祝中国共产党成立 90 周年，深入开展共青团系统创先争优活动，继续以非公有制企业团建工作为重点，积极探索非公有制企业团建工作模式，创新工作方法，团结带领全区广大团员青年，为加快两区深度融合、建设南部高技术制造业和战略性新兴产业聚集区贡献力量。年内，组织开展团内统计工作，统计梳理基层团组织及团员青年情况，为进一步推动非公有制团建工作奠定了基础。贯彻落实全市党建带团建暨深入推进共青团系统创先争优活动工作会议精神，主动争取企业党委支持，通过党建带团建、园区建团等方式，新建团组织 50 家，完成全年工作任务，扩大了团组织覆盖面。

（宁玉凤）

开展党情、国情、区情教育活动

年初，开发区团工委开展党情、国情、区情教育活动。向各基层团组织下发党情、国情、区情教育材料，要求各团组织认真组织广大团员青年学习。“七一”前夕，团工委组织开展党情、国情、区情教育问卷测试，共收回 50 多个单位近千份问卷。

（宁玉凤）

举办青年联谊活动

青年联谊活动　　开发区党群工作部提供

4 月，开发区团工委举办以“春天的故事”为主题的青年联谊活动。来自区内 16 个基层团组织单位的近 100 名单身青年参加活动。9 月 17 日、18 日，组织区内各企业 204 名单身团员青年参加北京市“青春有约，幸福绽放”大型单身青年交友联谊活动。12 月 28 日，团工委联合北京京东方光电科技有限公司团委、北京奔驰汽车有限公司团委和机关团委举办新年“心”约单身青年联谊活动，近 70 名单身青年参加。

（宁玉凤）

召开“五四”表彰大会

5 月 4 日，开发区团工委召开开发区共青团表彰大会，表彰在 2010 年“达标创优”竞赛、“青年文明号”、“青年岗位能手”争创活动中有突出表现的 91 个集体、76 名个人。会议还启动了“创先争优・青年先锋”青春点将台主题活动。

开发区 2010 年共青团表彰　　高宁　摄

（宁玉凤）

组织参加青联委员高校行活动

5 月 6 日，开发区团工委组织区内北京青年商会会员参加由北京市青联主办的“青联委员高校行——关注职业教育 引领青年成长”活动。开发区 3 名青商会会员参加。北京市青联、开发区与北京电子科技职业学院共同签署了“三方战略合作协议”。

（宁玉凤）

团工委网站二期建设完成

5月，开发区团工委网站二期建设完成。网站在一期基础上，新添电子邮箱和短信平台功能，为每个基层团组织配备了电子邮箱账号，使网站功能更加丰富。团工委网站的建成为服务基层团组织和团员青年提供了更加广阔的空间。

（宁玉风）

开辟“创先争优·青年先锋”专栏

5月，开发区团工委在“亦庄时讯”为基层受表彰的青年文明号开辟“创先争优·青年先锋”专栏。专栏先后报道京东方光电科技有限公司等5个单位青年文明号集体的先进事迹。这是“创先争优·青年先锋”青春点将台主题活动内容之一。

（宁玉风）

召开“达标创优”表彰大会

6月15日，为在团组织中树立典型，打造创先争优良好氛围，开发区总公司团委召开2010年度“达标创优”表彰大会，对获得2010年度先进称号的集体和个人进行了表彰。

（蒋希云　何焱）

组织参加市团干部示范培训班

6月23~25日，开发区团工委组织区内5名非公有制企业团干部参加2011年北京市非公有制企业团干部示范培训班，进一步提升非公有制企业团干部的能力和素质。

（宁玉风）

与大兴团区委合作促进新区YBC建设

6月，开发区团工委与大兴团区委合作促进新区YBC建设，建立新区青年创业服务站，帮助开发区青年创业，促进两区团组织深度融合。YBC组织即中国青年创业（Youth Business China）是由团中央、全国青联发起的旨在帮助中国青年创业的国际合作项目。

（宁玉风）

开展主题团日活动

7月1日，开发区团工委开展“在光荣的旗帜下——党员团员话成长”主题团日活动。活动组织各基层团组织通过多种方式收看收听庆祝中国共产党成立90周年大会实况，深入学习总书记胡锦涛重要讲话精神。

（宁玉风）

开展党史学习活动

7月，开发区团工委为各基层团组织配发《中国共产党历史》第一卷和第二卷150套；向团干部赠阅《中国共产党简史》150本，在区内组织开展党史学习教育活动。各基层团组织纷纷结合本单位实际情况，通过知识竞答等各种丰富多彩的形式开展学党史活动。

（宁玉风）

组织观看《建党伟业》

7月，开发区团工委组织观看建党90周年献礼影片《建党伟业》。团干部、受表彰团员青年等1000人观看。通过组织观看影片，团员青年了解了中国共产党成立之初的特殊时代背景，进一步坚定了永远跟党走的决心和信心。

（宁玉风）

京东商城团委成立

青年联谊活动　　开发区党群工作部提供

9 月，北京京东世纪贸易有限公司团委成立。据统计，该公司现有团员青年 1000 余人。随着公司规模的不断扩大，团员青年数量正在迅速增加，团委将根据公司实际情况，成立 10 个基层团支部。

（宁玉凤）

举办第二届博大永康公寓青年文化节

9 月，为大力宣传践行“北京精神”，全面活跃入驻永康公寓青年的精神文化生活，进一步激发青年生活、学习、工作热情，开发区团工委、总公司团委、博大永康公寓团委举办了第二届“青年文化节”活动。

（蒋希云　何焱）

举办第四届羽毛球比赛

10 月 29~30 日，开发区团工委举办北京经济技术开发区第四届羽毛球比赛。有 35 支队伍近 400 人报名参赛。北京移动开发区营业厅、管委会、京东方光电等 6 支队伍获机关企事业单位前 6 名，郁金香社区、上海沙龙社区等 2 支队伍获得社区组前 2 名。

（宁玉凤）

综合行政事务

综 述

2011年，开发区政务及政法工作紧密围绕“促融合、谋发展，服务中心工作”的目标，认真履行综合协调、参谋决策、督查落实、服务保障等各项主要职责，与大兴区加强沟通，密切合作，推进两区深度融合。确定了新区在招商引资、产业发展、重大项目落地、社会管理等方面政务信息采取联合报送市委、市政府的工作模式；建立了新区外事工作联系的政策信息沟通机制、外事资源共享机制、涉外接待统筹机制。突出重要会议决定事项、领导批示交办事项督办落实的时效性，建立督查督办工作台账，随时更新，及时转办、督办、汇总反馈，确保政令畅通。抓好人大代表建议、政协委员提案的督办落实，全面开展政府信息公开工作，强化服务，完善流程，提高外事工作水平。重排查、促化解、抓稳控，各类信访问题基本得到妥善的解决或答复，较好地维护了开发区社会的和谐稳定。

开发区公安分局采取社区民警驻区制、巡逻民警站巡制，不断提升社会治安掌控能力，及时侦破各类刑事、治安案件，提高了群众的安全感和满意度；开发区交通大队实施智能化交通管理科技工程；开发区消防支队开展消防车进企业、进工地、进学校、进社区系列宣传活动，全力消除各类隐患，确保全区火情形势平稳。大兴区人民检察院和大兴区人民法院在区内设立派出机构，区域法治建设水平显著提高。

（孙鹏）

重要会议

召开2011年度工作会

1月14日，开发区召开2011年度工作会。张伯旭作题为《高端引领、创新驱动、融合发展，全力打造北京创造品牌，加快建设南部高技术制造业和战略性新兴产业聚集区》的工作报告。会议提出两区融合要有新成效、产业发展要有新突破、扩区发展要有新进展、科技创新要有新成果、资金筹措要有新举措、城市建设要有新风貌、社会发展要有新局面、政府管理要有新提升、整体工作要有大作为，并全面总结了2010年各项工作，回顾了“十一五”期间开发区经济社会发展取得的成绩。大会由张文主持，林克庆讲话。工委、管委会、总公司副局级以上领导及大兴区政府有关领导，以及其他相关领导参加会议。

（孙鹏）

召开推进深度融合工作动员大会

2月26日，两区推进深度融合工作动员大会召开，林克庆讲话。会议提出，全区广大党员干部要深化对“新区”和“加快发展、创新体制机制”两个责任的认识，按照“机制新、活力大、效率高”的要求，重点推进拓展产业空间、联合招商等12项深度融合重点工作。要牢固树立“新区”意识，坚持一切服从服务于发展，大力推进深度融合，加快南部高技术制造业和战略性新兴产业聚集区建设，确保完成新区的历史使命和重要任务。两区领导班子成员和有关部门负责人参加了大会。

（孙鹏）

新区召开维稳工作大会

2月26日，新区召开维稳工作大会。林克庆讲话，传达了全市领导干部大会精神。两区领导班子和各单位主要负责人参加大会。

（孙鹏）

安全维稳工作会议召开

4月25日，开发区召开安全维稳工作会议。会议通报2011年4月25日大兴区旧宫镇小街一栋四层楼房发生火灾的事故情况，传达林克庆对全区安全稳定工作指示精神和具体工作要求并部署开发区安全稳定工作。会议由赵昕昕主持，赵广义、贡勇、王合生、罗伯明及相关负责人员参加了会议。

（孙鹏）

大兴区委三届十三次全会召开

7月27日，新区上半年经济形势分析会暨区委三届十三次全会（扩大）在博大大厦召开。新区领导李长友、张伯旭、张书领、高树旺、赵广义、王新、贡勇、张文等出席。林克庆强调，要认真学习贯彻中央和市委精神，围绕“超常规、高水平、跨越式”发展的要求，进一步统一思想，振奋精神，明确任务，真抓实干，推动新区深度融合，确保圆满完成全年各项工作任务，实现新区“十二五”良好开局。市委考察组全体成员、新区领导班子成员，新区处级单位主要负责人等参加会议。

（孙鹏）

新区召开领导班子务虚会

9月13日，新区召开领导班子务虚会。会议对新区产业发展思路和工作重点、深度融合工作等进行研讨。新区领导林克庆、李长友、张伯旭、张书领、高树旺、赵广义、王新、贲勇等出席会议。林克庆强调新区要坚持一体化发展，融合互补有更大突破；要坚持项目带动，快速提升产业发展有更大突破；要坚持统筹协调，加快推动城乡一体化进程有更大突破；要坚持以人为本，改善民生有更大突破；要坚持探索创新，推动社会管理服务有更大突破。

（孙鹏）

开发区召开领导干部大会

10月26日，开发区召开领导干部大会。林克庆要求从讲政治、讲大局的高度，深刻认识完成经济指标的重要意义，坚定信心，全力以赴保增长。要以机制创新为重点，进一步推动融合工作向更高水平、更深层次、更广范围拓展。要强化作风，狠抓落实，为圆满完成全年各项任务提供坚强保障。张伯旭强调各部门要坚持“靠前指挥，主动服务”的原则，落实鼓励政策，落实服务机制，落实“四个一批”，加强产值统计，加强与市级部门的沟通协调，加快基础设施建设，全力做好保增长工作。贲勇主持会议，赵广义、王敬东、高言杰、王合生、绳立成、王宗刚、杜新安、白文、韩洪英等出席。

（孙鹏）

政务信息

概况

2011年，《北京经济技术开发区政务信息》共出刊229期，编发信息1027条。全年向市政府《昨日市情》报送信息47篇，被市政府《昨日市情》采用信息34篇，采用率达74%，被市委《北京信息》采用14条，包括专刊信息1篇。围绕全北京中心工作。开发区提供大量有价值的信息，发挥了重要参谋助手作用，被市政府办公厅评为2011年“全市信息嘉奖单位”。

（毛癸卜）

政务信息新增新区发展专栏

5月，根据新区深度融合工作需要，《开发区政务信息》中新增“新区发展”专栏，至年底，共编发信息百余条，主要刊登新区领导的有关活动、部门工作进展和创新经验等信息。

（毛癸卜）

开发区名列投资环境综合评价第7名

8月26日　商务部公布《关于国家级经济技术开发区2010年投资环境综合评价情况的通报》，在全国90个国家级经济技术开发区综合评比中，开发区名列投资环境综合评价第7名。

（孙鹏）

《大兴区十二五规划纲要》正式公布

8月，《北京市大兴区国民经济和社会发展第十二个五年规划纲要》正式对外公布。规划提出了“坚持科学发展，走一体化、高端化、国际化道路，建设宜居宜业和谐新区”的总体目标和“战略产业新区、区域发展支点、创新驱动前沿、低碳绿色家园”的总体定位。提出要重点发展四大主导产业、三大新兴产业和三大支撑产业，打造“三城、三带、一轴、多点、网络化”的新区空间总体结构和“一区六园”产业布局。

（孙鹏）

通过工业增长突出贡献企业奖励办法

9月28日，开发区管委会第16次主任办公会同意2011年开发区工业增长突出贡献企业奖励办法及促进工业企业发展长效工作机制总体方案。

（孙鹏）

加大政务信息联合报送力度

年内，新区在招商引资、产业发展、重大项目落地、社会管理等方面，采取联合报送市委、市政府的工作模式，全年被《北京信息》《昨日市情》同时采用信息数十条，达到宣传新区工作的良好效果。

（毛癸卜）

政策研究

概况

北京经济技术开发区研究室（法制办公室）成立于2007年，主要负责组织关于开发区改革、发展和建设重大课题的调查研究，并提出政策建议；负责为开发区重要工作和重大决策提供法律意见；组织起草开发区地方性法规草案、规章草案；负责对开发区管委会及各职能机构制定的规范性文件进行合法性审核；负责推进开发区管委会依法行政工作；负责开发区重大行政处罚决定的监督工作；依法承办开发区行政复议、行政赔偿和行政诉讼等相关工作；组织开展法制宣传教育工作。2011年，研究室围绕推进两区深度融合的发展大局，依据部门职责积极推动调查研究、依法行政和区志编辑三方面工作的开展。

（王玉婵）

完成重点课题调研报告

年内，开发区研究室配合市、区委研究室，开展产业国际化课题的调研，完成了《新区产业国际化的现状及发展思路》的调研报告。

（王玉婵）

外出进行重点工作调研

年内，开发区研究室组织协调区人劳局、融合办等部门，针对产业发展、劳动力就业、项目服务管理等重点工作，赴天津等国内先进区域进行调研，并撰写了调研报告。

（王玉婵）

参与重要领导文稿的起草

年内，开发区研究室参与了大兴区委工作报告、“七一”党课报告、年度工作会领导讲话、保增长大会领导讲话等重点文稿的起草工作，在《北京信息》《北京工作》等刊物发表多篇文章。

（王玉婵）

法制建设

概况

2011年，北京经济技术开发区依法

行政领导小组办公室（开发区法制办）围绕“进一步加强和改善开发区管委会依法行政工作，为经济发展服务”这一主题，按照北京市相关工作部署，开发区法制办调查研究、理清思路，从法制培训、加强制度建设、强化执法监督等几方面开展工作，努力打造法治新区，全面推进依法行政。

（王玉婵）

开展干部学法活动

4月15日，开发区法制办组织开发区工委、管委会各部门及驻区职能局部分领导干部参加了大兴区人民法院“开放日”活动。本次活动由开发区法制办和大兴区人民法院共同组织，近30人参加。法院领导及工作人员为开发区干部介绍法院工作情况及工作职能；组织座谈交流，征求意见和建议；组织参观立案大厅、安检大厅、审判法庭和信息化办公设备；发放宣传材料，介绍诉讼程序、诉讼调解及司法救助知识。通过此次活动，展示了法院队伍精神风貌、工作特点，使开发区干部了解了法院的工作概貌。

（王玉婵）

召开系列行政执法工作座谈会

5月，为深入贯彻落实《北京市人民政府关于进一步加强和改善行政执法工作的意见》，发现新情况，研究新问题，开发区法制办召开了与相关部门“一对一”的行政执法工作座谈会。管委会安全生产监督管理局、房屋和土地管理局、建设发展局、环境保护局、人事劳动和社会保障局、发展改革局和城市管理综合执法等部门领导和一线执法队员参加了座谈。座谈围绕“如何进一步加强和改善开发区管委会行政执法工作及重点、难点”进行。

（王玉婵）

开展行政处罚案卷评查工作

6月10日，开发区法制办举办了开发区管委会行政处罚案卷（内部）集中评查会。由相关专家结合全北京案卷评查工作中的实践经验，为参会人员讲解了案卷评查要求、评分标准和有关注意事项。来自开发区管委会8个执法部门的16位案卷评查员，对管委会自2010年7月至2011年5月结案的一般程序处罚案卷（共36卷）进行了交叉互评。案卷评查员在发现问题、指出问题的同时，结合实际工作进行了充分的交流探讨，沟通学习。

（王玉婵）

组织行政处罚案卷评查小组抽查

7月1日，由市政府法制办公室组织，市工商局、市公安交管局、市交通委、市药监局4部门参加的市级行政处罚案卷评查小组，对管委会一季度行政处罚案卷进行抽查。评查中，法制办介绍了开发区行政执法基本情况；评查小组进行了单独阅卷；法制办与相关执法部门对评查小组提出的问题进行了回答，并进行了经验交流。

（王玉婵）

开展12·4普法宣传

12月4日，开发区法制办与大兴区人民法院开发区法庭联合在上海沙龙商业区步行街开展普法宣传活动。本次活动以“依法行政，公正司法”为主题，通过展板展示、现场解答和发放材料三种形式，向社区居民、商户、物业服务人员等讲解了行政诉讼、行政复议、行政强制等法律知识，同时介绍了开发区法庭所在位置、管辖范围等情况，并为居民解答了法院受案范围、物业管理、婚姻家庭、未成年人保护等方面的法律问题。

（王玉婵）

加强对规范性文件的管理

年内，开发区法制办加强规范性文件合法性审查力度，并围绕新区重点工作，推动规范性文件新制定项目进展。对于工作急需、条件基本成熟的，抓紧出台；对条件不够成熟但工作急需的重点项目，做好起草调研工作。审核通过规范性文件2件，并按要求向市政府法制办备案。一是《北京经济技术开发区鼓励企业获得中国驰名商标、北京市著名商标认定的奖励办法（试行）》，于2011年1月17日公布；二是《北京经济技术开发区促进科技企业孵化器发展办法（试行）》，于2011年9月5日公布。

（王玉婵）

开展行政强制法培训

年内，开发区积极落实《行政强制法》。结合开发区实际，将行政强制事项的清理工作与培训考试工作有机结合，于11月~12月，分两批对164名执法人员（包括城管分局、工商分局）进行了《行政强制法》的培训和考试。邀请到中国政法大学法学院副院长刘飞教授，采用集中授课与互动交流的形式，结合全国及北京市推进依法行政工作背景和近期涉及行政强制的一些热点问题，介绍了行政强制法的立法背景和原则，并对照《行政强制法培训考试大纲》和法条，重点讲解了行政强制的核心概念、种类和实施程序。市政府法制办副主任鲁安东讲解了行政强制法的相关知识。接受培训的执法人员参加相关考试。

（王玉婵）

加强行政执法监督

年内，由开发区管委会各职能部门实施的行政许可或服务事项无新增或减少项目。许可事项共43项，服务事项共75项。由于上位法调整或工作需要等原因，本年度共有3项对提交材料、审批时限等具体内容进行修改。开发区法制办做好行政处罚季报统计工作，一般案件共413起，罚款金额182.4905万元；简易案件共3466起，罚款金额19.405万元。

（王玉婵）

制定法治政府建设工作规划

年内，为进一步加强和改进新形势下开发区推进法治政府建设工作进程，提升园区法制环境，更好地为“十二五”时期区域经济社会发展服务，开发区法制办积极开展调查研究，召开系列座谈会，查找难点，理清思路，制定了《开发区管委会加强法治政府建设工作规划》。《规划》对2004至2011年开发区法制建设发展历程进行了回顾，确立了2012至2014年开发区加强法治政府建设的指导思想和总体目标，提出了5项推进法治政府建设进程的重点任务，为开发区下阶段依法行政工作确立了方向。

（王玉婵）

档 案

概况

年内，开发区档案室共接收各门类档案42219卷（件），完成1991年至2005年15年间形成的各类重大事项、重大活动的4097张纸质照片档案及2011年度文书、会计、审批等26520卷（件）档案的加工整理工作，借阅、利用各类档案共计5601卷（件），利用人次820人次，复印资料5685页。全年投入资金35万元，将300余盘录音带转录成音频数字文件，并对三大类纸质档案进行了数字化扫描，形成机读电子目录345711条。部分实现了档案管理由手工方式向信息化、数字化方式的转变。

（王馨媛）

完成1991~2009年文书档案数字化工作

年内，开发区档案室投入资金30万元，启动纸质档案数字化扫描工作。共完成档案室室存文书23000件、320000页档案的数字化扫描工作，并在数字化项目进行中指定专人负责，对该项目进行日常监督、指导和验收，抽检准确率高达99%，超过验收标准。

（王馨媛）

完成1991~2005年照片档案整理工作

年内，开发区档案室将上年收集的2.4万余张老照片进行了挑选和整理。由于时间跨度长达15年，为了确保编写照片说明的准确度，整理人员走访了照片的摄制者、区内退休老干部、照片内容的当事人，查阅了开发区《开拓者通讯》《BDA时讯》《开发区大记事》等资料。经过整理人员的精心挑选，最终挑选出4097张存档编册保存，共完成纸质照片档案编目插册65本，底片相册插册6本，编写文字说明30余万字，编写照片题名目录4097条。

（王馨媛）

全年提供档案查询利用5601卷件

年内，开发区档案室共接待利用档案人员820人次，查阅利用档案5601卷（件）。其中，为开发区修志提供文书档案574件，复印资料484页；为编写区志、布置展厅等提供照片档案931张；为建设局编写《建志》提供竣工档案211卷；为干部离任审计工作提供会计档案205件；为开发区做建区以来的财务决算分别提供会计档案350件、评审档案1240件及基建合同661件，共计2251件档案。

（王馨媛）

对口支援与经济合作

承办中加节能环保工作组第二次会议

6月18日，商务部与加拿大外交国贸部共同召开的中加节能环保工作组第二次会议在博大大厦召开，中加双方就定期机制性参展和中加“一市、一区、一园”（即北京市、北京市朝阳区、北京经济技术开

中加节能环保工作组第二次会议　　新闻中心提供

发区）节能环保合作计划等达成共识。此次会议由开发区发改局承办，管委会副主任文献出席了会议。

（蔡星月）

开展“共产党员献爱心”捐款活动

共产党员献爱心捐款　　新闻中心提供

6月28日，开发区机关党委、开发区总公司各党（总）支部组织开展“共产党员献爱心”集中捐款活动。此次活动是纪念中国共产党建党90周年活动的一项重要内容，也是深入开展创先争优活动、推进共产党员“先锋工程”的重要载体。通过捐款，帮助解决党员群众实际困难，进一步弘扬团结互助精神，弘扬党密切联系群众的优良作风。管委会机关共645人参加捐献，其中党员500人，入党积极分子和群众145人，共捐款75850元。总公司参与捐款活动的党员群众人数768人，共捐款68000余元。

（张丽专 蒋希云 何焱）

总公司向青海等地区提供援助

6月，总公司、开发区管委会共支援青海省海晏县社会服务建设项目资金300万元。8月，向青海地震灾区捐款人民币300万元。9月20日，由总公司团委发起，系统各单位征集来60台电脑，并配送到呼和浩特市武川县大青山乡，帮助当地小学提高教学设备水平。9月，总公司向拉萨开发区援助50万元，用于该区文化事业建设。

（蒋希云 何焱）

培训新疆和田地区干部

年内，开发区管委会与市金融局等单位积极配合，对新疆和田地区干部开展系列培训，强化人才队伍建设，多次协助其赴开发区调研，对和田地区经济发展起到了促进作用。协调亦庄国际担保公司与和田地区政府下属的担保公司进行磋商交流，提升和田地区对中小企业政策性担保扶持的运作水平。同时，联合招商办积极与和田地区招商部门项目对接，加快推动都市农业、特色旅游等产业项目向和田地区转移。

（刘春赠）

调研考察

工信部领导苗圩到京东方调研

1月30日，工业和信息化部党组书记、部长苗圩到开发区调研。苗圩在京东方科技集团股份有限公司负责人陪同下，参观了公司的产品展示厅，认真查看了公司的最新产品，参观了企业生产线，详细了解了该企业自主创新产业体系的建设情况，在考察中同企业负责人进行了深入交流。苗圩特别关心京东方在自主创新、科技研发等方面取得的进展，希望企业紧紧围绕主业，明确自身定位，瞄准世界先进技术，不断提高自主创新能力和水平，积极开拓国际市场，在加快自主研发和产业转化力度、转变经济发展方式方面迈出更大的步伐，不断增强国际市场竞争力。工业和信息化部党组成员、办公厅主任刘利华，副市长苟仲文一同调研，张伯旭陪同调研。

（孙鹏）

中央主要领导调研开发区

2月16日，中共中央政治局常委、全国政协主席贾庆林就“推动区域资源整合，建设南部高技术制造业和战略性新兴产业聚集区”到开发区考察。听取了张伯旭关于通过区域资源整合，推动北京经济技术开发区扩区，着力打造南部高技术制造业和战略性新兴产业聚集区等情况的汇报。考察了解北京奔驰汽车有限公司二工厂冲压、焊接及总装车间，了解该公司引进国际标准产品、服务，发展高端装备制造业情况。中共中央政治局委员、市委书记刘淇，全国政协副主席兼秘书长钱运录，市领导郭金龙、王安顺、李士祥、梁伟、傅政华、苟仲文和两区领导林克庆、李长友及全国政协、市区有关部门负责人参加。

（孙鹏）

市政协领导调研科技创新和成果转化情况

2月22日，市政协副主席熊大新调研开发区科技创新和成果转化情况。开发区领导张伯旭、杜新安及相关职能局主要领导出席。

（孙鹏）

全国人大常委会领导到新区调研

3月2日，全国人大常委会副委员长、民建中央主席陈昌智一行到新区调研。先后考察了新媒体产业基地星光影视园、北京奔驰汽车有限公司和南海子公园，听取了新区经济社会发展情况和开发区总体发展情况的汇报。民建中央副主席、市政协副主席、民建市委主委王永庆，民建中央秘书长张皎、组织部部长李世杰，市委统战部副部长李卫东，市政协副秘书长、民建市委常务副主委任学良，民建中央、市统战部有关部门负责人参加了调研活动。新区领导林克庆、张伯旭、张书领、王新等陪同调研。

（孙鹏）

市领导调研流动污染源监管工作

3月10日，副市长洪峰到开发区调研流动污染源监管工作。先后考察了北京市机动车排放管理中心和鑫邦达加油站，听取了关于流动源监管工作和开发区经济社会发展情况的汇报。市环保局局长陈添，副局长杜少中、冯惠生，新区领导林克庆、张伯旭、张晓林陪同调研。

（孙鹏）

市主要领导调研保障性住房建设

3月15日，刘淇、郭金龙等市领导

及市有关部门负责人到开发区、大兴区就“加快保障性住房建设，着力保障和改善民生”进行调研。考察了开发区青年公寓员工宿舍、青年活动中心党团服务站、亦城茗苑小区公租房项目、大兴区黄村镇枣园尚城小区回迁房等。刘淇强调，要加快公租房建设，增加公租房来源，提升包括公租房在内的出租房管理水平，逐步形成以出租房为主的保障性住房供应体系，实现“住有所居”的目标。刘淇、郭金龙参加了开发区园区配建公共租赁住房发钥匙仪式，市领导李士祥、陈刚，市政府秘书长孙康林、市委副秘书长崔述强，市有关部门负责人严力强、李志军、张玉平、魏成林、黄艳、隋振江、张远，新区领导林克庆、李长友、张伯旭、赵广义、王新、张晓林、赵昕昕、邵恒、罗伯明及市区有关部门负责人参加调研。

（孙鹏）

商务部领导到开发区调研

王超到开发区调研　　新闻中心提供

4月7日，商务部副部长王超到开发区调研，听取了开发区发展情况、两区行政资源整合情况，百泰生物药业公司在科技研发、产品销售、长期发展规划等方面的情况汇报。商务部外资司副司长苏晶、美大司副司长徐迎真、市商务委副巡视员韩雯，开发区领导张伯旭、王合生、文献等陪同调研。

（孙鹏）

市主要领导参观考察开发区企业

4月22日，由市委常委、海淀区委书记赵凤桐带队，海淀区人大常委会主任周来升、政协主席彭兴业等领导到开发区考察。参观了诺基亚移动通信有限公司、京东方科技集团股份有限公司、中芯国际集成电路制造有限公司。参观结束后，新区领导与海淀区党政代表团进行了座谈。李长友、张伯旭、张书领、高树旺、赵广义、谈绪祥、贲勇、王敬东、赵昕昕、邓志荣、王合生、文献、靳文浦、谢冠超、路志权、杜新安、平曼以及两区相关部门负责人出席接待活动。

（孙鹏）

发展改革委及市领导到开发区调研

8月25日，发展改革委副主任张晓强、副市长苟仲文到开发区调研，并参观了京东方8.5代线工厂、中芯国际集成电路制造（北京）有限公司，详细了解企业生产经营、产品销售、科技创新、未来发展规划等方面的情况，并鼓励企业加大创新力度，拓宽市场营销思路。发展改革委高技术产业司司长綦成元、副巡视员徐建平，市发展改革委副主任王英建，市经济信息化委副主任梁胜、万新恒，新区领导林克庆、张伯旭、谈绪祥、张晓林、赵昕昕陪同调研。

（孙鹏）

市主要领导到新区调研

牛有成到开发区调研　　新闻中心提供

9月2日，市委常委、统战部部长牛有成到新区调研。察看了京东方8.5代线、北京奔驰汽车有限公司生产经营情况和兴华大街、新城滨河森林公园建设情况。市委副秘书长傅华和新区领导林克庆、张伯旭、张书领、高树旺、王新、邵恒、李维民及有关部门负责人陪同调研。

（孙鹏）

人民网及人民日报领导到开发区考察

10月9日，人民网总裁兼总编辑廖玒、人民日报北京分社社长朱竞若到开发区参观考察。新区领导林克庆、张伯旭、戴明超出席接待活动，新区宣传部相关负责人陪同。

（孙鹏）

市主要领导到开发区调研

11月4日，郭金龙就工业经济运行和保增长工作到开发区调研。郭金龙一行来到诺基亚（中国）投资有限公司研发中心、北京奔驰汽车有限公司，察看了产品研发、生产和销售等状况，了解了两公司的发展情况。随后，郭金龙主持召开座谈会，听取了市经济信息化委、开发区管委会、京东方、悦康药业等政府部门、企业相关工作汇报。郭金龙指出，对于创新驱动，地方要高度重视，企业要高度自觉。地方要坚定不移地实践创新驱动发展理念，善于发现和扶持符合创新驱动要求的企业发展；企业的经营管理层和研发团队要对创新驱动有高度的自觉。有关部门、各区县和开发区要密切跟踪国内外形势变化，提高分析问题能力和决策水平，主动对接企业需求，提供更加精细的服务，支持企业自主创新。同时，希望企业不断推出体现“北京创造”的新产品，赢得市场，做大做强。副市长苟仲文等陪同调研。

（孙鹏）

中央巡视组领导到开发区调研

11月4日，中央巡视组领导围绕“加快保障性安居工程建设、着力保障和改善民生”主题到开发区调研。了解青年公寓实行政府、企业、员工“三位一体”管理模式的相关情况。副市长陈刚陪同，市住建委主任杨斌以及新区领导李长友、赵广义、赵昕昕参加调研。

（孙鹏）

全国政协领导赴开发区调研

11月10日，全国政协副主席、台盟中央主席林文漪率台盟中央调研组到开发区调研。台盟中央副主席黄志贤、市政协副主席蔡国雄、市委常委牛有成等陪同。在开发区规划沙盘前，林文漪一行详细了解开发区经济发展概况以及产业布局情况。随后，实地考察了京东方、京运通、金风科创3家公司，了解企业发展情况、产品情况以及企业在发展过程中遇到的问题等。随后的座谈会上，林克庆就两区融合发展、新区建设及产业发展情况向调研组进行了汇报。林文漪指出，新区的发展令人欣喜，台盟中央将进一步关注新区发展。

（孙鹏）

市人大常委会领导实地调研

11月18日，市人大常委会副主任吴世雄到新区开展人大代表会前集中考察活动。听取开发区管委会和市经济信息化委相关工作情况汇报，实地调研北京京东方显示技术有限公司和百泰生物药业有限公司。新区林克庆、张伯旭、张书领、赵昕昕等参加调研。

（孙鹏）

市主要领导到新区调研

11月22日，刘淇、郭金龙就“践行北京精神，加快转变经济发展方式，推动重大项目落地”到新区调研。刘淇一行实地调研了北京泰德制药股份有限公司和北京新能源汽车科技产业园。市委常委李士祥、赵凤桐、市政府秘书长孙康林，市有关部门负责人崔述强、严力强、李志军、张工、杨伟光、郭晋和、余卫国、尹培彦、靳伟，新区领导林克庆、李长友、张伯旭以及开发区相关部门负责人陪同调研。

（孙鹏）

全国总工会领导到开发区调研

12月2日，全国总工会副主席、书记处书记张鸣起一行到开发区调研，参观了北京奔驰汽车有限公司，详细了解了企业在新产品研发、销售和未来前景规划等方面的情况。市总工会党组书记、副主席曾繁新、副主席王玉英，开发区张伯旭、王宗刚、杜新安陪同调研。

（孙鹏）

共安排机关会议服务2931次

年内，开发区管委会外事办公室共安排机关会议服务2931次，82851人次。其中150人以上会议112个、工委会9次、主任办公会21次、重要领导调研3次、协助签约2次。接待参观沙盘77批2485人次。

（刘颖）

对台事务

概况

2011年，对台工作坚持了“和平统一、一国两制”基本方针，深入贯彻落实胡锦涛总书记“12·31”重要讲话精神，牢牢把握两岸关系和平发展的正确方向，紧紧围绕中央确定的对台工作目标和建设“人文北京、科技北京、绿色北京”的战略任务，突出重点、务求实效，深耕基层、服务发展，大力加强以新兴产业、文化教育为重点的各领域交流合作，努力为中央对台工作大局和首都经济社会发展服务做出新的成绩。开发区社发局根据北京市对台工作的有关指示精神，调整工作方向，从加强对台基础调研、对台服务和对台宣传3个方面入手，开展了形式多样的惠台、利台服务，达到了与驻区企业联系、增进与台胞的感情、增强对台工作在台胞中的影响的目的。

（朱红兵）

接待台湾学者来访

1 月 19 日，台湾政治大学大陆研究中心主任王振寰、曾圣文、蔡青蓉、林松甫 4 位学者来开发区参观访问，详细了解了开发区相关投资政策。

（朱红兵）

开展春节、中秋联谊慰问活动

1 月 31 日，开发区社发局协同其他部门组办了建区以来规模最大、水平最高、参加人数最多的一次“春节联谊会”。市台办副主任王兰栋、开发区管委会副主任王合生及区内台胞及家属共计 40 多人参加了联谊会。并组织慰问在京过节的 80 余名台湾同胞，为台胞送去了节日的问候和祝福，让在开发区的台胞感受到了中华民族大家庭节日的喜悦和温暖。9 月 20 日，召开了开发区 2011 年台胞中秋联谊会，市台办领导和开发区管委会相关领导和 80 余名台湾同胞参加了联谊会。

（朱红兵）

组织台胞参加各种类型交流

6 月 5 日，开发区工委组织富士康公司台胞参加北京市端午节龙舟比赛。为活跃台胞文化生活，增强对祖国文化的认同感，展示了台资企业员工的风采。10 月 22 日，组织中芯国际公司、富士康公司、台办机关 3 个代表队参加北京市第六届“台商杯”球类比赛。

（朱红兵）

做好为台资企业服务工作

年内，开发区共接待台胞各类咨询、投诉 20 余件（次），内容涉及台胞证补办、房屋购买政策、台胞子女入学、入托、在京台胞就业、商品房租赁纠纷等。接案率、办结率均为百分之百。

（朱红兵）

完善大陆人员赴台交流程序

年内，为保证合乎规定的人员能按期成行，开发区台办再次缩短经办时间，对特急的人员开行绿色通行办法，有关领导采取随来随批的办法，使全部赴台人员都按期赴台，保证开发区企业与台湾企业的经济交流正常进行。全年开发区共接待办理赴台申请 100 批，计 300 余人，接待赴台咨询 120 余次。

（朱红兵）

开展为台资企业送文艺演出活动

年内，开发区社发局加强对台宣传工作，把对台工作与体育、文艺相结合，尝试为台资企业直接送文艺演出，解决企业员工业余生活单调、工作紧张的问题，同时也为对台工作扩大了在企业和员工中的影响，加强了对台工作的宣传。为此，社发局联合相关部门组织了 2 台艺术水平高、格调高雅、时尚现代的文艺综合性节目，在富士康公司、三箭合众鼎公司、中芯国际公司 3 家台资企业进行了演出，获得了台胞和员工的一致好评。

（朱红兵）

外 事

开发区出入境证件受理业务 182 件

年内，开发区出入境证件受理站累计

受理业务 182 件，为驻区外资企业办理外籍申请人签证、居留许可等业务提供了便利。

（刘颖）

受理因公出访团组 38 批 109 人

年内，开发区共受理全区因公出访团组 38 批 109 人次，其中工委、管委会机关及所属事业单位 30 批 91 人次，使用指标 59 个。对开发区兼职外事专办员进行了第二次业务培训，结合《开发区因公出国（境）工作指南》，详细讲解了任务申办的相关政策和流程，将任务申办材料的组织和准备工作向前端延伸，使因公出访工作更加有序、顺畅。

（刘颖）

为区内企业办理来华邀请函 334 人次

年内，开发区为区内企业共办理 90 天以内一次或两次来华邀请函申请 334 人次，初审 90 天以上多次来华及工作类邀请函申请 59 人次，总量同比上升超过 30%。全年协助企业外方高管拜会北京市领导 3 次。为企业申报专业技术类国际会议 4 个，并下发《关于规范开发区国际会议申报程序的通知》，进一步规范了国际会议的申报工作。在宣传 APEC 商务旅行卡政策，推进民营企业申办旅行卡的工作方面，开发区走在了北京市前列。2 月，区内企业北京天地互连信息技术有限公司董事长刘东于获发北京市首张 APEC 商务旅行卡。

（刘颖）

信 访

维护开发区社会稳定

年内，开发区信访工作围绕服务新区经济社会发展大局，把握社会发展进程中各种矛盾的规律特点，立足于重排查、促化解、抓稳控，认真处理群众来信来访，切实维护群众合法权益。全年接待、受理群众上访批次总量和上年相比基本持平。各类上访投诉基本得到妥善的解决或答复，没有 1 例越级到上级上访的情况出现，较好维护了开发区社会的和谐稳定。

（王珲）

全年接信接访 260 批 3279 人次

年内，开发区共接待群众来访 260 批，共计 3279 人次，处理转发群众来信 101 封、电话 1000 多个。按反映问题的性质分为城市管理、环境保护、工资拖欠等。其中，农民工讨薪、就业等问题占总量的 80% 左右，其余为小区私搭乱建、公交车噪声扰民等城市管理问题。

（王珲）

应 急

概况

年内，开发区应急管理工作以构建符

合世界城市特点的应急管理体系为目标，完善“一案三制”建设，进行应急演练和宣教活动，强化信息报送和值守应急，做好风险管控和应急保障。城市运行服务保障和突发事件预防应对能力得到了提升，维护了开发区社会和谐稳定和人民生命财产安全，为建设南部高技术制造业和战略性新兴产业聚集区提供了重要保障。

（孙建伟）

为北京应急网报送信息 19 条

3 月 1 日，开发区应急办根据市应急办的统一部署，积极组织相关部门搜集整理应急信息，并按照严格审批、积极报送的工作要求，建立了信息报送登记审批制度。截至年底，开发区应急办共上报北京应急网工作动态 19 条，采用刊登 16 条。

（孙建伟）

做好应急管理宣传活动

5 月 12 日，在全国第三个“防灾减灾日”宣传周期间，开发区应急办以“防灾减灾从我做起”为主题，邀请红十字应急培训讲师在社区开展应急知识宣传讲座和急救技能，专题培训，并发放《家庭急救手册》等宣传材料。组织社区干部群众 130 余人到北京市民防灾教育馆参观学习，体验地震逃生、火灾逃生、高层应急疏散等防灾演练，提高了人民群众的防灾减灾意识和自救互救能力，营造了全民参与防灾减灾和应急管理的良好社会氛围。

（孙建伟）

与大兴区应急办进行交流合作

7 月 12 日，开发区应急办到大兴区应急办进行专题调研学习。双方约定，将从信息报送、风险管控和宣教培训等方面加强沟通，共同提升新区应急管理工作的整体水平。

（孙建伟）

编写《值班周报》19 期

7 月 31 日，开发区管委会总值班室组织编写《值班周报》。截至年底，完成编写《值班周报》共 19 期。汇总报告每周接待外来人员、接听电话、接受突发事件报告和处置等值班情况，在进行分析总结后报应急办、管委办。管委办则根据情况适时报送应急委相关领导。

（孙建伟）

修订完善应急预案

年内，开发区应急办在认真梳理历年来区内突发事件发生情况后，结合区域经济社会发展情况，组织相关部门重点修订完善了《开发区群体性事件应急预案》《开发区燃气突发事件应急预案》《开发区防汛应急预案》等专项应急预案。

（孙建伟）

组织突发事件应急演练工作

年内，开发区应急办先后配合区环保局联合企业举办危化品泄漏事件应急演练，配合区工商分局举办食品安全和群访、群诉应急演练，配合总公司举办年度应急疏散演练，配合亦庄医院开展 120 急救演练活动。防汛期间，配合市政局开展防汛应急演练。

（孙建伟）

营造企业安全文化氛围

年内，配合开发区安监局通过邀请专家授课、现场辅导等多种形式帮助企业进行安全文化建设。年内，通用电气、诺基亚和揖斐电有限公司等 3 家企业获得国家级、市级安全文化建设示范单位称号。

（孙建伟）

签署《开发区建设项目质量安全责任书》

年内，开发区应急办配合开发区建发局贯彻落实《安全生产法》《建设工程安全生产管理条例》等法律法规，落实“安全第一、预防为主、综合治理”的安全生产方针，普及安全生产法律法规和安全知识，强化企业安全生产责任主体责任和广大从业人员的安全意识，签署《开发区建设项目质量安全责任书》。

（孙建伟）

信息公开

概况

年内，开发区推动政府信息公开工作取得新进展，对区域经济社会发展的服务作用进一步增强。一是加强教育培训，强化各部门对信息公开工作的认识，提升信息公开工作的主动性和业务水平；二是强化探索研究，结合咨询和依据申请情况，加大主动公开的力度；三是健全工作机制，强化了定期沟通、协调联动的工作机制，提升依申请答复的工作水平。至年底，共主动公开信息 36 条，累计共 775 条，接待公众咨询查阅 248 人次，受理信息公开申请 10 件 22 项并按期答复。

（王海凤）

主动公开信息 36 条

年内，开发区共主动公开法规文件类信息 5 条，占总体的 13.89%；规划计划类信息 2 条，占总体的比例为 5.55%；业务动态类信息 29 条，占总体的 80.56%。

（王海凤）

受理信息公开申请 10 件 22 项

年内，开发区共受理信息公开 10 件 22 项。其中，当面申请 8 件，占总数的 80%；通过互联网申请 1 件，占 10%；以信函形式申请 1 件，占总数的 10%。答复情况，“同意公开”12 项，占总数的 54.55%；“不予公开”1 项，占总数的 4.55%；“信息不存在”2 项，占总数的 9.09%；“非本机关掌握”2 项，占总数的 9.09%；“申请内容不明确”5 项，占总数的 22.72%。

（王海凤）

政　法

概况

开发区政法工作部成立于 2007 年，现有工作人员 5 名。工作职责为：贯彻落实中央及市委关于维护社会稳定和社会管理综合治理的方针、政策并完成相关的工作任务；分析研究社会管理综合治理的形势并提出对策；协调、指导开发区社会管理综合治理工作；督促社会管理综合治理各项措施的落实；支持和监督开发区驻区政法部门依法行使职权。该部主要对口市委政法委、首都综治办、市流管办等上级部门，沟通协调市公安局开发区分局、安全分局、交通大队、消防支队、法庭、检察处、司法工作站、特警总队十四大队等8家政法单位。2011年，政法工作部围绕矛盾纠纷化解、社会管理创新、公正公平执法这三项重点工作，加强思想建设、工作作风建设和支部建设；围绕保增长、保民生、保稳定的要求，加强社会治安综合治理基层工作；化解社会矛盾和不稳定因素，采取了多项措施全力确保辖区稳定，圆满完成各项工作。

（吕昊）

启动法律服务进企业进社区活动

法律服务进企业进社区启动仪式　　胡蓉洁 摄

4月12日，由大兴区司法局和开发区社发局共同举办的“法律服务进企业、进社区”启动仪式在开发区举行。大兴区司法局将法律服务、法制宣传、法律援助服务送进开发区社区和企业。创新开办“普法夜市”，举办不同主题的普法宣传活动，服务社区居民。将“预防职务犯罪、中小企业融资上市法律问题”等法制讲座送进企业，服务新区企业健康快速发展。为每个社区配备1名公益律师，定期提供法律咨询并参与社区重大疑难纠纷化解工作。

（丑荣华）

开展城市秩序百日整治专项行动

6月20日，开发区政法工作部组织召开城市秩序百日整治打防管控一体化专项行动工作部署会。会议传达了市委、市政府关于在北京市开展城市秩序百日整治打防管控一体化专项行动的要求精神，对开展此次专项行动做了安排部署。会议决定成立“开发区城市秩序百日整治打防管控一体化专项行动”工作领导小组，并制定了《开发区城市秩序百日整治打防管控一体化专项行动工作方案》，由开发区政法工作部牵头，各相关部门配合，抓好落实。专项行动主要针对群众反映最突出的黑车黑摩的、散发小广告、流浪乞讨、无照游商等“八类问题”，公交地铁站、娱乐服务场所、繁华街区等“五类部位”以及40个具体点位的治安问题，力争达到“干净整洁，安全有序”的总体目标。此次专项行动分为摸底调查、动员部署，统一行动、集中整治和检查验收、巩固成果等3个阶段，坚持“民意主导”的原则，做到“具体干什么，群众说了算”，将群众的客观评价作为验收达标的重要依据。

（吕昊）

成立人民调解委员会

7月7日，由大兴区司法局和开发区社发局组织的社区人民调解委员会成立揭牌仪式在大雄郁金香舍社区举行。8个社区人民调解委员会同步成立，建起维护稳定的第一道防线。选聘调解员147人，信息员286人，织密调解组织网络。举办4期调解员培训班，调委会委员经上岗考试合格后持证上岗，提升调解队伍素质水平。

（丑荣华）

开发区检察处、人民法院（庭）挂牌

开发区检察处、法庭挂牌　　开发区法庭提供

9月1日，北京市大兴区人民检察院经济技术开发区检察处、北京市大兴区经济技术开发区人民法庭正式挂牌。北京市大兴区人民检察院经济技术开发区检察处下设“六室”，即公诉室、侦查监督室、职务犯罪预防侦查室、民事行政检察室、综合室和办公室。北京市大兴区经济技术开发区人民法庭下设“八庭一室”，即立案庭、刑事审判庭、民事审判庭、商事审判庭、劳动争议审判庭、知识产权审判庭、行政审判庭、执行庭、综合办公室。

（吕昊）

开展“打四黑除四害”专项行动

9月15日，开发区启动实施“打四黑除四害”打防管控一体化专项行动，并设立专项行动工作领导小组，由22个成员单位组成。领导小组下设办公室，办公室设在开发区公安分局。此次专项行动至年底结束，共分为三个阶段：一是边摸边打阶段（9月15日至9月底），在全区范围内开展摸排，建立基础台帐，打掉一批问题突出的“黑作坊”、“黑工厂”、“黑市场”、“黑窝点”。二是集中整治阶段（10月初至11月底），对摸排出的线索立项挂账，同步落实对重点部位、重点行业场所的阵地控制，组织开展“打四黑除四害”宣传教育活动，在全社会形成浓厚的舆论氛围，上账“四黑”问题基本铲除。三是总结评估阶段（12月），对专项行动开展情况进行总结，开展民意测评，查找工作不足，构建起预防“四黑四害”问题的长效工作机制。

（吕昊）

完成首都综治工作调研课题

11月15日，开发区政法工作部完成首都综治工作调研课题——“关于维护开发区稳定服务经济发展的思考与实践”，被首都综治办评为优秀奖。

（吕昊）

公　安

概况

北京市公安局经济技术开发区分局（简称开发区公安分局）于1995年8月26日成立，9月28日正式挂牌，承担对开发区各项安全保卫任务。至2011年，共有12个内设机构，其中副处级机构7个、正科级机构5个。2011年，开发区公安分局围绕“平安开发区”建设，以专项维稳工作为重点，以“321”打防管控一体化建设为牵动，全面加强地区社会治安管理工作，成功破获“6·04”系列入室盗窃案等一批重特大案件，有效维护了开发区内治安秩序的和谐稳定。年内，强化社会矛盾化解，妥善处置因征地拆迁补偿、拖欠工资、影响采光及其他维权等问题引发的各类群体性事件120起，继续开展民调“五进”（即：矛盾纠纷化解工作“进企业、进工地、进社区、进学校、进医院”），及时调解各类矛盾纠纷560余起。进一步严密社会面巡逻防控工作，查获各类违法犯罪人员80余人，救助群众228人次；整合图像监控资源，组建专职视频巡控队伍，对区内重点巡控区域进行24小时巡控。开展黑车、危险物品专项整治、发廊足疗场所清理、城市秩序百日整治、打四黑除四害等专项行动，净化了区内治安环境。强化中小学校及幼儿园安全防范工作，组织校园消防演习2次，开展校园安全检查16次，化解校园矛盾纠纷1起，确保了区内教育培训机构广大名师生的绝对安全。加强犬类管理工作，犬类登记率达100%。加强烟花禁放、防范金融诈骗等各种安全宣传活动，共举办各种宣讲会、主题宣传日活动10余场次，发放宣传材料100000余份，解答群众咨询1000余人次，现场受教育群众达9000余人。推进爱警工作，成立民警家属工作联谊委员会。年内，1个集体、2名民警荣立二等功，2个集体、8名民警荣立三等功，36名民警受到嘉奖。

（王海英）

开展“110”宣传活动

1月10日，首都第十五个“110宣传日”，开发区公安分局以“开门评警 走进110”为主题，以“情系民生 110与您同行”为口号，会同区消防支队，分别在沃尔玛超市、上海沙龙美廉美超市、京东方工地及青年公寓设立四处宣传点开展“110”宣传活动。共发放《110报警知识介绍》等宣传材料4000余份，解答群众咨询450人次。

开展“情系民生110与您同行”宣传活动
开发区公安分局提供

（王海英）

分局长为民警讲廉政党课

1月14日，开发区公安分局分局长李宝虎为民警讲授以“增强三个意识、坚持执政为民理念”为主题的廉政建设党课。分局警探长以上领导干部和民警代表共计50余人听课。

（王海英）

开展烟花爆竹安全管理集中宣传咨询活动

1月27日，开发区公安分局在区内开展烟花爆竹安全管理集中宣传咨询活动，设咨询点10个，设立展板6块，悬挂横幅5条，发放各类宣传材料40000余份，受教育群众2000余人。

（王海英）

开展旅店业前台登记人员持证上岗培训

1月，开发区公安分局开展旅店业前台登记人员持证上岗培训，区内23家旅馆170名前台登记人员取得了前台登记持证上岗资格，持证上岗培训合格率达到100%，顺利通过市局检查组4月15日旅店前台从业人员持证上岗检查。

（王海英）

完成“元宵节”安保任务

2月17日（元宵节），开发区公安分局启动一级加强防控方案，全体民警上街头、下社区、入企业，开展燃放秩序维护、定点看护和应急处置等工作，共纠正违规燃放烟花爆竹27起、发现并解决隐患29件、批评教育13人，确保了元宵节期间辖区治安秩序平稳，实现“依法、文明、安全”燃放烟花爆竹的工作目标。

（王海英）

完成公安信息化应用技能考试

2010年12月10日至2011年2月18日，开发区公安分局分7批15场次，组织分局160名领导干部和民警完成了公安信息化应用技能达标考试工作，提前1个月完成市局制定的2011年3月底前达到公安部标准的要求，为分局公安信息化的推广应用打下基础。

（王海英）

居民身份证管理进校园

2月24日~3月23日，开发区公安分局组织局属派出所在全区开展居民身份证管理进校园宣传服务月活动，为儿童办理身份证7个。年内，共为儿童办理身份证164个。

（王海英）

举行社会面防控“岗巡制”启动仪式

举行社会面防控“岗巡制”启动仪式

开发区公安分局提供

3月2日，开发区公安分局在博大大厦广场中心岗亭举行社会面防控“岗巡制”启动仪式，共有10名民警、52名辅警、108名企业社区保安员奔赴工作岗位，开展社会面防控工作，标志着分局“外围岗巡制、社区巡更制和企业联动制”全面启动。

（王海英）

组织超市开展防爆疏散演习

3月2日，开发区公安分局内保中队组织区内超市沃尔玛会员店200余名员工开展防爆疏散演习，达到预期效果。

（王海英）

完成全国“两会”安保支援任务

3月3日~14日，开发区公安分局抽调20名警力支援公共交通安全保卫总队“两会”安保任务。期间，共跟车保卫900余车次，发现并收缴管制刀具1把，解答人民群众各种询问200余件，排除各种危险隐患30余处。

（王海英）

完成“清明节”扫墓安保工作

3月底~4月初，开发区公安分局出动安保力量20余人次到鹿圈墓地执勤，确保了 1900 辆机动车和 9200 名扫墓群众的安全和墓地治安秩序良好。

（王海英）

开展“警营开放日”活动

4 月 15 日，开发区公安分局组织开展 2011 年“警营开放日”活动，在上海沙龙商业区设置中心宣传点，局属各单位按照职能分工，分别设置咨询解答区、枪支展示区、警犬表演区和媒体播放区 4 个区域，共发放宣传材料 10000 余份，接受群众咨询 2000 余人次。

（王海英）

分局机动车辆通过市局检查

分局机动车辆接受市局检查

开发区公安分局提供

4 月 22 日、10 月 28 日，市局机动车辆检查组到开发区公安分局进行内部机动车辆春季、秋季安全检查。分局车辆参检率达到 95% 以上，检验合格率达到 100%，顺利通过市局检查，市局检查组对分局车辆管理工作给予肯定。

（王海英）

评选破案能手

4 月 22 日 ~10 月 31 日，开发区公安分局在刑侦、治安、内保、派出所等一线单位开展破案能手评选活动，共评选出破案能手 9 名。

（王海英）

开展区内单位消防检查

4 月 25 日 ~5 月 12 日，开发区公安分局会同消防支队，对区内单位开展消防安全大检查，共派出检查组 63 个，出动警力 423 人次，检查企业单位 232 家、施工工地 62 个、出租房屋 570 余户，检查发现安全隐患 128 处，督促整改 88 处，下发责令整改通知书 42 份，查封 2 家，行政拘留 2 人。

（王海英）

开展流动人口和出租房屋安全宣传活动

5 月 9 日 ~15 日，开发区公安分局在社区安全防范宣传周中组织开展“流动人口和出租房屋安全服务一小时主题活动”，共出动警力 11 人，协警力量 11 人，走访、检查出租房屋 110 户，其中群租房 11 户、地下室 5 间，宣传教育出租房主 16 人，流动人口 130 人，核录 28 人，新登记办证 18 人。

（王海英）

举行黑车专项治理启动仪式

5 月 13 日，开发区举行“黑车”治理综合执法小分队出发仪式。开发区相关部门主管领导及公安、交通、城管等单位 20 余人组成的执法小分队参加了出发仪式，并立即开展“黑车”清理整治工作。

（王海英）

开展防范电信诈骗宣传活动

5 月 15 日，开发区公安分局在区内上海沙龙商业区开展防范电信诈骗专项宣传活动。活动中，民警通过设立宣传展板、现场播放多媒体宣传片、发放防范宣传材料、展示打击电信诈骗犯罪成果等形式进行广泛宣传，通过现场提供电信诈骗犯罪咨询、现场讲解等形式普及防范电信诈骗知识，共发放宣传手册3000余份，解答群众咨询200余条，现场受教育群众达2000余人。

（王海英）

开展夏季安全防范宣传活动

5月，开发区公安分局开展夏季安全防范宣传活动，共出动警力26人、辅警力量22人，走访幼儿园4家，上法制课4次，检查居民小区21个，入户走访550户、检查物技防设施600余处、指导物业公司维修物技防设施53处，悬挂横幅标语23条，发放宣传材料1300余份。

（王海英）

开展立案公开宣传活动

6月22日，开发区公安分局在上海沙龙社区北门设立咨询台，开展“立案公开宣传周”集中宣传活动，共接待群众咨询120余人次，发放宣传材料300余张。

（王海英）

开展清街面整秩序专项行动

6月23日，开发区公安分局会同工商、城管、交通等单位开展了“清街面整秩序”专项行动。摆放展板11块，宣传横幅29条，向群众发放各类宣传材料3000余份；清理整治重点地区5处，查处并扣押“黑摩的”及黑三轮车5辆，批评教育5人，清理无照摊商26个，查封违规经营足疗2家。7月21~23日，开展第二轮行动，对地铁亦庄线沿线的“黑车”和无照摊贩进行清理，查处非法营运车辆12辆、人力三轮车1辆、电动三轮车2辆。

（王海英）

开展危险物品宣传活动

6月24日，开发区公安分局在区内上海沙龙商业区开展危险物品专项整治行动集中咨询宣传日活动，现场发放宣传材料1000余份，宣传教育群众共计1200余人，取得预期效果。

（王海英）

开展民警换位体验活动

开展民警换位体验活动　　开发区公安分局提供

6月，开发区公安分局开展以爱警爱民为主题的百名民警换百岗换位体验活动，组织100余名民警到企业、工地、农村开展换位体验活动三次，与工人、农民工一起劳动，增进了相互了解，融洽了警民关系。

（王海英）

开展非法摊点专项清理

7月5日，开发区公安分局会同城管、工商、交通等职能部门对区内超市周边大排档等非法摊点进行清理。共清理大排档3个，路边烧烤非法摊点3个，没收烧烤工具 2 套、行政罚款 1 人，有效整治了区内非法摊点存在的治安隐患。

（王海英）

开展“打四黑除四害”专项活动

召开“打四黑除四害”专项行动工作部署会　　开发区公安分局提供

9 月 22~24 日，开发区公安分局会同开发区社发局、药监局、工商局、城管执法分局等相关职能部门开展为期 3 天的“打四黑除四害”专项集中执法行动，共出动执法人员 89 人次，清理取缔非法集贸市场 1 处，查处非法游商摊贩 12 个，批评教育 25 人次，查处黑车 4 辆，警告处罚 4 人；检查企业 25 家，其中药品生产企业 4 家、保健食品经营企业 10 家、医疗机构 5 家、药品经营企业 6 家，重点区域 4 个。区内治安秩序得到改善。

（王海英）

完成朝鲜总理参观蓝星公司警卫任务

9 月 27 日，朝鲜总理崔永林一行 20 余人到开发区参观蓝星（北京）化工机械有限公司，开发区公安分局执行一级勤务，出动警力 77 人，圆满完成警卫任务。

（王海英）

开展“捕鱼”专项活动

9 月 29 日，开发区公安分局开展“捕鱼”专项打击行动，对某电子娱乐有限公司进行突击检查，共查出世家威龙等 19 种 37 台赌博机，当场责令该场所停业。

（王海英）

强化“十一”期间商业圈安全管理

“十一”长假期间，开发区公安分局对区内集购物、娱乐、美食为一身的综合性商圈亦庄创意生活广场加强安全管理，张贴“民警提示您购物时请保管好自身财物”等安全宣传提示贴 200 余份，执行高峰勤务 14 次，出动警力 28 人次，安保力量 21 人次，发动商圈防群治力量 120 人，全方位加强商圈高峰时段巡控，未接各类刑事、治安及纠纷类警情。

（王海英）

分局民警参加基本执法资格考试

参加执法资格考试　　开发区公安分局提供

10 月 29~30 日，开发区公安分局分 7 场组织分局 173 名领导干部和民警参加全国公安机关基本级执法资格考试。

（王海英）

开展环境秩序整治“秋风行动”

11 月 3 日，开发区公安分局出动警力，配合区城管执法分局对区内美廉美超市、永康公寓、轻轨沿线开展代号为“秋风行动”

的整治行动，共取缔、处罚无照摊贩 15 个，暂扣三轮车 7 辆。

（王海英）

开展冬季预防煤气中毒宣传活动

开展冬季预防煤气中毒宣传　开发区公安分局提供

11 月 5 日，开发区公安分局开展冬季预防煤气中毒宣传活动。共在区内设立宣传点 2 处，发放宣传资料 3000 余份，受教育群众 2000 余人，对预防煤气中毒工作起到积极作用。

（王海英）

完成基层人大代表换届选举安保工作

11 月 8 日，北京市举行基层人大代表换届选举。开发区公安分局部署警力，发动群防群治力量，完成开发区内 6 个选区 197 个站点的安保工作。

（王海英）

开展指挥官二级培训

11 月 25 日，开发区公安分局举行指挥官二级培训启动仪式。市公安局治安总队处置支队专业人员到场就群体性上访事件现场应急处置工作进行专题讲解。分局领导班子成员、局属各单位警探长以上领导干部以及办公室指挥岗位全体民警共 34 名领导和民警参加了培训。

（王海英）

可口可乐公司赠送分局锦旗致谢

12 月 7 日，北京可口可乐有限公司赠送分局锦旗“雷霆出击、快速响应、执法严明、护民保安”，对开发区公安分局妥善处置公司因与销售客户产生债务纠纷，导致客户员工 80 余人多次到该公司门前聚集索要欠款事件表示感谢。

（王海英）

开展校园安全检查

12 月 8~9 日，开发区公安分局牵头组织区交通大队、消防支队、社发局、卫生监督站等单位对辖区实验学校、21 世纪幼儿园、国际学校、中芯学校、中芯幼儿园等 9 家中小学校、幼儿园开展校园安全联合检查，对发现的问题提出整改意见。

（王海英）

完成 2011 云世界大会安保任务

12 月 12 日，开发区管委会和北京云基地在开发区举办“2011 云世界大会”，参会人员 600 余人。开发区公安分局组织各种安保力量 60 余人进行现场警卫，圆满完成安保任务。

（王海英）

召开开发区内部单位安保总结表彰部署会

召开内部单位安保总结表彰部署会　开发区公安分局提供

12月13日，开发区公安分局组织召开“开发区2012年内部单位安全保卫工作部署会暨2011年内部单位保卫机构保卫人员表彰大会”。会上，总结分析了2011年内部单位治安形势，部署2012年“两节”期间单位内部安全保卫工作，对2011年度在内部单位安全保卫工作中作出突出贡献的单位和个人进行了表彰。开发区管委会、分局相关领导出席会议，分局相关业务部门的主管领导、内保民警及驻区各企事业单位的主要负责人、主管保卫工作的领导和保卫干部约260人参加了会议。

（王海英）

开展旅店业境外人员住宿登记培训

12月15日，开发区公安分局内保中队组织辖区锦江富园、兴基铂尔曼等14家宾馆、旅店的前厅经理、接待人员40余人参加旅店业境外人员住宿登记培训会，提高了区内宾馆旅店接待人员业务技能。

（王海英）

开展民警体能达标测试

开展民警体能达标测试　　开发区公安分局提供

12月16日，开发区公安分局组织170余名民警在开发区体育场进行民警体能达标测试。共分立定跳远、俯卧撑、仰卧起坐、1分钟跳绳、100米跑、800米跑、1000米跑7个项目，民警自选4个项目进行测试。通过主动锻炼和集中测试，分局民警提高了身体素质。

（王海英）

开展在建工地安全检查

12月，开发区公安分局内保中队对管辖的6个建筑工地现场进行安全检查，共填写安全检查记录4份，发现并当场整改火险隐患5处。

（王海英）

开展烟花爆竹安全宣传活动

12月，开发区公安分局开展烟花爆竹安全宣传活动。活动中对区内的禁放点和工业区内重点单位安装永久性禁放标牌，在区内开展烟花爆竹安全管理集中宣传咨询日活动2次，出动警力15人，悬挂横幅3条，散发宣传材料29000余份，现场解答群众问题200余人，受教育群众6000余人，取得良好效果。

（王海英）

强化治安专项整治工作

年内，开发区公安分局以“321打防管控专项行动”为牵动，协调城管、工商、社发、质监、交通等职能部门深入开展黑车整治、危险物品专项整治、发廊足疗场所清理、城市秩序百日整治、

“打四黑除四害”等专项治安整治行动。共关停整顿场所5家，查获卖淫嫖娼人员2名，收缴赌博机37台；对治安秩序重点地区开展专项整治工作30次，查扣黑车136辆，教育警告非法经营人员360人次，查处违法犯罪嫌疑人21名，查处无照摊位40处，处罚30人，罚款2000余元，没收电动三轮车25辆，批评教育40人。

（王海英）

加强安全监管工作

年内，开发区公安分局深入推进“亮剑”、“平安行动”、“清剿火患”等专项整治行动，加大对区内重点单位、施工工地、人员密集场所的安全检查力度。对旅店、机修等行业场所和剧毒、放射、危化品使用单位的安全监督力度，共开展检查90次，监督整改各类隐患235处，下发责令整改通知书492份，行政拘留违规人员10人。

（王海英）

推进民警“驻区制”

年内，开发区公安分局推进社区民警驻区制工作。共走访群众3万余人次，检查出租房屋307户，核录流动人口573人，新登记出租房屋53处；解决群众各类困难150余件，化解各类矛盾纠纷190余起，消除社区内部安全隐患103处，组织社区志愿巡逻159天次，搜集各类线索78件。社区警情同比下降24%，增强了群众安全感和满意度。

（王海英）

开展流动人口民意调查走访工作

年内，开发区公安分局开展流动人口民意调查走访工作。共走访群众1600余人，发放宣传材料1600余份，发放调查问卷1200份，收回1200份，解答群众咨询360人次，征求意见、建议21条。共检查出租房屋230户，核录流动人口420人，新登记出租房屋53处，流动人口新登记办证2387人。

（王海英）

强化“涉网”单位管理

年内，开发区公安分局对辖区“涉网”单位进行摸排，实现对重点“涉网”单位全面管控，将32家重点网站、6个重点行业信息系统、21家非经营性上网服务场所、6家上网服务场所和4家网络运营商纳入分局互联网二级管理，全年检查“涉网”单位21次50余家次，发现并整改问题17处，向4家信息系统使用单位下发了限期整改通知书，依法处罚上网服务场所3家。

（王海英）

强化社会面管理

年内，开发区公安分局强化社会面管理，打造社会面“外围岗巡制、社区巡更制、企业联动制”三道防线，辖区10类重点关注案件同比下降19%，堵门、堵路等群体性事件同比下降17%，110警情保持在平稳等级以下；组织开展集中武装堵卡28次，维护了区内社会面治安秩序。

（王海英）

“清网行动”战果显著

年内，开发区公安分局按照市公安局部署开展了“清网行动”，组织警力抓获网上在逃人员22名，“清网率”达71%，提前实现“清网行动”全年目标。

（王海英）

检　察

概况

北京市大兴区人民检察院经济技术开发区检察处（简称开发区检察处）9月1日正式挂牌成立。检察处下设6个职能处室，分别是侦查监督室、公诉室、职务犯罪预防侦查室、民事行政检察室、综合室和办公室，主要负责开发区公安分局移送案件的侦查监督、审查起诉工作，以及受理开发区内控告申诉、职务犯罪案件预防和侦查、民事行政检察工作、提供专业法律咨询与服务工作。成立开发区检察处是大兴区人民检察院放大检察职能优势，延伸法律监督触角，服务“两区”深度融合，参与社会管理创新的一项举措。

（陈彬）

营造开发区良好法治环境

年内，开发区检察处发挥检察职能，为开发区经济社会发展营造良好法治环境。做好控申接待工作，共接待来访群众60余次，开展走访、座谈和调研工作，协助反贪部门开展案件查办工作，联合组织、宣传、预防等部门开展法制宣传工作。

（陈彬）

审　判

概况

北京市大兴区人民法院经济技术开发区人民法庭（简称开发区法庭）9月1日正式挂牌成立。法庭负责处理涉及开发区的民事、商事、劳动争议和知识产权案件的立案、审理和执行等项工作。现有工作人员18人，法官8名，其中研究生学历占87.5%。

（贺维）

开发区法庭首次开庭

开发区法庭首次开庭　　张海利　摄

9月26日，开发区法庭对一起买卖合同纠纷案件进行了公开开庭审理。这也是该法庭挂牌成立后首次开庭。中国法院网、大兴电视台、大兴报等媒体进行了现场报道。

（贺维）

开发区法庭审理首起知识产权案件

10月10日，派驻开发区法庭的大兴区人民法院知识产权庭对一起特许经营纠纷案件进行了公开开庭审理。这也是大兴区人民法院知识产权庭自挂牌成立后审理的第一起知识产权案件。

（贺维）

大兴区人大常委会内司委开展调研工作

11 月 22 日，大兴区人大常委会内司委主任王向荣、副主任陈野一行 3 人，到开发区法庭就立案接待、审判法庭配备等司法便民工作开展情况实地调研，大兴区人民法院党组副书记、副院长宋玉林，党组成员、纪检组长闫春生陪同考察。

（贺维）

调研研讨案件

调研研讨案件　　张海利 摄

11 月 29 日，北京市高级人民法院民一庭庭长张柳青、审判员许雪梅、北京市第一中级人民法院民六庭庭长张弓到开发区法庭调研审判工作，并听取了大兴区法院劳动争议庭两起疑难案件的汇报，大兴区人民法院党组书记、院长马来客，党组成员、纪检组长闫春生陪同调研。

（贺维）

收结各类案件 162 件

年内，开发区法庭共收结各类案件 162 件。案件类型包括离婚纠纷、劳务合同纠纷、物业管理纠纷、民间借贷纠纷、其他特殊侵权纠纷、房地产纠纷等。案件全部审结，无一例信访投诉案件。

（贺维）

交通管理

概况

北京市公安局公安交通管理局开发区交通大队（简称开发区交通大队）成立于 2005 年 12 月 20 日，前身为市公安局经济技术开发区分局交巡大队，负责开发区内的交通管理工作。2011 年，开发区交通大队在管辖面积成倍扩大，人流、车流大幅增长的情况下，经过不懈的努力，全年伤亡事故稳中有降，确保了辖区内交通秩序平稳有序，圆满完成了各项工作任务，被评为北京市公安局一级执法示范单位。全年“122”接处警 10870 起，同比增加 1619 起，上升 18%; 其中交通事故报警 6135 起，反映报警 4385 起，拥堵报警 350 起。共纠正各类交通违法行为 65228 起，同比上升 10.7%。管界内共发生重大交通事故 2 起、发生伤人事故 35 起、54 人。年内，交通大队车管站共审验机动车驾驶证 21780 个，换发驾驶证 13615 个，核发各类通行证件 7254 张，移动证 28906 个。大队执法办案场所被市公安局交管局评为交管系统一级“执法办案场所示范单位”。

（吕筝）

召开贯彻落实北京市文明交通行动部署会

2 月 24 日，开发区交通安全工作表彰奖励大会暨全面贯彻落实北京市“文明交通行动”部署大会召开。贲勇出席并讲话。

（孙鹏）

开发区交通大队搬迁新址

5 月 20 日，开发区交通大队由万源街四号，整体搬入位于开发区科创四街一号的新建办公大楼。新落成的开发区交通大队办公楼总面积达 1.5 万平方米，将极大的提高区域道路交通管理科技化水平，提升应对严峻交通形势的实战能力。5 月 26 日，举行开发区公安交通指挥中心暨新址落成启动仪式。市公安局公安交通管理局副局长解建成、开发区管委会副主任张晓林出席落成启用仪式。执法站、车管站等对外办公窗口也一同在新地点接待群众。

（吕筝 孙鹏）

市公安局交管局领导到开发区交通大队调研

8 月 23 日，市公安局交管局领导到开发区大队调研指导规范化建设工作情况。实地察看了开发区大队办公区域、接待大厅、事故“三室”、装备室功能建设，听取了开发区交通大队负责人关于大队执法规范化场所建设情况汇报，交管局领导对开发区大队规范化建设工作给予了肯定，对大队进一步提高执法规范化建设水平提出了要求。12 月 29 日，市公安局交管局领导到开发区大队调研指导警营文化建设工作，实地察看了开发区大队驻地警营文化建设情况，听取了汇报，对开发区大队警营文化建设进展情况表示了肯定，并提出了工作要求。

（吕筝）

公安部领导到开发区交通大队调研

8 月 29 日，公安部党委副书记、常务副部长杨焕宁来到开发区交通大队调研执法规范化建设工作。杨焕宁现场察看了交通大队执法规范化场所建设情况，听取了大队领导的汇报，对大队执法规范化场所建设给予了肯定，并作了重要讲话。市委常委、市公安局局长傅政华，公安部和市公安局交管局相关领导陪同考察。10 月 28 日上午，公安部副部长黄明在市委常委、市公安局局长傅政华、开发区管委会主任张伯旭等领导陪同下，来到开发区交通大队调研警务创新工作。随行考察调研的有公安部相关部门领导。

（吕筝）

被评为一级执法办案场所示范单位

8 月，开发区交通大队执法办案场所被市交管局评为市交管系统“一级执法办案场所示范单位”。按照公安部“办案区域安全、办公区域规范、服务区域温馨、生活区域整洁”的执法办案场所建设标准，开发区交通大队在新址建设中，设计先期介入，明确办公区、办案区、生活区、接待区域划分，并要求在建设中进行空间划分，物理分隔，使功能分区建设更具针对性、操作性。“办案区”、“接待区”全部设在一楼，“办案区”按执法程序设置安全检查区、讯问室、询问室、候问室、事故处理室、调解室、公开处理室等功能室，安装了醒目的门前标志和严密的门禁系统，形成了相对封闭、独立、安全的办案空间，并为等候处理事故的群众，特设了事故处理等候室。“接待区”设在最明显的位置，集综合服务、接待室、等候室为一体。

（吕筝）

加强交通秩序综合整治力度

交警严格对过往车辆进行盘查　胡蓉洁 摄

年内，开发区交通大队加大交通秩序综合整治力度，重点治理“高发类型、高发时段、高发区域”的交通违法行为。共组织集中整顿行动 48 次，综合整治和专项治理行动 84 次。处罚各类交通违法行为 65228 起，重点处罚货运机动车交通违法行为 44700 起。处罚“酒、非、闯、涉”四类违法行为 14123 起，同比增加 32.7%，其中拘留醉酒驾车 14 人、非司机 403 名、闯红灯违法行为 5510 起、“涉牌”违法行为 7626 起，处罚“涉牌”违法行为同比增加 57.3%。与公安分局、城管分局组织联合执法行动 132 次，暂扣“摩的”、残疾人三轮车 126 辆。

（吕筝）

规范静态交通设施

年内，开发区交通大队新增交通标志 520 面，施划标线 270 公里，增设隔离护栏 1500 米，优化、渠化路口 13 处，施划彩色路面 2 处，1.5 公里；对全区 1100 个消防栓进行了全面排查，全部施划了黄线网格警示线，有效减少了安全隐患，提供了行车安全保障。

（吕筝）

加强占路施工监管

年内，开发区交通大队为减少施工工地开工对交通的影响，减轻安全隐患，采取督促施工单位规范设置安全警示标志、引导标志，加强对施工路段的交通指挥和疏导等方法，确保施工道路安全畅通。圆满完成了马驹桥改造、京东方 8.5 代线占路施工等重点工程交通安全保障工作。据统计，各重点施工现场共设置施工标志、锥桶等交通安全设施 344 件，安排交通维护人员 70 名。全年共审批占路施工 49 项，组织占道施工检查 54 次。

（吕筝）

推行公交摆渡车解决出行难题

年内，开发区交通大队为解决北京电子科技职业学院 3700 余名师生乘车难、出行不安全的问题，联系八方达公交公司，在青年公寓北门外开通 5 辆公交摆渡车，一站即将学生运送至辖区内交通服务中心，换乘公交车，彻底消除了该校师生出行的安全隐患。并将“公交摆渡车”形式向全区推荐，已有 11 家企事业单位、工地用 34 辆公交车替换了原有班车，为减少客车超员、班车路线过长易引发重大交通事故的问题提供了思路。

（吕筝）

管疏结合解停车难题

年内，开发区交通大队针对开发区内

开发区规范停车入位缓解交通压力　　刘柳 摄

部分路段乱停车问题，本着疏导与严管结合的管理原则，通过增派巡逻民警、专职协管员、利用科技手段管控等方法，重点加大了对东环路、西环路、荣华路、永昌路、荣京东街、荣京丽都周边地区等主要路段的治理。全年处罚各类违法停车行为15814 起，通过治理，彻底解决了包括荣京丽都附近在内的两处违法停车秩序乱点。同时，对区内生活区、学校、医院周边和确实存在停车困难的企业周边以疏导为主，协调相关部门在有条件的路段施划停车泊位 400 余个，引导有序停车。

（吕筝）

强化摩托车、电动自行车的安全监管

年内，开发区交通大队针对电动自行车、摩托车违法高发特点，组织安监民警、安委会工作人员深入 300 余家有单独办公厂区企事业单位，对单位内部存放的摩托车、电动车的牌证、年检、保险、制动性能等逐一进行核查，要求存车处安装交通安全提示牌，提醒骑车人注意交通安全。检查中，对 89 家存在交通隐患的单位，下发了责令限期整改通知书。全区 360 余家单独办公厂区企事业单位，已有 50% 安装交通安全提示牌。全年，查处电动自行车、摩托车违法行为近 300 起，通过治理，提高了摩托车、电动自行车驾驶人的遵纪守法意识。

（吕筝）

推进交通事故快清快处工作

年内，为方便轻微交通事故的快速处理，缓解拥堵，预防二次事故的发生，开发区交通大队通过设点发放、走出去向社会发放等举措，向区内企事业单位员工、居民、过往司机发放交通事故自行调解协议书 10 万余份，在区内 77 家企事业单位门卫处设置了交通事故协议书领取处。全年发生 1995 起交通事故，通过快速处理的方法处理 1951 起，快速处理率达到 97.7%。

（吕筝）

开展“文明交通行动”主题宣传活动

交通协管员和企业志愿者指挥交通　　胡蓉洁 摄

年内，开发区交通大队以“平安出行、关爱生命”主题，开展了全方位、多层次的文明交通行动宣传工作。先后召开各类交通安全会议 38 场次；开展上街宣传高潮日、“警官讲堂”、播放事故光盘等各类交通安全宣传活动 80 余场次；向大专及中小学校、幼儿园发放自行编印的《致学生家长的一封信》；深入危化品使用单位、使用班车企业、专业运输单位、施工工地等，开展宣教活动40余场，发放《致来京人员的一封信》8000份，各种交通安全宣传材料8万余份。共组织发动交通安全宣传员630人，节日期间，在区内主要单位和路口前维护交通秩序，确保交通秩序良好。

（吕筝）

道路交通管理科技含量进一步提高

年内，开发区交通大队按照“三年科技工程建设”以及“开发区‘十二五’规划”部署，进行智能交通建设。制定各类交通科技工程建设方案163个，协调开发区管委会投资2500万元建设完成了44个路口179个方向的智能交通监控系统。协调市政局投资300万元，建设完成永昌北路6个路口23个方向的综合智通交通系统。更换亮度不足的141组机动车灯组，增加186组非机动车灯组、422组行人灯组，改造信号灯杆126根。交通大队指挥中心大楼正式启用，开发建设18项功能系统，实现对全区交通状况实施24小时视频监测，通过监测发现936处问题，为领导决策提供了依据。

（吕筝）

交通伤亡事故稳中有降

年内，开发区交通大队采取全警动员、排查交通设施隐患、加强执法力度等多项措施，保证全年重大事故发生率、管界事故伤、亡人数稳中有降。全年，发生死亡事故2起、2人，比上年少3人；伤人事故35起、54人，同比下降3%和5%。

（吕筝）

消 防

概况

北京经济技术开发区公安消防支队（简称开发区消防支队）成立于2005年12月12日，又称中国人民武装警察部队北京经济技术开发区消防支队，为武警现役体制。支队机构规格为正团级，下设综合办公室、防火监督处（均为副团级）和亦庄消防中队（为副营级），现有执勤备战车辆9部。开发区公安消防支队主要承担开发区的防火灭火、抢险救援、应对突发事件等各种灾害事故的处置及辖区消防勤务保障，管辖面积为46.8平方公里。开发区消防支队所属亦庄消防中队成立于2000年1月28日，原隶属于北京消防总队第二支队，2005年12月，北京消防体制改革，各区县成立消防支队，亦庄消防中队归属开发区消防支队管辖。2011年，开发区消防支队加大防火监督，广泛开展火灾隐患排查整治工作，努力提升队伍建设水平和服务社会经济发展的能力，扎实推进各项工作，全力消除各类隐患，确保全区火灾形势的平稳和部队的高度稳定。

（黎军）

开发区消防大队召开2011年工作会议

3月1日，开发区消防支队召开2011年工作会议暨两会保卫动员部署大会。会议简要总结了支队2010年工作，并对

2011年各项工作进行了周密部署。会上宣读了工作方案和具体分工，对全国两会消防保卫期间执勤战备、灭火救援及社会面火灾防控等工作进行了部署。

（黎军）

创新验收工作模式

6月21日，开发区消防支队在对北京京东方显示技术有限公司8.5代线重点工程项目消防竣工验收工作中，支队验收科对建筑工程及技术总负责，建审、监督、战训及中队全员上阵，开辟“消防绿色通道”，审核人员提前介入，争取了并联审批，整合高效开展工作，为建设项目争取时间。至年底，消防支队共接待建筑工程审核受理176项，批复170项；建筑工程验收136项，批复133项；公众聚集场所开业前受理23项，批复23项；消防设计备案抽查48起，竣工验收备案抽查33起。无一起投诉和复议事件。

（黎军）

消防监督执法人员面向社会述职述廉

消防监督执法人员述职述廉　　新闻中心提供

7月21日，开发区消防支队举行2011年度消防监督执法人员面向社会述职述廉大会。支队10名消防监督人员，分两场次面向社会述职述廉，社会各界240余人参与了对消防监督执法人员述职述廉的监督和评议，现场反馈了述职述廉评议表，听取了社会意见和建议。

（黎军）

召开创建铁军消防中队动员部署大会

8月10日，开发区消防支队召开创建铁军消防中队动员部署大会。会上，宣读了“铁军消防中队创建工作实施方案”，支队官兵代表作了表态发言，为思想发动突击队、训练攻坚突击队、后勤保障突击队授旗，就创建铁军消防中队工作进行动员部署。

（黎军）

参加全国铁军比武竞赛活动

表彰铁军勇士　　开发区消防支队提供

8月23~29日，在公安部消防局举办的首届全国打造现代化消防铁军比武竞赛活动中，开发区公安消防支队参赛队员凭借高超的技艺和坚定的铁军信念，为北京消防总队最后取得总成绩第九名作出了极大的贡献，得到了各级领导的高度肯定，此次活动，支队5名同志荣立个人二等功，1名同志荣立个人三等功。

（黎军）

购置多功能消防宣传车

8月，开发区消防支队投资160万余

元购置一辆消防宣传车。该车由欧曼厢式运输车改装，重12.8吨，长12米，高3.98米，且集119报警体验、消防知识查询、烟雾传播演示模型、消防知识趣味测试、模拟火灾体验、消防设施演示、趣味跳舞机、电器火灾实验、遥控燃气爆燃演示等11大主要功能于一体，内部还配有模拟烟室逃生演示帐篷、逃生训练架、LED高亮度宣传显示屏、人字形展板等消防宣传、体验器材。支队将充分利用多功能消防宣传车，进一步加快消防宣传的工作步伐，定期开展进社区、进企业、进学校、进工地等宣传活动，全面提升社会单位及广大群众消防安全素质。宣传车的投入使用，填补了北京市无专业型消防宣传车的历史空白。

多功能消防宣传车　　开发区消防大队提供

（黎军）

举行第21届"119"消防宣传周活动

11月7日，消防支队第21届"119"宣传周主会场活动暨消防宣传车启用仪式在亦庄创意生活广场举行。开发区各企事业单位、群众等共计800余人参加了此次活动。仪式上，进行了消防宣传车钥匙交接，现场观众体验了消防宣传车的各项功能，并观看了相关消防器材的展示。活动期间，

第21届"119"消防宣传周活动
开发区消防大队提供

还进行了文艺表演、现场互动等。

（黎军）

提高后勤保障能力

年内，开发区消防支队争取部队建设所需配套经费，先后投入100余万元用于基础建设，对营区进行检修维护，改造了供热取暖、洗浴等设施，改善了办公条件和伙食条件，调动了广大官兵的工作积极性，后勤保障能力和从优待警水平得到提高。

（黎军）

加强廉洁执法建设

年内，开发区消防支队将机关办公楼一层设为对外接待区，实现对外接待与内部办公的功能分区，并启用玻璃门，做到办事透明。安装监控系统全程进行录像、录音，在全面提高消防监督执法工作效率、方便辖区单位办事的同时，实现了办案场所透明、办事制度透明、群众监督透明。

（黎军）

开展开门评警活动

年内，开发区消防支队通过在机关门岗设立意见箱，制作警民联系卡、评议表，请来队办事人员对支队监督执法人员做出评议，大力纠治执法不规范等问题，最大限度

预防和减少执法不公。至年底，已有 600 余人次参与测评，支队 10 名执法监督员均被测评，业务满意率基本达到 100%。

（黎军）

开展廉政警示教育和法律知识学习活动

年内，开发区消防支队组织全体官兵参观市公安局反腐倡廉教育展和市反腐倡廉警示教育基地。同时，积极邀请支队聘请的法律顾问北京矩阵律师事务所律师进行法律知识讲座，有效增强官兵遵法、守法的意识，强化党员干部廉政意识，筑牢反腐倡廉思想防线，推进党风廉政建设。

（黎军）

推进廉政文化建设

年内，开发区消防支队印制了《军队党员领导干部廉洁从政若干规定》、《消防官兵对照查摆 100 个问题》、《勤政廉政教育手册》等下发到每名干部手中，利用宣传标语、宣传卡片以及短信平台等手段宣传反腐倡廉，在支队内部全面营造浓厚的廉政文化氛围。组织召开警风监督员座谈会 2 次、支队消防监督执法人员面向社会述职述廉大会 1 次，更好地发挥了内外部监督力量。

（黎军）

加强消防铁军队伍建设

年内，开发区消防支队全面推进铁军队伍建设。贴近实战，制订训练计划，修订各类预案 173 份，开展高层建筑、地下空间、大跨度厂房、亦庄线轨道交通等特殊场所演练 75 次。同时，依托综合应急救援队、地震救援队以及铁军攻坚班组，联合开发管委会相关职能部门有针对性开展拉动演练 5 次，提高应急处突攻坚能力与快速反应机动能力。共调研单位 180 余家，出动警力 500 余人次。

消防队员进行高空心理训练　开发区消防支队提供

（黎军）

提升部队正规化建设水平

年内，开发区消防支队所属亦庄中队被市消防总队定为打造首都消防“三星级”铁军中队的试点单位。支队以此为契机，全面抓好基层中队正规化建设工作：对背景墙、荣誉室进行了改造建设；增设心理缓压室、室内运动训练室、多功能厅；在中队门口、大厅分别安装全彩 LED 显示屏；在岗亭和各班内增设电子巡岗仪，规范日常管理。

（黎军）

推进地震综合救援队稳步发展

年内，开发区消防支队先后投入 200 万元购置专业器材，大力开展贴近实战的

地震综合救援队拉练　　开发区消防支队提供

特种训练。开发区消防支队在8月举行了一次徒步5公里野外拉练活动，队伍的实战能力得到了很好的检验，大幅提升了救援队野外作战和生存能力。

（黎军）

优化执法规范化建设

年内，开发区消防支队严格按照双人执法、审验分离、独立受理、逐级审批的模式开展工作。在受理环节，精简申报手续，实行便民措施；在审批环节，设置建审、验收两个技术复核环节，真正从技术层面实现了审验分离；在行政处罚中，强化法制审核，严格执行自由裁量基准，最大限度地杜绝执法随意性。同时制定《内部行政审批权限和程序规定》，重新调整支队审批权限，进一步明确分工，施行重大案件集体议案制度。

（黎军）

开展消防监督检查专项整治行动

年内，开发区消防支队先后开展了“亮剑”行动、“消防平安一号行动”、“清剿火患”战役暨“消防平安二号行动”等火灾隐患整治专项行动。在区管委会门户网站专题刊发了《消防安全责任告知书》，支队组成多支火灾隐患排查整治工作小组，由支队党委成员分别带队，进行突击检查。至年底，消防支队共检查单位4954家次，发现火灾隐患或违法行为1565处，督促整改火灾隐患或违法行为1446处，下发责令改正通知书1425份，下发临时查封决定书92份，“三停”38家，罚款146.82万元，拘留7人。

（黎军）

开展消防安全联合检查

开展联合检查　　开发区消防支队提供

年内，消防支队会同公安分局、安监、工商、建设、社发等多个部门组成联合检查组，全面开展火灾隐患排查整治工作。截至12月31日，共开展联合检查30余次，排查高层建筑155栋、地下建筑168处，重点对124家重点单位、112个施工现场进行了检查，发现并解决消防隐患1132余件，一般行政处罚163起，依法查封64处，责令“三停”21家。

（黎军）

加强对公安派出所消防执法工作指导

年内，开发区消防支队组织编写《公安派出所消防监督业务工作手册》，下发派出所民警手中。采取多种培训方法，提高派出所民警业务水平，并率先在两个派出所内设置了消防警务工作室，专门用于民警开展消防监督工作，确保消防工作扎实有效开展。

（黎军）

开展常规消防宣传

年内，开发区消防支队利用有线电视开机时播放消防宣传提示、在入区口处醒目位置设置大型消防标语及公益广告、在电影放映之前加映消防宣传提示短片、聘请社区消防宣传员、利用短信群发机发送安全提醒和消防常识、举办各类消防培训班等形式大力组织开展经常性消防宣传活动。

（黎军）

设立多媒体消防安全宣传栏

年内，开发区消防支队结合辖区实际，制作52块多媒体消防安全宣传栏。宣传栏设置在区内繁华街区、居民社区、学校、医院、各企事业单位等醒目位置。利用3G无线传输技术，实现远程无线控制，具有重点时段、重要节假日安全提示，视频滚动播放，张贴悬挂消防宣传海报、展板以及近期消防重点工作宣传等功能特点，以动态文字、视频和静态海报相结合的宣传告知方式实现创新多元化的消防宣传。

（黎军）

开发区火灾情况统计

年内，开发区共发生火灾21起，直接财产损失887万余元，过火面积330平方米，无人员伤亡。火灾起数15起，下降41.67%，总体火灾形势平稳。汽车火灾8起，荒草火灾7起，施工现场火灾2起，电气线路火灾1起，其他类火灾3起，各占火灾总数的38.1%、33.3%、9.5%、4.8%、14.3%。汽车火灾同比增加6起，上升300%；荒草火灾同比减少14起，下降66.7%；施工现场火灾同比减少3起，下降60%；电气线路火灾同比减少1起，下降50%；其他类火灾同比减少3起，下降50%。

（黎军）

接出警情况统计

年内，开发区消防支队共接警出动158次，出动车辆405车次，出动警力2784人次。其中火警60起，出动车辆262辆，出动警力1831人；抢险98起，出动车辆143辆，出动警力953人。先后抢救出遇险被困群众41余人，得到群众赞扬，树立了首都消防部队良好形象。

（黎军）

完成重大节日及重要活动消防保卫任务

完成重大节日及重要活动消防保卫任务

开发区消防支队提供

年内，消防支队圆满完成了“春节”全国“两会”、“五一”、“十一”及党和国家领导人视察、重要外事活动等重大节日和重要活动消防安全保卫任务，共出动警力715人次，105车次。

（黎军）

统计资料

综　合

北京经济技术开发区主要经济综合指标一览表

项 目	单位	2011 年	2010 年	增减 %
开发区生产总值	亿元	782.5	698.6	12.0
第二产业	亿元	495.6	421.8	17.5
工业	亿元	473.9	401.8	18.0
建筑业	亿元	21.6	20.0	8.2
第三产业	亿元	286.9	276.8	3.6
工业总产值（现价）	亿元	2284.7	2228.8	2.5
高新技术企业	亿元	2087.3	2155.8	−3.2
销售（营业）收入	亿元	4141.1	3740.7	10.7
第二产业	亿元	2637.2	2648.3	−0.4
工业	亿元	2380.8	2352.4	1.2
建筑业	亿元	256.5	295.9	−13.3
第三产业	亿元	1503.9	1092.4	37.7
利润总额	亿元	339.8	328.1	3.6
第二产业	亿元	197.4	145.6	35.6
工业	亿元	188.7	138.5	36.2
建筑业	亿元	8.7	7.0	24.4
第三产业	亿元	142.3	182.5	−22.0
进出口总额	亿美元	252.5	260.6	−3.1
出口	亿美元	110.5	130.3	−15.2
财政收入	亿元	269.1	244.0	10.3
税收收入	亿元	245.4	212.3	15.6
财政支出	亿元	109.0	77.8	40.1
新批企业个数	个	1038	866	19.9
新批企业投资额	亿美元	63.6	60.7	4.7
合同外资金额	亿美元	17.1	7.4	131.7
外商实际投资	亿美元	6.4	3.2	102.8
固定资产投资	亿元	320.2	225.2	42.2
年末从业人员人数	人	244083	236772	3.1
在岗职工人数	人	196867	185534	6.1
在岗职工平均工资	元	82511	70486	17.1
规模以上企业个数	个	700	697	0.4
工业	个	259	297	−12.8

北京经济技术开发区规划土地面积一览表

单位：公顷

项　目	面积	比重 %
规划用地面积	4650	100.0
居住用地	453.3	9.7
公共设施用地	395.3	8.5
工业用地	1496	32.2
交通道路广场用地	921.8	19.8
绿地及水域	813.2	17.5
市政公用设施用地	90.2	1.9
仓储用地	–	–
其他	480.2	10.3

注：其他用地包括多功能用地和特殊用地。

北京经济技术开发区土地出让、转让一览表

项　目	单位	2011 年	2010 年
签订土地合同个数	个	39	47
外商及港澳台企业	个	7	15
签订土地合同面积	公顷	217.3	214.1
外商及港澳台企业	公顷	43.5	75.9
签订土地合同金额	亿元	43.5	32.1

北京经济技术开发区财政收支情况一览表

单位：万元

项　目	2011 年	2010 年	增减 %
财政收入	2690948	2440065	10.3
税收收入	2453638	2123413	15.6
中央税收	1436931	1322928	8.6
地方税收	1016706	800485	27.0
土地收入	237310	316652	–25.1
按税种分	*	*	*
增值税	707620	943572	–25.0
消费税	179974	91477	96.7
个人所得税	186975	140625	33.0
营业税	122828	96496	27.3
企业所得税	905981	619305	46.3
财政支出	1089542	777780	40.1
基建支出	566074	408803	38.5

北京经济技术开发区进出口总值一览表

单位：万美元

项 目	2011 年	2010 年	增减 %
进出口总值	2525397	2605528	-3.1
进口总值	1420298	1302470	9.0
机电产品进口	1262263	1166897	8.2
外商及港澳台企业	1217753	1262800	-3.6
高新技术企业	467630	544449	-14.1
出口总值	1105099	1303058	-15.2
机电产品出口	1082051	1284056	-15.7
外商及港澳台企业	1066611	1283431	-16.9
高新技术企业	899030	1073717	-16.3

招商引资

北京经济技术开发区招商引资情况一览表

项 目	单位	2011 年	2010 年	增减 %
批准企业个数	个	1038	866	19.9
外商及港澳台企业	个	45	42	7.1
内资企业	个	993	824	20.5
批准企业投资总额	万美元	635719	607229	4.7
外商及港澳台企业	万美元	118880	39119	203.9
内资企业	万元	849899	773010	9.9
增资企业	万美元	381954	451389	-15.4
合同外资金额	万美元	170640	73647	131.7
外商实际投资	万美元	64466	31780	102.8
批准企业注册资本	万美元	573334	537312	6.7
外商及港澳台企业	万美元	84110	21127	298.1
内资企业	万元	849899	773010	9.9
增资企业	万美元	354339	399464	-11.3

北京经济技术开发区外商及港澳台投资企业主要国别或地区一览表

单位：个，万美元

国别	企业个数	投资总额	注册资本	合同外资金额
中国（香港）	18	103306	71588	67108
美国	10	2161	2090	816
开曼群岛	2	1681	851	851
韩国	2	256	250	153
德国	2	124	91	91
日本	2	97	97	43
英国	1	8036	2679	2679
文莱	1	2500	1500	1500
新加坡	1	90	65	65
中国（台湾）	1	18	15	15
澳大利亚	1	2	2	2
加拿大	1	2	2	2

北京经济技术开发区投资总额1000万美元以上的外商及港澳台企业一览表

序号	企业名称
1	基特尔（中国）有限公司
2	北京励家纬世科技有限公司
3	京东贝（北京）光电科技有限公司
4	北京纬地经天科技有限公司
5	晶科光电（北京）信息材料有限公司
6	易美芯光（北京）科技有限公司
7	网通宽带网络有限责任公司
8	华润医药控股有限公司
9	华润电力燃料（中国）有限公司
10	纬图通信贸易（中国）有限公司

北京经济技术开发区工业总产值（现价）超过 10 亿元企业一览表

序号	企业名称
1	诺基亚通信有限公司
2	北京奔驰汽车有限公司
3	富泰京精密电子（北京）有限公司
4	拜耳医药保健有限公司
5	威讯联合半导体（北京）有限公司
6	SMC（中国）有限公司
7	北京京东方光电科技有限公司
8	北京金风科创风电设备有限公司
9	博世力士乐（北京）液压有限公司
10	利乐包装（北京）有限公司
11	施耐德（北京）低压电器有限公司
12	北京德尔福万源发动机管理系统有限公司
13	资生堂丽源化妆品有限公司
14	航卫通用电气医疗系统有限公司
15	北京同仁堂健康药业股份有限公司
16	中芯国际集成电路制造（北京）有限公司
17	三洋能源（北京）有限公司
18	中国石油集团海洋工程有限公司
19	安迅（北京）金融设备系统有限公司
20	北京 ABB 高压开关设备有限公司
21	北京同仁堂科技发展股份有限公司
22	加多宝（中国）饮料有限公司
23	赛诺菲安万特（北京）制药有限公司
24	经纬纺织机械股份有限公司
25	北京泰德制药股份有限公司
26	揖斐电电子（北京）有限公司
27	北京京运通科技股份有限公司
28	和路雪（中国）有限公司
29	蓝星（北京）化工机械有限公司
30	北京光宝移动电子电信部件有限公司
31	悦康药业集团有限公司
32	比泽尔制冷技术（中国）有限公司
33	宝健（中国）日用品有限公司
34	楼氏电子（北京）有限公司
35	北京可口可乐饮料有限公司
36	北京大宝化妆品有限公司
37	颇尔过滤器（北京）有限公司
38	北京天诚同创电气有限公司

北京经济技术开发区出口总额超过 1000 万美元的企业一览表

序号	企业名称
1	诺基亚通信有限公司
2	北京同仁堂股份有限公司
3	中冶京诚工程技术有限公司
4	北京金风天通进出口贸易有限公司
5	中国石油集团海洋工程有限公司
6	中航技进出口有限责任公司
7	施耐德（北京）低压电器有限公司
8	北京德尔福万源发动机管理系统有限公司
9	北京京东方光电科技有限公司
10	中科晶电信息材料（北京）有限公司
11	北京 ABB 高压开关设备有限公司
12	航卫通用电气医疗系统有限公司
13	SMC（中国）有限公司
14	北京金佰利个人卫生用品有限公司
15	三洋能源（北京）有限公司
16	北京通用电气华伦医疗设备有限公司
17	富士康精密组件（北京）有限公司
18	揖斐电电子（北京）有限公司
19	威讯联合半导体（北京）有限公司
20	英资莱尔德无线通信技术（北京）有限公司
21	北京松下电工有限公司
22	贝尔罗斯（北京）电子电信部件有限公司
23	中芯国际集成电路制造（北京）有限公司
24	乐金化学显示器材料（北京）有限公司
25	颇尔过滤器（北京）有限公司
26	艾尼克斯电子（北京）有限公司
27	卡夫食品（北京）有限公司
28	瓦里安医疗设备（中国）有限公司
29	富泰京精密电子（北京）有限公司
30	博世力士乐（北京）液压有限公司
31	诺基亚（中国）投资有限公司
32	安迅（北京）金融设备系统有限公司
33	康明斯排放处理系统（中国）有限公司
34	北京松下照明光源有限公司
35	恩智浦半导体（北京）有限公司

能源消费

北京经济技术开发区全社会能源消费量（等价值）

单位：万吨标准煤

项　目	2011年	2010年	增减%
合　计	127.88	118.42	7.99
第二产业	108.83	102.03	6.67
工业	93.83	78.92	18.89
第三产业	16.35	13.84	18.15
人民生活	2.70	2.55	5.83

注：1．本表能源数据均为北京市统计局反馈的能源年度核算库数据。
2．等价值：指加工转换产出的某种二次能源与相应投入的一次能源的当量，即获得一个度量单位的某种二次能源所消耗的，以热值表示的一次能源量。

北京经济技术开发区规模以上二、三产业能源消费量（当量值）

（按行业门类分）

单位：万吨标准煤

项　目	2011年	2010年	增减%
合　计	72.83	74.50	−2.25
第二产业	65.18	67.47	−3.39
采矿业	2.93	2.45	19.71
制造业	42.00	37.02	13.45
电力、燃气及水的生产和供应业	9.18	9.06	1.34
建筑业	11.07	18.94	−41.54
第三产业	7.64	7.03	8.65
交通运输、仓储和邮政业	1.62	1.73	−6.55
信息传输、计算机服务和软件业	1.18	0.93	26.43
批发和零售业	1.55	1.42	9.38
住宿和餐饮业	0.53	0.44	20.88
金融业	–	–	–
房地产业	0.91	0.78	15.96
租赁和商务服务业	0.17	0.10	68.31
科学研究、技术服务和地质勘查业	1.01	0.85	19.51
水利、环境和公共设施管理业	0.09	0.10	−10.52
居民服务和其他服务业	0.03	0.03	−7.30
教育	0.14	0.14	−1.37
卫生、社会保障和社会福利业	0.08	0.07	14.92
文化、体育和娱乐业	–	–	–
公共管理和社会组织	0.32	0.43	−26.11

注：门类“公共管理和社会组织”不等同于“公共机构”。公共机构目前暂无明确划分标准。

北京经济技术开发区规模以上工业企业综合能源消费量（当量值）

（按行业大类分）　　单位：万吨标准煤

项　目	2011年	2010年	增减%
合　计	54.11	48.53	11.51
采矿业	2.93	2.45	19.71
石油和天然气开采业	2.93	2.45	19.71
制造业	42.00	37.02	13.45
农副食品加工业	0.02	0.01	16.46
食品制造业	1.87	1.69	10.70
饮料制造业	0.91	0.91	0.06
纺织服装、鞋、帽制造业	0.02	0.01	43.87
造纸及纸制品业	0.79	0.74	6.67
印刷业和记录媒介的复制	1.46	1.38	5.89
化学原料及化学制品制造业	2.99	2.95	1.42
医药制造业	2.35	2.19	6.98
化学纤维制造业	0.49	0.47	4.23
橡胶制品业	0.01	0.01	−2.83
塑料制品业	0.59	0.58	1.73
非金属矿物制品业	0.07	0.07	12.64
金属制品业	0.15	0.14	7.91
通用设备制造业	2.21	1.86	18.79
专用设备制造业	2.15	2.66	−19.31
交通运输设备制造业	3.69	3.07	20.02
电气机械及器材制造业	1.95	1.64	18.78
通信设备、计算机及其他电子设备制造业	19.71	16.02	23.09
仪器仪表及文化、办公用机械制造业	0.30	0.29	1.88
工艺品及其他制造业	0.28	0.33	−13.65
电力、燃气及水的生产和供应业	9.18	9.06	1.34
电力、热力的生产和供应业	9.15	9.04	1.26
燃气生产和供应业	0.02	0.02	40.67

北京经济技术开发区供电一览表

项　目	单位	2011年	2010年	增减%
报装户数	户	238	311	−23.5
报装设备容量	千伏安	974483	1171785	−16.8
接电户数	户	153	128	19.5
接电设备容量	千伏安	770831	241190	219.6
期末供电线路长度	公里	980	810	21.0
电缆	公里	870	730	19.2
架空线路	公里	110	80	37.5
期末用电户数	户	56631	34337	64.9
工业户	户	519	435	19.3
用电量	万千瓦时	287114	226377	26.8
工业用电	万千瓦时	221493	173719	27.5

北京经济技术开发区供气一览表

	项　目	单位	2011年	2010年	增减%
北京市燃气集团第四分公司	已接通户数	户	8132	1314	518.9
	天然气工业	户	1	2	−50.0
	天然气公服	户	26	48	−45.8
	天然气民用	户	8105	1264	541.2
华油联合	已接通户数	户	63698	16383	288.8
	天然气工业	户	73	14	421.4
	天然气公服	户	120	22	445.5
	天然气民用	户	63505	16347	288.5

北京经济技术开发区供热一览表

项　目	单位	2011年	2010年	增减%
营业收入	万元	26938	19716	36.6
供应能力	*	*	*	*
蒸汽供应能力	吨/小时	795	795	0.0
高温热水供应能力	兆瓦	382	150	154.7
期末用热户数	户	279	258	8.1
蒸汽户数	户	234	227	3.1
高温热水户数	户	20	12	66.7
其他	户	25	19	31.6
期末管线长度	公里	51.8	39.1	32.5
蒸汽管线长度	公里	35.4	34.6	2.3
高温热水管线长度	公里	14.4	2.5	476.0
其他	公里	2	2	0.0
采暖面积	万平方米	911	758	20.2
蒸汽采暖面积	万平方米	698	580	20.3
高温热水采暖面积	万平方米	199.1	164	21.6
其他	万平方米	14	14	0.0

全社会固定资产投资

北京经济技术开发区全社会固定资产投资完成情况一览表

单位：亿元

项　　目	2011 年	2010 年	增减 %
投资额合计	320.2	225.2	42.2
民间投资	171.7	122.0	40.7
按构成分	*	*	*
建筑工程	132.2	98.6	34.1
安装工程	3.0	3.6	−16.8
设备工器具购置	152.7	68.6	122.7
其他费用	32.3	54.4	−40.6
按产业分	*	*	*
第二产业	219.6	119.9	83.1
工业	219.5	119.8	83.2
第三产业	100.7	105.3	−4.4
房地产开发	70.7	52.0	36.1
住宅	20.8	11.4	82.2
按投资主体分	*	*	*
城镇投资	249.5	173.2	44.0
农村非农户投资	0	0	–
房地产开发投资	70.7	52.0	36.1
农户投资	0	0	–

注：表内数据为项目建设地口径，按构成分组不包括农户投资。

社会消费品零售额

北京经济技术开发区社会消费品零售额一览表

单位：亿元

项　目	社会消费品零售额		
	2011 年	2010 年	增减 %
总计	235.8	197.1	19.7
按规模分	*	*	*
规模以上	235.5	196.8	19.7
规模以下及个体	0.3	0.3	–
商品交易市场	0.0	0.0	–
按行业分	*	*	*
批发零售业	233.4	195.1	19.6
住宿业	1.0	0.8	25.0
餐饮业	1.4	1.2	16.7

服务业

北京经济技术开发区规模以上服务业企业主要经济指标一览表

单位：个，人，万元

项目	单位个数	从业人员年平均人数	主营业务收入	利润总额
合计	180	32121	2218683	307882
信息传输、计算机服务和软件业	73	8320	633540	34872
租赁与商务服务业	32	12809	219777	15322
科学研究、技术服务和地质勘察业	58	7500	1314919	254076
水利、环境和公共设施管理业	4	2173	18034	303
居民服务和其他服务业	5	553	15390	1493
教育	4	–	–	–
卫生、社会保障和社会福利业	3	535	14993	1396
文化、体育和娱乐业	1	231	2031	420

北京经济技术开发区文化创意产业主要经济指标一览表

单位：个，人，万元

项目	单位个数	从业人员年平均人数	营业收入	利润总额
合计	106	18456	1065863	81344
文化艺术	1	231	2351	420
新闻出版	13	3799	163612	20345
广播、电视、电影	4	1163	199510	3246
软件、网络及计算机服务	61	8208	517978	44052
广告会展	5	391	18743	734
艺术品交易	1	519	19976	96
设计服务	7	654	26774	918
旅游、休闲娱乐	4	1574	9429	200
其他辅助服务	10	1917	107490	11333

注：统计范围为年主营业务收入100万元及以上法人工业企业、限额以上批发和零售业法人企业（年零售额2000万元及以上批发业和年零售额500万元及零售业）、限额以上服务业（年营业收入500万元及以上服务业企业）。

北京经济技术开发区现代服务业主要经济指标一览表

单位：个，人，万元

行　　业	单位个数	从业人员年平均人数	营业收入	利润总额
合计	242	35187	2678538	353898
信息传输、计算机服务和软件业	73	9577	728454	42005
电信和其他信息传输服务业	26	3478	350315	9784
计算机服务业	11	2177	211239	21039
软件业	36	3922	166900	11183
金融业	6	152	26713	-1265
银行业				
证券业	1	1		-2
保险业	1	1	164	-1
其他金融活动	4	150	26549	-1263
房地产业	64	3132	337502	41817
房地产业	64	3132	337502	41817
租赁和商务服务业	31	12808	229289	15329
商务服务业	31	12808	229289	15329
科学研究、技术服务和地质勘查业	58	7620	1324149	254076
研究与实验发展	16	2848	239068	62996
专业技术服务业	28	2305	256971	26957
科技交流和推广服务业	14	2467	828110	164123
地质勘察业				
水利、环境和公共设施管理业	2	607	10200	119
环境管理业	2	607	10200	119
教育	4	525	4887	
教育	4	525	4887	
卫生、社会保障和社会福利业	3	535	14993	1396
卫生	3	535	14993	1396
社会福利业				
文化、体育和娱乐业	1	231	2351	420
新闻出版业				
广播、电视、电影和音像业				
文化艺术业	1	231	2351	420
体育				
娱乐业				

工　业

北京经济技术开发区工业企业主要经济指标一览表

项　目	单位	2011年	2010年	增减%或百分点
营业企业单位个数	个	259	297	−12.8
从业人员年平均人数	人	152266	133910	13.7
资产总计	亿元	2391.8	1824.5	31.1
负债总计	亿元	1297.1	1067.4	21.5
主营业务收入	亿元	2336.7	2307.3	1.3
工业总产值（现价）	亿元	2284.7	2228.8	2.5
利润总额	亿元	188.7	138.5	36.2
税金合计	亿元	129.6	113.7	13.9
资产负债率	%	54.2	58.5	−4.3
流动资产周转率	次	1.8	2.1	−0.3
收入利润率	%	8.1	6.0	2.1
产品销售率	%	98.0	98.2	−0.2

注：1. 统计范围为年主营业务收入2000万元以上处于营业状态的法人工业企业。
　　2. 税金包括应交增值税、主营业务税金及附加、所得税和从管理费用中支付的各种税金。

北京经济技术开发区现代制造业主要经济指标一览表

项　目	单位	合计		
		2011年	2010年	增减%或百分点
营业企业单位个数	个	54	64	−15.6
从业人员年平均人数	人	52726	44049	19.7
资产总计	亿元	569.8	560.6	1.7
主营业务收入	亿元	1011.3	1216.8	−16.9
工业总产值（现价）	亿元	968.6	1194.8	−18.9
利润总额	亿元	48.0	64.7	−25.8
税金合计	亿元	29.7	40.4	−26.4
资产负债率	%	50.5	57.1	−6.6
收入利润率	%	4.7	5.3	−0.6
产品销售率	%	101.8	99.7	2.1

注：1. 统计范围为年主营业务收入2000万元以上处于营业状态的法人工业企业。
　　2. 税金包括所得税、应交增值税、主营业务税金及附加和从管理费用中支付的各种税金。

北京经济技术开发区高技术工业主要经济指标一览表

项　目	单位	合计		
		2011年	2010年	增减%或百分点
营业企业单位个数	个	105	121	-13.2
从业人员年平均人数	人	77922	67249	15.9
资产总计	亿元	1285.7	881.4	45.9
主营业务收入	亿元	1289.9	1504.8	-14.3
工业总产值（现价）	亿元	1281.2	1502.3	-14.7
利润总额	亿元	69.1	59.1	17.0
税金合计	亿元	33.2	46.8	-29.1
资产负债率	%	53.6	60.3	-6.7
收入利润率	%	5.4	3.9	1.4
产品销售率	%	99.2	98.3	0.9

注：1. 统计范围为年主营业务收入2000万元以上处于营业状态的法人工业企业。
2. 税金包括所得税、应交增值税、主营业务税金及附加和从管理费用中支付的各种税金。

北京经济技术开发区都市工业主要经济指标一览表

项　目	单位	合计		
		2011年	2010年	增减%或百分点
营业企业单位个数	个	48	54	-11.1
从业人员年平均人数	人	30937	27591	12.1
资产总计	亿元	204.3	205.9	-0.8
主营业务收入	亿元	236.6	193.7	22.1
工业总产值（现价）	亿元	226.3	181.8	24.5
利润总额	亿元	28.0	22.0	27.3
税金合计	亿元	17.3	12.5	38.4
资产负债率	%	50.9	58.5	-7.6
收入利润率	%	11.8	11.4	0.4
产品销售率	%	96.3	99.8	-3.5

注：1. 统计范围为年主营业务收入2000万元以上法人工业单位。
2. 税金包括应交增值税、主营业务税金及附加和从管理费用中支付的各种税金。

劳动工资

北京经济技术开发区从业人员一览表

单位：人

项　目	2011年年末人数	2011年平均人数
合　计	227466	226143
按行业分组		
农、林、牧、渔业	90	77
采矿业	3230	3219
制造业	149442	149375
电力、燃气及水的生产和供应业	1013	1054
建筑业	9503	9273
交通运输、仓储和邮政业	10940	10685
信息传输、计算机服务和软件业	10115	9909
批发和零售业	15001	14336
住宿和餐饮业	1410	1375
金融业	114	111
房地产业	3337	3078
租赁和商务服务业	11750	12221
科学研究、技术服务和地质勘查业	7760	7502
水利、环境和公共设施管理业	1571	1547
居民服务和其他服务业	481	640
教育	523	601
卫生、社会保障和社会福利业	–	–
文化、体育和娱乐业	414	375
公共管理和社会组织	772	765

北京经济技术开发区从业人员劳动工资一览表

项　目	2011年工资总额（万元）	2011年平均工资（元）
合　计	1809025	79995
按行业分组		
农、林、牧、渔业	1030	133816
采矿业	28964	89979
制造业	1110691	74356
电力、燃气及水的生产和供应业	9069	86039
建筑业	52095	56180
交通运输、仓储和邮政业	87166	81578
信息传输、计算机服务和软件业	123685	124821
批发和零售业	214368	149531
住宿和餐饮业	4655	33851
金融业	640	57642
房地产业	19931	64752
租赁和商务服务业	51375	42039
科学研究、技术服务和地质勘查业	80639	107490
水利、环境和公共设施管理业	9354	60463
居民服务和其他服务业	3280	51257
教育	3384	56299
卫生、社会保障和社会福利业	—	—
文化、体育和娱乐业	2521	67234
公共管理和社会组织	6178	80773

高新技术企业情况

北京经济技术开发区高新技术企业情况一览表				
项　目	单位	2011年	2010年	增减%
拥有企业数	个	474	448	5.8
工业总产值（现价）	万元	2087.3	2155.8	−3.2
总收入	万元	3212.7	3484.5	−7.8
产品销售收入	万元	2193.5	2399.3	−8.6
利润总额	万元	291.0	330.0	−11.8
上缴税费总额	万元	224.9	247.6	−9.2

资料来源：统计资料中的所有表格均由开发区统计局、调查队提供。

附录

北京经济技术开发区年鉴 2012

BEIJING ECONOMIC-TECHNOLOGICAL DEVELOPMENT AREA YEARBOOK

2011年北京经济技术开发区内世界500强企业一览表

序号	企业名称	区内投资项目名称
1	通用电气（美国）	航卫通用电气医疗系统有限公司
2		北京通用电气华伦医疗设备有限公司
3		通用电气运输系统（中国）有限公司
4		北京通用电气（中国）融资租赁有限责任公司
5	通用汽车（美国）	北京奥多特汽车技术服务有限公司
6	德尔福（美国）	北京德尔福万源发动机管理系统有限公司
7		北京德尔福技术开发有限公司
8	IBM（美国）	北京艾科泰国际电子有限公司
9	康宁（美国）	康宁显示科技（中国）有限公司
10		北京康宁光缆有限公司
11	可口可乐（美国）	北京可口可乐饮料有限公司
12	金佰利（美国）	北京金佰利个人卫生用品有限公司
13	摩根斯坦利（美国）	第一联合资产管理有限责任公司
14		华摩通资产管理有限公司
15		第二联合资产管理有限公司
16	JP摩根（美国）	通合资产管理有限责任公司
17		通源资产管理有限责任公司
18	高盛（美国）	融盛资产管理有限责任公司
19	联合技术（美国）	华润协鑫（北京）热电有限公司
20	霍尼韦尔（美国）	北京霍尼韦尔节能设备有限公司
21	TYCO（美国）	泰科流体控制（北京）有限公司
22	AP（美国）	法美高新气体（北京）有限公司
23	施耐德（法国）	施耐德（北京）中压电器有限公司
24		施耐德（北京）低压电器有限公司
25		施耐德电气销售（北京）有限公司
26	联合利华（荷兰、英国）	和路雪（中国）有限公司
27	诺基亚（芬兰）	诺基亚通信有限公司
28		诺基亚西门子通信网络科技服务有限公司
29		诺基亚（中国）投资有限公司
30		诺基亚联新互联网络服务有限公司
31		诺基亚（北京）通信技术服务有限公司
32		纬图通信贸易（中国）有限公司
33	拜耳（德国）	拜耳医药保健有限公司
34		拜耳材料科技（北京）有限公司
35	安万特（法国）	北京安万特制药有限公司
36	赫斯特（德国）	梅塞尔北方工业气体有限公司（北京）
37	欧倍德（英国翠丰集团）	欧倍德时尚家居购物中心

（续表 1）

序号	企业名称	区内投资项目名称
38	松下（日本）	北京松下电工有限公司
39		北京松下照明光源有限公司
40	乐天，三井物产（韩国、日本）	乐天（中国）食品有限公司
41	三井物产（日本）	北京住力电通光电技术有限公司
42		北京三井联通通信技术有限公司
43	伊藤忠（日本）	北京伊藤忠华堂综合加工有限公司
44	飞利浦（荷兰）	北京中视联条件接受系统有限公司
45	三洋（日本）	三洋能源（北京）有限公司
46	东芝（日本）	拓普康（北京）科技有限公司
47		北京三广医疗器械有限公司
48	现代（韩国）	北京京东方光电科技有限公司
49	好利获得（意大利）	北京万高宝信息系统工程有限公司
50	日立（日本）	北京日立北工大信息系统有限公司
51	戴姆勒－克莱斯勒（德国）	北京奔驰－戴姆勒·克莱斯勒汽车有限公司
52	三菱汽车（日本）	三菱吉普
53	欧姆龙（日本）	欧姆龙分公司
54	美国应用材料（美国）	美国应用材料公司
55	百胜餐饮集团（美国）	肯德基配送中心
56	DOVER（美国）	奥科电子（北京）有限公司
57		楼氏电子（北京）有限公司
58	汤姆逊（泰雷兹集团）（法国）	北京汤姆逊中信数字技术有限公司
59	ITW（美国）	北京米勒电气制造有限公司
60	百事（美国）	北京 DOLE 食品有限公司
61	普利司通（日本）	北京凡士通空气弹簧有限公司
62	ABB（瑞典、瑞士）	ABB 高压电器有限公司
63		ABB 低压电器有限公司
64	日本凸版（日本）	北京日邦印刷有限公司
65	博世（德国）	博世汽车检测设备（北京）有限公司
66		博世热力技术（北京）有限公司
67		博世力士乐（北京）液压有限公司
68	铃木（日本）	铃木（中国）投资有限公司
69	乐金电子（韩国）	乐金化学显示器材料有限公司
70	UBS（瑞士）	融瑞资产管理有限公司
71	德意志银行（德国）	德恒资产管理有限责任公司
72	英国航空（英国）	金鹰国际货运代理有限公司
73	TPG（TNT）（荷兰）	北京天地达快运有限责任公司

（续表2）

序号	企业名称	区内投资项目名称
74	SK（韩国）	爱思开（北京）公路科技有限公司
75		爱思开（北京）咨询有限公司
76		爱思开（中国）文化创意产业发展有限公司
77	卡夫（美国）	卡夫食品（北京）有限公司
78	中国石油（中国）	中石油海洋工程技术有限公司
79	敦豪（德国邮政）	敦豪（中国）总部
80	三菱重工（日本）	北京首旅普兰德洗涤有限公司
81		北京三菱重工北人印刷机械有限公司
82	美国国际集团、德意志银行（美国、德国）	融德资产管理有限公司
83	3M（美国）	3M北京技术中心（分公司）
84	李尔（美国）	北京北汽李尔汽车系统有限公司
85	皇家壳牌石油（荷兰）	壳牌北京研发中心
86	法国里昂证券（法国农业信贷银行）	北京泰德制药股份有限公司
87	鸿海集团（中国台湾）	富士康精密组件（北京）有限公司
88		富泰京精密电子（北京）有限公司
89	伟创力（新加坡）	伟创力电源系统（北京）有限公司
90	强生（美国）	大宝化妆品有限公司
91	中冶集团（中国）	中冶京诚工程技术有限公司
92	英特尔（美国）	英特尔移动通信技术（北京）有限公司
93		北京望海康信科技有限公司
94	住友化学（日本）	住化华北电子材料科技（北京）有限公司
95	国家电网公司（中国）	国网信息通信有限公司
96		北京中电飞华通信股份有限公司
97	中航工业集团（中国）	中航技进出口有限公司
98		中航国际北京公司
99		中航凯新（北京）船舶有限公司
100	中信集团	北京中信新城房地产有限公司
101	沃尔玛（美国）	沃尔玛山姆会员店（亦庄店）
102	中国铝业集团公司（中国）	中铝物资供销有限公司
103	中电信息产业集团（中国）	瑞得盛科技开发有限责任公司
104	联想控股（中国）	网通宽带网络有限责任公司
105	中国机械工业集团（中国）	中国国机重工集团有限公司
106	首钢集团（中国）	安川首钢机器人有限公司
107	华润集团（中国香港）	华润医药控股有限公司
108		华润电力燃料（中国）有限公司

开发区产促局提供

2011年北京经济技术开发区引进中央企业项目一览表		
序号	项目	名称
1	南航北京航空产业城	中国南方航空集团公司
2	航天高端装备制造产业园	中国航天科技集团有限公司
3	彩虹北京光电产业基地	中国彩虹集团公司
4	云计算中心楼与大兴局通信综合楼	中国电信股份有限公司北京分公司
5	地区总部及研发设计中心	华润微电子有限公司
6	中国区总部	华润电力燃料（中国）有限公司
7	营销中心、配件中心、培训中心等	中国国机重工集团有限公司
8	半导体照明及集成电路设计	中国电子科技集团公司第十三研究所
9	汽车及零部件的设计、制造、销售等	中国航空汽车工业控股有限公司
10	政府项目以及国际化业务发展	中航国际成套设备有限公司
11	利润中心和高科技研发中心	中国黄金集团建设有限公司
12	中国黄金集团黄金珠宝有限责任公司总部、营销结算中心等	中国黄金集团公司
13	公司总部、研发中心、销售中心、服务中心、工程总包中心	中航动力科技工程有限责任公司

开发区产促局提供

2011年北京经济技术开发区纳税前50名企业一览表	
序号	企业名称
1	诺基亚（中国）投资有限公司
2	北京奔驰汽车有限公司
3	拜耳医药保健有限公司
4	利乐包装（北京）有限公司
5	北京泰德制药股份有限公司
6	施耐德（北京）中低压电器有限公司
7	资生堂丽源化妆品有限公司
8	诺基亚通信有限公司
9	中外运—敦豪国际航空快件有限公司
10	博世力士乐（北京）液压有限公司
11	中冶京诚工程技术有限公司
12	北京ABB高压开关设备有限公司
13	赛诺菲安万特（北京）制药有限公司
14	北京金风科创风电设备有限公司
15	宝健（中国）日用品有限公司

（续表1）

序号	企业名称
16	航卫通用电气医疗系统有限公司
17	北京大宝化妆品有限公司
18	北京和裕房地产开发有限公司
19	加多宝（中国）饮料有限公司
20	融德资产管理有限公司
21	威讯联合半导体（北京）有限公司
22	北京德尔福万源发动机管理系统有限公司
23	诺基亚西门子通信网络科技服务有限公司
24	北京同仁堂科技发展股份有限公司
25	北京经济技术投资开发总公司
26	中航技进出口有限责任公司
27	比泽尔制冷技术（中国）有限公司
28	北京可口可乐饮料有限公司
29	中国石油集团海洋工程有限公司
30	SMC（中国）有限公司
31	北京惠买在线网络科技有限公司
32	安迅（北京）金融设备系统有限公司
33	颇尔过滤器（北京）有限公司
34	华北高速公路股份有限公司
35	中国航空技术北京有限公司
36	北京京东世纪信息技术有限公司
37	北京之星汽车服务有限公司
38	北京经开工大投资管理有限公司
39	航天长征化学工程股份有限公司
40	揖斐电电子（北京）有限公司
41	北京华德液压工业集团有限责任公司
42	第一三共制药（北京）有限公司
43	北京京诚瑞达电气工程技术有限公司
44	嘉康利（中国）日用品有限公司
45	百泰生物药业有限公司
46	福莱克斯光变颜料有限公司
47	北京中科彩技术有限公司
48	北京京精医疗设备有限公司
49	北京百得利汽车进出口集团有限公司
50	北京金辰西维科安全印务有限公司

开发区产促局提供

2011年北京经济技术开发区增税前50名企业一览表		
排名	企业名称	备注
1	中国石油集团海洋工程有限公司	
2	航卫通用电气医疗系统有限公司	
3	北京京运通科技股份有限公司	
4	中国航空技术北京有限公司	
5	嘉康利（中国）日用品有限公司	
6	北京经纬纺机新技术有限公司	
7	北京惠买文化传媒有限公司	
8	北京永晖投资管理有限公司	
9	金鹰国际货运代理有限公司	
10	北京赛升药业股份有限公司	
11	SMC（中国）有限公司	
12	施耐德（北京）中压电器有限公司	
13	威讯联合半导体（北京）有限公司	
14	海信（北京）电器有限公司	大兴
15	北京威派格科技发展有限公司	大兴
16	北京惠买在线网络科技有限公司	
17	北京利德曼生化股份有限公司	
18	阿帕奇（北京）光纤激光技术有限公司	
19	北京丰裕房地产开发有限公司	
20	北京华利嘉环境工程技术有限公司	大兴
21	北京奔驰汽车有限公司	
22	赛诺菲安万特（北京）制药有限公司	
23	联通宽带业务应用国家工程实验室有限公司	
24	利乐包装（北京）有限公司	
25	博洛尼家居用品（北京）有限公司	大兴
26	锋电能源技术有限公司	
27	北京全国棉花交易市场有限责任公司	
28	北京星和众工设备技术股份有限公司	
29	北京博大经开建设有限公司	
30	中冶集团华冶资源开发有限责任公司	
31	施耐德（北京）中低压电器有限公司	
32	揖斐电电子（北京）有限公司	
33	北京龙源冷却技术有限公司	
34	北京联馨药业有限公司	大兴
35	北京牡丹联友电子工程有限公司	
36	北京宝盾门业技术有限公司	

（续表1）

排名	企业名称	备注
37	舒泰神（北京）生物制药股份有限公司	
38	北京联拓诚信商贸有限公司	
39	北京之星汽车服务有限公司	
40	北京同仁堂股份有限公司	
41	博世汽车检测设备（北京）有限公司	
42	北京中交通信科技有限公司	
43	易安基自动化设备（北京）有限公司	
44	北京通用电气华伦医疗设备有限公司	
45	博世力士乐（北京）液压有限公司	
46	百泰生物药业有限公司	
47	保尔沃特冶金技术（北京）有限公司	
48	北京经济技术投资开发总公司	
49	北京赛德高科铁道电气科技有限责任公司	
50	北京凯因科技股份有限公司	

开发区产促局提供

2011年北京经济技术开发区新开工建设项目一览表

序号	批开工日期	项目	建设单位
1	1月10日	基建办2008年二期市政工程6标段科创街（经海一路－经海四路）	北京经济技术开发区基建办公室
2	1月10日	总公司1号宿舍楼等10项	北京经济技术投资开发总公司
3	1月17日	2010年一期市政4标段（科创十一街、经海五路、经海六路）	北京经济技术开发区基建办公室
4	1月20日	中美天道生产车间C	中美天道（北京）生物技术有限公司
5	1月20日	维京宏强J1、J2楼及地下室	北京维京宏强投资管理有限公司
6	1月20日	东进101#生产车间等3项	北京东进世美肯科技有限公司
7	1月20日	海吉星B座生产厂房	北京海吉星医疗科技有限公司
8	1月24日	总部厂房及研发办公综合楼等2项	北京坤鼎投资管理有限公司
9	1月30日	北京锦江富园大酒店三层健康VIP会所装修改造	北京锦江富园大酒店有限公司
10	2月11日	利德曼生物制剂生产等6项	北京利德曼生化股份有限公司
11	3月2日	基建办2010年二期市政工程	北京经济技术开发区基建办公室
12	3月3日	赛蒂1号生产楼和地下室等5项及北侧门卫室等2项	赛蒂（北京）国际服装服饰有限公司
13	3月4日	总公司 生产研发1#楼等15项	北京经济技术投资开发总公司

（续表 1）

序号	批开工日期	项 目	建设单位
14	3 月 8 日	基建办 1 号供热厂燃气锅炉房等 6 项	北京经济技术开发区基建办公室
15	3 月 8 日	基建办 2010 年一期市政 6 标段（科创街）	北京经济技术开发区基建办公室
16	3 月 17 日	中视联 B 生产研发楼装修	北京中视联国际数字产业园建设有限公司
17	3 月 21 日	总公司 X82–1# 住宅楼等 22 项及 82–23# 配套公建等 8 项	北京经济技术投资开发总公司
18	3 月 23 日	总公司 X76–1# 住宅楼等 29 项及 X76–30# 配套公建（其他商业服务）等 15 项	北京经济技术投资开发总公司
19	3 月 23 日	亿仁投资主厂房及附属用房	亿仁投资集团有限公司
20	3 月 28 日	开发区国家税务局综合业务用房维修改造项目（内装修）	北京经济技术开发区国家税务局
21	4 月 1 日	基建办公安分局办公楼南楼改造工程	北京经济技术开发区基建办公室
22	4 月 1 日	欣联恒业生产楼等 2 项	北京欣联恒业投资有限责任公司
23	4 月 2 日	新立基 1# 联合车间等三项	北京新立基真空玻璃技术有限公司
24	4 月 18 日	基建办轻轨人行天桥工程	北京经济技术开发区基建办公室
25	4 月 20 日	中电科 2 号综合厂房、3 号装配厂房等 2 项	北京中电科电子装备有限公司
26	4 月 26 日	京运通服务楼（集体宿舍、食堂及室内球场等）等 2 项	北京京运通科技股份有限公司
27	5 月 3 日	基建办 GE 人行过街天桥	北京经济技术开发区基建办公室
28	5 月 4 日	市政管理局附属用房（4 号公交场站）	北京经济技术开发区市政管理局
29	5 月 4 日	基建办京东方八代线再生水管网工程 4 标段	北京经济技术开发区基建办公室
30	5 月 4 日	基建办经海三路（科创街 – 科创七街）市政工程	北京经济技术开发区基建办公室
31	5 月 6 日	投资开发总公司 11 号宿舍楼等 12 项	北京经济技术投资开发总公司
32	5 月 10 日	亦庄数字兴伟单层厂房等 15 项	北京亦庄数字显示产业管理有限公司
33	5 月 11 日	基建办 2010 年一期市政 1 标段	北京经济技术开发区基建办公室
34	5 月 11 日	基建办 2010 年一期市政 12 标段	北京经济技术开发区基建办公室
35	5 月 11 日	基建办 2010 年一期市政 13 标段	北京经济技术开发区基建办公室
36	5 月 11 日	基建 2010 年三期市政工程 1 标段	北京经济技术开发区基建办公室
37	5 月 11 日	基建 2010 年三期市政工程 2 标段	北京经济技术开发区基建办公室
38	5 月 11 日	基建 2010 年三期市政工程 4 标段	北京经济技术开发区基建办公室
39	5 月 11 日	基建 2010 年三期市政工程 5 标段	北京经济技术开发区基建办公室

（续表2）

序号	批开工日期	项目	建设单位
40	5月11日	博电新力研发制造中心厂房及附属设施综合楼	北京博电新力电力系统仪器有限公司
41	5月19日	赛斯特厂房等2项	北京赛斯特新世纪服装有限公司
42	5月19日	华延芯光生产厂房等6项	华延芯光（北京）科技有限公司
43	5月23日	微谷生物动物房	北京微谷生物医药有限公司
44	5月26日	百泰生物二号综合生产厂房中试区等2项	百泰生物药业有限公司
45	5月26日	电子科技体育馆等2项	北京电子科技职业学院
46	5月27日	生产厂房二及研发中心	北京绿竹生物制药有限公司
47	5月30日	博大世通1#保税仓库等10项	博大世通国际物流（北京）有限公司
48	5月31日	北大药业厂房屋顶加建工程	北京北大药业有限公司
49	6月3日	总公司X79-1#住宅楼等36项（Ⅱ标段）	北京经济技术投资开发总公司
50	6月3日	工业和信息化部电子工业研究所实验检测楼等2项	工业和信息化部电子工业标准化研究所
51	6月3日	总公司X79-1#住宅楼等36项（Ⅰ标段）	北京经济技术投资开发总公司
52	6月3日	总公司X75-1#住宅楼等40项（Ⅰ标段）	北京经济技术投资开发总公司
53	6月3日	总公司X75-1#住宅楼等40项（Ⅱ标段）	北京经济技术投资开发总公司
54	6月3日	总公司X77-1#住宅楼等48项	北京经济技术投资开发总公司
55	6月8日	总公司X80-1#住宅楼等50项	北京经济技术投资开发总公司
56	6月8日	总公司X81-1#住宅楼等41项	北京经济技术投资开发总公司
57	6月15日	和裕房地产A-1#办公楼及商业裙房等11项	北京和裕房地产开发有限公司
58	6月15日	和裕房地产B-4#楼办公楼等10项	北京和裕房地产开发有限公司
59	6月15日	和裕房地产B-1#办公楼及商业裙房等11项	北京和裕房地产开发有限公司
60	6月15日	和裕房地产B-7#办公楼及商业裙房等12项	北京和裕房地产开发有限公司
61	6月15日	和裕房地产C-1#办公楼及商业裙房等12项	北京和裕房地产开发有限公司
62	6月22日	总公司A座写字楼等9项	北京经济技术投资开发总公司
63	6月22日	运通博世汽车增建汽车维修车间（Ⅰ段）等2项	北京运通博世汽车销售服务有限公司
64	6月30日	亦庄镇政府科创一街（经海一路－经海路）道路、雨污水工程	北京市大兴区亦庄镇人民政府
65	7月4日	207号污水处理站等2项	北京天坛生物制品股份有限公司
66	7月4日	总公司进水截留井等6项	北京经济技术投资开发总公司

（续表 3）

序号	批开工日期	项 目	建设单位
67	7 月 18 日	东尚泰和 B–2 部件装配车间等 12 项	北京东尚泰和科技有限公司
68	7 月 18 日	三盈联合联合厂房	北京三盈联合石油技术有限公司
69	7 月 20 日	世纪浩然 6# 研发办公楼等 3 项	北京世纪浩然动力科技开发有限公司
70	7 月 21 日	泰德综合楼（配套宿舍）等 2 项	北京泰德制药股份有限公司
71	7 月 22 日	X31F1 地块住宅项目装修工程（1、2、3、5 号楼）	北京博大新元房地产开发有限公司
72	7 月 22 日	X31F1 地块住宅项目装修工程（4、6、7 号楼）	北京博大新元房地产开发有限公司
73	7 月 22 日	开发区 X17R1 地块住宅项目精装修工程 (5、6、12 号楼）	北京经济技术投资开发总公司
74	7 月 22 日	X17R1 地块住宅项目精装修工程（1、2、3、4、7、8、9、10、11、13、14、15、16、17 号楼）	北京经济技术投资开发总公司
75	7 月 27 日	0# 综合楼（公共服务平台）等 12 项及 1# 研发办公楼等 8 项	北京经开工大投资管理有限公司
76	8 月 8 日	天坛生物 201 号办公质保楼	北京天坛生物制品股份有限公司
77	8 月 15 日	康特荣宝研发生产楼等 4 项（组装厂房）	北京康特荣宝电子有限公司
78	8 月 15 日	康特荣宝研发生产楼等 4 项（研发生产楼、清洗厂房、注塑模具厂房）	北京康特荣宝电子有限公司
79	8 月 15 日	康宁 1 号厂房（北京二期第一阶段）等 9 项	康宁显示科技（中国）有限公司
80	8 月 19 日	光宝移动喷漆车间等 3 项	北京光宝移动电子电信部件有限公司
81	8 月 19 日	清大科华 B 组办公楼等 4 项	清大科华创意港（北京）科技有限公司
82	8 月 19	康盛工业园 31 号楼（通用电气）	北京通用电气华伦医疗设备有限公司
83	8 月 19	大族 T1# 办公楼等 4 项	大族环球科技股份有限公司
84	8 月 19	大族 T3# 办公楼等 3 项	大族环球科技股份有限公司
85	8 月 24 日	拜耳 4 号分类贴签建筑二层扩建等 4 项	拜耳医药保健有限公司
86	8 月 31 日	华仪乐业 1# 厂房等 10 项（3#、6#、7# 楼）	北京华仪乐业节能服务有限公司
87	9 月 5 日	翰博高科 1# 生产厂房等 8 项	翰博高科（北京）电子有限公司
88	9 月 5 日	环博达 3 号车间	北京环博达物流有限公司
89	9 月 5 日	中钢投资 A 座写字楼等 6 项	中钢投资有限公司
90	9 月 13 日	中体彩汇龙森 6# 楼装修改造工程	中体彩科技发展有限公司
91	9 月 19 日	德为 1 号电子厂房等 7 项及 3 号电子厂房等 5 项	德为显示科技股份有限公司
92	9 月 24 日	晶片加工车间等 2 项	中科晶电信息材料（北京）有限公司
93	10 月 10 日	奔驰 1 号厂房西扩厂房等 3 项	北京奔驰汽车有限公司

（续表 4）

序号	批开工日期	项 目	建设单位
94	10 月 12 日	研发车间等 4 项	北京恒昌顺乳胶科技发展有限公司
95	10 月 12 日	2011 年一期市政工程 2 标段	北京经济技术开发区基建办公室
96	10 月 12 日	2011 年一期市政工程 3 标段	北京经济技术开发区基建办公室
97	10 月 14 日	3# 生产研发楼等 13 项	北京星岛置业有限公司
98	10 月 14 日	1# 酒店等 8 项	北京中伽顺景置业有限公司
99	10 月 26 日	汉威机电厂房等 3 项	北京汉威机电有限公司
100	10 月 26 日	比泽尔一期厂房扩建	比泽尔制冷技术（中国）有限公司
101	10 月 28 日	2011 年一期市政工程 1 标段	北京经济技术开发区基建办公室
102	11 月 1 日	汽车复合材料—车间等 5 项	北京北玻嘉美科技发展有限公司
103	11 月 8 日	合众思壮 2#3# 厂房及科技试验楼、综合试验楼等 6 项	合众思壮北斗导航有限公司
104	11 月 14 日	生产研发中心	北京森菲克斯科技开发有限公司
105	11 月 21 日	越海物流 2# 库房等 2 项	北京越海全球物流有限公司
106	11 月 22 日	义会嘉 A 座酒店等四项	北京义会嘉置业有限公司
107	11 月 23 日	海吉星科研办公楼	北京海吉星医疗科技有限公司
108	11 月 28 日	三洋 1# 废弃品库等 3 项	三洋能源（北京）有限公司
109	11 月 28 日	1# 生产厂房等 11 项	北京德尔福万源发动机管理系统有限公司
110	11 月 30 日	杂技练功厅及教师宿舍楼抗震加固工程	北京市杂技学校
111	11 月 30 日	经开工大 A1 办公楼及其配套商业楼等 5 项（一标段）	北京经开工大投资管理有限公司
112	11 月 30 日	经开工大 A1 办公楼及其配套商业楼等 5 项（二标段）	北京经开工大投资管理有限公司
113	11 月 30 日	一成泰和生产车间等三项	北京一成泰和投资有限公司
114	12 月 6 日	悦康 1# 办公楼等 19 项（4# 工人宿舍及配套服务楼、6# 生产厂房）	悦康药业集团有限公司
115	12 月 6 日	天坛 205 号实验动物房等 3 项和 104 号疫苗生产厂房	北京天坛生物制品股份有限公司
116	12 月 21 日	泰河 110KV 变电站工程	北京市电力公司
117	12 月 28 日	瑞禾彩色 1# 厂房	北京瑞禾彩色印刷有限公司
118	12 月 30 日	大连银行北京经济技术开发区支行办公用房装修改造工程	大连银行股份有限公司北京分行
119	12 月 30 日	A 座写字楼等 6 项（28C3 地块）	北京经济技术投资开发总公司
120	12 月 31 日	A1 综合商业楼等 9 项（北京城乡世纪广场项目）	北京国盛兴业投资有限公司

开发区建发局提供

2011年北京经济技术开发区内国家级研究中心、基地、实验室一览表

序号	名 称	承担企业	认定部门
1	新型疫苗国家工程研究中心	北京微谷生物技术有限公司	发展改革委
2	病毒生物技术国家工程研究中心	北京凯因生物技术有限公司	发展改革委
3	卫星导航应用国家工程研究中心	天合导航通信技术有限公司	发展改革委
4	国家人类基因组北方研究中心	北京诺赛基因组研究中心有限公司	科技部
5	国家药物安全评价监测中心	国家药物安全评价监测中心	
6	国家高技术计划（“863”计划）生物领域病毒基因载体研究开发基地	本元正阳基因技术有限公司	科技部
7	国家高技术研究发展计划成果产业化基地	北京凯正生物工程发展有限责任公司	发展改革委
8	国家“863”工程抗体研发基地	北京天广实生物技术有限公司	科技部
9	国家工程实验室	联通宽带业务应用国家工程实验室有限公司	发展改革委

开发区科技局提供

2011年北京经济技术开发区内国家级企业技术中心一览表

序号	名 称	承担企业	认定部门
1	北京北开电气股份有限公司技术中心	北京北开电气股份有限公司	发展改革委
2	经纬纺织机械股份有限公司	经纬纺织机械股份有限公司	发展改革委
3	和利时科技集团	和利时科技集团	发展改革委

开发区科技局提供

2011年北京经济技术开发区企业经市发展改革委认定的工程实验室一览表

序号	工程实验室名称	承担单位
1	数字电视B2B交易支撑体系关键技术北京市工程实验室	中辉世纪传媒发展有限公司
2	药物安全评价关键技术北京市工程实验室	北京协和建昊医药技术开发有限责任公司

开发区科技局提供

2011 年北京经济技术开发区企业经市科委认定的重点实验室一览表		
序号	名称	承担单位
1	基因组学研究北京市重点实验室	国家人类基因组北方研究中心
2	单克隆抗体上游研发技术北京市重点实验室	北京义翘神州生物技术有限公司
3	高温超导材料及应用技术北京市重点实验室	北京英纳超导技术有限公司
4	生化诊断试剂检验技术北京市重点实验室	北京利德曼生化股份有限公司
5	生物制品安全性评价北京市重点实验室	北京昭衍新药研究中心有限公司

开发区科技局提供

2011 年北京经济技术开发区企业经市科委认定的工程技术研究中心一览表		
序号	名称	承担单位
1	北京市氯碱装备工程技术研究中心	蓝星（北京）化工机械有限公司
2	北京市铸轧工程技术研究中心	中冶京诚工程技术有限公司
3	北京市脂质靶向制剂工程技术研究中心	北京泰德制药股份有限公司
4	北京市基因工程抗体药物工程技术研究中心	百泰生物药业有限公司
5	北京市重组蛋白药物工程技术研究中心	北京凯因科技股份有限公司
6	北京市 MOCVD 工程技术研究中心	北京北方微电子基地设备工艺研究中心有限责任公司

开发区科技局提供

2011 年北京经济技术开发区企业经市经济信息化委认定的企业技术中心一览表	
序号	名称
1	经纬纺织机械股份有限公司技术中心
2	北京玻钢院复合材料有限公司
3	北京华德液压工业集团有限责任公司技术中心
4	蓝星（北京）化工机械有限公司
5	中冶京诚工程技术有限公司
6	金风科创风电设备有限公司
7	北京苍穹数码测绘有限公司
8	冠捷科技（北京）有限公司
9	北京航天万源煤化工工程技术有限公司
10	北京天源科创风电技术有限责任公司
11	阿尔特（中国）汽车技术有限公司
12	富思特制漆（北京）有限公司
13	悦康药业集团有限公司
14	百泰生物药业有限公司
15	北京京运通科技股份有限公司
16	中铁十九局集团有限公司
17	北京星昊医药股份有限公司
18	中国华冶科工集团有限公司

开发区科技局提供

2011年北京经济技术开发区企业经市科委认定的科技研究开发机构一览表

序号	名称
1	北京诺赛基因组研究中心有限公司
2	北京云电英纳超导电缆有限公司
3	北京英纳超导技术有限公司
4	新奥新能（北京）科技有限公司
5	北京爱普益生物科技有限公司
6	北京亿仁赛博医疗科技研发中心有限公司
7	北京正大绿洲医药科技有限公司
8	北京迈劲医药科技有限公司
9	北京亿马先锋汽车科技有限公司
10	北京沙东生物技术有限公司
11	北京凯因生物技术有限公司
12	北京利达华信电子有限公司
13	北京京东方茶谷电子有限公司
14	北京洲际资源环保科技有限公司
15	北京金风科创风电设备有限公司
16	北京东港嘉华安全信息技术有限公司
17	北京京杰锐思技术开发有限公司
18	华北高速公路股份有限公司
19	北京太时芯光科技有限公司
20	北京金能燃料电池有限公司
21	北京龙源冷却技术有限公司
22	北京同益中特种纤维技术开发有限公司
23	中航金网（北京）电子商务有限公司
24	北京星和众工设备技术股份有限公司
25	北京华德液压工业集团有限责任公司
26	北京百花蜂产品科技发展有限公司
27	北京利德曼生化股份有限公司
28	北京昭衍新药研究中心有限公司
29	博尔诚（北京）科技有限公司
30	康龙化成（北京）新药技术有限公司
31	北京悦康科创医药科技有限公司
32	北京义翘神州生物技术有限公司
33	北京赤那思电气技术有限公司
34	北京凯正生物工程发展有限责任公司
35	北京华联印刷有限公司
36	宝健（中国）日用品有限公司
37	SMC（中国）有限公司
38	北京天奈科技有限公司

（续表1）

序号	名称
39	北京中企开源信息技术有限公司
40	百泰生物药业有限公司
41	北京起步科技有限公司
42	北京国元堂医药研究所有限公司
43	北京旷博生物技术有限公司
44	北京中合实创电力科技有限公司
45	北京易信通联信息技术有限公司
46	北京世纪迈劲生物科技有限公司
47	北京时美时代科技有限公司
48	北京绿泽宇和科技有限公司
49	北京润德康泰生物技术有限公司
50	北京康乐卫士生物技术有限公司
51	北京汇智众鑫科技有限公司
52	北京中嘉阳光科技发展有限公司
53	北京协和建昊医药技术开发有限责任公司
54	北京美基机电设备有限公司
55	诺兰特移动通信配件（北京）有限公司
56	北京爱生科技发展有限公司
57	北京苍穹同绘数码科技有限公司
58	北京国富安电子商务安全认证有限公司
59	北京海步国际医药科技发展有限公司
60	北京圣福伦科技有限公司
61	北京同为时代生物技术有限公司
62	龙创信恒（北京）科技有限公司

开发区科技局提供

2011年北京经济技术开发区“小巨人”工程重点培育企业一览表

序号	公司名称
1	北京朗波尔光电股份有限公司
2	北京京杰锐思技术开发有限公司
3	北京嘉捷源技术开发有限公司
4	冠捷显示科技（中国）有限公司
5	中瑞蓝科电动汽车技术有限公司
6	北京国中生物科技有限公司
7	北京星昊医药股份有限公司
8	北京嘉捷恒信能源技术有限责任公司
9	北京嘉捷美锦科技发展有限公司
10	北京创新力达科技有限公司
11	北京义翘神州生物技术有限公司
12	北京昭衍新药研究中心有限公司
13	北京中交兴路信息科技有限公司
14	北京国药恒瑞美联信息技术有限公司
15	北京中石伟业技术有限公司
16	北京托普威尔石油技术服务有限公司
17	北京津宇嘉信科技开发有限公司
18	北京金豪制药股份有限公司
19	北京国富安电子商务安全认证有限公司
20	北京赤那思电气技术有限公司
21	北京迪玛克医药科技有限公司
22	北京万创科技有限公司
23	北京苍穹同绘数码科技有限公司
24	北京京诚华宇建筑设计研究院有限公司
25	宏大研究院有限公司
26	北京章光101科技股份有限公司
27	北京牡丹联友电子工程有限公司
28	北京利达科信环境安全技术有限公司
29	中航金网（北京）电子商务有限公司
30	北京时美时代科技发展有限公司
31	北京中纺化工股份有限公司
32	北京美基机电设备有限公司
33	北京万源多贝克包装印刷机械有限公司
34	北京东港嘉华安全信息技术有限公司
35	北京中安特科技有限公司
36	北京中企开源信息技术有限公司
37	北京华信睿诚科技有限公司
38	北京中科国益环保工程有限公司
39	北京京诚嘉宇环境科技有限公司
40	北京诺塞基因组研究中心有限公司
41	北京鑫诺金传感技术有限公司
42	北京万东鼎立医疗设备有限公司

开发区科技局提供

2011年北京经济技术开发区领导一览表			
姓名	单位名称	职务	备注
林克庆	中共北京市大兴区委	书　记	
	中共北京市委经济技术开发区工委	书　记	
李长友	中共北京市大兴区委	副书记	
	北京市大兴区	区长	
	中共北京市委经济技术开发区工委	副书记	
张伯旭	中共北京市大兴区委	副书记	
	北京市大兴区	副区长	
	中共北京市委经济技术开发区工委	副书记	
	北京经济技术开发区管委会	主　任	
赵广义	北京经济技术投资开发总公司	经　理	
	北京经济技术投资开发总公司党委	书　记	
贲　勇	中共北京市委经济技术开发区工委	副书记	5月任
	北京经济技术开发区管委会	副主任	5月免
张　文	中共北京市委经济技术开发区工委	委　员（正局级）	2月任
		副书记	2月免
王敬东	中共北京市委经济技术开发区工委	委　员	
	北京经济技术开发区纪工委	书　记	
赵昕昕	中共北京市大兴区委	常　委	12月任
	中共北京市委经济技术开发区工委	委　员	
	北京经济技术开发区管委会	副主任	
张晓林	中共北京市委经济技术开发区工委	委　员	9月免
	北京经济技术开发区管委会	副主任	10月免
高言杰	中共北京市委经济技术开发区工委	委　员	9月任
	北京经济技术开发区管委会	副主任	9月任
王合生	中共北京市委经济技术开发区工委	委　员	
	北京经济技术开发区管委会	副主任	
文　献	中共北京市委经济技术开发区工委	委　员	10月免
	北京经济技术开发区管委会	副主任	10月免
绳立成	大兴区人大常委会	副主任	
	中共北京市委经济技术开发区工委	委　员	9月任
	北京经济技术开发区管委会	副主任	10月任
王宗刚	中共北京市委经济技术开发区工委	委　员	9月任
	北京经济技术开发区工委组织部	部　长	10月任
邓志荣	中共北京市委经济技术开发区工委	委　员	8月免
	北京经济技术开发区工委组织部	部　长	10月免

（续表 1）

姓名	单位名称	职务	备注
杜新安	北京经济技术开发区管委会	巡视员	
程　京	北京经济技术开发区管委会	副主任（挂职）	7 月任
白　文	北京经济技术投资开发总公司	副经理	
罗伯明	北京经济技术投资开发总公司	副经理	
宋卫民	北京经济技术投资开发总公司	总会计师	
韩洪英	北京经济技术投资开发总公司党委	副书记	7 月任
	北京经济技术投资开发总公司纪委	书　记	7 月任

开发区组织部提供

2011 年中共北京市委经济技术开发区工作委员会部门领导一览表			
单位名称	姓名	职务	备注
工委办公室	赵　鲁	副主任	
	金光泽	副主任	
工委组织部	韩洪英	常务副部长	7 月免
	孙泰旭	副部长	
工委宣传部	赵维娟	部　长	
	李怀亭	副部长	
	王燕石	副调研员	
党群工作部	程明亮	部　长	11 月任
政法工作部	王春练	部　长	
	张林坤	副部长	
	王　耕	副调研员	
机关党委	杭均平	副书记	
总工会	张东明	主　席	5 月免
	骆　华	副主席（调研员）	
	陈朝凯	副主席（调研员）	
	谷学春	副调研员	
纪工委	张　宇	副书记	
监察局	赵凌云	局　长	
纪工委		副书记	
纪工委（监察局）	张保民	正处级纪检监察员	3 月免
	付长海	正处级纪检监察员	
	张国平	副处级纪检监察员	

开发区组织部提供

2011年北京经济技术开发区管理委员会部门领导一览表

单位名称	姓名	职务	备注
管委会办公室	袁立洪	主　任	
	潘晓强	副主任	
	蒋学涛	副主任	3月免
	沈天宁	副主任	3月免
	池　宇	副主任	3月任
	边元松	调研员	11月任
	杨保强	副调研员	
	郭福明	副调研员	
	陈　明	副调研员	
	王江波	副调研员	
	陶纪忠	副调研员	
	孙　鹏	副调研员	11月任
发展和改革局	李　旭	局　长	
	刘　力	副局长	
	关德鹏	副局长	
产业促进局	张凤民	局　长	
	杨国柱	副局长（调研员）	
	王延卫	副局长	
	池　宇	副局长	3月免
	叶　斌	副局长	4月任
	邹本雨	副局长	
	欧勤生	调研员	11月任
科技局	李群虹	局　长	
	苏　荣	副局长	
	于春玲	副调研员	11月任
财政局	于　飞	局　长	4月免
	安春玲	局　长	4月任
	田　枫	副局长	4月免
	吕文玉	副局长	
	杨太恒	副局长	
	王彦文	副调研员	
	李晓红	副调研员	11月任
	息燕莉	副调研员	11月任
国有企业监事会	于　飞	主　席	4月任
人事劳动和社会保障局	赵　莉	局　长	4月免
	常　宸	局　长	4月任

（续表 1）

单位名称	姓名	职务	备注
人事劳动和社会保障局	任鸣晨	副局长	
	刘亚林	副局长	5 月免
	张建荣	副局长	
	陈　清	副调研员	11 月任
房屋和土地管理局	尚健明	局　长	
	庞　雁	副局长	
	王俊杰	副局长	
	魏　军	调研员	
建设发展局	芦永忠	局　长	
	李　英	副局长	
	刘文庆	副局长	
	黄俊斌	副局长	
征地拆迁办公室	刘振宝	主　任	
	段青松	副主任	
	张　丹	副调研员	
两区征地拆迁开发建设工作领导小组办公室	王海生	副主任	
市政管理局	王国良	局　长	
	李　宁	副局长	
	张忠坤	副局长	
	孙玉洁	调研员	
社会发展局	郑海涛	局　长	4 月任
	李振方	副局长（调研员）	
	袁长友	副局长	11 月任
	李庆彬	副调研员	
	朱红兵	副调研员	
	王群力	副调研员	
审计局	梁　萍	局　长	4 月免
	田　枫	局　长	4 月任
	刘　彬	副局长	
环境保护局	赵　军	局　长	
	张志全	副局长	5 月免
	王翠英	副局长	
统计局	段占奎	局　长	
	冯黾凡	副局长	
安全生产监督管理局	刘建平	局　长	
	吴伯军	副局长	

（续表2）

单位名称	姓名	职务	备注
安全生产监督管理局	窦桂芹	副局长	
	王辰宇	调研员	
	闫庆平	调研员	
研究室	张　虹	主　任	
	李继良	副主任	
	宋晓晖	副主任	
信息化工作办公室	蒋学涛	主　任	
	张　红	副主任	
北京市城市管理综合行政执法局开发区分局	张　君	局　长	
	丁胜才	政　委	
	崔春生	副局长（调研员）	
	王　军	副局长	
	靳喜班	副局长	11月任
	王汝德	副调研员	
	段荣军	副调研员	
	郝成龙	副调研员	
	胡福友	副调研员	
	张京生	副调研员	
北京市规划委员会经济技术开发区分局	陈晓君	局　长	
	张　舰	副局长	2月任
	周　波	副局长	

开发区组织部提供

2011年驻北京经济技术开发区职能局负责人一览表

单位名称	姓名	职务	备注
北京市工商行政管理局经济技术开发区分局	赵　敏	局　长	
北京经济技术开发区国家税务局	孙小平	局　长	
北京市地方税务局开发区分局	王炯宁	党组书记、局长	
中华人民共和国北京经济技术开发区海关	韩　钢	关　长	
北京经济技术开发区出入境检验检疫局	王大路	局　长	
北京市公安局经济技术开发区分局	李宝虎	局　长	2月免
	邹燕平	局　长	8月任
北京市公安局公安交通管理局开发区交通大队	王万荣	大队长	
北京经济技术开发区公安消防支队	刘洪海	队　长	

（续表 1）

单位名称	姓名	职务	备注
北京市药品监督管理局经济技术开发区分局	阮培军	局　长	
北京市质量技术监督局北京经济技术开发区分局	董梦铎	局　长	
北京经济技术开发区经济社会调查队	任　斌	队　长	
北京市大兴区人民检察院经济技术开发区检察处	赵智杰	负责人	
北京市大兴区人民法院经济技术开发区人民法庭	单祖果	庭　长	

开发区组织部提供

大兴区第四届人大（开发区）代表一览表		
姓名	单位名称	职务
张伯旭	中共北京市大兴区委	副书记
	北京市大兴区	副区长
	中共北京市委经济技术开发区工委	副书记
	北京经济技术开发区管委会	主　任
赵昕昕	中共北京市大兴区委	常　委
	中共北京市委经济技术开发区工委	委　员
	北京经济技术开发区管委会	副主任
王海平	北京电子科技职业学院	校　长
赵　莉	北京经济技术开发区管委会	退休干部
白　文	北京经济技术投资开发总公司	副经理
赵春艳	施耐德（北京）中压电器有限公司持续改进部	经　理
张　亮	北京奔驰汽车有限公司党委	副书记、纪委书记 工会主席
王家恒	京东方科技集团股份有限公司	执行副总裁
谢良志	神州细胞工程有限公司 北京义翘神州生物技术有限公司	董事长 总　裁
姜海霞	北京松下电工有限公司	主　管
施　设	中冶京诚工程技术有限公司 北京钢铁设计研究总院有限公司	党委书记、董事长 党委书记、总经理
赵国荣	北人印刷机械股份有限公司	党委书记、董事长
陶秀梅	北京悦康科创医药科技有限公司	总经理

开发区组织部提供

大兴区第四届政协（开发区）委员一览表		
姓名	单位名称	职务
阎　澍	亦庄供电公司	总经理
魏　钢	北京经济技术投资开发总公司	总经理助理
周抗冰	北京豪特耐管道设备有限公司	党支部书记 副总经理
骆　华	北京经济技术开发区总工会	副主席
孟继祥	北京奔驰汽车有限公司	团委书记
陈晓君	北京市规划委员会经济技术开发区分局	局　长
郑海涛	北京经济技术开发区社会发展局	局　长
蒋立新	舒泰神（北京）生物制药股份有限公司	副总经理
张　誌	北京金豪制药股份有限公司	董事长
冯宇霞	北京昭衍新药研究中心有限公司	董事长
于圣臣	悦康药业集团有限公司	总　裁
吴汉明	中芯国际集成电路制造（北京）有限公司	资深技术处长
徐希平	北京奥萨医药研究中心有限公司	董事长 首席科学家
武　钢	北京金风科创风电设备有限公司	法定代表人
闫云峰	北京德尔福万源发动机管理系统有限公司	总经理
李艳华	航天长征火箭技术有限公司	总经理
刘　泳	汇龙森国际企业孵化有限公司	董事长
李佰龙	北京嘉捷源技术开发有限公司	总经理 党支部书记
丁列明	北京贝美拓新药研发有限公司	董事长
苏　荣	北京经济技术开发区科技局	副局长
吴小兵	北京亦庄国际生物医药投资管理有限公司	副总经理
张　红	中国杂技团有限公司、北京国际艺术学校	总经理 校长
劳庆芳	开发区社会保险基金管理中心	主　任
金　雄	北京世元达电子技术有限公司	董事长
魏婷婷	华北高速公路股份有限公司	收费员

开发区组织部提供

国家部分机构全称简称对照表		
序号	全　称	简　称
1	中华人民共和国国务院办公厅	国务院办公厅
2	中华人民共和国国防部	国防部
3	中华人民共和国国家发展和改革委员会	发展改革委
4	中华人民共和国教育部	教育部
5	中华人民共和国科学技术部	科技部
6	中华人民共和国工业和信息化部	工业和信息化部
7	中华人民共和国民政部	民政部
8	中华人民共和国司法部	司法部
9	中华人民共和国财政部	财政部
10	中华人民共和国人力资源和社会保障部	人力资源社会保障部
11	中华人民共和国国土资源部	国土资源部
12	中华人民共和国环境保护部	环境保护部
13	中华人民共和国住房和城乡建设部	住房城乡建设部
14	中华人民共和国交通运输部	交通运输部
15	中华人民共和国铁道部	铁道部
16	中华人民共和国水利部	水利部
17	中华人民共和国农业部	农业部
18	中华人民共和国商务部	商务部
19	中华人民共和国文化部	文化部
20	中华人民共和国卫生部	卫生部
21	中国人民银行	人民银行
22	中华人民共和国审计署	审计署
23	国务院国有资产监督管理委员会	国资委
24	中华人民共和国海关总署	海关总署
25	国家税务总局	税务总局
26	国家工商行政管理总局	工商总局
27	国家质量监督检验检疫总局	质检总局
28	国家广播电影电视总局	广电总局
29	国家新闻出版总署（国家版权局）	新闻出版总署，版权局
30	国家统计局	统计局
31	国家林业局	林业局
32	国家知识产权局	知识产权局
33	国务院法制办公室	法制办

（续表1）

序号	全　称	简　称
34	新华通讯社	新华社
35	中国科学院	中科院
36	中国社会科学院	社科院
37	中国工程院	工程院
38	国家行政学院	行政学院
39	中国地震局	地震局
40	中国气象局	气象局
41	中国银行业监督管理委员会	银监会
42	中国证券监督管理委员会	证监会
43	中国保险监督管理委员会	保监会
44	国家自然科学基金委员会	自然科学基金会
45	国家能源局	能源局
46	国家国防科技工业局	国防科工局
47	国家海洋局	海洋局
48	国家测绘局	测绘局
49	中国民用航空局	民航局
50	国家邮政局	邮政局
51	国家食品药品监督管理局	食品药品监管局
52	国家中医药管理局	中医药局
53	国务院台湾事务办公室	台　办
54	国务院新闻办公室	新闻办
55	国家航天局	航天局

北京市部分政府机构全称简称对照表		
序号	全　称	简　称
1	北京市人民代表大会常务委员会	市人大常委会
2	中共北京市委组织部	市委组织部
3	北京市委政法委	市委政法委
4	北京市机构编制委员会办公室	市编办
5	首都精神文明建设委员会办公室	首都文明办
6	中国人民政治协商会议北京市委员会	市政协
7	北京市政府新闻办公室（北京市委宣传部）	市政府新闻办公室（市委宣传部）
8	中共北京市委研究室	中共北京市委研究室
9	北京市人民政府办公厅	市政府办公厅
10	北京市发展和改革委员会	市发展改革委
11	北京市教育委员会	市教委（市委教育工委）
12	北京市科学技术委员会	市科委
13	北京市经济和信息化委员会	市经济信息化委（市国防科工办）
14	北京市公安局	市公安局
15	北京市监察局（中共北京市纪律检查委员会）	市监察局（市纪委）
16	北京市民政局	市民政局
17	北京市司法局	市司法局
18	北京市财政局	市财政局
19	北京市人力资源和社会保障局	市人力社保局
20	北京市国土资源局	市国土局
21	北京市环境保护局	市环保局
22	北京市规划委员会	市规划委（首规委办）
23	北京市住房和城乡建设委员会	市住房城乡建设委（市政府房改办）
24	北京市交通委员会	市交通委
25	北京市农村工作委员会	市农委（市委农工委）
26	北京市水务局	市水务局
27	北京市商务委员会	市商务委（市政府口岸办）
28	北京市文化局	市文化局
29	北京市卫生局	市卫生局
30	北京市审计局	市审计局
31	北京市人民政府外事办公室（北京市人民政府港澳事务办公室）	市政府外办（市政府港澳办）
32	北京市社会建设工作办公室	市社会办
33	北京市人民政府国有资产监督管理委员会	市国资委
34	北京市地方税务局	市地税局
35	北京市工商行政管理局	市工商局

（续表1）

序号	全　称	简　称
36	北京市质量技术监督局	市质监局
37	北京市广播电影电视局	市广电局
38	北京市新闻出版（版权）局	市新闻出版局（市版权局）
39	北京市统计局（国家统计局北京调查总队）	市统计局（国家统计局北京调查总队）
40	北京市园林绿化局（首都绿化委员会办公室）	市园林绿化局（首都绿化办）
41	北京市金融工作局	市金融局
42	北京市知识产权局	市知识产权局
43	北京市人民政府法制办公室	市政府法制办
44	北京市人民政府研究室	市政府研究室
45	中关村科技园区管理委员会	中关村管委会
46	北京市农业局	市农业局
47	北京市粮食局	市粮食局
48	北京市药品监督管理局	市药监局
49	北京市中医管理局	市中医局
50	北京市重大项目建设指挥部办公室	市重大项目办
51	北京市南水北调工程建设委员会办公室	市南水北调办
52	北京市档案局	市档案局
53	北京市公园管理中心	市公园管理中心
54	北京市投资促进局	市投资促进局
55	北京市地方志编纂委员会办公室	市地方志办公室
56	北京市政府采购中心	市政府采购中心
57	北京市国家税务局	市国税局
58	北京市气象局	市气象局
59	北京市人民政府台湾事务办公室	市台办（市委台湾工作办公室）
60	中华人民共和国北京海关	北京海关
61	北京市人民检察院	市人民检察院
62	北京市高级人民法院	市高级人民法院
63	北京市总工会	市总工会
64	共青团北京市委员会	团市委
65	北京市妇女联合会	市妇联
66	北京市科学技术协会	市科协
67	北京市社会科学界联合会	市社科联
68	北京市爱国卫生运动委员会	市爱卫会

主题词索引

北京经济技术开发区年鉴 2012

BEIJING ECONOMIC-TECHNOLOGICAL DEVELOPMENT AREA YEARBOOK

索引说明

本索引采取主题索引也称内容分析索引法编纂。主题词以《北京经济技术开发区年鉴》（2012）正文中出现的专业名词、名词词组为主。

本索引按汉语拼音音序排列，汉字打头的标目按首字母的音序音调依次排列，首字相同时，则以第二字排序，依此类推；以阿拉伯数字打头的主题词，排在最前面；以英文字母打头的主题词，列于其后。

索引词条后的阿拉伯数字表示内容所在的页码，数字后的英文字母（a、b）表示正文中的栏别（从左至右）。

同一主题的内容在文中多处出现的，在索引中按页码顺序依次列出。

本刊的特载、专文、规范性文件、大事记、统计资料、附录栏目内容不在索引范围内。

0～9

A

B

C

图书在版编目（CIP）数据

北京经济技术开发区年鉴 ： 2012 / 北京经济开发区年鉴编纂委员会编 . ——北京 ：方志出版社， 2013.1
ISBN 978-7-5144-0816-4

Ⅰ. ①北… Ⅱ . ①北… Ⅲ . ①技术开发区—北京市—2012—年鉴 Ⅳ . ① F127.1

中国版本图书馆 CIP 数据核字（2013）第 030530 号

北京经济技术开发区年鉴（2012）

编　　者： 北京经济技术开发区年鉴编纂委员会
责任编辑： 罗　滔

出 版 社： 方志出版社
（北京市东城区夕照寺 14 号院富瑞苑公寓 6 层）
邮编　10061
网址　http://www.fzph.org
发　　行： 方志出版社发行部
（010）67120966-6008
经　　销： 新华书店总店北京发行所
法律顾问： 北京市大禹律师事务所
印　　刷： 北京华联印刷有限公司

开　　本： 889 × 1194　1/16
印　　张： 38
字　　数： 847 千
版　　次： 2013 年 1 月第 1 版　2013 年 1 月第 1 次印刷
印　　数： 0001~2000 册

ISBN 978-7-5144-0816-4/F · 89　定价：480.00 元